हिन्दी भाषा का विकास

हिन्दी भाषा का विकास

गोपाल राय

अक्षर
प्रतियोगी पुस्तकें
राजकमल प्रकाशन का उपक्रम

पहला संस्करण *अनुपम प्रकाशन,* पटना से 1995 में प्रकाशित

ISBN : 978-93-89577-60-0

मूल्य : ₹ 199

पहला राजकमल छात्र संस्करण : 2020

प्रकाशक
राजकमल प्रकाशन प्रा. लि.
1-बी, नेताजी सुभाष मार्ग, दरियागंज
नई दिल्ली-110 002

शाखाएँ
अशोक राजपथ, साइंस कॉलेज के सामने, पटना-800 006
पहली मंजिल, दरबारी बिल्डिंग, महात्मा गांधी मार्ग, इलाहाबाद-211 001
36 ए, शेक्सपियर सरणी, कोलकाता-700 017

वेबसाइट : www.rajkamalprakashan.com
ई-मेल : info@rajkamalprakashan.com

मुद्रक
बी.के. ऑफसेट
नवीन शाहदरा, दिल्ली-110 032

HINDI BHASHA KA VIKAS
History of Language by Gopal Rai

सत्यजित् सांकृत
को

क्रम

सफाई 9
भूमिका 11

1. 'हिन्दी' : अर्थ, अर्थान्तर और इतिहास 15
2. हिन्दी की उपभाषाएँ और उनका पारस्परिक सम्बन्ध 23
3. अपभ्रंश, अवहट्ट, पुरानी हिन्दी और प्रारम्भिक हिन्दी : स्वरूप और अन्त:सम्बन्ध 63
4. अपभ्रंश : शब्दगत और व्याकरणिक विशेषताएँ 92
5. अपभ्रंश का हिन्दी से सम्बन्ध 101
6. साहित्यिक भाषा के रूप में अवधी का विकास 119
7. साहित्यिक भाषा के रूप में ब्रजभाषा का विकास 136
8. खड़ी बोली का साहित्यिक भाषा के रूप में विकास (उन्नीसवीं शताब्दी में) 152
9. स्वाधीनता संग्राम के दौरान राष्ट्रभाषा के रूप में आधुनिक हिन्दी का विकास 188
10. स्वतंत्रता के बाद भारत संघ की राजभाषा के रूप में हिन्दी का विकास 216
11. मानक हिन्दी का व्याकरण 235
12. हिन्दी व्याकरण, वर्तनी और लिपि का मानकीकरण 255

नामानुक्रमणिका 273
ग्रन्थानुक्रमणिका 283

सफाई

यह किताब मेरी एक बड़ी किताब 'हिन्दी भाषा का विकास' का संक्षिप्त रूप है। यह कहने में मुझे सुख का अनुभव होता है कि मेरी अधिकतर पुस्तकों की प्रेरणा मेरे छात्र रहे हैं। विश्वविद्यालय सेवा से अवकाश ग्रहण करने से पहले मैं एम.ए. के छात्रों को हिन्दी साहित्य का इतिहास पढ़ाया करता था। उस दौरान मैंने अनुभव किया कि हिन्दी साहित्य के इतिहासकारों ने खड़ी बोली या आधुनिक हिन्दी में लिखित साहित्य के विकास का इतिहास प्रस्तुत करने में अपेक्षित सावधानी और वैज्ञानिक दृष्टि का परिचय नहीं दिया है। 'हिन्दी' पद के अर्थ-निर्धारण और तदनुरूप इतिहास लेखन में भी वे घोर विरोधाभास के शिकार हो गए हैं। यह अजीब सी स्थिति है कि 'दक्खिनी हिन्दी' में लिखित साहित्य को, जिसकी भाषा मूलतः खड़ी बोली, बाँगरू, ब्रजभाषा आदि का मिलाजुला रूप है और जिसका नामकरण स्वयं उनके लेखकों ने ही 'हिन्दी' या 'हिन्दवी' किया था, हिन्दी साहित्य के इतिहास में कोई स्थान नहीं दिया जाता है और आधुनिक हिन्दी साहित्य में उसी खड़ी बोली पर आधारित आधुनिक हिन्दी को इतना अधिक महत्त्व प्राप्त हो जाता है कि अवधी, ब्रजभाषा, राजस्थानी, मैथिली आदि में लिखित रचनाओं को कोई जगह नहीं दी जाती है। इस प्रश्न पर विचार करने के लिए इन पंक्तियों के लेखक ने न केवल पटना कॉलेज के स्नातकोत्तर हिन्दी विभाग में, 1986 ई. में, विश्वविद्यालय अनुदान आयोग की आर्थिक सहायता से 'हिन्दी साहित्य के इतिहास का पुनर्लेखन' विषय पर राष्ट्रीय स्तर की संगोष्ठी आयोजित की वरन् भारतीय हिन्दी परिषद् के जयपुर अधिवेशन (अक्टूबर 1992) में भी उसने परिषद् के प्रधान मंत्री की हैसियत से इस विषय पर एक विशेष संगोष्ठी आयोजित कराने की पहल की। इसके अतिरिक्त इस प्रकार की अन्य कई संगोष्ठियों में भी उसने इस विषय पर अपने विचार व्यक्त किए। पर संगोष्ठियों में इतिहास लेखन की असंगतियों की चर्चा करना और है, और उन असंगतियों को दूर करते हुए इतिहास लिखना कुछ और। पर कुछ संयोग ऐसा हुआ कि बिहार सरकार ने विश्वविद्यालय-शिक्षकों की अवकाश ग्रहण की अवधि बासठ वर्ष से घटाकर साठ वर्ष कर दी और एक साथ सैकड़ों शिक्षकों को, 1992 ई. के अन्तिम महीने में अवकाश ग्रहण करा दिया। इन पंक्तियों के लेखक के लिए इस रूप में एक सुनहरा मौका हाथ लग गया। इसी समय उसका संघ लोक सेवा आयोग की परीक्षा में हिन्दी विषय लेकर शामिल होनेवाले प्रत्याशियों से सम्पर्क हुआ और उसने पाया कि उक्त परीक्षा के हिन्दी पाठ्यक्रम का हिन्दी भाषा और साहित्य से सम्बन्धित अंश बहुत ही सदोष और असंगतियों से भरा हुआ है। इसका तात्कालिक परिणाम हुआ इस पुस्तक का लेखन। इस किताब में संघ लोक सेवा आयोग के हिन्दी पाठ्यक्रम के भाषाविषयक अंश का विवेचन तथा उसकी

असंगतियों का यथासम्भव उल्लेख और निराकरण करने का प्रयास किया गया है। इस क्रम में अपभ्रंश, अवहट्ट और हिन्दी भाषा तथा साहित्य विषयक कई बहुप्रचलित मतों का निर्ममतापूर्वक खंडन कर वास्तविक स्थिति को स्पष्ट करने का प्रयत्न किया गया है। खेद है कि इस किताब में भी चौदहवीं शताब्दी से लेकर आज तक खड़ी बोली पर आधारित 'हिन्दी' में रचित साहित्य की भाषा का विकासक्रम नहीं दिखाया जा सका है। इसका कारण यह है कि संघ लोक सेवा आयोग की परीक्षा के हिन्दी पाठ्यक्रम में '**उन्नीसवीं शताब्दी** में खड़ी बोली-हिन्दी भाषा का साहित्यिक भाषा के रूप में विकास' ही निर्धारित है। पुस्तक के निर्धारित आकार को ध्यान में रखते हुए उन्नीसवीं शताब्दी के पूर्व खड़ी बोली में लिखित साहित्य का संक्षिप्त सर्वेक्षण करते हुए उसे उन्नीसवीं शताब्दी के हिन्दी साहित्य से जोड़ने का प्रयास किया गया है। इन पंक्तियों का लेखक यह अच्छी तरह अनुभव करता है कि उन्नीसवीं शताब्दी और उसके पूर्व की खड़ी बोली के साहित्य को 'हिन्दी' का अनिवार्य अंग मान लेने पर, जो कि वह है, प्रचलित हिन्दी साहित्येतिहास का ढाँचा ही चरमरा जाएगा, पर उसके लिए इस किताब में अवसर नहीं है। इस किताब में तो उन्नीसवीं शताब्दी में खड़ी बोली हिन्दी (उर्दू नाम से जानी जानेवाली खड़ी बोली को छोड़ते हुए) का साहित्यिक भाषा के रूप में विकास ही दर्शाया गया है।

इस किताब के लेखन के लिए मैं पहले किसे धन्यवाद दूँ, समझ में नहीं आता। बिहार सरकार को, जिसने आकस्मिक रूप से अवकाश ग्रहण का सुनहरा अवसर प्रदान किया, या संघ लोक सेवा आयोग परीक्षा के परीक्षार्थियों का, जिन्होंने 'हिन्दी' भाषा के विकास पर सोचने-समझने को मजबूर किया या अनुपम प्रकाशन, पटना के अनूप कुमार को, जिन्होंने लगभग गर्दन पर सवार होकर यह किताब लिखा ली। अपने परिवार की ओर देखता हूँ तो मेरे पुत्रों, बहुओं (डॉ. सत्यकाम, प्रो. सत्यकेतु सांकृत, श्री सत्यजित् सांकृत, सीमा कुमारी, रागिनी सांकृत) और धर्मपुत्री अलका का इसकी सम्पन्नता में कम योगदान नहीं। इन सबने मुझे आवश्यक सुविधाएँ और चिन्तारहित जीवन-क्रम प्रदान कर इस किताब के लेखन में योग दिया है। मैं अपने सेवक और सहायक रंजीत कुमार की सेवाओं को भी नहीं भुला सकता, जिसके कारण ही मैं गृह-कार्य के जंजाल से मुक्त हूँ। पोता ऋत्विक और पोती शान्तला ने अपनी बालक्रीड़ाओं से लेखन में प्रायः व्यवधान डालकर, पर उसकी गति को और भी तीव्र कर, लेखन को आगे बढ़ाने में योग दिया है। पांडुलिपि के कुछ टंककों, नरेश कुमार और महेन्द्र जी, को भी धन्यवाद देना जरूरी समझता हूँ।

मैं उन समस्त लेखकों के प्रति अपना हार्दिक आभार व्यक्त करता हूँ, जिनके विचारों से लाभान्वित हुआ हूँ और जिनकी पुस्तकों से मैंने यथास्थान उद्धरण दिये हैं। अन्त में अनुपम प्रकाशन के स्वामी श्री भीमसेन जी को, जिनका इस पुस्तक के मूर्त रूप ग्रहण करने में योगदान सर्वोपरि है, धन्यवाद ज्ञापित करना अपना कर्तव्य समझता हूँ।

यदि यह पुस्तक हिन्दी भाषा और साहित्य सम्बन्धी भ्रमों के निराकरण में कुछ भी सहायक हुई तो इसे मैं अपनी सबसे बड़ी उपलब्धि मानूँगा।

31 जुलाई, 1994

—गोपाल राय

भूमिका

हिन्दी के लब्ध प्रतिष्ठित आलोचक स्वर्गीय प्रो. गोपाल राय (अवकाशप्राप्त अध्यक्ष तथा प्रोफेसर, हिन्दी विभाग, पटना विश्वविद्यालय,पटना) द्वारा लिखित 'हिन्दी भाषा का विकास' नामक यह पुस्तक अपनी लोकप्रियता और विद्यार्थियों की लगातार बढ़ती माँग के परिप्रेक्ष्य में एक बार पुनः आप सभी के समक्ष प्रस्तुत है। प्रो. राय एक गम्भीर आलोचक के साथ-साथ अपने विद्यार्थियों के प्रति पूर्णतः समर्पित एक ऐसे शिक्षक थे जो अपनी गहन शोध- वृत्ति के कारण निरन्तर कुछ न कुछ नवीन जानकारी के साथ अपनी कक्षाओं में जाया करते थे। उनकी सभी कक्षाएँ विद्यार्थियों से खचाखच भरी रहती थीं। यह पुस्तक उन्हीं कक्षाओं के लिए तैयार की गई शोधात्मक सामग्री का सुपरिणाम रही है। बाबूजी (स्वर्गीय प्रो. गोपाल राय) अकसर अपनी एक बड़ी किताब 'हिन्दी भाषा का विकास' की योजना की चर्चा किया करते थे। विश्वविद्यालयीन कार्यभार से मुक्त होते ही उन्हें यह अवसर मिला भी पर कथा साहित्य के महासागर में छलाँग लगा चुके एक अनुसंधात्मक प्रवृत्ति के अध्येता के लिए हिन्दी भाषा की उस योजना को क्रियान्वित करना कठिन प्रतीत होने लगा। इधर भाषा के क्षेत्र में विद्यार्थियों को होने वाली कठिनाइयाँ, जिसके वे खुद साक्षी भी रहे थे, उन्हें लगातार कचोटती ही नहीं रहीं बल्कि इस बात के लिए प्रेरित भी करती रहीं कि भाषा को लेकर अकादमिक स्तर पर कोई एक ऐसी पुस्तक होनी चाहिए जो विद्यार्थियों को हिन्दी भाषा के विकास के सन्दर्भ में उन्हें असमंजस की स्थिति से बाहर निकाल सके। पर समय का चक्र जितनी तेजी से घूम रहा था उसमें एक शोधात्मक वृत्ति वाले आलोचक के लिए एक निश्चित समयावधि में उसे अमलीजामा पहनाना असम्भवप्राय-सा दिखने लगा। अपनी इस योजना को खटाई में पड़ता देख बाबूजी उद्वेलित हो उठे। तय हुआ कि हिन्दी भाषा के विकास का एक ऐसा संक्षिप्त रूप तैयार किया जाए जो भाषा के अध्येताओं के साथ विद्यार्थियों के लिए भी उपयोगी हो। इसी लक्ष्य को केन्द्रित कर जो शोधपरक कार्य की शुरुआत हुई उसी का सुन्दर प्रस्फुटन 'हिन्दी भाषा का विकास' नामक इस पुस्तक के रूप में हुआ।

'हिन्दी भाषा का इतिहास' को 'हिन्दी' : अर्थ, अर्थान्तर और इतिहास, 'हिन्दी की उपभाषाएँ और उनका पारस्परिक सम्बन्ध,'' अपभ्रंश, अवहट्ट, पुरानी हिन्दी और प्रारम्भिक हिन्दी : स्वरूप और अन्तःसम्बन्ध', 'अपभ्रंश : शब्दगत और व्याकरणिक विशेषताएँ', 'अपभ्रंश का हिन्दी से सम्बन्ध', 'साहित्यिक भाषा के रूप में अवधी का विकास',

'साहित्यिक भाषा के रूप में ब्रजभाषा का विकास', 'खड़ी बोली का साहित्यिक भाषा के रूप में विकास', 'स्वाधीनता संग्राम के दौरान राष्ट्रभाषा के रूप में आधुनिक हिन्दी का विकास', 'स्वतंत्रता के बाद भारत संघ की राजभाषा के रूप में हिन्दी का विकास', 'मानक हिन्दी का व्याकरण' और 'हिन्दी व्याकरण, वर्तनी और लिपि का मानकीकरण' के कुल बारह अध्याय में विभक्त कर हिन्दी भाषा के गूढ़ार्थ को परत दर परत खोलने का भागीरथ प्रयास किया गया है। 'अपभ्रंश' और 'हिन्दी' के सम्बन्ध निर्धारण में 'अवहट्ट', 'पुरानी हिन्दी', 'प्रारम्भिक हिन्दी' आदि पदों के अनिश्चित अर्थों में प्रयोग को लेकर हिन्दी के विद्यार्थियों में जो विभ्रम की स्थिति बनी हुई थी उसका निराकरण इस पुस्तक में बड़ी सहजता से प्रस्तुत कर 'अपभ्रंश' और 'हिन्दी' के सम्बन्ध पर वैज्ञानिक दृष्टिकोण से विचार किया गया है। इसी तरह हिन्दी का अर्थ, उसका इतिहास और हिन्दी-उर्दू के सम्बन्ध पर भी पूरी प्रामाणिकता और शोधात्मक दृष्टिकोण से सहज और सुन्दर भाषा में चर्चा की गई है। गोपाल राय की वह बेबाक टिप्पणी काबिलेगौर है जिसमें वे कहते हैं, "यह एक रोचक किन्तु वास्तविक तथ्य है कि 'हिन्दी' पद का प्रयोग किसी एक निश्चित अर्थ में नहीं होता। अलग-अलग सन्दर्भों में इसका प्रयोग अलग-अलग अर्थों में होता है, जिसे न जानने, या जान-बूझकर न जानने का स्वाँग करने के चलते इस तरह के भ्रमों की सृष्टि होती है। अत: 'हिन्दी' पद के अर्थ, अर्थान्तर और इतिहास का संक्षिप्त परिचय प्रस्तुत करना आवश्यक है।" बाबूजी की यह मान्यता रही थी कि 'हिन्दी' पद के अर्थ निर्धारण में भाषा वैज्ञानिक घोर विरोधाभास के शिकार हो गए जान पड़ते हैं। उनके अनुसार ही 'दक्खिनी हिन्दी' में लिखित साहित्य को, जिसकी भाषा मूलत: खड़ी बोली, बाँगरू, ब्रजभाषा आदि का मिलाजुला रूप है और जिसका नामकरण स्वयं उनके लेखकों ने ही 'हिन्दी' या 'हिन्दवी' किया था, हिन्दी साहित्य में कोई स्थान नहीं दिया जाता है और आधुनिक हिन्दी साहित्य में उसी खड़ी बोली पर आधारित आधुनिक साहित्य को इतना अधिक महत्त्व प्राप्त हो जाता है कि अवधी, ब्रजभाषा, राजस्थानी, मैथिली आदि में लिखित रचनाओं को कोई जगह नहीं प्राप्त होती। यही कारण है कि इस पुस्तक में दो अलग-अलग अध्यायों में साहित्यिक भाषा के रूप में अवधी एवं ब्रजभाषा के विकास पर विस्तारपूर्वक चर्चा करते हुए हिन्दी से उनके सम्बन्धों को स्पष्ट किया गया है और पूरे ब्योरों के साथ इस निष्कर्ष को प्रस्तुत किया गया है कि साहित्यिक भाषा के रूप में खड़ी बोली का इतिहास उतना ही पुराना है जितना अवधी या ब्रजभाषा का। पर आधुनिक अर्थ में खड़ी बोली पद का प्रयोग आधुनिक हिन्दी के उस विशिष्ट रूप के लिए होता है, जो ब्रजभाषा, अवधी, भोजपुरी, मैथिली आदि से भिन्न है और परिनिष्ठित हिन्दी के रूप में स्वीकृत है। इस पुस्तक में उन्नीसवीं शताब्दी में खड़ी बोली का जिस तरह से साहित्यिक भाषा के रूप में विकास हुआ है उसे उसके ऐतिहासिक परिप्रेक्ष्य में प्रस्तुत किया गया है। इसी तरह स्वाधीनता आन्दोलन के सन्दर्भ में राष्ट्रभाषा के रूप में आधुनिक हिन्दी के विकास पर बातचीत करने के उपरान्त स्वतंत्रता प्राप्ति के बाद भारत संघ की राजभाषा के रूप में हिन्दी के विकास की बात अत्यन्त विस्तार से कर हिन्दी के वस्तुस्थिति की मुकम्मल तसवीर इस पुस्तक में प्रस्तुत की गई है। पुस्तक के अन्तिम दो अध्यायों में

मानक हिन्दी के व्याकरण और उसके मानकीकरण पर चर्चा करते हुए हिन्दी के विकास को उसकी सम्पूर्णता में पूरे तथ्यान्वेषण के साथ प्रस्तुत कर प्रो. गोपाल राय ने हिन्दी के विद्यार्थियों को एक ऐसी सामग्री उपलब्ध कराई है जिसने भाषा सम्बन्धी उनकी उलझनों को बहुत हद तक सुलझाने का काम किया है। यही कारण है कि विद्यार्थियों की लगातार बढ़ती माँग के कारण लगभग अनुपलब्ध हो चुकी इस पुस्तक के पुन: प्रकाशन का दायित्व मैंने उठाया है और अब यह कृति एक बार फिर से हिन्दी के शिक्षार्थियों के लिए उपलब्ध है।

इसके पहले 'हिन्दी भाषा का इतिहास' नामक यह किताब 'अनुपम प्रकाशन,पटना (बिहार) से प्रकाशित होती थी और अब तक इसके दो संस्करण अनुपम प्रकाशन से निकल भी चुके हैं। पिछले दिनों इसकी भारी माँग के बावजूद किन्हीं कारणों से पुस्तक की अनुपलब्धता के कारण इसके सन्दर्भ में एक अनिश्चितता की स्थिति-सी पैदा हो गई थी। हिन्दी समाज को इस विभ्रम से निकालते हुए यह तय किया गया कि अब इसका प्रकाशन दिल्ली से कराया जाए। मैंने बाबूजी की अन्य सभी किताबों के प्रकाशक 'राजकमल प्रकाशन समूह' के प्रबन्ध निदेशक अशोक महेश्वरी जी से इसके प्रकाशन का अनुरोध किया, जिसे उन्होंने सहर्ष स्वीकार कर मुझे भारमुक्त किया। इस पुस्तक के प्रकाशन की स्वीकृति प्रदान करने के परिप्रेक्ष्य में मैं उनके प्रति अपनी कृतज्ञता अर्पित करता हूँ। इसी सन्दर्भ में राजकमल प्रकाशन के निदेशक आमोद महेश्वरी के प्रति भी मैं आभार व्यक्त करता हूँ जिनकी कार्ययोजना बिना इस सारस्वत कार्य को परिपूर्णता प्रदान करना सम्भव नहीं था। अन्त में मैं उन विद्यार्थियों को धन्यवाद ज्ञापित करना अपना कर्तव्य समझता हूँ जिनकी लगातार बढ़ती माँगों ने इस पुस्तक के पुन: प्रकाशन के लिए हमें लगभग बाध्य-सा कर दिया। यदि यह पुस्तक हिन्दी भाषा और साहित्य के विद्यार्थियों को सहज उपलब्ध हो जाए तो मैं इसे अपनी किसी उपलब्धि से कम न समझूँगा।

—सत्यकेतु सांकृत
प्रोफेसर, हिन्दी
अम्बेडकर विश्वविद्यालय, दिल्ली

1
'हिन्दी' : अर्थ, अर्थान्तर और इतिहास

यह एक रोचक किन्तु वास्तविक तथ्य है कि 'हिन्दी' पद का प्रयोग किसी एक निश्चित अर्थ में नहीं होता। अलग-अलग सन्दर्भों में इसका प्रयोग अलग-अलग अर्थों में होता है, जिसे न जानने, या जान-बूझकर न जानने का स्वाँग करने के चलते इस तरह के भ्रमों की सृष्टि होती है। अतः 'हिन्दी' पद के अर्थ, अर्थान्तर और इतिहास का संक्षिप्त परिचय प्रस्तुत करना आवश्यक है।

ऐतिहासिक दृष्टि से भाषा के अर्थ में 'हिन्दी' पद का प्रयोग तेरहवीं शताब्दी के पूर्व नहीं मिलता। संस्कृत, प्राकृत या अपभ्रंश साहित्य में कहीं भी 'हिन्दी' पद का प्रयोग नहीं दिखाई देता। भाषा के अर्थ में प्राचीन तथा मध्यकालीन फारसी और अरबी साहित्य में 'जबाने हिन्दी' पद का प्रयोग सम्भवतः हिन्द की सभी भाषाओं, संस्कृत, पालि, प्राकृत, अपभ्रंश आदि के लिए मिलता है।[1] तेरहवीं शताब्दी में प्रसिद्ध भारतीय फारसी कवि औफी (1228 ई.) ने सर्वप्रथम हिन्द की (सम्भवतः मध्य देश की) देशी भाषा के लिए 'हिन्दवी' शब्द का प्रयोग किया।[2] तेरहवीं-चौदहवीं शताब्दी में प्रसिद्ध फारसी कवि अमीर खुसरो ने (1253-1325 ई.) उत्तर भारत की देशी भाषा को 'हिन्दी' या 'हिन्दवी' की संज्ञा प्रदान की। उनकी प्रसिद्ध रचना *खालिकबारी* में *'हिन्दवी'* शब्द तीस बार और *'हिन्दी'* शब्द पाँच बार देशी भाषा के लिए प्रयुक्त हुआ है।[3] खुसरो ने अपने समय की तेरह भाषाओं का उल्लेख किया है जिनमें 'अवधी' और 'देहलवी और इसके इतराफ की जबान' का नाम तो है, पर 'हिन्दी' या 'हिन्दवी' का उल्लेख नहीं है। इसका यह अर्थ है कि उस समय तक किसी विशिष्ट भाषा के लिए 'हिन्दी' या 'हिन्दवी' शब्द का प्रचलन नहीं हुआ था। पर जब वे अपने को 'हिन्दी' या 'हिन्दवी' का ज्ञाता और कवि कहते हैं तो या तो वे 'अवधी' और 'देहलवी और इसके इतराफ की जबान' को सम्मिलित रूप से 'हिन्दी' कहते हैं या केवल 'देहलवी और इसके इतराफ की जबान' को ही 'हिन्दी' मानते हैं। पन्द्रहवीं शताब्दी के बिलकुल आरम्भ में बन्दानवाज गेसूदराज ने दक्षिण में काव्य रचना आरम्भ की, पर उन्होंने अपनी भाषा को, जो 'देहलवी और इसके इतराफ की जबान' (आज की खड़ी बोली, बाँगरू और पंजाबी का मिलाजुला रूप) पर आधारित थी, कोई विशेष नाम नहीं दिया। पर इस परम्परा के प्रसिद्ध कवि शाह मीराँजी शमसुलउश्शाक ने (मृत्यु 1496 ई.) अपनी काव्यभाषा को 'हिन्दी' कहा। इसके बाद इस काव्यधारा के अनेक कवियों, मुल्ला वजही, शाह बुरहानुद्दीन जानम

बीजापुरी, जुनूनी, काजी महमूद बहरी, बाकर आगाह, मीरां याकूब, वलीउल्ला कादरी, शेख अशरफ आदि ने अपनी भाषा को 'हिन्दी' कहकर पुकारा।[4] इस प्रकार 'दक्खिनी' कवियों ने खड़ी बोली पर आधारित अपनी काव्यभाषा के लिए 'हिन्दी' ('हिन्दवी') संज्ञा को सुपरिचित बना दिया। पर उत्तर भारत में **हिन्दी-हिन्दवी** का प्रयोग तनिक व्यापक अर्थ में होता रहा। 1379 ई. में मौलाना दाऊद ने *चन्दायन* की रचना 'अवधी' में की। यद्यपि उपलब्ध प्रतियों में स्वयं कवि द्वारा अपनी भाषा को किसी विशेष नाम से पुकारने का कोई प्रमाण नहीं मिलता, पर अब्दुर्कादिर बदायूँनी ने *चन्दायन* की भाषा को 'हिन्दवी' कहा था।[5] मलिक मुहम्मद जायसी ने अपने काव्यग्रन्थ *पद्मावत* (1527-40 ई.) में अपनी भाषा को 'हिन्दवी' कहा है—'तुर्की अरबी हिन्दवी भाषा जेती आहिं। जामें मारग प्रेम का सबै सराहैं ताहि॥' उल्लेखनीय है कि जायसी ने अपनी भाषा को 'अवधी' नहीं कहा है जबकि उस समय यह नाम प्रचलित था। अमीर खुसरो और जायसी की भाषा के आधार पर डॉ. धीरेन्द्र वर्मा का अनुमान है कि उस समय दिल्ली के आसपास से लेकर अवध तक के प्रान्त की देशी भाषा को 'हिन्दी' या 'हिन्दवी' नाम सामान्य रूप से दिया जाने लगा था।[6] एक उल्लेखनीय तथ्य यह भी है कि प्राय: इस्लामी परम्परा से जुड़े मुसलमान कवि देशी भाषा के लिए 'हिन्दी' या 'हिन्दवी' पद का, जबकि भारतीय परम्परा से सम्बद्ध कवि देशी भाषा के लिए केवल 'भाषा' या 'भाखा' शब्द का प्रयोग करते थे। कबीरदास लिखते हैं—'संसकिरत है कूप जल, भाखा बहता नीर।' गोस्वामी तुलसीदास भी अपनी भाषा को 'भाषा' ही कहते हैं—'का भाषा का संस्कृत, प्रेम चाहिए साँच।' अकबर के दरबारी कवि अब्दुर्रहीम खानखाना प्रधानत: ब्रजभाषा और गौणत: अवधी के कवि थे, पर उन्हें उस समय 'हिन्दी' कवि ही कहा जाता था।[7] इससे प्रतीत होता है कि उस समय 'भाषा/भाखा', 'हिन्दी' और 'हिन्दवी' समानार्थक शब्द थे। लगभग इसी समय दिल्ली के आसपास की भाषा के लिए 'हिन्दुस्तानी' शब्द का प्रयोग भी प्रचलित हुआ। बाबर ने अपने आत्मचरित 'तुजुकबाबरी' में भाषा के अर्थ में 'हिन्दुस्तानी' शब्द का प्रयोग किया है।[8] इस प्रकार मुगल काल में 'हिन्दी', 'हिन्दवी', 'भाषा' और 'हिन्दुस्तानी' शब्द पर्यायवाची थे। मुसलमान लेखक अधिकतर 'हिन्दी' और 'हिन्दवी' का, हिन्दू कवि 'भाषा' का और यूरोपीय यात्री, पादरी आदि 'हिन्दुस्तानी' का प्रयोग करते थे।[9] किसी हिन्दू द्वारा 'हिन्दवी' शब्द का प्रथम प्रयोग मिर्जा राजा जयसिंह के पुत्र राम सिंह के निजी सहायक के एक पत्र (अक्टूबर, 1666 ई.) में मिलता है।[10] प्रथम ब्रजभाषा व्याकरण के लेखक मिर्जा खाँ (1676 ई.) ने अपने 'तहफ्तुल हिन्द' में ब्रजभाषा को 'हिन्दी' कहा। शाह बरकत उल्लाह ने भी 'रिसाला अवारीफे हिन्दी' में 'हिन्दी' शब्द का इस्तेमाल किया है।[11] इसी समय के आसपास शेख अब्दुल अंसारी (1664 ई.) और शेख महबूब आलम ने 'हिन्दी' शब्द का प्रयोग किया।[12] औरंगजेब के समकालीन सन्त प्राणनाथ के औरंगजेब के नाम लिखे पत्र की भाषा को उनके शिष्यों तथा समकालीनों ने 'हिन्दवी' कहा है।[13] किन्तु स्वयं प्राणनाथ ने (1581-1694 ई.) 'हिन्दुस्तानी' शब्द का ही प्रयोग किया है।[14] सूफी कवि नूर मुहम्मद ने अपनी रचना *अनुराग बाँसुरी* (1764 ई.) में अपनी काव्यभाषा (अवधी) को 'हिन्दी' की संज्ञा ही दी—'कामयाब कह कौन जगावा। फिर **हिन्दी** भाखै पर आवा।'[15] उधर शाहजहाँ-काल (1627-1657 ई.) में *तारीख फरिश्ता* और *बादशाहनामा* में

'हिन्दुस्तानी' शब्द का प्रयोग मिलता है।[16] *कुलजमस्वरूप* (सन्त प्राणनाथ) के आदि सम्पादक केसोदास ने 1694 ई. में किताबों के शीर्षकों में 'हिन्दुस्तानी' शब्द का प्रयोग किया था। इसी प्रकार लगभग तीन सौ वर्ष पुराने खड़ी बोली के पत्रों में 'हिन्दुस्तानी' शब्द का प्रयोग मिलता है।[17] यह रोचक तथ्य है कि मध्ययुग में मुसलमानों ने 'हिन्दी-हिन्दवी' की तुलना में 'हिन्दुस्तानी' शब्द का प्रयोग बहुत कम किया है। अठारहवीं शताब्दी के मध्य तक मुसलमान लेखक अधिकतर 'हिन्दी-हिन्दवी' शब्द का ही प्रयोग करते रहे। मीर का एक प्रसिद्ध शेर है :

क्या जानूँ लोग कहते हैं किसको सरूरे क़ल्ब
आया नहीं है लफ़्ज ये हिन्दी जबाँ के बीच।

यद्यपि 'हिन्दी-हिन्दवी' में अरबी-फारसी शब्दों का अधिकाधिक प्रयोग पहले ही आरम्भ हो गया था, पर उसका 'उर्दू' नाम मीर के बाद ही अधिक प्रचलित हुआ। अठारहवीं शताब्दी के उत्तरार्ध में भी अनेक मुसलमान लेखकों ने अपनी काव्यभाषा को 'हिन्दी' या 'हिन्दवी' कहा। इनमें से सैयद इंशा अल्ला खाँ का नाम विशेष रूप से उल्लेखनीय है। वे फारसी में लिखित अपने प्रसिद्ध व्याकरण ग्रन्थ 'दरयाय लताफत' (1808 ई.) में 'हिन्दी' शब्द का प्रयोग लगभग 40 बार करते हैं। डॉ. धीरेन्द्र वर्मा के अनुसार इंशा फारसी, अरबी आदि बाहरी भाषाओं के सन्दर्भ में 'हिन्दी' शब्द का प्रयोग अधिकांशत: सामान्य अर्थ में 'मध्यदेश की भाषा' के लिए करते हैं।[18] पर धीरे-धीरे मुसलमान लेखक अपनी काव्यभाषा को अरबी-फारसी प्रभाव से अधिकाधिक युक्त करते गए और उसके लिए 'हिन्दी' शब्द का प्रयोग छोड़ 'उर्दू' शब्द का प्रयोग करने लगे।

डॉ. माताबदल जायसवाल ने सोलहवीं शताब्दी के अन्तिम चरण से अठारहवीं शताब्दी के प्रथम चरण के बीच भारत में आए पादरियों और यूरोपीय यात्रियों—पादरी एक्वा बीबा (1582 ई.), जेरोम जेवियर (1598 ई.), केटिलियर (1694 ई.), हेमिल्टन (1716 ई.) आदि के बारे में बताया है कि उन्होंने 'हिन्दुस्तानी' शब्द का प्रयोग व्यापक रूप में हिन्दुस्तान की भाषा, सामान्य रूप से मध्य देश की भाषा और विशेष रूप से खड़ी बोली शैली के लिए किया है। सर्वप्रथम जॉन गिलक्राइस्ट ने 'हिन्दुस्तानी' शब्द को एक नया अर्थ देने का प्रयास किया जो सम्भवत: राजनीतिक उद्देश्य से भी प्रेरित था। गिलक्राइस्ट ने उत्तरी हिन्दुस्तान की प्रमुख भाषा के लिए सामान्य रूप से 'हिन्दुस्तानी' शब्द का प्रयोग किया, जिसे उन्होंने तीन शैलियों में विभक्त किया : दरबारी शैली (उर्दू), मध्यम शैली (वास्तविक हिन्दुस्तानी) और ग्रामीण शैली (हिन्दवी)। किन्तु वास्तव में—'हिन्दुस्तानी' से उनका तात्पर्य उर्दू से ही था और फोर्ट विलियम कॉलेज के हिन्दुस्तानी विभाग में 'हिन्दुस्तानी' नाम से उर्दू ही पढ़ाई जाती थी।[19] इस तरह 1800 ई. के बाद गिलक्राइस्ट के प्रभाव से 'हिन्दुस्तानी' से उर्दू का अर्थ ही लिया जाने लगा। किन्तु जल्द ही ईसाई मिशनरियों को इस भूल का पता चल गया। उन्होंने अपने अनुभव से जान लिया कि उत्तर भारत में व्यापक रूप से बोली जानेवाली भाषा 'हिन्दी' है, 'हिन्दुस्तानी' के वेश में उर्दू नहीं। अत: उन्होंने अपनी धर्मप्रचार सम्बन्धी पुस्तकें 'हिन्दी' में ही लिखीं। कम्पनी के कर्मचारियों ने भी धीरे-धीरे यह अनुभव किया कि हिन्दुस्तानी (अर्थात् उर्दू) नहीं बल्कि हिन्दी (हिन्दवी) ही उत्तरी हिन्दुस्तान की

बहुप्रचलित भाषा है। 1812 ई. में कैप्टेन टेलर ने कॉलेज का वार्षिक विवरण प्रस्तुत करते समय 'हिन्दी' शब्द का प्रयोग आधुनिक अर्थ में सम्भवत: प्रथम बार किया।[20] तत्पश्चात् 1824 ई. में विलियम प्राइस ने अपने को सर्वप्रथम 'हिन्दी प्राफेसर' लिखा और ब्रजभाषा, खड़ी बोली, हिन्दवी, हिन्दुई, ठेठ हिन्दी आदि नामों के स्थान पर 'हिन्दी' नाम को चुना। उन्होंने 'हिन्दी' और 'हिन्दुस्तानी' का अन्तर भी स्पष्ट किया।[21] इसके बाद, धीरे-धीरे, अरबी-फारसी मिश्रित भाषा के लिए 'हिन्दुस्तानी' नाम का प्रयोग कम होने लगा और वह अपने प्रकृत रूप 'उर्दू' में ही विलीन हो गई। लगभग दो दशक बाद राजा शिवप्रसाद ने 'हिन्दी' को 'आम पसन्द' और 'खास पसन्द' भाषा का रूप देने की कोशिश की। उनकी 'आम पसन्द' वाली भाषा तो 'हिन्दी' रही, पर 'खास पसन्द' वाली भाषा देवनागरी लिपि में उर्दू हो गई। वह वही 'हिन्दुस्तानी' थी, जिसके प्रचारक गिलक्राइस्ट थे। राजा शिवप्रसाद की कोशिशों के बावजूद उनकी 'खास पसन्द हिन्दी' तत्कालीन हिन्दी प्रेमियों को स्वीकार्य न हुई। उनके ही समकालीन राजा लक्ष्मण सिंह ने अपनी *शकुन्तला नाटक* (1863 ई.), *रघुवंश* (1877 ई.), *मेघदूत* (1881, 1883 ई.) आदि अनूदित रचनाओं में हिन्दी का ऐसा नमूना पेश किया जो सर्वग्राह्य हो गया। *रघुवंश* के गद्यानुवाद के प्राक्कथन में उन्होंने 'हिन्दी' और 'उर्दू' को अलग-अलग बोलियाँ घोषित करते हुए 'हिन्दी' को 'संस्कृत के पदों' से युक्त, 'बिना अरबी-फारसी शब्दों की सहायता लिए भी बोली जानेवाली हिन्दुओं की भाषा' कहा।[22] उनकी हिन्दी की इस परिभाषा से अँगरेज विद्वान फ्रेडरिक पिन्कॉट भी सहमत थे। उन्होंने राजा लक्ष्मण सिंह के *शकुन्तला नाटक* (1863 ई.) की भूमिका में राजा साहब की 'हिन्दी' को ही वास्तविक हिन्दी के रूप में स्वीकार किया। इसके बाद 'हिन्दी' पद उस भाषा के लिए पूर्णत: स्वीकृत हो गया जो मूलत: खड़ी बोली पर आधारित है और जिसमें तद्भव शब्दों के साथ संस्कृत तत्सम शब्दों का अधिक मात्रा में प्रयोग होते हुए भी बोलचाल में घुलमिल गए विदेशी शब्दों का बहिष्कार नहीं किया जाता। भारतेन्दु और उनके युग के साहित्यकारों ने 'हिन्दी' को इसी अर्थ में ग्रहण किया। द्विवेदी युग में यही 'हिन्दी' अपने परिनिष्ठित रूप को प्राप्त हुई और परवर्ती कवियों तथा लेखकों ने इसी 'हिन्दी' का साहित्यिक भाषा के रूप में विकास किया।

पर इसके साथ-साथ 'हिन्दी' पद का प्रयोग उसके व्यापक, पारिवारिक अर्थ में भी होता रहा। हिन्दी के प्रारम्भिक साहित्येतिहासकारों ने, जिनमें रामचन्द्र शुक्ल प्रमुख हैं, 'हिन्दी' साहित्य के अन्तर्गत ब्रजभाषा, अवधी और खड़ी बोली में लिखित रचनाओं को ही नहीं, बल्कि राजस्थानी और मैथिली की कृतियों को भी शामिल किया। दूसरी तरफ भाषा-वैज्ञानिकों ने जार्ज ग्रियर्सन के प्रभाव से केवल ब्रजभाषा, खड़ी बोली, बाँगरू, कन्नौजी, बुंदेली, अवधी, बघेली और छत्तीसगढ़ी को ही 'हिन्दी' की उपभाषाओं के रूप में स्वीकार किया।[23] इनमें से प्रथम पाँच को 'पश्चिमी हिन्दी' के अन्तर्गत और शेष तीन को 'पूर्वी हिन्दी' के अन्तर्गत रखा गया। राजस्थान की मारवाड़ी, जयपुरी, मेवाती और मालवी को, उत्तर प्रदेश और बिहार की भोजपुरी तथा बिहार की मैथिली और मगही को, हिमाचल प्रदेश की क्योंथली, कुलूई और चम्बाली को, उत्तर प्रदेश की कुमायूँनी, गढ़वाली और जौनसारी को तथा उत्तरी बंगाल और सिक्किम की गोरखाली, नेपाली आदि को 'हिन्दी' से भिन्न माना गया। हिन्दी

के प्रायः सभी भाषाविज्ञानी, 'भाषावैज्ञानिक' कसौटी पर, 'हिन्दी' का प्रसार पश्चिम में हरियाणा, दिल्ली और उत्तर प्रदेश से लेकर पूर्व में इलाहाबाद, प्रतापगढ़ और फैजाबाद के जिले तक तथा उत्तर में नेपाल की तराई से लेकर दक्षिण में रायपुर-खंडवा तक मानते हैं। पर 'व्यावहारिक' रूप से 'राजस्थानी', 'पहाड़ी' और 'बिहारी' उपवर्ग की भाषाओं को भी 'हिन्दी' की उपभाषाएँ मानने का आग्रह किया जाता है। डॉ. रामविलास शर्मा ने 'हिन्दी' को राजस्थान, हरियाणा, दिल्ली, हिमाचल प्रदेश, उत्तर प्रदेश, बिहार और मध्य प्रदेश की 'जातीय भाषा' और यहाँ की भाषाओं/बोलियों को 'हिन्दी' की उपभाषाएँ मानने का तर्क पेश किया है।[24] भारतीय संविधान और उससे निर्देशित योजनाओं में भी इस क्षेत्र के निवासियों की 'मातृभाषा' **हिन्दी** मान ली गई है।[25] राजभाषा नियम—1976 (यथासंशोधित, 1987) में भाषा की दृष्टि से समस्त भारत को चार क्षेत्रों में बाँटते हुए 'क' क्षेत्र के अन्तर्गत बिहार, हरियाणा, हिमाचल प्रदेश, मध्य प्रदेश, राजस्थान, उत्तर प्रदेश, दिल्ली तथा अण्डमान निकोबार द्वीपसमूह को रखा गया है और यह माना गया है कि यहाँ की भाषा 'हिन्दी' है।[26] इस प्रकार 'हिन्दी' को लेकर एक विचित्र असंगतिपूर्ण स्थिति पैदा हो गई है। भाषावैज्ञानिकों के अनुसार 'हिन्दी' कोई एक भाषा न होकर एक भाषिक परिवार या संघ है जिसमें ब्रजभाषा, खड़ी बोली, अवधी आदि उपभाषाएँ समान स्तर पर अवस्थित हैं। हिन्दी साहित्य के इतिहासकार भी यही मानते हैं, पर जब वे आधुनिक साहित्य का इतिहास लिखने लगते हैं तब केवल खड़ी बोली पर आधारित आधुनिक परिनिष्ठित हिन्दी को ही 'हिन्दी' के रूप में स्वीकार करते हैं। दूसरी तरफ डॉ. रामविलास शर्मा आदि विद्वान खड़ी बोली पर आधारित आधुनिक परिनिष्ठित हिन्दी को जातीय भाषा हिन्दी और राजस्थान, हरियाणा, हिमाचल प्रदेश, उत्तर प्रदेश, बिहार और मध्य प्रदेश की भाषाओं को उसकी उपभाषाएँ मानने का आग्रह करते हैं।

जो हो, आज व्यावहारिक रूप में 'हिन्दी' का अर्थ खड़ी बोली पर आधारित आधुनिक परिनिष्ठित हिन्दी हो गया है और वह दिन भी बहुत दूर नहीं जब भोजपुरी, मैथिली, मगही, अवधी, ब्रज, राजस्थानी आदि भाषाएँ हिन्दी से भिन्न पर एक परिवार की भाषाओं के रूप में प्रतिष्ठित हो जाएँगी।

खड़ी बोली पर आधारित आधुनिक परिनिष्ठित हिन्दी को **हिन्दी** के रूप में मान्यता राजनीतिक कारणों से मिली है। स्वाधीनता संग्राम के दौरान, आन्दोलन को व्यापक और प्रभावी बनाने के लिए इसी **हिन्दी** का उपयोग किया गया। गांधी जी ने स्वाधीनता की लड़ाई में 'हिन्दी' के महत्त्व को समझा[27] और इसका व्यापक प्रचार हुआ। मुस्लिम नेताओं के विरोध के कारण गांधी जी को इसी भाषा को 'हिन्दी-हिन्दुस्तानी' और 'हिन्दुस्तानी' कहने के लिए बाध्य होना पड़ा।[28] एक बार पुनः गिलक्राइस्ट की 'हिन्दुस्तानी' ने सिर उठाया पर भारत की आजादी और देश के बँटवारे ने उसके पुनःप्रचलन की सम्भावनाओं को समाप्तप्राय कर दिया। भारतीय संविधान में संघ की राजभाषा और उत्तर भारत की क्षेत्रीय भाषा के रूप में 'हिन्दी' नाम को ही स्वीकार किया गया।

पर संविधान ने 'हिन्दी' के स्वरूप को लेकर एक नई उलझन भी पैदा कर दी। संविधान के 351वें अनुच्छेद में, विशेष निर्देश के रूप में, यह कहा गया कि संघ का यह कर्त्तव्य होगा कि वह हिन्दी का विकास इस रूप में करे कि वह **भारत की सामासिक संस्कृति के**

सभी तत्त्वों की अभिव्यक्ति का माध्यम बन सके; साथ ही हिन्दी की प्रकृति में हस्तक्षेप किए बिना हिन्दुस्तानी और आठवीं अनुसूची में विनिर्दिष्ट भारत की अन्य भाषाओं में प्रयुक्त होनेवाले रूपों, शैलियों और अभिव्यंजनाओं को आत्मसात् करते हुए और जहाँ आवश्यक या वांछनीय हो, मुख्यत: संस्कृत और गौणत: अन्य भाषाओं से शब्दों को ग्रहण करते हुए उसकी समृद्धि सुनिश्चित की जानी चाहिए। इसके साथ ही संविधान की आठवीं अनुसूची में भारत की चौदह भाषाओं में[29] 'हिन्दी' को भी, संस्कृत और उर्दू के साथ, स्थान दिया गया। इससे एक बड़ी भारी गड़बड़ी पैदा हो गई। संविधान ने, और उसके माध्यम से सारे देश ने, यह मान लिया कि उत्तर भारत का एक विशाल क्षेत्र 'हिन्दी-भाषी' है। प्राय: यह भी मान लिया गया कि 'हिन्दी' इस विशाल क्षेत्र की मातृभाषा है। उत्तर भारत के लोगों ने भी जनगणना में अपनी 'मातृभाषा' के रूप में 'हिन्दी' का ही नाम अंकित कराया। इससे 'हिन्दीभाषियों' की संख्या तो बढ़ गई और उसका राजनीतिक लाभ भी मिला, पर इस कारण हिन्दी का विरोध भी तीव्र हो गया। यह तथ्य बिलकुल ही भुला दिया गया कि 'हिन्दी' इस क्षेत्र के बहुत सीमित वर्ग की मातृभाषा है, भले ही वह इस क्षेत्र की साहित्यिक, सांस्कृतिक तथा सम्पर्क भाषा हो। संविधान ने हिन्दी को 'राजभाषा' और 'क्षेत्रीय भाषा' के रूप में अलग-अलग उल्लेख करके यह बोध पैदा किया कि ये दोनों एक-दूसरे से भिन्न हैं। **क्षेत्रीय हिन्दी** की अपनी एक विशेष 'प्रकृति' (जीनियस) है जिसमें बिना 'हस्तक्षेप' किये **राजभाषा हिन्दी** 'हिन्दुस्तानी' और आठवीं अनुसूची में विनिर्दिष्ट भाषाओं में प्रयुक्त होनेवाले रूपों, शैलियों और अभिव्यंजनाओं को तथा मुख्यत: संस्कृत से और गौणत: अन्य भाषाओं के शब्दों को ग्रहण कर अपना भावी स्वरूप निर्मित करेगी। यह संवैधानिक निर्देश इतना अस्पष्ट है कि इससे केवल भ्रम ही पैदा होना था और वही हुआ भी। हिन्दी क्षेत्र के निवासियों ने इसे अव्यावहारिक और अस्पष्ट समझ कर कोई महत्त्व नहीं दिया, जबकि हिन्दी विरोधियों ने इसे अस्त्र के रूप में इस्तेमाल किया और आज भी कर रहे हैं। इसका थोड़ा आभास हमें प्रथम राजभाषा आयोग (1956) के प्रतिवेदन में भी मिलता है। इस प्रतिवेदन में श्री मगनभाई देसाई की व्याख्यात्मक टिप्पणी संलग्न है जिसमें कहा गया है कि "अनुच्छेद-351 में परिभाषित 'संघीय हिन्दी' कोई बनावटी 'सरकारी बोली' या 'शब्दाडम्बर' न होकर हमारे सभी भाषाई वर्गों के सम्मिलित और संयुक्त प्रयास से विकसित एक सजीव और विकासमान भाषा होगी। स्पष्ट है कि यदि हम ऐसा राष्ट्रीय प्रयत्न करेंगे तो एक राष्ट्रीय आन्तर भाषा हिन्दी या हिन्दुस्तानी भी उत्पन्न होगी। यदि ऐसा हो सके तो देश के सब समूहों को मन से यह आन्तर भाषा स्वीकार्य होगी।"[30] इसके बावजूद मगनभाई देसाई ने 'दो हिन्दियों' का प्रश्न उठाया है और अपना निष्कर्ष दिया है कि आठवीं अनुसूची में उल्लिखित 'हिन्दी' अनुच्छेद-343 और 351 में उल्लिखित संघीय भाषा 'हिन्दी' नहीं हो सकती और न संघ की 'हिन्दी' भाषा ही आठवीं अनुसूची में उल्लिखित 'हिन्दी' हो सकती है।[31] मगनभाई ने इस बात का भी उल्लेख किया है कि "उत्तर के लोगों ने यह धारणा फैलाई है कि जिस भाषा को संघीय भाषा माना गया है वह उनकी भाषा है।"[32] श्री देसाई ने अपने मत के समर्थन में श्री बाल गंगाधर खेर और पं. जवाहरलाल नेहरू के विचार भी उद्धृत किये हैं। श्री खेर ने कहा था कि "संविधान में जिस हिन्दी की परिकल्पना है वह धीरे-धीरे ही विकसित होगी,

वह हिन्दी नहीं हो सकती जो उत्तर प्रदेश या बिहार या मध्य प्रदेश में प्रचलित है। ये सब राष्ट्रभाषा की रचना में बहुमूल्य योगदान करेंगी पर ये स्वयं राष्ट्रभाषा नहीं हैं।''[33]

पं. जवाहरलाल नेहरू ने भी कहा था कि ''हिन्दी को दो रूपों में देखना है। एक तो अन्य प्रादेशिक भाषाओं के ही समान प्रादेशिक भाषा के रूप में और दूसरा एक सार्वदेशिक सरकारी भाषा या दूसरी भाषा के रूप में।''[34] जून, 1950 में तत्कालीन लोक सभा के अध्यक्ष श्री गणेश वासुदेव मावलंकर ने भी इसी प्रकार के विचार व्यक्त किये थे।[35]

इस सम्बन्ध में एक अहम सवाल यह पैदा होता है कि यह विशिष्ट 'हिन्दी', जो भारतीय संघ की राजभाषा बनेगी, कैसी होगी और इसका निर्माण कौन करेगा! भाषाओं के विकास का इतिहास इस बात का गवाह है कि किसी भाषा का कृत्रिम रूप से निर्माण नहीं किया जा सकता, उसका समकालीन परिस्थितियों और आवश्यकताओं के घात-प्रतिघात से विकास ही होता है। आधुनिक हिन्दी अठारहवीं शताब्दी से लेकर आज तक की परिस्थितियों की ही उपज है और विगत तीन शताब्दियों से इसके स्वरूप में क्रान्तिकारी परिवर्तन हुए हैं। तथाकथित 'हिन्दी क्षेत्र' में जो हिन्दी बोली जाती है उससे यह आधुनिक परिनिष्ठित हिन्दी भिन्न है। यह कोई नई बात नहीं है और संसार की समस्त विकसित भाषाओं के साथ यह बात लागू है। संविधान के अनुच्छेद-351 के आधार पर जिस 'भावी हिन्दी' की बात कही जाती है, वह आधुनिक हिन्दी का ही विकसित रूप हो सकती है और यह कहने का कोई विशेष अर्थ नहीं है कि वह उत्तर प्रदेश, बिहार, मध्य प्रदेश, राजस्थान, हरियाणा और हिमाचल प्रदेश की 'क्षेत्रीय हिन्दी' से भिन्न होगी। आधुनिक परिनिष्ठित हिन्दी आज भी अनेक शैलियों में लिखी जाती है और शब्दों के प्रयोग को लेकर उसमें कोई रूढ़िवादिता नहीं है। यहाँ तक कि शब्दों की वर्तनी और अनेक व्याकरणिक प्रयोगों में विकल्पों की छूट भी लेखन और भाषण में मान्य है। हिन्दी क्षेत्र की भाषाएँ अपनी शब्द-सम्पदा, मुहावरों, कहावतों और अभिव्यंजनाओं से आधुनिक हिन्दी को निरन्तर समृद्ध करती रही हैं। पंजाबी का प्रभाव तो हिन्दी पर बहुत तेजी से पड़ रहा है और उसे स्वीकृति भी मिल रही है। अत: अखिल भारतीय भाषा के रूप में यदि हिन्दी अन्य भारतीय भाषाओं से भी प्रभाव ग्रहण करती है तो यह कोई चिन्ता की बात नहीं है। यह निश्चित है कि यह 'प्रभाव' स्वाभाविक रूप में, भाषा-सिद्धान्त के नियमों के रूप में ही आएगा, किसी आरोपित फार्मूले के रूप में नहीं।

सन्दर्भ

1. माताबदल जायसवाल, हिन्दी साहित्य कोश, खंड-1, प्रधान सम्पादक : धीरेन्द्र वर्मा, ज्ञानमंडल लि. वाराणसी, पृ. 388
2. उपरिवत्
3. उपरिवत्
4. इकबाल अहमद, दक्खिनी साहित्य का आलोचनात्मक इतिहास, लोक भारती प्रकाशन, इलाहाबाद, पृ. 4-6
5. मौलाना दाऊद दलमई कृत चन्दायन, सं. परमेश्वरी लाल गुप्त, हिन्दी ग्रन्थ रत्नाकर प्रा. लि., बम्बई, परिचय, पृ. 31

6. हिन्दी साहित्य कोश, खंड-1, पृ. 888
7. उपरिवत्
8. माताबदल जायसवाल, हिन्दी साहित्य कोश, खंड-1, पृ. 896
9. उपरिवत्, पृ. 897
10. उपरिवत्, पृ. 889
11. उपरिवत्
12. उपरिवत्
13. उपरिवत्
14. उपरिवत्, पृ. 896
15. रामचन्द्र शुक्ल, हिन्दी साहित्य का इतिहास, पृ. 70
16. माताबदल जायसवाल, हिन्दी साहित्य कोश, खंड-1, पृ. 896
17. उपरवित्
18. उपरिवत्, पृ. 890
19. उपरिवत्, पृ. 896
20. उपरिवत्, पृ. 891
21. उपरिवत्
22. रामचन्द्र शुक्ल, हिन्दी साहित्य का इतिहास, पृ. 301
23. धीरेन्द्र वर्मा, हिन्दी भाषा का इतिहास, पृ. 63-66
24. रामविलास शर्मा, हिन्दी जाति का इतिहास, राजपाल एंड संस, दिल्ली, 1986
25. राजभाषा आयोग का प्रतिवेदन, 1956, पृ. 98
26. राजभाषा सम्बन्धी सांविधानिक उपबन्धों, राष्ट्रपति आदेश आदि का संकलन, राजभाषा विभाग, नई दिल्ली, पृ. 12
27. द्रष्टव्य इसी पुस्तक का नवाँ अध्याय
28. उपरिवत्
29. अब इस सूची में शामिल की गई भाषाओं की संख्या अठारह हो गई है।
30. राजभाषा आयोग का प्रतिवेदन, 1956, पृ. 291-92
31. उपरिवत्, पृ. 294
32. उपरिवत्, पृ. 329
33. उपरिवत्, पृ. 331
34. उपरिवत्, पृ. 333
35. उपरिवत्, पृ. 332

2

हिन्दी की उपभाषाएँ[1] और उनका पारस्परिक सम्बन्ध

'हिन्दी' पद के अर्थ, अर्थान्तर और इतिहास का विवेचन करने के बाद यह प्रश्न स्वाभाविक रूप से उठता है कि इसका भाषिक स्वरूप क्या है और भाषा के रूप में इसका व्यवहार कितने बड़े क्षेत्र में होता है? पिछले अध्याय में यह स्पष्ट किया जा चुका है कि आरम्भ में 'हिन्दी' (हिन्दवी, 'भाषा' या 'हिन्दुस्तानी') किसी एक भाषा का नाम नहीं था। इसके अन्तर्गत मध्य देश की लगभग सभी भाषाएँ, विशेषकर दिल्ली और उसके आसपास की भाषाएँ, अवधी और ब्रजभाषा[2] सम्मिलित थीं। आधुनिक काल में जब 'हिन्दी' भाषा को परिभाषित किया जाने लगा तो भाषावैज्ञानिकों और साहित्येतिहासकारों ने एक-दूसरे से किंचित् भिन्न दृष्टिकोण अपनाया। ग्रियर्सन, सुनीति कुमार चटर्जी, धीरेन्द्र वर्मा, उदय नारायण तिवारी आदि भाषाशास्त्रियों के अनुसार प्राचीन मध्य देश की मुख्य बोलियों के समूह को 'हिन्दी' नाम से पुकारा जाता है। ग्रियर्सन के भाषा सर्वे (1894-1927 ई.) में हिन्दोस्तानी, बाँगरू, ब्रज, कन्नौजी और बुन्देली को 'पश्चिमी हिन्दी' तथा अवधी, बघेली और छत्तीसगढ़ी को 'पूर्वी हिन्दी' कहा गया है। ग्रियर्सन ने भोजपुरी, मगही और मैथिली को हिन्दी से भिन्न करते हुए उन्हें एक कल्पित और अस्तित्वरहित भाषा 'बिहारी' की बोलियाँ माना है। इसी प्रकार मारवाड़ी, जयपुरी, मेवाती, मालवी आदि को ग्रियर्सन ने 'राजस्थानी' वर्ग की बोलियाँ मानते हुए उन्हें 'हिन्दी' से अलग किया है। उत्तर प्रदेश के उत्तर-पश्चिम और हिमाचल प्रदेश में बोली जानेवाली बोलियों को 'पहाड़ी उपभाषा' संज्ञा देकर हिन्दी से अलगाया गया है। इस प्रकार इन भाषावैज्ञानिकों के अनुसार हिन्दी क्षेत्र की सीमाएँ इस प्रकार बनती हैं : उत्तर में तराई, पश्चिम में पंजाब और हिसार के जिले, पूर्व में फैजाबाद, प्रतापगढ़ और इलाहाबाद के जिले तथा दक्षिण में रामपुर-खंडवा।[3]

कहना न होगा कि उत्तर भारत की हिन्दी परिवार की भाषाओं का यह वर्गीकरण और क्षेत्र-निर्धारण बहुत कुछ आधारहीन और संकीर्ण है। रोचक तथ्य यह है कि इस वर्गीकरण और क्षेत्र-निर्धारण को हिन्दी के भाषावैज्ञानिकों ने मूल रूप में, जहाँ-तहाँ कुछ संशोधनों के साथ, स्वीकार कर लिया है। केवल डॉ. रामविलास शर्मा ने इस वर्गीकरण को अस्वीकार करते हुए पुष्ट तर्कों के आधार पर भोजपुरी, मगही, मैथिली आदि को हिन्दी परिवार की भाषाओं में स्थान दिया है।[4] जहाँ तक राजस्थानी और पहाड़ी भाषाओं का प्रश्न है, वे भी शब्द भंडार और

व्याकरणिक संरचना की दृष्टि से हिन्दी परिवार के अन्तर्गत स्वीकार करने योग्य हैं। इसका यह अर्थ नहीं कि इनके स्वतंत्र विकास की सम्भावनाओं या साहित्यिक, राजनीतिक मान्यताओं को अस्वीकार किया जाना चाहिए। 'हिन्दी' की तर्कसंगत भाषिक व्यवस्था यह होगी कि पश्चिमी हिन्दी, पूर्वी हिन्दी, बिहारी, राजस्थानी और पहाड़ी वर्ग के अन्तर्गत आनेवाली भाषाएँ **बृहद् हिन्दी परिवार** या **संघ** के अन्तर्गत मानी जाएँ और, साथ ही, उन्हें स्थानीय स्तर पर साहित्य और प्रारम्भिक शिक्षा तथा सरकारी कामकाज की भाषा के रूप में मान्यता प्रदान की जाए।

साहित्यिक स्तर पर यह व्यवस्था सीमित रूप में स्वीकृत भी है। उदाहरण के लिए, हिन्दी साहित्य के इतिहास के अन्तर्गत राजस्थानी, मैथिली, अवधी, ब्रजभाषा और खड़ी बोली में लिखित साहित्य का विवेचन किया जाता है, पर आधुनिक काल तक आते-आते खड़ी बोली पर आधारित मानक हिन्दी को छोड़कर हिन्दी परिवार की अन्य किसी भाषा या उपभाषा का साहित्य विवेच्य नहीं समझा जाता। हिन्दी साहित्य के पाठ्यक्रम में भी रचनाओं का चयन इसी प्रकार किया जाता है। हिन्दी साहित्य के इतिहास का यह अन्तर्विरोध भाषा सम्बन्धी अनेक समस्याएँ पैदा करता है, जिससे हम परिचित हैं।

राजनीतिक स्तर पर, यानी भारतीय संविधान के अनुसार, हिन्दी का क्षेत्रीय भाषा के रूप में प्रसार पश्चिम में राजस्थान की पाकिस्तान से लगी सीमा तक, उत्तर-पश्चिम में हरियाणा और हिमाचल प्रदेश तक, उत्तर में उत्तर प्रदेश और बिहार की उत्तरी सीमा तक, उत्तर-पूर्व और पूर्व में बिहार की पूर्वी सीमा तक, दक्षिण-पूर्व में मध्य प्रदेश की पूर्वी सीमा तक तथा दक्षिण में मध्य प्रदेश और राजस्थान की दक्षिणी सीमाओं तक है। इस क्षेत्र की भाषा हिन्दी मानी गई है और भारतीय संविधान की आठवीं अनुसूची में उर्दू को छोड़कर, जिसका कोई भी विशेष क्षेत्र नहीं है, इस क्षेत्र की और किसी भाषा को स्थान नहीं दिया गया है। इसके विरोध में मैथिली, राजस्थानी, भोजपुरी, छत्तीसगढ़ी आदि भाषाओं के बोलने वाले आन्दोलन भी चला रहे हैं, पर उन्हें अब तक सफलता नहीं मिली है। राजस्थानी और मैथिली को साहित्य अकादमी में मान्यता अवश्य मिल चुकी है जो अभी अन्य भाषाओं को नहीं मिल पायी है।

संक्षेप में हिन्दी परिवार की भाषाओं का परिचय प्राप्त कर लेना आवश्यक है—

खड़ी बोली : जैसा हम देख चुके हैं, 'खड़ी बोली' नाम आधुनिक है। ग्रियर्सन ने अपने 'भाषा सर्वेक्षण' में इसे 'हिन्दोस्तानी'[5] कहा है, पर धीरेन्द्र वर्मा ने उसके स्थान पर 'खड़ी बोली' पद का प्रयोग किया है। इसका एक नाम 'सरहिन्दी' भी है। डॉ. भोलानाथ तिवारी ने इसे 'कौरवी' कहा है। धीरेन्द्र वर्मा ने सम्भवत: ग्रियर्सन के 'भाषा सर्वेक्षण' के आधार पर ही 'खड़ी बोली' को पश्चिमी रुहेलखंड, गंगा के उत्तरी दोआब तथा अम्बाला जिले की उपभाषा माना है।[6] उनके अनुसार खड़ी बोली रामपुर, मुरादाबाद, बिजनौर, मेरठ, मुजफ्फरनगर, सहारनपुर, देहरादून के मैदानी भाग, अम्बाला तथा कलसिया और पटियाला रियासत (अब जिला) के पूर्वी हिस्से के गाँवों में बोली जाती है। इससे यह भ्रम नहीं होना चाहिए कि इन क्षेत्रों में बोली जानेवाली 'खड़ी बोली' और आज की परिनिष्ठित हिन्दी-उर्दू एक हैं, यद्यपि इन दोनों का विकास उसी से हुआ है।

बाँगरू : पश्चिमी हिन्दी की दूसरी उपभाषा को बाँगरू, जाटू या हरियाणी (हरियाणवी) नाम से पुकारा जाता है। धीरेन्द्र वर्मा के अनुसार यह दिल्ली, करनाल, रोहतक और हिसार

जिलों तथा समीपवर्ती पटियाला, नाभा और जीन्द के गाँवों में बोली जाती है।[7] विद्वानों के बीच इसे स्वतंत्र उपभाषा मानने में मतैक्य नहीं है। धीरेन्द्र वर्मा के अनुसार यह पंजाबी और राजस्थानी मिश्रित खड़ी बोली है। रामविलास शर्मा बाँगरू और खड़ी बोली के उपभाषावाले रूप को अलग-अलग नाम न देकर एक ही नाम 'बाँगरू' से अभिहित करते हैं।[8] उनके अनुसार "वर्तमान बाँगरू के क्षेत्र में हरियाणा के अलावा दिल्ली तथा उत्तर प्रदेश का काफी उत्तर-पश्चिमी भाग आ जाता है।...प्रत्येक भाषा के समान बाँगरू भी अनेक बोलियों का समुदाय है, पर ये बोलियाँ एक-दूसरे से मिलती-जुलती हैं और उन्हें बाँगरू संज्ञा दी जा सकती है।"[9] इसी बाँगरू या बाँगरू-सरहिन्दी (खड़ी बोली) से आधुनिक मानक हिन्दी-उर्दू का विकास हुआ है।

ब्रजभाषा : पश्चिमी हिन्दी की एक प्रमुख उपभाषा ब्रजी है जो आज 'ब्रजभाषा' के नाम से जानी जाती है। इसका नाम 'अन्तर्वेदी' भी है, पर यह नाम ज्यादा प्रचलित नहीं है।[10] यह ब्रजमंडल की भाषा है। ब्रजमंडल का क्षेत्र मोटे तौर पर आधुनिक मथुरा जिला है। ब्रजभाषा का प्रसार मथुरा के दक्षिण में आगरा, भरतपुर के अधिकांश भाग, करौली, ग्वालियर के पश्चिमी भाग तथा जयपुर के पूर्वी भाग में है। मथुरा के उत्तर में यह गुड़गाँव के पूर्वी भाग में बोली जाती है। उत्तर-पूर्व के दोआब में यह बुलन्दशहर, अलीगढ़, एटा, मैनपुरी तथा गंगापार के बदायूँ, बरेली तथा नैनीताल की तराई में बोली जाती है। डॉ. धीरेन्द्र वर्मा के अनुसार गुड़गाँव, भरतपुर, करौली तथा ग्वालियर के पश्चिमोत्तर भाग में इसमें राजस्थानी और बुन्देली की झलक आने लगती है। बुलन्दशहर, बदायूँ और नैनीताल तराई में खड़ी बोली का प्रभाव शुरू हो जाता है तथा एटा, मैनपुरी और बरेली के जिलों में कुछ कन्नौजीपन आने लगता है।[11] डॉ. वर्मा पीलीभीत तथा इटावा की बोली को कन्नौजी की अपेक्षा ब्रजभाषा के अधिक निकट मानते हैं।[12] साहित्य की भाषा के रूप में ब्रजभाषा का प्रयोग मध्यकाल में सारे देश में होता था।

कन्नौजी : पश्चिमी हिन्दी की तीसरी मुख्य बोली कन्नौजी है जिसका क्षेत्र ब्रजभाषा और अवधी के बीच में पड़ता है। कन्नौजी का केन्द्र फर्रूखाबाद है, किन्तु उत्तर में यह हरदोई, शाहजहाँपुर तथा पीलीभीत तक और दक्षिण में इटावा तथा कानपुर के पश्चिमी भाग में प्रचलित है।

कन्नौजी तथा ब्रजभाषा में इतना अधिक साम्य है कि कई भाषावैज्ञानिक इसे अलग उपभाषा के रूप में स्वीकार नहीं करते। डॉ. धीरेन्द्र वर्मा भी इसे ब्रजभाषा का ही एक उपरूप मानते हैं।[13]

बुन्देलखंडी : पश्चिमी हिन्दी की पाँचवीं उपभाषा 'बुन्देली' या 'बुन्देलखंडी' कही जाती है। यह बुन्देलखंड में बोली जाती है। बुन्देलखंड की सीमा उत्तर में यमुना नदी, उत्तर तथा पश्चिम में चम्बल नदी, दक्षिण में मध्य प्रदेश के जबलपुर तथा सागर जिले और दक्षिण-पूर्व में रीवा अथवा बघेलखंड एवं मिर्जापुर की पहाड़ियाँ हैं। इसके अतिरिक्त बुन्देली झाँसी, जालौन तथा हमीरपुर में भी बोली जाती है। आगरा, मैनपुरी तथा इटावा के दक्षिण में भी बुन्देली का प्रसार है। दक्षिण में भी यह बुन्देलखंड की सीमा पार कर नरसिंहपुर, होशंगाबाद तथा शिवनी तक पहुँचती है। बालाघाट के लोधी तथा छिन्दवाड़ा के मध्य भाग की जनता

भी एक प्रकार की मिश्रित बुन्देली बोलती है।[14] बुन्देली उपभाषा और ब्रजभाषा में बहुत साम्य है। डॉ. धीरेन्द्र वर्मा ब्रज, कन्नौजी तथा बुन्देली को एक ही उपभाषा के तीन प्रादेशिक रूप मानते हैं।[15]

अवधी : 'पूर्वी हिन्दी' भाषा वर्ग के अन्तर्गत तीन बोलियों का अस्तित्व स्वीकार किया जाता है। इसमें 'अवधी' सर्वाधिक महत्त्वपूर्ण है। इसके भाषा रूप में स्वीकार किये जाने का लिखित प्रमाण तेरहवीं शताब्दी में ही प्राप्त होने लगता है। अमीर खुसरो ने अपनी रचना *खालिकबारी* में तत्कालीन भाषाओं की सूची में 'अवधी' का भी नाम लिया है। इसके अन्य नाम 'कोसली', 'पूरबी' आदि भी प्रचलित हैं, पर मानकीकृत नाम 'अवधी' ही है।

धीरेन्द्र वर्मा के अनुसार हरदोई जिले को छोड़कर शेष अवध की उपभाषा अवधी है। यह लखनऊ, उन्नाव, रायबरेली, सीतापुर, खीरी, फैजाबाद, गोंडा, बहराइच, सुल्तानपुर, प्रतापगढ़ और बाराबंकी के साथ-साथ दक्षिण में इलाहाबाद, फतेहपुर, प्रतापगढ़ और मिर्जापुर तथा जौनपुर के कुछ हिस्सों में भी बोली जाती है।[16] अवध के पश्चिम में कन्नौजी और बुन्देली का और पूर्व में भोजपुरी का क्षेत्र है। इसकी उत्तरी सीमा पर नेपाली और दक्षिणी सीमा पर छत्तीसगढ़ी, बघेली आदि, जो वस्तुतः अवधी का ही विस्तार है, अवस्थित हैं।

डॉ. धीरेन्द्र वर्मा के अनुसार बिहार के मुसलमान भी अवधी बोलते हैं।[17] पर यह मत तथ्य के प्रतिकूल है। बिहार के मुसलमान भी उसी प्रकार भोजपुरी, मगही और मैथिली बोलते हैं, जिस प्रकार वहाँ के हिन्दू। केवल शहरों के मुसलमान-परिवारों में अवधी-मिश्रित खड़ी बोली का कुछ प्रचार है। वस्तुतः अवध क्षेत्र के प्रवासी मुसलमान बिहार में अवधी का प्रयोग बोलचाल में करते हैं।

साहित्य की भाषा के रूप में अवधी, ब्रजभाषा की तरह ही, मध्यकाल में बहुत समादृत रही। वस्तुतः हिन्दी का सबसे प्राचीन काव्यग्रन्थ, मौलाना दाऊद कृत *चन्दायन* (1379 ई.) अवधी में ही लिखा गया था। इसमें सूफी कवियों का समस्त साहित्य तथा गोस्वामी तुलसीदास का विश्वविश्रुत महाकाव्य *रामचरितमानस* लिखा गया।

बघेली : पूर्वी हिन्दी की दूसरी उपभाषा 'बघेली' नाम से जानी जाती है। इसका क्षेत्र अवध के दक्षिण में पड़ता है तथा इसका केन्द्र 'रीवा' के आसपास का क्षेत्र है। इसके अतिरिक्त यह मध्य प्रदेश के दमोह, जबलपुर, मांडला तथा बालाघाट के जिलों तक फैली हुई है।[18] डॉ. उदय नारायण तिवारी के अनुसार बघेली के उत्तर में इलाहाबाद की अवधी तथा मिर्जापुर की पश्चिमी भोजपुरी बोली जाती है। इसके पूर्व में छोटानागपुर तथा विलासपुर की छत्तीसगढ़ी का क्षेत्र तथा दक्षिण में बालाघाट की मराठी तथा दक्षिण-पश्चिम में बुन्देलखंडी का क्षेत्र है।[19] अनेक विद्वान बघेली को स्वतंत्र उपभाषा न मानकर अवधी का ही दक्षिणी रूप मानते हैं।[20]

छत्तीसगढ़ी : छत्तीसगढ़ी के अन्य दो प्रचलित नाम 'लरिया' और 'खल्ताही' भी हैं। यह मुख्यतः मध्य प्रदेश के रायपुर और विलासपुर के जिलों में बोली जाती है। कांकेर, नन्दगाँव, खैरगढ़, रायगढ़, सरगुजा तथा जेपुर आदि जिलों में भी थोड़े भिन्न-भिन्न रूपों में इसका प्रचलन है।

डॉ. उदय नारायण तिवारी के अनुसार अवधी, बघेली और छत्तीसगढ़ी में अन्तर बहुत कम है। वे बघेली और अवधी को पृथक् बोली मानने का भी समर्थन नहीं करते हैं।[21] उनके

अनुसार मराठी और उड़िया के प्रभाव के कारण छत्तीसगढ़ी की स्थिति अवश्य पृथक् है, परन्तु अवधी के साथ उसका भी घनिष्ठ सम्बन्ध स्पष्ट है।[22]

ग्रियर्सन और लकीर के फकीर हिन्दी के भाषावैज्ञानिकों की मान्यताओं के बावजूद कोई कारण नहीं कि भोजपुरी, मगही और मैथिली को हिन्दी परिवार की भाषाएँ न माना जाए। और यदि ऐसा ही है तो इन्हें स्वतंत्र भाषाएँ मानकर संविधान की आठवीं अनुसूची से अलग रखने का क्या औचित्य है? डॉ. रामविलास शर्मा ने इन्हें हिन्दी परिवार की भाषाएँ माना है। आदि काल में रचित न केवल इनका साहित्य हिन्दी साहित्य का अंग माना जाता रहा है, वरन् बोधगम्यता अर्थात् ध्वनितंत्र, शब्द भंडार और व्याकरणिक रूपों की दृष्टि से भी ये हिन्दी (अवधी, ब्रज, खड़ी बोली आदि) के बहुत निकट हैं। इसे देखते हुए इनका परिचय भी हिन्दी परिवार की भाषाओं के रूप में दिया जा रहा है।

भोजपुरी : भोजपुरी प्राचीन काशी जनपद की उपभाषा है। इसका नामकरण आधुनिक बक्सर जिले के एक बड़े गाँव 'भोजपुर' के आधार पर हुआ है, जिसके सम्बन्ध में अनेक किंवदन्तियाँ प्रचलित हैं। भाषा के अर्थ में 'भोजपुरी' शब्द का प्रथम प्रयोग 1789 ई. में मिलता है।[23] बोली या उपभाषा के रूप में भोजपुरी का प्रसार दूर-दूर तक है। यह बिहार की तीन कमिश्नरियों (पटना, सारन और चम्पारण) के अतिरिक्त छोटानागपुर के पलामू जिले में भी बोली जाती है। बिहार के बाहर इसका प्रसार उत्तर प्रदेश के गाजीपुर, बलिया, देवरिया, गोरखपुर, बस्ती, आजमगढ़, वाराणसी, मिर्जापुर, जौनपुर आदि जिलों तक है। इस प्रकार बोली के रूप में भोजपुरी का विस्तार हिन्दी की किसी भी अन्य उपभाषा से अधिक है। यहाँ तक कि भारत के बाहर मॉरिशस, सूरीनाम, फीजी, वेस्टइंडीज आदि में भी प्रवासी भारतीयों का एक बड़ा समुदाय भोजपुरी बोलता है। पर साहित्यिक भाषा के रूप में भोजपुरी का उतना प्रचलन नहीं है, जितना बोली के रूप में है। केवल कबीर और उनके द्वारा प्रवर्तित सन्तमत के साहित्य में भोजपुरी का प्रयोग हुआ है। स्वतंत्रता प्राप्ति के बाद भोजपुरी में साहित्य का प्रणयन जोरों से हो रहा है और साहित्यिक तथा राजनीतिक स्तर पर इसे मान्यता देने के लिए आन्दोलन भी चल रहा है।

मगही : मगही उपभाषा बिहार की पटना, गया और मुंगेर कमिश्नरियों तथा संथाल परगना, हजारीबाग, राँची और पलामू जिलों के कुछ हिस्सों में बोली जाती है। पटना और गया कमिश्नरियों के जिले 'मगही' के केन्द्र माने जा सकते हैं। उपान्त पर स्थित मगही मैथिली, भोजपुरी, उड़िया तथा बँगला का प्रभाव लेकर 'मिश्रित' रूप ग्रहण कर लेती है। मगही में शिष्ट साहित्य न के बराबर है। पर धीरे-धीरे मगही में भी साहित्य रचना आरम्भ हो गई है तथा माध्यमिक और 'जोड़ दो' कक्षाओं के पाठ्यक्रम में भी इसे स्थान प्राप्त हो चुका है।

मैथिली : मैथिली मुख्यत: बिहार की दरभंगा, मुजफ्फरपुर, सहरसा, पूर्णिया और भागलपुर कमिश्नरियों में बोली जाती है। दरभंगा कमिश्नरी इसका केन्द्र है। मुजफ्फरपुर कमिश्नरी के वैशाली जिले की मैथिली पर भोजपुरी का तथा बेगूसराय और भागलपुर की मैथिली पर मगही का प्रभाव दिखाई देता है। यही कारण है कि वैशाली की बोली को बज्जिका तथा भागलपुर की बोली को वहाँ के लोग 'अंगिका' कहना अधिक पसन्द करते हैं। सहरसा और पूर्णिया के पूर्वी क्षेत्र में बोली जानेवाली मैथिली यत्किंचित् बँगला से भी प्रभावित दिखाई देती है।

साहित्यिक दृष्टि से मैथिली, भोजपुरी और मगही दोनों से अधिक समृद्ध है। विद्यापति से लेकर आज तक मैथिली में साहित्य रचना हो रही है। यह कई विश्वविद्यालयों में एम.ए. स्तर तक पढ़ाई जाती है। साहित्य अकादमी में भी इसे मान्यता प्राप्त है और संविधान की आठवीं अनुसूची में इसे स्थान दिलाने के लिए आन्दोलन जारी है।

ग्रियर्सन और उनके अनुयायी भारतीय भाषावैज्ञानिकों ने राजस्थानी वर्ग की उपभाषाओं को हिन्दी परिवार से बाहर रखा है। किन्तु साहित्यिक और राजनीतिक मान्यता की दृष्टि से राजस्थानी उपभाषाएँ हिन्दी परिवार की ही अंग मानी जाती रही हैं। भाषा-वैज्ञानिक भी राजस्थानी बोलियों को हिन्दी से बहुत भिन्न नहीं मानते।[24] वस्तुत: राजस्थानी उपभाषाओं का हिन्दी की बोलियों के साथ निकट सम्पर्क रहा है, जिसके फलस्वरूप उनका पारस्परिक सम्बन्ध प्रगाढ़ से प्रगाढ़तर होता गया है। यह सही है कि राजस्थानी की दक्षिणी सीमा गुजरात से मिलती है, पर उत्तर और पूर्व में यह हिन्दी की विभिन्न उपभाषाओं से घिरी हुई है। राजनीतिक, सांस्कृतिक और साहित्यिक दृष्टि से इसका जितना घनिष्ठ सम्बन्ध हिन्दी क्षेत्र से रहा है उतना गुजराती से नहीं। अत: राजस्थानी वर्ग की उपभाषाओं को हिन्दी परिवार का अंग मानने में कोई आपत्ति नहीं होनी चाहिए।

राजस्थानी वर्ग के अन्तर्गत मुख्यत: चार उपभाषाएँ शामिल की जाती हैं : ये हैं, मारवाड़ी, जयपुरी, मेवाती और मालवी।

मारवाड़ी : मारवाड़ी का ही यत्किंचित् भिन्न रूप मेवाड़ी है। अत: इनके नाम प्राय: साथ-साथ लिये जाते हैं। मारवाड़ी में कई उपभाषाएँ मुख्यत: जोधपुर, बीकानेर, जैसलमेर तथा उदयपुर क्षेत्रों में बोली जाती हैं। अत: इन्हें 'पश्चिमी राजस्थानी' कहा जाता है। पुरानी मारवाड़ी को 'डिंगल' भी कहते हैं जिसमें प्रचुर साहित्य उपलब्ध है और हिन्दी साहित्य के अभिन्न अंग के रूप में स्वीकृत है।

जयुपरी : राजस्थान के पूर्वी भाग में अवस्थित होने के कारण इसे पूर्वी राजस्थानी कहा जाता है। इसके अन्तर्गत दो उपभाषाएँ मिलती हैं : जयपुरी तथा हाड़ौती। इसका क्षेत्र जयपुर, कोटा और बूँदी है।

मेवाती : मेवाती से मिलती-जुलती बोली अहीरवाटी है, अत: दोनों का उल्लेख साथ-साथ किया जाता है। ये उपभाषाएँ उत्तरी राजस्थान में अलवर क्षेत्र में तथा हरियाणा के गुड़गाँव जिले के निकटवर्ती क्षेत्र में बोली जाती हैं। कुछ भाषावैज्ञानिक इनके लिए 'उत्तरी राजस्थानी' संज्ञा का भी प्रयोग करते हैं। मेवाती पर ब्रजभाषा का तथा अहीरवाटी पर बाँगरू का स्पष्ट प्रभाव देखा जा सकता है।

मालवी : यह मालवा की उपभाषा है। इसका केन्द्र मध्य प्रदेश के इन्दौर का निकटवर्ती क्षेत्र है। इन्दौर के अतिरिक्त यह उज्जैन, देवास, रतलाम, भोपाल, होशंगाबाद आदि क्षेत्रों में बोली जाती है। इसे 'दक्षिणी राजस्थानी' भी कहा जाता है। राजस्थानी की उपभाषाओं में केवल मारवाड़ी में ही प्राचीन साहित्य मिलता है, जो डिंगल साहित्य के नाम से प्रसिद्ध है और हिन्दी साहित्य का अविच्छिन्न अंग है। पर आधुनिक काल में राजस्थानी में प्रचुर मात्रा में साहित्य रचा जा रहा है, जो हिन्दी साहित्य के अंग के रूप में स्वीकार नहीं किया जाता। साहित्यिक भाषा के रूप में राजस्थानी भी मैथिली की तरह साहित्य अकादमी की मान्यता प्राप्त कर चुकी है, पर अभी इसे संविधान की आठवीं अनुसूची में स्थान नहीं मिला है।

हिमाचल प्रदेश और उत्तर प्रदेश के उत्तरी–पश्चिमी पर्वतीय क्षेत्र की उपभाषाओं को भाषावैज्ञानिकों ने 'पहाड़ी वर्ग' की संज्ञा दी है। मोटामोटी रूप में इन्हें तीन भागों में बाँटा जाता है : पश्चिमी पहाड़ी, मध्य पहाड़ी तथा पूर्वी पहाड़ी।

पश्चिमी पहाड़ी : यह लगभग तीस बोलियों का समूह है जो शिमला के निकटवर्ती क्षेत्र में बोली जाती हैं। इनमें उत्तर प्रदेश के जौनसार–बाबर क्षेत्र की बोली जौनसारी, शिमला क्षेत्र की बोली क्योंथली, कुलू क्षेत्र की कुलूई और चम्बा क्षेत्र की चम्बाली मुख्य हैं। साहित्यिक–राजनीतिक दृष्टि से इन बोलियों का महत्त्व बहुत कम है। ये बोलियाँ हिमाचल प्रदेश में अवस्थित हैं, जहाँ की साहित्यिक और सरकारी भाषा हिन्दी है।

मध्य पहाड़ी : मध्य पहाड़ी के अन्तर्गत दो बोलियाँ शामिल की जाती हैं : कुमायूँनी और गढ़वाली। कुमायूँनी उत्तर प्रदेश के अलमोड़ा–नैनीताल क्षेत्र में बोली जाती है और गढ़वाली गढ़वाल तथा मसूरी के निकटवर्ती पहाड़ी प्रदेश में प्रचलित है। ये बोलियाँ खड़ी बोली के अत्यन्त निकट अवस्थित होने के कारण उससे प्रभावित होकर साहित्यिक और राजनीतिक–सामाजिक दृष्टि से गौण महत्त्व की हो गई हैं।

पूर्वी पहाड़ी : पूर्वी पहाड़ी नेपाल की राजभाषा और साहित्यिक भाषा है। इसे नेपाली, पर्वतिया, गुरखाली तथा खसकुरा भी कहते हैं। इनमें से 'नेपाली' नाम ही साहित्यिक और राजनीतिक रूप में स्वीकृत है। नेपाली का विशुद्ध रूप काठमांडू की घाटी में बोला जाता है। पश्चिम बंगाल के दार्जिलिंग क्षेत्र और सिक्किम में भी नेपाली बोलने वालों की संख्या पर्याप्त है। हाल में इसे भारतीय संविधान की आठवीं अनुसूची में स्वतंत्र भाषा के रूप में मान्यता मिल चुकी है।

नेपाली को भारतीय संविधान की आठवीं अनुसूची में स्थान मिल जाने के बाद यह प्रश्न उठता है कि पहाड़ी वर्ग की उपभाषाओं को हिन्दी परिवार का अंग माना जाए या नहीं ? मैं समझता हूँ कि तथाकथित 'बिहारी वर्ग' और 'राजस्थानी वर्ग' की उपभाषाओं की तरह 'पहाड़ी वर्ग' की उपभाषाओं को भी बृहत्तर हिन्दी परिवार का अंग मानना चाहिए। भविष्य में भले ही नेपाली की तरह भोजपुरी, मैथिली और राजस्थानी को संविधान की आठवीं अनुसूची में स्थान मिल जाए, पर हिन्दी के साथ उनका घनिष्ठ सम्बन्ध कभी समाप्त नहीं हो सकता।

हिन्दी परिवार या बृहत्तर परिवार की उपभाषाओं के अन्त:सम्बन्ध पर प्रकाश डालना एक चुनौतीपूर्ण शोधकार्य है, जिसे अब तक हिन्दी के भाषावैज्ञानिकों ने भी विश्वसनीय ढंग से सम्पन्न नहीं किया है। पर मोटामोटी रूप में हिन्दी परिवार की प्रमुख उपभाषाओं के पारस्परिक सम्बन्ध का निरूपण किया जा सकता है और वस्तुत: यही हमारा लक्ष्य भी है। इस दृष्टि से हम अवधी, ब्रजभाषा और खड़ी बोली का चयन कर रहे हैं, जो हमारे घोषित लक्ष्य के अनुरूप है। आधुनिक मानक हिन्दी के निर्माण में इन्हीं तीनों उपभाषाओं का मुख्य योगदान है। यद्यपि आधुनिक हिन्दी के निर्माण में हिन्दी क्षेत्र की सभी उपभाषाओं के बोलनेवालों की मूल्यवान भूमिका है, और तत्तद् उपभाषाओं की विशेषताओं का भी यत्किंचित समावेश हिन्दी में हुआ है, पर वह सूक्ष्म भाषावैज्ञानिक अध्ययन का विषय है।

ब्रजभाषा और अवधी

भाषित रूप में किसी भी भाषा का सुस्थिर रूप नहीं होता है। कालक्रम से उसमें ध्वनिगत और रूपगत परिवर्तन, स्वाभाविक रूप से होते रहते हैं, जिनके अनेक कारण होते हैं। कुछ अन्तर स्थानगत भी होते हैं। एक भाषा होने पर भी बोली रूप में उसका रूप थोड़ी दूर के बाद कुछ भिन्न हो जाता है। इस कारण जिस भाषा या बोली का विकासक्रम हजारों वर्षों का हो, और जो व्यापक क्षेत्र में बोली जाती हो, उसके व्याकरण और ध्वनि-संरचना में एकरूपता सम्भव नहीं होती। दरअसल किसी भाषा का परिनिष्ठित और स्थिर रूप उसके लिखित रूप में ही सम्भव होता है।[25] इसी प्रकार किसी भाषा की पूर्ण संरचना गद्यरूप में ही प्रकट होती है। ये दोनों बातें तब सम्भव होती हैं जब कोई भाषा पद्य साहित्य से गद्य साहित्य तक और भाषिक साहित्य से लिखित साहित्य तक पहुँचती है। इसके साथ ही जिस भाषा का प्रयोग सरकारी कामकाज, शिक्षा, वाणिज्य-व्यवसाय और विविध सांस्कृतिक क्षेत्रों में होने लगता है उसका मानकीकरण भी आवश्यक और अवश्यम्भावी हो जाता है। ब्रजभाषा और अवधी दोनों में से कोई भी ये शर्तें पूरी नहीं करती। इन दोनों भाषाओं का विकास, कम-से-कम, एक हजार वर्षों का तो है ही और दोनों ही विस्तृत भू-भाग में बोलियों के रूप में आज भी जीवित हैं। सबसे बड़ी कठिनाई यह है कि इन भाषाओं के पुराने भाषित रूप का कोई प्रामाणिक विवरण उपलब्ध नहीं है और आधुनिक काल में भी इन भाषाओं का सन्तोषजनक भाषावैज्ञानिक और व्याकरणिक अध्ययन नहीं हुआ है। इन दोनों ही भाषाओं में पन्द्रहवीं शताब्दी से लेकर बीसवीं शताब्दी तक बहुत समृद्ध साहित्य, विशेषकर काव्य साहित्य, विद्यमान है। पर इस साहित्य के आधार पर इनका कोई मानक व्याकरण निर्मित करना कठिन है। इसका कारण यह है कि भिन्न-भिन्न कवियों ने अपनी रचनाओं में स्थानीय ब्रजभाषा या अवधी का प्रयोग किया है और कहीं-कहीं तो दोनों का मिश्रण भी कर दिया है। साहित्यिक रूढ़ियों के रूप में चली आती भाषा का प्रयोग भी दोनों ही भाषाओं के कवियों ने किया है। इस प्रकार बहुत सूक्ष्मता के साथ अवधी और ब्रजभाषा का अन्तर या समानता दिखाना तो सम्भव नहीं है, फिर भी मोटामोटी रूप में उनके भाषिक सम्बन्ध का परीक्षण किया जा सकता है।

अवधी और ब्रजभाषा के सम्बन्ध-निरूपण में पहली ध्यान देने की बात यह है कि प्रतिष्ठित भाषावैज्ञानिकों के अनुसार ये क्रमश: अर्धमागधी तथा सौरसेनी अपभ्रंश से उद्‌भूत हैं।[26] इससे भिन्न दूसरा मत यह है कि ब्रजभाषा सूरसेन जनपद की और अवधी कोसल जनपद की स्वतंत्र भाषाएँ हैं, पर दोनों जनपदों के एक-दूसरे का पड़ोसी होने के कारण उनकी भाषाओं में भी परस्पर आदान-प्रदान होता रहा है। दोनों ही स्थितियों में ध्वनि, शब्दभंडार और व्याकरणिक संरचना की दृष्टि से अवधी और ब्रजभाषा में अनेक समानताएँ होना स्वाभाविक है। चूँकि हमारे पास अवधी और ब्रजभाषा के पुराने भाषिक रूप के प्रामाणिक उदाहरण उपलब्ध नहीं हैं, अत: उपलब्ध साहित्य के आधार पर ही इनके सम्बन्ध का विवेचन सम्भव है।

पहले हम शब्दों और ध्वनियों की चर्चा कर लें। शब्दभंडार की दृष्टि से ब्रजभाषा और अवधी में कोई विशेष अन्तर नहीं है। दोनों के ही प्रारम्भिक कवि तद्‌भव शब्दों का ज्यादा प्रयोग करते हैं। यह एक आश्चर्यजनक तथ्य है कि विशाल भूखंड में बोली जाने के बावजूद

बृहत्तर हिन्दी परिवार की भाषाओं का शब्दभंडार प्राय: एक-सा है। ध्वनि परिवर्तन और लेखन-प्रविधि के वैविध्य के कारण शब्दों में जो थोड़ा-बहुत अन्तर दिखाई देता है उससे इन भाषाओं की पारस्परिक बोधगम्यता में कोई विशेष बाधा नहीं आती। यही कारण है कि परिनिष्ठित भाषा के बीच में आए आंचलिक प्रयोग न तो बोधगम्यता की गम्भीर समस्या पैदा करते हैं न शैली की। तद्भव शब्दों की एकरूपता के अतिरिक्त कवियों द्वारा प्रयुक्त संस्कृत और अपभ्रंश के शब्दों के प्रयोग में भी एकरूपता पाई जाती है। प्रारम्भ में अवधी और ब्रजभाषा दोनों के कवि तद्भव—बोलचाल और अपभ्रंश साहित्य दोनों स्रोतों से लिए गए—शब्दों का प्रयोग अधिक करते हैं, पर बाद के कवियों का रुझान तत्सम शब्दों की ओर अधिक हो जाता है। तुलसीदास की तुलना में मौलाना दाऊद, कुतुबन, जायसी आदि तद्भव शब्दों का अधिक प्रयोग करते हैं, जबकि बिहारी, मतिराम आदि की तुलना में सूरदास का तद्भव शब्दों के प्रति अधिक झुकाव दिखाई देता है।[27]

अवधी में प्रयुक्त होनेवाले अकारान्त और आकारान्त तद्भव शब्दों की एक विशेषता यह है कि वे प्राय: कर्ता और कर्म के एकवचन रूपों में 'उ' कार में परिवर्तित हो जाते हैं। जैसे—रामु, पितु, मातु, भगवानु, प्रनामु आदि। कहीं-कहीं विशेषणों और क्रियाविशेषणों में भी यह प्रवृत्ति दिखाई देती है। पर यह देखकर थोड़ा आश्चर्य होता है कि यह प्रवृत्ति जितनी गोस्वामी तुलसीदास में दिखाई पड़ती है उतनी उनके पूर्ववर्ती सूफी कवियों में नहीं।[28] ब्रजभाषा में भी 'उ' कार-बहुलता की यह प्रवृत्ति नहीं दिखाई देती। इसके विपरीत ब्रजभाषा के तद्भव शब्द ओकारान्त या औकारान्त में परिवर्तित होते देखे जा सकते हैं; जैसे—सँदेसो (सँदेसा), बहिरो (बधिर), घोरो (घोड़ा), झगरो (झगड़ा), किनारो (किनारा), छोटो (छोटा), बड़ो (बड़ा), अपनो (अपना), मेरो (मेरा) आदि।

ध्वनि-तंत्र की दृष्टि से भी अवधी और ब्रजभाषा में विशेष अन्तर नहीं है। संस्कृत की अधिकांश स्वर और व्यंजन ध्वनियाँ दोनों में सुरक्षित हैं। संस्कृत की कुछ ध्वनियाँ, जैसे—**ऋ, ण, व, श, ष, क्ष, ज्ञ** आदि अवधी और ब्रजभाषा दोनों में **रि, न, ब, स, ख या स, क्छ, ग्य** रूप ग्रहण कर लेती हैं; **'य'** ध्वनि अनेकत्र **'ज'** में बदल जाती है और **'ञ'** ध्वनि का प्रयोग प्राय: दोनों में नहीं होता। दोनों में **'ए'** और **'ओ'** के ह्रस्व और दीर्घ दोनों रूप मिलते हैं। अवधी में **'ल'** के स्थान पर **'र'** का प्रयोग कुछ अधिक होता है।

किसी भाषा की रूपगत संरचना में लिंग, वचन, कारक तथा क्रियारूपों के विधान का सर्वाधिक महत्त्व होता है। ब्रजभाषा और अवधी दोनों में शब्दों के स्त्रीलिंग-पुल्लिंग तथा एकवचन-बहुवचन रूप पाये जाते हैं। प्रमुख स्त्री प्रत्यय **ई, नी, आनी, इनी** और **आइन,** दोनों में—छोरी, बाछी, सिंहनी, मास्टरनी, जेठानी, पंडितानी, हथिनी, लरिकनी, ठकुराइन आदि—कहीं-कहीं तनिक परिवर्तन के साथ मिलते हैं। दोनों में ही सम्बन्ध कारक की विभक्तियाँ, विशेषण तथा क्रियाएँ लिंग के अनुसार भिन्न-भिन्न रूप धारण कर लेती हैं। उदाहरण के लिए, सम्बन्धकारक का स्त्रीलिंग रूप ब्रजभाषा में **मेरी, तेरी, वाकी** आदि तथा अवधी में **केरी, की, मोरि, तोहारि** आदि हो जाते हैं। विशेषण में स्त्री-प्रत्यय प्राय: वही होते हैं जो संज्ञा के। दोनों में ही क्रियाओं के रूप पुल्लिंग और स्त्रीलिंग में अलग-अलग होते हैं। जैसे ब्रजभाषा में भूतकालिक कृदन्त रूप पुल्लिंग में **चलो, चल्यौ** होगा तो उसका

स्त्रीलिंग रूप **चली** हो जाएगा। इसी का अवधी में पुल्लिंग रूप **चला** तथा स्त्रीलिंग रूप **चली** होता है। पर अवधी में ब्रजभाषा की तुलना में लिंग की उपेक्षा कुछ अधिक होती है। जायसी और तुलसी दोनों ने अनेक भूतकालिक कृदन्त रूपों में स्त्रीलिंग रूप के स्थान पर पुल्लिंग रूप का ही प्रयोग किया है, जैसे '**पुनि रानी हँसि कूसल पूँछा**' (जायसी) या '**मरम बचन जब सीता बोला**' (तुलसी)।

ब्रजभाषा और अवधी दोनों में संज्ञा शब्दों के एकवचन और बहुवचन दोनों रूप मिलते हैं और वचन के अनुसार क्रियाओं के रूप भी प्राय: बदल जाते हैं। उदाहरण के लिए, ब्रजभाषा **काँटा** का एकवचन में रूप **काँटो, काँटौ** होगा तो बहुवचन में वह **काँटन** या **काँटनि** हो जाएगा। अवधी में इसका रूप एकवचन में **काँटा** या **काँट** और बहुवचन में **काँटन** होगा। दोनों के सर्वनाम रूपों में भी वचन के अनुसार भेद होता है। जैसे—ब्रजभाषा में उत्तमपुरुष के एकवचन रूप **मैं, हौं** आदि हैं तो बहुवचन रूप **हम** है। अवधी में भी उत्तमपुरुष का एकवचन रूप **मैं** और बहुवचन रूप **हम, हमन** आदि होते हैं। क्रियारूपों में भी वचन के अनुसार अन्तर हो जाता है।

ब्रजभाषा और अवधी के सर्वनामों में भी पर्याप्त समानता है। ब्रजभाषा के मुख्य उत्तम पुरुष सर्वनाम हैं, **मैं** और **हौं**। इनका बहुवचन रूप **हम** है। अवधी में भी ये रूप ज्यों के त्यों मिलते हैं। अवधी में कहीं-कहीं एकवचन में **हम** और बहुवचन में **हमन** और **हमसब** का प्रयोग भी मिलता है जो सम्भवत: भोजपुरी का प्रभाव है। इनके कुछ विकारी रूप भी मिलते हैं जो दोनों भाषाओं में इषत् उच्चारण भेद के साथ लगभग समान हैं।

ब्रजभाषा के मध्यमपुरुष सर्वनाम के प्रमुख एकवचन रूप हैं **तू, तें, तैं** आदि। बहुवचन में केवल '**तुम**' का प्रयोग होता है। अवधी में भी एकवचन में **तू, तैं, तुई** आदि तथा बहुवचन में **तुम, तुमसब** आदि रूप प्रचलित हैं। इनके विकारी रूपों में भी बहुत थोड़ा अन्तर है।

ब्रजभाषा के अन्यपुरुष सर्वनाम के प्रमुख रूप **वो, वह, बू, गु** आदि हैं। इनके स्त्रीलिंग रूप **वा, बा, ग्वा** आदि और बहुवचन रूप **वे, वै, ग्वे** आदि होते हैं। अवधी में अन्यपुरुष के एकवचन रूप **ओ, वह, ऊ** आदि, बहुवचन रूप **ऊ, ओ, ओ सब, वेइ, उन्ह** आदि तथा स्त्रीलिंग बहुवचन रूप **वहु, वा** आदि होते हैं।

ब्रजभाषा के सम्बन्धवाचक सर्वनाम के प्रमुख एकवचन रूप **जो, जौ, जौन** हैं। इनके बहुवचन रूप भी लगभग एकवचन रूपों की तरह ही हैं। अवधी में भी इनसे मिलते-जुलते रूप ही प्रचलित हैं। अवधी के एकवचन रूप हैं—**जो, जौ, जे, जवन जेई** आदि। इनके बहुवचन रूप भी एकवचन के ही समान हैं। **ब्रजभाषा** और अवधी के प्रश्नवाचक सर्वनामों में भी एकरूपता है। ब्रजभाषा के प्रश्नवाचक सर्वनाम हैं—**को, कौ, कौन** आदि। इनके एकवचन और बहुवचन रूप एक समान होते हैं। अवधी में भी इनके रूप लगभग एक जैसे ही हैं : जैसे—**को, के, कवन** आदि।

ब्रजभाषा के निजवाचक सर्वनाम हैं **आप** और **आपु**, जिनका बहुवचन में रूप-परिवर्तन नहीं होता। अवधी में भी ये ही रूप प्राप्त होते हैं। ब्रजभाषा में आदरसूचक सर्वनाम **आप** और **आपु** ही हैं। अवधी में भोजपुरी **रउआ** के विभिन्न रूप **रावरो, राउर, रावरी** आदि आदरसूचक सर्वनाम के रूप में प्रचलित हैं जो कहीं-कहीं ब्रजभाषा में भी प्रवेश कर गए हैं।

इसी प्रकार निकटवर्ती निश्चयवाचक, नित्यसम्बन्धी अनिश्चयवाचक सर्वनामों के रूप भी ब्रजभाषा और अवधी में लगभग समान हैं।

भाषा की संरचना में कारक विभक्तियों या परसर्गों की बहुत महत्त्वपूर्ण भूमिका होती है। विभक्तियों/परसर्गों से ही वाक्य में शब्दों का सम्बन्ध स्थापित होता है। संस्कृत में तो तब तक कोई शब्द (प्रातिपदिक) वाक्य में स्थान पा नहीं सकता जब तक वह विभक्ति-युक्त होकर पद न बन जाए। पर ब्रजभाषा और अवधी में यह बाध्यता नहीं है। दोनों में ही निर्विभक्तिक शब्दों का प्रयोग होता है और प्राय: वाक्य में उनके निर्धारित स्थान से उनके पारस्परिक सम्बन्ध का पता चलता है। कुछ उदाहरण द्रष्टव्य हैं—

उठीं **सखी** सब मंगल गाई। (सूर, ब्रजभाषा)
जसुदा **नार** न छेदन दैहों। (उपरिवत्)
गोद लिए हरि कौ नन्दरानी (उपरिवत्)
नैन देख **मन** उपजै साधा (दाऊद, अवधी)
महादेव रन घंट बजावा (जायसी, अवधी)
सुनत **निसाचर** मारन धाये (तुलसी, अवधी)

ब्रज और अवधी में निर्विभक्तिक पदों के प्रयोग कमोवेश प्राय: सभी कारकों में दिखाई पड़ते हैं।

ब्रजभाषा और अवधी दोनों में **-हि-हिं** विभक्तियों का प्रयोग करण, अधिकरण, कर्म, सम्प्रदाय आदि कारकों में व्यापक रूप से पाया जाता है। इसके भी कुछ उदाहरण द्रष्टव्य हैं—

ब्रजभाषा

और **सबहिं** कर जोरे (सूर)
तिहिं दैहों देस निकारो (सूर)
नृपति देखि **तिहिं** मोहित भयौ (सूर)
रामहिं बनवास दियौ (सूर)
उड़ि हनुमन्त गयौ **आकासहिं** (सूर)

अवधी

चाँटहि करै हस्ति सरि जोगू (जायसी)
देस दस के बर **मोंहि** आबहिं (जायसी)
राजा **गरबहि** बोलै नाहीं (जायसी)
अपर **सुतहि** अरिमर्दन नामा (तुलसी)

-हि-हिं विभक्तियों का ही रूपान्तर—**इ** और **-ए** में होता है। ब्रजभाषा और अवधी दोनों में इसके उदाहरण मिलते हैं। अवधी में **-ए** विभक्ति प्राय: **-ऐ** का रूप ले लेती है; जैसे—

राजै कहा सत्त कहु सूआ (पद्मावत)
गहनै गही चांद **कै** करा (पद्मावत)
औ डुबकी जिहँ **मिरिचैं** परे। (चन्दायन)

इस तरह के प्रयोग दाऊद, जायसी आदि सूफी कवियों के यहाँ अधिक मिलते हैं। कहीं-कहीं ये विभक्तियाँ सानुनासिक भी हो जाती हैं। 'पद्मावत' के शुक्लजी वाले संस्करण में ये निरनुनासिक हैं जबकि माताप्रसाद गुप्त वाले संस्करण में सानुनासिक। इन विभक्तियों का प्रयोग, ब्रजभाषा और अवधी दोनों में, कर्म और सम्प्रदान कारकों में भी होता है; जैसे—

कन माँगत **बांभनै** लाज नहीं। (ब्रजभाषा, सुदामा चरित)

और

सखी एक **तेइं** खेल न जाना (अवधी, पद्मावत)

डॉ. नामवर सिंह के अनुसार कर्म सम्प्रदाय में **इन्हें, उन्हें** आदि जो रूप चलते हैं वे '**इनहिं**' और '**उनहिं**' के ही रूपान्तर हैं। ब्रजभाषा और अवधी दोनों में इन विभक्तियों का प्रयोग होता है।

अधिकरण कारक के रूप में **-अँ-आँ** विभक्तियों का प्रयोग जितना अवधी में प्रचलित है उतना ब्रजभाषा में नहीं। उदाहरण द्रष्टव्य हैं—

मूर गँवाइ चलेउँ तेहि **बाटाँ।** (अवधी, पद्मावत)
अस प्रभु **हृदयँ** अछत अबिकारी। (अवधी, रामचरितमानस)
सोचु **हृदयँ** विधि का होनिहारा। (उपरिवत्)
हरषित **हृदयँ** मातु पहिं आए। (उपरिवत्)

ब्रज और अवधी दोनों में **न्हि** और **न्ह** विभक्तियों का प्रयोग व्यापक रूप से दिखाई पड़ता है। सामान्यत: इनका प्रयोग कर्म, सम्प्रदाय, करण, अधिकरण और सम्बन्ध में होता है। उदाहरण—

ब्रजभाषा

कौसल्या कैकई **सुमित्रहिं** पुनि पुनि सीस नवायौ। (सूरसागर)

अवधी

सरीरन्हि त्यागि गति पैहहि सही। (रामचरितमानस)
कोसलपुर **बासिन्ह** सुख दाता। (रामचरितमानस)

ब्रज और अवधी दोनों में **न्हि** और **न्ह** विभक्तियाँ विकल्प से **नि** और **न** में बदल जाती हैं, जैसे—

जसुमति सुत अपनैं **पाइनि** चलि खेलत आवै आँगन। (सूर)
तुम सौं **माँगन** आयौ सो लैहों नँदराज। (सूर)
निज निज **मुखनि** कही निज होनी। (मानस)
धाइ के मंत्र **सबन** चित छावा। (मृगावती)

कहीं-कहीं **-न** का **-नु** रूप भी मिलता है, जैसे—'पलनि प्रकटि बरुनीनु बढ़ि।'

ब्रजभाषा और अवधी दोनों में कहीं-कहीं सम्बन्धकारक में **-हँ** विभक्ति का प्रयोग होता है। जैसे—

घरहँ जमाई लौं घट्यो। (बिहारी)
कीरति गई **समुद्रहँ** पारा। (जायसी)

ब्रजभाषा और अवधी दोनों में मुख्यतः सम्बन्ध, अधिकरण और सम्प्रदान कारकों में तथा गौणतः अपादान कारक में परसर्गों का प्रयोग होता है। ये परसर्ग सर्वनामों के साथ जुड़ने पर तो उनके अभिन्न अंग हो जाते हैं, पर संज्ञा रूपों में उनका अलग अस्तित्व दिखाई पड़ता है।

सम्बन्ध कारक में प्रयुक्त होनेवाले परसर्ग **केर, कर, करि** आदि हैं जिनके **कइ, कै, क, के, की** आदि रूप भी बनते हैं। अवधी में **केर, कर, करि** परसर्गों का प्रयोग बहुलता से दिखाई पड़ता है, पर आरम्भिक ब्रजभाषा (विशेषतः सूरदास) में इनके प्रयोग प्रायः नहीं मिलते। अवधी में इनके प्रयोग के कुछ उदाहरण हैं—

कोउ काहु **कर** नाहिं निआना। (पद्मावत)
हियै सिरान राजा **कर**। (चन्दायन)
राम ते अधिक राम **कर** दासा। (मानस)
सहसन्हि **केर** न कोइ ओनाई। (पद्मावत)
सीता **केरि** करेहु रखवारी। (मानस)
निसि सुन्दरी **केर** सिंगारा। (मानस)

सम्बन्ध कारक की **कइ, कै, क, के, की, को, कौ** आदि विभक्तियों के प्रयोग ब्रजभाषा और अवधी दोनों में प्राप्त होते हैं। कुछ उदाहरण द्रष्टव्य हैं—

ब्रजभाषा

अपने मन **की** प्रीति। (सूर)
सूर स्याम **के** बचन। (सूर)
गोपिन **को** दुख मेटियो। (सूर)
कृपिन करम **कौ** मारौ। (सूर)
बिप्र बजाइ चल्यौ सुत **कै** हित। (सूर)

अवधी

सीता **कइ** सुधि प्रभुहि सुनावौं। (मानस)
जौं यह साँची है सदा तौ नीको तुलसी**क**। (मानस)
धनपति उहै जेहि **क** संसारू। (पद्मावत)
जनक सुता **कइ** सुधि भामिनी। (मानस)
गति मति बाल बचन **की** नाईं। (मानस)
ठाटहु सकल मरे **के** ठाटा। (मानस)
सूपनखा रावन **कै** बहिनी। (मानस)
अगम सनेह भरत रघुबर **को**। (मानस)

इन विभक्तियों में **क** और **कइ** का प्रयोग पुरानी ब्रजभाषा में कम मिलता है। अवधी में **कौ** का प्रयोग अपेक्षाकृत कम होता है। ब्रजभाषा और अवधी दोनों में ही इन विभक्तियों के सानुनासिक रूप भी उपलब्ध होते हैं।

ब्रजभाषा और अवधी दोनों में अधिकरण कारक में प्रयुक्त होनेवाले परसर्ग **माँझ, माँह, मँह, मधि, में, मैं, पर, पै** आदि हैं। उदाहरण द्रष्टव्य हैं—

ब्रजभाषा

सभा **माँझ** असुरनि के आगे। (सूर)
इक आपु आपुहिं **माहिं** हँसि हँसि मोद भरे। (सूर)
ज्यों जल **माँह** तेल की गागरि। (सूर)
सिर **पर** दूब धरि बैठे नन्द सभा **मधि**। (सूर)
हमको सपनेहू **में** सोच। (सूर)
देखी जाइ आजु गोकुल **मैं**। (सूर)
लालन वारी या मुख **ऊपर**। (सूर)
कृपा करी प्रहलाद भक्त **पर**। (सूर)
सूर इते **पै** समुझत नाहीं। (सूर)
जबै कृपा जदुनाथ कि हम पै रही, सुरुचि जो प्रीति प्रतिपाली। (सूर)

अवधी

माँझ–मँदिर जनु लाग अकासा। (पद्मावत)
कूदि पड़ा तब सिन्धु **मँझारी**। (मानस)
मारा बालि राम तब हृदय **माँझ** सरतानि। (मानस)
सरग आइ धरती **महँ** छावा। (पद्मावत)
मन **महँ** तर्क करै कपि लागा। (मानस)
राम प्रताप प्रगट एहि **माँही**। (मानस)
धीरे **महुँ** जानिहहिं सयाने। (मानस)
नृप समुझिय मन **माहिं**। (मानस)
जो मो **पर** प्रसन्न सुखरासी। (मानस)
डाटेहिं **पइ** नव नीच। (मानस)

उल्लेखनीय है कि ब्रजभाषा में अधिकरण परसर्ग के लिए **पै** का जितना प्रयोग होता है उतना अवधी में नहीं होता। तुलसीदास **पइ** का प्रयोग तो करते हैं, पर **पै** का नहीं। जायसी **पै** का प्रयोग 'किन्तु' (पर) के अर्थ में अधिक करते हैं।

सम्प्रदान कारक के लिए ब्रजभाषा और अवधी में **कैं, को, हित, केहि, केहु, कह, काँ, लागि, तन, हुन्त** आदि परसर्ग प्रयुक्त होते हैं। इनमें से **कैं, को, की, हित, लागि** के प्रयोग ब्रजभाषा में अधिक मिलते हैं। यथा—

आउ घाम मेरे लाल **कैं** आगन। (सूरसागर)
नारियन **को** जोग लायो, भले जान सुजान। (भ्रमरगीत)
हित **की** कहत अहित की लागत। (भ्रमरगीत 206)
जोग **हमका** भोग कुबजहिं कौन सिख सिखई। (भ्रमरगीत 23)
परहित डोलत धाए। (भ्रमरगीत 92)
याहि **लागि** को मरै। (भ्रमरगीत 77)
दुस्सासन गहि केस द्रौपदी नगन करन **कौ** लायौ। (सूरसागर)

अवधी में सम्प्रदान कारक के परसर्गों के उदाहरण निम्नलिखित हैं—

जस यह समुद दीन्ह दुख **मोकाँ**। (पद्‌मावत)
तिन **कहँ** सुखद हास रस एहू। (मानस)
जानै **कहुँ** बल बुद्धि बिसेषा। (मानस)
जहँ धनुमख **हित** भूमि बनाई। (मानस)
प्रानप्रिया केहि **हेतु** रिसानी। (मानस)
दरस **लागि** लोचन अकुलाने। (मानस)
मोहि **तन** दिन्हेंसि जप औ बरता। (पद्‌मावत)
तुम **हुँत** मंडप गयउँ परदेसी। (पद्‌मावत)

इनमें से ब्रजभाषा के **कैं, को** और अवधी के **काँ, कहँ, कहुँ** आदि में रूपगत समानता है। **हित** और **लागि** का प्रयोग सूर और तुलसी दोनों समान रूप से करते हैं, पर सम्प्रदान की विभक्ति के रूप में '**तन**' और '**हुँत**' का प्रयोग सूर की भाषा में नहीं मिलता।

अपादान कारक के लिए ब्रजभाषा और अवधी में **त्यों, तन, ते, तें, तै, हुँत** आदि परसर्गों का प्रयोग होता है। उदाहरण द्रष्टव्य हैं—

ब्रजभाषा

गृह गृह **तैं** गोपी गवनीं जब। (सूर)
मैं गोवर्धन **तैं** आयो। (सूर)
जा दिन **तें** हम **तुमतें** बिछुरै। (सूर)
सो पतिब्रत **ते** टारी। (सूर)

अवधी

मोहिं **तन** दीन्हेंसि जप और बरता। (पद्‌मावत)
राम **ते** अधिक राम कर दासा। (मानस)
सुमनमाल जिमि कंठ **ते** गिरत न जानइ नाग। (मानस)
लता भवन **तें** प्रकट भे। (मानस)
सास ससुर मन मोरि **हुँति** विनय करब कर जोरि। (मानस)
जल **हुन्त** निकास मुवै नहिं काछू। (पद्‌मावत)

उल्लेखनीय है कि अवधी में **तै** का प्रयोग न के बराबर होता है जबकि ब्रजभाषा में '**तन**' और '**हुँति**', '**हुन्त**' के प्रयोग प्रायः नहीं मिलते।

करण कारक के परसर्ग के रूप में ब्रजभाषा और अवधी दोनों में **सौं, सन, से, ते, तैं** आदि के प्रयोग मिलते हैं।

ब्रजभाषा

कर **सों** पग पलुटावति। (सूर)
कह्यो जाति जसुमति **सौं**। (सूर)
हमतें हरि कबहूँ न उदास। (सूर)
कायर बकै, लोह**तें** भाजै। (सूर)
ता निर्गुन **सों** प्रीति निरन्तर। (सूर)

अवधी

मैं पुनि निज गुरु **सन** सुनी कथा सो सूकरखेत। (मानस)
जिन्ह **तें** भै नरसृष्टि अनूपा। (मानस)
पूँछत सखहिं **सों** ठाउँ देखाऊ। (मानस)
साधु **ते** होइ न कारज हानी। (मानस)
जेहि लखनहु **तें** अधिक। (मानस)
माया **तें** अस रचि नहि जाई। (मानस)

उल्लेखनीय है कि **सन** का प्रयोग अवधी में और **सों, सौं** का प्रयोग ब्रजभाषा में अधिक होता है। **सन** का प्रयोग ब्रजभाषा में नहीं होता पर **सों** का प्रयोग अवधी में भी चलता है। **ते, तें** का प्रयोग ब्रजभाषा और अवधी दोनों में समान रूप से होता है।

से, सो, सों और **तें** का प्रयोग अवधी और ब्रजभाषा में 'सदृश' या 'के साथ' के अर्थ में भी होता है।

ब्रजभाषा और अवधी में कर्मकारक के परसर्ग के रूप में **को, कहुं, काहु, कहँ** आदि का प्रयोग होता है। उदाहरण द्रष्टव्य हैं—

ब्रजभाषा

हम**को** जोग सि ग्रावन आयो। (सूर)
तलफत छाड़ि चले मधुबन **को**। (सूर)
गोद लिये हरि **कौ** नन्दरानी। (सूर)

अवधी

सुखु सोहाग तुम्ह **कहुँ** दिन दूना। (मानस)
राम रचित राकेस कर सरिस सुखद सब **काहु**। (मानस)
तिन्हँ **कहुँ** मानस अगम अति। (मानस)

उल्लेखनीय है कि कर्मकारक के **को, कौं** परसर्गों का प्रयोग अवधी में प्राय: नहीं मिलता, जबकि **कहुँ** और **काहु** के प्रयोग ब्रजभाषा में दुर्लभ हैं।

अवधी में कर्ताकारक में कोई परसर्ग नहीं लगता जबकि ब्रजभाषा में **वाने** के रूप में **ने** का प्रयोग मिलता है। पर सूरदास अपने पदों में प्राय: **ने** का प्रयोग नहीं करते। उदाहरणार्थ **'सुकदेव कह्यो सुनौ हो राव', 'इन्द्र विनय रिषि सौं बहुत करी', 'ता गृह जन्म रेवती लयौ'** आदि में **ने** का प्रयोग नहीं हुआ है। बहुत तलाश करने पर 'सूरसागर' में सकर्मक क्रिया के भूतकाल में कर्त्ता के **'ने'** चिह्न के प्रयोग का कोई उदाहरण मिल पाता है। ऐसा ही एक उदाहरण है—

'श्याम तुम्हारी मदन मुरलिका नेकसी ने जग मोह्यो।'

अत: इस दृष्टि से भी ब्रजभाषा और अवधी में समानता ही समझना चाहिए।

क्रिया के विभिन्न रूप और प्रयोग किसी भाषा की संरचना की विशेष पहचान होते हैं। पहले हम सहायक क्रियाओं को देखें जिनके लिए परिनिष्ठित हिन्दी में **हूँ, हो, है, हैं** आदि रूप प्रचलित हैं। इनमें **है** का प्रयोग ब्रजभाषा और अवधी में समान रूप से पाया जाता है, जैसे—

आवत **है** दिन गारि। (सूर)

है कछु कपट भाउ मन माहीं। (मानस)

राम निकाई रावरी **है** सबही को नीक। (मानस)

अवधी में **है** के लिए **अहै** का प्रयोग भी होता है, जैसे—

विदित गति सबकी **अहै**। (मानस, बाल. 336), '**मानस**' में **अहै** के **अहइ, अहई** रूप भी मिलते हैं। जायसी ने **आछै** का भी प्रयोग किया है। सूर की भाषा में **अहै** और **आछे** वाले रूप नहीं मिलते, पर **आहि** के प्रयोग मिलते हैं—'**ऊधो'! कौन आहि** अधिकारी' (भ्रमर. 118) किन्तु परवर्ती काल में ब्रजभाषा में **अहै** वाले रूप मिलने लगते हैं। स्वयं तुलसी ने '**कवितावली**' में **अहै** का प्रयोग किया है—'एहि घाट ते थोरिक दूर **अहै**।'

है का बहुवचन रूप (दोनों लिंगों में) हैं है जो अन्यपुरुष, मध्यमपुरुष (आदरार्थ) और उत्तमपुरुष में ब्रजभाषा और अवधी में समान रूप में प्रयुक्त होता है। अवधी में '**हैं**' के समानार्थक रूप में **अहहिं, अहहीं, होंहिं, अहैं** आदि के प्रयोग भी प्रचलित हैं। (देखें मानस, बाल. 14, अयो. 119, बाल. 335, बाल. 311) इसी प्रकार ब्रजभाषा में '**हैं**' के लिए **होंहि** का भी प्रयोग होता है। जैसे—'मधुकर! हम न **होंहिं** वे बेली।' (भ्रमर. 140)

परिनिष्ठित हिन्दी के **हूँ** की समरूप क्रिया ब्रजभाषा और अवधी दोनों में **हौं** है। '**हौं**' का प्रयोग **मैं** के लिए भी होता है, अत: कभी-कभी दोनों को अलग-अलग पहचानने में भ्रम भी हो जाता है। सहायक क्रिया के रूप में **हौं** के प्रयोग के उदाहरण निम्नलिखित हैं—

ब्रजभाषा

पथिक! तिहारे पा लागति **हौं**। (भ्रमर. 87)

बिनती करत मरत **हौं** लाज। (सूर)

मगन **हौं** अब अम्बुनिधि मैं। (सूर)

ऐसौ **हौं** मैं ईस। (सूर)

अवधी

जानत **हौं** मोहि दीन्ह विधि यहु जातना सरीरु। (मानस, अयो. 146)

तुलसीदास **हूँ** के रूप में **अहउँ/अहऊँ** का भी प्रयोग करते हैं, जैसे—

तब लगि बैठि **अहउँ** बटछाहीं। (मानस, बाल. 52)

परम चतुर मैं जानत **अहऊँ**। (मानस, लं. 17)

मध्यमपुरुष एकवचन के लिए ब्रजभाषा में **हौ** और अवधी में **हसि, अहसि, अहहू, हहु** आदि सहायक क्रियाओं का प्रयोग होता है। उदाहरण द्रष्टव्य हैं—

ब्रजभाषा

मेरे जान गह्यो चाहत **हौ** फेरि के मैगल मातो। (भ्रमर. 81)

ऊधो तुम **हौ** अति बड़ भागी। (भ्रमर. 101)

अवधी

जो **हसिं** सो **हसि**, मुँह मसि लाई। (मानस, अयो. 162)

को तू **अहसि** सत्य कहु मोही। (उपरिवत्)

रे खल का **मारेसि** कपि भालू। (मानस)

तुम पितु मातु बचन रत **अहहू**। (मानस, अयो. 43)

जानति **हहु** बस नाहु हमारे। (मानस, अयो. 14)

कवन हेतु **बिचरहु** वन स्वामी। (मानस)

भूतकाल की सहायक क्रिया के रूप में परिनिष्ठित हिन्दी में **था** के विभिन्न रूप प्रयुक्त होते हैं। ये रूप ब्रजभाषा और अवधी के लिए अपरिचित हैं। ब्रजभाषा में भूतकाल की सहायक क्रिया के रूप में **हुतो, हो** (ही, हे) **तो** (ती, ते) आदि रूप मिलते हैं। प्रायः ✓**भ** से बने रूपों का प्रयोग भी ब्रजभाषा में होता है, जैसे—'विमुख **भयौ** हरि चरन कमल तजि' (सूर. 1/27) या 'काम क्रोध मद लोभ मोह ये **भए** चोर तैं साहु' (सूर. 1/40) अथवा '**कुबजा भई** स्याम रंग राती तातैं सोभा पाई।' (सूर. 1/63)

✓**रह** से बने रूपों के प्रयोग भी ब्रजभाषा में प्रचलित हैं। जैसे—

सुनु कपि अपने प्रान कौ पहरौ कब लगि देति **रहौं**। (सूर. 9/93)

बहुत दिननि को **हुतो** पुरातन हाथ छुअत उठि आयौ। (सूर. 9/28)

एक **हुतो** सो गयो स्याम संग। (भ्रमरगीत, 210)

जब मिलि मिलि मधुपान कियो **हो** तब तू कहि धौं कहाँ **तो**। (भ्रमर. 81)

ही और **ती** वाले रूप रीतिकाल के कवियों में अधिक मिलते हैं—

पौन सो जागति आगि सुनी **ही**। (घनानन्द)

चरजि गई **ती** फेरि चरनन लागी री। (पद्माकर)

अवधी में भूतकाल की सहायक क्रिया का काम ✓**भ** और ✓**रह** धातुओं के विभिन्न रूप करते हैं। उदाहरण के लिए—

भा मोहितें कछु बड़ अपराधा। (मानस, अयो. 92)

भयउ सुद्ध करि उलटा जापू। (मानस, बाल. 19)

सुमिरत **भयो** भाँग ते, तुलसी तुलसीदासु। (मानस, बाल. 28)

रहा प्रथम अब ते दिन बीते। (मानस, अयो. 17)

व्यापि **रहेउ** संसार महुँ माया कटक प्रचंड। (मानस, उत्तर. 71)

तब अति **रहेउँ** अचेत। (मानस, बाल. 30)

इन उदाहरणों से स्पष्ट है कि भूतकाल की सहायक क्रिया में ✓भ धातु से बने रूपों को छोड़कर ब्रजभाषा और अवधी में कोई समानता नहीं है।

भविष्यत्काल की सहायक क्रिया के रूप ब्रजभाषा में ✓रह में **गा** के विविध रूप जोड़कर बनते हैं। जैसे—

अन्तर गहत कनक कामिनि कौं हाथ **रहैगौ** पचिबौ। (सूर. 1/59)

अवधी में ये रूप **हो** में **ई, इहि, इहिं, हहिं** आदि जोड़कर बनाये जाते हैं। जैसे—

तोर कहा जेहि दिन फुर **होई**। (मानस, अयो. 15)

होइहि सोई जो राम रचि राखा। (मानस, बाल. 52)

ब्रजभाषा और अवधी दोनों में क्रिया के केवल तद्भव रूपों का प्रयोग होता है और मूल या धातु रूप में ये प्रायः समान हैं। इनमें जो अन्तर होता है वह पुरुष, काल, लिंग और

वचन के कारण। उदाहरण के लिए मूल क्रिया के वर्तमानकाल में अन्यपुरुष, एक-वचन रूप, अवधी में, मुख्यतः **हि** और **इ** जोड़कर बनते हैं। उदाहरण के लिए—

चितवहि जिमि हरिजन हरि पाई। (मानस, कि. 17)

वक्र चन्द्रमहि **ग्रसइ** न राहू। (मानस)

अइ का सन्धि से **ऐ** रूप हो जाता है, अतः अवधी में **करइ** के साथ-साथ **करै** वाला रूप भी प्रचलित है। उदाहरणार्थ—

और **करै** अपराध कोउ (मानस)

करहि और **करइ** के, छन्द आदि के आग्रह से भी, कुछ भिन्न रूप बन जाते हैं, पर उनका उल्लेख यहाँ अनावश्यक है।

ब्रजभाषा में **करहि** वाले रूप का प्रचलन प्रायः नहीं है। **करइ** भी ब्रजभाषा में प्रायः **करै** हो जाता है। उदाहरण के लिए—'ना कोउ **कहै सुनै** या ब्रज में' (भ्रमर. 55); सो कहँ पीर पराई **जानै** (भ्रमर. 37)

करहि और **करइ** के बहुवचन रूप अवधी में प्रायः **करहिं** और **करैं** हो जाते हैं। उदाहरण के लिए—

सादर **कहहिं सुनहिं** बुध ताही। (मानस, बाल. 10)

जनकु जय जय सब **कहैं**। (मानस, बाल. 324)

ब्रजभाषा में भी ये रूप प्रचलित हैं, जैसे—

जे **आवहिं** ते कारे। (भ्रमर. 38)

कैसे **रहैं** रूप रस राँची। (भ्रमर. 42)

वर्तमानकाल में मध्यमपुरुष में एकवचन और बहुवचन दोनों में **कहै** वाले रूप प्रचलित हैं। जैसे—

तू काहैं नहिं बेगहिं **आवै**। (सूर, 10/43)

तनक सी बात **कहै** तनक तुनिकि **रहै** तनक सी खीझि **रहै**। (सूर, 10/150)

जाकी बात **कहौ** तुम हमसौं। (भ्रमर. 79)

अवधी में इससे भिन्न रूप प्रचलित हैं। उदाहरण के लिए—

जानसि मोर सुभाउ बरोरू। (मानस, अयो. 26)

का **पूँछहु** तुम्ह अबहुँ न जाना। (मानस, अयो. 19)

छन्द के आग्रह से इनके रूप ई-कारान्त (चहसी) और ऊकारान्त (कहहू) भी हो जाते हैं। एकवचन आदरार्थ में '**हु**' तथा '**आव**' वाले रूप प्रचलित हैं, जैसे—

सो जानइ जेहि **देहु** जनाई। (मानस, अयो. 127)

पुनि पुनि मोहिं **देखाव** कुठारू। (मानस, बाल. 273)

ब्रजभाषा में उत्तमपुरुष एकवचन की क्रिया में **ऊँ, औ, औं** आदि प्रत्यय लगते हैं। उदाहरण के लिए निम्न उद्धरण द्रष्टव्य हैं—

विनती किहिं बिधि प्रभुहिं **सुनाऊँ**। (सूर. 9/173)

सरन **गहूँ** मैं काकी। (सूर, 1/143)

बसौं ब्रज गोकुल गाँव के ग्वारन। (रसखान)

ऐसेहि जनम बहुत **बौरायौ**। (सूर. 1/27)

जबै **आवौं** साधु संगति कछुक मन ठहराइ। (सूर. 1/45)

अवधी में उत्तमपुरुष, एकवचन की क्रिया में **अउँ, अऊँ** और **औं** प्रत्यय लगते हैं। इससे अवधी और ब्रजभाषा के रूपों में समानता स्पष्ट है। उदाहरण द्रष्टव्य हैं—

जोरि पानि कर **मागउँ** एही। (मानस)

गति न **चहउँ** निरबान। (मानस)

करौं सीस धरि सादर सोई। (मानस)

सुनु मुनि सन्तन्ह के गुन **कहऊँ**। (मानस)

इसी प्रकार ब्रजभाषा में उत्तमपुरुष बहुवचन की क्रिया में **ऐं** प्रत्यय लगते हैं। उदाहरणार्थ—

पाती **लिखैं** कहो क्यों करि जो पलक कपाट अरे? (भ्रमर. 89)

आवहु री सखि! हम सब मिलि **सोचैं**। (भ्रमर. 218)

फेरि फेरिकै दुख **अवगाहैं** हम सब करी अचेत। (भ्रमर. 193)

अवधी में उत्तमपुरुष बहुवचन में **हिं** प्रत्यय लगता है; जैसे—

हम सँग **चलहिं** जो आयसु होई। (मानस, अयो. 112)

राजकुमारि बिनय हम **करहीं**। (मानस, अयो. 116)

लेहिं न बासन बसन चोराई। (मानस)

यहाँ भी ब्रजभाषा और अवधी के क्रिया प्रत्ययों (तिङ्न्त) में कोई अधिक अन्तर नहीं है।

ब्रजभाषा और अवधी में क्रिया के कृदन्त रूपों (पठवत, लगावति आदि) से वर्तमान काल के कई रूपों—विशेषकर सामान्य वर्तमान और सातत्यबोधक वर्तमान का बोध होता है। ये रूप प्राय: सभी पुरुषों, लिंगों और वचनों में प्राप्त होते हैं। उदाहरण द्रष्टव्य हैं—

ब्रजभाषा

कत कत लिखि **पठवत** नँदनन्दन। (उ. पु.) भ्रमर. 76

सीस धरे घर घर कत **डोलत**। (म. पु.) भ्रमर. 77

तुम जो **कहत** सँदेसो आनि। (म. पु.) भ्रमर. 40

सिखवत निर्गुन फीको। (अ. पु.) भ्रमर. 74

ये रतन छँड़ाइ **गहावत** माटी। (अ. पु. बहुवचन) भ्रमर. 80

सखि री काहैं गहरु **लगावति**। (म. पु. स्त्री.) सूर. 10/23

हम वै बास **बसत** इक बगरी। (अ. पु. स्त्री. बहु.) सूर. 10/319

इन उदाहरणों में 'होना' सहायक क्रिया का प्रयोग छन्द के आग्रह में नहीं किया गया है, इस कारण इनके लिंग, वचन आदि का बोध कर्त्ता से होता है। पर अनेकत्र सहायक क्रिया के प्रयोग मिलते हैं; जैसे—'सकल लोक सूनी **लागतु** है' (भ्रमरगीत 88); 'सुमिरि सुमिरि गुन अधिक **तपत** हैं' (भ्रमर. 88); 'मेरे जान गह्यौ **चाहत हौं**' (भ्रमर. 81) आदि।

अवधी में भी क्रिया का प्रथम सामान्य रूप **चलत, भेंटत** आदि ही है जिसमें 'होना' सहायक क्रिया के वर्तमानकाल के सरल रूप लगाकर सामान्य और सातत्य बोधक वर्तमानकाल के रूप निर्मित होते हैं। उदाहरण द्रष्टव्य हैं—

भेंटत भरतु ताहि अति प्रीती। (अ. पु. पुल्लिग; मानस, अयो. 194)

सिय **भेंटति** अति अनुराग। (अ. पु. स्त्री.; मानस, अयो. 246)

होत महारन रावन रामहि। (अ. पु. पुल्लिग; मानस, लंका. 57)

चहत प्रात उर आरत भारी। (अ. पु. बहुवचन; मानस, अयो. 187)

सकल **सराहत** कृपानिधानहिं। (अ. पु. पुल्लिग, बहु.; मानस, अयो. 273)

आवत जनकु चले एहि भाँती। (अ. पु. पुल्लिग, एकवचन; मानस, अयो. 275)

बचन ससोक **मिलत** नद नारे। (अ. पु. पुल्लिग, बहुवचन; मानस, अयो. 276)

परम चतुर मैं **जानत** अहऊँ। (उ. पु. पुल्लिग, एकवचन; मानस)

सामान्य भूतकाल में क्रिया के रूप दो प्रकार से बनते हैं। इनमें से प्रथम है क्रिया के द्वितीय कृदन्त रूपों का बिना किसी सहायक क्रिया की सहायता के प्रयोग। जैसा हम जानते हैं, द्वितीय कृदन्त रूप क्रिया की धातु में **आ** अथवा **या** प्रत्यय जोड़कर बनते हैं। जैसे—**कहा, आया**। ब्रजभाषा और अवधी दोनों में सामान्य भूतकाल का निर्माण इसी कृदन्त रूप से होता है। लिंग, वचन और पुरुष के अनुसार इसके विभिन्न रूप बनते हैं। उदाहरण द्रष्टव्य हैं—

ब्रजभाषा

काकी भूख **गई** बयारि भखि। (भ्रमर. 25)

तबहिं उपँगसुत आय **गए**। (भ्रमर. 3)

देखत हरि **पछिताने**। (भ्रमर. 3)

हरि गोकुल की प्रीति **चलाई**। (भ्रमर. 4)

याही लाज **तजी** ब्रज। (भ्रमर. 12)

यह कृदन्त रूप कभी ओकार या औकार रूप धारण कर अन्यपुरुष की क्रिया के रूप में सामने आता है। यथा—

अति दुख **पायो** त्यागत। (भ्रमर. 4)

उद्धव मन अभिलाष **बढ़ायो**। (भ्रमर. 11)

जब हरि गवन **कियौ** पूरब लौं। (भ्रमर. 104)

ओकार और **औकार** वाले रूपों के साथ-साथ **'यो'** अन्त वाले रूप भी ब्रजभाषा में दिखाई पड़ते हैं, यथा—

उमड्यो नयननि नीर। (भ्रमर. 19)

छुटत न **देख्यो** धोय। (भ्रमर. 102)

सामान्य भूतकाल के ये रूप अवधी में भी मिलते हैं; उदाहरणार्थ--

राम सखा सुनि सन्दनु **त्यागा**। (मानस)

गुरुतिय पद **बन्दे** दुहु भाई। (मानस)

रथ चढ़ि **चले** प्रथम मुनि राऊ। (मानस)

राम मातु मृदु बानी **बोली**। (मानस)

राम मातु पहिं **गे** दोउ भाई। (मानस)

अवधी में इस कृदन्त का परिवर्तन कभी-कभी **अकारान्त** अथवा **एउ** या **अऊ** अन्तवाले रूपों में हो जाता है। उदाहरणार्थ—

शृंगबेरपुर भरत **दीख** जब। (मानस)
कहेउ बनावन पालकी। (मानस)
सो बासरु **बीतेउ** बिनु बारी। (मानस)
तुरत सुतीछन गुरु पहिं **गयऊ**। (मानस)

ब्रजभाषा की तरह अवधी में भी **'यों'** और **'यौ'** अन्तवाले रूप मिलते हैं। यथा—

तब मारुत सुत मुठिका **हन्यौ**। (मानस)
इहाँ सेतु **बाँध्यो**। (मानस)
लछिमन इहाँ **हत्यो** इन्द्रजीता। (मानस)

ब्रजभाषा और अवधी दोनों में, सामान्य भूतकाल में, **'न्ह'** विभक्तिवाले रूप मिलते हैं। इससे यह निष्कर्ष निकलता है कि इन भाषाओं में क्रिया के तिङन्त रूपों का भी प्रचलन है। उदाहरणार्थ—

ब्रजभाषा

प्रीति करि **दीन्हीं** गरे छुरी। (भ्रमर. 75)
सूर स्याम सों दृढ़ व्रत **कीन्हों**। (भ्रमर. 103)

अवधी

जहँ तहँ लोगन डेरा **कीन्हा**। (मानस)
चित्रकूट कर **कीन्ह** पयाना। (मानस)
बारहि बार लाइ उर **लीन्ही**। (मानस)
दीन्हि असीस कृतारथ कीन्हें। (मानस)
सबु सुखु सुकृतु **सिरान** हमारा। (मानस)
बाम विधि **कीन्हो** कहा। (मानस)

अवधी में **एसि** अन्तवाले रूप भी प्रचलित हैं जो ब्रजभाषा में नहीं मिलते। उदाहरण के लिए—

कहेसि पुकारि प्रनत हित पाही। (मानस)
तब **ताकिसि** रघुनायक सरना। (मानस)
सुनत जरा, **दीन्हिसि** बहु गारी। (मानस)

पद्य में सामान्य भूतकाल के प्रयोग आसानी से उपलब्ध हो जाते हैं; वैसे आसन्न भूतकाल में क्रिया के प्रयोग के उदाहरण भी ब्रजभाषा और अवधी में मिल जाते हैं। आसन्न भूतकाल के क्रिया रूप उसके द्वितीय सामान्य कृदन्त (पढ़ा, गयो) के साथ 'होना' सहायक क्रिया के वर्तमान काल के सरल रूपों (है, हो, हैं) के संयोजन से बनते हैं। इस काल में प्रयुक्त होनेवाले क्रिया रूपों के उदाहरण निम्नलिखित हैं—

ब्रजभाषा

हम **पढ़े** एक साथ हैं। (सुदामा चरित)
लावा मेलि **दए हैं** तुमको। (भ्रमर. 79)
सब मिलि मिलि मधुपान **कियो हो**। (भ्रमर. 81)
जो कोउ पथिक **गए हैं** ह्याँते। (भ्रमर. 89)

सूरदास अब मरन **बन्यो है**। (भ्रमर. 104)
सूर विधाता रचि **राख्यो** है। (भ्रमर. 148)
पठयो है गोपाल कृपा कै। (भ्रमर. 148)
अति कृस गात **भई हैं** तुम बिनु। (भ्रमर. 171)

कभी-कभी आसन्न भूतकाल का रूप बिना सहायक क्रिया के भी बनता है; जैसे—

मोहन **माँग्यो** अपनो रूप। (भ्रमर. 82)
लिखि **आई** ब्रजनाथ की छाप। (भ्रमर. 47)
आयो घोस बड़ो ब्योपारी। (भ्रमर. 23)

अवधी

तब लगि बैठ **अहऊँ** बट छाहीं। (मानस, बाल. 52)
डहकि डहकि **परिचेहु** सब काहू। (मानस, बाल. 137)

इसी प्रकार भूतकाल के अन्य कई रूप भी (पूर्ण भूत, अपूर्ण भूत, सातत्य बोधक भूत आदि) ब्रजभाषा और अवधी में क्रिया के प्रथम और द्वितीय सामान्य कृदन्त रूपों (चलत, गया, गयो, जान्यौ आदि) के साथ **'होना'** सहायक क्रिया के भूतकालिक रूप के संयोग से बनते हैं।

ब्रजभाषा में भविष्यत्काल की क्रियाएँ मुख्यत: दो प्रकार से बनती हैं। एक प्रकार वह है जिसमें वर्तमानकाल और आज्ञार्थ क्रियाओं के साथ **'गा'** के विविध रूप लगते हैं। उदाहरणार्थ—

मैया री मैं चन्द **लहौंगो।** (सूर. 10/194)
आवैंगे हम दोनों भैया। (भ्र. 9)
दौरि दाम न **देहुँगी।** (भ्र. 163)
अपने कियो आप **भुगतैंगी।** (भ्र. 200)
मेरे कहै बिलग **मानौगे।** (भ्र. 211)
हम जानी ऐसी **निबैहैगी।** (भ्र. 263)
को जानै कब छूटि **जायगो** स्वास। (भ्र. 215)
दई **देइगौ** टारि। (सूर. 10/292)
बारक बहुरि कबै **आवैंगे।** (भ्र. 276)
बिनु पदत्रान बहुरि **पठवैंगी।** (भ्र. 302)

पर सूरदास अनेकत्र वर्तमानकाल की और आज्ञार्थसूचक क्रियाओं से ही भविष्यत्काल का भी काम ले लेते हैं। उदाहरणार्थ—

बहुरि न तुमहिं जगाय **पठवौं** गोधनन के साथ। (भ्र. 163)
चोरी न **देहुँ** उधारि। (भ्र. 163)
रासनृत्य न कराऊँ। (भ्र. 163)
जैसे राखहु तैंसें **रहौं।** (सूर. 1/162)
हम अपने ब्रज ऐसेहिं **बसिहैं।** (भ्रमर. 152)
भव सागर मैं पैरि न **लीन्हौ।** (सूर. 1/178)

ऐसी कब **करिहौ** गोपाल। (सूर. 1/189)
भक्ति कब **करिहौ** जनम सिरानी। (सूर. 1/329)
तेरो कहो **मानिहैं** मोहन। (भ्र. 325)
विद्या पढ़ी सो बिरथा **जाइ।** (सूर. 9/174)
प्रलय **होइ** जनि गहौ मथानी प्रभु मरजाद **टरै**। (सूर. 10/142)
जो मेरे लाल **खिजावै।** (सूर. 10/183)
प्रात समय उठि माखन रोटी को बिन माँगे **दैहे।** (भ्र. 376)

अवधी में भी वर्तमानकाल की क्रियाएँ भविष्यत्काल का काम करती हैं। उदाहरण के लिए *रामचरितमानस* की ये पंक्तियाँ देखी जा सकती हैं—

स्वामि काज **करिहउँ** रन रारी। (अयो. 190)
जीवत पाउ न पाछें **धरहीं।** (अयो. 192)
कहेहु मुखागर मूढ़ सन। (मानस)
जो मैं राम त कुल सहित **कहिहि** दसानन जाइ। (अर. 31)
करइ सो राम काज मति आगर। (कि. 29)
कपिन सहित **अइहहिं** रघुबीरा। (सुं. 16)
निसिचर मारि तोहि लै **जैंहहिं।** (सुं. 16)
सो सीता कर खोज **कराइहिं।** (कि. 4)
पाइहिं लोकउ बेदु बड़ाई। (अयो. 207)
करिहहिं विधि मो सन ए प्रीती। (मानस)

पर अवधी में भविष्यत्काल की क्रिया बनाने के लिए मुख्यत: मूल क्रिया या धातु में **'ब'** या **'बि'** प्रत्यय जोड़ा जाता है। उदाहरण के लिए, *रामचरितमानस* की निम्नांकित पंक्तियाँ द्रष्टव्य हैं—

मैं कछु **करबि** ललित नर लीला। (मानस, अर. 24)
कृपासिन्धु मैं **आउब** देखन चरित उदार। (मानस)
मैं अब **जाब** जहाँ रघुराई। (मानस, कि. 25)
बिनु सुधि लए **करब** का भ्राता। (मानस, कि. 26)
करवाउब बिबाहु बरिआई। (मानस, बाल. 83)
भंजब धनुषु राम सुनु रानी। (मानस, बाल. 257)
ए दारिका परिचारिका करि **पालिबीं** करुना नई। (मानस, बाल. 326)

इन उदाहरणों से स्पष्ट है कि भविष्यत्काल के ये प्रत्यय (ब, बि) दोनों लिंगों और वचनों में समान रूप से लगते हैं। ब्रजभाषा में भविष्यत्काल का यह रूप प्रचलित नहीं है।

इसी प्रकार अवधी में भविष्यत्काल में 'गा' या 'गो' प्रत्ययवाले रूप बहुत कम प्रयुक्त होते हैं। तुलसीदास ने इनका प्रयोग बहुत कम किया है, पर बिल्कुल नहीं किया है, ऐसा नहीं कहा जा सकता। उदाहरण—

प्रभु अभय **करैयो** तोहि (लंका. 20)
याको फल **पावहिगो** आगे (लंका. 33)

तुलसीदास ने कहीं-कहीं भविष्यत्काल के लिए 'असि' प्रत्ययवाले रूपों का भी प्रयोग किया है, जैसे—'फिरि **पछितैहसि** अन्त अभागी।' (अयो. 36) या 'तब लगि जनि कछु **कहसि** बहोरी।' (अयो. 36) इस प्रकार के प्रयोग ब्रजभाषा में नहीं मिलते।

ब्रजभाषा में वर्तमान आज्ञार्थ क्रियारूप **ओ, औ, इयो, ईजो, हु, आव, इए, ए** आदि लगाकर बनते हैं। उदाहरण द्रष्टव्य हैं—

सखा! **सुनो** मेरी इक बात। (भ्रमर. 6)
सूर प्रभु यह **सुनौ** मोसों। (भ्रमर. 6)
मेरे हुतो **भेंटियो**। (भ्रमर. 1)
समाचार सब **दीजो**। (भ्रमर. 1)
उद्धव! बेगि ही ब्रज **जाहु**। (भ्रमर. 8)
हमको हरि की कथा **सुनाव**। (भ्रमर. 50)
सुन, री सखी! कछू नहिं **कहिए**। (भ्रमर. 94)
ऊधो **जाहु** बाँह धरि **ल्याओ**। (भ्रमर. 94)
तातैं जानि **भजे** बनवारी। (सूर. 1/28)

अवधी में आज्ञार्थ क्रिया रूप प्रायः **औ, हु, हुँ, इअ, उ, एसु, अहि, अहिं** आदि विभक्तियाँ लगाकर बनायी जाती हैं। उदाहरण—

सकल **कहौ** समुझाय। (मानस)
कहेउ **लेहु** सबु तिलक समाजू। (मानस)
तात **चढ़हु** रथ बलि महतारी। (मानस)
करिअ बिबाहु सुता अनुरूपा। (मानस, बाल. 71)
लछिमन **देखु** बिपिन कइ सोभा। (मानस)
कहेसु जानि जियँ सयनु बुझाई। (मानस)
करहि जाइ तपु अस जिय जानी। (मानस, बाल. 73)
बचन मोर तजि **रहहिं** घर। (मानस, अयो. 44)

अवधी और ब्रजभाषा के कुछ आज्ञार्थ क्रिया रूप बिल्कुल एक हैं। **सुनो** और **सुनौ** में केवल उच्चारण का ही भेद है। **'लेहु-देहु'** रूपों का दोनों में व्यापक प्रयोग होता है। **सुनाव** और **कीजिअ** रूपों में भी बहुत साम्य है। **कहिए, कहियो** जैसे रूप ब्रजभाषा में प्रचलित हैं, अवधी में नहीं। इसी प्रकार **कहेसु, करहि** वाले रूप अवधी में मिलते हैं, ब्रजभाषा में नहीं।

ब्रजभाषा और अवधी में पूर्वकालिक क्रियाओं के रूप लगभग समान हैं। ब्रजभाषा में पूर्वकालिक क्रियारूप **ई, आय, ऐ** आदि प्रत्यय लगाकर बनते हैं। जैसे—

आवहु काहे न **धाइ**। (सूर. 10/111)
अरबराइ कर पानि गहावत। (सूर. 10/115)
पहिले **करि** परनाम। (भ्रमर. 1)
जो **कहि** पठयो धाय। (भ्रमर. 9)
सुख सन्देश **सुनाय** हमारो। (भ्रमर. 1)
माता-पिता को हेत जानि **कै**। (भ्रमर. 12)

द्विज मुख **ह्वै** पर लीन्हौं। (सूर. 1/29)

दै करताल बजावति गावति। (सूर. 10/130)

कहीं-कहीं निर्विभक्तिक रूप में पूर्वकालिक क्रिया का प्रयोग पाया जाता है। जैसे—

जब दहि मथनि टेक (करि) अरै (सूर. 10/142)

अवधी में अधिकतर **इ** प्रत्ययवाले पूर्वकालिक क्रियारूप होते हैं। जायसी और तुलसी दोनों में **इ** प्रत्ययवाले रूपों का प्रयोग अधिक मिलता है। उदाहरणार्थ—

करऊँ प्रनाम **जोरि** जुग पानी। (मानस, बाल. 8)

गौरें **हँसि** महेस सों कहा। (पद्मावत, 211/1)

होइ प्रसन्न पुरवहु सकल मन्जु मनोरथ मोरि। (मानस, बाल. 14)

कहीं-कहीं तुक या छन्द के आग्रह से **इ** का **ई** भी हो जाता है। जैसे—'अगरु प्रसंग सुगन्ध **बसाई**। (मानस, बाल. 10)

कहीं-कहीं **ए** और **ऐ** प्रत्यय लगाकर भी पूर्वकालिक क्रियारूप बनाये जाते हैं। जैसे—'प्रनवउँ सबहि कपट सब **त्यागें**'। (मानस, बाल. 14) या 'बेनी कारी पुहुप **लै** निकसी जमुना आइ। (पद्मावत, 47/41/4)

ब्रजभाषा और अवधी दोनों में संयुक्त क्रियाओं का प्रयोग होता है। संयुक्त क्रियाओं का निर्माण मुख्यत: प्रथम और द्वितीय सामान्य कृदन्त रूपों (कहत, कहा, कह्यो आदि), पूर्वकालिक क्रियारूपों (कहि, होइ आदि) और क्रियार्थक संज्ञाओं अथवा तुमर्थ रूपों (पिरैबो, खेलन, जान आदि) के साथ मुख्य क्रिया के योग से होता है। इनमें सामान्य कृदन्त रूपों और पूर्वकालिक क्रिया रूपों के उदाहरण पहले दिये जा चुके हैं।[29] ब्रजभाषा में तुमर्थ या क्रियार्थक संज्ञा के रूप प्राय: **न** और **ब** अन्तवाले होते हैं। जैसे—**सिखावन** (संयुक्त क्रिया : '**आए** जोग **सिखावन** पाँड़े' या 'बचन परगट **करन लागे**'; 'ब्रज में **आन उतारी**) **आनि** (सं. क्रि.—औगुन न **कहिहौं आनि**), **कहिबे** (संयुक्त क्रिया—**कहिबे** जीय न कछु सक राखो), **धरिबो** (सं. क्रि.—दूर करहु बीना **कर धरिबो**), **चरिबो** (सं. क्रि.—इन गैयन **चरिबो** छाँडयो है।) **रहिबी** (सं. क्रि.—अपने मन सुरति करत **रहिबी**) आदि। अवधी में भी तुमर्थ और उससे निर्मित संयुक्त क्रिया के ये दोनों रूप पाये जाते हैं। जैसे—**जपन** (सं. क्रि.—अस कहि **जपन** लगे हरि नामा; **बैठन** सबहि कहेउ गुरु ग्यानी), **कहब** (सं. क्रि.—**कहब** मोर मुनिनाथ निबाहा; अनुचित आजु **कहब** अस मोरा) आदि। इन उदाहरणों से ब्रजभाषा और अवधी की संयुक्त क्रियाओं में गहरी समानता परिलक्षित होती है।

ब्रजभाषा और अवधी में प्रयुक्त होनेवाले क्रियाविशेषण लगभग समान हैं। उच्चारण-प्रक्रिया के कारण कतिपय क्रियाविशेषणों में यत्किंचित् परिवर्तन भी हो जाता है। क्रियाविशेषण के मुख्य भेद चार हैं—समयवाचक, स्थानवाचक, रीतिवाचक और कारणवाचक। समयवाचक क्रियाविशेषण में ब्रजभाषा में प्रयुक्त होनेवाले प्रमुख शब्द हैं—**अब, अबै, तब, तबै, जब, जबै, कब, कबै, आज, आजु, अजौं, काल, काल्हि, काल्लि, परसौं, परौं, सदा, तुरत** आदि। इनके अवधी रूप हैं—**अब, अबहि, तब, तबहि, तबहुँ, जब, जबहि, कब, कबहुँ, आज, अजहुँ, काल्हि, कालि, सदा, तुरत, तुरित, तुरन्त** आदि।

ब्रजभाषा में प्रयुक्त होनेवाले प्रमुख स्थानवाचक क्रियाविशेषण हैं : **याँ, यहाँ, इत,**

इहाँ, हियाँ, ह्याँ, ह्वाँ, उत, उतै, वहाँ, वाँ, तहाँ, तितै, जहाँ, जहँ, जितै, कहँ, कहाँ, कितै आदि। अवधी में इनके समरूप हैं—**यहाँ, इत, इहाँ, हियाँ, वहाँ, उत, उहाँ, तहँ, तहाँ, तहवाँ, जहाँ, जहँ, जहवाँ, कहँ, कहाँ, कहुँ, कहवाँ, कतहूँ** आदि।

रीतिवाचक क्रियाविशेषण के ब्रजभाषा में प्रचलित उदाहरण हैं—**यों, ज्यों, त्यों, बहुत, त्यौं, अस, जस, कस, तस, तिमि, किन, जनि, जिनि** आदि। ये रूप अवधी में भी प्रचलित हैं।

कारणवाचक क्रियाविशेषण के लिए ब्रजभाषा में प्रयुक्त होनेवाले प्रमुख शब्द हैं—**काहे, किन, कहा, क्यों** आदि। अवधी में भी इनका प्रयोग इसी रूप में प्रचलित है।

आधुनिक मानक हिन्दी, ब्रजभाषा और अवधी

अब तक के भाषिक विवेचनों से यह बात लगभग प्रमाणित हो चुकी है कि आधुनिक मानक हिन्दी के निर्माण में दिल्ली और उसके आसपास की भाषाओं के साथ-साथ ब्रजभाषा और अवधी ही नहीं, वरन् बृहत्तर हिन्दी परिवार की अन्य भाषाओं का भी महत्त्वपूर्ण योगदान है। यह विशेष रूप से ध्यान देने की बात है कि उन्नीसवीं शताब्दी में आधुनिक हिन्दी का निर्माण उस भाषा क्षेत्र में, और प्रमुखतः उस क्षेत्र के लेखकों के द्वारा, हो रहा था जिसे भाषा वैज्ञानिकों ने 'बिहारी' नाम दिया है। बीसवीं शताब्दी में भी हिन्दी का जो विकास हुआ है, उसमें तथाकथित 'मध्य प्रदेश' अथवा 'हिन्दी' (पश्चिमी, पूर्वी) क्षेत्र के लेखकों का ही नहीं वरन् बृहत्तर हिन्दी क्षेत्र के रचनाकारों की भी महत्त्वपूर्ण भूमिका है। स्वाभाविक है कि आधुनिक मानक हिन्दी के निर्माण में बृहत्तर हिन्दी परिवार की सभी भाषाओं का कमोबेश योगदान है। यद्यपि अभी इस विषय पर व्यापक और गम्भीर शोधकार्य नहीं हुआ है, पर डॉ. रामविलास शर्मा की स्थापनाओं ने इतना तो सिद्ध कर ही दिया है कि दिल्ली के आसपास की बाँगरू बोली ब्रजभाषा के सम्पर्क में आकर और उससे प्रभावित होकर ही 'जातीय भाषा' हिन्दी के रूप में विकसित हुई। यह घटना उन्नीसवीं शताब्दी के पूर्व की तीन-चार शताब्दियों के दौरान घटित हुई। इसी दौरान वह दक्खिनी हिन्दी और उर्दू के रूप में (जिसे पहले 'हिन्दी' या 'हिन्दवी' ही कहा जाता था) साहित्य की भाषा भी बनी। उन्नीसवीं शताब्दी में जातीय भाषा के रूप में हिन्दी का व्यापक प्रचार-प्रसार हुआ और उसमें प्रचुर साहित्य रचना हुई। हिन्दी के साहित्येतिहासकारों की दृष्टिसंकीर्णता के बावजूद नजीर अकबराबादी आधुनिक हिन्दी के प्रथम महान् कवि हैं। दुर्भाग्यवश नजीर की काव्य-परम्परा को हिन्दी क्षेत्र के रूढ़िग्रस्त और संकीर्णमना कवियों ने नहीं अपनाया और वे सामन्तवादी काव्य प्रवृत्तियों और ब्रजभाषा से बँधे रहे। पर उन्नीसवीं शताब्दी के अन्तिम चरण में आधुनिक हिन्दी, गद्य की, और बीसवीं शताब्दी के प्रथम चरण में कविता की, भाषा बन ही गई। बीसवीं शताब्दी के प्रथम चरण में ही उसे उसका आधुनिक मानक रूप प्राप्त हुआ और आज भी लगभग वही रूप, छोटे-मोटे मतान्तरों के साथ, स्वीकृत है।

ब्रजभाषा और अवधी की व्याकरणिक समरूपताओं के निर्देश के बाद अब हमें यह देखना है कि आधुनिक मानक हिन्दी, ब्रजभाषा और अवधी में कौन-सी ऐसी समानताएँ हैं जो इन्हें हिन्दी परिवार में 'सवाँग' (समांग) के रूप में प्रतिष्ठित करती हैं।

सर्वप्रथम हम इनके शब्द भंडार और ध्वनितंत्र पर तुलनात्मक दृष्टि से विचार करें। जहाँ तक मानक हिन्दी की बात है, उसमें तत्सम, अर्धतत्सम, तद्भव, देशज और विदेशज, सभी प्रकार के शब्दों का प्रयोग होता है। अर्धतत्सम और तद्भव शब्दों की प्रधानता मानक हिन्दी के शब्द-भंडार की मुख्य विशेषता है। सर्वनाम, क्रिया, क्रियाविशेषण पूर्वकालिक क्रिया, निपात आदि शब्द-वर्ग तो मानक हिन्दी में भी, ब्रजभाषा और अवधी की तरह, केवल तद्भव प्रकार के ही होते हैं, पर संज्ञा और विशेषण वर्ग में तत्सम शब्दों का अधिकारिक प्रयोग इसकी आधुनिकतम प्रवृत्ति है। यहाँ तक कि उन्नीसवीं शताब्दी तक साहित्य में जिन तद्भव शब्दों का प्रयोग होता था उनके भी तत्सम रूप ही अब अधिक प्रचलित हैं। गोस्वामी तुलसीदास जैसा संस्कृत का महान् पंडित कवि **सयल** (शैल), **लच्छन** (लक्षण), **हरष** (हर्ष), **प्रगट** (प्रकट), **सीलनिधि** (शीलनिधि), **सराप** (शाप), **इरिषा** (ईर्ष्या,) **निसिचर** (निशाचर), **आचरन** (आचरण), **कृस** (कृश), **विस्नु** (विष्णु), **बासुदेव** (वासुदेव), **बरष** (वर्ष), **सर्वग्य** (सर्वज्ञ), **कृपनाई** (कृपणता), **दछिना** (दक्षिणा), **रिसि** (ऋषि), **बिस्व** (विश्व) जैसे तद्भव शब्दों का प्रयोग बिना किसी हिचक के करता है, पर आज का हिन्दी का एक सामान्य विद्यार्थी भी इनके तत्सम रूपों का प्रयोग करना ही वांछनीय समझता है। कुछ ऐसे शुद्धतावादी लेखक भी हैं जो तद्भव और विदेशी शब्दों का बहिष्कार करते हैं, पर गनीमत है कि उनकी भाषा अनुकरणीय नहीं मानी जाती। स्वीकृत मानक हिन्दी में तद्भव, अर्धतत्सम, तत्सम, विदेशी और देशज शब्दों का प्रयोग ह्रासमान क्रम में होता है।

आधुनिक हिन्दी की तुलना में अवधी और ब्रजभाषा में तद्भव और अर्धतत्सम शब्दों की बहुलता होती है। प्रारम्भिक अवधी और ब्रजभाषा के कवियों में तत्सम शब्दों के प्रयोग की प्रवृत्ति बहुत क म है। पर बाद में, गोस्वामी तुलसीदास ने अवधी में और रीतिकाल के कवियों ने ब्रजभाषा में तत्सम शब्दों की मिलावट अधिक मात्रा में की है। पर तुलसीदास की एक विशेषता यह भी है कि वे बहुत से तत्सम शब्दों को तद्भव बना देते हैं। उदाहरण के लिए, वे 'शैल' को 'सयल', 'शीलनिधि' को 'सीलनिधि', 'लक्ष्मीनिवास' को 'लच्छिनिवास', 'आशीर्वाद' को 'आसिरवचन', 'विष्मयवान्' को 'बिसमयवन्त', 'चूड़ाकर्ण' को 'चूड़ाकरन', 'क्रोधी' को 'कोही', 'गाधिसुत' को 'गाधिसूनु' में बदलकर उनका प्रयोग प्रचलित तद्भव शब्दों के बीच में करते हैं। अवधी और ब्रजभाषा के साहित्य में अपभ्रंश साहित्य के अनेक रूढ़ शब्दों का प्रयोग दिखाई पड़ता है, यहाँ तक कि गोस्वामी तुलसीदास ने भी 'फुंकरत', 'चिक्करत', 'बोल्लहिं', 'खग्ग', 'जुज्झहिं', 'आयसु', 'कोही', 'लोयन' जैसे शब्दों का प्रयोग किया है। पर आधुनिक मानक हिन्दी में इन शब्दों के लिए कोई जगह नहीं रह गई है। हिन्दी में प्रयुक्त होनेवाले शब्दों के, चाहे वे जिस स्त्रोत से आए हों, मानक रूप प्राय: स्वीकृत हो चुके हैं और जो मानक रूप स्वीकृत नहीं हो सके हैं उन पर विचार होता रहता है।

पर खड़ी बोली के प्राचीन साहित्य में तद्भव रूपों की ही प्रधानता है। दक्खिनी हिन्दी के साहित्य में, जिसको आधारभूत भाषा दिल्ली के आसपास बोली जानेवाली भाषा है, तत्सम शब्दों का प्रयोग न के बराबर हुआ है। इस साहित्य के रचयिता मुसलमान कवि थे, जिन्होंने बोलचाल के तद्भव शब्दों के साथ अरबी-फारसी स्त्रोत के शब्दों की प्रचुर मात्रा में मिलावट

की है जिससे हिन्दी का स्वाभाविक रूप बना रहता है। बाद में सनअती (1645 ई. ल.) ने दक्खिनी हिन्दी के इस्लामीकरण के प्रयास में अरबी-फारसी शब्दों का अनुपात बहुत अधिक कर दिया और यही प्रवृत्ति अन्ततः उर्दू के रूप में परिणत हुई। आज उर्दू में क्रियारूपों, सर्वनामों, परसर्गों, क्रियाविशेषणों, निपातों आदि को छोड़कर शेष शब्द, अर्थात् संज्ञा और विशेषण, अरबी-फारसी स्रोत से ही लिये जाते हैं। उर्दूवालों को तत्सम शब्दों से ही नहीं, तद्भव शब्दों से भी परहेज है। शुक्र है कि अधिकांश हिन्दी लेखकों में तद्भव शब्दों और अरबी-फारसी स्रोत के शब्दों के प्रति परहेज का भाव नहीं है।

अवधी, ब्रजभाषा और मानक हिन्दी में प्रयुक्त होनेवाले अकारान्त और आकारान्त शब्दों के रूपों में थोड़ा अन्तर दिखाई पड़ता है। अवधी में अकारान्त तत्सम और तद्भव शब्द कर्त्ता और कर्मकारक में प्रायः उकारान्त हो जाते हैं। जैसे—**रामु, पितु, मातु, प्रनामु, जीवनु** आदि, जबकि ब्रजभाषा और मानक हिन्दी या पुरानी खड़ी बोली में इनका अकारान्त रूप ही प्रचलित है। एक ध्यातव्य बात यह है कि मौलाना दाऊद, कुतुबन, जायसी आदि ने गोस्वामी तुलसीदास की तरह शब्दों को उकारान्त नहीं किया है। इसका कारण इनकी पांडुलिपियों का फारसी लिपि में लिखा होना भी हो सकता है। ब्रजभाषा में प्रायः आकारान्त शब्द ओकार या औकार युक्त हो जाते हैं; जैसे—**सन्देसो, बहिरो, घोरो, झगरो** आदि। अवधी और मानक हिन्दी में ये शब्द आकारान्त ही रहते हैं।

जहाँ तक मेरी जानकारी है, लिखित भाषा के रूप में खड़ी बोली के शुद्ध रूप का प्रतिनिधित्व करनेवाली भाषा का पहला उदाहरण पं. गौरीदत्त कृत *'देवरानी जेठानी की कहानी'* (1870 ई.) में उपलब्ध है। इसकी भूमिका में लेखक ने बताया है कि इस पुस्तक में "स्त्रियों ही की बोलचाल और वही शब्द जहाँ जैसा आशय है, लिखा है और यह वह बोली है जो इस जिले के बनियों के कुटुम्ब में स्त्री-पुरुष वा लड़केवाले बोलते-चालते हैं। संस्कृत के बहुत शब्द और पुस्तकों के जैसे इसलिए नहीं लिखे कि न कोई चित्त से पढ़ता है और न सुनता है।"[30] 'और पुस्तकों' से तात्पर्य स्पष्टतः लल्लू जी लाल, सदल मिश्र, मुंशी सदासुख लाल की कथा पुस्तकों तथा 1870 ई. के पहले प्रकाशित कुछ पाठ्य पुस्तकों से है। 1870 ई. के पूर्व भारतेन्दु का अनूदित नाटक 'विद्यासुन्दर नाटक' (1868 ई.) भी छप चुका था। हो सकता है कि पं. गौरीदत्त का इशारा इसकी ओर भी हो। भारतेन्दु इस समय बनारस में बैठकर 'हिन्दी' गद्य को 'नई चाल' में ढाल रहे थे। अतः खड़ी बोली गद्य का प्रतिनिधि नमूना *देवरानी जेठानी की कहानी* की भाषा को ही माना जा सकता है। अतः हम यथास्थान खड़ी बोली के व्याकरणिक स्वरूप को समझने के लिए 'देवरानी जेठानी की कहानी' का उपयोग करेंगे।

ध्वनि-तंत्र की दृष्टि से विचार करें तो देखेंगे कि ब्रजभाषा, अवधी और मानक हिन्दी या उसके पुराने रूप में संस्कृत की अधिकांश ध्वनियाँ सुरक्षित हैं। स्वर ध्वनियों में 'ऋ' का प्रयोग तीनों में से किसी में नहीं होता; पर जहाँ ब्रजभाषा और अवधी में 'ऋ' के लिए 'रि' का प्रयोग भाषित और लिखित दोनों रूपों में होता है, वहाँ मानक हिन्दी में भाषित रूप में 'रि' का प्रयोग होने पर भी लिखित रूप में 'ऋ' का ही प्रयोग स्वीकृत है। संस्कृत के 'ऐ' और 'औ' स्वर अवधी और ब्रजभाषा में कभी-कभी 'अइ' और 'अउ' हो जाते हैं, पर खड़ी बोली में इसके संस्कृत वाले रूप ही स्वीकृत हैं। व्यंजन ध्वनियों में ञ, ण, व,

श, और ष को छोड़कर शेष संस्कृत ध्वनियाँ ब्रज, अवधी और खड़ी बोली में प्रायः सुरक्षित हैं। तीनों में ही 'ञ्' का उच्चारण 'न्' के निकट होता है और उसे अनुस्वार वर्ण-रूप के द्वारा द्योतित किया जाता है। 'ण्' का उच्चारण ब्रजभाषा और अवधी में 'न्' की तरह होता है और लिखा भी उसी तरह जाता है। मानक हिन्दी में 'ण्' का उच्चारण मूल रूप में भी होता है (जैसे कण्व और 'गुण' में) और 'न्' रूप में भी (जैसे ठंढा, डंडा आदि में)। 'व' का उच्चारण ब्रज और अवधी में प्रायः 'ब' हो जाता है और इसी रूप में लिखा भी जाता है, पर मानक हिन्दी में 'व' का उच्चारण भाषित और लिखित दोनों रूपों में सुरक्षित है। 'श्' का उच्चारण ब्रज और अवधी में 'स्' की तरह होता है और लिखा भी इसी तरह जाता है, पर मानक हिन्दी में भाषित और लिखित दोनों रूपों में 'श्' का उच्चारण सुरक्षित रखा गया है। संस्कृत 'ष्' का उच्चारण अवधी और ब्रजभाषा में 'ख्' की तरह और हिन्दी में 'श्' की तरह होता है, पर तीनों में ही लिखित वर्ण के रूप में यह सुरक्षित है। संस्कृत विसर्ग (:) का उच्चारण ब्रजभाषा, अवधी और मानक हिन्दी में 'ह्' के रूप में होता है, पर लिखित वर्ण के रूप में इसका प्रयोग केवल मानक हिन्दी में ही सुरक्षित है।

ब्रजभाषा, अवधी और मानक हिन्दी में कतिपय ऐसी ध्वनियाँ भी हैं जो संस्कृत में नहीं हैं। उदाहरण के लिए, 'ड़' और 'ढ़' ध्वनियाँ अवधी और मानक हिन्दी में तो भाषित और लिखित दोनों रूपों में पायी जाती हैं, पर ब्रजभाषा में इनका प्रयोग बहुत कम होता है। मानक हिन्दी में कतिपय अँगरेजी शब्दों के साथ ऑ (ॉ) ध्वनि (जैसे कॉलेज, पॉकेट आदि) और फारसी शब्दों के साथ क़, ज़ ध्वनि (जैसे—हक़, दाग़, ज़फर आदि) आ गई है। मानक हिन्दी में भी यह प्रवृत्ति अपेक्षाकृत नई है। *देवरानी जेठानी की कहानी* या भारतेन्दु युग की रचनाओं में विदेशी शब्द तो मिलते हैं, पर एक तो उनके रूप तद्भवीकृत हैं और दूसरे उनमें विदेशी ध्वनियों की नकल नहीं की गई है।

जिस तरह ब्रजभाषा और अवधी में शब्दों के पुल्लिंग-स्त्रीलिंग और एकवचन-बहुवचन रूप पाये जाते हैं, उसी प्रकार मानक हिन्दी में भी। पर जहाँ बज्रभाषा और अवधी में लिंग और वचन विषयक नियमों की अक्सर उपेक्षा भी होती दिखाई देती है, वहाँ मानक हिन्दी में ऐसा करना भाषिक 'अपराध' होता है। मानक हिन्दी में अकारान्त शब्द प्रायः (लगभग) छियानवे प्रतिशत पुल्लिग होते हैं, केवल चार प्रतिशत अकारान्त शब्द ही विभिन्न कारणों से स्त्रीलिंग हो जाते हैं।[31] इन्हें अपवाद के रूप में स्वीकार करना चाहिए। इसी प्रकार अधिकतर अकारान्त तत्सम शब्द स्त्रीलिंग और अकारान्त तद्भव शब्द पुल्लिग होते हैं। इकारान्त और ईकारान्त शब्द प्रायः स्त्रीलिंग होते हैं। मानक हिन्दी में पुल्लिग शब्दों को स्त्रीलिंग बनानेवाले प्रत्यय वही हैं जो ब्रजभाषा और अवधी में हैं, जैसे—**ई**—गधी, बकरी; **नी**—मास्टरनी, हथिनी; **आनी**—पंडितानी, जेठानी; **आइन**—ठकुराइन आदि। मानक हिन्दी में भी, ब्रजभाषा और अवधी की तरह, सम्बन्धकारक के परसर्ग, विशेषण और क्रियाएँ लिंग के अनुसार भिन्न-भिन्न रूप धारण कर लेते हैं। इनमें एक अन्तर यह है कि जहाँ मानक हिन्दी में परसर्गों का मानकीकरण हो चुका है, वहाँ ब्रजभाषा और अवधी में उनके एकाधिक रूप प्रचलित हैं। उदाहरण के लिए, अवधी की '**केरी**' और '**की**' विभक्तियों में केवल '**की**' ही मानक हिन्दी में प्रयुक्त होती है। इसी प्रकार अवधी की '**मोरि**' और '**तोहारि**' की जगह हिन्दी में '**मेरा**'

और '**तुम्हारा**' रूप प्रयुक्त होता है। ब्रजभाषा की '**वार्की**' हिन्दी में '**उसकी**' बन जाता है। मानक हिन्दी में द्वितीय कृदन्त (भूतकालिक कृदन्त) के स्त्रीलिंग रूप अवधी और ब्रजभाषा की ही तरह '**चली**', '**गई**', '**रुकी**' आदि होते हैं; पर अवधी की तरह मानक हिन्दी में इस नियम का उल्लंघन क्षम्य नहीं है।

मानक हिन्दी में ब्रजभाषा और अवधी की तरह संज्ञा शब्दों के एकवचन और बहुवचन दोनों रूप मिलते हैं तथा वचन के अनुसार क्रिया के रूप में भी परिवर्तन हो जाता है। उदाहरण के लिए, 'काँटा' का एकवचन रूप 'काँटा' और बहुवचन रूप 'काँटे' है। अवधी और ब्रजभाषा दोनों में इसके लिए 'काँटन' का प्रयोग मिलता है जो उच्चारण भेद से 'काँटनि' भी हो जाता है। वचन के अनुसार सम्बन्धकारक के परसर्गों, सर्वनामों और क्रियारूपों में भी अन्तर हो जाता है। '**का**' (उसका) और '**रा**' (तुम्हारा) परसर्ग '**के**' और '**रे**' में परिवर्तित हो जाते हैं, जबकि ब्रजभाषा और अवधी में इस प्रकार का परिवर्तन प्रायः नहीं होता। सर्वनामों में ब्रजभाषा और अवधी में प्रयुक्त होनेवाला उत्तमपुरुष का एकवचन रूप '**हौं**' मानक हिन्दी में नहीं मिलता। मानक हिन्दी में उसका 'मैं' रूप सुरक्षित है, जिसका बहुवचन 'हम' होता है। ब्रजभाषा और अवधी में भी यह रूप विद्यमान है। अवधी में 'हमन' और 'हमसब' का प्रयोग भी मिलता है, जो मानक हिन्दी में प्रयुक्त नहीं होते।

मानक हिन्दी का मध्यमपुरुष एकवचन सर्वनाम रूप, व्याकरण ग्रन्थों के अनुसार, '**तू**' और इसका बहुवचन रूप '**तुम**' है। पर आज की मानक हिन्दी में सामान्यतः मध्यमपुरुष एकवचन रूप '**तुम**' है और इसका बहुवचन रूप '**तुम सब**', '**तुम लोग**' आदि। '**तू**' का प्रयोग उम्र, पद या सामाजिक दृष्टि से हीन व्यक्तियों के प्रसंग में होता है। घनिष्ठ प्रेम और आदर के प्रसंग में भी '**तू**' का प्रयोग होता है। ब्रजभाषा और अवधी में भी '**तू**' शब्द प्रचलित है। पर इसके अन्य रूप **तें, तैं, तुई** आदि मानक हिन्दी में प्रयुक्त नहीं होते। मध्यमपुरुष के लिए अवधी में आदरार्थ 'राउर' शब्द का प्रयोग होता है जो हिन्दी में स्वीकृत नहीं है।

मानक हिन्दी में अन्यपुरुष, एकवचन सर्वनाम रूप '**वह**' और उसका बहुवचन रूप '**वे**' है। ब्रजभाषा और अवधी में भी ये रूप बहुप्रचलित हैं। ब्रजभाषा का '**वो**' रूप उर्दू में तो खूब प्रचलित है, पर हिन्दी में उसका प्रयोग केवल बोलने में (और वह भी कम) होता है, लिखने में नहीं। '**वू**', '**गु**' आदि रूप हिन्दी से बहिष्कृत हो गए हैं। ब्रजभाषा के बहुवचन रूप '**वै**' और '**ग्वे**' भी मानक हिन्दी में नहीं चलते। अवधी के अन्यपुरुष एकवचन सर्वनाम के '**ओ**', '**ऊ**' आदि और इनके बहुवचन रूप '**ऊ**', '**ओ**', '**वेइ**' आदि भी मानक हिन्दी में नहीं मिलते। ब्रजभाषा और अवधी में '**वे**' के लिए '**ते**' सर्वनाम का भी प्रयोग होता है जो मानक हिन्दी में स्वीकृत नहीं है।

मानक हिन्दी में सम्बन्धवाचक सर्वनाम के लिए '**जो**', '**जैसा**' और '**जितना**' शब्दों का प्रयोग होता है, इनमें '**जो**' का प्रयोग ब्रजभाषा और अवधी दोनों में प्रचलित है। ब्रजभाषा के **जौ** और **जौन** तथा अवधी के '**जे**', '**जवन**', '**जेई**' आदि रूप मानक हिन्दी में स्वीकृत नहीं हैं। ब्रजभाषा और अवधी दोनों में मानक हिन्दी के '**जैसा**' के लिए '**जस**' तथा '**जितना**' के लिए '**जेते**' का प्रयोग प्रचलित है।

मानक हिन्दी में प्रश्नवाचक सर्वनाम के लिए '**कौन**' शब्द का प्रयोग होता है। यह शब्द ब्रजभाषा और अवधी में भी प्रयुक्त होता है, पर अवधी में इसका परिवर्तन '**कवन**' रूप में हो जाता है। ब्रजभाषा के '**को**', '**कौ**' और अवधी के '**को**', '**के**' रूप मानक हिन्दी में प्रयुक्त नहीं होते।

मानक हिन्दी का निजवाचक सर्वनाम '**आप**' है। '**स्वयं**' का भी मानक हिन्दी में प्रयोग होता है, जो अन्य तत्सम शब्दों की तरह सीधे संस्कृत से आया है। ब्रजभाषा में '**आप**' शब्द का प्रयोग होता है, पर उसका '**आपु**' रूप मानक हिन्दी में स्वीकृत नहीं है। अवधी में '**आप**' का प्रयोग नहीं मिलता।

मानक हिन्दी के निकटवर्ती निश्चयवाचक (**यह, ये**) और अनिश्चयवाचक (**कोई, कुछ, कई**) सर्वनाम थोड़े-बहुत उच्चारणजन्य परिवर्तन के साथ ब्रजभाषा और अवधी में भी प्रयुक्त होते हैं।

मानक हिन्दी के प्रयुक्त होनेवाले परसर्ग हैं; **ने, को, से, के लिए, का, में, पर, तक**) आदि। मानक हिन्दी में भी ब्रजभाषा और अवधी की तरह सर्वत्र परसर्गों का प्रयोग नहीं होता है; जैसे—'राम घर जाता है' में 'राम' और 'घर' दोनों परसर्ग रहित हैं। मानक हिन्दी की एक विशेषता यह है कि इसमें केवल परसर्गों का ही प्रयोग होता है, विभक्तियों का नहीं; जबकि ब्रजभाषा और अवधी में विभक्तियों का भी प्रयोग प्राय: होता है। मानक हिन्दी का सबसे बदनाम परसर्ग 'ने' है, जिसके फलस्वरूप वाक्यरचना में जटिलता आ जाती है। इसकी व्युत्पत्ति का प्रश्न भी आज तक सुलझा नहीं है। अपभ्रंश में इसका प्रयोग नहीं मिलता। अवधी में भी इसका प्रयोग नहीं होता। सूरदास ने भी इसका प्रयोग बहुत कम किया है। सम्भवत: ब्रजभाषा के बोली रूप में 'वाने कही' जैसे प्रयोग मिलते हैं। लगता है यह खड़ी बोली (कौरवी या बाँगरू) की निजी विशेषता है। पंजाबी में 'ने' का प्रयोग बहुलता के साथ (केवल कर्त्ता के साथ ही नहीं, बल्कि कर्म के साथ भी) होता है। मानक हिन्दी में **ने** का प्रयोग केवल कर्त्ता कारक में, वह भी सकर्मक क्रिया के द्वितीय कृदन्त (**खाया, पढ़ा**) आदि से बने कालों के सन्दर्भ में ही होता है।

'**का**' हिन्दी का सबसे अधिक व्यवहृत परसर्ग है। इसका प्रयोग मुख्यत: सम्बन्ध-कारक में और गौणत: कर्मकारक में होता है। '**का**' परसर्ग का सम्बन्ध **केर, कर, करि** आदि परसर्गों से है। अवधी में इनका प्रयोग बहुलता से होता है, पर ब्रजभाषा में इनके प्रयोग नहीं मिलते। इनके ही परिवर्तित रूप **क, के, कै, को, कौ, कइ, की** आदि ब्रजभाषा और अवधी दोनों में मिलते हैं। मानक हिन्दी में भी **का** के लिंग, वचन आदि की दृष्टि से **के, की** आदि रूप बनते हैं जो ब्रजभाषा और अवधी में भी प्राप्त होते हैं। '**का**' का रूप ब्रजभाषा और अवधी में क्रमश: **को-कौ** और **क** हो जाता है।

मानक हिन्दी में कर्मवाचक सम्बन्ध की सिद्धि के लिए मुख्यत: **को** परसर्ग का प्रयोग होता है; जैसे—'दोनों ने मिलकर घायल आदमी **को** जमीन पर लिटा दिया।' ब्रजभाषा में कर्मकारक के परसर्ग में रूप में **को** और **कौ** का तथा अवधी में **कहुँ, काहु, कहँ** आदि का प्रयोग होता है। ब्रजभाषा का केवल **को** परसर्ग ही मानक हिन्दी में स्वीकृत है।

'**का**' की तरह '**से**' भी मानक हिन्दी का बहुप्रयुक्त परसर्ग है। इसका मुख्य रूप से

प्रयोग करण और अपादान कारकों में होता है, पर गौण रूप में इसका प्रयोग कर्मवाचक सम्बन्ध तथा क्रियाविशेषणवाचक सम्बन्ध व्यक्त करते हुए अनेक स्थितियों में होता है। ब्रजभाषा और अवधी में करणकारक के परसर्ग हैं : **सों, सन, से, ते, तैं** आदि, और अपादान कारक के परसर्ग हैं : **त्यों, तन, ते, तें** आदि। इनमें से केवल '**से**' ही मानक हिन्दी में करण और अपादान दोनों कारकों में प्रयुक्त होता है।

मानक हिन्दी में अधिकरण कारक में **में** और **पर** परसर्गों का प्रयोग होता है। '**में**' परसर्ग कर्मवाचक और क्रियाविशेषणवाचक सम्बन्धों को व्यक्त करता है। ब्रज और अवधी में '**में**' के स्थानवर्ती परसर्ग **माँझ, माँह, मँह, मधि, में, मैं** आदि हैं। इनमें से '**में**' ही मानक हिन्दी में स्वीकृत है। **पर** परसर्ग कर्मवाचक सम्बन्धों क्रियाविशेषणवाचक सम्बन्धों तथा विधेयवाचक सम्बन्धों की अभिव्यक्ति करता है। ब्रजभाषा और अवधी में इसके समानधर्मी परसर्ग **पर** और **पै** हैं। मानक हिन्दी में **पै** परसर्ग का प्रयोग नहीं चलता।

मानक हिन्दी में सम्प्रदान कारक में **को** तथा **के लिए** परसर्गों का प्रयोग होता है। इनमें से **को** का रूप तो कर्मकारक वाला ही है और ब्रजभाषा तथा अवधी में भी इसके स्थान पर **केंहि, कैं, केहु, कहँ, काँ, को** आदि परसर्गों का प्रयोग होता है। इनमें से केवल **को** मानक हिन्दी में स्वीकृत है। '**के लिए**' को डॉ. दीमशित्स ने 'जटिल परसर्ग' कहा है और इस वर्ग में '**मेरे पास**' तथा '**की तरफ**' को भी शामिल किया गया है।[32] '**के लिए**' के स्थान पर ब्रजभाषा और अवधी में **हित, लागि, तन** और **हुन्त** का प्रयोग होता है। इनमें से ध्वनि साम्य और उसमें होनेवाले परिवर्तन की दृष्टि से **लागि** का ही **लिए** से कुछ सम्बन्ध जान पड़ता है।

डॉ. दीमशित्स ने '**तक**' को मानक हिन्दी का एक परसर्ग मानते हुए इसका प्रयोग कर्मवाचक और क्रियाविशेषणवाचक वाक्यगत सम्बन्धों की सिद्धि के लिए होना बताया है। ब्रजभाषा और अवधी में इसके लिए '**लागि**' परसर्ग के प्रयोग मिलते हैं।

मानक हिन्दी में सहायक क्रिया 'होना' के पुरुष और वचन के अनुसार कई रूप प्रचलित हैं : **हूँ, हो, है, हैं** आदि। इनमें से '**है**' और इसका बहुवचन रूप '**हैं**' ब्रजभाषा और अवधी दोनों में समान रूप से मिलते हैं। 'हो' के स्थान पर ब्रजभाषा में '**हौ**' और अवधी में **हसि, अहसि, अहहू, हहु** आदि का प्रयोग होता है। अवधी में **है** के लिए **अहै** का भी और ब्रजभाषा में **हैं** के लिए **होंहि** का भी प्रयोग होता है पर मानक हिन्दी में ये रूप स्वीकृत नहीं हैं। मानक हिन्दी के **हूँ** की समरूप क्रिया, ब्रजभाषा और अवधी दोनों में, **हौं** है।

भूतकाल की सहायक क्रिया के रूप में मानक हिन्दी में लिंग और वचन के भेद से **था, थी, थे** और **थीं** का प्रयोग होता है। इस क्रियारूप की उत्पत्ति आज भी भाषा-वैज्ञानिकों के लिए चुनौती बनी हुई है। ब्रजभाषा में इसके स्थानापन्न क्रियारूप **हुतो, हो** (ही, है), **तो** (ती, ते) आदि हैं।[33] इस क्रियारूप का विकल्प **भयौ**, (भई, भए आदि) भी मिलता है। अवधी में '**ह**' से बने भूतकालिक सहायक क्रिया नहीं मिलते। अवधी में ✓भ और ✓रह धातुओं से बने क्रियारूप, जैसे **भा, भयउ, भयो, रहा, रहेउ** आदि मिलते हैं। पर इनमें से किसी का भी '**था**' क्रियारूप से सम्बन्ध नहीं जुड़ता है। सम्भवतः यह कौरवी या बाँगरू के किसी पूर्व रूप से आगत क्रियारूप है।

मानक हिन्दी की एक विशेषता यह है कि इसमें क्रियाओं के तिङन्त रूपों का प्रयोग नहीं होता। ब्रजभाषा और अवधी में **हि, इ, ऐ, हिं, ऐं, असि, हुँ आव** आदि विभक्तियों के योग से वर्तमानकाल की क्रिया के पुरुष और वचन के अनुसार विभिन्न रूप बनते हैं; पर मानक हिन्दी में ऐसा नहीं होता है। मानक हिन्दी में सामान्य वर्तमानकाल की रूप-रचना क्रिया के प्रथम सामान्य कृदन्त (खाता, लिखता) के साथ 'होना' क्रिया के वर्तमानकाल के सरल रूपों (हूँ, है, हैं, हो) के संयोजन से होती है। जैसे—'मैं खाता हूँ', 'तुम खाते हो' आदि। ब्रजभाषा और अवधी में क्रिया के प्रथम सामान्य कृदन्त रूप पुल्लिंग में **खात, लिखत** आदि और स्त्रीलिंग में **खाति, लिखति** आदि होते हैं। प्रायः इनका प्रयोग ब्रजभाषा और अवधी काव्य में बिना सहायक क्रिया के ही होता है[34], पर कहीं-कहीं ब्रजभाषा में **'लागत है', 'तपत है', 'चाहत है'** और अवधी में **'जानत अहऊँ'** जैसे रूप मिलते हैं।

मानक हिन्दी में सातत्यबोधक वर्तमानकाल की रूप-रचना मुख्य क्रिया के सातत्यबोधक कृदन्त (जा रहा, जा रहे, जा रही) के साथ 'होना' क्रिया के वर्तमानकाल के सरल रूपों के संयोजन से होती है।[35] जैसे—'मैं लिख रहा हूँ'; 'हम लिख रहे हैं,'' वह लिख रहा है' आदि।

ब्रजभाषा-अवधी काव्य में इस काल के उदाहरण बहुत कम मिलते हैं। प्रायः इस काल का बोध सामान्य वर्तमानकाल के क्रियारूपों से ही कराया जाता है।

मानक हिन्दी में भूतकाल के कई रूप होते हैं। इनमें से प्रमुख है **सामान्य भूतकाल। सामान्य भूतकाल** के रूप द्वितीय सामान्य कृदन्त (आया, गया, खाया आदि) ही होते हैं। जैसे—'केशव आया', 'लक्ष्मण गया' आदि। इसके लिंग, वचन आदि भेद से **गई, गए** आदि रूप बनते हैं। ब्रजभाषा और अवधी में भी सामान्य भूतकाल का निर्माण इसी प्रकार होता है।[36] ब्रजभाषा में आकारान्त कृदन्त रूप **ओ-औ** कारान्त हो जाते हैं, यथा—**पायो, कियौ, उमड्यो** आदि।[37] अवधी में भी कहीं-कहीं यह प्रवृत्ति दिखाई पड़ती है।[38] अवधी में इस कृदन्त का रूप कभी-कभी अकारान्त (दीख) अथवा -एउ, और -अउ, अन्तवाले (कहेउ, गयउ) भी हो जाते हैं।

ब्रजभाषा और अवधी की तरह मानक हिन्दी में **न्ह, एसि** जैसी किसी विभक्ति की सहायता से सामान्य भूतकाल के क्रिया रूप नहीं बनाये जाते।

मानक हिन्दी में **आसन्न भूतकाल** के रूप मुख्य क्रिया के द्वितीय सामान्य कृदन्त (आया, गया) के साथ **'होना'** क्रिया के वर्तमानकाल के सरल रूपों (हूँ, है, हैं आदि) के संयोजन से बनते हैं; जैसे—**मैं आया हूँ, वह गया है** आदि। *आसन्न भूतकाल* के ब्रजभाषा में उदाहरण हैं—**पढ़े हैं, दए हैं, कियो हो, गए हैं** आदि।[39] अवधी में इस क्रियारूप के उदाहरण हैं—**बैठ अहऊँ, परिचेहु** आदि।[40]

भूतकाल के अन्य रूप हैं **पूर्ण भूत, अपूर्ण भूत, सातत्यबोधक भूत** आदि। पूर्ण भूतकाल के रूप मुख्य क्रिया के द्वितीय सामान्य कृदन्त के साथ 'होना' क्रिया के अपूर्ण भूतकाल के सरल रूपों के संयोजन से बनते हैं। यथा—**मैं पहुँचा था, तू पहुँचा था, वे पहुँचे थे** आदि। ब्रजभाषा और अवधी काव्य में इस काल के उदाहरण प्रायः नहीं मिलते।

अपूर्ण भूतकाल के रूप मुख्य क्रिया के प्रथम सामान्य कृदन्त (लिखता, लिखते, लिखती) तथा 'होना' क्रिया के अपूर्ण भूतकाल के सरल रूपों (था, थे, थी) के संयोजन

से बनते हैं, यथा—**मैं लिखता था, तुम लिखते थे, तुम लिखती थी** आदि। ब्रजभाषा और अवधी काव्य में इस क्रियारूप के बहुत कम उदाहरण मिलते हैं। सातत्यबोधक भूतकाल के क्रियारूप (मानक हिन्दी—**मैं लिख रहा था, हम लिख रहे थे, वह लिख रही थी** आदि) ब्रजभाषा और अवधी काव्य में नहीं मिलते।

उल्लेखनीय है कि मानक हिन्दी में भविष्यत्काल के रूप भी ब्रजभाषा और अवधी की तरह अन्त्य प्रत्यय जोड़कर बनाये जाते हैं। मानक हिन्दी में भविष्यत्कालिक अन्त्य प्रत्यय हैं—**ऊँगा, एगा, ऊँगी, एगी, एँगे, ओगे** आदि। भविष्यत् काल के कई रूप होते हैं। इनमें से प्रथम और सामान्य भविष्यत्काल को **प्रथम भविष्यत्काल** कहा गया है। इसके उदाहरण हैं—**मैं लिखूँगा, तू लिखेगा, वह लिखेगा, हम लिखेंगे, मैं लिखूँगी, हम लिखेंगी** आदि। ब्रजभाषा में भी मानक हिन्दी की तरह आज्ञार्थ/सम्भावनार्थ क्रियाओं के साथ **गा** प्रत्यय लगाकर प्रथम भविष्यत् काल के क्रिया रूप बनते हैं। ब्रजभाषा में प्राय: वर्तमानकाल की क्रियाओं के साथ भी '**गा**' जोड़ देने से भविष्यत् काल के क्रियारूप बनते हैं; उदाहरण के लिए **लहौंगो, आवैंगे, देहुँगी, भुगतैंगी, मानौगे, निबहैगी, जायगो** आदि।[41] अवधी में भविष्यत्काल के क्रियारूप बनाने के लिए '**ब**' या '**बि**' अन्त्य प्रत्यय लगाये जाते हैं; जैसे—**करबि, आउब, जाब** आदि।[42] अवधी में इस क्रियारूप के लिए **गा** अन्त्य प्रत्यय का प्रयोग कम होता है, पर बिल्कुल नहीं होता, यह नहीं कहा जा सकता। उदाहरण के लिए '**करैगो**', '**पावहिगो**' आदि क्रियारूप तुलसी की रचनाओं में मिलते हैं।[43] गोस्वामी जी ने कहीं-कहीं भविष्यत्काल के लिए '**असि**' प्रत्यय का भी प्रयोग किया है। जैसे—'फिरि पछितैहसि अन्त अभागी' आदि। ब्रजभाषा और मानक हिन्दी में यह क्रियारूप नहीं मिलता।

ब्रजभाषा और अवधी में वर्तमान काल और आज्ञार्थसूचक क्रियाएँ भी भविष्यत् काल का काम करती हैं।[44] मानक हिन्दी में ऐसा नहीं होता।

मानक हिन्दी में भविष्यत् काल के कुछ अन्य रूपों को **द्वितीय भविष्यत् काल** और **तृतीय भविष्यत् काल** की संज्ञा दी जाती है।[45] द्वितीय भविष्यत् काल के उदाहरण हैं—**मैं लिखता हूँगा; तू लिखता होगा; हम लिखते होंगे** आदि। इसी प्रकार तृतीय भविष्यत् काल के उदाहरण हैं—**मैं पहुँचा हूँगा, तू पहुँचा होगा, वह पहुँचा होगा** आदि। ब्रजभाषा और अवधी काव्य में इन क्रियारूपों के उदाहरण नहीं मिलते।

मानक हिन्दी में आज्ञार्थक प्रकार के क्रियारूप मध्यमपुरुष एकवचन और बहुवचन में आते हैं। अक्सर क्रिया की धातु ही आज्ञार्थक प्रकार के एकवचन रूप का काम करती है। उदाहरण के लिए—**आ!, कर!, लिख!** आदि। ब्रजभाषा में भी आज्ञार्थक प्रकार के एकवचन में यही क्रियारूप प्रयुक्त होते हैं, पर वहाँ अकारान्त क्रियाएँ ओकारान्त या औकारान्त में परिवर्तित हो जाती हैं। उदाहरणार्थ—**सुनो** (सुन), **सुनौ** (सुन) आदि।[46] कहीं-कहीं अकारान्त क्रियाएँ उकारान्त भी हो जाती हैं। जैसे—**जाहु, कहु** आदि। कहीं-कहीं क्रिया की धातु अपने मूल रूप में भी, आज्ञार्थक रूप में प्रयुक्त होती है, जैसे—**सुनाव, कह** आदि।[47]

अवधी में भी ब्रजभाषा की तरह कुछ आज्ञार्थक क्रियाएँ अकारान्त और कुछ औकारान्त होती हैं। यथा—**करिअ, कहौ** आदि। पर अवधी के अधिकांश आज्ञार्थ एकवचन क्रियारूप

धातु में '**हु**' प्रत्यय जोड़कर बनाये जाते हैं। जैसे—**लेहु, चढ़हु** आदि। ब्रजभाषा में भी इस प्रकार के उदाहरण मिल जाते हैं। जैसे—**जाहु**। अवधी के अकारान्त आज्ञार्थक क्रियारूप उकारान्त और इकारान्त भी हो जाते हैं। जैसे—**देखु, करहि** आदि। कतिपय अकारान्त आज्ञार्थक रूपों में **एसु** प्रत्यय भी लगता है। जैसे—**कहेसु**।[48]

आज्ञार्थक प्रकार के मध्यमपुरुष का बहुवचन रूप क्रिया के धातुरूप का ओकारान्त या एकारान्त होता है। जैसे—**चलो, जाओ, चलें, जाएँ** आदि। ब्रजभाषा में ये रूप मिलते हैं।[49] अवधी में ये रूप नहीं मिलते। अवधी में एकवचन के क्रियारूप अनुनासिक होकर बहुवचन रूप बन जाते हैं। जैसे—**हथवासहुँ**।[50] आज्ञार्थक प्रकार के आदरसूचक रूप मानक हिन्दी में **आइए, लिखिए, आएँ, लिखें** आदि होते हैं। ब्रजभाषा और अवधी में एकवचनवाले रूप ही आदरार्थ में भी प्रयुक्त होते हैं।

मानक हिन्दी में सम्भावनार्थक प्रकार के क्रियारूप धातु में **-ऊँ -ए, एँ -ओ** आदि प्रत्यय जोड़कर बनाये जाते हैं, जो दोनों लिंगों के समान होते हैं। इनके उदाहरण हैं—**मैं लिखूँ, हम लिखेंगे, तुम लिखो, आप लिखें, वह लिखे, वे लिखें** आदि। ब्रजभाषा और अवधी काव्य में इस क्रियारूप के उदाहरण प्रायः नहीं मिलते।

मानक हिन्दी में 'कर' और 'करके' पूर्वकालिक क्रियारूपों का प्रयोग होता है। इनमें से 'करके' का प्रयोग धीरे-धीरे उठ रहा है। ब्रजभाषा और अवधी में पूर्वकालिक क्रिया रूप **इ, आय, ऐ** आदि प्रत्यय लगाकर बनाये जाते हैं।[51] स्पष्ट है कि मानक हिन्दी और ब्रजभाषा-अवधि के पूर्वकालिक क्रियारूपों में कोई साम्य नहीं है।

मानक हिन्दी में संयुक्त क्रियाओं का बहुत अधिक प्रयोग होता है। इसके उदाहरण हैं—**तुमको यह कहते शर्म नहीं आती; यह पानी पिया नहीं जाता; शिकंजा लाया गया; रजिस्ट्री हो जानी चाहिए...**आदि। ब्रजभाषा और अवधी में भी संयुक्त क्रियाओं का प्रयोग बहुलता से होता है।[52] यह बृहत् हिन्दी परिवार की भाषाओं की अपनी विशेषता है जो उसे अपभ्रंश से विरासत में मिली है। यद्यपि मानक हिन्दी में संयुक्त क्रियाओं के निर्माण की प्रक्रिया बहुत जटिल है, फिर भी ब्रजभाषा और अवधी से उसकी समानता लक्षित होती है। उदाहरण के लिए ब्रजभाषा, अवधी और मानक हिन्दी के कुछ उदाहरण देखे जा सकते हैं।

ब्रजभाषा :

आए जोग **सिखावन** पांड़े, ब्रज में **आन** उतारी

मानक हिन्दी :

पांड़े योग **सिखाने आए,** ब्रज में **ला उतारा**

अवधी :

अस कहि **जपन लगे** हरिनामा

मानक हिन्दी में क्रियाविशेषण स्वतंत्र शब्दभेद है। इस वर्ग में वे शब्द आते हैं जो व्यापार अथवा अवस्था का लक्षण, गुण का लक्षण तथा दूसरे लक्षण का लक्षण इंगित करते हैं।[53] क्रियाविशेषणों का सम्बन्ध क्रियाओं, विशेषणों तथा दूसरे क्रियाविशेषणों के साथ होता है। वाक्य में क्रियाविशेषण इनके साथ संलग्न होते हैं और विशेषताबोधक का प्रकार्य करते हैं। इनके दो प्रमुख भेद किये जाते हैं : (1) विशेषताबोधक क्रियाविशेषण तथा (2) विशेषक क्रियाविशेषण।

विशेषताबोधक क्रियाविशेषण के अन्तर्गत **समयवाचक** (आज, कल, अब, कब आदि), **स्थानवाचक** (कहाँ, यहाँ, वहाँ, कहीं, ऊपर आदि), **कारणवाचक** (क्यों, भूलकर आदि), **मनोरथवाचक** (किसलिए, योंही आदि) आदि आते हैं। **विशेषक क्रियाविशेषण** के अन्तर्गत **गुणवाचक** (शीघ्र, जल्द, झट, धीरे आदि), **रीतिवाचक** और **विधिवाचक** (एकाएक, अचानक, यों, ऐसे आदि), **परिमाणमवाचक** (बहुत, बिलकुल, दोबारा, लगभग आदि), **सहार्थवाचक** और **पार्थक्यवाचक** (साथ, अकेले, एक-एक करके) आदि आते हैं। मानक हिन्दी में क्रियाविशेषणों की संख्या के अधिक होने का कारण उनका संस्कृत तथा अरबी-फारसी से लिया जाना भी है। हिन्दी के अनेक क्रियाविशेषण ब्रजभाषा और अवधी से मिलते-जुलते हैं। **अब, तब, जब, कब, आज, तुरत** आदि अनेक क्रियाविशेषण मानक हिन्दी, ब्रजभाषा और अवधी में समान रूप से प्रयुक्त होते हैं। कुछ क्रियाविशेषणों में केवल उच्चारण भेद हैं। अवधी और ब्रजभाषा में जहाँ एक ही क्रियाविशेषण के कई-कई रूप प्रचलित हैं, वहाँ मानक हिन्दी में उनका मानकीकरण हो गया है।

इस किंचित् विस्तृत अध्ययन से हम इस निष्कर्ष पर पहुँचते हैं कि यद्यपि बृहद् हिन्दी परिवार की भाषाएँ स्वतंत्र भाषाएँ हैं, पर उनका ध्वनिगत, शब्दगत तथा व्याकरणगत सम्बन्ध बहुत घनिष्ठ है। किसी समय ब्रजभाषा हिन्दी परिवार की स्वीकृत साहित्यिक भाषा थी और न केवल अवधी, छत्तीसगढ़ी, बुन्देली, बघेली, भोजपुरी, मगही, मैथिली और राजस्थानी क्षेत्र के कवि ब्रजभाषा में काव्य रचना करते थे वरन् असम, बंगाल, गुजरात, महाराष्ट्र और केरल तक में ब्रजभाषा में काव्य रचना हुआ करती थी। इतना ही नहीं, साहित्यिक ब्रजभाषा में रचना करने के लिए ब्रज का निवासी होना जरूरी नहीं समझा जाता था। भिखारीदास ने लिखा था—"ब्रजभाषा हेत ब्रजवास ही न अनुमानौ, ऐसे-ऐसे कबिन की बानी हू सो जानिए।" इसके फलस्वरूप ब्रजभाषा में अन्य भाषाओं की मिलावट भी बहुत सहज रूप से की जाती थी। दासजी ने ही लिखा है—

ब्रजभाषा भाषा रुचिर कहैं सुमति सब कोइ।
मिल संस्कृत पारस्यौ पै अति प्रगट जु होइ।
ब्रज मागधी मिलै अमर नाग यवन भाखानि।
सहज पारसी हू मिलै षट विधि कहत बखानि।
तुलसी गंग दुवौ भए सुकबिन के सरदार।
इनके काव्यन में मिली भाषा विविध प्रकार।

यह परिस्थितियों का तकाजा ही था कि आधुनिक काल में ब्रजभाषा साहित्यिक सिंहासन से उतार दी गई और वह स्थान खड़ी बोली हिन्दी को मिल गया। पर हमें यह नहीं भूलना चाहिए कि मानक हिन्दी खड़ी बोली या कौरवी या बाँगरू या 'देहलवी और इसके इतराफ की जबान' (इसे हम जो भी नाम दें) पर आधारित होते हुए भी उससे नितान्त भिन्न हो गई है। इसका कारण उस पर हिन्दी परिवार की अन्य भाषाओं का, विशेषकर ब्रजभाषा का, पड़नेवाला प्रभाव है। अतः मानक हिन्दी आज हिन्दी क्षेत्र की जातीय भाषा और प्रतिनिधि भाषा है, इसमें कोई सन्देह नहीं।

सन्दर्भ

1. भाषाविज्ञान में 'भाषा' और 'उपभाषा' या 'बोली' में कोई मौलिक अन्तर नहीं माना जाता है। राजनीतिक, धार्मिक, साहित्यिक और सांस्कृतिक कारणों से कोई भी बोली कालान्तर में भाषा का रूप ग्रहण कर लेती है। जिन तथाकथित 'बोलियों' का संरचनागत स्वरूप एक-दूसरे से भिन्न होता है (यह भिन्नता सापेक्ष होती है) उन्हें अलग-अलग भाषा ही मानना चाहिए, चाहे साहित्य, सरकारी कामकाज, शिक्षा-माध्यम आदि के रूप में उनका व्यापक प्रयोग न भी होता हो।
2. ब्रज क्षेत्र और उसके आसपास की भाषा का 'ब्रजभाषा' नाम, लिखित प्रमाण के रूप में, अठारहवीं शताब्दी से पूर्व नहीं मिलता।
3. धीरेन्द्र वर्मा, *हिन्दी साहित्य कोश,* खंड-1, पृ. 892
4. रामविलास शर्मा, *भारत के प्राचीन भाषा परिवार और हिन्दी,* भाग-1, राजकमल प्रकाशन, नई दिल्ली, 1979, पृ. 184-237
5. उदय नारायण तिवारी, *हिन्दी भाषा का उद्‍गम और विकास,* भारती भंडार, इलाहाबाद, 1979, पृ. 218
6. धीरेन्द्र वर्मा, *हिन्दी भाषा का इतिहास,* पृ. 64
7. उपरिवत्
8. रामविलास शर्मा, *भारत के प्राचीन भाषा परिवार और हिन्दी,* भाग-1, पृ. 237
9. उपरिवत्, पृ. 238
10. उदय नारायण तिवारी, *हिन्दी भाषा का उद्‍गम और विकास,* पृ. 237
11. धीरेन्द्र वर्मा, *हिन्दी भाषा का इतिहास,* पृ. 64
12. उपरिवत्
13. उपरिवत्, पृ. 65
14. उदय नारायण तिवारी, *हिन्दी भाषा का उद्‍गम और विकास,* पृ. 254
15. धीरेन्द्र वर्मा, *हिन्दी भाषा का इतिहास,* पृ. 65
16. उपरिवत्
17. उपरिवत्
18. उपरिवत्, पृ. 66
19. उदय नारायण तिवारी, *हिन्दी भाषा का उद्‍गम और विकास,* पृ. 282
20. धीरेन्द्र वर्मा, *हिन्दी भाषा का इतिहास,* पृ. 66
21. उदय नारायण तिवारी, *हिन्दी भाषा का उद्‍गम और विकास, पृ. 263*
22. उपरिवत्
23. भोलानाथ तिवारी, *हिन्दी भाषा का इतिहास,* वाणी प्रकाशन, नई दिल्ली, 1987, पृ. 102
24. *हिन्दी साहित्य कोश,* भाग-1, पृ. 639
25. अनेक भाषावैज्ञानिक मानते हैं कि हिन्दी की बोलियाँ अपभ्रंश या तथाकथित 'अवहट्‍ट' से विकसित न होकर अपने मूल जनपदों की हजारों वर्षों से चली आती हुई बोलियों का विकास है।
26. प्राकृत वैयाकरणों ने सौरसेनी, मागधी और अर्धमागधी प्राकृतों का उल्लेख किया है, पर उनकी उत्तराधिकारिणी भाषाओं के रूप में सौरसेनी, मागधी और अर्धमागधी अपभ्रंश की स्थिति शुद्ध रूप से काल्पनिक है। इस सम्बन्ध में भाषावैज्ञानिकों ने बहुत मनमानी बरती है और बिना पुष्ट प्रमाणों के ही अपनी स्थापनाएँ प्रस्तुत कर दी हैं। यही कारण है कि इन स्थापनाओं में बहुत अधिक अन्तर्विरोध दिखाई पड़ता है।
27. जिस समय हिन्दी क्षेत्र की बोलियों में साहित्य रचना शुरू हुई उस समय अपभ्रंश साहित्य अपने पूर्ण गौरव पर था और संस्कृत साहित्य की भी एक समृद्ध परम्परा विद्यमान थी। अत: हिन्दी कवियों ने

भी अपभ्रंश साहित्य में प्रचलित तद्भव शब्दों को अत्यन्त उदारता के साथ ग्रहण किया। सम्भवत: यह हर युग की एक सामान्य साहित्यिक प्रवृत्ति है। आरम्भ में हिन्दी कवियों का अधिक आकर्षण तद्भव शब्दों के प्रति ही रहा। मौलाना दाऊद, कुतुबन, जायसी, कबीरदास और सूरदास की रचनाएँ इसका प्रमाण हैं। मौलाना दाऊद ने *'चन्दायन'* में बाजिर (बजयानी), भुगुति (भक्ति, भोजन), खिन (क्षण), माँथ (सिर), मूँड (सिर), कीरा (सर्प), पियर (पीला) मींचु (मृत्यु), तुरी (घोड़ा), पाखर (कवच), पराक्रित (प्राकृत), बिसहर (विषधर), लिलार (ललाट), सोवन (सोना), बिसार (विषाक्त), सुवा (शुक), चाँटा (चींटा), कोठिला (कोठार), दारिउं (दाड़िम), अम्बरित (अमृत), सुवन (श्रवण), थनहर (स्तन), कचोरा (कटोरा), भुई (पृथ्वी) जैसे हजारों शब्दों का, जो कभी-कभी पहचान तक में नहीं आते, प्रयोग किया है। यह भी कहना मुश्किल है कि इनमें से कौन और कितने शब्द तत्कालीन बोलचाल में प्रयुक्त होते थे। दाऊद ने अरबी-फारसी स्रोत के शब्दों का भी अपने ढंग से तद्भवीकरण किया है। जैसे जियाद : >जाद आदि।

कुतुबन और जायसी के सम्बन्ध में भी यही बात कही जा सकती है। कुतुबन ने *'मृगवती'* में भुअवर (श्रेष्ठ भुजाएँ), मिनाल (मृणाल), पालौ (पल्लव), नहसत (नख), हिरग (हृदय), पिआऊ (प्रिय), पेम (प्रेम), सवाद (स्वाद), उतंग (उत्तुंग), बाउर (बावला), घिरित (घृत), भुअंगम (भुजंग), गंध्रप (गन्धर्व), तिस्ना (तृष्णा), खग्ग (खड्ग), दिनिअर (दिनकर) जैसे शब्दों का प्रयोग किया है। इसी प्रकार जायसी ने भी तत्कालीन बोलचाल के शब्दों के साथ साहित्यिक अपभ्रंश के शब्दों का अत्यधिक प्रयोग किया है। कुछ उदाहरण हैं—अकास (आकाश), कूरुँअ (कूर्म), पतारन्ह (पाताल), कौसीस (कंगूरा), बीजु (बिजली), दिस्टि (दृष्टि), हिअ (हृदय), सुरू (सूर्य), पाजी (पदाति), कोटवार (कोट्टपाल), बाउर (बावला), ठठियार (थाती रखनेवाली), सुक्ख (सुख), दुक्ख (दुःख) आदि। जायसी और सूरदास समकालीन थे। जायसी की तरह सूरदास ने भी तद्भव शब्दों का प्रचुर प्रयोग किया है। *'सूरसागर'* में गर (गला), माल (माल्य), जम (यम), जातना (यातना), अन्तरजामी (अन्तर्यामी), सरन (शरण), गनिका (गणिका), सूम (श्रम), चटिया (चेला), महत (महत्त्व), गीध (गृद्ध), कोरा (क्रीड़ा), दुतिया (द्वितीया), जसोई (यशोदा), सुवत (सुत), नहसुत (नखसुत) जैसे प्रयोग बहुलता से मिलते हैं। पर सूर ने जायसी या कुतुबन की तुलना में अपभ्रंश के पुराने तद्भव शब्दों का प्रयोग बहुत कम किया है। इसके साथ ही सूरदास ने तत्सम शब्दों का प्रयोग भी पर्याप्त मात्रा में किया है, जिससे उनकी भाषा में एक सन्तुलन आ गया है और वह आधुनिक हिन्दी में अधिक निकट आ गई है।

गोस्वामी तुलसीदास सूरदास से एक कदम और आगे बढ़ जाते हैं। वे अवधी के बोलचाल के तद्भव शब्दों का तो इस्तेमाल करते हैं, पर अपभ्रंश में प्रचलित तद्भव शब्दों का प्रयोग गाहे-बगाहे ही करते हैं। गोस्वामीजी द्वारा प्रयुक्त तद्भव शब्दों के प्रयोग के उदाहरण हैं—सयल (शैल), लच्छन (लक्षण), हरष (हर्ष), प्रगट (प्रकट), सीलनिधि (शीलनिधि), गहरू (देर), सराप (शाप), इरिषा (ईर्ष्या), बायन (न्यौता), भुबि (पृथ्वी), आचरजु (आश्चर्य) आदि। जहाँ तक तत्सम शब्दों के प्रयोग की बात है, दाऊद, कुतुबन और जायसी की तुलना में सूरदास और सूरदास की तुलना में तुलसीदास तत्सम शब्दों का प्रयोग अधिक करते हैं।

28. प्रमाण के लिए देखें परमेश्वरी लाल गुप्त द्वारा सम्पादित *'चन्दायन'*, माताप्रसाद गुप्त द्वारा सम्पादित *'मृगावत'* और माताप्रसाद गुप्त द्वारा सम्पादित *'पद्मावत'*।
29. द्रष्टव्य यही पुस्तक, पृ. 37-38
30. गोपाल राय (सं.) पं. गौरीदत्त कृत *देवरानी जेठानी की कहानी,* ग्रन्थ निकेतन, पटना, 1966, प्रथम संस्करण की भूमिका, पृ. 7
31. द्रष्टव्य गोपाल राय, 'अकारान्त हिन्दी शब्दों की लिंग समस्या', समीक्षा, मई-अगस्त, 1975; सितम्बर, 1975; अक्टूबर 1975; नवम्बर 1975-जनवरी 1976.
32. डॉ. जाल्मन दीमशित्स, *हिन्दी व्याकरण,* रादुगा प्रकाशन, मास्को, 1983, पृ. 429

33. उदाहरण के लिए द्रष्टव्य, यही पुस्तक, पृ. 34
34. उदाहरण के लिए देखें, यही किताब, पृ. 37
35. उपरिवत्
36. उदाहरण के लिए दृष्टव्य यही पुस्तक, पृ. 38
37. उपरिवत्
38. उपरिवत्, पृ. 39
39. उपरिवत्, पृ. 40
40. उपरिवत्
41. द्रष्टव्य, यही किताब, पृ. 40–41
42. उपरिवत्, पृ. 41
43. उपरिवत्, पृ. 42
44. उपरिवत्, पृ. 41
45. जाल्मन दीमशित्स, *हिन्दी व्याकरण*, पृ. 322–23
46. द्रष्टव्य प्रस्तुत पुस्तक, पृ. 42
47. उपरिवत्
48. उपरिवत्, पृ. 43
49. उपरिवत्
50. उपरिवत्
51. द्रष्टव्य प्रस्तुत पुस्तक, पृ. 43
52. उपरिवत्
53. जाल्मन दीमशित्स, *हिन्दी व्याकरण*, पृ. 293

3

अपभ्रंश, अवहट्ट, पुरानी हिन्दी और प्रारम्भिक हिन्दी स्वरूप और अन्त:सम्बन्ध

किसी विषय के विवेचन में पारिभाषिक शब्दों की अस्पष्टता बहुत बाधक होती है। हिन्दी के अनेक विद्वान् अक्सर इस बात पर ध्यान नहीं देते। 'अपभ्रंश' और 'हिन्दी' के सम्बन्ध-निर्धारण में 'अवहट्ट', 'पुरानी हिन्दी', 'प्रारम्भिक हिन्दी' आदि पदों के अनिश्चित अर्थों में प्रयोग के कारण अनेक भ्रम पैदा होते हैं, जिनका निराकरण आवश्यक है।

प्रथम और द्वितीय अध्याय में हम 'हिन्दी' का स्वरूप-निर्धारण करते हुए 'हिन्दी परिवार' की सदस्य भाषाओं के अन्त:सम्बन्ध पर विचार कर चुके हैं। जब हम 'अपभ्रंश' से 'हिन्दी' के सम्बन्ध की बात करते हैं तब 'हिन्दी' से हमारा तात्पर्य 'हिन्दी परिवार' की भाषाओं से ही होता है। इस परिवार में ब्रजभाषा, खड़ी बोली और अवधी ही नहीं, बल्कि तथाकथित पश्चिमी और पूर्वी हिन्दी, बिहारी, राजस्थानी और पहाड़ी वर्ग की सभी सदस्य भाषाएँ समाविष्ट हैं। कठिनाई यह है कि जिस समय हिन्दी साहित्य का आरम्भ हुआ उस समय, अर्थात् तेरहवीं-पन्द्रहवीं शताब्दी में, केवल अवधी, ब्रजभाषा, मैथिली, खड़ीबोली और राजस्थानी में ही साहित्य उपलब्ध है। इसे ही सही अर्थों में 'प्रारम्भिक हिन्दी' का साहित्य कहा जा सकता है। पर इसमें मौलाना दाऊद कृत *'चन्दायन'* को छोड़कर शेष समस्त साहित्य भाषा की दृष्टि से अप्रामाणिक कहा जा सकता है, क्योंकि ये रचनाएँ कई शताब्दियों तक मौखिक परम्परा में जीवित रहीं, जिससे यह नहीं कहा जा सकता है कि इनका मूल रूप कहाँ तक सुरक्षित है। फिर भी इस साहित्य की भाषा में प्राचीनता के कुछ तत्त्व तो अवशिष्ट हैं ही, जिनसे 'हिन्दी' का सम्बन्ध पूर्ववर्ती 'अपभ्रंश' से जुड़ता है।

अपभ्रंश भाषा और साहित्य का आरम्भ कब हुआ इसका निर्णय करना कठिन है। ईसा की छठी शताब्दी में प्राकृत वैयाकरण चण्ड ने अपने *प्राकृत लक्षणम्* नामक ग्रन्थ में पहली बार भाषा के अर्थ में 'अपभ्रंश' शब्द का प्रयोग किया। इसी शती में बलभी के राजा धरसेन के पिता गुहसेन को, एक तामपत्र में, संस्कृत, प्राकृत और अपभ्रंश का निपुण कवि कहा गया है।[1] भामह (छठी शताब्दी) ने भी अपने *काव्यालंकार* में संस्कृत एवं प्राकृत के साथ 'अपभ्रंश' का उल्लेख किया है। दंडी ने (सातवीं सदी का अन्त या आठवीं सदी का आरम्भ)

अपने *काव्यादर्श* में अपभ्रंश को 'आभीर आदि की भाषा' कहा है। इन उल्लेखों से अनुमान किया जा सकता है कि ईसा की छठी शताब्दी तक 'अपभ्रंश' न केवल कुछ जातियों के समाज में बोली जानेवाली भाषा के रूप में, वरन् साहित्य की भाषा के रूप में भी प्रतिष्ठित हो चुकी थी। एक मत यह भी है कि अपभ्रंश कोई एक भाषा न होकर विविध उपभाषाओं या बोलियों का समूह रही होगी, जिनमें से कुछ कालान्तर में साहित्य की भाषा बन गई होंगी और शेष बोलियों के रूप में आज की अनेक भाषाओं के रूप में विकसित होती रही होंगी। आचार्य हजारीप्रसाद द्विवेदी के अनुसार इन्हीं बोलियों से साहित्यिक अपभ्रंश का रूप बना है।

बोली जानेवाली भाषा के रूप में 'अपभ्रंश' (या उसे जो भी नाम दें) का स्वरूप कैसा था और उसके कितने प्रकार थे, यह बताना आज सम्भव नहीं है। जहाँ तक इसके विस्तार का प्रश्न है, ईसा की दसवीं शताब्दी में राजशेखर ने अपने ग्रन्थ *काव्य मीमांसा* में अपभ्रंश का विस्तार क्षेत्र सकल मरुभूमि, टक्क और भादानक बताया है। इनमें से 'मरुभूमि' से राजशेखर का तात्पर्य आधुनिक राजस्थान प्रतीत होता है। टक्क प्रदेश की स्थिति विद्वानों ने व्यास और सिन्धु नदी के बीच मानी है। भादानक की स्थिति के विषय में विद्वानों में मतभेद है। पर इसके भी 'टक्क' के आसपास का प्रदेश होने का अनुमान किया गया है। इससे यह निष्कर्ष निकाला जा सकता है कि पश्चिम में राजस्थान और अविभाजित पंजाब तक अपभ्रंश का प्रसार था। दसवीं शताब्दी के कई वैयाकरणों ने देशभेद से अपभ्रंश के अनेक भेद बताए हैं। ग्यारहवीं शती में नमिसाधु ने अपभ्रंश के तीन भेद बताये थे : उपनागर, आभीर और ग्राम्य। परवर्ती वैयाकरणों ने इन्हीं तीन भेदों को नागर, उपनागर और ब्राचड की संज्ञा दी। सत्रहवीं शती में मार्कण्डेय ने अपभ्रंश के सत्ताईस भेद बताये।[2] ये भेद देश के विभिन्न क्षेत्रों से सम्बन्ध रखते हैं। अत: यह निष्कर्ष निकाला जा सकता है कि देश के विभिन्न भागों में, जिनमें गुजरात से लेकर गौड़ और कलिंग तक का क्षेत्र शामिल था, अनेक भाषाएँ बोली जाती थीं जिनका सामूहिक नाम अपभ्रंश था। पर इन सभी भाषाओं में साहित्य की रचना नहीं हुई। अपभ्रंश साहित्य का विशेष रूप से विकास गुजरात, राजस्थान तथा बिहार में हुआ। गुजरात और राजस्थान में अपभ्रंश काव्य के रचयिता मुख्यत: जैन कवि थे, जबकि बिहार में बौद्ध सिद्ध कवि अपभ्रंश में अपने दोहे और चर्यागीतियाँ रच रहे थे। इस समस्त साहित्य में एक मूलभूत भाषिक एकता है, पर देशभेद से उसमें अन्तर भी कम नहीं है। उदाहरण के लिए गुजरात-राजस्थान में जैनियों द्वारा रचित अपभ्रंश साहित्य और बिहार में सिद्धों द्वारा रचित अपभ्रंश साहित्य में पर्याप्त अन्तर है। इसी आधार पर कुछ विद्वानों ने अपभ्रंश के पश्चिमी और पूर्वी भेद किये हैं। दसवीं शताब्दी तक के पश्चिमी अपभ्रंश कवि हैं, स्वयंभू[3], देवसेन (933 ई.), पुष्पदन्त (959-72 ई.), वीर कवि (953-1028 ई.), जोइन्दु (1000 ई.), रामसिंह (1000 ई.) और धनपाल (1000 ई.)। इनमें से यदि हम स्वयंभू को आठवीं शताब्दी का कवि मान भी लें तो पूरी नवीं शताब्दी जैन अपभ्रंश कवियों से खाली जान पड़ती है। स्वयंभू के बाद दसवीं शताब्दी में ही देवसेन, पद्मकीति, पुष्पदन्त, जोइन्दु, रामसिंह और धनपाल अपनी अपभ्रंश रचनाओं के साथ दिखाई पड़ते हैं। इनमें भी अन्तिम चार तो दसवीं शताब्दी के उत्तरार्ध में ही आते हैं।

दसवीं शताब्दी तक जैन अपभ्रंश साहित्य की तुलना में बौद्ध सिद्ध अपभ्रंश साहित्य अधिक समृद्ध जान पड़ता है। आठवीं शताब्दी में ही प्रथम बौद्ध सिद्ध कवि सरहपा[4] ने अपने 'दोहा कोश' और 'चर्चा गीतियों' की रचना की थी। सरहपा के बाद दसवीं शताब्दी तक लगातार सिद्ध कवियों की रचनाएँ प्राप्त होती हैं। आठवीं शताब्दी के उत्तरार्ध और नवीं शताब्दी के सिद्ध कवि हैं : शबरपा (780 ई.), भुसुकपा (800 ई.), लुइपा (830 ई.), बिरूपा (830 ई.), डोम्बिपा (840 ई.), दारिकपा (840 ई.), गुंडरीपा (840 ई.), कमरिपा (840 ई.), कण्हपा (840 ई.), कुक्कुरीपा (840 ई.), गोरक्षपा (845 ई.), टेण्टणपा (850 ई.), महीपा (870 ई.), भादेपा (870 ई.), धामपा (870 ई.) आदि।[5] दसवीं शताब्दी के सिद्ध कवियों में तिलोपा (950 ई.) और शान्तिपा (1000 ई.) की ही रचनाएँ उपलब्ध हैं।[6]

दसवीं शताब्दी के बाद सिद्ध कवियों की रचनाएँ नहीं मिलतीं। इस काल में नालन्दा, उदन्तपुरी, विक्रमशिला (सभी आधुनिक 'बिहार' राज्य में अवस्थित) आदि के महाविहार सिद्ध कवियों के केन्द्र थे। इन केन्द्रों का मुस्लिम आक्रमणों द्वारा विनाश तेरहवीं शताब्दी के आरम्भ में हुआ। जो सिद्ध बच रहे वे या तो भागकर नेपाल, तिब्बत आदि सुरक्षित स्थानों में चले गए या भिक्षु का वेश त्यागकर गृहस्थ या चलते-फिरते साधु बन गए। इन महाविहारों के साथ सिद्धों द्वारा रचित साहित्य भी यदि नष्ट हो गया हो तो कोई आश्चर्य की बात नहीं है। उधर दसवीं शताब्दी के बाद जैन कवियों की रचनाएँ लगातार मिलती हैं। इनमें से 11-12वीं शताब्दी के कुछ महत्त्वपूर्ण जैन कवि हैं—धवल (10वीं-11वीं शताब्दी), नयनन्दी (11वीं शताब्दी का उत्तरार्ध), कनकामर मुनि (1010 ई.), जिनदत्त सूरि (1100 ई.), जिनवल्लभ सूरि (1110 ई.), पल्ह (1132-1173 ई.), बादिदेव सूरि (1127 ई.), धाहिल (1134 ई.), श्रीधर (1132-73 ई.), हरिभद्र सूरि (1159 ई.), बज्रसेन सूरि (1168 ई.), शालिभद्र सूरि (1184 ई.), अमरकीर्ति (1190 ई.), सोमप्रभ सूरि (1195 ई.), नेमिचन्द्र भंडारी (1199 ई.), आसगु (1200 ई.), जिनपद्म सूरि (1200 ई.), विजयचन्द्र सूरि (1200 ई.) आदि।

जैन और सिद्ध साहित्य के अतिरिक्त इस काल (आठवीं-बारहवीं शताब्दी) में लौकिक साहित्य की भी रचना हुई। 11वीं शताब्दी के आरम्भ में अद्दहमाण या अब्दुल रहमान[7] ने (1010 ई.) *'सन्देश रासक'* (संनेहय रासय) नामक काव्य की रचना की थी। 12वीं शताब्दी में प्रसिद्ध वैयाकरण हेमचन्द्राचार्य[8] हुए जो गुजरात के सोलंकी राजा जयसिंह (1093-1142 ई.) और उसके भतीजे कुमारपाल (1142-1173 ई.) के समय में विद्यमान थे। इन्होंने 'शब्दानुशासन'[9] या 'सिद्धहैम व्याकरण' नामक व्याकरण ग्रन्थ लिखा था जिसमें संस्कृत, प्राकृत और अपभ्रंश तीनों के व्याकरण का विवेचन है। इस व्याकरण ग्रन्थ की एक विशेषता यह है कि इसमें अपभ्रंश के व्याकरणिक नियमों के उदाहरण के रूप में 'पूरी गाथाएँ, पूरे छन्द और पूरे अवतरण' उद्धृत कर दिये गए हैं।[10] इन उद्धरणों की संख्या 175 है और इनका रचनाकाल 972 ई. से लेकर 1142 ई. के बीच है।[11] हेमचन्द्र ने स्वयं भी अपभ्रंश में कुछ मुक्तक रचनाएँ की थीं जो चन्द्रधर शर्मा गुलेरी कृत *पुरानी हिन्दी* में संकलित हैं।

इस काल का एक और उल्लेखनीय संग्रह-ग्रन्थ है जैनाचार्य मेरुतुंग कृत *प्रबन्ध चिन्तामणि* (1304 ई.) जिसमें संकलित पुराने राजाओं के आख्यानों के बीच-बीच में अपभ्रंश के छन्द भी उद्धृत हैं। इनमें कुछ दोहे मालवा के राजा भोज (1009-42 ई.) के चाचा मुंज

द्वारा रचित बताये जाते हैं जिनमें उनके प्रेम, वियोग, युद्ध में पराजय और विपत्ति के प्रसंग बड़े मार्मिक रूप में व्यक्त हुए हैं। राहुल सांकृत्यायन ने इनकी रचना का श्रेय किसी अज्ञात कवि को दिया है।[12] राहुल जी ने इनका रचना-काल 1010 ई., गुलेरी ने 972 ई.[13] और शुक्लजी ने 993 ई.[14] माना है।

इसी प्रकार राजशेखर सूरि कृत 'प्रबन्ध कोश' (1348 ई.) में भी अपभ्रंश के कुछ छन्द प्राप्त होते हैं। इस क्रम में मुनि जिनविजय जी द्वारा सम्पादित *'पुरातन प्रबन्ध संग्रह'* भी उल्लेखनीय है, जो है तो प्राचीन जनश्रुतियों का संग्रह, पर बीच-बीच में उसमें अपभ्रंश के छन्द भी मिलते हैं। *प्रबन्ध चिन्तामणि* में ही चन्दबरदाई के नाम से चार छप्पय मिलते हैं जो *'पृथ्वीराज रासो' की प्रामाणिकता पर विशेष प्रकाश डालते हैं।* इस काल का एक और महत्त्वपूर्ण ग्रन्थ हरिहर बम्भ कृत *प्राकृत पैंगलम्* है जो छन्द:शास्त्र का ग्रन्थ है।[15] इसमें छन्दों के उदाहरण के रूप में जो पद्य संकलित हैं, उनका रचना काल, डॉ. सुनीति कुमार चटर्जी के अनुसार, 900 से 1400 ई. के बीच है।[16] *प्राकृत पैंगलम्* में दो प्रकार के छन्द हैं; अधिकतर छन्द अपभ्रंश के हैं, जो पुराने हैं (900 ई.-1200 ई.; डॉ. चटर्जी के आधार पर अनुमानित) पर कुछ छन्द ऐसे भी हैं जो चौदहवीं-पन्द्रहवीं शताब्दी की हिन्दी के बहुत निकट हैं। इन छन्दों के रचयिताओं में शार्ङ्गधर, विद्याधर, जज्जल आदि उल्लेखनीय हैं। अपभ्रंश की अन्तिम महत्त्वपूर्ण रचनाएँ विद्यापति की *कीर्तिलता* और *कीर्तिपताका* मानी जाती हैं, जिसमें से पहली ही पूर्ण रूप में उपलब्ध है।

चौदहवीं शताब्दी तक के उपलब्ध साहित्य की इस संक्षिप्त चर्चा के बाद 'अपभ्रंश', 'अवहट्ट', 'पुरानी हिन्दी' और 'प्रारम्भिक हिन्दी' आदि पदों का सटीक अर्थ-निर्धारण अपेक्षित है। जैसा हम देख चुके हैं[17], छठी शताब्दी ई. में 'अपभ्रंश' का भाषा-विशेष के अर्थ में प्रयोग मिलने लगता है। यह उस भाषा का संस्कृत पंडितों और आचार्यों द्वारा दिया हुआ नाम था जो देशी भाषाओं में लिखा जा रहा था। दुर्भाग्यवश उस समय का तथाकथित 'अपभ्रंश' साहित्य उपलब्ध नहीं है, जिससे उस भाषा की प्रकृति का कोई अनुमान किया जा सके। स्वयंभू (आठवीं शताब्दी) ने अपने पूर्ववर्ती जैन अपभ्रंश कवियों में कीर्तिधर, भदद्, गोइन्द, चुतुर्मुख आदि का उल्लेख किया है, पर इनकी रचनाएँ उपलब्ध नहीं हैं। अपभ्रंश की रचनाओं के सबसे पुराने उदाहरण सिद्ध कवि सरहपा और जैन कवि स्वयंभू की रचनाओं के रूप में मिलते हैं जो आठवीं शताब्दी के हैं।[18] पर इन दोनों में से किसी ने भी अपनी भाषा को 'अपभ्रंश' नहीं कहा है। पर लगता है, प्राकृत और अपभ्रंश में रचना करने वालों ने संस्कृत आचार्यों द्वारा दिये गए इस नाम को स्वीकार कर लिया था। स्वयंभू ने अपने 'पउमचरिउ' में 'अवहत्थ' शब्द का प्रयोग किया है जो 'अपभ्रष्ट' या 'अपभ्रंश' का ही रूपान्तर जान पड़ता है।[19] इसी प्रकार 'अपभ्रंश' के लिए 'अवब्भंस' और 'अवहंस' शब्दों का प्रयोग उद्योतन की *'कुवलयमालाकहा'* (आठवीं शताब्दी ईसवी) में मिलता है।[20] स्वयंभू ने अपनी भाषा को 'सामान्य भाषा' (सायाण भास), 'ग्रामीण भाषा' (गामेल्ल भास) और देसी भाषा[21] भी कहा है। साथ ही उन्होंने यह भी बताया है कि उन्होंने अपनी भाषा को 'संस्कृत-प्राकृत' से अलंकृत किया है। (सक्कय-पायय-पुलिणा-लंकिया।) इससे यह अर्थ निकलता है कि स्वयंभू ने जिस भाषा में काव्य रचना की वह गाँवों में बोली जाने वाली सामान्य भाषा थी

पर उसे उन्होंने संस्कृत-प्राकृत शब्दों तथा अलंकार, छन्द, दीर्घ समास आदि से अलंकृत किया है।[22] राहुलजी ने स्वयंभू का मूल स्थान कोसल या मध्यदेश माना है जो राष्ट्रकूट राजा ध्रुव धारावर्ष के अमात्य रयडा के साथ दक्षिण चले गए थे। स्वाभाविक है कि स्वयंभू की 'ग्रामीण भाषा' उनकी ग्रामीण भाषा ही रही होगी, जिसे संस्कृत-प्राकृत शब्दों और अलंकारादि से सजाकर उन्होंने काव्यभाषा का रूप दिया होगा। इससे यह भी निष्कर्ष निकलता है कि 'अपभ्रंश' (उस समय चाहे उसका कोई नाम रहा हो) बोली के रूप में जीवित भाषा अवश्य थी। यद्यपि सरहपा की उपलब्ध रचनाओं में उनकी भाषा के सम्बन्ध में कोई उल्लेख नहीं मिलता पर राहुल सांकृत्यायन के अनुसार उनका मूल निवास और साधनाभूमि मगध था। अत: यह माना जा सकता है कि उन्होंने तत्कालीन मगध की भाषा में ही अपने उद्‌गार और उपदेश कहे होंगे। स्वयंभू और सरहपा की भाषा के मूल ढाँचे में कोई अन्तर नहीं है, क्योंकि मगध और कोसल की सीमाएँ एक-दूसरे से मिलती थीं। पर सरहपा की भाषा अपने क्षेत्र की बोली के अधिक निकट है, जबकि स्वयंभू की भाषा अत्यधिक साहित्यिक होने के कारण अपनी आधारभूत ग्रामीण बोली से दूर चली गई है। यद्यपि स्थानभेद से स्वयंभू और सरहपा की भाषा में व्याकरणगत अन्तर भी है पर सबसे बड़ा अन्तर शब्दों के चुनाव में है। सरहपा की भाषा प्राकृत से उतनी आक्रान्त नहीं है, जितनी स्वयंभू की।

तात्पर्य यह कि आठवीं शताब्दी में, और उससे पहले, जिस साहित्यिक भाषा को संस्कृत के आचार्य 'अपभ्रंश' कहते थे वह अपने मूल रूप में गाँवों में सामान्य भाषा के रूप में बोली जाती थी और आठवीं शताब्दी तक उसके 'अवहत्थ', 'अवब्भंस', 'अवहंस' आदि नाम प्रचलित हो चुके थे। उसका एक नाम 'देशी भाषा' तो था ही। पुष्पदन्त ने भी *'महापुराण'* में (10वीं शताब्दी) अपनी भाषा को 'अवहंस' की संज्ञा दी थी।[23] तत्पश्चात् 11वीं शताब्दी के आरम्भ में अद्‌दहमाण ने अपनी भाषा को 'अवहट्‌ट' की संज्ञा दी।[24] इस प्रकार 'अपभ्रंश' के लिए 'अवहट्‌ट' शब्द का प्रथम प्रयोग करने वाले कवि अद्‌दहमाण ही हैं। बाद में, चौदहवीं शताब्दी के आरम्भ में, ज्योतिरीश्वर ठाकुर ने और उसी शताब्दी के उत्तरार्ध में विद्यापति ने 'अवहट्‌ट' शब्द का प्रयोग किया।

पं. चन्द्रधर शर्मा गुलेरी ने विक्रम की सातवीं शताब्दी से ग्यारहवीं शताब्दी तक की अपभ्रंश भाषा को 'अपभ्रंश' और उसके बाद की अपभ्रंश को 'पुरानी हिन्दी' कहा है। उन्हीं के शब्दों में—''विक्रम की सातवीं शताब्दी से ग्यारहवीं तक अपभ्रंश की प्रधानता रही और वह पुरानी हिन्दी में परिणत हो गई।''[25] 'पुरानी हिन्दी' की विशेषताएँ बताते हुए उन्होंने लिखा है : ''इसमें देशी की प्रधानता है। विभक्तियाँ घिस गई हैं, खिर गई हैं, एक ही विभक्ति **हुँ** या **आहँ** कई काम देने लगी है। एक कारक की विभक्ति से दूसरे का भी काम चलने लगा है। वैदिक भाषा की अविभक्तिक निर्देश की विरासत इसे भी मिली। विभक्तियों के खिर जाने से कई अव्यय या पद लुप्तविभक्तिक पद के आगे रखे जाने लगे, जो विभक्तियाँ नहीं हैं। क्रिया पदों में मार्जन हुआ। हाँ, इसने केवल प्राकृत ही के तद्‌भव और तत्सम पद नहीं लिये, किन्तु अपुत्रा धनवती मौसी से भी कई तत्सम पद लिये।''[26] गुलेरी जी के अनुसार पुरानी अपभ्रंश संस्कृत और प्राकृत से मिलती है और पिछली पुरानी हिन्दी से।[27] उन्होंने यह भी स्वीकार किया है कि ''अपभ्रंश कहाँ समाप्त होती है और पुरानी हिन्दी कहाँ आरम्भ

होती है, इसका निर्णय करना कठिन है, किन्तु रोचक और बड़े महत्त्व का है। इन दो भाषाओं के समय और देश के विषय में कोई स्पष्ट रेखा नहीं खींची जा सकती। कुछ उदाहरण ऐसे भी हैं जिन्हें अपभ्रंश भी कह सकते हैं और पुरानी हिन्दी भी।''[28] गुलेरी जी ने अपभ्रंश के उद्धरण देकर यह सिद्ध किया है कि किस प्रकार मात्र लेखन शैली में परिवर्तन कर देने से अपभ्रंश 'पुरानी हिन्दी' हो जाती है।[29]

गुलेरी जी हेमचन्द्र द्वारा उद्धृत दोहों की भाषा को सौरसेनी पर आधारित अपभ्रंश[30] या 'पुरानी हिन्दी'[31] मानते हैं और उनका रचनाकाल ई. सन् 972-1142 निर्धारित करते हैं।[32] इसके साथ ही वे राजा मुंज को 'पुरानी हिन्दी' का कवि मानते हैं, जो ई. सन् की दसवीं शताब्दी के अन्तिम चरण में विद्यमान था।[33]

गुलेरी जी का महत्त्व इस बात में है कि उन्होंने पहली बार यह घोषित किया कि अपभ्रंश 'पुरानी हिन्दी' है। पर उनके 'पुरानी हिन्दी' के काल-निर्धारण में अनिश्चितता पैदा हो गई है। एक जगह तो वे कहते हैं कि ''विक्रम की सातवीं शताब्दी (ई. सन् 544-643) से ग्यारहवीं शताब्दी (944-1043 ई.) तक अपभ्रंश की प्रधानता रही और फिर वह 'पुरानी हिन्दी' हो गई''[34] और दूसरी जगह कहते हैं कि मुंज (दसवीं शताब्दी का अन्तिम चरण) 'पुरानी हिन्दी' का पहला कवि है।[35] देखना यह है कि दसवीं शताब्दी के अन्तिम चरण के पूर्व अपभ्रंश का कितना साहित्य उपलब्ध है। सरहपा और स्वयंभू (आठवीं शताब्दी ई.) के पहले का कोई अपभ्रंश साहित्य आज उपलब्ध नहीं है। यदि सिद्ध कवियों को बाद दे दें तो आठवीं से दसवीं शताब्दी (अन्तिम चरण के पूर्व) के जैन अपभ्रंश कवियों में केवल स्वयंभू, देवसेन, पुष्पदन्त और नयनन्दी बच जाते हैं। सिद्ध कवियों को बाद दे देना इस कारण संगत है कि गुलेरी जी ने 'पुरानी हिन्दी' की जो विशेषताएँ निर्धारित की हैं वे सिद्ध कवियों की रचनाओं में पूर्ण रूप से मिलती हैं। वास्तविकता तो यह है कि स्वयंभू, देवसेन, नयनन्दी, पद्मकीर्ति और पुष्पदन्त की रचनाओं में भी 'पुरानी हिन्दी' की, गुलेरी जी द्वारा निर्धारित विशेषताएँ जरूर ही कुछ कम मात्रा में मिलती हैं। सम्भवत: धार्मिक और स्थानीय कारणों से जैन कवियों की भाषा प्राकृत से कुछ अधिक प्रभावित है। केवल दसवीं शताब्दी तक के ही नहीं, बल्कि उसके बाद के जैन कवि भी मुख्यत: गुजरात और राजस्थान के निवासी थे। अत: उनकी भाषा पर पश्चिमी प्रभाव अधिक है। राहुल जी के अनुसार स्वयंभू मूलत: कोसल या मध्य देश के[36], देवसेन मालवा के[37] और पुष्पदन्त ब्रज या यौधेय (दिल्ली) क्षेत्र के[38] निवासी थे, अत: उनकी कृतियों में पूर्वी और पश्चिमी हिन्दी के पुराने रूपों का मिलना बिलकुल स्वाभाविक है।

अब यह प्रश्न उठता है कि क्या दसवीं शताब्दी ई. तक के केवल तीन-चार जैन कवियों की भाषा को 'अपभ्रंश' और दसवीं शताब्दी के अन्तिम चरण और उसके बाद के अपभ्रंश कवियों की भाषा को 'पुरानी हिन्दी' कहने का कोई विशेष औचित्य है? गुलेरी जी ने स्पष्ट रूप से यह तो नहीं बताया है कि दसवीं शताब्दी के अन्तिम चरण के जैन कवियों—जोइन्दु, रामसिंह और धनपाल—तथा परवर्ती जैन कवियों—धवल, कनकामर मुनि, जिनदत्त सूरि (11वीं शताब्दी), हरिभद्र सूरि, शालिभद्र सूरि, सोमप्रभ, जिनपद्म सूरि, विनयचन्द सूरि, लक्खण (बारहवीं शताब्दी), अम्बदेव सूरि (तेरहवीं शताब्दी) और राजशेखर सूरि (चौदहवीं शताब्दी)

की भाषा 'पुरानी हिन्दी' है या नहीं पर उनकी कसौटियों पर समस्त जैन कवियों की भाषा 'पुरानी हिन्दी' ही ठहरती है। यह सही है कि इनमें से केवल दो—कनकामर मुनि और लक्खण—को छोड़कर शेष जैन कवि राजस्थान और गुजरात के हैं, अतः उनकी भाषा पर पश्चिमी प्रभाव तनिक ज्यादा है, और धार्मिक रुझान के कारण प्राकृत की ओर उनका झुकाव भी कुछ अधिक है, पर इनकी अपभ्रंश को हेमचन्द्र सूरि की अपभ्रंश की तरह 'पुरानी हिन्दी' मानना ही युक्तिसंगत है। दसवीं शताब्दी के बाद के जैनेतर कवियों की भाषा को तो गुलेरी जी ने 'पुरानी हिन्दी' कहा ही है। गुलेरी जी की 'पुरानी हिन्दी' की अवधारणा को म. पं. राहुल सांकृत्यायन ने, 1945 ई. में, और भी साफ तथा तर्कसंगत रूप में प्रस्तुत किया। उन्होंने 'हिन्दी काव्यधारा' (1945 ई.) की 'अवतरणिका' में अपभ्रंश को 'हिन्दी' कहते हुए यहाँ तक लिखा कि "वह (अपभ्रंश) उससे भी कहीं अधिक हिन्दी भाषा है, जितनी कि आज की मालवी, मारवाड़ी, मल्ली (भोजपुरी) और मैथिली।"[39] गुलेरी जी ने भी तनिक भिन्न शब्दों में यही बात कही थी।[40] यद्यपि राहुल जी ने अपभ्रंश के लिए 'हिन्दी' पद का प्रयोग किया है और गुलेरी जी ने 'पुरानी हिन्दी' का, पर दोनों में कोई अन्तर नहीं है।

राहुल जी अपभ्रंश मात्र को हिन्दी से अभिन्न मानते हैं। स्वयंभू की भाषा के बारे में उनका कहना है कि "उसकी क्रियाओं और कितने ही कुंजी के शब्दों को देखने से वह अवधी के सबसे नजदीक मालूम होती है।"[41] इसके साथ ही वे यह भी बताते हैं कि "इसका यह मतलब नहीं कि दूसरी प्रान्तीय भाषाओं से उसका कोई सम्बन्ध नहीं था। वस्तुतः उस वक्त उत्तर भारत की सारी भाषाएँ एक-दूसरे के बहुत नजदीक थीं।"[42] यह स्थिति आज भी है। ठीक आज की तरह उस समय भी "हिमालय, गोदावरी और सिन्धु-ब्रह्मपुत्र के बीच यद्यपि बहुत-सी बोलचाल की भाषाएँ थीं मगर उनके साथ सबकी एक सम्मिलित भाषा भी थी।"[43]

राहुल जी अपभ्रंश को संस्कृत (छान्दस्), पालि और प्राकृत से भिन्न भाषा मानते हुए कहते हैं कि पालि और प्राकृत केवल शब्दरूपों को छोड़कर अन्य बातों में संस्कृत का अनुकरण करती है, पर अपभ्रंश में ऐसा नहीं होता। "यहाँ आकर भाषा में असाधारण परिवर्तन हो गया। उसका ढाँचा ही बिलकुल बदल गया, उसने नए सुबन्तों तिङन्तों की सृष्टि की, और ऐसी सृष्टि की है जिससे वह हिन्दी से अभिन्न हो गई है, और संस्कृत-पालि-प्राकृत से अत्यन्त भिन्न"[44] 'कहेउ', 'गयउ', 'गउ', 'कहिज्जइ' ये शब्द बतलाते हैं कि अपभ्रंश का स्थान हिन्दी के पास होना चाहिए या संस्कृत, पालि, प्राकृत के पास। वस्तुतः संस्कृत से पालि और प्राकृत तक का भाषा-विकास क्रमिक या अविच्छिन्न-प्रवाहयुक्त हुआ, मगर आगे वह क्रमिक विकास नहीं, बल्कि विच्छिन्न-प्रवाहयुक्त विकास—जाति-परिवर्तन—हो गया।[45]

इस तरह यद्यपि राहुल जी ने गुलेरी जी के मत का समर्थन ही किया पर एक सुसंगत सुधार के साथ; वह यह कि केवल दसवीं शताब्दी के बाद ही अपभ्रंश ही नहीं, बल्कि उसके पूर्व की अपभ्रंश भी 'हिन्दी' ही है।

अब हम 'अवहट्ट' पद के प्रयोग और प्रचलन के इतिहास पर ध्यान दें। वर्तमान शताब्दी के छठे दशक के प्रारम्भ में काशी हिन्दू विश्वविद्यालय के दो शोधछात्रों ने 'अपभ्रंश' को अपने एम.ए. के शोधपत्रों का विषय बनाया और दो शोध-निबन्ध प्रस्तुत किये। इनमें पहला

शोध–निबन्ध नामवर सिंह का और दूसरा शिवप्रसाद सिंह का था। नामवर सिंह ने 1951 ई. में 'हिन्दी के विकास में अपभ्रंश का योग' विषय पर अपना शोध निबन्ध प्रस्तुत किया था, जो भाषा और साहित्य सम्बन्धी कुछ परिशिष्टों के साथ मार्च, 1952 ई. में प्रकाशित हुआ। 1954 ई. में इसका दूसरा संस्करण 'अत्यधिक संशोधन और परिवर्धन के साथ' प्रकाशित हुआ और 'पुस्तक एकदम नई' हो गई।[46] तृतीय संस्करण (1961 ई.) में कुछ और संशोधन–परिवर्धन के साथ पुस्तक अब सम्भवतः अपने अन्तिम रूप में पाठकों के समक्ष है। शिवप्रसाद सिंह ने अपना शोध निबन्ध 'अवहट्ट भाषा का स्वरूप और कीर्तिलता का भाषाशास्त्रीय अध्ययन' शीर्षक से 1953 ई. में प्रस्तुत किया। पुस्तक रूप में यह शोध–निबन्ध 1955 ई. में '*कीर्तिलता और* अवहट्ट भाषा' शीर्षक से प्रकाशित हुआ जिसका दूसरा संस्करण 1964 ई. में निकला।[47] इन दोनों ही शोध–निबन्धों ने, पुस्तक रूप में, 'अपभ्रंश' और 'अवहट्ट' के सम्बन्ध में कुछ ऐसी स्थापनाएँ सामने रखीं जो विचारणीय हैं। नामवर सिंह ने 'अपभ्रंश भाषा' शीर्षक प्रथम अध्याय में 'अपभ्रंश' संज्ञा, अपभ्रंश का अर्थ, अपभ्रंश की प्राचीनता, संस्कृत व्याकरण में अपभ्रंश शब्द, भाषाविशेष के लिए अपभ्रंश शब्द का प्रयोग, अपभ्रंश और देशभाषा, अपभ्रंश की प्रकृति, अपभ्रंश की विशिष्टता, अपभ्रंश भाषा की आरम्भिक अवस्था, अपभ्रंश के उत्थान का ऐतिहासिक कारण, अपभ्रंश के भेद आदि पक्षों पर पर्याप्त स्पष्टतापूर्वक विचार किया है। पर 'परिनिष्ि‍त अपभ्रंश', 'पूर्वी अपभ्रंश' और 'पश्चिमी अपभ्रंश' विषयक उनकी अवधारणा तर्कसम्मत नहीं है। उनके अनुसार 'पूर्वी अपभ्रंश' एक 'साहित्यिक भाषा' थी ''जो पश्चिमी प्रदेशों से पूर्व में आई थी और पूर्वी क्षेत्र के लिए बहुत कुछ विदेशी थी।''[48] नामवर सिंह यह भी मानते हैं कि ''पश्चिमी अपभ्रंश परिनिष्ठित थी तथा पूर्वी अपभ्रंश उसकी विभाषा मात्र थी।''[49] उनका यह भी कहना है कि ''इस परिनिष्ठित अपभ्रंश का मूल आधार पश्चिमी प्रदेशों की बोली थी और ऐतिहासिक दृष्टि से यह शौरसेनी प्राकृत की परम्परा में थी।''[50] पर इन मान्यताओं का कोई विश्वसनीय आधार नहीं है। अपभ्रंश के सबसे पुराने कवियों में, जिनका साहित्य उपलब्ध है, सरहपा और स्वयंभू हैं। इनमें सरहपा के ही अधिक पुराने होने की सम्भावना है; अधिक से अधिक स्वयंभू सरहपा के समकालीन हो सकते हैं। सरहपा पूरब के, बिहार के थे यह बात सिद्ध है। स्वयंभू भी सम्भवतः कोशल क्षेत्र के थे पर उन्होंने काव्यरचना दक्षिण में रहकर की थी। फिर किस आधार पर स्वयंभू की भाषा को 'परिनिष्ठित' अपभ्रंश और सरहपा की भाषा को 'पूर्वी अपभ्रंश' या उसकी 'विभाषा मात्र' कहा जा सकता है? आठवीं शताब्दी या उसके पूर्व की अपभ्रंश का कौन–सा उदाहरण उपलब्ध है जिसे 'परिनिष्ठित अपभ्रंश' की संज्ञा दी जा सकती है? वस्तुतः हिन्दी के विद्वान इस पूर्वग्रह से ग्रस्त रहे हैं कि पश्चिम की भाषा ही परिनिष्ठित हो सकती है। इस पूर्वग्रह का ही परिणाम है कि भोजपुरी, मगही, मैथिली आदि को वे 'हिन्दी' परिवार की 'सह भाषा' नहीं, बल्कि 'विभाषा' मानते हैं। पश्चिमी अपभ्रंश को भी 'परिनिष्ठित अपभ्रंश' मानने की यह प्रवृत्ति इसी पूर्वग्रह का परिणाम है, जिसके पीछे कोई प्रामाणिक तथ्य या तर्क नहीं है।

नामवर सिंह का कहना है कि ''हेमचन्द्र के समय तक (अर्थात् बारहवीं शताब्दी के पूर्वार्ध तक) साहित्य में अपभ्रंश का एक रूप स्थिर और परिनिष्ठित हो चुका था। यदि उसकी

स्थिरता में कुछ कमी भी रह गई थी तो हेमचन्द्र ने व्याकरण लिखकर वह कमी पूरी कर दी।''[51] यह तो निश्चित है कि हेमचन्द्र के पूर्व 'अपभ्रंश' कही जाने वाली भाषा में साहित्य रचना हो रही थी। सामान्यत: उसके तीन रूप थे : सरहपा आदि बौद्धों सिद्ध की भाषा; स्वयंभू, देवसेन, पद्मकीर्ति, पुष्पदन्त, धनपाल, जोइन्दु, रामसिंह, वीर, नयनन्दी, धवल, कनकामर मुनि, जिनवल्लभ सूरि, पल्ह, वादिदेव सूरि, धाहिल, श्रीधर आदि जैन कवियों की भाषा और अद्दहमाण तथा हेमचन्द्र और उनके द्वारा 'शब्दानुशासन' में उद्धृत अज्ञात कवियों की भाषा। इनमें से किनकी भाषा 'परिनिष्ठित अपभ्रंश' है इसका निश्चय पूरी तरह से नहीं हो पाता है। यदि जैन कवियों की भाषा 'परिनिष्ठित अपभ्रंश' है तो सिद्धों और स्वयं हेमचन्द्र द्वारा दिये गए उदाहरणों की भाषा परिनिष्ठित नहीं मानी जा सकती और यदि हेमचन्द्र द्वारा दिये गए उदाहरणों की भाषा परिनिष्ठित अपभ्रंश है तो जैनियों और सिद्धों की भाषा को इसके अन्तर्गत लाना मुश्किल होगा। वस्तुत: यह सारी गड़बड़ी इसलिए है कि अपभ्रंश का अध्ययन करने वाले विद्वान, नामवर सिंह और शिवप्रसाद सिंह जिनकी अन्तिम कड़ी हैं, 'परिनिष्ठित अपभ्रंश' की अवधारणा को सिद्ध करने पर 'तुले हुए' हैं। मेरी समझ में, हेमचन्द्र के समय में 'साहित्यिक भाषा के रूप में' अपभ्रंश की स्थिति कुछ-कुछ वैसी ही थी जैसी सोलहवीं शताब्दी में तथाकथित 'हिन्दी' (अर्थात् ब्रजभाषा, अवधी, खड़ीबोली आदि) की थी। सिद्धों, जैनियों और हेमचन्द्र द्वारा उद्धृत छन्दों में साहित्यिक अपभ्रंश के तीन रूप थे जिनमें सोलहवीं शताब्दी की 'हिन्दी' की ही तरह व्यापक एकरूपता होते हुए भी स्थानीय भाषागत वैविध्य वर्तमान था। हेमचन्द्र ने इनमें से एक साहित्यिक रूप का व्याकरण लिखा था। अत: इसे ही 'परिनिष्ठित' और अन्य साहित्यिक भाषा रूपों को उसकी विभाषा मानने का कोई औचित्य नहीं है।

नामवर सिंह ने कहा है कि ''अपभ्रंश के परवर्ती कवियों में से पंडितों ने प्राय: साहित्यिक अपभ्रंश को सामने रखकर किताबी भाषा में रचना की।''[52] 12वीं शताब्दी और उसके बाद के जैन कवियों में हरिभद्र सूरि, बज्रसेन सूरि, शालिभद्र सूरि, अमरकीर्ति, सोमप्रभ सूरि, नेमिचन्द्र भंडारी, आसगु, जिनपद्म सूरि, विनयचन्द्र सूरि (समय 12वीं शताब्दी का उत्तरार्ध), लक्खण, अम्बदेव सूरि, जिनधर्म सूरि, पल्हण, सुमतिगुणि, जिनचन्द सूरि-रल्ह (समय 13वीं शताब्दी) तथा प्रज्ञातिलक, देल्हण, सारमूर्ति, राजशेखर सूरि (समय 14वीं शताब्दी) के नाम लिये जा सकते हैं। जैनेतर कवियों में विद्यापति के बाद भी अपभ्रंश में जैन कवियों की रचनाएँ मिलती हैं जो निश्चय ही परम्परा का रूढ़िपालन मात्र है। पर नामवर सिंह का यह कहना संगत नहीं है कि अपभ्रंश के वास्तविक स्वरूप का पता पाने के लिए ये काव्य-विशेष पंडितों के काम के नहीं हैं।''[53] वस्तुत: इन रचनाओं में भी अपभ्रंश के परम्परागत रूप के साथ देशी तत्त्व कमोबेश मात्रा में मिश्रित होते रहे हैं। कम से कम चौदहवीं शताब्दी तक के अपभ्रंश ग्रन्थों का भाषा की दृष्टि से महत्त्व तो स्वीकारना ही होगा। इन ग्रन्थों की भाषा के सूक्ष्म अध्ययन से उस काल में बोली जाने वाली भाषाओं की विशेषताओं पर प्रकाश पड़ने की पूरी सम्भावना है।

नामवर सिंह ने यह भी लिखा है कि ''हेमचन्द्र के बाद अपभ्रंश काव्य की एक और भी धारा प्रवाहित रही जिसमें परिनिष्ठित अपभ्रंश के नियमों का कड़ाई से पालन करने की

अपेक्षा लोकप्रचलित भाषा का उपयोग होता था। इस मिश्रित भाषा में रचे हुए ग्रन्थ काव्य की दृष्टि से तो उत्कृष्ट हैं ही, आधुनिक देशी भाषाओं के आरम्भिक रूप के अध्ययन की दृष्टि से भी महत्त्वपूर्ण हैं। भारतीय आर्यभाषा के इतिहास अथवा विकास की दृष्टि से परवर्ती अपभ्रंश का यह देशमिश्रित साहित्य विशेष महत्त्व का है और सच्चे अर्थों में 'परवर्ती अपभ्रंश' यही है।''[54] यहीं आकर नामवर सिंह भ्रम के शिकार हो जाते हैं। वे इस तथाकथित 'परवर्ती अपभ्रंश' को 'पश्चिमी' और 'पूर्वी' के अन्तर्गत विभाजित करते हुए पश्चिमी परवर्ती अपभ्रंश साहित्य के अन्तर्गत अद्दहमाण, शालिभद्र सूरि, जिनपद्य सूरि, विनयचन्द्र सूरि, अम्बदेव सूरि, राजशेखर सूरि, तरुणप्रभ सूरि तथा *प्राकृत पैंगलम्* में उद्धृत बब्बर, जज्जल, विद्याधर, हरि ब्रह्म तथा कुछ अन्य अज्ञात कवियों की रचनाओं को[55] और 'पूर्वी परवर्ती अपभ्रंश' साहित्य के अन्तर्गत दामोदर पंडित कृत *उक्ति-व्यक्ति-प्रकरण,* ज्योतिरीश्वर ठाकुर कृत *वर्णरत्नाकर* तथा विद्यापति की *कीर्तिलता* और *कीर्तिपताका* को स्थान देते हैं।[56] नामवर सिंह की सूची में पहले स्थान पर अद्दहमाण रचित *सन्देश रासक* और आठवें स्थान पर *प्राकृत पैंगलम्* का उल्लेख हुआ है। इसमें *सन्देश रासक* का रचना काल 12वीं सदी का पूर्वार्ध बताया गया है, जो प्रामाणिक नहीं है। *सन्देश रासक* 11वीं सदी के पूर्वार्ध की रचना है जिसका समय लगभग एक सौ साल बाद करके एक गलत निष्कर्ष को स्थापित करने की कोशिश की गई है। वस्तुतः भाषा की दृष्टि से भी *सन्देश रासक* की प्रकृति हेमचन्द्र द्वारा उद्धृत दोहों से बहुत भिन्न नहीं है। इसी प्रकार *प्राकृत पैंगलम्* की भाषा को 'पश्चिमी' अपभ्रंश की संज्ञा देना निर्विवाद नहीं है। आधुनिक शोधों से यह बात सिद्ध हो चुकी है कि हरिहर बम्भ या हरिहर ब्रह्म मिथिला के निवासी थे, जो पूरब में है।[57] *प्राकृत पैंगलम्* में उद्धृत कवि बब्बर, जज्जल, विद्याधर आदि 'अधिक से अधिक' काशी-कान्यकुब्ज क्षेत्र के ही कहे जा सकते हैं, पश्चिम के नहीं। बारहवीं शताब्दी के मध्य का *उक्ति-व्यक्ति-प्रकरण* काशी-कान्यकुब्ज की बोलचाल की भाषा का उदाहरण प्रस्तुत करता है और चौदहवीं शताब्दी का *वर्णरत्नाकर* मिथिला और उसके आसपास के क्षेत्रों में प्रचलित शब्दों का। इन्हें काव्य रचनाएँ मानकर इनकी भाषा की तुलना अन्य रचनाओं की भाषा से करने का कोई औचित्य नहीं है। नामवर सिंह के कथन का एक अन्तर्विरोध यह भी है कि वे एक तरफ तो यह कहते हैं कि 'अपभ्रंश के परवर्ती कवियों में से पंडितों ने साहित्यिक अपभ्रंश को सामने रखकर किताबी भाषा की रचना की' और दूसरी तरफ यह विचार भी सामने रखते हैं कि 'हेमचन्द्र के बाद अपभ्रंश काव्य की एक और भी धारा प्रवाहित रही जिसमें परिनिष्ठित अपभ्रंश के नियमों का कड़ाई से पालन करने की अपेक्षा लोकप्रचलित भाषा का उपयोग होता था।' प्रश्न यह उठता है कि इस दूसरी धारा के अन्तर्गत नामवर सिंह ने जिन कवियों के नाम—अब्दुल रहमान, शालिभद्र सूरि, जिनपद्य सूरि, विनयचन्द्र सूरि, अम्बदेव सूरि, राजशेखर सूरि, तरुणप्रभ सूरि, *प्राकृत पैंगलम्* में उद्धृत कवि और विद्यापति—गिनाये हैं वे 'किताबी भाषा' में रचना करने वाले कवि थे या नहीं? इनमें विद्यापति की अवहट्ट का आधार तो निश्चय ही किताबी था, क्योंकि वह उस समय की बोलचाल की भाषा नहीं थी और उसी समय वे मैथिली में भी पदों की रचना करते दिखाई देते हैं। फिर वे कवि कौन थे जो शुद्ध 'किताबी' भाषा में काव्यरचना कर रहे थे और वे दूसरे कौन थे, जो मिश्रित काव्यभाषा में रचना कर रहे थे?

क्या नामवर सिंह ने जिन अपभ्रंश कवियों के नाम—हरिभद्र सूरि, अमरकीर्ति, सोमप्रभ सूरि, नेमिचन्द्र भंडारी, आसगु, लक्खन, जिनधर्म सूरि, विजयसेन सूरि, पल्हण, सुमतिगुणि, जिनचन्द्र सूरि, रल्ह, प्रज्ञातिलक, देल्हण, सारमूर्ति आदि—अपनी सूची में नहीं गिनाये हैं वे सब 'शुद्ध किताबी भाषा' में काव्य रचना कर रहे थे? पर ऐसा नहीं है, क्योंकि डॉ. गणपतिचन्द्र गुप्त ने इन लेखकों को पर्याप्त विश्वसनीयता के साथ 'हिन्दी' का कवि सिद्ध किया है।[58]

तात्पर्य यह कि नामवर सिंह ने बारहवीं शताब्दी के उत्तरार्ध (हेमचन्द्र के बाद) से तथाकथित 'परवर्ती अपभ्रंश' का जो प्रारम्भ माना है वह तर्कसंगत, प्रमाणपुष्ट और सुविचारित नहीं है। नामवर सिंह की तुलना में गुलेरी जी का यह विचार अधिक संगत है कि 'पुरानी हिन्दी' (अर्थात् परवर्ती अपभ्रंश) कहाँ से आरम्भ होती है यह कहना कठिन है और यदि उसके लिए कोई समय निर्धारित करना ही हो तो वह दसवीं शताब्दी का उत्तरार्ध या ग्यारहवीं शताब्दी हो सकता है। गुलेरी जी की तुलना में राहुल जी का मत अधिक तर्कसंगत है, जिसके अनुसार आठवीं शताब्दी से लेकर चौदहवीं शताब्दी का जो भी अपभ्रंश साहित्य है वह 'हिन्दी' साहित्य है और उसमें प्राप्त होने वाला अन्तर अवधी, ब्रजभाषा, खड़ी बोली, मैथिली में प्राप्त होनेवाले अन्तर की तरह ही है, जिसे हम सामूहिक रूप से 'हिन्दी' नाम देते हैं।

कमजोर आधार-तथ्यों और तर्कों के फलस्वरूप नामवर सिंह के निष्कर्ष भी भ्रामक हो गए हैं। वे लिखते हैं कि "*सन्देश रासक* की भाषा से *प्राकृत पैंगलम्* में उद्धृत पद्यों की भाषा निश्चित रूप से विकास की सूचना देती है, इसके साथ ही उसमें स्थानीय विशिष्टता भी है। *प्राकृत पैंगलम्* के पद्यों की भाषा में पुरानी ब्रजभाषा के बीज अधिक हैं, जबकि *सन्देश रासक* की भाषा में ये बीज अपेक्षाकृत बहुत कम हैं।"[59] इस निष्कर्ष की असंगतियाँ बहुत स्पष्ट हैं। यदि *सन्देश रासक* का रचनाकाल बारहवीं सदी का पूर्वार्ध है, जैसा नामवर सिंह का मानना है (गलत ही सही) तो *प्राकृत पैंगलम्* में उद्धृत बहुत से पद्य उसके समकालीन या उससे पुराने हैं; फिर उनमें 'विकास' की सम्भावना कैसे देखी जा सकती है? पुनः *सन्देश रासक* की भाषा में पुरानी ब्रजभाषा के बीज अपेक्षाकृत कम मिलते हैं, जबकि *प्राकृत पैंगलम्* के पद्यों में अधिक,[60] तो उनमें तुलना किस आधार पर हो सकती है? फिर यह 'पुरानी ब्रजभाषा' क्या है? यदि नामवर सिंह सूरदास की ब्रजभाषा को 'पुरानी ब्रजभाषा' नहीं मानते तो इस तथाकथित 'पुरानी ब्रजभाषा' के उदाहरण के लिए हम किन ग्रन्थों की शरण लेंगे? सूरदास के पूर्व ब्रजभाषा नहीं थी, ऐसा तो नहीं कहा जा सकता, पर उसका रूप क्या था इसकी जानकारी के लिए आधार-ग्रन्थ कहाँ उपलब्ध हैं? फिर 'पुरानी ब्रजभाषा' के उल्लेख का औचित्य क्या है?

नामवर सिंह ने लिखा है कि "अपभ्रंश में आधुनिक देशी बोलियों का जितना प्रगाढ़ मिश्रण पूर्वी प्रदेशों में दिखाई पड़ता है, उतना पश्चिम में नहीं। पश्चिमी प्रदेशों की साहित्यिक भाषा बहुत दिनों तक परिनिष्ठित अपभ्रंश से प्रभावित रही; किन्तु पूर्व के लिए वह शुरू से ही मात्र साहित्यिक भाषा होने के कारण स्थानीय बोली से अलग रही। फलतः पूरब में देशी बोलियों का उभार बहुत तेजी से हुआ।"[61] यह कथन बिलकुल ही निराधार और असंगतियों का पिटारा है। सबसे पहले तो 'पश्चिमी' और 'पूर्वी' प्रदेशों की कोई स्पष्ट सीमा निर्धारित किये बिना ही इनका बार-बार उल्लेख किया गया है। सच पूछें तो हिन्दी क्षेत्र के पश्चिमी

हिस्से, अर्थात् राजस्थान, हरियाणा, दिल्ली, और पश्चिमी उत्तर प्रदेश में रचित अपभ्रंश साहित्य, जिसकी प्रामाणिकता सन्देह से परे हो, उपलब्ध नहीं है। अधिकतर जैन कवि गुजरात के हैं जो हिन्दी क्षेत्र के अन्तर्गत नहीं आता। हेमचन्द्र के *शब्दानुशासन* और हरिहर बम्भ के *प्राकृत पैंगलम्* में उद्धृत कुछ दोहे और अन्य छन्द पश्चिमी हिन्दी क्षेत्र के कवियों के लिखे हो सकते हैं, पर यह भी एकदम निश्चय के साथ नहीं कहा जा सकता। अद्दहमाण को भी हिन्दी क्षेत्र का कवि नहीं माना जा सकता और जब इस क्षेत्र में रचित अपभ्रंश साहित्य उपलब्ध ही नहीं है तो यह कहने में क्या तुक है कि इस क्षेत्र की अपभ्रंश में आधुनिक देशी बोलियों का मिश्रण नहीं हुआ। पूरब में, विशेषकर आधुनिक बिहार में, आठवीं शताब्दी से चौदहवीं शताब्दी तक अपभ्रंश में जो रचनाएँ हुईं उनमें वहाँ की बोलियों—भोजपुरी, मगही और मैथिली—का शब्दगत और व्याकरणिक ढाँचा साफ-साफ दिखाई देता है। यह कहना नितान्त असंगत है कि पूरब में देशी बोलियों का उभार (पश्चिम की तुलना में) बहुत तेजी से हुआ। वस्तुतः पश्चिम से लेकर पूरब तक बोलचाल के स्तर पर भाषाएँ या बोलियाँ पहले से ही विद्यमान थीं जिनके आधार पर साहित्यिक अपभ्रंश का निर्माण हो रहा था; जहाँ का साहित्य उपलब्ध नहीं है वहाँ इसके दिखाई पड़ने का प्रश्न ही नहीं उठता। डॉ. नामवर सिंह ने 'पूर्वी प्रदेश', 'पश्चिमी प्रदेश' 'परिनिष्ठित अपभ्रंश' जैसे अनिश्चित अर्थ वाले पदों का प्रयोग कर विवेचन को साफ करने के स्थान पर उलझाया ही है। साहित्यिक भाषा (*सन्देश रासक, कीर्तिलता* आदि) और बोलचाल की भाषा (*उक्ति-व्यक्ति-प्रकरण, वर्णरत्नाकर*) को परस्पर तुलनीय बनाकर भी उन्होंने बहुत भ्रम पैदा किया है।

नामवर सिंह ने पूर्वी और पश्चिमी अपभ्रंशों के बीच एक 'मध्यदेशी अपभ्रंश' की कल्पना कर डाली है जिसका उदाहरण वे दामोदर पंडित कृत *उक्ति-व्यक्ति-प्रकरण* में पाते हैं। *उक्ति-व्यक्ति-प्रकरण* की रचना काशी में हुई थी जिसकी भाषा भोजपुरी के बहुत निकट है, जो स्वाभाविक है। अतः उसे मध्यदेशीय कहने का कोई विशेष औचित्य नहीं दिखता। 'अपभ्रंश' भी वह सामान्य, अर्थात् बोलचाल की भाषा के अर्थ में ही है। *उक्ति-व्यक्ति-प्रकरण* में जिस भाषा के उदाहरण दिये गए हैं वह वास्तविक बोलचाल की भाषा है, काव्य-भाषा नहीं।

नामवर सिंह ने 'परवर्ती अपभ्रंश' के लिए 'अवहट्ट' शब्द के प्रयोग का सुझाव दिया है।[62] सुझाव ही देकर रह जाते तो गनीमत थी; उन्होंने इस शब्द का प्रचार और, अपने प्रभाव से, विभिन्न परीक्षाओं के पाठ्यक्रम में उसका समावेश कराकर हिन्दी छात्रों का बहुत ही अहित किया है। इससे यह भ्रम पैदा हुआ है कि 'अवहट्ट' अपभ्रंश से भिन्न भाषा है, जिनकी अपनी स्वतंत्र पहचान है। इसकी पहचान का आधार उन्होंने *सन्देश रासक, प्राकृत पैंगलम्, वर्णरत्नाकर, कीर्तिलता* और *उक्ति-व्यक्ति-प्रकरण* की भाषा को माना है।[63] यह आधार एक भाषाविशेष के लिए, जिसे नामवर सिंह 'अवहट्ट' कहना चाहते हैं, कितना कमजोर, अपर्याप्त और असंगत है, इसका उल्लेख किया जा चुका है।

'अवहट्ट' नाम स्वीकार कर लेने के बाद नामवर सिंह यह कहते हैं कि "अवहट्ट अथवा परवर्ती अपभ्रंश के बाद भारतीय आर्यभाषा में जो विशेष प्रवृत्ति दिखाई पड़ती है वह है अतिशय देशभेद की।"[64] यह बिलकुल ही निराधार स्थापना है। तथाकथित 'अवहट्ट' की जितनी सामग्री अब तक प्राप्त हुई है उसके आधार पर इसके पश्चिमी, पूर्वी और

मध्यदेशीय भेद करना तथा यह मान बैठना कि 'अतिशय देशभेद' की प्रवृत्ति परवर्ती अपभ्रंश **के बाद** आरम्भ होती है, तर्कसंगत नहीं है। यहाँ यह प्रश्न उठता है कि 'अवहट्ट या परवर्ती अपभ्रंश' की समाप्ति कब मानी जाए। चौदहवीं शताब्दी में यदि तथाकथित 'अवहट्ट' में रचनाएँ हो रही थीं तो अवधी और मैथिली में भी रचनाएँ हो रही थीं। मौलाना दाऊद कृत *चन्दायन* (1379 ई.) और विद्यापति की पदावली (चौदहवीं शताब्दी के अन्तिम चरण से लेकर पन्द्रहवीं शताब्दी के पूर्वार्ध तक) इसके प्रमाण हैं। रोडा कृत *राउरबेल* को देखने से पता चलता है कि ग्यारहवीं शताब्दी से ही अवधी, टक्की (खड़ी बोली) आदि में रचनाएँ होने लगी थीं। अत: तथाकथित 'अवहट्ट' की समाप्ति के बाद आधुनिक भारतीय भाषाओं या हिन्दी परिवार की भाषाओं के उदय की बात कहना असंगत है।

नामवर सिंह यह भी कहते हैं कि "इन आधुनिक भाषाओं का उदय और विकास अपभ्रंश के ही गर्भ में धीरे-धीरे सैकड़ों वर्षों से होता आ रहा था। एक ओर साहित्यिक अपभ्रंश के रूप धीरे-धीरे अप्रचलित होते गए और दूसरी ओर आधुनिक भाषाओं के नए रूप प्रचलन में आते रहे। क्रमश: प्राचीन रूपों के ह्रास और नवीन रूपों के विकास की प्रक्रिया से ही आधुनिक भाषाओं का उदय हुआ।" इस कथन का अन्तर्विरोध अतिस्पष्ट है। यदि चौदहवीं शताब्दी में या उसके बाद भारतीय भाषाओं का उदय हुआ तो इसके पहले क्या उनका अस्तित्व 'अपभ्रंश' के गर्भ में ही था? और इस 'अपभ्रंश' का रूप क्या था? एक तो इसका साहित्यिक रूप था, जिससे बोली जाने वाली भाषा के रूप में हिन्दी की सहभाषाओं के उदय की बात कहना निरर्थक है। दूसरा, उसका भाषित रूप, जिससे भारतीय भाषाओं अथवा हिन्दी परिवार की भाषाओं के विकास की बात सोची जा सकती है, अनिश्चित है। पता नहीं, कितनी शताब्दियों से, और किन सामाजिक और भौगोलिक कारणों से, आधुनिक आर्यभाषाएँ और हिन्दी परिवार की भाषाएँ विकसित होती हुई आज की स्थिति में पहुँची हैं। इस सम्बन्ध में प्रमाणों के अभाव में केवल अनुमान के आधार पर निष्कर्ष प्रस्तुत करना बुद्धि-विलास मात्र है। जहाँ तक साहित्य का प्रश्न है, जिसे हम अपभ्रंश साहित्य कहते हैं, वह प्राकृत प्रभावापन्न देशी भाषा का साहित्य है। साहित्य के इतिहास से यह भली-भाँति स्पष्ट है कि बोलचाल की कोई भी भाषा साहित्य की भाषा बनते ही अपनी पूर्ववर्ती या समकालीन प्रतिष्ठित साहित्य की भाषिक रूढ़ियों को अपना लेती है और इस प्रकार वह अपने समय की जीवित भाषा होते हुए भी कुछ विशिष्ट बन जाती है। कालक्रम से यह साहित्यिक भाषा भी रूढ़ और जीवित भाषा से भिन्न हो जाती है और तब पुन: साहित्यिक भाषा का नए सिरे से विकास होता है। साहित्यिक भाषा के विकास का यह चिरन्तन क्रम है। 'अपभ्रंश' के साथ भी यही बात हुई। उत्तर भारत के विभिन्न क्षेत्रों में वहाँ की जीवित भाषाएँ विशेषकर प्राकृत की रूढ़ियों को अपनाती हुई साहित्य की भाषा के रूप में विकसित हुईं। इस साहित्यिक भाषा (अपभ्रंश) की एकरूपता प्राकृत की रूढ़ियों के कारण और वैविध्य जीवित भाषाओं के वैविध्य के कारण है। धीरे-धीरे प्राकृत की रूढ़ियाँ त्याज्य होती गईं जिसके फलस्वरूप हिन्दी क्षेत्र में अवधी, ब्रजभाषा, खड़ी बोली ('दक्खिनी हिन्दी' के रूप में) और मैथिली का साहित्य सामने आया; बोलचाल की भाषा के रूप में तो ये भाषाएँ पहले से ही—न जाने कब से—विद्यमान थीं।

अपनी पुस्तक के तीसरे अध्याय में नामवर सिंह ने अपभ्रंश से हिन्दी का उद्‌भव और विकास दिखाया है। इस अध्याय में **उन्होंने कारक-विभक्ति, परसर्ग, सर्वनाम,** सार्वनामिक विशेषण, संख्यावाचक विशेषण, क्रिया, काल-रचना, तिङन्त-तद्‌भव, कृदन्त-तद्‌भव, संयुक्त काल, संयुक्त क्रिया, अव्यय, वाक्य-विन्यास और शब्द कोश आदि शीर्षकों में अपभ्रंश से हिन्दी का उद्‌भव और विकास सिद्ध करने की कोशिश की है। पर यह विवेचन प्रास्थानिक भूल के कारण सदोष और भ्रामक हो गया है। नामवर सिंह ने हेमचन्द्र के व्याकरण में उद्धृत दोहों को 'परिनिष्ठित अपभ्रंश' का उदाहरण और प्रस्थान बिन्दु मानकर *उक्ति-व्यक्ति-प्रकरण, कीर्तिलता, कबीर ग्रन्थावली, सूरसागर, पद्‌मावत, रामचरितमानस, बिहारी सतसई, दामा चरित* तथा रसखान के सवैयों के उदाहरणों द्वारा हिन्दी भाषा का उद्‌भव और विकास दिखाया है। आश्चर्य है कि *सन्देश रासक* को 'परवर्ती अपभ्रंश' या 'अवहट्‌ट' की रचना मानते हुए भी वे उससे एक भी उदाहरण नहीं देते। *प्राकृत पैंगलम्* में आए उदाहरणों को भी उन्होंने छोड़ दिया है। इस प्रकार 'परवर्ती अपभ्रंश' या 'अवहट्‌ट' रचनाओं के रूप में उन्होंने *उक्ति-व्यक्ति-प्रकरण, वर्णरत्नाकर* और *कीर्तिलता* को लिया है, जो किसी भी रूप में एक भाषाविशेष का प्रतिनिधित्व करने में सक्षम नहीं हैं। इनमें न तो भाषिक प्रकृति की दृष्टि से कोई समानता है न रचनाकाल की दृष्टि से। *उक्ति-व्यक्ति-प्रकरण* और *वर्ण रत्नाकर* एक-दूसरे से बहुत दूर के क्षेत्रों की बोलियों का उदाहरण प्रस्तुत करते हैं। *कीर्तिलता* काव्यग्रन्थ है, पर हेमचन्द्र के द्वारा उद्धृत छन्दों से उसका कोई सीधा सम्बन्ध नहीं है। उधर 'हिन्दी' के उदाहरण अधिकतर सोलहवीं शताब्दी के बाद के साहित्य से दिये गए हैं। यदि ये उदाहरण मुल्ला दाऊद के *चन्दायन,* विद्यापति के मैथिली पदों, कबीर की बानियों, सूरदास के पदों और दक्खिनी हिन्दी के पन्द्रहवीं शताब्दी के कवियों की रचनाओं से दिये गए होते तो कदाचित् तथाकथित 'परवर्ती अपभ्रंश' या 'अवहट्‌ट' से हिन्दी का सम्बन्ध अधिक स्पष्ट रूप से सामने आता। ऐसा न करके और रीतिकालीन साहित्य तक से उदाहरण देकर नामवर सिंह ने अपने विवेचन को 'सुविधाजनक' बना दिया है। खड़ी बोली के उदाहरणों के लिए तो उन्होंने और भी आसान रास्ता अख्तियार किया है और *कामायनी* तक चले आए हैं।

इसके बावजूद डॉ. नामवर सिंह का 'अपभ्रंश' विषयक विवेचन उतना उलझा हुआ नहीं है जितना डॉ. शिवप्रसाद सिंह का। यदि नामवर सिंह का विवेचन भ्रामक है तो शिवप्रसाद सिंह का विवेचन, अंग्रेजी मुहावरे के मुताबिक, अत्यन्त बुरी तरह मिश्रित भ्रमजाल (कन्फ्यूजन वर्स्ट कन्फाउन्ड) है। अपनी पुस्तक *'कीर्तिलता और अवहट्‌ट भाषा'* की 'नया संस्करण' शीर्षक भूमिका में शिवप्रसाद सिंह किंचित् सगर्व सूचित करते हैं कि "इस पुस्तक के प्रकाशन के पहले अवहट्‌ट भाषा के सम्बन्ध में कोई सुनिश्चित धारणा न थी...इस पुस्तक ने पहली बार 'अवहट्‌ट' शब्द को उसके सही भाषावैज्ञानिक परिप्रेक्ष्य में प्रस्तुत किया। इसके बाद तो 'अवहट्‌ट' एक अतिपरिचित शब्द-सा हो गया और हिन्दी में किये जाने वाले भाषावैज्ञानिक शोधकार्यों में इस शब्द की अनेकश: उद्धरणी होने लगी। डॉ. शिवप्रसाद सिंह की इस पुस्तक का पहला संस्करण 1955 ई. में प्रकाशित हुआ था। इसके पहले नामवर सिंह की पुस्तक *हिन्दी के विकास में अपभ्रंश का योग* के प्रथम और 'अत्यधिक' संशोधित-परिवर्धित द्वितीय संस्करण प्रकाशित हो चुके थे। 1961 ई. में नामवर सिंह की किताब का

'कुछ और' संशोधित-परिवर्धित तृतीय संस्करण प्रकाशित हुआ। नामवर सिंह की पुस्तक के इस अन्तिम संस्करण में हेमचन्द्र के बाद की अपभ्रंश को 'परवर्ती अपभ्रंश' और 'अवहट्ट' कहा गया है। कहने के ढंग से लगता है कि नामवर सिंह को 'अवहट्ट' नाम के प्रति कोई विशेष आग्रह नहीं है, फिर भी सुविधा की दृष्टि से वे इस शब्द के प्रयोग का समर्थन करते हैं। यदि अपनी किताब के तीसरे संस्करण में नामवर सिंह ने शिवप्रसाद सिंह के प्रभाव से 'अवहट्ट' शब्द और उसकी अवधारणा को स्वीकार कर लिया हो तो शिवप्रसाद सिंह का दावा कुछ हद तक सही हो सकता है, पर यदि ऐसा नहीं है तो 'अवहट्ट' की अवधारणा और 'परवर्ती अपभ्रंश' के लिए इस संज्ञा के प्रयोग की पहल का श्रेय नामवर सिंह को मिलना चाहिए। पर जैसा हमने पहले भी कहा है कि यह श्रेय भ्रम पैदा करने का ही है।

शिवप्रसाद सिंह स्पष्ट शब्दों में कहते हैं कि "हिन्दी भाषा का सीधा सम्बन्ध अपभ्रंश से उतना नहीं है जितना अवहट्ट से। अवहट्ट भाषा अपभ्रंश की ही अग्रसरीभूत प्रतिनिधि है, किन्तु अपनी क्षेत्रीय विशेषताओं के कारण यह अपभ्रंश की अपेक्षा कहीं ज्यादा घनिष्ठ रूप से हिन्दी और उसकी क्षेत्रीय बोलियों से सम्बन्धित है।"[65]

इस कथन से स्पष्ट है कि शिवप्रसाद सिंह 'अपभ्रंश' और 'अवहट्ट' को एक-दूसरे से भिन्न तथा दूसरे को पहले का 'अग्रसरीभूत प्रतिनिधि' मानते हैं। इस कथन से यह भी आभासित होता है कि अवहट्ट 'क्षेत्रीय विशेषताओं' से युक्त है, जबकि 'अपभ्रंश' की कोई क्षेत्रीय विशेषता नहीं है। 'हिन्दी और उसकी क्षेत्रीय बोलियाँ' पदबन्ध भी अनिश्चित अर्थ देता है; हिन्दी पद का आरम्भिक अर्थ एक भाषिक परिवार ही था, कोई भाषा-विशेष नहीं। 'हिन्दी' का अर्थ था कुछ बोलियों या भाषाओं का समुदाय, अत: उसकी 'क्षेत्रीय बोलियों' का कथन असंगत है। शिवप्रसाद सिंह अपनी स्थापना का प्रारम्भ ही एक गलत सूचना से करते हैं। वे लिखते हैं कि "अवहट्ट का सबसे पहला प्रयोग ज्योतिरीश्वर ठाकुर के *वर्णरत्नाकर* (1325 ई.) में मिलता है।...दूसरा प्रयोग विद्यापति की *कीर्तिलता* में हुआ है—'देसिल बअना सब जिन मिट्ठा। तं तैसन जम्पओं अवहट्टा'।...तीसरा प्रयोग *प्राकृत पैंगलम्* के टीकाकार वंशीधर[66] ने किया है। उनकी राय में *प्राकृत पैंगलम्* की भाषा 'अवहट्ट' ही है।...चौथा प्रयोग *सन्देश रासक* के रचयिता अद्दहमाण ने किया है।" इस कथन से ऐसा प्रतीत होता है कि अद्दहमाण वंशीधर (लक्ष्मीधर-ले.) के बाद के लेखक हैं। तथ्य यह है कि अद्दहमाण 'अवहट्ट' शब्द का प्रयोग करने वाले प्रथम कवि हैं। हम उनका आविर्भाव काल ग्यारहवीं शताब्दी का प्रथम चरण मानें या बारहवीं शताब्दी का पूर्वार्ध, इससे कोई फर्क नहीं पड़ता। *वर्ण रत्नाकर* और *कीर्तिलता* दोनों का रचनाकाल क्रमश: चौदहवीं शताब्दी का प्रथम चरण और अन्तिम चरण है और लक्ष्मीधर की टीका का समय 1383 ई. है। इस प्रकार शिवप्रसाद सिंह के विवेचन का बिस्मिल्लाह ही गलत हो गया है।

शिवप्रसाद सिंह ने यह तो माना है कि "अवहट्ट का प्रयोग सब जगह अपभ्रंश के लिए ही किया गया है।"[67] पर तथ्यों को मनमाने ढंग से तोड़ते-मरोड़ते हुए उन्होंने यह 'सहज अनुमान' कर लिया है कि "अवहट्ट शब्द पीछे का है और इसका प्रयोग परवर्ती अपभ्रंश के कवियों ने पूर्ववर्ती अपभ्रंश की तुलना में थोड़ी परिवर्तित भाषा के लिए किया।"[68] इस

निष्कर्ष में कई तथ्यगत असंगतियाँ हैं। पहली बात तो यह कि आठवीं शताब्दी में स्वयंभू ने अपभ्रंश के लिए 'अवहट्ट' शब्द का प्रयोग किया था जो 'अवहट्ट' का ही तनिक उच्चारण-भिन्न रूप है। दूसरी बात यह कि अद्दहमाण ने भी अपभ्रंश के लिए ही 'अवहट्ट' शब्द का प्रयोग किया है। अत: तथाकथित 'परवर्ती अपभ्रंश' के लिए 'अवहट्ट' संज्ञा के प्रयोग का कोई भाषावैज्ञानिक औचित्य नहीं है। शिवप्रसाद सिंह भी नामवर सिंह की तरह 'परिनिष्ठित अपभ्रंश' और 'पश्चिमी अपभ्रंश' की बात करते हैं। पर जैसा हम देख चुके हैं इन पदों के प्रयोग का कोई औचित्य नहीं है। 'परिनिष्ठित अपभ्रंश' नाम की कोई भाषा नहीं है। यदि नामवर सिंह हेमचन्द्र के व्याकरण में उद्धृत अपभ्रंश रचनाओं को 'परिनिष्ठित' मानते हैं तो दूसरी तरफ गुलेरी जी उसे 'परवर्ती अपभ्रंश' या 'पुरानी हिन्दी' कहते हैं और ग्यारहवीं शताब्दी के पहले की अपभ्रंश को 'अपभ्रंश' अर्थात् 'परिनिष्ठित अपभ्रंश' मानते हैं। इसी प्रकार 'पश्चिमी अपभ्रंश' पद का प्रयोग भी बहुत वैज्ञानिक नहीं है। पश्चिमी और पूर्वी अपभ्रंश की सीमारेखा क्या हो, यह कहना मुश्किल है। यदि दसवीं शताब्दी के पूर्व के अपभ्रंश साहित्य को देखें तो जैन कवियों का समस्त साहित्य पश्चिम या दक्षिण में, हिन्दी क्षेत्र के बाहर, लिखा गया और सिद्ध कवियों का समस्त साहित्य पूर्व में, भाषावैज्ञानिक परम्परा के अनुसार हिन्दी क्षेत्र के बाहर। फिर हिन्दी क्षेत्र में 'पश्चिमी' और 'पूर्वी' अपभ्रंश की स्थिति क्या होगी ? यह मानने का भी क्या आधार है कि स्वयंभू आदि की प्राकृत प्रभावापन्न अपभ्रंश 'परिनिष्ठित' अपभ्रंश है और सरहपा आदि की मगध क्षेत्र की बोलियों से निर्मित साहित्यिक अपभ्रंश 'परिनिष्ठित' नहीं है। और यदि 'अवहट्ट' परिनिष्ठित (अर्थात् पश्चिमी) अपभ्रंश की ही थोड़ी बढ़ी हुई भाषा का रूप है तो पश्चिमी अपभ्रंश की समकालीन (जो, बढ़ी हुई नहीं है) पूर्वी अपभ्रंश अर्थात् सिद्धों की अपभ्रंश को हम क्या नाम देंगे ? भाषिक संरचना में भिन्न होने के कारण यदि सिद्धों की भाषा को 'परिनिष्ठित अपभ्रंश' नहीं कहा जा सकता तो समय की दृष्टि से उसे 'परवर्ती अपभ्रंश' की संज्ञा भी नहीं दी जा सकती।

शिवप्रसाद सिंह तथाकथित 'परवर्ती अपभ्रंश' को भाषा की दृष्टि से तथाकथित 'परिनिष्ठित अपभ्रंश' से भिन्न मानते हैं। उनका तर्क है कि ''उसमें बहुत से नए विकसित तत्त्व दिखाई पड़ते हैं। विभक्तियों के एकदम नष्ट हो जाने अथवा लुप्त हो जाने के कारण अपभ्रंश काल में ही परसर्गों का प्रयोग आरम्भ हो गया था, उनकी संख्या **इस काल** में और भी बढ़ गई। वाक्य के स्थानक्रम से अर्थ बोध की प्रणाली निर्विभक्तिक प्रयोग का परिणाम थी, वह और भी सबल हुई। सर्वनामों तथा क्रियापदों में बहुत-सी नवीनताएँ दिखाई पड़ीं।''[69] 'इन सबको समष्टिगत रूप से देखते हुए' शिवप्रसाद सिंह इस काल की भाषा के लिए 'अवहट्ट' नाम को सर्वाधिक उपयुक्त मानते हैं। पर डॉ. सिंह का यह निष्कर्ष हेत्वाभास से भरा हुआ है। पहले तो, जैसा हम देख चुके हैं, 'परवर्ती अपभ्रंश' और 'परिनिष्ठित अपभ्रंश' पद ही सुनिर्दिष्ट नहीं हैं। पुन: वे 'परवर्ती अपभ्रंश' में परसर्गों के प्रयोग की सापेक्ष वृद्धि की ही बात करते हैं, जो उसे एक भिन्न भाषा का दर्जा देने के लिए पर्याप्त आधार नहीं है। उसके 'अवहट्ट' नाम की कोई सार्थकता तो नहीं ही है। जिन भाषिक विशेषताओं को शिवप्रसाद सिंह 'अवहट्ट' नाम के लिए पुष्ट बताते हैं वे सिद्ध

साहित्य में भी प्राप्त होती हैं। फिर तो सिद्धों की भाषा को भी तर्कतः 'अवहट्ट' ही कहना चाहिए। पर डॉ. सिंह ऐसा नहीं मानते, जो उनके 'अवहट्ट' सम्बन्धी विवेचन की सबसे बड़ी असंगति है।

डॉ. शिवप्रसाद सिंह कहते हैं कि "अवहट्ट परवर्ती अपभ्रंश का वह रूप है जिसके मूल में परिनिष्ठित अपभ्रंश यानी शौरसेनी है।" इसका अर्थ यही हो सकता है कि 'परिनिष्ठित अपभ्रंश' 'शौरसेनी अपभ्रंश' है और उसी से 'अवहट्ट' विकसित हुई है। पर 'शौरसेनी अपभ्रंश' का कोई प्रामाणिक साहित्य उपलब्ध नहीं है। यदि हेमचन्द्र द्वारा उद्धृत पद्य 'शौरसेनी अपभ्रंश' के उदाहरण मान लिये जाएँ तो शिवप्रसाद सिंह के अनुसार स्वीकार करना पड़ेगा कि *प्राकृत पैंगलम्* और *कीर्तिलता* की अवहट्ट उसी से विकसित हुई है। पर यह तर्क नहीं, तर्काभास है। डॉ. सिंह ने यह भी मान लिया है कि 'परिनिष्ठित अपभ्रंश' यानी 'शौरसेनी' का व्यापक प्रचार था। डॉ. नामवर सिंह भी ऐसा ही मानते हैं। पर जहाँ इस तथाकथित 'परिनिष्ठित अपभ्रंश' यानी 'शौरसेनी' के अस्तित्व का प्रश्न ही विवादास्पद है, वहाँ उसके व्यापक प्रचार का तथ्य कैसे सिद्ध किया जा सकता है? डॉ. शिवप्रसाद सिंह और डॉ. नामवर सिंह दोनों में से किसी ने भी अपने कथन के समर्थन में कोई विश्वसनीय प्रमाण नहीं दिया है। इसके विपरीत पं. शिवनन्दन ठाकुर ने विभिन्न प्रमाणों के आधार पर यह मत व्यक्त किया था कि *कीर्तिलता* की अवहट्ट शौरसेनी अपभ्रंश नहीं है। उन्होंने अपने कथन के प्रमाण में पुरानी अपभ्रंश का एक दोहा उद्धृत करते हुए उसकी तुलना *कीर्तिलता* के कुछ पद्यों से की थी। वह दोहा है—

जइ केवँइ पाबीसुं पिउ अकिया कुड्ड करीसु।
पाणीउ नवइ सरावि जिवँ सब्बंगे पइसीसु॥

यह भी रोचक तथ्य है कि जिसे डॉ. ठाकुर 'पुरानी अपभ्रंश' का दोहा कहते हैं वह हेमचन्द्र के व्याकरण से लिया गया है[70] और गुलेरी जी उसे 'परवर्ती अपभ्रंश' या 'पुरानी हिन्दी' कहते हैं।

दरअसल अपभ्रंश-अवहट्ट की उलझन मूलतः डॉ. सुनीति कुमार चटर्जी की पैदा की हुई है। डॉ. चटर्जी के अनुसार 'परिनिष्ठित अपभ्रंश' (1000 ई.) और ब्रजभाषा (1500 ई.) के बीच की कड़ी 'शौरसेनी अपभ्रंश का कनिष्ठ रूप' था जो अवहट्ट नाम से अभिहित होता था और इसी भाषा में लिखी कविताओं का संकलन *प्राकृत पैंगलम्* में हुआ था। डॉ. चटर्जी के अनुसार राजपूताना में अवहट्ट पिंगल नाम से ख्यात थी।[71] इस मत की असंगतियाँ अति स्पष्ट हैं। यदि 1000 ई. में 'परिनिष्ठित अपभ्रंश' का अस्तित्व था तो उसके लेखक कौन थे? यह स्पष्ट नहीं होता कि डॉ. चटर्जी स्वयंभू, पुष्पदन्त, धनपाल, रामसिंह आदि जैन कवियों की भाषा को 'परिनिष्ठित अपभ्रंश' मानते हैं या सिद्ध कवियों की भाषा को? जैन कवियों और सिद्धों की अपभ्रंश का स्वरूप एक तो नहीं ही है। फिर दोनों में से परिनिष्ठित कौन और अपरिनिष्ठित कौन है? डॉ. चटर्जी ने 1500 ई. के आसपास की ब्रजभाषा का उल्लेख तो किया है, पर 1379 ई. की अवधी (*चन्दायन*), 1410 ई. की दक्खिनी हिन्दी (बन्दानेवाज गेसूदराज) और इसी समय की मैथिली (विद्यापति) का उल्लेख नहीं किया है। फिर 1000 ई. और 1500 ई. के बीच प्रचलित 'शौरसेनी अपभ्रंश के कनिष्ठ रूप' का उदाहरण किन ग्रन्थों में उपलब्ध है? राजस्थान के किन कवियों ने अपनी

भाषा को 'अवहट्ट' की संज्ञा दी है। बारहवीं-तेरहवीं शताब्दी की जिन पिंगल रचनाओं—*पृथ्वीराज रासो, बीसलदेव रासो* आदि के नाम लिये जाते हैं, उनकी भाषा परवर्ती होने के कारण भाषा-वैज्ञानिक विवेचन के लिए प्रमाण नहीं मानी जा सकती। अत: 'पिंगल' को 'अवहट्ट' कहने का कोई औचित्य नहीं है।

दुर्भाग्य की बात है, डॉ. शिवप्रसाद सिंह डॉ. चटर्जी की असंगतियों के शिकार हो गए हैं। डॉ. सिंह एक जगह 'अवहट्ट' को चौदहवीं शताब्दी की कविता भाषा कहते हैं[72] और आगे कहते हैं कि "इस प्रकार शौरसेनी का परवर्ती रूप यानी अवहट्ट या प्राचीन ब्रजभाषा कविता के लिए सर्वश्रेष्ठ भाषा के रूप में मान्य होकर पिंगल कही जाने लगी।"[73] इन कथनों की असंगतियाँ और निराधारता इतनी स्पष्ट है कि कुछ कहने तक की जरूरत नहीं। यदि यह तथाकथित 'अवहट्ट', जिसे शिवप्रसाद सिंह 'शौरसेनी का परवर्ती रूप' अथवा 'प्राचीन ब्रजभाषा' या 'पिंगल' कहते हैं, 'चौदहवीं शताब्दी की कविता की भाषा' 'कविता के लिए सर्वश्रेष्ठ भाषा के रूप में मान्य' थी, तो उस अवधी के बारे में क्या कहेंगे जिसकी एक उत्तम रचना के रूप में मौलाना दाऊद की *चन्दायन* आज हमारे बीच मौजूद है। विद्यापति की *कीर्तिलता* की भाषा 'अवहट्ट' चौदहवीं शताब्दी की कविता की भाषा है, तो क्या उनके पदों की भाषा 'मैथिली' चौदहवीं शताब्दी की कविता की भाषा नहीं है?

1916 ई. में पं. हरप्रसाद शास्त्री ने *बौद्ध गान औ दोहा* शीर्षक से अपभ्रंश की रचनाओं का एक संग्रह प्रकाशित कराया था। शिवप्रसाद सिंह इसे 'परवर्ती अपभ्रंश की रचनाएँ मानते हैं।'[74] हम यह अच्छी तरह जानते हैं कि दसवीं शताब्दी के बाद के किसी सिद्ध कवि की रचना नहीं मिलती। फिर *बौद्ध गान औ दोहा* को परवर्ती अपभ्रंश की रचनाएँ कैसे कहा जा सकता है?

डॉ. शिवप्रसाद सिंह का कहना है कि "परवर्ती अपभ्रंश की रचनाएँ ही आज की किसी भाषा के उद्‌गम और विकास क्रम को दिखाने का आधार है।" अवहट्ट सम्बन्धी विवेचन की सारी असंगतियाँ इस आधार की दुर्बलता के कारण ही पैदा होती हैं। वस्तुत: हिन्दी परिवार की भाषाओं के उद्‌गम और विकासक्रम को दिखाने के लिए अपभ्रंश या तथाकथित 'अवहट्ट' का आधार बिलकुल ही बेमानी है। अपभ्रंश एक साहित्यिक भाषा थी जिससे अवधी, ब्रजभाषा!, कौरवी, भोजपुरी आदि के विकास की कोई सम्भावना ही नहीं है। इन भाषाओं का इतिहास तथाकथित 'परवर्ती अपभ्रंश' या 'अवहट्ट' से आरम्भ नहीं होता। बोलचाल की भाषा के रूप में इनका अस्तित्व साहित्यिक अपभ्रंश से यदि प्राचीन नहीं तो उसका समकालीन तो होना ही चाहिए। वस्तुत: साहित्यिक अपभ्रंश इन भाषाओं के प्राचीन रूप तथा प्राकृत की रूढ़ियों से निर्मित भाषा है। प्राकृत की प्राचीन रूढ़ियाँ ही, जैसे तद्‌भव शब्दों और साहित्यिक प्राकृत के कुछ व्याकरणिक रूपों का प्रयोग, अपभ्रंश के **कोई एक** भाषा होने का बोध कराती हैं। अपभ्रंश, वह चाहे पूर्वी हो या पश्चिमी, पूर्ववर्ती हो या परवर्ती, कोई **एक बोलचाल** की भाषा न होकर एक साहित्यिक भाषा है, जिसमें समकालीन बोलियों या भाषाओं के तत्त्व मिले हुए हैं।

डॉ. शिवप्रसाद सिंह ने एन.बी. देवतिया का एक कथन उद्धृत किया है और उसे स्वीकार किया है कि "12वीं शताब्दी से 15वीं तक के समय में एक विकृत भाषा जिसे हम कनिष्ठ

अपभ्रंश कह सकते हैं, गुजरात और पूरे राजस्थान में प्रचलित थी।''[75] पहले तो इस कथन को पुष्ट करने वाली कोई आधार सामग्री उपलब्ध नहीं है। फिर यह प्रश्न भी किया जा सकता है कि यदि यह तथाकथित 'कनिष्ठ अपभ्रंश' गुजरात और राजस्थान में प्रचलित थी तो हरियाणा, उत्तर प्रदेश, दिल्ली, पंजाब, हिमाचल प्रदेश, बिहार और मध्य प्रदेश में कौन-सी अपभ्रंश प्रचलित थी ? इस प्रकार की अटकलबाजी से **वैज्ञानिक निष्कर्ष** पर पहुँचने की आशा करना बेकार है।

डॉ. तेसीतोरी, जिनसे शिवप्रसाद सिंह और नामवर सिंह दोनों ही प्रभावित हैं, हेमचन्द्र के बाद की अपभ्रंश को 'अग्रसरीभूत अपभ्रंश' मानते हुए उसे दो मुख्य श्रेणियों में बाँटते हैं। गुजरात और राजस्थान के पश्चिमी भाग की भाषा को वे 'पुरानी पश्चिमी राजस्थानी' और शूरसेन और राजस्थान के पूर्व भाग की भाषा को 'पिंगल अपभ्रंश' कहते हैं। इस विभाजन की अपर्याप्तता इस बात में है कि इस 'अग्रसरीभूत' अपभ्रंश के अन्तर्गत अवधी, भोजपुरी, मैथिली के पूर्वरूप का समावेश नहीं है। इसके साथ ही तथाकथित 'पिंगल अपभ्रंश' का कोई प्रामाणिक उदाहरण भी उपलब्ध नहीं है।

डॉ. शिवप्रसाद सिंह ने लिखा है कि 'ब्रजभाषा सदैव से ही काव्य की भाषा मानी जाती रही है।'[76] इस कथन के **सदैव से ही** पद की अर्थहीनता इस बात से स्पष्ट है कि 1379 ई. में अवधी में लिखा एक श्रेष्ठ काव्य *चन्दायन* के रूप में उपलब्ध है, जबकि उस समय तक ब्रजभाषा में एक भी इस तरह के श्रेष्ठ काव्य की रचना नहीं हुई थी। डॉ. सिंह के अनुसार, ''मध्य काल के अन्तिम स्तर पर प्राचीन शौरसेनी अपभ्रंश का परवर्ती रूप यानी अवहट्ट विकसित साहित्यिक भाषा के रूप में सारे उत्तर भारत में छा गया था। बंगाल के सिद्धों के दोहे इसी भाषा की प्रतिनिधि रचनाएँ हैं।'' इन वाक्यों का प्रत्येक पद और वाक्यांश उत्तरदायित्वहीन लेखन का उदाहरण है। 'मध्यकाल का अन्तिम स्तर' किस कालावधि का निर्देश करता है, इसका पता नहीं चलता। 'प्राचीन शौरसेनी अपभ्रंश' नामक किसी भाषा का अस्तित्व केवल विद्वान् लेखक के मस्तिष्क में ही हो सकता है। प्रथम तो शौरसेनी अपभ्रंश का ही कोई निश्चित पता नहीं है; 'प्राचीन' शौरसेनी अपभ्रंश तो अटकल की सीमा के भी बाहर है। 'अवहट्ट' का विकसित भाषा के रूप में सारे उत्तर भारत में छा जाना बिलकुल निराधार कथन है। जिन रचनाओं को डॉ. सिंह 'अवहट्ट' की मानते हैं उनकी संख्या एक दर्जन भी नहीं है। 'बंगाल के सिद्धों के दोहे' पद से प्रतीत होता है कि नालन्दा और विक्रमशिला महाविहार आज के बंगाल में थे, बिहार में नहीं। शिवप्रसाद सिंह कहीं तो बारहवीं शताब्दी के बाद की अपभ्रंश को 'अग्रसरीभूत अपभ्रंश' या 'अवहट्ट' मानते हैं और कहीं दसवीं शताब्दी के पूर्व के सिद्धों की रचनाओं को इसी भाषा (अवहट्ट) की प्रतिनिधि रचनाएँ मानते हैं! शिवप्रसाद सिंह एक स्थान पर लिखते हैं : ''बौद्धगान और दोहा नाम से जो साहित्य मिलता है उसे भाषावैज्ञानिक दृष्टि से विचार करने पर पालवंशीय शासन काल तक खींच ले जाना मुश्किल है। *दोहाकोश* की भाषा को किसी प्रकार ग्यारहवीं शताब्दी के आसपास मान भी लें, किन्तु गानों की भाषा को तो तेरहवीं-चौदहवीं के पहले मानने का कोई भाषावैज्ञानिक कारण नहीं मिलता। वस्तुत: ये गान अवहट्ट या परवर्ती अपभ्रंश काल की रचनाएँ हैं जिनमें पूर्वी प्रभाव स्पष्ट है।''[77] शिवप्रसाद सिंह की तर्क प्रणाली ग्रीक मिथक

के प्रोक्रस्ट्रीयन पलंग की तरह है जिस पर सोने वाले की टाँग पलंग की लम्बाई के अनुसार या तो काट दी जाती है या सोने वाले को खींचकर लम्बा कर दिया जाता है। उनकी भाषावैज्ञानिक 'दृष्टि' या 'कारण' पहले से निश्चित है। यदि उसके अनुरूप किसी साहित्य विशेष की भाषा फिट नहीं होती तो वे उसका समय ही बदल देते हैं। यह सुज्ञात तथ्य है कि सिद्ध साहित्य का रचनाकाल आठवीं शताब्दी से दसवीं शताब्दी के बीच है। यदि उसके बाद सिद्धों द्वारा कुछ लिखा भी गया होगा तो वह उपलब्ध नहीं है। अत: सिद्धों की उपलब्ध रचनाओं का समय 10वीं शताब्दी के बाद नहीं लाया जा सकता। इतना ही नहीं, सभी सिद्ध कवियों ने दोहा कोशों के साथ-साथ चर्या गीतियाँ भी लिखीं, अत: दोहों का रचनाकाल 11वीं शताब्दी के आसपास और 'गानों' का रचनाकाल 13-14वीं शताब्दी मानने का कोई औचित्य नहीं है।

डॉ. शिवप्रसाद सिंह एक जगह लिखते हैं : "वीरों की तलवारों की झनझनाहट, उनके वीरतापूर्ण यश के लिए गायी गई कविताओं की गूँज **शौरसेनी अपभ्रंश** के माध्यम से देश भर में मुखरित हो रही थी।"[78] जहाँ तक हिन्दी साहित्य के विद्यार्थी को मालूम है, आदि काल की वीररस प्रधान रचनाओं में मुकम्मल तौर पर चन्दबरदाई का *पृथ्वीराज रासो* ही उपलब्ध है और उसकी प्रामाणिकता आज भी विवादास्पद बनी हुई है। यदि हम आदि काल की प्राप्त-अप्राप्त सभी वीररसात्मक रचनाओं को प्रामाणिक मान लें तो भी उनके 'सारे देश में मुखरित' होने का तथ्य तर्कसंगत नहीं माना जा सकता। यदि इन रचनाओं की भाषा ही 'शौरसेनी अपभ्रंश' है तो उसकी भाषावैज्ञानिक स्थिति कितनी डाँवाँडोल है, यह कहने की आवश्यकता नहीं।

अपभ्रंश साहित्य पर विचार करने वाले कई विद्वानों का मत है कि हेमचन्द्र ने जिस अपभ्रंश का व्याकरण लिखा, वह उस समय बोलचाल की भाषा नहीं रह गई थी। तेसीतोरी के अनुसार वह भाषा जीवित नहीं थी। श्री देवतिया के अनुसार हेमचन्द्र के प्राकृत व्याकरण के अन्त:साक्ष्य पर कहा जा सकता है कि अपभ्रंश प्रचलित भाषा नहीं थी। शिवप्रसाद सिंह के अनुसार हेमचन्द्र ने अपने प्राकृत व्याकरण में कहीं भी अपभ्रंश को 'भाषा' नहीं कहा है और न उसे लोक भाषा ही कहा है। हेमचन्द्र अपभ्रंश को या तो 'अपभ्रंश' या 'शौरसेनी', 'मागधी' आदि नामों से पुकारते रहे हैं।[79] डॉ. सिंह भी यही मानते हैं कि हेमचन्द्र के काल तक अपभ्रंश लोकभाषा नहीं थी। हेमचन्द्र ने स्वयं अपने *शब्दानुशासन* में दो प्रकार की अपभ्रंशों की चर्चा की है। पहली, शिष्ट भाषा जो साहित्य के लिए प्रयुक्त होती थी और दूसरी, ग्राम्य अपभ्रंश भाषा जो जनता के इस्तेमाल की चलती-फिरती भाषा थी। पर यह कोई विशेष बात नहीं है। साहित्य की भाषा, कम या ज्यादा, बोलचाल की भाषा से भिन्न होती ही है। यदि 'अपभ्रंश' नाम की कोई भाषा बोलचाल की या 'जीवित' भाषा रही भी हो तो वह 'अपभ्रंश साहित्य' की भाषा से अभिन्न होगी ऐसा नहीं कहा जा सकता। अत: अधिक से अधिक यही कहा जा सकता है कि हेमचन्द्र ने अपभ्रंश साहित्य से जो उदाहरण दिये हैं वे बोलचाल की भाषा से अपेक्षाकृत अधिक दूर चले गए थे और धीरे-धीरे ग्राम्य भाषा बोलचाल की भाषा होने के साथ-साथ 'रासक', 'डोम्बिका' आदि के रूप में लोक साहित्य का माध्यम भी बनने लगी थी। पर इस 'ग्राम्य अपभ्रंश' का स्वरूप क्या था, इसका

कुछ पता नहीं है। *सन्देश रासक* और *प्राकृत पैंगलम्* में उद्धृत पद्यों को *ग्राम्य अपभ्रंश* का उदाहरण मानना 'तार्किक बर्बरता' का द्योतक है; विशेषकर उस स्थिति में, जब हम जानते हैं कि अद्दहमाण[80] हेमचन्द्र से पहले हुए थे और *प्राकृत पैंगलम्* के भी बहुत से पद्य हेमचन्द्र से पहले के हैं। हेमचन्द्र द्वारा उल्लिखित ग्राम्य अपभ्रंश का उदाहरण प्रस्तुत करने वाली एकमात्र रचना कदाचित् *उक्ति-व्यक्ति-प्रकरण* है, पर वह काव्यग्रन्थ नहीं है। *उक्ति-व्यक्ति-प्रकरण* में उसके रचयिता दामोदर पंडित ने तत्कालीन देशभाषा के स्वरूप को संस्कृत व्याकरण की पद्धति पर समझाने का प्रयत्न किया है। शिवप्रसाद सिंह का यह कहना सही है कि दामोदर पंडित ने इस ग्रन्थ में काशी के आसपास प्रचलित भाषा को ही अपभ्रंश का नाम दिया है।[81] काशी और उसके आसपास की भाषा कबीर के जमाने में भी आज की 'भोजपुरी' थी, जिसका कुछ आभास उनके पदों (सबदों) से मिलता है। यद्यपि डॉ. सुनीति कुमार चटर्जी ने *उक्ति-व्यक्ति-प्रकरण* की भाषा को 'पुरानी कोसली' कहा है, पर वह उतनी ही 'पुरानी कोसली' है जितनी 'पुरानी भोजपुरी'।

डॉ. शिवप्रसाद सिंह की 'अवहट्ट' विषयक अवधारणा की असंगति का एक कारण यह भी है कि वे *प्राकृत पैंगलम्* का 'रचना-देश' मध्य प्रदेश मानते हैं, जबकि अब यह प्रमाणित हो चुका है कि *प्राकृत पैंगलम्* के रचयिता हरिहर बम्भ मिथिला के निवासी थे। अत: यह कथन असंगत है कि ''वस्तुत: प्राकृत पैंगलम् का रचना-देश ही इस तथ्य की सूचना देता है कि मध्य देश की मूल भाषा और शौरसेनी अपभ्रंश स्वयं भाषा-परिवर्तन के नियमों के अनुसार विकसित होती जा रही थी और इसने अवहट्ट का मूल ढाँचा तैयार कर दिया था जो करीब-करीब 11वीं सदी के आसपास सर्वमान्य रूप से देश के राजनीतिक तथा अन्य कारणों से मध्यदेशीय रजवाड़ों के गौरव और सम्मान के रूप में समस्त आर्य भारत द्वारा गृहीत होता जा रहा था।''[82]

शिवप्रसाद सिंह कहीं तो तथाकथित 'अवहट्ट' का आरम्भ हेमचन्द्र के बाद, अर्थात् बारहवीं शती में मानते हैं और कहीं ग्यारहवीं शती में।[83] वे 11वीं से 14वीं शताब्दी की कालावधि को 'अवहट्ट का काल' मानते हैं, पर इसके समर्थन में कोई ठोस प्रमाण नहीं दे पाते। वे एक तरफ तो *सन्देश रासक* की भाषा को 'अवहट्ट' मानते हैं और दूसरी तरफ यह भी कहते हैं कि ''*सन्देश रासक* की भाषा लेखक की अति साहित्यिक और पांडित्यपूर्ण रुचि के कारण अत्यन्त परिनिष्ठित, प्राकृत प्रभावापन्न और रूढ़ है।''[84] डॉ. सिंह के अनुसार इसमें प्राकृत के साथ ही साथ अग्रसरीभूत अपभ्रंश या अवहट्ट के दोहों का प्रयोग हुआ है।[85] *सन्देश रासक* की भूमिका में डॉ. हरिवल्लभ भायाणी बताते हैं कि ''इसमें आए दोहों की भाषा कई बातों में ग्रन्थ के मूल हिस्से की भाषा से भिन्न प्रतीत होती है। यह भाषा एक ओर हेमचन्द्र के दोहों की भाषा के अतिनिकट और समान तथा साथ ही उससे कहीं ज्यादा विकसित और बढ़ी हुई मालूम होती है।''[86] यदि ऐसा है तो इसका एक ही अर्थ है और वह यह कि ये दोनों दो प्रकार की काव्यशैलियाँ हैं, भिन्न भाषाएँ नहीं। एक ही लेखक के एक ही ग्रन्थ में दो भिन्न भाषाओं—अपभ्रंश और उसके अग्रसरीभूत रूप अवहट्ट—का प्रयोग तर्कसंगत नहीं प्रतीत होता।

शिवप्रसाद सिंह यह भी लिखते हैं कि ''अवहट्ट या *पिंगल* में लिखी सबसे महत्त्वपूर्ण

पुस्तक *प्राकृत पैंगलम्* है जिसमें 12वीं से 14वीं तक की बहुत-सी प्राचीन बृज रचनाएँ संकलित की गई हैं।''[87] यानी अवहट्ट 'पिंगल' भी है और 'प्राचीन ब्रज' भी है। अन्यत्र तो वे उसे 'कनिष्ठ शौरसेनी' और 'परवर्ती अपभ्रंश' कहते ही हैं। फिर उसे 'प्राचीन मैथिली' तो होना ही चाहिए क्योंकि *प्राकृत पैंगलम्* का लेखक भी, आधुनिक शोधों के अनुसार, मिथिला क्षेत्र का ही था। *प्राकृत पैंगलम्* के कुछ पद्यों का रचना काल, डॉ. सुनीति कुमार चटर्जी के अनुसार, नवीं शताब्दी तक जाता है। डॉ. चटर्जी के मत से *प्राकृत पैंगलम्* के अधिकांश पद्य कृत्रिम साहित्यिक शौरसेनी अपभ्रंश **या** अवहट्ट के हैं।[88] इस वाक्य का **या** शब्द भ्रामक है। इससे यह भ्रम होता है कि 'कृत्रिम साहित्यिक शौरसेनी अपभ्रंश' और 'अवहट्ट' एक ही हैं। डॉ. शिवप्रसाद सिंह के अनुसार *प्राकृत पैंगलम्* में 'पश्चिमी हिन्दी' या 'प्राचीन ब्रज' के अनेक पद मिलते हैं।[89] इससे यह अर्थ निकलता है कि 'कृत्रिम साहित्यिक शौरसेनी अपभ्रंश', 'पश्चिमी हिन्दी' और 'प्राचीन ब्रज' एक ही हैं। शिवप्रसाद सिंह ने 'प्राचीन ब्रज' को 'पश्चिमी हिन्दी' का पर्याय मान लिया है जो तथ्य सम्बन्धी बहुत बड़ी भूल है। अपने कथन के समर्थन में शिवप्रसाद सिंह ने *प्राकृत पैंगलम्* की जो पंक्तियाँ उद्धृत की हैं उनकी भाषा यदि 'पुरानी ब्रज' है तो वह उतनी ही 'पुरानी अवधी' भी है। वे पंक्तियाँ हैं—

हम्मीर कज्जु जज्जल भणइ कोहाणल मुह महँ जलउँ।
सुरताण सीस करवाल दह तेज्जि कलेवर दिय चलउँ।

इन पंक्तियों का कोई भी अंश ऐसा नहीं जो ब्रजभाषा का कहा जाए और अवधी का न कहा जाए। विद्याधर को भी शिवप्रसाद सिंह 'पश्चिमी अवहट्ट' का कवि घोषित करते हैं। बहुत खींचतान करके वे यह भी प्रमाणित करने का प्रयास करते हैं कि *गीतगोविन्द* मूलतः 'परवर्ती पश्चिमी अपभ्रंश या अवहट्ट' में लिखा गया था जिसे जयदेव ने स्वयं संस्कृत में रूपान्तरित कर दिया था।[90] यदि आचार्य हजारीप्रसाद ने शिवप्रसाद सिंह की पुस्तक की भूमिका में उनके 'साहस' की दाद दी है तो वह अनुचित नहीं है। डॉ. सिंह रोडा कृत *राउर बेल* को भी परवर्ती (अवहट्ट) में लिखी हुई कृति मानते हैं।[91] उनके अनुसार यह अपभ्रंश 'मध्यदेशीय' है। इस पर पछाहीं अपभ्रंश का प्रभाव घना है।[92] *राउरबेल* की रचना 11वीं शताब्दी में हुई थी। शिवप्रसाद सिंह के अनुसार इसकी 'मूल भाषा पछाहीं अपभ्रंश का विकसित परवर्ती रूप' है। इस स्थिति में 'पछाहीं अपभ्रंश के विकसित परवर्ती रूप' का काल क्या होगा और 'पछाही अपभ्रंश' किस समय की भाषा मानी जाएगी ?

डॉ. नामवर सिंह और विशेष रूप से डॉ. शिवप्रसाद सिंह, की 'अपभ्रंश', 'परवर्ती अपभ्रंश' और 'अवहट्ट' विषयक स्थापनाओं के विश्लेषण से हम इस निष्कर्ष पर पहुँचते हैं कि उनके पीछे तथ्य और तर्क का बल नहीं है। वस्तुतः सरहपा और स्वयंभू से लेकर विद्यापति तक, अर्थात् लगभग छह शताब्दियों के बीच, कर्नाटक, मालवा और गुजरात से लेकर मगध और मिथिला के बीच प्राप्त होने वाला अपभ्रंश साहित्य आज भी इतनी प्रचुर मात्रा में उपलब्ध नहीं है कि उसे 'उत्तरी', 'दक्षिणी', 'पश्चिमी', 'पूर्वी', 'मध्यवर्ती' और 'पूर्ववर्ती' तथा 'उत्तरवर्ती' जैसे वर्गों में स्पष्टतापूर्वक विभाजित किया जा सके। अपभ्रंश की जो सामग्री उपलब्ध है उसके सही काल और स्थान का निर्धारण भी कठिन है। हेमचन्द्र

के *शब्दानुशासन* और हरिहर बम्भ के *प्राकृत पैंगलम्* में उद्धृत पद्यों का तो मूल स्रोत तक ज्ञात नहीं है। इस कारण अपभ्रंश रचनाओं का कालगत और स्थानगत वर्गीकरण तथा उनके नामकरण का भी कोई औचित्य नहीं है। चन्द्रधर शर्मा गुलेरी ने अपभ्रंश का 'पूर्ववर्ती' और 'उत्तरवर्ती' वर्गीकरण करते हुए यह स्वीकार किया था कि अपभ्रंश (पूर्ववर्ती) कहाँ समाप्त होती है और 'पुरानी हिन्दी' (उत्तरवर्ती अपभ्रंश) कहाँ आरम्भ होती है इसका निर्णय करना कठिन है। यद्यपि उन्होंने 'अपभ्रंश' और 'पुरानी हिन्दी' की एक सीमारेखा (दसवीं शताब्दी) खींचने की कोशिश की थी पर वह सीमारेखा कितनी विवादास्पद है, इसे हम देख चुके हैं। वस्तुत: इस सम्बन्ध में पं. राहुल सांकृत्यायन का मत अधिक संगत है जो 'अपभ्रंश' का कोई विभाजन नहीं करते और उसे 'हिन्दी' मानते हैं। 'हिन्दी' के लिए 'पुरानी' विशेषण भी आज असंगत हो गया है, क्योंकि आज खड़ी बोली पर आधारित मानक हिन्दी को ही सामान्यत: 'हिन्दी' या 'आधुनिक हिन्दी' कहा जाता है। इस सन्दर्भ में तो चन्दबरदाई, मौलाना दाऊद, विद्यापति, सूर, तुलसी, बिहारी, घनानन्द आदि की भाषा भी 'पुरानी हिन्दी' ही कही जाएगी। अत: अपभ्रंश के लिए 'पुरानी हिन्दी' का प्रयोग तभी संगत माना जा सकता है जब सूर, तुलसी आदि की भाषा को 'मध्यकालीन हिन्दी' कहा जाए। पर यह संज्ञा अभी प्रचलित नहीं है।

भाषा के रूप में 'अपभ्रंश' पर विचार करते समय विद्वान् प्राय: साहित्यिक भाषा और बोलचाल की भाषा के अन्तर को भूल जाते हैं। इस बात का हमें कोई पता नहीं है कि आरम्भ से (चाहे उसे जहाँ से भी माना जाय) लेकर चौदहवीं शताब्दी तक आज के हिन्दी क्षेत्र में, बोलचाल की भाषा के रूप में, कौन-सी भाषाएँ या बोलियाँ, कहाँ प्रचलित थीं। एक अनुमान भर किया जा सकता है कि आज जो भाषाएँ हिन्दी क्षेत्र में बोली जाती हैं उनका पूर्वरूप किसी-न-किसी रूप में विद्यमान रहा होगा। यह भी सम्भव है कि ये बोलियाँ भरत मुनि के समय में भी रही हों और उन्होंने जिस भाषा को 'देशी भाषा' की संज्ञा दी थी वह इन बोलियों का समूह रही हो। पर यह सब अनुमान ही अनुमान है और इसे सिद्ध करने का कोई आधार उपलब्ध नहीं है। छठी शताब्दी के पूर्व देशी भाषा में साहित्य की रचना भी होने लगी थी और उसे एक नाम 'अपभ्रंश' भी दिया जा चुका था। पर उस भाषा का स्वरूप कैसा था इसका कोई पता नहीं है। सम्भव है बलभी के आसपास की कोई बोली प्राकृत की भाषा-रूढ़ियों से युक्त होकर साहित्य की भाषा बन गई हो और उसे 'अपभ्रंश' नाम दे दिया गया हो। कदाचित् बलभी के राजा धरसेन का पिता गुहसेन इसी 'अपभ्रंश' का 'निपुणी कवि' रहा हो। पर यह भी अनुमान ही अनुमान है। इसके बाद आठवीं शताब्दी तक किसी देशी भाषा में रचित कोई साहित्य नहीं मिलता, यद्यपि जैन कवि स्वयंभू के साक्ष्य से चउमुख, धुत्त, धनदेव, छइल्ल, अज्जदेव, गोइन्द, सुद्धसील, जिणआस, बिअट्ठ आदि देशी भाषा के कवियों की सूचना मिलती है। स्वयंभू का आविर्भाव काल विवादास्पद है। इसी प्रकार सिद्ध कवि सरहपा का काल भी प्रामाणिक रूप से निर्णीत नहीं हो सका है। किन्तु यदि हम इन्हें आठवीं शताब्दी के कवि मान लें, जिसकी पर्याप्त सम्भावना है, तो इनका साहित्य हमें उपलब्ध है। स्वयंभू और सरहपा दोनों की भाषा को 'अपभ्रंश' कहा गया है, यद्यपि स्वयं उन दोनों ने अपनी भाषा को 'अपभ्रंश' नहीं कहा। स्वयंभू ने अपनी भाषा को 'अवहत्थ', 'सायाणभास' (सामान्य भाषा), 'गामेल्ल भास' (ग्रामीण भाषा) और 'देसी भाषा' कहा।

सरहपा ने अपनी भाषा को कोई नाम दिया या नहीं, इसका पता नहीं चलता। स्वयंभू की मातृभाषा क्या थी, इसका कोई प्रमाण उपलब्ध नहीं है, वैसे राहुल जी ने उन्हें कोसल या मध्यदेश का मूल निवासी अनुमित किया है। स्वयंभू ने लिखा है कि उन्होंने अपनी भाषा को संस्कृत-प्राकृत से अलंकृत किया है। इससे यह अर्थ निकलता है कि स्वयंभू ने जिस भाषा में काव्य रचना की वह ग्रामीण भाषा थी पर उसे उन्होंने संस्कृत-प्राकृत शब्दों तथा अलंकार, छन्द, दीर्घ समास आदि से अलंकृत किया है। सरहपा मगधवासी थे। उन्होंने भी, अनुमानतः अपने क्षेत्र की भाषा को, तत्कालीन भाषिक रूढ़ियों को (जिनके स्रोत का आज कोई पता नहीं है) अपनाते हुए, काव्यभाषा का रूप दिया। यद्यपि स्वयंभू और सरहपा दोनों की भाषा को अपभ्रंश कहा गया है, पर दोनों में अन्तर बहुत अधिक है। सरहपा के 'दोहा कोश' की भाषा तो थोड़ी-बहुत स्वयंभू की भाषा से मिलती है पर उनकी चर्यागीतियों की भाषा बहुत भिन्न है। इसका कारण केवल यही है कि स्वयंभू प्राकृत की भाषा-रूढ़ियों का बहुत अधिक प्रयोग करते हैं, जबकि सरहपा अपने को जनभाषा के अधिक निकट रखने का प्रयास करते हैं। इस प्रकार आठवीं शताब्दी में ही अपभ्रंश की दो काव्यशैलियाँ जन्म ले चुकी थीं। स्वयंभू से आरम्भ होने वाली जैन काव्य परम्परा स्वयंभू की भाषा का अनुकरण करती है और सरहपा से आरम्भ होनेवाली सिद्ध काव्य परम्परा सरहपा की भाषा का। इस अनुकरण में साम्प्रदायिक आग्रह भी किसी न किसी रूप में सक्रिय है। जैनियों की धर्म-भाषा प्राकृत और सिद्धों की धर्म-भाषा पालि थी। सम्भव है कि इसी कारण जैन कवि प्राकृत से अधिक लगाव रखते हों और सिद्ध कवि स्वयं को उससे अलग रखते हों। पर है यह भी अनुमान ही, जिसकी पुष्टि या अपुष्टि, इस दृष्टि से जैन और सिद्ध कवियों के साहित्य के अध्ययन से ही हो सकती है। इतना तो प्रायः निश्चित है कि यह साहित्यिक भाषा, जिसे संस्कृत के आचार्य 'अपभ्रंश' ही कहते थे, संस्कृत, पालि और प्राकृत की तुलना में उस काल की बोलचाल की भाषाओं के अधिक निकट थी। अतः लौकिक जीवन को काव्य का विषय बनाने वाले कवियों ने भी इन्हीं भाषाशैलियों को, अपने स्थानीय प्रयोगों को भी समुचित महत्त्व देते हुए, स्वीकार कर लिया हो तो आश्चर्य की कोई बात नहीं। इस साहित्य की एक हलकी-सी झलक हेमचन्द्र के *शब्दानुशासन* और बम्भ कवि रचित *प्राकृत पैंगलम्* में उद्धृत पद्यों तथा अद्दहमाण के *सन्देश रासक* में मिलती है। इनमें अद्दहमाण निवास स्थान की दृष्टि से आज के हिन्दीभाषी क्षेत्र से बाहर के थे, अतः उनका प्राकृत भाषा की रूढ़ियों की ओर झुके रहना स्वाभाविक है। पर उनकी भी भाषाशैली एक तरह की नहीं है। उनके दोहों की भाषा प्राकृत की रूढ़ियों से अपेक्षाकृत मुक्त है। सम्भव है वह आज की दिल्ली-हरियाणा-पंजाब की तत्कालीन बोली पर आधारित हो। हेमचन्द्र के व्याकरण में उद्धृत पद्यों के रचयिता कहाँ के थे, और उनका समय क्या था, इसका पता नहीं, पर उनकी भाषा में भी पर्याप्त वैविध्य है। इससे कहीं ज्यादा वैविध्य *प्राकृत पैंगलम्* में उद्धृत छन्दों की भाषा में है। इसके कुछ छन्दों पर प्राकृत प्रभाव बहुत अधिक है, जबकि कुछ छन्द हिन्दी क्षेत्र में बोली जाने वाली भाषाओं के बहुत निकट हैं। इस प्रकार साहित्यिक अपभ्रंश के भाषा-रूप में जो अन्तर दिखाई पड़ता है वह अधिकतर स्थान भेद से, और कमतर काल भेद से है।

इस तथाकथित साहित्यिक अपभ्रंश की जो शैली आरम्भ में प्राकृत से बोझिल थी वह

धीरे-धीरे प्राकृत प्रभाव को त्यागकर जनजीवन की भाषा के निकट आने लगी। इसका प्रमाण बारहवीं शताब्दी और उसके बाद के जैन कवियों की रचनाओं में भी दिखाई पड़ता है। *सन्देश रासक* के दोहों की भाषाशैली के भिन्न होने के कारण भी यही हैं। हेमचन्द्र के व्याकरण में उद्धृत छन्दों के रचयिता भी प्राकृत भाषा की रूढ़ियों से अपने को मुक्त करते हुए और देशी भाषाओं के निकट आते दिखाई पड़ते हैं। *प्राकृत पैंगलम्* में यह संक्रमण और भी साफ तौर पर दिखाई देता है जिसमें कुछ पद्य ऐसे हैं जो हिन्दी की तत्कालीन बोलियों के बहुत निकट जान पड़ते हैं। दुर्भाग्यवश इस काल का राज्याश्रित साहित्य, जिसमें 'रासो' नामधारी रचनाएँ लिखी गईं, अपने मूल रूप में उपलब्ध नहीं हैं, अन्यथा साहित्यिक भाषा के शैलीगत संक्रमण का चित्र बहुत साफ हो जाता।

इस स्थिति में संगत यही प्रतीत होता है कि सम्पूर्ण अपभ्रंश साहित्य को, अपभ्रंश भाषा को भी, एक समग्र इकाई के रूप में देखा जाए। उसे 'पूर्ववर्ती' और 'परवर्ती' जैसे अनिर्दिष्ट वर्गों में विभक्त कर 'परवर्ती अपभ्रंश' को 'अवहट्ट' कहने का कोई औचित्य नहीं है। 'अवहट्ट' संज्ञा के प्रथम प्रयोक्ता अद्दहमाण का ऐसा कोई इरादा था भी नहीं। विद्यापति ने भी अपभ्रंश के लिए ही 'अवहट्ट' संज्ञा का प्रयोग किया था। शिवप्रसाद सिंह का, और उसके साथ-साथ नामवर सिंह का भी, 'अवहट्ट' को एक अलग और विशिष्ट भाषा के रूप में स्थापित करने का प्रयास एम.ए. के किसी प्रबुद्ध छात्र द्वारा प्रदर्शित अतिशय उत्साह का परिचायक मात्र है।

'पुरानी हिन्दी' पद के ही जोड़ का एक अन्य पारिभाषिक पद है 'प्रारम्भिक हिन्दी' जिसका प्रयोग इधर कुछ दिनों से अधिक प्रचलन प्राप्त करता जा रहा है। इसका कारण है संघ लोक सेवा आयोग की परीक्षा में हिन्दी के पाठ्यक्रम में 'अर्ली हिन्दी' अँगरेजी पद का प्रयोग। हिन्दी में इसका अनुवाद 'प्रारम्भिक हिन्दी' तो सटीक है पर कभी-कभी 'पुरानी हिन्दी' और 'प्रारम्भिक हिन्दी' का पर्यायवाची पदों के रूप में प्रयोग होता है, जिससे भ्रम पैदा होता है। वस्तुत: 'पुरानी हिन्दी' पद 'अपभ्रंश' (या दसवीं शताब्दी के बाद की अपभ्रंश) का द्योतक है।[93] 'प्रारम्भिक हिन्दी' पद अब तक सुपरिभाषित नहीं है। मेरे विचार से इसके अन्तर्गत मोटा-मोटी रूप से 1450 ई. के पूर्व रचित अवधी, ब्रजभाषा, खड़ी बोली, मैथिली और पिंगल की रचनाएँ रखी जानी चाहिए। इस प्रकार की पहली रचना ग्यारहवीं शताब्दी में रचित रोडा कृत *राउरबेल* है, जिसमें अवधी और टक्की (आधुनिक खड़ीबोली) में काव्यरचना के प्रथम उदाहरण मिलते हैं। खड़ी बोली में काव्य रचना के प्रारम्भिक प्रयास शेख फरीद शकरगंज (1173-1265 ई.), अमीर खुसरो (1253-1325 ई.), महाराष्ट्र के दामोदर पंडित, सन्त नामदेव, सन्त ज्ञानेश्वर और गोंदाबाई तथा प्रसिद्ध सूफी सन्त शेख सरफुद्दीन अली कलन्दर आदि की रचनाओं में देखे जा सकते हैं। पर भाषा की दृष्टि से इन रचनाओं की प्रामाणिकता संदिग्ध है। दक्खिनी हिन्दी के प्रथम कवि सूफी सन्त ख्वाजा बन्दा नवाज गेसूदराज की रचनाएँ भी 'प्रारम्भिक हिन्दी' की उदाहरण मानी जा सकती हैं, यद्यपि उनका लेखन काल 1412-1437 ई. है। भाषा की दृष्टि से गेसूदराज की रचनाएँ प्रामाणिक मानी जा सकती हैं। इस बात की पूरी सम्भावना है कि 1450 ई. के पूर्व कबीरदास ने भी कमोबेश मात्रा में रचनाएँ की हों, पर उनका प्रामाणिक पाठ आज उपलब्ध नहीं है,

अत: भाषा की दृष्टि से हिन्दी के स्वरूप निर्धारण में उनसे कोई सहायता मिलने की उम्मीद नहीं की जा सकती।

1450 ई. से पूर्व ब्रजभाषा में रचित काव्य भी विरल और भाषा की दृष्टि से पूर्णत: विश्वसनीय नहीं है। चालुक्य नरेश सोमेश्वर (1127 ई.) और महानुभाव पन्थ के आचार्य चक्रधर (1194 ई. के लगभग) की तथाकथित ब्रजभाषा रचनाएँ प्रामाणिक पाठ की दृष्टि से विश्वसनीय नहीं मानी जा सकतीं। अमीर खुसरो के ब्रजभाषा छन्द भी प्रामाणिक पाठ की दृष्टि से संदिग्ध हैं और उनकी संख्या भी अधिक नहीं है। सन्त नामदेव (1270–1350 ई.) और उनके समकालीन त्रिलोचन ने भी ब्रजभाषा में कुछ पद लिखे थे। अग्रवाल कवि ने 1354 ई. में *प्रद्युम्न चरित्र* नामक काव्यग्रन्थ की रचना की थी। इसी प्रकार सधना और स्वामी रामानन्द (दोनों का आविर्भाव काल अनुमानत: चौदहवीं शताब्दी) की भी कुछ ब्रजभाषा रचनाएँ मिलती हैं।

अवधी के भाषिक स्वरूप की झलक बारहवीं शताब्दी के दामोदर पंडित के *उक्ति–व्यक्ति–प्रकरण* में मिलती है पर यह काव्यग्रन्थ नहीं है। पर चौदहवीं शताब्दी के अन्तिम चरण में लिखित मौलाना दाऊद कृत *चन्दायन* (र. का. 1379 ई.) अवधी का एक श्रेष्ठ और प्रामाणिक काव्यग्रन्थ है। वस्तुत: काव्यत्व और प्रामाणिक पाठ की दृष्टि से यह 'प्रारम्भिक हिन्दी' का सर्वाधिक महत्त्वपूर्ण ग्रन्थ है। मैथिली में विद्यापति की रचनाएँ भी 'प्रारम्भिक हिन्दी' का उत्तम नमूना प्रस्तुत करती हैं।

इस प्रकार, मेरे विचार से, 'प्रारम्भिक हिन्दी' का स्वरूप निर्धारण इन्हीं रचनाओं के आधार पर होना चाहिए। 1450 ई. को एक कामचलाऊ सीमारेखा मानकर उसके पूर्व की हिन्दी रचनाओं को 'प्रारम्भिक हिन्दी' कहने में किसी को कोई आपत्ति नहीं होनी चाहिए। पर 'पुरानी हिन्दी' और 'प्रारम्भिक हिन्दी' को पर्याय मानने से केवल भ्रम ही पैदा होगा, इसमें दो मत नहीं हो सकते।

सन्दर्भ

1. रामचन्द्र शुक्ल, *हिन्दी साहित्य का इतिहास,* संस्करण 1981, पृ. 51
2. मोतीलाल मेनारिया, *राजस्थानी भाषा और साहित्य,* हिन्दी साहित्य सम्मेलन, प्रयाग, 1949 ई., पृ. 2
3. स्वयंभू का काल 677 ई. और 960 ई. के बीच पड़ता है। पर कोई ऐसा निश्चित प्रमाण नहीं मिलता जिसके आधार पर इन दो सौ तिरासी वर्षों के बीच कहीं स्वयंभू का काल निर्धारित किया जा सके।
4. राहुल सांकृत्यायन सरहपा का काल 760 ई. मानते हैं। (*हिन्दी काव्यधारा,* पृ. 2) आचार्य रामचन्द्र शुक्ल, डॉ. विनयतोष भट्टाचार्य के साक्ष्य पर, इनका काल 633 ई. स्वीकार करते हैं। (*हिन्दी साहित्य का इतिहास,* पृ. 6)
5. सिद्ध कवियों की यह सूची और उनका आविर्भाव–काल राहुल सांकृत्यायन की पुस्तक *'हिन्दी काव्यधारा',* पृ. 58–59 से दी गई है।
6. उपरिवत्, पृ. 60–61
7. मुनि जिनविजय के अनुसार इनका रचना काल 1118 ई. से 1168 ई. के बीच है। (उदय नारायण

तिवारी, *हिन्दी भाषा का उद्‌गम और विकास,* पृ. 145), राहुल जी ने अद्‌दहमाण का आविर्भाव-काल 1010 ई. के आसपास माना है। (*हिन्दी काव्यधारा,* पृ. 292)

8. पं. चन्द्रधर शर्मा गुलेरी के अनुसार हेमचन्द्राचार्य का जन्म सन् 1088 ई. में और मृत्यु सन् 1172 ई. में हुई। इनके व्याकरण की रचना 1142 ई. से पहले हो चुकी थी। (*पुरानी हिन्दी,* तृतीय संस्करण, 1975 ई., पृ. 112)
9. आचार्य रामचन्द्र शुक्ल ने इसका शीर्षक 'सिद्ध हेमचन्द्र शब्दानुशासन' बताया है। (*हिन्दी साहित्य का इतिहास,* पृ. 22)
10. चन्द्रधर शर्मा गुलेरी, *पुरानी हिन्दी,* पृ. 108
11. उपरिवत्, पृ. 112
12. राहुल सांकृत्यायन, *हिन्दी काव्यधारा,* 286
13. चन्द्रधर शर्मा गुलेरी, *पुरानी हिन्दी,* पृ. 112
14. रामचन्द्र शुक्ल, *हिन्दी साहित्य का इतिहास,* पृ. 4
15. इसके रचयिता के रूप में पिंगल, सुमति, लक्ष्मीधर आदि के नाम भी लिये जाते हैं, पर इसके वास्तविक रचनाकार हरि बम्भ (सम्भवत: हरिहर ब्रहम) है। इसकी रचना 1363 ई. के लगभग हुई थी। (किशोरी लाल गुप्त, *प्राकृत पैंगलम्* के रचयिता हरिहर बम्भ, परिषद् पत्रिका, अप्रैल 1986, पृ. 142-50)
16. डॉ. चटर्जी ने सम्भवत: 1403 ई. में प्रस्तुत इसके संस्कृत अनुवाद को देखा होगा, इसीलिए इसमें संकलित कुछ पद्यों का रचनाकाल 1400 ई. के लगभग स्वीकार किया है।
17. प्रस्तुत पुस्तक, पृ. 58
18. कुछ विद्वान् कालिदास के 'विक्रमोर्वशीय' नाटक के चतुर्थ अंक में प्राप्त छन्दों को प्रारम्भिक अपभ्रंश का उदाहरण मानते हैं, पर इन छन्दों की प्रामाणिकता विवादास्पद है।
19. राहुल सांकृत्यायन, *हिन्दी काव्यधारा,* पृ. 32 (स्वयंभू रचित रामायण 'पउमचरिउ', देशवर्णन 1/4, राहुल जी ने इसका रूपान्तर 'अपभ्रंश' ही किया है।)
20. नामवर सिंह, *हिन्दी के विकास में अपभ्रंश का योग,* पृ. 11, पा. सं. 2
21. राहुल सांकृत्यायन, *हिन्दी काव्यधारा,* पृ. 24
22. उपरिवत्, पृ. 26
23. नामवर सिंह, *हिन्दी के विकास में अपभ्रंश का योग,* पृ. 11
24. उपरिवत्, (नामवर सिंह ने अद्‌दहमाण को 12वीं शताब्दी ई. का कवि माना है।)
25. चन्द्रधर शर्मा गुलेरी, *पुरानी हिन्दी,* पृ. 7
26. उपरिवत्, पृ. 7
27. उपरिवत्, पृ. 8
28. उपरिवत्, पृ. 9
29. उपरिवत्, पृ. 9 तथा 27-28
30. उपरिवत्, पृ. 7
31. उपरिवत्, पृ. 12, 108
32. उपरिवत्, पृ. 112
33. उपरिवत्, पृ. 35
34. चन्द्रधर शर्मा गुलेरी, *पुरानी हिन्दी, पृ. 7*
35. उपरिवत्, पृ. 35
36. राहुल सांकृत्यायन, *हिन्दी काव्यधारा, पृ. 22*
37. उपरिवत्, पृ. 168
38. उपरिवत्, पृ. 176
39. उपरिवत्, अवतरणिका, पृ. 4

40. ''यदि इन कविताओं को पुरानी हिन्दी नहीं कहा जाए तो रासो की भाषा को राजस्थानी या 'मेवाड़ी-गुजराती-भाटी' कहना चाहिए, हिन्दी नहीं। ब्रजभाषा भी हिन्दी नहीं और तुलसीदास जी की मधुर उक्तियाँ भी हिन्दी नहीं।'' (चन्द्रधर शर्मा गुलेरी, *पुरानी हिन्दी,* 1974, पृ. 10)
41. राहुल सांकृत्यायन, *हिन्दी काव्यधारा,* पृ. 6
42. उपरिवत्
43. उपरिवत्, पृ. 7
44. उपरिवत्, पृ. 9
45. उपरिवत्
46. नामवर सिंह, *हिन्दी के विकास में अपभ्रंश का योग,* लोकभारती, इलाहाबाद, 1982, द्वितीय संस्करण की भूमिका
47. शिवप्रसाद सिंह, *कीर्तिलता और अवहट्ट भाषा,* वाणी प्रकाशन, नई दिल्ली, तृतीय संस्करण, 1988 भूमिका।
48. नामवर सिंह, *हिन्दी के विकास में अपभ्रंश का योग,* 1982, पृ. 57
49. उपरिवत्, पृ. 60
50. उपरिवत्
51. उपरिवत्, पृ. 68
52. उपरिवत्
53. उपरिवत्
54. उपरिवत्
55. उपरिवत्, पृ. 68-69
56. उपरिवत्, पृ. 74
57. किशोरी लाल गुप्त, *'प्राकृत पैंगलम् के रचयिता हरि बम्भ'',* परिषद् पत्रिका, अप्रैल, 1986
58. गणपतिचन्द्र गुप्त, *हिन्दी साहित्य का वैज्ञानिक इतिहास,* लोकभारती, इलाहाबाद, 1986, पृ. 88-89
59. नामवर सिंह, *हिन्दी के विकास में अपभ्रंश का योग,* पृ. 69
60. यहाँ एक असंगति यह भी दीखती है कि मुलतान निवासी अब्दुल रहमान की भाषा में 'पुरानी ब्रजभाषा' के बीज 'अपेक्षाकृत कम, हों', और धुर पूरब (मिथिला) के हरिहर बम्भ की *प्राकृत पैंगलम्* में अधिक।
61. नामवर सिंह, *हिन्दी के विकास में अपभ्रंश का योग,* पृ. 75
62. उपरिवत्, पृ. 92
63. उपरिवत्
64. उपरिवत्, पृ. 99
65. शिवप्रसाद सिंह, *कीर्तिलता और अवहट्ट भाषा,* 'नया संस्करण', शीर्षक भूमिका
66. उपरिवत्, पृ. 4 (*प्राकृत पैंलगम्* के टीकाकार का नाम लक्ष्मीधर था, वंशीधर नहीं। ले.)
67. उपरिवत्, पृ. 4
68. उपरिवत्, पृ. 6
69. उपरिवत्, पृ. 7
70. चन्द्रधर शर्मा गुलेरी, *पुरानी हिन्दी,* पृ. 151, दोहा सं. 89
71. शिवप्रसाद सिंह द्वारा *कीर्तिलता और अवहट्ट भाषा* में उद्धृत, पृ. 12
72. उपरिवत्, पृ. 18
73. उपरिवत्
74. उपरिवत्, पृ. 22
75. उपरिवत्, पृ. 23

76. उपरिवत्, पृ. 17
77. उपरिवत्, पृ. 27
78. उपरिवत्, पृ. 30
79. उपरिवत्, पृ. 33
80. डॉ. शिवप्रसाद सिंह अद्दहमाण की विद्यमानता 'बारहवीं-तेरहवीं शताब्दी के बीच कभी' मानते हैं (उपरिवत्, पृ. 53) पर इस अनुमान का कोई ठोस आधार नहीं है।
81. उपरिवत्, पृ. 34
82. उपरिवत्, पृ. 35
83. उपरिवत्, पृ. 36
84. उपरिवत्, पृ. 53
85. उपरिवत्
86. उपरिवत्, पृ. 54 पर उद्धृत।
87. उपरिवत्, पृ. 54
88. उपरिवत्, पृ. 55 पर उद्धृत।
89. उपरिवत्, पृ. 55
90. उपरिवत्, पृ. 57
91. उपरिवत्, पृ. 64
92. उपरिवत्
93. विस्तार के लिए द्रष्टव्य पृ. 62-64

4

अपभ्रंश : शब्दगत और व्याकरणिक विशेषताएँ

जैसा हम देख चुके हैं, भाषित रूप में अपभ्रंश के अस्तित्व का कोई प्रामाणिक दस्तावेज उपलब्ध नहीं है। पर उसके साहित्यिक रूप के उदाहरण सरहपा और स्वयंभू से लेकर विद्यापति तक की अनेक रचनाओं में मिलते हैं। अब तक उपलब्ध अपभ्रंश साहित्य की भाषा का कोई सन्तोषजनक, पूर्ण अध्ययन नहीं हुआ है। अपभ्रंश साहित्य का कोई पूर्ण, प्रामाणिक शब्दकोश भी उपलब्ध नहीं है। बारहवीं शताब्दी में हेमचन्द्र ने 'देशी नाममाला' नामक एक कोश बनाया था जिसमें प्राकृत रचनाओं में आनेवाले देशी शब्दों की सूची प्रस्तुत की गई थी। इस 'नाममाला' की विशेषता यह है कि यह आधुनिक शब्दकोश की तरह, अकारादि क्रम से बनी है।[1] गुलेरी जी के अनुसार : ''देशी अव्युत्पन्न प्रातिपदिक हैं जिन्हें नई-पुरानी प्राकृत वाले व्यवहार करते आए हैं। इनका प्रकृति-प्रत्यय विचार कठिन है। सम्भव है कि अधिक खोज होने पर इनमें से कई दूसरी-तीसरी पीढ़ी के तद्भव सिद्ध हो जाएँ।''[2] इस तरह यह कोश केवल देशी शब्दों का ही है। अपभ्रंश साहित्य में प्रयुक्त समस्त शब्दों का कोई कोश अब तक तैयार नहीं किया गया है। डॉ. नामवर सिंह ने अपनी पुस्तक *'हिन्दी के विकास में अपभ्रंश का योग'* में अपभ्रंश साहित्य में प्रयुक्त शब्दों की एक सूची प्रस्तुत की है, पर वह बहुत अपर्याप्त है।[3] डॉ. शिवप्रसाद सिंह ने विद्यापति की *कीर्तिलता* में प्रयुक्त लगभग डेढ़ हजार शब्दों की सूची प्रस्तुत की है[4], जो अपभ्रंश के परवर्ती रूप के अध्ययन की दृष्टि से बहुत महत्त्वपूर्ण है। पर ये सूचियाँ अपभ्रंश शब्दकोश के अभाव की कुछ दूर तक ही पूर्ति कर पाती हैं।

साहित्यिक अपभ्रंश की सबसे बड़ी विशेषता यह है कि उसमें तत्सम शब्दों का प्रयोग न के बराबर होता है। यद्यपि स्वयंभू ने अपनी भाषा को 'सक्कय-पायय-पुलिंणा-लंकिय' (संस्कृत-प्राकृत-पुलिंनालंकृत) कहा है[5], पर उन्होंने यदा-कदा ही किसी तत्सम शब्द का प्रयोग किया है। उद्योतन सूरि ने *कुवलयमाला कहा* (778 ई.) में अपभ्रंश को शुद्ध और मिश्रित संस्कृत और प्राकृत शब्दों का समानुपातिक और आनन्ददायक मिश्रण, और राजशेखर ने (10वीं सदी ई.) अपभ्रंश के संस्कृत से युक्त होने पर लालित्यपूर्ण हो जाने का उल्लेख किया है।[6] इसका यही अर्थ हो सकता है कि दसवीं सदी से पूर्व अपभ्रंश में ऐसी रचनाएँ भी होती थीं जिनमें संस्कृत के तत्सम शब्दों का प्रयोग वर्जित नहीं था, पर वे रचनाएँ आज उपलब्ध नहीं हैं। अभी तो अपभ्रंश की जो रचनाएँ, विशेषकर दसवीं सदी तक की, उपलब्ध

हैं उनमें तत्सम शब्दों का प्रयोग वर्जित–सा ही है। अपभ्रंश को यह विरासत पालि और प्राकृत से मिली थी या बोली जाने वाली भाषाओं से, यह कहना मुश्किल है। राहुल जी ने बताया है कि "संस्कृत के क्लिष्ट उच्चारण को आसान (बाल भाषा) बनाकर पालि ने तद्‌भव शब्दों की रचना शुरू की।...प्राकृत ने...तद्‌भव या उच्चारण के सरलीकरण के काम को और जोर–शोर से किया।...तद्‌भव करने में पालि और प्राकृत एक–सी रहीं।"[7] राहुल जी ने आगे यह भी लिखा है कि "संस्कृत (छान्दस्) की औरस पुत्री पालि ने तत्सम (शुद्ध संस्कृत) शब्दों का बायकाट शुरू किया, प्राकृत ने दादी की जगह माँ का साथ दिया। बेचारी प्राचीनतम हिन्दी (अपभ्रंश) ने दादी और माँ के पल्ले को पकड़े रक्खा, लेकिन आगे चलकर उसके बोलने वालों ने वास्तविक भाषा (क्रिया, विभक्ति) को तो रक्खा, मगर परदादी—संस्कृत—के शब्दों के शुद्ध रूप (तत्सम) को खूब तत्परता से उधार लेना शुरू किया।"[8]

अपभ्रंश साहित्य का अध्ययन करने वाले प्राय: सभी विद्वानों ने लक्ष्य किया है कि उपलब्ध अपभ्रंश साहित्य में तद्‌भव शब्दों का ही वर्चस्व है। दसवीं शताब्दी तक के जैन और सिद्ध साहित्य में तो तत्सम शब्दों का प्रवेश वर्जित–सा ही प्रतीत होता है। पर धीरे–धीरे तत्सम शब्दों के प्रति यह निषेध भाव कम होने लगता है।

यद्यपि अब तक इस प्रकार का कोई विशेष अध्ययन नहीं हुआ है जिसमें परवर्ती अपभ्रंश रचनाओं में तत्सम शब्दों के क्रमश: अधिकाधिक प्रयोग को सोदाहरण दर्शाया गया हो, पर सामान्य रूप में विद्वानों को यह बात दिखाई पड़ती है। डॉ. शिवप्रसाद सिंह ने विद्यापति की 'कीर्तिलता' में प्रयुक्त शब्दों की एक लम्बी सूची प्रस्तुत की है[9], जिसमें **अंग, अनन्त, अनुसार, अंधकार, अवर, अष्टधातु, आक्रीडन्ते, आवर्त–विवर्त, उत्तम, ऋण, कंटक, कटाक्ष, कबन्ध, कर, क्रय कलश, काञ्चन, कामिनी, कारण, काष्ठा, कुट्टिम, कुण्डली, कूट, केलि, कौतुक** जैसे सैकड़ों तत्सम शब्दों का समावेश है। पर *कीर्तिलता* चौदहवीं शताब्दी के प्राय: अन्तिम काल की रचना है। इसके पहले चौदहवीं शताब्दी के ही प्रथम चरण में ज्योतिरीश्वर ठाकुर ने *वर्णरत्नाकर* की रचना की थी, जिसमें तत्सम शब्दों का प्रचुर मात्रा में उल्लेख दिखाई देता है। बारहवीं शताब्दी की रचना *उक्ति–व्यक्ति–प्रकरण* में भी तत्कालीन काशी की बोलचाल की भाषा में तत्सम शब्दों के प्रयोग के उदाहरण दिये गए हैं। पर काव्य–भाषा में चौदहवीं शताब्दी के पूर्व तत्सम शब्दों के प्रयोग की प्रवृत्ति कम दिखाई पड़ती है। हेमचन्द्र द्वारा उद्धृत अपभ्रंश के पद्यों में **अङ्ग, कमल, गुण, फल, गिरि, बंकिम, सुन्दर, मण्डप, वायस, महि** (मही) **अन्न, कुमारी, रण, राहु, विमल** जैसे कुछ तत्सम शब्द दिखाई पड़ते हैं पर प्रधानता तद्‌भव शब्दों की ही है। यही बात *प्राकृत पैंगलम्* (चौदहवीं शताब्दी) में उद्धृत पद्यों के सम्बन्ध में भी कही जा सकती है। विद्यापति की *कीर्तिलता* की भाषा के साक्ष्य पर आचार्य हजारीप्रसाद द्विवेदी का निष्कर्ष है कि "चौदहवीं शताब्दी में पद्य की भाषा में तो तद्‌भव शब्दों का प्रयोग होता था किन्तु बोलचाल की भाषा में संस्कृत तत्सम शब्दों का प्रयोग बढ़ने लगा था।"[10] इस निष्कर्ष का आधार *कीर्तिलता* के गद्य भाग में प्रयुक्त तत्सम शब्दों का बाहुल्य है। द्विवेदी जी लिखते हैं कि यह ठीक है कि संस्कृत के कथा, आख्यायिका और चम्पू श्रेणी के काव्यों के आदर्श पर "विद्यापति ने गद्यों में प्रयुक्त संस्कृतबहुल पदावली को सरस और अलंकृत करने का प्रयत्न किया है

और इसीलिए साधारण जनता के बीच प्रचलित शब्दराशि से यह थोड़ी भिन्न है तथापि इस गद्य से इतना अवश्य सूचित होता है कि तद्भव शब्दों का प्रयोग पद्य में होता था और बोलचाल के गद्य में तत्सम शब्द ही चलते थे।''[11] एक बात यह भी उल्लेखनीय है कि हेमचन्द्र द्वारा उद्धृत दोहों, दामोदर पंडित के *उक्ति-व्यक्ति-प्रकरण,* हरि बम्भ कृत *प्राकृत पैंगलम्* के छन्दों और विद्यापति की *कीर्तिलता* में संस्कृत शब्दों के तत्काल-उच्चरित रूपों का ही प्रयोग हुआ है। आचार्य द्विवेदी का यह कथन साधार है कि ''बोलचाल में संस्कृत तत्सम शब्दों के प्रयोग विद्यापति से दो-तीन सौ वर्ष पहले से ही होने लगे थे।''[12]

इस आधार पर हम अपभ्रंश की शब्दगत विशेषता यह मान सकते हैं कि उसके पद्य साहित्य में तद्भव शब्दों की प्रधानता है, यद्यपि कालक्रम से उसमें भी धीरे-धीरे तत्सम शब्दों का, विशेषकर उनके तत्काल उच्चरित रूपों का, प्रयोग बढ़ता गया है। पर उसके गद्य साहित्य में तत्सम शब्दों का प्रयोग प्रचुरता के साथ होता है, जिससे यह निष्कर्ष निकाला जाता है कि बोलचाल की भाषा में उन दिनों तत्सम शब्दों के प्रति रुझान बढ़ रहा था। बारहवीं शताब्दी की रचना *उक्ति-व्यक्ति-प्रकरण* में उदाहरण के रूप में दी गई तत्कालीन काशी की भाषा में तत्सम शब्दों की प्रचुरता से इस कथन की पुष्टि होती है। चौदहवीं सदी में रचित *षडावश्यक बालावबोध* की भाषा से भी यही बात प्रमाणित होती है।[13]

अपभ्रंश साहित्य की शब्द सम्पदा के बारे में एक रोचक सवाल यह उठता है कि उसमें प्रयुक्त तद्भव शब्द बोलचाल की भाषा में उसी रूप में प्रचलित थे या वे पालि-प्राकृत की रूढ़ियों के आधार पर गढ़े हुए शब्द थे। विद्यापति ने स्वयं को एक काव्यपंक्ति में 'विज्जावइ' कहा है।[14] यह निश्चय ही विद्यापति का प्रचलित नाम न होकर प्राकृत के नियमों के अनुसार गढ़ा हुआ शब्द है। इस तरह के अनेक, नियमों के आधार पर निर्मित, तद्भव शब्द अपभ्रंश साहित्य में मिलते हैं। संस्कृत के लिए 'सक्कय' भी ऐसा ही गढ़ा हुआ शब्द है। इस बात की सम्भावना न के बराबर है कि अपभ्रंश साहित्य में प्रयुक्त सभी तद्भव शब्द गुजरात से लेकर बंगाल तक एक ही रूप में बोले जाते हों। अत: सम्भावना इस बात की ही अधिक है कि अपभ्रंश के कवि अपनी मातृभाषा को आधार बनाकर संस्कृत और प्राकृत, विशेषकर प्राकृत के साहित्यिक प्रयोगों को अपनाते हुए अपनी काव्यभाषा का निर्माण करते होंगे। स्वयंभू ने अपनी भाषा के बारे में जो सूचना दी है वह समस्त अपभ्रंश साहित्य पर लागू होती है। वे कहते हैं कि उनकी भाषा देशी भाषा है जिसके दोनों किनारे संस्कृत और प्राकृत से अलंकृत हैं। (सक्कय-पायय-पुलिणा-लंकिय/देसी-भाषा-उभय-तडुज्जल) इस कथन से साहित्यिक अपभ्रंश की शब्दसम्पदा सम्बन्धी गुत्थी आसानी से सुलझ जाती है। तब यह कहने की जरूरत नहीं रह जाती है कि परवर्ती अपभ्रंश में संस्कृत और प्राकृत के शब्दों के सरलीकरण की प्रवृत्ति बढ़ जाती है या उससे ही हिन्दी की साहित्यिक भाषा का उद्भव और विकास होता है।

साहित्यिक अपभ्रंश की शब्दगत विशेषताओं के साथ-साथ उसकी व्याकरणिक संरचना पर भी ध्यान देना अपेक्षित है। यहाँ एक बार फिर इस बात को दोहरा देना आवश्यक है कि अपभ्रंश आधुनिक हिन्दी या अँगरेजी की तरह सुपरिभाषित और कैसी भी मानक रूप वाली भाषा नहीं है। उसमें देशगत और कालगत दोनों प्रकार का भेद पाया जाता है। इसके साथ

ही उसके स्थानीय रूप किन जीवित बोलियों पर आधारित हैं, यह कहना कठिन है। इस सम्बन्ध में हर्मन याकोबी का यह कथन गौर करने लायक है कि अपभ्रंश एक मिश्रित भाषा थी जिसने अपने शब्दकोश का अधिकांश साहित्यिक प्राकृतों से ग्रहण किया था और अपना व्याकरणिक गठन देशभाषाओं से।[15] इसके फलस्वरूप साहित्यिक अपभ्रंश में प्राप्त देशगत भेद स्वाभाविक ही है। राजस्थान–गुजरात केन्द्रित, मगध केन्द्रित और मिथिला केन्द्रित अपभ्रंश साहित्य का व्याकरणिक ढाँचा एक–दूसरे से भिन्न है, यद्यपि उनमें समानताओं का भी बिलकुल अभाव नहीं है। दुर्भाग्यवश हिन्दी क्षेत्र में (भाषावैज्ञानिक शब्दावली में 'पूर्वी हिन्दी' और 'पश्चिमी हिन्दी' का क्षेत्र, जिसे मध्य देश भी कहते हैं।) रचित अपभ्रंश का साहित्य उपलब्ध नहीं है। वैसे राहुल जी का अनुमान है कि स्वयंभू कोसल क्षेत्र के और पुष्पदन्त व्रज या यौधेय (दिल्ली) क्षेत्र के निवासी थे। जैन कवियों में कनकामर मुनि बुन्देलखंड क्षेत्र के, और लक्खण आगरा क्षेत्र के निवासी जान पड़ते हैं। विद्याधर कन्नौज निवासी थे। हेमचन्द्र के *शब्दानुशासन* और हरि बम्भ के *प्राकृत पैंगलम्* में उद्धृत कुछ कवि भी मध्य देश के निवासी हो सकते हैं। पर यह सब अनुमान ही अनुमान है, अत: निश्चित रूप से नहीं कहा जा सकता कि इन कवियों ने अपनी साहित्यिक भाषा का व्याकरणिक ढाँचा किन क्षेत्रों की बोलियों से ग्रहण किया था।[16]

इसके बावजूद साहित्यिक अपभ्रंश की रूपगत संरचना में कुछ सामान्य विशेषताएँ दिखाई पड़ती हैं। वैयाकरण किसी भाषा की संरचना का विवेचन करते समय सर्वप्रथम उसकी ध्वनि–व्यवस्था पर विचार करते हैं। साहित्यिक अपभ्रंश की ध्वनि–व्यवस्था का प्रामाणिक विवेचन आज सम्भव नहीं है। इसका कारण यह है कि अपभ्रंश में प्रचलित ध्वनियों का प्रामाणिक अनुलेख आज उपलब्ध नहीं है। अपभ्रंश के ग्रन्थों की जो हस्तलिखित प्रतियाँ उपलब्ध हैं, वे अपने रचनाकाल से कई–कई शताब्दियों के बाद की हैं। राहुल जी का यह कहना ठीक है कि ''यह भाषा संस्कृत की तरह व्याकरण द्वारा दृढ़बद्ध कोई मृत भाषा नहीं थी। इन हस्तलिखित प्रतियों के लिखने वाले काव्यों के समझने वाले थे और रसास्वादन के लिए लिखते–लिखवाते थे; और जब किसी शब्द के पुराने रूप को कुछ अपरिचित–सा हुआ देखते, तो उसे नवीन रूप में लिख डालते। इस तरह हस्तलिखित प्रतियों में कवि–कालीन भाषा से परिवर्तन हो गया। फिर वे प्रतियाँ यदि किसी 'नीम–हकीम खतरा जान' सम्पादक के हाथ में पड़ गईं तो उनका पूरा कायाकल्प ही हुआ समझिये और वे सर्वथा नूतन रूप प्राप्त कर चुकी हैं।''[17] पं. चन्द्रधर शर्मा गुलेरी ने भी लेखन शैली की भिन्नता के कारण अपभ्रंश के शब्दों में हो जाने वाले ध्वनिगत परिवर्तनों की ओर संकेत किया है। उन्होंने लिखा है कि ''संस्कृत ग्रन्थों में लिखे रहने के कारण अपभ्रंश और पुरानी हिन्दी की लेख शैली की रक्षा हो गई। उसी प्राचीन लेख शैली को हिन्दी की उच्चारणानुसारिणी शैली पर लिख दें (जिस प्रकार कि वह अवश्य ही बोली जाती होगी) तो अपभ्रंश कविता केवल पुरानी हिन्दी हो जाती है और दुर्बोध नहीं रहती।...हिन्दी उपमावाचक 'जिमि' या 'जिम' ऐसी पुरानी कविता में 'जिम्वँ' लिखा मिलता है। उसके उच्चारण में प्रथम स्वर संयुक्ताक्षर के पहले होने से गुरु नहीं हो सकता (जिम्म्व) क्योंकि जिस छन्द में वह आया है उसका भंग होता है। इसलिए चाहे वह 'जिम्वँ' लिखा हो उसका उच्चारण 'जिवँ' था जो 'जिम' ही है। संस्कृत

'उत्पद्यते' का प्राकृत रूप 'उप्पज्जइ' है जो छँट-खिर कर 'उप्पजइ' के रूप में है।...'जइ' का उच्चारणानुसार लेख करने से 'उपजै' हो जाता है।''[18] गुलेरी जी ने यह भी बताया है कि ''इन पोथियों के लिखने वाले संस्कृत के पंडित या जैन साधु थे। उन्होंने संस्कृत और प्राकृत शब्दों को शुद्ध रूप में लिखा किन्तु अपभ्रंश कविताओं की लेखन-शैली पर ध्यान नहीं दिया। कभी तो उसका पुराना रूप रहने दिया और कभी व्यवहार में प्रचलित रूप रख दिया।''[19] इससे इस बात का अनुमान किया जा सकता है कि अपभ्रंश की ध्वनि व्यवस्था पर कोई निष्कर्ष देना कितना कठिन है। हरिवल्लभ भायाणी तथा उनके साक्ष्य पर डॉ. नामवर सिंह ने भी इस तथ्य को स्वीकार किया है।[20] फिर भी नामवर सिंह के अनुसार, ''अनेक ग्रन्थों की छान-बीन करते-करते विद्वानों ने कुछ सामान्य नियम स्थिर किये हैं जिन्हें स्वीकार किया जा सकता है।''[21]

इन विद्वानों के अनुसार अपभ्रंश ध्वनियाँ मूलत: प्राकृत ध्वनि समूह का ही अनुसरण करती हैं। अपभ्रंश की विशिष्टता केवल दो बातों में दिखाई पड़ती है—ध्वनि परिवर्तन की जो प्रवृत्ति प्राकृत में सामान्य थी वह अपभ्रंश में प्रबल अथवा प्रधान हो उठी या अपभ्रंश में कुछ ध्वनि-परिवर्तन ऐसे भी हुए जो प्राकृत से सर्वथा नए थे।[22]

इसके पहले कि हम इन विद्वानों द्वारा निर्दिष्ट अपभ्रंश में प्राप्त ध्वनि-व्यवस्था सम्बन्धी विशेषताओं का उल्लेख करें यह कहना जरूरी प्रतीत होता है कि ये मान्यताएँ प्रश्नातीत नहीं हैं। इस सम्बन्ध में पहला प्रश्न यह उठता है कि प्राकृत ध्वनि समूह का अनुकरण और कुछ स्थितियों में ध्वनि-परिवर्तन 'अपभ्रंश' में किसने किया? अपभ्रंश के रचनाकारों ने अथवा साहित्यिक अपभ्रंश जिन बोलियों पर आधारित थी उन बोलियों का प्रयोग करने वालों ने? बोलियों में हुए ध्वनि-परिवर्तनों का कोई प्रामाणिक अनुलेख उपलब्ध नहीं है, अत: उनकी चर्चा का कोई अर्थ नहीं है। जहाँ तक रचनाकारों की बात है, उनके द्वारा भी ध्वनि-परिवर्तन के आधार पर शब्दों का रूप-परिवर्तन किया जाता रहा है। उदाहरण के लिए गोस्वामी तुलसीदास ने अनेक तत्सम शब्दों का अवधी की ध्वनि-योजना के अनुसार परिवर्तन किया है। अपभ्रंश की ध्वनि व्यवस्था का निर्धारण करने वाले विद्वानों को भी यह स्पष्ट कर देना चाहिए कि वे **साहित्यिक अपभ्रंश** में दिखाई पड़ने वाले ध्वनि-परिवर्तनों का निर्देश कर रहे हैं, जिनमें से कुछ तो रचनाकारों की मातृभाषाओं की ध्वनि-सम्बन्धी विशिष्टताएँ हैं और कुछ उन रचनाकारों द्वारा अपनी मातृभाषाओं के ध्वनि-नियमों के आधार पर किये गए कृत्रिम परिवर्तन हैं।

डॉ. तगारे के अनुसार अपभ्रंश में ध्वनि-परिवर्तन की पहली और सबसे प्रधान प्रवृत्ति है—अन्त्य स्वर का ह्रस्वीकरण।[23] यह प्रवृत्ति पालि और प्राकृत काल से ही चली आ रही थी, पर अपभ्रंश में यह विशेष रूप से प्रबल होती दिखाई पड़ती है।

इसके विपरीत, डॉ. तेसीतोरी के अनुसार, पूर्व स्वर पर स्वराघात 'अवहट्ट' की सर्वप्रमुख विशेषता है।[24] इसके अनुसार प्राकृत शब्दों के संयुक्त व्यंजनों में एक लुप्त हो जाता है; फलस्वरूप प्राय: संयुक्त व्यंजन का पूर्ववर्ती स्वर दीर्घकृत हो जाता है; जैसे **कज्ज › काज।** पर इसके अपवाद भी बहुत हैं। डॉ. तगारे आदि भाषाशास्त्रियों ने अपभ्रंश की कुछ और ध्वनिगत विशेषताओं का विवरण दिया है, जैसे उपान्त्य स्वर की प्राय: रक्षा; प्राकृत से प्राप्त शब्दों में प्राय: आदि अक्षर तथा स्वर की मात्रा की सुरक्षा; ह्रस्व सानुनासिकता और उसकी

क्षतिपूर्ति के लिए पूर्ववर्ती स्वर का दीर्घीकरण; अकारण अनुनासिकता; संयुक्त स्वरों (diphthongs) का विकास; स्वर संकोचन आदि।[25]

व्यंजन ध्वनियों में 'ण' का बहुप्रयोग अपभ्रंश की सबसे बड़ी पहचान है। संस्कृत में 'ण' और 'न' दोनों ध्वनियाँ पायी जाती हैं, पर अधिक प्रयोग 'न' का ही मिलता है। संस्कृत में 'ण' से आरम्भ होने वाले शब्द प्राय: नहीं मिलते। पर अपभ्रंश साहित्य में प्राय: 'न' के स्थान पर 'ण' का ही प्रयोग दिखाई देता है, यहाँ तक कि अनेक शब्द 'ण' से ही आरम्भ होते हैं। एक लक्ष्य करने की बात यह है कि जैन अपभ्रंश काव्य में 'ण' का प्रयोग अधिक मिलता है। इसका कारण कदाचित् यह है कि जैन काव्य अधिकतर राजस्थान और गुजरात में रचे गए, जहाँ की बोलियों में 'ण' ध्वनि का अधिक प्रयोग होता है। पर सिद्धों की रचनाओं में 'ण' के प्रयोग की प्रचुरता का रहस्य समझ में नहीं आता। बिहार की बोलियों में 'ण' का प्रयोग बहुत कम होता है। इसके साथ-साथ यह भी उल्लेखनीय है कि *कीर्तिलता* में 'ण' का प्रयोग न के बराबर है।[26] हेमचन्द्र द्वारा उद्धृत पद्यों और *सन्देश रासक* में 'ण' का प्रयोग मिलता है पर जैन काव्यों की तरह उनमें 'न' का बहिष्कार नहीं है। इसका यही अर्थ हो सकता है कि 'ण' का प्रयोग अपभ्रंश की अनिवार्य विशेषता नहीं है; जिन बोलियों में 'ण' का अधिक प्रयोग होता था उनके आधार पर निर्मित अपभ्रंश साहित्य में भी 'ण' की प्रधानता है। अनुकरण और लेखन प्रणाली के फलस्वरूप मध्यदेश और बिहार में रचित अपभ्रंश साहित्य में भी 'ण' का प्रयोग कुछ अधिक हो गया हो तो आश्चर्य की बात नहीं।

अन्य व्यंजन ध्वनियों में 'श' और 'ष' का प्रयोग अपभ्रंश में नहीं मिलता। ये दोनों 'स' में बदल जाती हैं। 'य' और 'व' ध्वनियाँ प्राय: 'ज' और 'ब' का रूप ग्रहण कर लेती हैं। अपभ्रंश में आदि व्यंजन को सुरक्षित रखने की प्रवृत्ति सामान्यत: दिखाई देती है, पर कहीं-कहीं आदि व्यंजन के महाप्राणीकरण (ज्वल > झलृण) और अल्पप्राणीकरण (क्षुधित > खुहिय > कुहिय) की प्रवृत्ति भी दिखाई देती है। अन्त्य और मध्य व्यंजनों का लोप भी अपभ्रंश की एक मुख्य विशेषता है। इसी प्रकार प्राय: महाप्राण व्यंजनों के स्थान पर 'ह' रह जाता है। **ड़, द, न्** और **र्** के स्थान पर **ल्** का प्रयोग भी प्राय: दिखाई पड़ता है।

पर अपभ्रंश की मुख्य पहचान उसकी रूप-निर्माण सम्बन्धी प्रवृत्तियों से बनती है। राहुल जी के अनुसार उसने "नए सुबन्तों, तिङन्तों की सृष्टि की, और ऐसी सृष्टि की है, जिससे वह हिन्दी से अभिन्न हो गई है, और संस्कृत-पालि-प्राकृत से अत्यन्त भिन्न।"[27] अपभ्रंश की रूपगत विशेषताओं में निम्नलिखित मुख्य मानी जा सकती हैं—

1. रूप-निर्माण की दृष्टि से अपभ्रंश में प्रातिपदिकों[28] की विविधिता नहीं पायी जाती। अपभ्रंश में केवल अकारान्त, इकारान्त और उकारान्त प्रातिपदिक ही मिलते हैं। इनमें भी अकारान्त प्रातिपदिकों की प्रधानता है, जैसे **जग, अप्पण** आदि।
2. अपभ्रंश में प्रातिपदिक और शब्दरूप एकीकृत रूप में उपलब्ध होते हैं। इसका असर अपभ्रंश के लिंग विधान पर भी दिखाई पड़ता है। अपभ्रंश में पुल्लिग की प्रधानता है, नपुंसक लिंग लुप्त हो गया है और स्त्रीलिंग रूप बहुत कम प्राप्त होते हैं।
3. अपभ्रंश में केवल दो ही वचन प्रयुक्त होते हैं। द्विवचन के रूप पालि और प्राकृत

में ही समाप्त हो गए थे। अपभ्रंश में भी द्विवचन की सत्ता नहीं है और इसे व्यक्त करने के लिए 'दुई', 'दोसड़ा' आदि शब्दों की सहायता ली जाती है।

4. विभक्तियों के ह्रास की जो प्रवृत्ति 'पालि' से प्रारम्भ हुई थी वह अपभ्रंश में बहुत बढ़ जाती है। अपभ्रंश में केवल तीन कारक समूह हैं : (1) कर्त्ता-कर्म-सम्बोधन (2) करण-अधिकरण और (3) सम्प्रदाय-सम्बन्ध अपादान। कर्त्ता-कर्म-सम्बोधन समूह के एकवचन में प्राय: शब्द का प्रातिपदिक रूप मिलता है, अर्थात् इनमें विभक्तियों का प्रयोग नहीं होता। उदाहरण के लिए पुत्त, पुत्तु, पुत्ता आदि। उकारान्त शब्दों की बहुलता अपभ्रंश की प्रमुख विशेषता है। करण-अधिकरण समूह के एकवचन में कई विभक्तियों का प्रयोग होता है, जिनमें **इं** और **एं** रूपों की प्रमुखता है। विद्वानों ने इन्हें अपभ्रंश का अपना रूप माना है। इस समूह के बहुवचन रूप **हिं** के योग से बनते हैं, जैसे—**देवहिं, गिरिहिं** इत्यादि। अपभ्रंश में सम्प्रदान-सम्बन्ध और अपादान कारक के रूपों में एकरूपता स्थापित हो गई है। इस समूह के एकवचन के रूप प्रधानतया **ह, हे, हु, हो** के योग से बनते हैं। बहुवचन में **हु, हुँ, हूँ** का प्रयोग मिलता है। इस प्रकार अपभ्रंश में किसी शब्द के कारकों के लिए केवल छह रूप मिलते हैं। संस्कृत में एक शब्द के लिए इक्कीस और प्राकृत में बारह कारक रूप होते थे।

5. अपभ्रंश की एक रूपगत विशेषता यह है कि अधिकांशत: कर्त्ता-कर्म और सम्बन्ध कारक में विभक्तियों का प्रयोग होता ही नहीं। इन्हें लुप्तविभक्तिक पद कहते हैं जिनका निर्देश हेमचन्द्राचार्य ने किया है।

6. लुप्तविभक्तिक पदों के प्रयोग के कारण वाक्य-विन्यास में आई अस्पष्टता तथा विभक्ति-प्रत्ययों की संख्या कम हो जाने के फलस्वरूप अर्थबोध की कठिनाई को दूर करने के लिए अपभ्रंश में परसर्गों की सहायता ली जाती है। करण, सम्प्रदान, अपादान, सम्बन्ध और अधिकरण कारकों में क्रमश: **सहुँ** और **तण, रेसि** और **केहिं, होन्तउ** और **होन्त, केरअ-केर-केरा** तथा **मज्झि-मज्झे** का प्रयोग होता है। इनमें सम्बन्ध और सम्बोधन कारकों में परसर्गों का प्रयोग अधिक होता है। संज्ञा शब्दों की अपेक्षा सर्वनाम शब्दों के साथ परसर्गों का प्रयोग अधिक होता है।

7. अपभ्रंश में सर्वनामों के विभिन्न रूप पाये जाते हैं।[29] इन रूपों के सूक्ष्म अवलोकन से पता चलता है कि उत्तमपुरुष एकवचन की प्रकृति '**ह**' और '**म**' एवं बहुवचन की **अम्ह** है। मध्यमपुरुष के रूपों में प्रथमा का **तुहुं** अथवा **तुहु** अपभ्रंश का अपना रूप है। दूरवर्ती निश्चयवाचक सर्वनाम के लिए **ओइ** और निकटवर्ती निश्चयवाचक सर्वनाम के लिए '**एह**' का प्रयोग मिलता है। सम्बन्धवाचक सर्वनाम के लिए अपभ्रंश में **जे, जो** आदि रूप मिलते हैं। प्रश्नवाचक एवं अनिश्चयवाचक सर्वनाम के लिए अपभ्रंश में **क, कि, कवण** आदि रूप प्रयुक्त होते हैं, जिनमें **कवण** अधिक प्रचलित है। निजवाचक सर्वनाम के लिए अपभ्रंश में **अत्त** एवं **अप्प** का प्रयोग होता है। परिणामवाचक सर्वनाम के उदाहरण **जेवडु, जेत्तुल, जेत्तिय, जित्तउ** आदि, गुणवाचक सर्वनाम के उदाहरण **जइसो, जेहु** आदि तथा सम्बन्धवाचक सर्वनाम के उदाहरण **तुम्हारिस, हम्हारिस** आदि हैं।

अपभ्रंश की सबसे बड़ी विशेषता है धातु रूपों का सरलीकरण और एकीकरण। इसमें परस्मै पद[30] के रूप नहीं होते। अपभ्रंश में गण भेदों[31] की जटिलता भी नहीं मिलती। धातुओं के रूप अधिकतर भ्वादि गण का अनुसरण करते हैं। पूर्ववर्ती व्यंजनान्त धातुएँ अपभ्रंश में स्वरान्त रूप में मिलती हैं। अपभ्रंश में उनका विकरण युक्त[32] रूप उपलब्ध होता है, यथा सं. ✓ चल् > अप. ✓ चल (अ विकरण जोड़ कर)। अपभ्रंश में संस्कृत और प्राकृत की अनेक धातुएँ उपसर्ग तथा प्रत्यय के साथ गृहीत हुईं। यथा **उपविष्ट>बिट्ठइ>बइसइ**। अनेक अनुकरणमूलक धातुओं का प्रयोग भी अपभ्रंश में मिलता है, यथा—**खुसखुसइ, घुडघुडइ** आदि। इसके अतिरिक्त अपभ्रंश में अनेक देशी धातुएँ भी मिलती हैं।

अपभ्रंश की एक उल्लेखनीय विशेषता यह है कि इसमें काल-रचना में तिङन्त रूपों के स्थान पर कृदन्त रूपों का व्यवहार अधिक होता है। तिङन्त रूपों का प्रयोग केवल वर्तमान और भविष्यत् काल में होता है, जबकि भूतकाल में कृदन्त रूपों के साथ **अहइ, अच्छ** जैसी सहायक क्रियाओं का प्रयोग किया जाता है।[32] संयुक्त कालों और संयुक्त क्रियाओं की संख्या में वृद्धि भी अपभ्रंश की निजी विशेषता है। इस प्रकार अपभ्रंश में क्रिया-प्रयोग के इतिहास में एक नया अध्याय शुरू होता दिखाई देता है। यद्यपि प्राकृत में भी क्रिया रूप संस्कृत की तुलना में बहुत सरल हो गए थे[33] पर प्राकृत तक क्रियाएँ प्रायः संयोगात्मक थीं। अपभ्रंश में अधिकतर क्रियाएँ वियोगात्मक रूप में प्रयुक्त होती हैं।

अपभ्रंश की शब्दगत और रूपगत विशेषताओं के इस संक्षिप्त विवरण से स्पष्ट है कि वह हिन्दी, अर्थात् अवधी, ब्रजभाषा और खड़ी बोली के आरम्भिक साहित्यिक रूप के बहुत निकट है। यह निकटता इतनी प्रगाढ़ है कि यदि हम अपभ्रंश को 'हिन्दी' या 'पुरानी हिन्दी' कहते हैं तो इसमें कोई अनौचित्य नहीं। कुछ विद्वानों ने 'परवर्ती अपभ्रंश' या 'अवहट्ट' को अपभ्रंश और हिन्दी के बीच की कड़ी मानते हुए उसी से हिन्दी की उत्पत्ति सिद्ध करने की कोशिश की है।[34] यह अनावश्यक है। साहित्यिक अपभ्रंश को साहित्यिक हिन्दी का पूर्व रूप मानकर इस भाषिक विकास को सही ढंग से समझा जा सकता है। ध्यान केवल इस बात का रखना है कि साहित्यिक अपभ्रंश और साहित्यिक हिन्दी का सम्बन्ध सीधा न होकर अप्रत्यक्ष है। दोनों का विकास अलग-अलग पर समान बोलियों को आधार बनाकर हुआ था। यह आधार की समानता ही उनके बीच समानता के सूत्र पैदा करती है।

सन्दर्भ

1. चन्द्रधर शर्मा गुलेरी, *पुरानी हिन्दी,* पृ. 110-11
2. उपरिवत्, पृ. 118-19
3. नामवर सिंह, *हिन्दी के विकास में अपभ्रंश का योग,* पृ. 159-170 (इस सूची में लगभग 380 शब्द हैं।)
4. शिवप्रसाद सिंह, *कीर्तिलता और अवहट्ट भाषा,* द्वि. सं. 1964, पृ. 352-78
5. राहुल सांकृत्यायन, *हिन्दी काव्यधारा,* पृ. 26
6. नामवर सिंह, *हिन्दी के विकास में अपभ्रंश का योग,* पृ. 155
7. राहुल सांकृत्यायन, *हिन्दी काव्यधारा,* पृ. 8-9

8. उपरिवत्, पृ. 9–10
9. शिवप्रसाद सिंह, *कीर्तिलता और अवहट्ट भाषा,* पृ. 352–378
10. उपरिवत्, भूमिका, पृ. 10
11. उपरिवत्, पृ. 11
12. उपरिवत्, पृ. 12
13. नामवर सिंह द्वारा *हिन्दी के विकास में अपभ्रंश का योग,* पृ. 70 पर उद्धृत।
14. बालचन्द बिज्जावइ भाषा। दुहुँ नहि लागइ दुज्जन हासा।
15. नामवर सिंह द्वारा *हिन्दी के विकास में अपभ्रंश का योग* में उद्धृत, पृ. 66
16. नामवर सिंह ने याकोबी को उद्धृत करते हुए आधुनिक क्षेत्रीय भाषाओं के उदय के सम्बन्ध में एक विचित्र-सा निष्कर्ष प्रस्तुत किया है। वे कहते हैं कि ''कालक्रम से अपभ्रंश में प्राचीनता (अर्थात् शब्द समूह में प्राचीनता—ले.) और नवीनता (अर्थात् व्याकरण में नवीनता—ले.) बढ़ती गई। यहाँ तक कि अपभ्रंश ने अपने गर्भ से अनेक स्वतंत्र क्षेत्रीय भाषाओं को जन्म दिया।'' (*हिन्दी के विकास में अपभ्रंश का योग,* पृ. 66) वास्तविकता यह है कि हिन्दी या उससे इतर क्षेत्र की भाषाएँ अपभ्रंश के गर्भ से नहीं पैदा हुईं बल्कि अपभ्रंश ही क्षेत्रीय भाषाओं के आधार पर निर्मित साहित्यिक भाषा थी।
17. राहुल सांकृत्यायन, *हिन्दी काव्यधारा,* पृ. 3–4
18. चन्द्रधर शर्मा गुलेरी, *पुरानी हिन्दी,* पृ. 9
19. उपरिवत्
20. नामवर सिंह, *हिन्दी के विकास में अपभ्रंश का योग,* पृ. 6
21. उपरिवत्
22. उपरिवत्, पृ. 61–62
23. उपरिवत्, पृ. 62 पर उद्धृत।
24. शिवप्रसाद सिंह, *कीर्तिलता और अवहट्ट भाषा,* पृ. 80 पर उद्धृत।
25. नामवर सिंह, *हिन्दी के विकास में अपभ्रंश का योग,* पृ. 62 पर उद्धृत।
26. द्रष्टव्य, शिवप्रसाद सिंह, *कीर्तिलता और अवहट्ट भाषा, 'कीर्तिलता' का पाठ।*
27. राहुल सांकृत्यायन, *हिन्दी काव्यधारा,* पृ. 9
28. संस्कृत व्याकरण के अनुसार वह अर्थवान् शब्द जो धातु न हो और न उसकी सिद्धि विभक्ति लगने से हुई हो, प्रातिपदिक कहलाता है। प्रातिपदिक के अन्तर्गत ऐसे नाम, सर्वनाम, तद्धितान्त, कृदन्त और समासान्त पद आते हैं जिनमें कारक की विभक्तियाँ न लगायी गई हों। व्याकरण में उनकी 'प्रातिपदिक' संज्ञा केवल विभक्तियों को लगाकर उनसे सिद्ध पद बनाने के लिए दी गई है।
29. विशेष विवरण के लिए द्रष्टव्य डॉ. उदयनारायण तिवारी, *हिन्दी भाषा का उद्भव और विकास,* पृ. 137
30. संस्कृत में दो प्रकार की क्रियाएँ होती हैं : आत्मनेपद और परस्मैपद। ये क्रियाएँ क्रमश: 'आत्मनेपद' और 'परस्मैपद' प्रत्ययों से बनती हैं। हिन्दी में इन्हें कर्तृवाच्य और कर्मवाच्य कहते हैं।
31. पाणिनीय व्याकरण में समान लोप, आगम, वर्ण विकारादि के आधार पर धातुओं को गणों में बाँटा गया है जिनमें प्रधान गण दस हैं। इनमें भ्वादि गण प्रमुख है।
32. व्याकरण में क्रियारूपों की रचना के समय धातु और प्रत्ययों के बीच रखे जाने वाले विशिष्ट गण द्योतक प्रत्यय अथवा चिह्न।
33. विशेष विवरण के लिए देखें, डॉ. उदय नारायण तिवारी, *हिन्दी भाषा का उद्भव और विकास,* पृ. 138–39
34. विद्वानों ने गणना करके बताया है कि संस्कृत में कारक, काल, वचन, लिंग आदि के अनुसार एक धातु के 540 रूप होते थे; उनकी संख्या पालि में लगभग 240 और प्राकृत में केवल 72 के आसपास हो गई। अपभ्रंश में इन रूपों की संख्या और भी कम हो गई।

5

अपभ्रंश का हिन्दी से सम्बन्ध

'अपभ्रंश' और 'हिन्दी' के 'सम्बन्ध' पर विचार करते समय हमें इन तीनों पदों का अर्थ स्पष्ट और सुनिर्दिष्ट कर लेना होगा। 'हिन्दी' पद के अर्थ का निर्धारण हम आरम्भ में ही कर चुके हैं।[1] तदनुसार हिन्दी कोई एक भाषा न होकर कई समान मूल की भाषाओं का परिवार है। इनमें से कुछ भाषाओं का साहित्य भी विकसित हो चुका है, जबकि शेष भाषाएँ केवल बोलचाल और सामान्य व्यवहार के स्तर पर जीवित हैं। 'हिन्दी' पद की तुलना में 'अपभ्रंश' पद की स्थिति अधिक अस्पष्ट है। ई. सन् की छठी शताब्दी के पूर्व किसी भाषाविशेष के लिए 'अपभ्रंश' शब्द का प्रयोग नहीं मिलता। उसके पूर्व बोलचाल की भाषा के लिए 'देशी भाषा' का प्रयोग मिलता है।[2] रुद्रट ने अपने *काव्यालंकार* में 'देश भाषा' का उल्लेख किया है। इस भाषा का स्वरूप कैसा था तथा इसमें साहित्य रचना होती थी या नहीं, इसका कोई पता नहीं चलता। भरतमुनि ने अपने *नाट्यशास्त्र* में एक ऐसी भाषा की सूचना दी है जो 'उकारबहुला' थी और हिमवत्, सिन्धु तथा सौवीर में बोली जाती थी। विद्वानों के अनुमानानुसार यह अपभ्रंश ही रही होगी, क्योंकि उपलब्ध साहित्यिक अपभ्रंश में उकारबहुलता की प्रवृत्ति दिखाई पड़ती है। पर भरत मुनि द्वारा उल्लिखित इस देश भाषा को अपभ्रंश का स्थानापन्न मान लेना विवेकपूर्ण नहीं होगा। अधिक से अधिक इतना मानना ही संगत होगा कि वह स्थानविशेष की कोई बोली थी जो सम्भवत: बाद में साहित्य की भाषा बनने में भी सफल हो गई। डॉ. नामवर सिंह का तर्क है कि ''तीसरी शताब्दी में जो पश्चिमोत्तर भारत की बोली थी वही क्रमश: विकसित होती हुई एक दिन पश्चिमी भारत तथा मध्य देश की साहित्यिक भाषा बन गई।''[3] यद्यपि यह निष्कर्ष अति सरलीकरण से युक्त है पर इसके लिए नामवर सिंह को दोष नहीं दिया जा सकता। वस्तुत: भाषाविज्ञान के विशेषज्ञ विद्वान् तक इस सरलीकरण से बच नहीं पाये हैं। प्रश्न यह उठता है कि तीसरी शताब्दी में या उसके पूर्व हिमवत्, सिन्धु, सौवीर आदि में यह 'उकारबहुला भाषा' कहाँ से आ गई थी या पैदा हो गई थी? इसकी दूसरी विशेषताएँ क्या थीं? इन प्रश्नों का कोई उत्तर हमारे पास नहीं है। दंडी के अनुसार अपभ्रंश मूलत: आभीरों की बोली थी। आभीर जाति का उल्लेख *महाभारत* में उपलब्ध होता है। इस आधार पर विद्वानों का अनुमान है कि आभीर जाति ई. सन् के आसपास की शताब्दी में पश्चिमोत्तर भारत में बस गई थी।[4] समुद्रगुप्त के प्रयाग स्तम्भ अभिलेख में आभीरों का आधिपत्य मालवा, गुजरात, राजस्थान आदि में बताया गया है।[5] धीरे-धीरे यह

जाति मध्य भारत एवं पूर्वी प्रदेशों में भी फैल गई और इसका प्रभुत्व भी बढ़ता गया। इसी क्रम में इसके उच्च वर्ग के लोग क्षत्रिय-वैश्य वर्ग में मिला लिये गए और शेष को शूद्रों में स्थान मिला।[6] डॉ. गुणे के अनुसार आभीर जाति भारत में आकर वर्णाश्रम व्यवस्था के भीतर आ गई और उसने यहाँ की स्थानीय बोली भी ग्रहण कर ली।[7] नामवर सिंह का कहना है कि "आभीरों ने इस क्षेत्र की बोली में अपने कुछ निजी शब्दों का मिश्रण कर दिया और कुछ दूर तक उनकी ध्वनियों को प्रभावित किया।"[8] प्रश्न यह उठता है कि उस समय भारत के विभिन्न क्षेत्रों में बोली जाने वाली भाषाओं का रूप क्या था और उन्हें आभीरों की भाषा ने किस रूप में प्रभावित किया। नामवर सिंह का यह कहना कि "दो जातियों की भाषाओं के मिश्रण से सर्वथा नई किसी तीसरी भाषा का जन्म नहीं होता, बल्कि उन दोनों में से विजयी भाषा का ही व्याकरण आधारभूमि का काम करता है, दूसरी भाषा उसमें विलीन हो जाती है"[9] इतिहास द्वारा प्रमाणित नहीं है। कम से कम दो उदाहरण इस कथन के विरोध में जाते हैं। भारत में मुसलमान अपने साथ मुख्यतः चार भाषाएँ लेकर आए : तुर्की, अफगानी, अरबी और फारसी। भारत में उनका सम्पर्क, आरम्भ में, सिन्ध, राजस्थान, पंजाब, पश्चिमी उत्तर प्रदेश के निवासियों से हुआ जो उस समय भिन्न-भिन्न भाषाएँ बोलते थे। ये भाषाएँ मुसलमानों की भाषाओं से प्रभावित हुईं पर सबसे उल्लेखनीय बात यह हुई कि लगभग पाँच शताब्दियों के दौरान दिल्ली और उसके आसपास की भाषा तथा मुसलमानों की मूल भाषाओं के मेल-जोल से एक नई भाषा पैदा हो गई जिसे 'उर्दू' कहते हैं। यह नहीं कहा जा सकता कि उर्दू एक नई भाषा नहीं है, भले ही उसे 'सर्वथा' नई भाषा न कहा जा सके। यही बात मॉरिशस की 'क्रियोल' भाषा के बारे में भी कही जा सकती है जो भोजपुरी, फ्रांसीसी और अन्य स्थानीय भाषाओं के मेल-जोल का परिणाम है। 'सर्वथा नई भाषा' तो कोई होती नहीं, वस्तुतः हजारों वर्षों तक किसी भाषाविशेष का व्यक्तित्व बनता रहता है और फिर वह 'सर्वथा नई भाषा' जान पड़ने लगती है। यह कहना भी युक्तिसंगत नहीं है कि "विजयी भाषा का ही व्याकरण आधारभूमि का काम करता है, दूसरी भाषा उसमें विलीन हो जाती है।" उर्दू का ही उदाहरण लें। यह सही है कि मूलतः दिल्ली और उसके आसपास की बोलियों का व्याकरण उसकी मूल आधारभूमि है, पर उर्दू के व्याकरण में अरबी, फारसी के व्याकरण का मिश्रण नहीं हुआ है, यह कहना गलत होगा। पुनः दिल्ली और उसके आसपास की भाषा में अरबी-फारसी के विलीन हो जाने की बात कहना हास्यास्पद है। कोई भी जाति अपनी मूल भाषा को भूल नहीं पाती। बाहर से आए मुसलमान भी अपनी मूल भाषाओं और बोलियों को भूल नहीं पाये। बँगला देश, सिन्ध और पंजाब के मुसलमानों का उदाहरण इसका प्रमाण है। पर इसके साथ-साथ दिल्ली, पंजाब, पश्चिमी उत्तर प्रदेश के क्षेत्र में एक नई भाषा 'हिन्दी' या 'हिन्दवी' का निर्माण भी होता रहा, जो बाद में 'उर्दू' और 'हिन्दी' के रूप में प्रतिष्ठित हुईं। मूलतः अरबी-फारसी-तुर्की बोलने वाले मुस्लिम परिवारों की परवर्ती पीढ़ियों ने भी उर्दू को अपना लिया पर यह नहीं कहा जा सकता कि अरबी-फारसी आदि भाषाएँ 'कौरवी' या 'खड़ी बोली' में विलीन हो गईं।

तथाकथित 'अपभ्रंश' के विकास में भी हमें भाषा-विकास के इसी सिद्धान्त को ध्यान में रखना होगा। मौर्य साम्राज्य की समाप्ति (ई.पू. दूसरी शताब्दी) और गुप्त साम्राज्य के

प्रारम्भ (ई. सन् की चौथी शताब्दी) के बीच लगभग चार शताब्दियों में भारत की राजनीतिक स्थिति अपेक्षाकृत कमजोर रही और इस बीच कई बाहरी जातियाँ आक्रमणकारियों के रूप में भारत में आईं और यहीं बस गईं। इनमें से मुख्य हैं : शक, आभीर, गुर्जर और हूण। शक मध्य एशिया के निवासी यायावर जाति के लोग थे। इन्होंने कई झुंडों में भारत में प्रवेश किया और प्रथम शताब्दी ई.पू. के अन्त में वे गांधार, पंजाब, मथुरा, काठियावाड़ और दक्षिण में महाराष्ट्र तक के भू-भागों में फैल गए।[10] शकों ने पश्चिमी भारत में शताब्दियों तक राज्य किया और धीरे-धीरे वे भारतीय समाज में पूर्णतया घुल-मिल गए। जैसा कहा जा चुका है, आभीर जाति ई. सन् के आरम्भ के आसपास की शती में भारत पहुँची और अपना प्रभुत्व स्थापित करती हुई, अन्ततः भारतीय समाज में घुल-मिल गई। गुर्जर और हूण लगभग एक साथ भारत आए। छठी शताब्दी के बाद गुर्जरों ने भारतीय इतिहास में महत्त्वपूर्ण भूमिका अदा की।[11] इन्होंने पंजाब, मारवाड़ और भड़ौंच में अपनी रियासतें कायम कीं। इन्हीं की एक शाखा गुर्जर प्रतिहार नाम से ख्यात हुई जो आठवीं शताब्दी से लेकर लगभग दसवीं शताब्दी तक गुजरात पर शासन करती रही और बीच-बीच में उसका अधिकार-क्षेत्र मध्य भारत तक कायम होता रहा। हूण भी मध्य एशिया के यायावर थे जिन्होंने पाँचवीं शताब्दी ई. में भारत पर आक्रमण आरम्भ किये। पर लगभग सौ वर्षों के भीतर ही वे बुरी तरह पराजित हुए और छठी शताब्दी में वे भी हिन्दू समाज में घुल-मिल गए। भाषा की दृष्टि से दंडी (छठी शताब्दी) के साक्ष्य पर अपभ्रंश का सम्बन्ध आभीरों की भाषा से जोड़ा जाता है। भरतमुनि के *नाट्यशास्त्र* में भी 'आभीरोक्ति' का उल्लेख आया है। इस सम्बन्ध में विद्वानों ने अनेक प्रकार की अटकलबाजियाँ की हैं। याकोबी ने 'अपभ्रंश' को आभीरी बोली मानने का विरोध किया है।[12] उनके अनुसार 'अपभ्रंश' साहित्यिक भाषा के लिए एक सामान्य नाम था जिसमें कुछ लोकबोलियों का भी योगदान था।[13] नमिसाधु के इस कथन से भी इस बात की पुष्टि होती है कि आभीरी भाषा अपभ्रंश नहीं थी—'आभीरी भाषा अपभ्रंशस्था कविता कवचिन्मागध्यामपि दृष्टा।' यह भी उल्लेखनीय है कि दंडी ने समस्त ग्रामीण बोली के लिए 'आभीरादिगिरा' पद का प्रयोग किया है। नामवर सिंह ने 'आदि' के संकेतार्थ के रूप में गुर्जरों की बोली 'गुर्जरी' की सम्भावना व्यक्त की है। 'गुर्जरी' का उल्लेख प्राचीन ग्रन्थों में मिलता है। इसके साथ ही इस बात के प्रमाण भी उपलब्ध हैं कि भड़ौंच के गुर्जरों ने अपभ्रंश को संरक्षण और प्रोत्साहन दिया था।[14] इस आधार पर नामवर सिंह का कथन संगत जान पड़ता है कि ''ऐसी दशा में स्वाभाविक है कि इन्होंने उस समय की पश्चिमी भारत की बोली अपभ्रंश को ही प्रभावित और प्रचारित करने में योग दिया हो।''[15]

पर दंडी के 'आभीरादि' के अन्तर्गत केवल गुर्जरों को ही सम्मिलित करना पर्याप्त नहीं है। 'आदि' शब्द एकाधिक सम्भावनाओं का द्योतक होता है। आभीरों और गुर्जरों के अतिरिक्त भारत में प्रवेश करनेवाली आक्रमणकारी जातियों में शक और हूण भी थे और इनकी अपनी कोई बोली न रही होगी, ऐसा नहीं कहा जा सकता। वास्तविकता इस तथ्य के निकट होनी चाहिए कि शक, आभीर, गुर्जर और हूण—कदाचित् कुछ और कबीले भी—अपने साथ अपनी बोलियाँ लेकर भारत में प्रविष्ट हुए और भारतीय समाज में घुल-मिल गए। शक और आभीर पहली शताब्दी के आसपास भारत में आए। यदि आभीरों की कोई बोली रही होगी

तो शकों की भी कोई बोली जरूर रही होगी। इस समय, भारत में भी, साहित्यिक भाषा संस्कृत, पालि और प्राकृत के अतिरिक्त सामान्य लोगों द्वारा बोली जाने वाली बोलियाँ भी रही ही होंगी। स्वाभाविक है कि शकी, आभीरी और उसके साथ आई अन्य बोलियाँ कालक्रम से भारत की बोलियों में घुल-मिल गई होंगी। इस बात का कोई प्रमाण उपलब्ध नहीं है कि इन बोलियों का स्वरूप क्या था। इन्हीं में से कोई बोली 'उकारबहुला' रही होगी, जिसका उल्लेख आचार्य भरतमुनि ने अपने *नाट्यशास्त्र* में किया है। भारतीय आबादी का पश्चिम से पूर्व की ओर प्रव्रजन भी एक ऐतिहासिक तथ्य रहा है। इस प्रव्रजन का प्रभाव भी बोलियों के स्वरूप पर पड़ता रहा है। इस प्रकार लगभग ई. सन् की पहली शताब्दी से पाँचवीं शताब्दी तक शकों और आभीरों तथा भारत की देशी बोलियों के मिश्रण और घात-प्रतिघात से भारत के विभिन्न भागों में बोलियों का अलग-अलग स्वरूप निर्मित होता रहा। पाँचवीं शताब्दी के आसपास हूण और गुर्जर भी अपनी-अपनी बोलियों के साथ भारत में प्रविष्ट हुए और अगली दो-तीन शताब्दियों में उनकी बोलियाँ भी पहले से चली आती हुई बोलियों में घुल-मिल गईं। पर हूणों और गुर्जरों के आने से पूर्व तत्कालीन बोलियों में साहित्य-रचना शुरू हो गई थी। वह साहित्य आज उपलब्ध नहीं है, अत: उसके स्वरूप के बारे में कुछ भी कहना कठिन है। पर छठी शताब्दी में संस्कृत और प्राकृत के पंडितों ने उसका 'अपभ्रंश' नामकरण अवश्य कर दिया। प्राकृत वैयाकरण चंड और संस्कृत आचार्य दंडी ने 'अपभ्रंश' का भाषा के अर्थ में स्पष्टत: उल्लेख किया।[16] बाद में चलकर संस्कृत आलंकारिकों ने 'अपभ्रंश' में काव्यरचना का भी संकेत दिया।

पर जैसा हम जानते हैं कि आठवीं शताब्दी के पूर्व का कोई प्रामाणिक अपभ्रंश साहित्य उपलब्ध नहीं है। अत: उसकी भाषा के स्वरूप के बारे में कुछ भी निश्चय के साथ नहीं कहा जा सकता। यह भी नहीं कहा जा सकता कि वह कोई एक भाषा थी या हिन्दी की तरह कई समान साहित्यिक भाषाओं का समुच्चय थी। बोली के रूप में उसका प्रसार भारत के किन-किन क्षेत्रों में था, यह भी निश्चय के साथ नहीं कहा जा सकता। राजशेखर ने (दसवीं शताब्दी) अपभ्रंश का प्रसार 'सकल मरुभूमि, टक्क और भादानक' में बताया था।[17] 'मरुभूमि' से आधुनिक राजस्थान और 'टक्क' से विपाशा और सिन्धु नदी के बीच का क्षेत्र संकेतित होता है।[18] 'भादानक' की स्थिति के बारे में विद्वानों में मतभेद है। कुछ विद्वानों का अनुमान है कि वह टक्क के आसपास का ही कोई क्षेत्र होगा। पर एम.एल. दे ने भादानक को भागलपुर के निकट का क्षेत्र माना है।[19] यद्यपि डॉ. उदय नारायण तिवारी ने इस मत को स्वीकार नहीं किया है, पर यह मत भी असंगत नहीं है।[20] राजशेखर के समय में अपभ्रंश का प्रसार (साहित्यिक रूप में भी) पश्चिमोत्तर भारत तक सीमित न था। यद्यपि इस बात के स्पष्ट प्रमाण उपलब्ध नहीं हैं, पर यह अनुमान असंगत नहीं है कि दसवीं शताब्दी तक गुजरात से बंगाल तक भाषित रूप में अनेक बोलियाँ विकसित हो चुकी थीं जिनका विकासक्रम शकों और आभीरों तथा हूणों और गुर्जरों के भारतीय जनसमुदाय में विलय होने तथा जनसंख्या के पूर्व में संक्रमण से आरम्भ हुआ था। राजशेखर ने इसका बहुत थोड़ा-सा संकेत दिया है। विष्णु धर्मोत्तर ने देशभेद से अपभ्रंश के अनन्त भेद माने हैं[21], जो दसवीं शताब्दी के पूर्व की भाषासम्बन्धी स्थिति का सही परिचय देता है। नमिसाधु ने अपभ्रंश के

उपनागर, आभीर और ग्राम्य तीन भेद बतलाये हैं।[22] मार्कण्डेय ने भी अपभ्रंश के तीन ही भेद माने हैं पर उन्होंने इनके नाम 'नागर', 'उपनागर' और 'ब्राचड' बताये हैं जो नमिसाधु द्वारा बताये गए नामों से कुछ भिन्न हैं।[23] मार्कण्डेय ने ही सूचित किया है कि कुछ लोग अपभ्रंश के सत्ताईस भेद मानते हैं, जिनके नाम हैं : ब्राचड, लाट, वैदर्भ, उपनागर, नागर, बार्बर, अवन्त्य, पांचाल, टक्क, मालव, कैकय, गौड, ओढ्र, वैव-पश्चात्य, पांड्य, कौन्तल, सैंहल, कालिंग्य, प्राच्य, कणाट, कांच्य, द्राविड़, गौर्जर, आभीर, मध्यदेशीय, वैताल आदि।[24] नामवर सिंह के अनुसार पुराने आचार्यों ने इन प्रभेदों का युक्तिपूर्ण ढंग से खंडन कर दिया है, अतः इन पर विचार करना व्यर्थ है।[25] पर इस मान्यता में एक ऐसी सच्चाई है जिसकी उपेक्षा नहीं की जा सकती। उपलब्ध साहित्यिक अपभ्रंश के सन्दर्भ में ये भेद भले ही विचारणीय न हों पर उस काल की बोलियों के रूप में इनका अस्तित्व असम्भव नहीं माना जा सकता। सम्भव है इन नामों में से कुछ का सही अर्थ आज न लग पा रहा हो या कुछ नाम असंगत भी हों पर स्थानों के नाम पर बोलियों का नामकरण कोई अपरिचित तथ्य नहीं है। आज भी हिन्दी क्षेत्र की बोलियों या भाषाओं के नाम स्थानों से ही सम्बद्ध हैं। इस बात की पूरी सम्भावना है कि जिस प्रकार आज हिन्दी क्षेत्र के अन्तर्गत अनेक बोलियों का समावेश होता है उसी प्रकार लगभग दसवीं शताब्दी के पूर्व 'अपभ्रंश' नाम के अन्तर्गत अलग-अलग क्षेत्रों में बोली जाने वाली अनेक बोलियों का समावेश होता हो। निश्चय ही इनमें से सभी बोलियों में साहित्य की रचना नहीं होती होगी। नामवर सिंह ने नमिसाधु के 'उपनागर' और मार्कण्डेय के 'नागर' को सामान्यतः परिनिष्ठित अपभ्रंश माना है, पर नमिसाधु के 'आभीर' और 'ग्राम्य' तथा मार्कण्डेय के 'उपनागर' और 'ब्राचड' की व्याख्या वे नहीं कर पाये हैं।[26] इससे यही सिद्ध होता है कि उनका नमिसाधु के 'उपनागर' और मार्कण्डेय के 'नागर' को 'परिनिष्ठित अपभ्रंश' मानना भी यादृच्छिक है। हम इसके पहले यह दिखा चुके हैं कि 'परिनिष्ठित अपभ्रंश' की अवधारणा तर्कसंगत नहीं है।[27]

इस पृष्ठभूमि में यह मानना असंगत नहीं है कि ई. सन् की दसवीं शताब्दी के आसपास तक गुजरात से लेकर बंगाल तक भाषित रूप में अनेक बोलियों का अस्तित्व था, पर वैज्ञानिक रीति से उनका कोई सर्वेक्षण या नामकरण नहीं हुआ था। यों जिन स्थानों में उन बोलियों का प्रचार था उनके नाम पर उनका नामकरण यत्र-तत्र हो चुका था। मार्कण्डेय की सूची इस तथ्य की ओर संकेत करती है। ये बोलियाँ दसवीं शताब्दी के बाद भी सामाजिक बदलाव और परिव्रजन के परिणामस्वरूप अपने-अपने क्षेत्रों में विकसित होती रहीं। वे ही बोलियाँ आज हिन्दी क्षेत्र की विभिन्न बोलियों के रूप में जानी जाती हैं। इन्हीं बोलियों में से कुछ छठी शताब्दी ई. तक, साहित्य की भाषा भी बनीं और उनमें बाद तक साहित्य रचना होती रही। इन्हीं को एक सामूहिक नाम 'अपभ्रंश' दिया गया। दुर्भाग्यवश इस अपभ्रंश से दसवीं शताब्दी तक जैन साहित्य के रूप में उपलब्ध रचनाओं में पश्चिमी क्षेत्र अर्थात् राजस्थान-गुजरात की बोलियों को प्राकृत की सहायता से साहित्यिक अपभ्रंश का रूप प्राप्त हुआ। स्वयंभू और धनपाल के सम्बन्ध में राहुल सांकृत्यायन का अनुमान है कि उनकी साहित्यिक भाषा का आधार क्रमशः कोसल और मध्य देश की बोलियाँ हैं जो प्राकृत की रूढ़ियों से मंडित होकर साहित्यिक अपभ्रंश का रूप धारण करने में समर्थ हुई हैं। इसी कालावधि में

मगध के बौद्ध सिद्धों ने अपने क्षेत्र में प्रचलित बोली को यथासम्भव प्राकृत या पालि भाषा की रूढ़ियों से मंडित करते हुए अपने धार्मिक विचारों और भावों को अभिव्यक्त किया। इस अवधि में शुद्ध ऐहिक भावो यथा वीर, शृंगार, हास्य आदि की अभिव्यक्ति करने वाली रचनाएँ भी अवश्य हुई होंगी, पर उनका पता नहीं चलता। हेमचन्द्र के व्याकरण और *प्राकृत पैंगलम्* में उद्धृत कुछ रचनाएँ दसवीं शताब्दी के पूर्व की हो सकती हैं पर उनमें संकलित अधिकांश रचनाएँ दसवीं शताब्दी के बाद की हैं। इनमें से अधिकांश रचनाएँ उस क्षेत्र में रची जान पड़ती हैं जो आज अवधी-ब्रजभाषा का क्षेत्र है। इन रचनाओं की मूलभाषा तत्कालीन मध्यदेश की बोलियाँ हो सकती हैं जो परम्परागत साहित्यिक भाषा अर्थात् 'पूर्ववर्ती अपभ्रंश' और प्राकृत से मंडित होकर काव्यभाषा का स्तर प्राप्त करने में समर्थ हुई हों। किन्तु परवर्ती रचनाओं में बोलियों का आधार प्रबल और साहित्यिक भाषा की रूढ़ियों का प्रभाव कम होता गया है। 11वीं शताब्दी की ऐहिकतापरक रचनाओं में अद्दहमाण रचित *सन्देश रासक* है जिसकी भाषा के बारे में विद्वानों का कहना है कि उसकी मूल भाषा तो प्राकृतप्रभावापन्न है, पर उसमें आए दोहों की भाषा हेमचन्द्र के व्याकरण में उद्धृत दोहों की तरह बोलचाल की भाषा के निकट है। इस काल के कुछ अन्य संग्रह-ग्रन्थों में भी इस कोटि की रचनाएँ प्राप्त होती हैं। चौदहवीं शताब्दी में विद्यापति की दो रचनाएँ—*कीर्तिलता* और *कीर्तिपताका*—रची गईं जिनमें केवल *कीर्तिलता* उपलब्ध है, जिसकी भाषा में मैथिली भाषा के तत्त्व प्रचुर मात्रा में मिले हुए हैं।

इसी कालावधि—ग्यारहवीं शताब्दी से चौदहवीं शताब्दी—में कुछ ऐसी रचनाएँ भी मिलने लगती हैं जो अपभ्रंश और प्राकृत की साहित्यिक रूढ़ियों से लगभग मुक्त और शुद्ध बोलियों में रची गई हैं। इसमें सबसे पुरानी (11वीं शताब्दी की) रचना रोडा कृत *राउरबेल* है जिसमें अवधी या कोसली का काव्यभाषा के रूप में प्रथम प्रयोग दृष्टिगोचर होता है। डॉ. नामवर सिंह के अनुसार *राउरबेल* में 'टक्किणी' नायिका का वर्णन 'टक्क' अर्थात् पुराने पंजाब के दक्षिणी-पूर्वी भाग में बोली जाने वाली भाषा में किया गया है।[28] इसी प्रकार उनके अनुसार गौणी नायिका का वर्णन ऐसी भाषा में किया गया है, जिसकी प्रकृति बँगला, मैथिली, मगही, भोजपरी आदि से मिलती है।[29] इससे यह निष्कर्ष निकलता है कि जिस समय अपभ्रंश में साहित्य लिखा जा रहा था उसी समय हिन्दी क्षेत्र की बोलियों में भी साहित्य रचना आरम्भ हो गई थी। बारहवीं शताब्दी की रचना *उक्ति-व्यक्ति-प्रकरण* में काशी-कोसल की बोलचाल की भाषा का प्रामाणिक उदाहरण उपलब्ध होता है। पर चौदहवीं शताब्दी के अन्तिम चरण के पूर्व हिन्दी की बोलियों में साहित्य रचना के बहुत कम उदाहरण उपलब्ध होते हैं। *पृथ्वीराज रासो, बीसलदेव रासो* आदि रचनाएँ इस काल में रची भी गई हों तो उनका मूल रूप उपलब्ध नहीं है। अमीर खुसरो की हिन्दी रचनाएँ भी भाषा की दृष्टि से प्रामाणिक नहीं मानी जा सकतीं। चौदहवीं शताब्दी के अन्तिम चरण में मौलाना दाऊद की *चन्दायन* में अवधी का साहित्यिक रूप प्रथम बार अपने वैभव के साथ प्रकट होता है और लगभग इसी समय विद्यापति के *मैथिली* पदों में मैथिली साहित्य की भाषा बनती दिखाई पड़ती है। पन्द्रहवीं शताब्दी में अपभ्रंश की साहित्यिक भाषा के रूप में मान्यता लगभग समाप्त हो जाती है और कबीर का साहित्य सामने आता है जिसकी भाषा को कोई युक्तिसंगत नाम अभी तक नहीं दिया जा सका है।

पन्द्रहवीं शताब्दी में ही ब्रज में लिखी रचनाएँ प्राप्त होने लगती हैं। इसी शताब्दी में दक्षिण में 'दिल्ली और उसके आसपास की जबान' में दक्खिनी हिन्दी का साहित्य लिखा जाने लगता है। सोलहवीं शताब्दी में अवधी, ब्रजभाषा और दक्खिनी हिन्दी का साहित्य अपने उत्कर्ष पर पहुँच जाता है।

'अपभ्रंश' और 'हिन्दी' साहित्य के इस विकास से यह निष्कर्ष निकालना भ्रामक होगा कि 'अपभ्रंश' का ही विकास 'हिन्दी' के रूप में हो गया। इस विकास के बीच की कड़ी के रूप में 'अवहट्ट' की कल्पना करना तो सर्वथा बेमानी है। जैसा हम देख चुके हैं, वास्तविक रूप से बोली जाने वाली भाषाओं का विकास तो पहली शताब्दी ई. से ही होने लगा, जो चौदहवीं शताब्दी तक हिन्दी क्षेत्र की बोलियों के रूप में पहचान में आईं। साहित्य और व्याकरण के आचार्य इन्हें देशी, ग्रामीण, अपभ्रंश आदि नाम देते रहे। पर इनके आधार पर निर्मित साहित्यिक भाषा को संस्कृत के आचार्यों ने 'अपभ्रंश' की ही संज्ञा दी। इस साहित्यिक भाषा में, शुरू में भी, वैविध्य और समानता का अद्‌भुत मिश्रण रहा। दसवीं शताब्दी के बाद हिन्दी क्षेत्र की बोलियों में आए परिवर्तनों के कारण इस काल की साहित्यिक अपभ्रंश में भी परिवर्तन आया, यद्यपि पूर्वागत भाषिक-साहित्यिक रूढ़ियों के कारण उनमें समानता भी बनी रही। इसी काल में हिन्दी की बोलियों में शुद्ध रूप से साहित्य की रचना आरम्भ हुई, जिसमें पूर्वागत भाषिक-साहित्यिक रूढ़ियों का अनुपात बहुत कम हो गया। अवधी, ब्रजभाषा, मैथिली, राजस्थानी और दक्खिनी हिन्दी का प्रारम्भिक साहित्य इसका प्रमाण है। इसी को हम 'हिन्दी साहित्य' की भी संज्ञा देते हैं। अपभ्रंश साहित्य और हिन्दी साहित्य उत्तरी भारत की लोक भाषाओं के साहित्यिक विकास के दो चरण हैं, फलतः इनमें समानताएँ तो हैं पर इस आधार पर भाषा की दृष्टि से 'हिन्दी' को अपभ्रंश का विकास और 'अवहट्ट' को उस विकास की कड़ी मानना तर्कसंगत नहीं होगा।

यहाँ इस बात की चर्चा भी अपेक्षित जान पड़ती है कि मुसलमानों ने किस भाषा को 'हिन्दी' या 'हिन्दवी' की संज्ञा दी। हिन्दुस्तान की भाषा के लिए 'जबाने हिन्द' नाम तो अरबी में दसवीं शताब्दी के पूर्व ही प्रचलित था पर उससे सम्भवतः हिन्दुस्तान की सभी भाषाओं का बोध होता था। उत्तर भारत की भाषाओं के लिए 'हिन्दवी' नाम का प्रयोग मुसलमानों द्वारा ही तेरहवीं शताब्दी में मिलने लगता है। औफी और अमीर खुसरो ने 'हिन्दवी', 'हिन्दी' नामों का प्रयोग उत्तर भारत की भाषाओं के लिए किया है। उस समय उत्तर भारत में साहित्यिक भाषा के रूप में 'अपभ्रंश' का ही प्रचलन था। अतः 'हिन्दवी' अपभ्रंश का भी द्योतक हो जाती है। यदि यह माना जाए कि मुस्लिम लेखकों ने उत्तर भारत में प्रचलित बोलियों के लिए 'हिन्दवी' और 'हिन्दी' शब्दों का प्रयोग किया तो हिन्दी क्षेत्र की बोलियों का सम्बन्ध अनायास, तेरहवीं शताब्दी और उसके पूर्व की भाषित बोलियों से जुड़ जाता है। खुसरो ने उत्तर भारत की दो बोलियों का नामकरण भी किया, जिनमें एक है 'अवधी' और दूसरी है 'देहलवी और इसके इतराफ की जबान'। अवश्य ही इनके अतिरिक्त भी बोलियाँ उत्तर भारत के विभिन्न भागों में बोली जाती होंगी जिसके नामों का कोई निर्देश कहीं नहीं मिलता। कहने का तात्पर्य यह है कि मुसलमानों द्वारा दिया गया 'हिन्दी' या 'हिन्दवी' नाम साहित्यिक और भाषित दोनों रूपों में तथाकथित 'अपभ्रंश' का भी द्योतक

है। इससे 'अपभ्रंश' और 'हिन्दी' के घनिष्ठ भाषिक और साहित्यिक सम्बन्ध का, दोनों की सापेक्ष अभेदता का पता चलता है।

भाषाओं का आपसी सम्बन्ध उनकी ध्वनि व्यवस्था तथा व्याकरणिक ढाँचे की समानता द्वारा निर्धारित होता है। अपभ्रंश और हिन्दी का सम्बन्ध दिखाने में भी हमें इन्हीं बातों का ध्यान रखना होगा। जहाँ तक ध्वनि व्यवस्था का प्रश्न है पुरानी भाषाओं की ध्वनि व्यवस्था को जानने का एक मात्र आधार उनकी लिपि और लेखन पद्धति है। अपभ्रंश की लिपि और लेखन पद्धति में एकरूपता का अभाव रहा है। इस तथ्य का उल्लेख राहुल सांकृत्यायन और चन्द्रधर शर्मा गुलेरी दोनों ने, जो अपभ्रंश साहित्य के जाने-माने विद्वान हैं, किया है।[30] गुलेरी जी ने तो उदाहरण देकर दिखाया है कि किस प्रकार लेखन-पद्धति में परिवर्तन से अपभ्रंश की भाषिक प्रकृति में परिवर्तन हो जाता है।[31] आज अपभ्रंश का जो भी साहित्य मुद्रित रूप में उपलब्ध है, वह देवनागरी लिपि में है। आधुनिक देवनागरी लिपि का स्वरूप भी दसवीं-ग्यारहवीं शताब्दी में निर्मित हुआ और अपभ्रंश साहित्य का काफी बड़ा हिस्सा उसके पूर्व का है। अत: देवनागरी लिपि में उपलब्ध अपभ्रंश साहित्य अपभ्रंश की ध्वनियों का ठीक-ठीक प्रतिनिधित्व करता है, यह पूर्ण विश्वास के साथ नहीं कहा जा सकता। पर हिन्दी के भाषावैज्ञानिकों ने अपने अध्ययन और विवेक के अनुसार अपभ्रंश की ध्वनियों का निर्देश किया है। डॉ. उदय नारायण तिवारी के अनुसार संस्कृत की **ऋ, लृ** तथा **ऐ, औ** के अतिरिक्त अन्य सभी स्वर ध्वनियाँ अपभ्रंश में विद्यमान हैं। 'ऋ' के बारे में डॉ. तिवारी की मान्यता है कि यह ध्वनि अपभ्रंश में विद्यमान थी। इसका उदाहरण उन्होंने *सिद्ध हैम व्याकरण के तृणु और सकृदु* जैसे शब्दों के रूप में दिया है।[32] पर हेमचन्द्र के दोहों में ही कई ऐसे उदाहरण मिलते हैं जहाँ 'ऋ' के लिए 'रि' का प्रयोग किया गया है जैसे **रिद्धि, बिरूणह, माणुसह** (ऋद्धि विहीन मनुष्य) में **ऋ** के स्थान पर **रि** का प्रयोग।[33] अपभ्रंश की एक विशेषता यह है कि उसमें **ए** और **ओ** के ह्रस्व रूप भी मिलते हैं, जिन्हें आज ए (ॆ) और ओ (ॊ) लिपि में चिह्नों के द्वारा व्यक्त किया जाता है।[34] '**अ**' के उच्चारण के बारे में डॉ. तिवारी ने लिखा है कि बँगला, अवधी आदि में '**अ**' के उच्चारण की भिन्नता से अनुमान किया जा सकता है कि अपभ्रंश में भी '**अ**' का उच्चारण भिन्न-भिन्न रहा होगा।[35] पर केवल अनुमान से अपभ्रंश की ध्वनियों का निर्धारण वैज्ञानिक नहीं माना जा सकता। अन्तत: डॉ. तिवारी ने भी स्वीकार किया है कि "अनुलेख पद्धति की प्राचीनपरकता के कारण अपभ्रंश की ध्वनियों का ठीक-ठीक ज्ञान प्राप्त करना असम्भव-सा हो गया है।"[36]

डॉ. भोलानाथ तिवारी ने भी अपभ्रंश के स्वरों की स्थिति वही बताई है जो डॉ. उदय नारायण तिवारी ने। '**ऋ**' के बारे में उनका कहना है कि उसके लिखने का प्रयोग (प्रचलन) था, किन्तु उसका उच्चारण **रि** होता था।[37] पर डॉ. तिवारी ने अपने कथन के प्रमाण में कोई तथ्य या तर्क नहीं प्रस्तुत किया है। उन्होंने सम्भवत: आधुनिक परिनिष्ठित हिन्दी में **ऋ** की स्थिति के आधार पर ही अपभ्रंश में भी उसकी कल्पना कर ली है।

जहाँ तक व्यंजन ध्वनियों का सम्बन्ध है डॉ. उदय नारायण तिवारी ने अपभ्रंश में **ङ्, ञ्, ष्** के अतिरिक्त शेष सभी संस्कृत ध्वनियों की विद्यमानता बतायी है।[38] डॉ. भोलानाथ तिवारी ने केवल **ष्** ध्वनि का अपभ्रंश में अभाव बताया है। इसके अतिरिक्त

उन्होंने **म्ह, न्ह, ण्ह, ल्ह, रह, ड़** और **ढ़** व्यंजन ध्वनियों की विद्यमानता अपभ्रंश में बतायी है।[39] इनमें संयुक्त ध्वनियों को (म्ह, न्ह आदि) तो स्वतंत्र ध्वनियाँ नहीं माना जा सकता पर **ड़** और **ढ़** ध्वनियों के अपभ्रंश में होने का *अनुमान* किया जा सकता है। पर डॉ. भोलानाथ तिवारी ने इसके प्रयोग का कोई उदाहरण नहीं दिया है। चन्द्रधर शर्मा गुलेरी ने *पुरानी हिन्दी* में हेमचन्द्र द्वारा उद्धृत दोहों का संकलन किया है, पर उनमें कहीं भी **ड़** और **ढ़** ध्वनियों का प्रयोग नहीं किया गया है। डॉ. नामवर सिंह के *हिन्दी के विकास में अपभ्रंश का योग* में प्रदत्त अपभ्रंश दोहा संग्रह[40], राहुल सांकृत्यायन द्वारा सम्पादित *हिन्दी काव्यधारा*[41] तथा *दोहा कोश*[42] में संकलित अपभ्रंश के छन्दों में भी **ड़** और **ढ़** ध्वनि वाले शब्द नहीं हैं। अत: इन ध्वनियों की अपभ्रंश में स्थिति संदिग्ध ही मानी जा सकती है।

जहाँ तक हिन्दी का प्रश्न है, आधुनिक मानक हिन्दी में, लिखित रूप में **लट्, लृट** और **लुट्** को छोड़कर संस्कृत की सभी ध्वनियाँ विद्यमान हैं पर भाषित रूप में 'ऋ', 'ष' और 'ज्ञ' ध्वनियाँ क्रमश: 'रि', 'श' और 'ग्य' में बदल गई हैं। ब्रजभाषा और अवधी काव्य में तो **रि** और **ग्य** ध्वनियाँ इसी रूप में लिखी भी जाती हैं। **ड़** और **ढ़** ध्वनियाँ आधुनिक मानक हिन्दी से लेकर ब्रजभाषा और अवधी तक सबमें मिलती हैं। ब्रजभाषा, अवधी और प्रारम्भिक खड़ी बोली (दक्खिनी हिन्दी) में **ङ** और **ञ** ध्वनियाँ भी नहीं मिलतीं, साथ ही '**ण**' '**न**' में, '**य**' '**ज**' में, '**व**' '**ब**' में तथा '**श**' '**स**' में परिवर्तित हो जाती हैं। '**ष**' ध्वनि ब्रजभाषा और अवधी दोनों में कहीं '**स**' और कहीं '**ख**' में बदल जाती है। तुलसीकृत *रामचरितमानस* (गीता प्रेस संस्करण) में 'ष' वर्ण का प्रयोग अनेक शब्दों में मिलता है। कुछ उदाहरणों में '**ष**' का उच्चारण '**ख**' जैसा मालूम पड़ता है, जैसे 'भ्रम ते चकित राम मोहि देखा। बिहँसे सो सुनु चरित **बिसेषा**।'[43] पर अन्यत्र स्पष्ट नहीं होता कि उसका उच्चारण 'श' होगा या 'ख', जैसे—'ग्यानवन्त अपि सो नर पसु बिनु पूँछ **विषान**।' यही स्थिति सूर काव्य की भी है। पर अपभ्रंश में '**ष**' वर्ण से व्यक्त होने वाली ध्वनि का कोई पता नहीं चलता। अपभ्रंश के उपलब्ध उदाहरणों में संकलनकर्ताओं ने इस वर्ण का प्रयोग भी नहीं किया है।

राहुल सांकृत्यायन ने अपभ्रंश में '**ऋ**' '**ऐ**' और '**औ**' आदि स्वर ध्वनियों का तथा '**श**' और '**ष**' आदि व्यंजन ध्वनियों का अभाव बताया है। उनके अनुसार '**य**' का उच्चारण भी '**ज**' की तरह किया जाता है और '**व**' तथा '**ब**' में भेद नहीं रखा जाता है।[44]

निष्कर्ष रूप में यह कहा जा सकता है कि ध्वनि तंत्र की दृष्टि से अपभ्रंश और मध्यकालीन हिन्दी साहित्य में बहुत समानता है। यद्यपि इस निष्कर्ष में अनुमान की बहुत सहायता ली गई है। इस अनुमान की कुछ पुष्टि हिन्दी क्षेत्र की बोलियों के ध्वनि तंत्र से होती है।

अपभ्रंश और हिन्दी की समानता का दूसरा आधार दोनों के शब्दभंडार की समानता है। आधुनिक मानक हिन्दी अपभ्रंश से इस अर्थ में भिन्न है कि इसमें तत्सम शब्दों का प्रयोग बहुत अधिक होता है, जबकि अपभ्रंश में तत्सम शब्दों का अनुपात नगण्य है। ग्यारहवीं-चौदहवीं शताब्दी के अपभ्रंश काव्यों में तो तत्सम शब्दों का प्रयोग थोड़ा-बहुत होता भी है पर दसवीं शताब्दी के पूर्व के अपभ्रंश काव्य में तत्सम शब्द खोजने पर ही मिलते हैं। हिन्दी की आरम्भिक रचनाओं में, उदाहरणार्थ मौलाना दाऊद से लेकर जायसी-मंझन आदि सूफी कवियों की रचनाओं में, और कबीरदास की बानियों में, तत्सम शब्दों का प्रयोग न

के बराबर हुआ है। सूरदास के पदों में भी तत्सम शब्दों का प्रयोग तद्भव शब्दों की तुलना में बहुत कम मिलता है। गोस्वामी तुलसीदास ने अपनी रचनाओं में तत्सम शब्दों का अनुपात बढ़ा दिया है, पर आधुनिक मानक हिन्दी के कवियों की तुलना में वे भी तद्भव शब्दों का प्रयोग कुछ ज्यादा ही करते हैं।

अपभ्रंश और हिन्दी की समानता तद्भव शब्दों के प्रयोग को लेकर है। यद्यपि अभी तक कोई ऐसा अध्ययन नहीं हुआ है जिसमें हिन्दी में प्रचलित सभी तद्भव शब्दों के समरूप अपभ्रंश शब्द निर्दिष्ट किये गए हों—कदाचित् यह सम्भव भी नहीं है, क्योंकि हिन्दी क्षेत्र में रचित अपभ्रंश काव्य बहुत कम मिलता है—पर राहुल सांकृत्यायन[45], नामवर सिंह[46], शिवप्रसाद सिंह आदि ने अपभ्रंश की जो शब्दसूचियाँ उपलब्ध करायी हैं, उनसे अपभ्रंश और हिन्दी शब्दों की समानता सिद्ध हो जाती है।

जिसे व्याकरण में **शब्द विचार** कहते हैं, उस दृष्टि से भी अपभ्रंश और हिन्दी में बहुत समानता दिखाई पड़ती है। हिन्दी की तरह अपभ्रंश में भी शब्दों के दो ही लिंग हैं : पुल्लिंग और स्त्रीलिंग। इसी प्रकार अपभ्रंश और हिन्दी दोनों में वचन की संख्या दो—एकवचन और बहुवचन—है।

यह सुपरिचित तथ्य है कि संस्कृत में विभक्ति युक्त पद ही वाक्य का निर्माण करते हैं। पर अपभ्रंश में विभक्तियों की संख्या बहुत कम हो गई और उनका स्थान परसर्गों ने ले लिया। हिन्दी में यह प्रवृत्ति और भी अधिक दिखाई देती है। इतना ही नहीं, अपभ्रंश और हिन्दी दोनों में निर्विभक्तिक और परसर्गरहित पदों का प्रयोग समान रूप से होता है। उदाहरणार्थ '**केहउ मग्गण** एहु' (हेमचन्द्र) और '**अहिर** गोरू बाग मेलब' (उक्ति.) में कर्ताकारक एकवचन में किसी विभक्ति या परसर्ग का प्रयोग नहीं हुआ है। इसी प्रकार '**कुम्भकरण रन** रंग **विरुद्धा**' (मानस) और '**राम घर** जाता है।' (मानक हिन्दी) में किसी विभक्ति या परसर्ग का प्रयोग नहीं किया गया है। यह विशेषता कर्ताकारक, कर्मकारक और अधिकरण कारक के दोनों वचनों और लिंगों में, हिन्दी और अपभ्रंश दोनों में, समान रूप से उपलब्ध होती है। निर्विभक्तिक पदों के प्रयोग की प्रवृत्ति विद्यापति की '**कीर्तिलता**' और अवधी, ब्रजभाषा तथा प्रारम्भिक खड़ी बोली (दक्खिनी हिन्दी) में और भी अधिक दिखाई पड़ती है। अपभ्रंश और हिन्दी का एक अन्तर यह है कि अपभ्रंश में प्रायः विभक्तियों और परसर्गों का प्रयोग साथ-साथ होता है, जबकि अवधी, ब्रजभाषा आदि में बिना विभक्तियों के भी परसर्गों का प्रयोग होता है।[47] उदाहरणार्थ अपभ्रंश में **तण, हुँत, केर, मज्झि** आदि के पूर्व कोई न कोई विभक्तियुक्त पद रहता है, पर अवधी, ब्रजभाषा और खड़ी बोली में **मन महँ, गुरु सन, जल, तें, पुत्र के** जैसे अनेक प्रयोग मिलते हैं जिनमें परसर्ग के पूर्व कोई विभक्ति नहीं लगती है।

अपभ्रंश को 'उकार बहुला' भाषा कहा जाता है। यों तो अपभ्रंश में अनेक क्रियाओं के रूप भी उकारान्त होते हैं (जैसे 'अम्हे निन्दहु कोवि जणु', अम्हइ वण्णउ कोवि) पर कारक विभक्ति के रूप में 'उ' का प्रयोग अपभ्रंश में प्रायः कर्ता और कर्म कारक के एकवचन में होता है; जैसे 'चंचल **जीविउ** धुबु मरणु' और 'बहिणि महारा कन्तु' (हेमचन्द्र) आदि में। गोस्वामी तुलसीदास की अवधी में इस प्रकार के प्रयोग प्रचुर मात्रा में उपलब्ध हैं, जैसे

'**बचनु** न आव नयन भरे बारी' या 'बालि कीन्ह **तनु** त्याग' आदि में। पर ध्यातव्य है कि तुलसीदास ने सर्वत्र उकारान्त शब्दों का ही प्रयोग नहीं किया है। उन्होंने अनेकत्र कर्ताकारक और कर्मकारक के एकवचन में अकारान्त शब्दों का भी प्रयोग किया है। मुसलमान कवियों की अवधी में तो अकारान्त शब्दों को उकार में बदलने की प्रवृत्ति एकदम नहीं दिखाई देती। सम्भव है कि ऐसा उनकी रचनाओं के फारसी लिपि में लिखे होने के कारण हुआ हो। ब्रजभाषा में भी अकारान्त शब्दों के स्थान पर उकारान्त शब्दों का प्रयोग नहीं होता। ब्रजभाषा में ओकारान्त और औकारान्त शब्दों की बहुलता पायी जाती है। इससे यह निष्कर्ष निकाला जा सकता है कि अवधी और ब्रजभाषा के प्राचीन रूप में उकारान्त और ओकारान्त-औकारान्त शब्द भी होते थे। पुरानी खड़ी बोली (दक्खिनी हिन्दी) में भी उकारान्त संज्ञाएँ नहीं मिलतीं।

अपभ्रंश में **हि** विभक्ति और उसके विभिन्न रूपान्तरों का प्रयोग प्रचुर मात्रा में होता है। अपभ्रंश में यह करण और अधिकरण कारक के अतिरिक्त कर्म, सम्प्रदान, अपादान आदि कारकों में भी प्रयुक्त होती है। बहुवचन में इसका रूप **हिं** हो जाता है। इसके कुछ उदाहरण हैं '**अंगहि** अंगु न मिलिउ', 'अद्धा बलया **महिहि** गय', '**सत्रुहि** मित्र कए', (हेम.) 'रायधरहि का पब्ब खेत' (कीर्ति.) आदि। हिन्दी में भी '**हि**' और उसके बहुवचन रूप **हिं** विभक्ति का प्रचुर प्रयोग मिलता है। उदाहरण के लिए '**तिन्हहि** जीति रन आनेसु बाँधी', '**तुम्हहि** लागि धरिहउँ नर बेसा' (मानस), 'तब ब्रह्मा **धरनिहि** सुमझावा' (मानस) 'और **सबहिं** कर जोरे' (सूर.), '**तहँहि** जाहु जहँ भाए हौ' (सूर.) आदि। डॉ. नामवर सिंह के अनुसार **हि-हिं** विभक्ति का प्रयोग अपभ्रंश में करण-अधिकरण कारक में अधिक होता था, जबकि अवधी और ब्रजभाषा में इसका प्रयोग कर्म और सम्प्रदान कारक में अधिक होता है।[48]

हि विभक्ति के ही रूपान्तर **ह, ए, ऐ, अं** आदि हैं। इनके उदाहरण न केवल हेमचन्द्र द्वारा उद्धृत दोहों में वरन् *उक्ति-व्यक्ति-प्रकरण, वर्णरत्नाकार, चन्दायन, पद्मावत, सूरसागर, रामचरितमानस* आदि में भी मिलते हैं। (उदाहरण द्रष्टव्य पृ. 33-37)

उक्ति-व्यक्ति-प्रकरण, वर्णरत्नाकर, कीर्तिलता आदि अपभ्रंश (या अवहट्ट) रचनाओं में **न्हि-न्ह** विभक्ति का प्रयोग व्यापक रूप से मिलता है। नामवर सिंह के अनुसार अपभ्रंश में इन विभक्तियों का प्रयोग नहीं मिलता[49], पर राहुल सांकृत्यायन ने सरहपाद की रचनाओं में इनके प्रयोग के कुछ उदाहरण (जैसे पूतन्ह) दिये हैं।[50] फिर भी इसमें सन्देह नहीं कि जैन और सिद्ध कवियों तथा हेमचन्द्र के व्याकरण में उद्धृत दोहों में इन विभक्तियों के प्रयोग विरल हैं। **न्हि, न्ह** का प्रयोग कर्म, सम्प्रदान, सम्बन्ध, अधिकरण कारकों में मिलता है। इनके कुछ उदाहरण हैं—'गुरू सीसन्ह ताड' (उक्ति.), 'गो बोल गयउन्हि छाड़' (कीर्ति.) आदि। *रामचरितमानस* में इन विभक्तियों के उदाहरण भरे पड़े हैं, जैसे—'सुरसा नाम अहिन्ह कै माता', 'जात पवनसुत देवन्ह देखा' आदि। ब्रजभाषा में इन विभक्तियों के उदाहरण प्राय: नहीं मिलते हैं। वस्तुत: ब्रजभाषा में यह विभक्ति **नि** और **न** में बदल जाती है। जैसे 'जसुमति सुत अपने **पाइनि** चलि' या 'बूझ्यो तब **तिन** कही सुनाई'। अवधी में भी इन विभक्तियों का प्रयोग खूब मिलता है। (उदाहरण के लिए देखें, पृ. 34-35) खड़ी बोली में ये विभक्तियाँ आरम्भ से ही (दक्खिनी हिन्दी काव्य में) नहीं मिलतीं। नामवर सिंह ने खड़ी बोली में इनकी स्थिति 'ओं' के रूप में बताई है, जैसे **आँखों में, आँखों से** आदि।[51]

अपभ्रंश की अन्य विभक्तियों का प्रयोग ब्रजभाषा, अवधी और पुरानी खड़ी बोली (दक्खिनी हिन्दी) में प्राय: नहीं मिलता। ये विभक्तियाँ हैं : **हँ, हु, हो** आदि। डॉ. नामवर सिंह के अनुसार ये विभक्तियाँ या तो अप्रचलित हो गईं या लुप्त हो गईं या अवधी, ब्रजभाषा और खड़ी बोली के विकारी प्रत्ययों में समाविष्ट हो गईं।[52]

विभक्तियों के स्थान पर परसर्गों का प्रयोग अपभ्रंश और हिन्दी की समान विशेषता है। अपभ्रंश में सम्बन्ध कारक में **केरअ, केर, कर, का, क** और **को, के** अधिकरण कारक में **मज्झे, मज्झु, मज्झ, माँझ** के सम्प्रदान कारक में **कहि, रेसि, तण** के तथा अपादान कारक में होन्तउ के प्रयोग होते हैं। इनके कुछ उदाहरण हैं; 'जसु **केरअ** हुंकारडएँ' (हेम.) 'लोचन **केरा** बल्लहा', 'जुबतिन्हि **क** उत्कंठा', (वर्ण.) 'जामहिं विससी कज्ज गइ जीवहिं **मज्जे** एइ' (हेम.), 'युवराजन्हि **माँझ** पवित्र', 'हउँ झिज्जउँ तउ **केहिं**' आदि।[53] इनमें **केर, कर, करि, कइ, क, कै, के, की** आदि परसर्गों के प्रयोग, जो अपभ्रंश में प्रयुक्त परसर्गों के ही समकक्ष हैं अवधी और ब्रजभाषा में मिलते हैं। (उदाहरण के लिए देखें, पृ. 35–36) खड़ी बोली (दक्खिनी हिन्दी) में इनके रूप **का, के, की, कूँ** आदि मिलते हैं। आधुनिक हिन्दी में **कूँ** का प्रयोग नहीं होता।

ब्रजभाषा और अवधी दोनों में अपभ्रंश की **मज्जे, मज्झु, माँझ** आदि विभक्तियों का प्रयोग **माँझ, माँह, मँह, मधि, में, मैं** आदि रूपों में होता है। (उदाहरणों के लिए द्रष्टव्य पृ. 36) खड़ी बोली में केवल 'में' विभक्ति प्रयुक्त होती है। अपभ्रंश का **तण** परसर्ग ब्रजभाषा और अवधी में **तन, त्यों, ते, तें** आदि रूपों में होता है। खड़ी बोली में इस परसर्ग का प्रयोग नहीं होता है। अपभ्रंश में **उप्परि** और **परि** परसर्ग—जैसे 'सायरु उप्परि तणु धरइ' (हेम.); 'रह परि चडिअउ' (हेम.) आदि—ब्रजभाषा और अवधी में **ऊपर, पर, पै** आदि रूपों में प्रयुक्त होते हैं। (उदाहरण के लिए देखें पृ. 36–37)

सम्प्रदान कारक के लिए ब्रजभाषा और अवधी में **कै, केहिं, को, कहँ, काँ** आदि परसर्गों के प्रयोग होते हैं, जो अपभ्रंश के **केंहि** परसर्ग के ही समकक्ष हैं। अपभ्रंश में भी **केहिं, के, केहू, किहँ** आदि रूप मिलते हैं। खड़ी बोली में सम्प्रदान कारक के लिए **को** और **के लिए** परसर्ग मानक रूप धारण कर चुके हैं, पर दक्खिनी हिन्दी में **के, कूँ** आदि प्रयोग भी प्रचलित थे।

सम्प्रदान परसर्ग **लागि** का प्रयोग हेमचन्द्र के दोहों में नहीं मिलता, पर *वर्णरत्नाकर* और *कीर्तिलता* में इसके प्रयोग प्रचुर मात्रा में उपलब्ध होते हैं। **लागि** का प्रयोग ब्रजभाषा और अवधी दोनों में खूब होता है, पर खड़ी बोली में यह परसर्ग प्रचलित नहीं है।

होन्तउ परसर्ग के उदाहरण अपभ्रंश में मिलते हैं, जैसे 'तहाँ होन्तउ आगदो' (हेम.)। *कीर्तिलता* में इसके स्थान पर **हुन्ते** का और अवधी में **हुँत** का प्रयोग होता है। उदाहरणार्थ—'सास ससुर मन मोरि हुँति' (मानस) या 'जल हुन्त निकास मुवै नहिं काछू' (पद्मावत) आदि।

इन उदाहरणों से स्पष्ट है कि अपभ्रंश और हिन्दी के परसर्गों में बहुत समानता है।

अपभ्रंश और हिन्दी के सर्वनाम रूपों में भी काफी समानता है। अपभ्रंश में **मैं** के लिए **हउँ** सर्वनाम का प्रयोग मिलता है, जैसे 'हउँ झिज्जऊँ तनु केहिं' (हेम.)। यह सर्वनाम रूप (**हौं, अहँउ**) अवधी और ब्रजभाषा दोनों में मिलता है। (उदाहरण के लिए देखें पृ. 32) हेमचन्द्र के व्याकरण में **मइँ** सर्वनाम का प्रयोग, यद्यपि बहुत कम, मिलता है। जैसे 'डोल्ला

मइँ दुहुँ वारिया'। पर अवधी, ब्रजभाषा और खड़ी बोली में **मैं** का प्रयोग खूब होता है। खड़ी बोली में तो उत्तम पुरुष एकवचन के लिए **मैं** ही परिनिष्ठित रूप है। डॉ. नामवर सिंह ने '**हौं**' के अपभ्रंश रूप **अम्हे** और हिन्दी में **हम** को समरूपी बताया है, जो तर्कसंगत प्रतीत होता है।[54]

मो, मोहि और **मोर** रूप हेमचन्द्र के दोहों में तो नहीं मिलते, पर *उक्ति-व्यक्ति-प्रकरण, कीर्तिलता* आदि में उपलब्ध होते हैं। अवधी और ब्रजभाषा में भी ये रूप मिलते हैं। **मोर** का प्रयोग भोजपुरी में तो खूब मिलता है, पर ब्रजभाषा में इसका प्रयोग न के बराबर होता है।

मध्यम पुरुष के लिए हेमचन्द्र के दोहों, *उक्ति-व्यक्ति-प्रकरण* आदि में **तुहूँ, तूँ, तइँ, तै, तुम्हँ, तऊ** आदि रूप मिलते हैं।[55] इनके रूप अवधी, ब्रजभाषा और खड़ी बोली में **तू, तूँ, तैं, तुम्ह, तुम, तोहि, तोहिं, तोर** आदि हैं।

अन्य पुरुष सर्वनाम के लिए अपभ्रंश में **सः (तत्)** वाले रूपों के अवशेष ही अधिक प्रचलित हैं। हिन्दी में केवल अवधी में '**वह**' और '**वे**' के लिए '**सो**' और '**ते**' का प्रयोग मिलता है। ब्रजभाषा और अवधी में अन्य पुरुष के लिए **वो, वह, बू, वा, ओ, ऊँ, वहु** आदि रूपों का प्रयोग होता है। आधुनिक मानक हिन्दी में **वह-वे** रूप मानक रूप माने जाते हैं। अपभ्रंश में **वह** के लिए **ओइ** का प्रयोग मिलता है, जैसे 'बड्डा घर ओइ' (हेम.)। *कीर्तिलता* में भी **ओ, ओहु** आदि के प्रयोग मिलते हैं, जैसे '**ओ** परमेसर हर सिर सोहइ' या 'ओहु राओ विक्खण'। इससे यह निष्कर्ष भले न निकाला जा सके कि 'इस **ओहु** से **वह** का बनना कठिन नहीं है'[56] पर अपभ्रंश और हिन्दी में इन रूपों के प्रयोग की समानता तो सिद्ध होती ही है।

निजवाचक सर्वनाम '**अप्पण**' और उसके विभिन्न रूप अपभ्रंश में खूब मिलते हैं, उदाहरणार्थ 'फोडेन्ति जे हियडउँ अप्पणउँ' (हेम.)। 'निलज्जु, **आपण** बान' (उक्ति.) आदि। ब्रजभाषा, अवधी और खड़ी बोली में इसके **आए, अपनी** आदि रूप बन जाते हैं।

निकटवर्ती निश्चयवाचक सर्वनाम के लिए अपभ्रंश में **एह** और **आय** रूप मिलते हैं; जैसे '**एह** कुमारी **एहो** नरु' (हेम.) आइइँ लोअहो सोअणइ' आदि। *कीर्तिलता* में निकटवर्ती सर्वनाम के लिए **ई, एहु, एही** और **एहि** रूप मिलते हैं।[57] अवधी, ब्रजभाषा और खड़ी बोली में इनके लिए **एहि, यह, ये** आदि रूप प्रयुक्त होते हैं।[58]

सम्बन्धवाचक सर्वनाम **जो** अपभ्रंश, अवधी, ब्रजभाषा और मानक हिन्दी में समान रूप से प्रयुक्त होता है। प्रश्नवाचक सर्वनाम के रूप में अपभ्रंश में **काइं** और **कवण** के प्रयोग मिलते हैं। ब्रजभाषा में '**कवण**' का **कौन** रूप और अवधी में **कवन** रूप प्रयुक्त होता है। इनके अतिरिक्त **के, को, कौ** के प्रयोग भी अवधी-ब्रजभाषा में प्रचलित हैं। आधुनिक हिन्दी में **कौन** रूप मानक माना गया है। अनिश्चयवाचक सर्वनाम **कोई, कोउ** और **कुछ** अपभ्रंश और हिन्दी में समान रूप से मिलते हैं।

संख्यावाचक शब्दों के रूप अपभ्रंश और हिन्दी में प्रायः समान हैं। यदि उनमें कुछ अन्तर है तो उच्चारण वैशिष्ट्य के कारण; उदाहरणार्थ **एक्कवीस—एकइस, इक्कीस; बाबीस—बाइस, बाईस; चउतीस—चौंतिस, चौंतीस; छप्पण—छप्पन; सट्ठि—साठि, साठ; चउरासी—चौरासी** आदि। अपूणार्थबोधक, क्रमवाचक, आवृत्तिवाचक, समुदायवाचक, संख्या शब्दों में भी अपभ्रंश और हिन्दी में पर्याप्त समानता है।[59]

अपभ्रंश और हिन्दी (अवधी, भोजपुरी, खड़ी बोली आदि) के क्रियारूपों में भी बहुत समानता है। अपभ्रंश की तरह हिन्दी की क्रियाएँ भी तद्भव रूपों में होती हैं। ✓खा, ✓चू, ✓तोड़, ✓पड़, ✓जुट, ✓नहा जैसी सैकड़ों धातुएँ अपभ्रंश और हिन्दी में समान रूप से मिलती हैं। यदि कहीं अन्तर है तो वह स्थानीय उच्चारण-भेद के कारण है। संस्कृत की विकरण युक्त धातुएँ भी अपभ्रंश और हिन्दी में समान रूप से उपलब्ध होती हैं, जैसे ✓सुन, ✓नाच, ✓बूझ, ✓जान, ✓गिर आदि। संस्कृत की प्राय: सभी 'ऋ' कारान्त धातुएँ अपभ्रंश और हिन्दी में 'र' कारान्त हो गई हैं। अपभ्रंश और हिन्दी की अनेक धातुएँ संस्कृत के कृदन्त रूपों से बनी हैं, जैसे ✓चुक, ✓पैठ, ✓रूठ, ✓फूँक आदि। अपभ्रंश और हिन्दी की देशज धातुओं में भी बहुत समानता है; जैसे अप्फुण—अफन, उक्कुस—उकस, ओगाह—उगाह, कोक्क—कूक, चक्ख—चख, चड़—चढ़, छज्ज—छाज, झंख—झख आदि।

काल रचना की दृष्टि से भी अपभ्रंश और हिन्दी में बहुत समानता है। हिन्दी के विविध कालों की क्रियाएँ अपभ्रंश की क्रियाओं से मिलती-जुलती हैं। पहले सहायक क्रियाओं को लें। हिन्दी की वर्तमान काल की सहायक क्रियाएँ **है, अहे, अहैहइं, अहई, आछै, आहि** और इनके विभिन्न रूप हैं। (उदाहरणों के लिए देखें पृ. 38-39) हेमचन्द्र के व्याकरण में **अहै** और **अहइ** रूप नहीं मिलते पर **अच्छ** और **अच्छि** के प्रयोग मिलते हैं। *उक्ति-व्यक्ति-प्रकरण, वर्णरत्नाकर* और *कीर्तिलता* में भी **अछ** वाले रूप ही मिलते हैं। *वर्णरत्नाकर* में विकल्प से **अह** वाले रूप भी मिलते हैं।[60] पर इसका यह अर्थ नहीं कि अपभ्रंश में **अहै** और **अहइ** वाले रूप होंगे ही नहीं। सम्भव है मध्य देश में रचित अपभ्रंश की रचनाओं में ये रूप रहे हों, जो आज उपलब्ध नहीं हैं। हिन्दी की भूतकाल की सहायक क्रिया **था** और इसके रूपों के बारे में भी यही बात कही जा सकती है। ब्रजभाषा में इसके लिए **हुतो, हो, तो, ती** आदि और अवधी में **भा, भयउ, भयो, रहा, रहेउ** आदि क्रियारूपों के प्रयोग होते हैं। इन क्रियाओं के समरूप सम्प्रति अपभ्रंश में नहीं मिलते। इसी प्रकार हिन्दी की सहायक क्रिया के भविष्यत् काल वाले रूप (होगा, हूँगा, होगे आदि) भी अपभ्रंश में अब तक के अध्ययनों के अनुसार नहीं मिलते।

पर अपभ्रंश और हिन्दी में प्रचलित अन्य क्रियारूपों में बहुत समानता मिलती है। सामान्य वर्तमान काल में अपभ्रंश में √कर के रूप उत्तम पुरुष में **करउँ** (एकवचन), **करहुँ** (बहुवचन), मध्यम पुरुष में **करहि** (एक व.), **करहु** (बहु. व.) और अन्य पुरुष में **करइ** (एक. व.), **करहिं** (ब. व.) होते हैं। अवधी और ब्रजभाषा में ये रूप मिलते हैं। पर उच्चारण भेद से अवधी और ब्रजभाषा में इनके **करै, करे, करैं, करौं, करऊँ** आदि रूप भी मिलते हैं। (उदाहरण पृ. 40-41 पर द्रष्टव्य)

इसी प्रकार सामान्य भविष्यत् काल के रूपों में भी अपभ्रंश, अवधी और ब्रजभाषा में बहुत समानता है। अपभ्रंश में भविष्यत् काल की क्रियाएँ दो रूपों में मिलती हैं : (क) **स**-प्रकार, जैसे **करिसइ, करिसहि, करिसुँ, करसहूँ** आदि और (ख) **ह**-प्रकार, जैसे **करिहइ, करिहहि, करिहहिं, करिहहु, करिहउँ** आदि। अवधी में **स**-प्रकार वाले रूप मिलते हैं। जैसे—'बिकल होसि तैं कपि के मारे' (मानस)। **ह**-प्रकार वाले रूप अवधी और ब्रजभाषा दोनों में मिलते हैं, जैसे **ह्वै है, रहिहै, चलिहैं, जैहों** आदि। (उदाहरण पृ. 46 पर देखें)।

अपभ्रंश में आज्ञार्थ क्रिया के लिए धातु में—**इ, उ** और **ए** प्रत्यय लगाये जाते हैं, जिनसे

सुमरि, बिलम्बु और **करै** जैसे रूप बनते हैं।[61] ब्रजभाषा और अवधी में इनके **देखु, जानि, सुनो** आदि रूप मिलते हैं। (उदाहरण, पृ. 47–48 पर देखें) आधुनिक मानक हिन्दी में केवल **अ, ओ** और **एँ** वाले रूप ही स्वीकृत हैं, जैसे **तू कर, तुम करो, आप करें** आदि।

कृदन्तों की सहायता से बनने वाली अपभ्रंश और हिन्दी क्रियाओं में भी बहुत समानता है। अपभ्रंश में क्रियाधातु में **'त'** प्रत्यय जोड़कर प्रथम कृदन्त के रूप बनते हैं और कभी किसी सहायक क्रिया की सहायता से और कभी स्वतंत्र रूप से ही सामान्य वर्तमान काल का बोध कराया जाता है, जैसे 'होइ **करतम** अच्छ' (हेम.)। यहाँ **करत** के साथ **अच्छ** सहायक क्रिया का प्रयोग हुआ है। *उक्ति-व्यक्ति-प्रकरण* और *कीर्तिलता* में भी इसके उदाहरण मिलते हैं। ब्रजभाषा, अवधी और खड़ी बोली के प्राचीन साहित्य में प्रचुर उदाहरण उपलब्ध होते हैं। (उदाहरणों के लिए देखें पृ. 42–43) खड़ी बोली में **'त'** प्रत्यय **'ता'** में परिवर्तित हो जाता है। उदाहरण—'तुज मुखकमल पे **फिरता** है भौरा'।[62]

अपभ्रंश में द्वितीय कृदन्त के रूप क्रियाधातु में **आ** या **अउ** प्रत्यय लगाकर बनते हैं और सामान्य भूतकाल का बोध कराते हैं, जैसे—'अम्बणु लाइबि जे **गया**' '**गयउ** सु केहरि' (हेम.), 'पुरुष **हुअउँ** बलिराय', (कीर्ति.) 'चन्दन **क** मूल्य ईंधन बिका' (कीर्ति.) आदि।[63] ब्रजभाषा और अवधी में भी ऐसा ही होता है। (उदाहरण के लिए देखें पृ. 43–44) पुरानी खड़ी बोली में भी ये प्रयोग मिलते हैं, जैसे—'लग्या बाब उस साद आजाद **कूँ**', 'जो देखन **लगें**' 'मदन दो तरफ ते जो **आया** उबल' आदि।[64] मानक हिन्दी में इस कृदन्त से अनेक काल रूपों का बोध होता है।

अपभ्रंश में **अब्ब** प्रत्यय वाले क्रियारूप सामान्य भविष्यत् काल का बोध कराते हैं; जैसे 'महु करिएब्बउँ कि' (हेम.)। अवधी, भोजपुरी, मैथिली आदि में यह प्रयोग खूब होता है, जबकि ब्रजभाषा में यदा-कदा। (उदाहरणों के लिए देखें पृ. 46) खड़ी बोली के पुराने साहित्य (दक्खिनी हिन्दी) में भी ये प्रयोग नहीं मिलते। इसका यह अर्थ है कि यह पूर्वी क्षेत्र की अपभ्रंश और हिन्दी की समान विशेषता है। नामवर सिंह का यह कहना कि 'साहित्यिक खड़ी बोली में ये रूप सर्वथा अप्रचलित हो गए' भ्रामक है। वस्तुत: यह प्रयोग कभी खड़ी बोली में था ही नहीं और अवधी, भोजपुरी आदि में अब भी है।

पूर्वकालिक क्रिया के लिए अपभ्रंश में **इ** आदि आठ प्रत्यय प्रयुक्त होते थे, जिनमें **इ** का ही विशेष चलन था।[65] अवधी और ब्रजभाषा में इस क्रियारूप के उदाहरण प्रचुर मात्रा में उपलब्ध होते हैं। (उदाहरण के लिए देखें, पृ. 47) मानक हिन्दी (खड़ीबोली) में क्रियाधातु में **'कर'** उपसर्ग जोड़कर यह रूप बनता है, जैसे **जाकर, चलकर, उड़कर** आदि।

अपभ्रंश में सामान्य वर्तमान काल की क्रिया अधिकतर **चलइ, करई** आदि तिङन्त तद्भव रूप में ही होती थी, जो अवधी और ब्रजभाषा में भी उपलब्ध होती है। पर प्रथम कृदन्त और सहायक क्रिया से सामान्य वर्तमान काल की रचना के उदाहरण अपभ्रंश में भी उपलब्ध होते हैं; जैसे—'करत म अच्छ' (हेम.)।[66] अवधी और ब्रजभाषा दोनों में ही ये क्रिया रूप प्राप्त होते हैं। (उदाहरणों के लिए देखें पृ. 41) पुरानी खड़ी बोली (दक्खिनी हिन्दी) में भी ये प्रयोग मिलते हैं; जैसे 'मआनी इश्क के ताराँ सो **बुनता है**', 'मन्तर **पढ़ती है** दूती' आदि।[67] आधुनिक मानक हिन्दी में ये ही प्रयोग प्रचलित हैं।

अपूर्ण भूतकाल, आसन्न भूतकाल और पूर्ण भूतकाल के उदाहरण पुरानी कविता में बहुत कम मिलते हैं, पर जो उदाहरण उपलब्ध हैं उनसे अपभ्रंश और हिन्दी में समानता दिखाई पड़ती है।

अपभ्रंश में ही संयुक्त क्रियाओं का प्रयोग आरम्भ हो चुका था। संयुक्त क्रिया के रूप विभिन्न कृदन्तों और सामान्य क्रिया के विकारी रूपों की सहायता से निर्मित होते हैं। उदाहरण के लिए 'पहिउ **रडन्तउ** जाइ' (हेम.)। अवधी और ब्रजभाषा में ये प्रयोग 'नहिं गुरदत बनई' (मानस) और 'कहत न आवै' (सूर.) रूप में प्राप्त होते हैं। आधुनिक मानक हिन्दी में इसका उदाहरण होगा 'कहते नहीं बनता' आदि। अपभ्रंश में द्वितीय कृदन्त से बनी सहायक क्रिया का उदाहरण है, 'जइ भग्गा घर एन्तु' (हेम.) या 'तहअ गन्ध सज्जा किआं' (*प्राकृत पैंगलम्*)। अवधी और ब्रजभाषा में इनके उदाहरण हैं क्रमशः 'सो चलि गा पाताल तुरन्ता' (मानस) और 'तबहिं उपँगसुत आय गए' (सूर.)। इसी प्रकार अपभ्रंश और हिन्दी दोनों में पूर्वकालिक क्रियारूपों और तुमर्थ रूपों के साथ मुख्य क्रिया के योग से सहायक क्रियाओं की रचना होती है। अपभ्रंश में इनके उदाहरण हैं, 'धाए असवरिहिं **मारिअ**' (कीर्ति.), 'उपर **चढ़ावए** चाह घोर' (कीर्ति.) आदि। अवधी, ब्रजभाषा और मानक हिन्दी में भी इस प्रकार के उदाहरण मिलते हैं। (देखें पृ. 47-48)

अपभ्रंश के अधिकांश क्रियाविशेषण थोड़े से ध्वनि परिवर्तन के साथ हिन्दी में प्रयुक्त होते हैं। उदाहरण के लिए अपभ्रंश के क्रियाविशेषण हैं—**अज्जु, एँवहि, कइयहँ, जइय, कहिं, जहिं, एउँ, णिरु, अवस, जणि, अनु** आदि। ये क्रियाविशेषण हिन्दी में **आज, अबहिं—अब, कहिया, जहिया, कहँ-कहाँ, जहँ-जहाँ, यों, निरा, अवस, जनि, अनु** आदि रूपों में प्रयुक्त होते हैं।

कुल मिलाकर यह निष्कर्ष प्रस्तुत किया जा सकता है कि अपभ्रंश का हिन्दी से भाषिक सम्बन्ध बहुत घनिष्ठ है। पर हिन्दी के भाषावैज्ञानिकों द्वारा फैलाई गई यह धारणा निराधार है कि 'अपभ्रंश' से 'हिन्दी' का **विकास** हुआ है। वस्तुतः यह अत्यन्त सरलीकृत निष्कर्ष है, जिसके मूल में 'अपभ्रंश', 'अवहट्ट', 'हिन्दी' आदि पदों का अनिश्चित अर्थों में प्रयोग भी है।

सन्दर्भ

1. द्रष्टव्य प्रस्तुत पुस्तक, पृ. 9-16
2. डॉ. शिवप्रसाद सिंह के अनुसार देशी भाषा शब्द का पहला प्रयोग प्राकृत के लिए हुआ है। पादलिप्त (ई. सन् 500), उद्योतन (ई. सन् 769) और कोऊहल ने प्राकृतों को देशी कहा है। आठवीं शताब्दी में स्वयंभू ने और दसवीं शताब्दी में पुष्पदन्त ने अपनी भाषा को 'देसी' की संज्ञा दी। (*कीर्तिलता और अवहट्ट भाषा,* पृ. 42-43)
3. नामवर सिंह, *हिन्दी के विकास में अपभ्रंश का योग,* 1982, पृ. 44
4. उदय नारायण तिवारी, *हिन्दी भाषा का उद्गम और विकास,* चतुर्थ आवृत्ति, 1979, पृ. 128
5. उपरिवत्
6. उपरिवत्

7. नामवर सिंह, *हिन्दी के विकास में अपभ्रंश का योग,* पृ. 45 पर उद्धृत
8. उपरिवत्
9. उपरिवत्
10. सच्चिदानन्द भट्टाचार्य, *भारतीय इतिहास कोश,* हिन्दी समिति, लखनऊ, 1976, पृ. 443
11. उपरिवत्, पृ. 129
12. नामवर सिंह, *हिन्दी के विकास में अपभ्रंश का योग,* पृ. 46–47 पर उद्धृत
13. उपरिवत्
14. उपरिवत्, पृ. 47
15. उपरिवत्
16. न लोपोऽपभ्रंशेऽधो रेफस्य (प्राकृत लक्षणम् 3–37) और 'आभीरादिगिरः काव्येष्वपभ्रंश इति स्मृता (काव्यादर्श, 1–36) नामवर सिंह द्वारा *हिन्दी के विकास में अपभ्रंश का योग,* पृ. 23 पर उद्धृत।
17. उदय नारायण तिवारी, *हिन्दी भाषा का उद्गम और विकास,* पृ. 126
18. उपरिवत्
19. उपरिवत्, पृ. 126–127
20. उपरिवत्
21. नामवर सिंह, हिन्दी के विकास में अपभ्रंश का योग, पृ. 52 पर उद्धृत
22. उपरिवत्, पृ. 53 पर उद्धृत
23. उपरिवत्
24. उपरिवत्
25. उपरिवत्
26. उपरिवत्, पृ. 53
27. देखें प्रस्तुत पुस्तक पृ. 65–69
28. नामवर सिंह, *हिन्दी के विकास में अपभ्रंश का योग,* पृ. 97
29. उपरिवत्
30. राहुल सांकृत्यायन, *हिन्दी काव्यधारा,* अवतरणिका, पृ. 3–4
31. चन्द्रधर शर्मा गुलेरी, *पुरानी हिन्दी,* पृ. 9–10, 12
32. उदय नारायण तिवारी, *हिन्दी भाषा का उद्गम और विकास,* पृ. 129
33. चन्द्रधर शर्मा गुलेरी, *पुरानी हिन्दी,* दोहा सं. 30, पृ. 77
34. उदय नारायण तिवारी, *हिन्दी भाषा का उद्गम और विकास,* पृ. 129
35. उपरिवत्
36. उपरिवत्
37. भोलानाथ तिवारी, *हिन्दी भाषा,* किताब महल, इलाहाबाद, 1976, पृ. 97
38. उदय नारायण तिवारी, *हिन्दी भाषा का उद्गम और विकास,* पृ. 129–30
39. भोलानाथ तिवारी, *हिन्दी भाषा,* पृ. 97
40. नामवर सिंह, *हिन्दी के विकास में अपभ्रंश का योग,* लोक भारती प्रकाशन, इलाहाबाद, संस्करण 1982, पृ. 293–321
41. राहुल सांकृत्यायन, *हिन्दी काव्यधारा,* किताब महल, इलाहाबाद, 1945
42. राहुल सांकृत्यायन, *दोहा कोश,* बिहार राष्ट्रभाषा परिषद्, पटना, 1957
43. रामचरितमानस, उत्तर काण्ड, कडवक सं. 79, चौपाई सं. 2
44. राहुल सांकृत्यायन, *दोहा कोश,* पूर्वो. पृ. 40
45. उपरिवत्, पृ. 41–50, 61–63
46. नामवर सिंह, *हिन्दी के विकास में अपभ्रंश का योग,* पूर्वो. पृ. 161–170

47. उदाहरणों के लिए द्रष्टव्य नामवर सिंह, *हिन्दी के विकास में अपभ्रंश का योग,* पृ. 111
48. नामवर सिंह, *हिन्दी के विकास में अपभ्रंश का योग,* पृ. 114
49. उपरिवत्, पृ. 115
50. *दोहा कोश,* पूर्वो. पृ. 52
51. नामवर सिंह, *हिन्दी के विकास में अपभ्रंश का योग,* पृ. 117
52. उपरिवत्, पृ. 118
53. अधिक उदाहरणों के लिए द्रष्टव्य डॉ. नामवर सिंह की पुस्तक *'हिन्दी के विकास में अपभ्रंश का योग',* पृ. 119–122
54. डॉ. नामवर सिंह, *हिन्दी के विकास में अपभ्रंश का योग,* पृ. 126
55. उपरिवत्, पृ. 128
56. उपरिवत्, पृ. 129
57. उपरिवत्, पृ. 130
58. उपरिवत्, पृ. 131
59. उपरिवत्, पृ. 134–35
60. उपरिवत्, पृ. 140
61. उपरिवत्, पृ. 142
62. राहुल सांकृत्यायन, *दक्खिनी हिन्दी काव्यधारा,* पृ. 104
63. नामवर सिंह, *हिन्दी के विकास में अपभ्रंश का योग,* पृ. 144
64. राहुल सांकृत्यायन, *दक्खिनी हिन्दी काव्यधारा,* पृ. 169
65. नामवर सिंह, *हिन्दी के विकास में अपभ्रंश का योग,* पृ. 145
66. उपरिवत्, पृ. 145
67. राहुल सांकृत्यायन, *दक्खिनी हिन्दी काव्यधारा,* पृ. 114

6

साहित्यिक भाषा के रूप में अवधी का विकास

भाषा के रूप में 'अवधी' का प्रथम स्पष्ट उल्लेख अमीर खुसरो की *खालिकबारी* में **मिलता** है। उन्होंने अपने समय (1253–1325 ई.) की भारतीय भाषाओं का उल्लेख करते हुए उसमें 'अवधी' को भी सम्मिलित किया है। निश्चय ही 'अवधी' का अस्तित्व अमीर खुसरो के बहुत पहले से रहा होगा, भले ही उसे यह नाम न मिला हो। हिन्दी की एक बहुत पुरानी रचना रोडा कृत *'राउरबेल'* में अवधी के साहित्यिक प्रयोग का उदाहरण मिलता है। विद्वानों ने *'राउरबेल'* का रचनाकाल ग्यारहवीं शताब्दी का प्रथम चरण (1001–1025 ई.) निर्धारित किया है, वैसे यह भी विवाद से परे नहीं है। इस शिलांकित सरस काव्य रचना में उत्तर भारत के छह विभिन्न भू-भागों की युवतियों के वर्णन हैं, जिनकी भाषा अलग-अलग है। इनमें से एक नायिका कन्नौज की है जिसके वर्णन की भाषा की पहचान 'अवधी' के रूप में की गई है। इस भाषा का उदाहरण है[1] :

आँखिहि काजल तरलउ दीजइ।
[आ] छउ तुछउ फूलु...जइ॥

इसमें सन्देह नहीं कि अवधी के साहित्यिक रूप की बड़ी सुन्दर झलक कन्नौज की नायिका के रूपवर्णन में मिलती है। शृंगार रस के अनुरूप शब्दों के चुनाव और अलंकारों की योजना में कवि निष्णात है।

अवधी भाषा के प्रयोग का दूसरा प्राचीन उदाहरण दामोदर पंडित रचित *उक्ति-व्यक्ति-प्रकरण* में उपलब्ध होता है। अनुमान किया जाता है कि यह पुस्तक गाहड़वार राजा महाराज गोविन्दचन्द्र (राज्य काल 1154 ई. तक) के राजकुमारों को काशी-कान्यकुब्ज की भाषा सिखाने के उद्देश्य से रची गई थी। डॉ. सुनीति कुमार चटर्जी ने इसकी भाषा को कोसली (या पूर्वी हिन्दी) की संज्ञा दी है।[2] पर यह अवधी का, बोलचाल का रूप है, जबकि *राउरबेल* की भाषा साहित्यिक अवधी का उदाहरण प्रस्तुत करती है।

पर पूर्वी हिन्दी या अवधी में किसी सम्पूर्ण काव्य-रचना का उदाहरण 1379 ई. के पूर्व नहीं मिलता। 1379 ई. में मौलाना दाऊद ने, जो अवधी क्षेत्र के डलमऊ नगर के निवासी थे, *चन्दायन* की रचना की, जिसकी भाषा अवधी या पूर्वी हिन्दी मानी जा सकती है। यद्यपि संशुद्ध पाठ के अभाव में *चन्दायन* की भाषा पर सम्यक् रूप से विचार करना और किसी प्रामाणिक निष्कर्ष पर पहुँचना कठिन है[3], पर दाऊद के अवधी क्षेत्र वासी होने तथा *चन्दायन*

की भाषा में अवधी की अनेक विशेषताओं की मौजूदगी के आधार पर इसे अवधी कहना ही युक्तिसंगत प्रतीत होता है।[4] *चन्दायन* में उपलब्ध **आवहिं, चढ़ावहिं, बहिराहिं, खायें, कहहीं, करहीं, सुहावइ, आवइ, भावइ** आदि क्रियारूप जायसी कृत *पद्मावत* और तुलसी कृत *रामचरितमानस* में भी मिलते हैं। इसी प्रकार *चन्दायन* में प्राप्त भूतकालिक क्रियाओं के रूप में, जैसे **भा, भावा, बुलावा, पढ़ावा, कढ़ा, चढ़ा, भई, प्रगटी, बखानी, दीन्ह, लीन्ह, भये, बैठे, खनाये** आदि भी *पद्मावत* और *रामचरितमानस* में मिल जाते हैं।

इसमें कोई सन्देह नहीं कि अवधी को काव्यभाषा के रूप में प्रतिष्ठित करनेवाले प्रथम महत्त्वपूर्ण कवि मौलाना दाऊद ही हैं। यह उस काल की ठेठ अवधी है जिसमें संस्कृत शब्दों का प्रयोग बहुत ही कम हुआ है। अपभ्रंश को तत्सम शब्दों से परहेज था, यह तथ्य सुज्ञात है। तेरहवीं–चौदहवीं शताब्दी में तत्सम शब्दों के प्रति परहेज का भाव समाप्त होने लगा था, फिर भी जनभाषा में तद्भव शब्दों का ही अधिक प्रचार था। अतः यदि *चन्दायन* में प्राकृत और अपभ्रंश से देशज रूप में ढले शब्दों का ही बाहुल्य है तो यह कोई आश्चर्य की बात नहीं है। **सुलक्खन, विचक्खन** आदि शब्दों के प्रयोग हिन्दी या अवधी के पुराने रूप के द्योतक हैं। मुसलमान होने के कारण कवि अरबी–फारसी शब्दों का भी प्रयोग बेहिचक करता है, पर ये शब्द ऐसे हैं जो उस काल की बोलचाल की भाषा में घुल–मिल गए थे। कुछ ही ऐसे उदाहरण मिलते हैं जो, आज भी अपरिचित जैसे लगते हैं, जैसे ब्राह्मण के लिए '**पीर**', तीसरे के लिए **सोहम** (सोयम) या '**कहा**' के लिए फारसी क्रिया '**गोयन्द**' का प्रयोग।[5]

मौलाना दाऊद का सबसे अधिक महत्त्व इस बात में है कि उन्होंने एक बोलचाल की भाषा को अपनी सर्जनात्मक प्रतिभा से श्रेष्ठ काव्यभाषा का रूप दे दिया। उन्होंने अपने काव्य के लिए, जिसमें प्रेम के तीव्र और गम्भीर रूप का अंकन मुख्य लक्ष्य है, पूर्ववर्ती और समकालीन चरितकाव्यों तथा फारसी की मसनवियों के मिले–जुले काव्यरूप का आविष्कार किया। उन्होंने अपने काव्य का संयोजन जैन चरितकाव्यों की कड़वक पद्धति पर किया[6] और प्रत्येक कड़वक में पाँच यमकों तथा अन्त में एक धत्ता का प्रयोग किया। 'यमक' का प्रचलित रूप चौपाई तथा 'धत्ता' का प्रचलित रूप दोहा है। यमक अथवा चौपाई के रूप में दाऊद ने पद्धड़िया, वदनक तथा पारणक छन्दों का प्रयोग किया है।[7] धत्ता के रूप में भी दाऊद ने विभिन्न मात्राओं वाले अनेक छन्दों का प्रयोग किया है। अवधी को इन छन्दों तथा कड़वकों में ढालने का प्रथम प्रयास दाऊद ने ही किया। इस प्रयास का महत्त्व इस तथ्य से उजागर होता है कि परवर्ती सूफी और अन्य प्रबन्धकाव्यों में यही काव्यरूप, हलके–फुलके परिवर्तनों के साथ अपनाया गया है।

किसी भाषा को काव्यभाषा में परिणत करने का अर्थ है उसकी सर्जनात्मक क्षमता को बढ़ाना, जो किसी प्रतिभाशाली कवि द्वारा ही सम्भव होता है। मौलाना दाऊद निश्चय ही एक अधीत और प्रतिभाशाली कवि थे। उन्हें अपनी पूर्ववर्ती और समकालीन अपभ्रंश काव्य परम्परा के साथ फारसी काव्य परम्परा का अच्छा ज्ञान था जिनके मिश्रण से उन्होंने अपनी काव्यशैली निर्मित की थी। अपभ्रंश या पुरानी हिन्दी के चरितकाव्यों में वीर और शृंगार रसों की व्यंजना के लिए जिस प्रकार की शब्द–योजना, अलंकार–योजना, गुण और रीति–योजना की गई है, उसकी सर्जनात्मक अनुकरण दाऊद ने भी किया है। *चन्दायन* का प्रमुख रस शृंगार

है और इसके दोनों पक्षों—संयोग और विप्रलम्भ—का मनोरम रूप प्रस्तुत करने में दाऊद को उल्लेखनीय सफलता मिली है। नायिका के सौन्दर्य वर्णन में कवि नए-नए और लोक जीवन में सुपरिचित उपमानों की योजना करता है—

माँग चीर सर सेंदुर पूरा। रेंग चला जनु कानकेजूरा॥ 75/2
लाँब केस मुर बाँध धराये। जानु सेंदुरी नाग सुहाये॥ 76/2
अम्ब फार जनु मोतिंह भरे। ते लइ भौंह कै तर धरे॥ 79/2

चाँदा का नख-सिख सौन्दर्य वर्णन[8] काव्यभाषा के उत्कर्ष का श्रेष्ठ नमूना है। बोलचाल की सामान्य अवधी को ध्वन्यात्मक प्रभाव से सम्पन्न कर सर्जनात्मकता की ऊँचाई पर पहुँचा देने का प्रमाण निम्नलिखित पंक्तियाँ प्रस्तुत करती हैं :

हंस गँवन ठुम ठुमकत आवइ। चमक चमक धनि पाउ उचावइ।
झनक झनक पौ धरती धरा। चमक चमक जनु सुगति भरा॥[9]

कवि की भाषा में प्राकृतिक वस्तुओं के साथ-साथ नगर, हाट-बाजार, मन्दिर-देवालय, रीति-रिवाज, जन्म, विवाह, खानपान, युद्धयात्रा आदि अनेक प्रसंगों को, वर्णन द्वारा मूर्त कर देने की अद्‌भुत शक्ति है। *चन्दायन* में वियोग वर्णन के कई स्थल हैं जिनमें सर्वाधिक महत्त्वपूर्ण मैना का वियोग वर्णन है जो बारहमासा के रूप में प्रस्तुत किया गया है।[10] इस वियोग वर्णन में प्रकृति के साहचर्य में वियोगिनी के मनोभावों की अभिव्यक्ति में कवि को अद्‌भुत सफलता मिली है। इस प्रकार, बिना और उद्धरण प्रस्तुत किये, हम विश्वास के साथ कह सकते हैं कि मौलाना दाऊद अद्‌भुत भाषिक सर्जनात्मक क्षमता से युक्त, प्रातिभ कवि हैं। अवधी को साहित्यिक भाषा के उत्कर्ष पर पहुँचाने का श्रेय उन्हीं को है। बाद में मलिक मुहम्मद जायसी और गोस्वामी तुलसीदास ने साहित्यिक भाषा के रूप में अवधी को और भी परवान चढ़ाया, पर दाऊद ने इस परम्परा की एक ऐसी पक्की नींव दे दी थी जिसकी किसी प्रकार उपेक्षा नहीं की जा सकती।

चन्दायन के 124 वर्ष के बाद कुतुबन कृत *मृगावती* (1503 ई.) की रचना हुई। बीच के लगभग सवा सौ वर्षों में किसी सूफी काव्य की रचना का पता नहीं चलता। पर भाषा, कथ्य और काव्यरूप की दृष्टि से कुतुबन कृत *मृगावती* *चन्दायन* की परम्परा की ही कड़ी है। यह भी *चन्दायन* की तरह ठेठ अवधी में रचित काव्य है, पर कुतुबन अपभ्रंश काव्यपरम्परा से कुछ अधिक प्रभावित जान पड़ते हैं। *मृगावती* में ऐसे अनेक शब्दप्रयोग हैं जो अपभ्रंश काव्यपरम्परा का स्मरण दिलाते हैं। उदाहरण के लिए कुछ दोहे उद्धृत हैं—

काग उड़ावत धनि खरी आइ सन्देसु भरक्कि।
आधी बरया काग गलि गइ आधी गई तरक्कि॥
सिंघिनी ऐकै पूत जन बन मांडन रन ढिट्ठ।
कुम्भ बिदारन सप्पुरिस सूठ्ठिहि गरुव गलिट्ठ॥

इनमें से पहला दोहा तो हेमचन्द्र द्वारा उद्धृत एक दोहे का हल्का रूपान्तर मात्र है। इन दोहों में प्रयुक्त **भरक्कि, बरया, तरक्कि, ढिट्ठ, सप्पुरिस, सूठ्ठिहि, गलिट्ठ** आदि शब्द कुतुबन की भाषा के अपभ्रंश के निकट होने की सूचना देते हैं। इसी प्रकार कुतुबन ने **पारुधि, लोइनह, बीरच्चन कयाह, मूरिष, दगधन्त, परक्खिअइ, हुँत, खुष्ष, झुरुष्ष, अनुराउ, हत्थ,**

दरक्कि जैसे शब्दों के प्रयोग प्रचुरता के साथ किये हैं।[11] अरबी-फारसी के शब्दों का प्रयोग उन्होंने न के बराबर किया है।

कुतुबन ने भी साहित्यिक भाषा के समस्त शैलीय उपकरणों का प्रयोग अपनी प्रतिभा के अनुरूप किया है। इनकी भाषा की प्रमुख विशेषता ठेठ अवधी का माधुर्य है। कवि ने स्वयं लिखा है :

"सासत्रीय आखर बहु आए। औ देसी चुनि चुनि सब लाए।"

कुतुबन कृत *मृगावत* (1503) के आसपास ही ईश्वरदास ने अवधी में *सत्यवती कथा* नाम का एक लघु प्रबन्धकाव्य लिखा। उस समय दिल्ली का बादशाह सिकन्दर शाह (1489-1517) था, जिसका उल्लेख कवि ने किया है। इसकी भाषा अयोध्या के आसपास की ठेठ अवधी है। पाँच-पाँच चौपाइयों (अर्द्धालियों) पर एक दोहे के क्रम से, कड़वक पद्धति पर, इसकी रचना हुई है। पर आचार्य शुक्ल का यह निष्कर्ष कि "यही अवधी भाषा, चौपाई-दोहे का क्रम और कहानी का रंग सूफियों ने ग्रहण किया"[12] ठीक नहीं प्रतीत होता, क्योंकि जैसा हम देख चुके हैं, मौलाना दाऊद ने इसके लगभग सवा सौ वर्ष पहले, अवधी भाषा में, चौपाई-दोहे के क्रम में *चन्दायन* की रचना की थी। साहित्यिक भाषा के उत्कर्ष की दृष्टि से भी *सत्यवती कथा* का कोई विशेष महत्त्व नहीं है। इसकी भाषा का एक उदाहरण है—

रोवै व्याधी बहुत पुकारी। छोहन ब्रिछ रोवैं सब झारी।
बाघ सिंह रोवत बन माहीं। रोवत पंछी बहुत ओनाहीं॥

पर मानव भावनाओं के साथ प्रकृति का सामंजस्य दिखाने की सहृदयता ईश्वर दास में भी है, जो सूफी कवियों की खास विशेषता है।

अवधी को साहित्यिक भाषा की दृष्टि से समृद्ध और सम्पन्न बनाने का सबसे अधिक श्रेय मलिक मुहम्मद जायसी को है। जायसी की काव्यप्रतिभा अत्यन्त उर्वर और आध्यात्मिक साधना सम्पन्न थी। इन्होंने चौदह ग्रन्थों की रचना की थी[13], जिनमें *पद्मावत, अखरावट, चित्ररेखा (चित्रावत), कहरानामा (महरीबाईसी), आखिरी कलाम, कान्हावत* आदि सम्पादित-प्रकाशित हो चुके हैं। शेष अनुपलब्ध हैं। इन सभी ग्रन्थों की भाषा अवधी है। इनमें सबसे महत्त्वपूर्ण रचना *पद्मावत* है, जिसकी रचना 1527 ई. से 1540 ई. के बीच किसी समय हुई।[14] यह सूफी प्रेमदर्शन की व्यंजना से भरपूर एक प्रबन्धकाव्य है, जिसमें काव्यरूप की लगभग वही प्रविधि अपनायी गई है, जिसका आविष्कार मौलाना दाऊद ने किया और अनुसरण कुतुबन ने। जैसा कहा जा चुका है, यह प्रविधि अपभ्रंश के चरित काव्यों और फारसी के मसनवी काव्यों के मिश्रण से बनी थी। भाषा की दृष्टि से भी *पद्मावत* बिलकुल *चन्दायन* की पद्धति पर चला है। *चन्दायन* की तरह ही इसमें ठेठ अवधी का प्रयोग किया गया है।[15] '*पद्मावत*' में "अपभ्रंश की बहुमुखी अभिव्यक्ति से विकसित हुआ देश्य बोली का रूप" दिखाई पड़ता है।[16] इसमें तत्सम शब्दों का प्रयोग बहुत ही कम है। *पद्मावत* की शब्द-सम्पदा तत्कालीन अवधी क्षेत्र में प्रचलित बोलचाल की भाषा से गृहीत है। इसमें कुछ ऐसे शब्द भी हैं जो प्राकृत और अपभ्रंश काव्यपरम्परा की याद दिलाते हैं। उदाहरण के लिए **दिनिअर, ससहर अहुट्ठ, भुवाल, पइट्ठ, बिसहर, सरह, पुहुमी, पब्बै, झरक्कि, दरक्कि, लष्षन, भुम्मि, खग्गि, हत्थ** आदि। व्याकरण के कुछ पुराने रूपों, जैसे **हि, हू, चाहि, बाज, पारा, आछै, पै** आदि के प्रयोग भी *पद्मावत*

में उपलब्ध होते हैं।[17] इसके साथ ही, जैसा आचार्य रामचन्द्र शुक्ल ने बताया है, ''ठेठ अवधी के बीच-बीच में नए-पुराने, पूर्वी-पश्चिमी कई प्रकार के रूपों के प्रयोग भी मिलते हैं'' जिससे भाषा कुछ अव्यवस्थित-सी लगती है।[18] पर इसका कारण उपलब्ध पाठ भी हो सकता है। शुक्ल जी ने स्वीकार किया है कि ''केशव के अनुयायी भूषण, देव आदि फुटकलिए कवियों की भाषा से इनकी भाषा कहीं स्वच्छ और व्यवस्थित है। चरणों की पूर्ति के लिए अर्थ-सम्बन्ध और व्याकरण-सम्बन्ध रहित शब्दों की भर्ती कहीं नहीं है। कहीं कुछ शब्दों के रूप व्याकरण विरुद्ध मिल जाएँ तो मिल जाएँ पर वाक्य का वाक्य शिथिल और बेढंगा नहीं मिलेगा।''[19] जायसी ने छन्द के आग्रहवश विभक्तियों, सम्बन्धवाचक सर्वनामों और अव्ययों का लोप प्रायः किया है, जिसके चलते अर्थबोध में कठिनाई होती है, पर इस कठिनाई को पार कर लेने पर पाठक जिस अर्थ-सौन्दर्य का साक्षात्कार करता है वह मुग्ध करनेवाला होता है। छन्द के आग्रह पर शब्दों का अंग-भंग करने का दोष जायसी में न के बराबर है।

जायसी की भाषा बोलचाल की और सीधी-सादी है। समस्त पदों का प्रयोग उन्होंने बहुत कम किया है। कहीं-कहीं उन्होंने फारसी की रीति पर विपरीत क्रम से दो पदों के समासों की योजना भी की है, जैसे—

लीक-पखान पुरुष कर बोला। (पखान—लीक)
भा भिनसार **किरिन-रवि** फूटी। (रवि—किरिन)

अरबी-फारसी के शब्दों का प्रयोग भी जायसी ने सन्तुलित रूप में ही किया है। *चन्दायन* की तरह *पद्मावत* में भी उन्हीं अरबी-फारसी शब्दों का प्रयोग हुआ है जो बोलचाल की भाषा के अंग बन चुके थे। बादशाही दरबार आदि के प्रसंग में **अरकान बारिगह** आदि कुछ शब्द प्रयुक्त हुए हैं, जो खटकते नहीं।

इस प्रकार जायसी की भाषा देशी साँचे में ढली हुई, घरेलू भावों से परिपूर्ण बहुत ही मधुर और हृदयग्राहिणी है।[20] यह मधुरता बोलचाल की भाषा की मधुरता है, जिसमें अवधी अपनी निज की स्वाभाविक मिठास लिये हुए है। उदाहरण के लिए निम्नोद्धृत पंक्तियाँ देखी जा सकती हैं—

नागमती चितउर पँथ हेरा। पिउ जो गए फिरि कीन्ह न फेरा॥
नागरि नारि काहुँ बस परा। तेइँ बिमोहि मोसौं चितु हरा॥
सुवा काल होइ लै गा पीऊ। पिउ नहिं लेत लेत बरु जीऊ॥[21]

इस उद्धरण की मार्मिकता ठेठ बोलचाल के शब्दों, जैसे—**पँथ, हेरा, पिउ, फेरा, मोसौं, चितु, सुवा, जीऊ** आदि के कारण पैदा हुई है। बहुत कम स्थानों पर जायसी ने तत्सम शब्दों के प्रयोग में रुचि दिखाई है। इस प्रकार ''अवधी की खालिस, बेमेल मिठास के लिए '*पद्मावत*' का नाम बराबर लिया जाएगा।''[22]

पर जायसी की काव्यभाषा का सौन्दर्य केवल उसकी सहजता और लोक-सम्पृक्ति तक सीमित नहीं है; वह उन सभी शैलीय उपकरणों से युक्त है जो किसी भाषा को सर्जनात्मक बनाते हैं। अर्थगर्भ शब्दों के चुनाव में जायसी की बराबरी बहुत कम पुराने कवि कर सकते हैं। एक उदाहरण द्रष्टव्य है—

साँठें रहै सुधीनता निसठें आगरि भूख
बिन गथ पुरुख **पतंग** ज्यौं ठाट ठाढ़ पै सूख।[23]

इस दोहे में अर्थ का सारा चमत्कार 'पतंग' शब्द में है। पतंग सघन पत्तियों वाला सुहावना वृक्ष होता है। पत्तियाँ ही उसकी शोभा हैं। पत्तियाँ झड़ जाने पर ठूँठ भद्‌दा लगता है। जायसी ने बिना पूँजी (गथ) वाले निर्धन व्यक्ति के लिए यह बहुत सटीक उपमा दी है। इस प्रकार के सटीक और अर्थवान उपमाओं से *पद्‌मावत* भरा हुआ है। एक और उदाहरण देखें—

पदुमावति भै पूनिवँ कला। चौदह चाँद उए सिंघला॥[24]

इसका अर्थ यह है कि शरद ऋतु के आकाश में खिलता हुआ चन्द्रमा ही पद्‌मावती हो गया था। पूर्णिमा का चन्द्रमा मुख बन गया और उससे पहले की तिथियों के जो चौदह चन्द्रमा उदित हो चुके थे उनसे दूसरे अंगों का लावण्य पुष्ट हुआ।

सटीक उपमाओं के साथ-साथ अर्थवान् प्रतीकों के प्रयोग द्वारा जायसी ने अपने काव्य के आध्यात्मिक अर्थगौरव को प्रकट किया है। **सूर्य, चन्द्रमा, पारस, दर्पण, सोना, रूपा, नौ पौरी, नव खंड, दसम दुवार, सिंहल गढ़, गगन दिस्टि** आदि प्रतीकों के गूढ़ प्रयोग द्वारा ने आध्यात्मिक अर्थों की सुन्दर व्यंजना की है। डॉ. वासुदेवशरण अग्रवाल के शब्दों में जायसी ने सहजयानी सिद्धों और नाथ योगियों की ''समृद्ध शब्दावली को श्लेषमयी शैली में ऐसे सुन्दर ढंग से अपना लिया है कि ऊपर से काव्यपक्ष नितान्त परिशुद्ध दिखाई पड़ता है, किन्तु उसके भीतर अध्यात्म अर्थों की रसवादी धारा प्रवाहित है।''[25]

बोलचाल की अवधी को साहित्यिक भाषा के उत्कर्ष पर पहुँचाने का श्रेय मौलाना दाऊद के बाद मलिक मोहम्मद जायसी को ही है। इन्होंने भाषा को सर्जनात्मकता प्रदान करनेवाले समस्त शैलीय उपकरणों, जैसे अलंकारों, शब्दशक्तियों, अर्थगुणों, प्रयोग-वक्रताओं, ध्वन्यात्मक प्रभाव पैदा करनेवाली शब्दयोजना आदि के द्वारा अवधी भाषा को काव्यसृजन के लिए सक्षम बनाने में सफलता प्राप्त की।

जायसी में विभिन्न प्रकार की वस्तुओं और मनोभावों का वर्णन करने की अद्‌भुत क्षमता है। *पद्‌मावत* में नगर, सरोवर, समुद्र, गढ़, विवाह, युद्ध आदि के वर्णनों की भरमार है, जिसकी एक बड़ी विशेषता यह है कि कवि बड़ी कुशलता से उन्हें आध्यात्मिक संकेत से भी उद्‌भासित करता चलता है। पर जायसी की वर्णन-प्रतिभा का सबसे अधिक परिचय नख-सिख सौन्दर्य वर्णन, वियोग वर्णन और बारहमासा वर्णन में मिलता है। अपनी नवनवोन्मेषशालिनी प्रतिभा से जायसी ने इन वर्णनों को साहित्यिक उपलब्धि का प्रतिमान बना दिया है। जायसी के रूप-सौन्दर्य वर्णन के सम्बन्ध में रामचन्द्र शुक्ल का कहना है कि ''यह वर्णन यद्यपि परम्पराभुक्त ही है, अधिकांश परम्परा से चले आते हुए उपमानों के आधार पर ही है, पर कवि की भोलीभाली और प्यारी भाषा के बल पर यह श्रोता के हृदय को सौन्दर्य की अपरिमित भावना से भर देता है।''[26] पात्रों के मनोभावों के अंकन में भी जायसी अपनी अद्‌भुत प्रतिभा का परिचय देते हैं।

सूफी काव्य परम्परा के एक अन्य महत्त्वपूर्ण कवि मंझन हैं जो जायसी के उत्तरवर्ती समकालीन कहे जा सकते हैं। *पद्‌मावत* के अन्तिम रूप से पूर्ण होने (1540 ई.) के केवल पाँच ही वर्ष बाद (1545 ई.) इनकी काव्य रचना *मधुमालती* लिखी गई।[27] *पद्‌मावत* की तरह *मधुमालती* की भाषा भी ठेठ अवधी है।

कठिन बिरह दुख जान न कोई। बिरह-बिथा दहुँ कैसी होई।
जो आवै सो कहै सोहाती। अधिकौ उठे झार सुनि छाती।[28]

जायसी के लगभग समकालीन होते हुए भी मंझन ने अपभ्रंश में प्रचलित पुराने शब्दरूपों के प्रति रुचि नहीं दिखाई। अधिक से अधिक व्यंजनों के द्वित्व या व्यंजन-लोप वाले कुछ शब्दों के प्रयोग दिखाई पड़ते हैं। जैसे **खप्प, तत्त, दिब्ब, दुग्गम, पुब्ब, आएसु, उनहारि, गिय, तिसाए, तुरिय** आदि। शब्दों के पुराने रूपों के प्रयोग के कारण *पद्मावत* क्लिष्ट हो गया है जबकि *मधुमालती* में सर्वत्र प्रसाद गुण बना हुआ है। मंझन ने प्रसाद गुण के प्रति अपनी रुचि भी इन पंक्तियों में प्रदर्शित की है—

मैं छाड़ेउँ गुन कर परसादू।
तुम्ह छाँड़हु जो बाद सवादू॥[29]

जायसी की तरह मंझन ने कथाप्रसंग में आगत विभिन्न वस्तुओं के वर्णन में अधिक रुचि नहीं दिखाई है। उन्होंने योग साधना के पारिभाषिक शब्दों का प्रयोग भी न के बराबर किया है। उनका उद्देश्य है शुद्ध रूप से एक प्रेमकथा प्रस्तुत करना और उसके माध्यम से आध्यात्मिक प्रेम की व्यंजना करना। इसमें उन्हें पूरी सफलता मिली है। यद्यपि सर्जनात्मक क्षमता की दृष्टि से मंझन की भाषा जायसी की भाषा की तरह समृद्ध और वैविध्यपूर्ण नहीं है, पर लोकभाषा का माधुर्य और सहजता उसमें पूरी तरह से विद्यमान है।

दुखिया कर दुख जानै जेहि दुख होई सरीर।
बिन दुख करिं पीरा का जानै दुख दाधै कै पीर॥[30]
सूरज चांद तराइन बासुकि इन्द्र कुबेर।
पेमां दुख सम रोए धरती गगन सुमेरु॥[31]

जायसी के एक अन्य समकालीन कवि लालच दास ने 1528 ई. में *हरि चरित्र* और 1530 ई. में *भागवत दशम स्कन्ध भाषा* नामक पुस्तकें 'अवधी मिली भाषा' में लिखीं।[32] शुक्ल जी के अनुसार ये दोनों पुस्तकें काव्य की दृष्टि से सामान्य श्रेणी की हैं और दोहे-चौपाइयों में लिखी गई हैं।[33]

अब तक अवधी को काव्यरचना का माध्यम बनाने वाले वैसे मुसलमान कवि थे जिन्हें कदाचित् अपभ्रंश और फारसी काव्य परम्परा का ज्ञान तो था पर जो संस्कृत काव्य परम्परा से अनभिज्ञ थे। गोस्वामी तुलसीदास के रूप में अवधी को एक ऐसा कवि मिला जिसने 'नानापुराणनिगमागम' और 'क्वचिदन्यतोऽपि' का अध्ययन किया था और दाऊद और जायसी से अधिक प्रतिभाशाली था।

सन् 1574 ई. में गोस्वामी तुलसीदास ने *रामचरितमानस* की रचना आरम्भ की और उसे 2 वर्ष 7 महीने में पूरा किया। इस समय तक सूफी सन्त और कवि के रूप में मलिक मुहम्मद जायसी तो प्रसिद्ध हो ही चुके होंगे, सम्भव है कि मौलाना दाऊद, कुतुबन और मंझन की रचनाएँ भी मुसलमानों के साथ-साथ सामान्य हिन्दू जनता में लोकप्रिय हो चुकी हों। इस बात की भी सम्भावना है, और राहुल जी तो इस सम्बन्ध में प्राय: आश्वस्त ही हैं[34] कि स्वयंभू की रामायण (*पउमचरिउ*) भी गोस्वामीजी के सामने रही हो।

गोस्वामीजी ने अवधी को ही अपनी काव्य रचना के लिए प्रमुखता क्यों दी, जबकि वे ब्रजभाषा में रचना करने में भी उतने ही समर्थ थे, इसका कारण स्वयं उनका तथा उनके आराध्यदेव का अवधवासी होना प्रतीत होता है। उस समय तक परिव्याप्त ब्रजभाषा की

लोकप्रियता को देखते हुए तुलसी का अवधी को काव्यभाषा के रूप में अपनाना एक साहसपूर्ण क़दम कहा जा सकता है। जायसी आदि सूफी कवि अवधी में काव्य रचना कर रहे थे, पर धार्मिक दृष्टि से वे भिन्न परम्परा के सन्त थे। अत: काव्यभाषा की दृष्टि से उनका अनुगमन करना गोस्वामी जी की उदार और रूढ़िविरोधी दृष्टि का परिचायक है।

पर गोस्वामी जी ने सूफियों की काव्यभाषा को ज्यों का त्यों नहीं ग्रहण कर लिया। उन्होंने अवधी भाषा का सर्वथा नए ढंग से संस्कार किया। अवधी उनकी मातृभाषा थी, पर जैसा हम देखते हैं, बोलियों में भी स्थान भेद से कुछ भिन्नता मिलने लगती है। गोस्वामी जी का जन्म राजापुर में हुआ, जहाँ उनका बचपन बीता। सरवरिया होने के कारण उनके कुल के, तथा सम्बन्धी जन अयोध्या, गोंडा, बस्ती के आसपास के थे, जहाँ उनका आना-जाना बराबर होता रहता था। विरक्त होने पर वे अयोध्या में ही रहने लगे। चित्रकूट तो उनका प्रिय स्थान था ही। काशी में, जो भोजपुरी क्षेत्र में पड़ता है, गोस्वामी जी की शिक्षा-दीक्षा हुई थी और वह भी गोस्वामी जी का प्रमुख आवास और कार्यक्षेत्र था। इस कारण यद्यपि तुलसी की आधार काव्यभाषा अवधी है, पर उसमें पर्याप्त मात्रा में भोजपुरी-प्रयोग भी मिले हुए हैं। **'माहुर', 'फुर', 'अनभल ताकना', 'राउर', 'रउरेहि', 'कूटि'** (उपहास), **सनकारना** जैसे प्रयोग इसके उदाहरण हैं। पर तुलसी की काव्यभाषा की सबसे बड़ी विशेषता, जो उसे सूफी कवियों की भाषा से अलग करती है, तत्सम शब्दों का प्रचुर प्रयोग है। यद्यपि गोस्वामी जी ने भी ठेठ बोलचाल की अवधी का प्रयोग किया है, पर उनकी विशेषता तत्सम शब्दों के पुष्कल प्रयोग से अवधी की सर्जनात्मक सम्भावनाओं में अपरिमित वृद्धि करना है।

गोस्वामी जी की तीन छोटी काव्यकृतियाँ, *पार्वती मंगल, जानकी मंगल* और *रामलला नहछू* पूरबी अवधी में लिखी गई हैं। *रामचरितमानस* में अवधी के पूरबी और पछाँही दोनों रूपों का मिश्रण है। 'मानस' में जहाँ भी घरेलू या सामान्य जनों से सम्बद्ध प्रसंग आए हैं, वहाँ की भाषा ठेठ अवधी है। उदाहरण के लिए कैकेयी और मन्थरा के संवाद की निम्नलिखित पंक्तियाँ देखी जा सकती हैं—

तुम्ह पूँछहु मैं कहत डेराऊँ। धरेहु मोर घरफोरी नाऊँ॥
सजि प्रतीति बहुबिधि गढ़ि छोली। अवध साढ़साती तब बोली॥

केवट-प्रसंग और वन जाते समय ग्रामवासियों के प्रसंग में भी ठेठ अवधी की मधुरता देखी जा सकती है। पर ऐसे स्थल *रामचरितमानस* में अपेक्षाकृत कम हैं। प्रमुखता उस भाषा की है जिसमें संस्कृत की कोमलकान्त पदावली अवधी को समृद्ध बनाती है। *रामचरितमानस* में कहीं से भी इस प्रकार की पंक्तियाँ उद्धृत की जा सकती हैं। कुछ पंक्तियाँ द्रष्टव्य हैं :

मानस सलिल सुधाँ प्रतिपाली। जिअइ कि लवन पयोधि मराली।
नव रसाल बन बिहरनसीला। सोह कि कोकिल बिपिन करीला॥

गोस्वामी जी की एक विशेषता यह है कि वे तत्सम शब्दों को बिलकुल ही तत्सम रूप में नहीं रहने देते; वे शब्द जिस रूप में अवधी में उच्चरित होते हैं, या हो सकते हैं, गोस्वामी जी उन्हें वैसा ही रूप दे देते हैं। उदाहरण के लिए **वन, विहरणशील,** और **विपिन, बन, बिहरनसील** और **बिपिन** बन जाते हैं, **करुणा** और **गुण, करुना** और **गुन** में **बदल** जाते हैं और **हंसगामिनी, अमृत, वत्कल, पर्णशाला,** क्रमश: **हंसगवनि, अमिय, बलकल,**

परनसाल का रूप ग्रहण कर लेते हैं। इस प्रकार गोस्वामी जी ने अधिकांश तत्सम शब्दों का अवधीकरण कर दिया है, जिससे वे बेमेल नहीं प्रतीत होते। इसके फलस्वरूप एक ही अर्थ की विभिन्न छायाओं को अभिव्यक्त करनेवाले पर्यायों का अभाव गोस्वामी जी के यहाँ नहीं दिखाई देता। उदाहरण के लिए 'सियहिं बिलोकि तकेउ धनु कैसें। चितव गरुरु लघु ब्यालहि जैसे।' में '**देखना**' क्रिया की तीन अर्थ-छायाओं के लिए तीन पर्यायों का प्रयोग केवल तद्भव शब्दों के प्रयोग में सम्भव नहीं होता। गोस्वामी जी की भाषा में सर्वत्र जो ध्वनिसौन्दर्य दिखाई देता है वह भी तत्सम शब्दों के प्रयोग से ही सम्भव होता है। उदाहरण के लिए—

अमिय मूरि मय चूरन चारू। समन सकल भवरुज परिवारू॥
सुकृत सम्भु तन बिमल बिभूती। मंजुल मंगल मोद प्रसूती॥
जन मन मंजु मुकुर मल हरनी। किएँ तिलक गुन गन बस करनी॥
श्रीगुरुपद नख मनिगन जोती। सुमिरत दिव्य दृष्टि हियँ होती॥[35]

भाषा की यह मिठास हमें जायसी में नहीं मिलती। जैसा शुक्ल जी ने लिखा है, इसका कारण यह है कि "जायसी की पहुँच अवध में प्रचलित लोकभाषा के भीतर बहते हुए माधुर्य स्रोत तक ही थी, पर गोस्वामी जी की पहुँच दीर्घ संस्कृत कवि-परम्परा द्वारा परिपक्व चाशनी के भांडागार तक भी पूरी-पूरी थी।"[36] इस प्रकार गोस्वामी जी को जनजीवन में प्रचलित स्वाभाविक अवधी और तत्सम पदावली से समृद्ध साहित्यिक अवधी दोनों पर समान रूप से अधिकार था। इसका एक फल यह हुआ कि *रामचरितमानस* का बोध-क्षेत्र, और इसीलिए प्रभाव क्षेत्र, बहुत विस्तृत हो गया। *पद्मावत* आदि सूफी काव्यों का सीमित प्रचार उनका ठेठ अवधी तक सीमित भाषा के कारण भी रहा, जबकि *रामचरितमानस* समस्त हिन्दी क्षेत्र में और उसके बाहर भी, लोकप्रियता प्राप्त करने में समर्थ हुआ।

गोस्वामी जी की भाषा की एक उल्लेखनीय विशेषता भाषा की सफाई और वाक्यरचना की निर्दोषिता है। उनके वाक्यों में कहीं भी शैथिल्य नहीं है और केवल पादपूर्त्यर्थ रखे जाने वाले शब्द न के बराबर हैं। भाषा नितान्त गठी हुई और सुव्यवस्थित है। यह एक जानी हुई बात है कि गोस्वामी जी ने *वाल्मीकि रामायण, अध्यात्म रामायण, महारामायण, हनुमन्नाटक, प्रसन्नराघव नाटक* इत्यादि अनेक ग्रन्थों से काव्यसामग्री ली है; यहाँ तक कि प्राचीन संस्कृत कवियों की अनेक उक्तियों को उन्होंने ज्यों का त्यों ले लिया है। पर उन उक्तियों को उन्होंने इस प्रकार अवधी में ढाल दिया है कि उनके अनुवाद होने का भान भी नहीं होता। अनेक स्थानों पर तो उन्होंने उन उक्तियों को और भी व्यंजक बना दिया है। इस प्रकार गोस्वामी जी ने अवधी को काव्यभाषा के ऐसे स्तर पर ला खड़ा किया जिससे आगे जाने की गुंजाइश किसी दूसरे कवि के लिए न रही।

यह कहने की तो आवश्यकता ही नहीं है कि गोस्वामी जी की भाषाा सर्जनात्मक दृष्टि से कितनी समृद्ध और परिपूर्ण है। इस दृष्टि से वे हिन्दी के सर्वश्रेष्ठ कवि हैं। जैसा शुक्ल जी ने बताया है, उन्होंने अपने पूर्वप्रचलित प्राय: सभी काव्यशैलियों को अवधी और ब्रजभाषा में ढाल दिया। अपभ्रंश की कड़वक शैली और जाससी आदि सूफी कवियों की चौपाई-दोहे वाली पद्धति को उन्होंने बिलकुल नया रूप दे दिया। रचनाकौशल, प्रबन्धपटुता, सहृदयता, कथा के मार्मिक स्थलों की योजना आदि के समाहार तथा कथाकाव्य के अवयवों के उचित

समीकरण से उन्होंने *रामचरितमानस* को संसार के सर्वश्रेष्ठ काव्यों की पंक्ति में बिठा दिया। काव्य का बहुत ही स्वाभाविक, गम्भीर और उदात्त रूप गोस्वामी जी की वाणी से निःसृत हुआ है। शुक्ल जी ने लिखा है : "तुलसी की गम्भीर वाणी शब्दों की कलाबाजी, उक्तियों की झूठी तड़क-भड़क आदि खेलवाड़ों में नहीं उलझी है। वह श्रोताओं या पाठकों को ऐसी भूमियों पर ले जाकर खड़ा करने में अग्रसर रही है जहाँ से जीते-जागते जगत् की रूपात्मक और क्रियात्मक सत्ता के बीच भगवान की भावमयी मूर्ति की झाँकी मिल सकती है।"[37] गोस्वामी जी ने अपनी काव्यभाषा को अभिव्यंजनापूर्ण और संगीतमय बनाने के लिए अलंकारों का खूब प्रयोग किया है। शुक्ल जी ने तुलसी को अनुप्रास का बादशाह कहा है।[38] किन्तु श्लेष, यमक, परिसंख्या इत्यादि कोरे चमत्कार पैदा करने वाले अलंकारों में उन्होंने रुचि नहीं दिखाई है। क्लिष्टता गोस्वामी जी की भाषा का स्वभाव नहीं है। कहीं-कहीं समास-पद्धति और दीर्घ सांगरूपक अलंकारों की योजना के कारण उनकी भाषा में क्लिष्टता आई है, पर ऐसे स्थल अपवादस्वरूप ही हैं। उन्होंने अलंकारों का उपयोग चमत्कार-प्रदर्शन के लिए नहीं वरन् भावों की उत्कर्ष व्यंजना तथा वस्तुओं के रूप, गुण और क्रिया के अनुभवों की तीव्रता को व्यंजित करने के लिए किया है।[39] नए-नए उपमानों की योजना तुलसी की प्रकृति-निरीक्षण की सूक्ष्मता और सूझबूझ का पता देती है।[40] बाह्य दृश्यों के विधान में गोस्वामी जी अपनी सूक्ष्म निरीक्षण शक्ति, सहृदयता, परिमार्जित रुचि और बिम्ब-निर्माण की क्षमता का परिचय देते हैं। इसी प्रकार मर्मस्पर्शी उक्ति-वैचित्र्य की प्रचुरता गोस्वामी जी की भाषा को अतिशय प्रभावशाली बना देती है।[41]

इस सम्बन्ध में एक उल्लेखनीय बात यह है कि सूफी कवि अवधी के प्रति एकान्त निष्ठावान बने रहे। यही बात राम काव्य परम्परा के सम्बन्ध में नहीं कही जा सकती। स्वयं गोस्वामी तुलसीदास ने रामकाव्य के लिए अवधी और ब्रजभाषा दोनों का उपयोग किया है। गोस्वामी जी के समकालीन स्वामी अग्रदास और नाभादास जी ने भी ब्रजभाषा में रामचरित विषयक पद लिखे। पर नाभादास जी का एक *अष्टयाम रामचरितमानस* की शैली पर दोहा चौपाइयों में भी मिलता है। इसकी भाषा का उदाहरण निम्नलिखित है—

सुदिसि नगर सरजू सरि पावनि। मनिमय तीरथ परम सुहावनि॥
बिगसे जलज भृंग रस भूले। गुंजल जल समूह दोउ कूले॥[42]

गोस्वामी जी के ही समय में सन् 1610 ई. में, प्राणचन्द चौहान ने अवधी भाषा में *रामायण महानाटक* की रचना की। इसकी भाषा अवधी है। इसमें कोई उल्लेखनीय विशेषता नहीं है। इसके बाद रामचरित पर आधारित जो रचनाएँ हुईं उनकी भाषा प्रायः ब्रजी है और उन पर कृष्ण-लीला का प्रभाव भी अधिक है। वस्तुतः *रामचरितमानस* ही अवधी काव्य का चरम शिखर है।

एक तरफ मलिक मुहम्मद जायसी ने और दूसरी तरफ गोस्वामी तुलसीदास ने साहित्य की भाषा के रूप में अवधी को चरमोत्कर्ष पर पहुँचा दिया। सूफी काव्यधारा जायसी और उनके समकालीन मंझन के बाद भी प्रवाहित होती रही। सन् 1613 ई. में गाजीपुर निवासी उसमान कवि ने *चित्रावली* की रचना की। इसी समय के आसपास 1619 ई. में शेख नबी ने ज्ञान दीप का प्रणयन किया। लगभग इसी समय न्यामत खाँ (जानकवि) नाम के एक बहुप्रज सूफी कवि ने लगभग सत्तर काव्य पुस्तकों की रचना की, जिसमें 21 की गिनती

प्रेमाख्यानकों के रूप में की जाती है। इनमें से पाँच— *कनकावती, कामलता, मधुकर मालती, रतनावती* और *छीता* प्रमुख हैं। जानकवि का रचनाकाल सत्रहवीं शताब्दी के दूसरे दशक से औरंगजेब के शासन काल तक (1659-1707 ई.) फैला हुआ है। इनके पश्चात् 1725 ई. में हुसैन अली (उपनाम सदानन्द) ने *पुहुपावती* और 1736 ई. में कासिम शाह ने *हंस जवाहिर* की रचना की। इसके थोड़े दिन बाद नूर मोहम्मद ने 1744 ई. में *इन्द्रावती* की और 1764 ई. में *अनुराग बाँसुरी* की रचना की। इनकी एक और रचना '*नलदमन*' प्राप्त हुई है जिसकी रचना भी इसी समय के आसपास हुई थी। 1790 ई. में शेख निसार ने *युसूफ जुलेखा* नामक प्रेमकाव्य की रचना की।

सूफी कवियों द्वारा रचित अवधी काव्य परम्परा बीसवीं शताब्दी के प्रारम्भ तक खिंचती आई है। उन्नीसवीं शताब्दी के पूर्वार्द्ध में शाह नजफ अली सलोनी नाम के एक सूफी कवि का पता चलता है, जिन्होंने *अखरावती* और *चिनगारी* नामक काव्यग्रन्थों की रचना की थी। सन् 1905 ई. में ख्वाजा अहमद ने *नूरजहाँ* की और सन् 1915 ई. में शेख रहीम ने *भाषा प्रेम रस* की रचना की। सन् 1917 ई. में कवि नसीर ने *प्रेमदर्पण* नामक प्रेमकाव्य लिखा।

यह उल्लेखनीय है कि हिन्दी के परवर्ती सूफी कवियों ने भी अवधी में ही अपनी काव्यरचना की। न तो उन्होंने समकालीन हिन्दी कविता के प्रभाव में आकर ब्रजभाषा को अपनाया न उर्दू कविता के प्रभाव में आकर खड़ी बोली को। पर इसके साथ ही परवर्ती सूफी कवियों की भाषा में परम्परा से थोड़ा-बहुत विचलन भी दिखाई पड़ता है। उसमान की भाषा मंझन की भाषा का अनुसरण करती है—

मानहि परब देवारी लोगू। पूजहि गाइ करहिं रस भोगू।
जग सेरान यहि समय सोहाई। हम तनह दीन्ह दवां जनु लाई॥

पर तद्भव शब्दों के बीच में **तत्वमसि, कलभ, पनच, सत्य, अवनि, हस्ति, निश्चय, कलानिधि, पतंग, अमर, पाप** जैसे तत्सम और **पुन्य, अहनिसि, नैन, मीत, निसि, सोभा, गात, अमिरित, असन** जैसे अर्धतत्सम शब्दों का प्रयोग अधिक मात्रा में दिखाई देता है। सम्भव है यह बोलचाल की अवधी में तत्सम शब्दों के प्रयोग में वृद्धि का परिणाम हो। अप्रत्यक्ष रूप में यह *रामचरितमानस* का भी प्रभाव हो सकता है। जनता में *रामचरितमानस* के प्रचार में सरल तत्सम और अर्धतत्सम शब्दों के प्रसार की सम्भावना से इनकार नहीं किया जा सकता।

काव्य रचना में उसमान ने जायसी का पूरा अनुकरण किया है। जो विषय जायसी ने *पद्मावत* में रखे हैं उन विषयों को उसमान ने भी लिया है। कहीं-कहीं तो शब्दचयन और वाक्यविन्यास तक का अनुकरण देखने को मिलता है। पर कहानी बिलकुल कवि कल्पित है। उसमान ने कहा है—

कथा एक मैं हिए उपाई।
कहत मीठ औ सुनत सोहाई॥

शेख नबी ने अपनी भाषा के सम्बन्ध में एक उल्लेखनीय बात कही है। वे बताते हैं— 'ललित रूप जो आखर गढ़े। चुनि चुनि अमरकोस से काढ़े।'[43] इससे यह पता चलता है कि बाद के सूफी कवियों में तत्सम शब्दों के प्रयोग के प्रति आकर्षण बढ़ गया था। 'ज्ञानदीप' में प्रयुक्त भाषा में भी इसकी पुष्टि होती है—

सारंग मोर पपीहा, विरह भरे मुष बैन।
सुनि सुनि सुष संयोगिनि, देषि देषि प्रिय बैन।

तत्सम शब्दों की सहायता लेने के कारण शेख नबी अपनी भाषा को ध्वन्यात्मक प्रभाव से युक्त करने में अधिक सफल हुए हैं। एक उदाहरण देखने योग्य है—

एहि सावन बिरहिन तन तावन। बरसत जल दुष बीच जमावन।
मेचक मेघ मनों कज सैना। अंकुस चड़ित महाउत मैना।।[44]

शेख नबी की भाषा में तद्भव और तत्सम शब्दों के सामंजस्य से पैदा हुई मिठास मंझन और उसमान दोनों की तुलना में अधिक है। शब्दों के चयन और योजना तथा अलंकारों के प्रयोग की दृष्टि से शेख नबी एक सजग कवि जान पड़ते हैं।

जान कवि ने परिमाण की दृष्टि से प्रचुर काव्यग्रन्थों की रचना की। वे दो-ढाई पहर से लेकर बारह दिन की अवधि में अपना एक ग्रन्थ पूरा कर डालते थे। लेखन गति की इस क्षिप्रता का परिणाम उनकी भाषा पर पड़ा है। उनकी भाषा अधिकतर सपाट है। उसमें काव्यगत बाँकपन कहीं नहीं दिखाई देता। पूर्ववर्ती सूफी काव्यों की वर्णन परम्परा ज्यों की त्यों ग्रहण कर ली गई है। मंझन की तरह इन्होंने भी पाँच चौपाइयों के बाद एक दोहे का क्रम रखा है। पर कई पुस्तकों में पाँच की जगह छह या दस चौपाई और दोहे के स्थान पर सवैया की योजना भी मिलती है। जानकवि अपनी समकालीन काव्यरुचि से काफी प्रभावित जान पड़ते हैं। इसका उदाहरण निम्नोद्धृत सवैया है—

भूषन प्यास उदास रहै नित, भोजन भूलेहु नाहिन बैहे।
फूल की माल जो सूँघत बाल, जरै तत्काल उसाँस जु लैहे।
जीवन कैसे बनैं बनिता को, अबै जु पियारे नो नाहन पैहे।
मैन करी अति मैन तें कोमल, ज्यों घ्रित घाम ढरी तन जैंहे।[45]

नायिका के वियोग का यह ऊहात्मक वर्णन बिहारी की नायिका को सामने ला खड़ा करता है।

नायिका की सुकुमारता का यह वर्णन भी रीतिकालीन कवियों के सर्वथा मेल में है—

पान भार ह्वै अधर को नैनिन अंजन भार।
भूषन अति भारी लगैं नारि रही थकि हार।।[46]

उपर्युक्त उद्धरणों की भाषा ब्रजभाषा है। काव्यभाषा के विषय में कवि का विचार है कि लिखने और पढ़ने में जो भाषा सरल हो वही ग्राह्य है। साधारण बोली में जो कोमलता एवं माधुर्य है, वह संस्कृतमिश्रित भाषा में नहीं।[47] इस विचार के अनुसार जानकवि ने अरबी-फारसी या संस्कृत शब्दों का अधिक प्रयोग नहीं किया है। पर जायसी की तरह तत्सम शब्दों से उन्हें परहेज नहीं है। जानकवि की मुख्य काव्यभाषा अवधी है पर उन्होंने रचनाओं के बीच-बीच में शुद्ध ब्रजभाषा के सवैये भी डाल दिये हैं। उनकी अवधी भी ब्रजभाषा मिश्रित है। ब्रजभाषा का यह प्रभाव समकालीन रीति काव्य से आया जान पड़ता है।

पर सर्जनात्मक दृष्टि से जानकवि की भाषा में कोई उल्लेखनीयता नहीं है। उसमें सपाट वर्णनात्मकता और अभिधा शक्ति का ही प्राधान्य है। काव्य के अन्य श्रेष्ठ तत्त्वों का उसमें प्राय: अभाव है।

हुसैन अली कृत *पुहुपावती* (1725 ई.) की भाषा भी मूलत: अवधी है पर उस पर ब्रजभाषा का प्रचुर प्रभाव है। इस दृष्टि से हुसैन अली जानकवि का अनुकरण करते प्रतीत होते हैं। सर्जनात्मक दृष्टि से इनकी भाषा में कोई उल्लेखनीय विशेषता नहीं है।

कासिम शाह कृत *हंस जवाहिर* की भाषा भी बोलचाल की अवधी है, जिसके बीच-बीच में ब्रजभाषा का भी पुट है। पर कासिम शाह ने जानकवि की तरह अपनी भाषा को ब्रजभाषा से आक्रान्त नहीं होने दिया है। उनकी भाषा में **खांग, सुखा, विनियाँ, टोंट** जैसे स्थानीय शब्द तथा **हसीन, अता, आतिश, फिसाद** आदि फारसी शब्द प्रयुक्त हुए हैं। तत्सम शब्दों से भी उन्हें परहेज नहीं है, जैसे—

तहाँ ढाढ़ शशि कमल सरीरा। लहरें लेय लाग जल तीरा।
हुलसि नीर जो लहर उठावैं। उमड़े चरण चहूँ का धावैं॥

सर्जनात्मक दृष्टि से कासिम शाह की भाषा उत्कृष्ट भले न कही जा सके पर उसमें सहजता और माधुर्य की कमी नहीं है। इन्होंने जायसी का अनुकरण किया है, पर उसमें इनकी मौलिक उद्भावनाएँ भी दिखाई पड़ती हैं।

भय अधराति ढाढ़ पछिताई। खन आँगन खन भीतर जाई।
मग जोवत बीते दिन राती। समुद्र माँझ जरु सीप सुवाती॥[48]

भावों की व्यंजना की दृष्टि से भी *हंस जवाहिर* की भाषा उपेक्षणीय नहीं है यथा—

ले आई सतरंज धन, चतुराई के हाथ।
जो हारूँ तो नाह की, जो जीतूँ तो नाथ।[49]

भाषा को ध्वन्यात्मक प्रभाव से युक्त करने का भी कहीं-कहीं अच्छा प्रयास दिखाई देता है, जैसे—

झिमिक झिमिक जो बरसै मेहा
पवन झकोर दहै मम देहा।[50]

कवि नूर मुहम्मद ने भी अपने काव्यग्रन्थों *'इन्द्रावती'* (1744 ई.) और *'अनुराग बाँसुरी'* (1764 ई.) में अवधी को ही माध्यम के रूप में ग्रहण किया है। नूर मोहम्मद फारसी के अच्छे विद्वान थे और शुक्ल जी के अनुसार 'इनका हिन्दी काव्यभाषा का भी ज्ञान और सब सूफी कवियों से अधिक था।'[51] ध्यान से देखने पर उपर्युक्त दोनों काव्यग्रन्थों की भाषा में थोड़ा अन्तर दिखाई देता है। *'इन्द्रावती'* की भाषा मिलीजुली अवधी है जिसमें ब्रजभाषा और भोजपुरी शब्दों का भी पुट है। **तोहार, गोड़, होला, रहलीं** आदि भोजपुरी प्रयोग हैं। इसी प्रकार संस्कृत के सरल और अर्धतत्सम शब्द जैसे **अरुनतुंड, नयन, मुगधा, मध्या, सरूप, सुन्दरी, प्रिय, प्रीत, सदन, अभिलाषिन, अनुरागिन, व्याध, असमर्थ, गगन, अन्तरपट** आदि तथा फारसी शब्द **फौव्वारा, सीना, दिमाग** आदि स्थान-स्थान पर प्रयुक्त हुए हैं। *अनुराग बाँसुरी* की भाषा भी अवधी ही है। चन्द्रबली पांडेय का कथन है कि "कवि ने भाषा की शुद्धता पर तनिक भी ध्यान न दिया और अपनी रचना में ब्रज, खड़ी और अवधी का घपला कर दिया, फिर भी उनकी रचना का ढाँचा अवधी ही है।[52] ब्रज और नागरी भी अब तूरानियों के मुँह में जाकर 'उर्दू जबान' बन चुकी थी। निदान उनका भी समावेश नूर मोहम्मद की अपनी भाषा में हो गया और *'अनुराग बाँसुरी'* सचमुच 'भाषा विचार युग' की

खिचड़ी भाषा बन गई।''[53] इसके साथ ही शुक्ल जी के अनुसार, *अनुराग बाँसुरी* और सब सूफी रचनाओं से बहुत अधिक संस्कृतगर्भित है।[54] इससे यह निष्कर्ष निकाला जा सकता है कि नूर मुहम्मद 'अवधी को केन्द्र में' रखकर एक व्यापक हिन्दी भाषा का स्वरूप गढ़ने का प्रयत्न कर रहे थे। नूर मोहम्मद की भाषा का एक उदाहरण द्रष्टव्य है—

यह बाँसुरी सुनै सो कोई। हिरदय स्रोत खुला जेहि होई॥
निसरत नाद बारुनी साथा। सुनि सुधि चेत रहै केहि हाथा॥
सुनतै जौ यह सबद मनोहर। होत अचेत कृष्ण मुरलीधर॥
यह मुहम्मदी जन की बोली। जामैं कंद नवातैं घोली॥

शुक्ल जी के अनुसार ''नूर मोहम्मद फारसी के अच्छे आलिम थे और इनका हिन्दी काव्यभाषा का भी ज्ञान और सब सूफी कवियों से अधिक था।''[55] पर यह कथन केवल 'काव्यभाषा के ज्ञान' तक ही लागू है। सर्जनात्मक दृष्टि से नूर मोहम्मद की भाषा जायसी के समकक्ष नहीं पहुँचती। इन्होंने सूफी काव्यों की परम्परागत काव्यरूढ़ियों का बहुत सफाई के साथ अनुकरण किया है। '*इन्द्रावती*' में इन्होंने पाँच-पाँच चौपाइयों के उपरान्त दोहे का क्रम रखा है। इसकी कथा पूर्णत: काल्पनिक और रूपक के गुणों से समन्वित है। पात्रों के भावात्मक नामकरण द्वारा रूपक को पूर्णता प्रदान करने की कोशिश की गई है। प्रेम कथा की समस्त रूढ़ियाँ, जो सूफी काव्यों में मिलती हैं, *इन्द्रावती* में भी हैं। श्रृंगार रस की प्रधानता है और संयोग तथा वियोग पक्ष का परम्परागत ढंग से वर्णन किया गया है। प्रबन्ध-कल्पना, वस्तु-वर्णन, रूप-वर्णन, अलंकार-योजना, सर्वत्र परम्परा का निर्वाह किया गया है। '*अनुराग बाँसुरी*' भी इसी पद्धति पर बनी है। शुक्ल जी के अनुसार ''कवि ने इसकी रचना अधिक पांडित्यपूर्ण रखने का प्रयास किया है और विषय भी इसका तत्त्वज्ञान सम्बन्धी है। शरीर, जीवात्मा और मनोवृत्तियों आदि को लेकर पूरा अध्यवसित रूपक (एलेगरी) खड़ा करके कहानी बाँधी है। और सब सूफी कवियों की कहानियों के बीच में दूसरा पक्ष व्यंजित होता है। पर यह सारी कहानी और सारे पात्र ही रूपक हैं। एक विशेषता और है। चौपाइयों के बीच-बीच में इन्होंने दोहे न रखकर बरवै रखे हैं।''[56]

शुक्ल जी नूर मोहम्मद को सूफी काव्य परम्परा का अन्तिम कवि मानते हैं। यों सार्थक काव्य-रचना की दृष्टि से शुक्ल जी का कथन सही है पर अवधी काव्य परम्परा के विस्तार का बोध कराने के लिए कुछेक परवर्ती कवियों की चर्चा भी अपेक्षित है।

अठारहवीं शताब्दी के अन्तिम दशक (1790 ई.) में शेख निसार ने *युसूफ जुलेखा* की रचना अवधी भाषा में की। इस समय तक पश्चिम में खड़ी बोली पर आधारित उर्दू का साहित्य अपने उत्कर्ष पर पहुँच रहा था, अत: निसार का अवधी में काव्यरचना करना भाषा की दृष्टि से महत्त्वपूर्ण है। शेख निसार हिन्दी, फारसी, तुर्की, संस्कृत और अरबी भाषाओं के ज्ञाता थे और इन सभी भाषाओं में उन्होंने काव्यरचना की थी।[57] किन्तु इनकी अवधी प्रकृत हिन्दी है, जिसमें संस्कृत और अरबी-फारसी के वे ही शब्द आते हैं जो अब तक बोलचाल की हिन्दी के अंग बन गए थे। इनके काव्यग्रन्थ की एक विशेषता यह है कि इन्होंने परवर्ती सूफी कवियों की तरह भारतीय लोक-कथाओं का आधार न लेकर फारसी की 'युसुफ जुलेखा' की कथा का आधार लिया है।

निसार ने उन सभी काव्यरूढ़ियों का पालन किया है जो सूफी काव्य परम्परा में मान्य थीं। पर इन्होंने चौपाई-दोहा के साथ-साथ सवैया छन्द का भी प्रयोग किया है जो रीतिकालीन काव्य में बहुत प्रचलित था। सर्जनात्मक दृष्टि से निसार की भाषा सामान्य ही कही जाएगी।

उन्नीसवीं शताब्दी के प्रथम दशक में, जबकि हिन्दी में ब्रजभाषा और उर्दू खड़ी बोली में काव्य रचना हो रही थी, दो सूफी कवियों ने अवधी को काव्यभाषा के रूप में अपनाया। शाह नजफ अली सलोनी ने अवधी में *'प्रेम चिनगारी'* नामक काव्य की रचना 1809 ई. के आस-पास की। इसमें कवि ने रूमी की मसनवी की दो हिदायतों की व्याख्या की है। सर्जनात्मक दृष्टि से शाह नफज अली की भाषा में कोई नवीनता या विशिष्टता नहीं है। एक उल्लेखनीय तथ्य यह है कि अवधी में रचित सूफी काव्य परम्परा लगभग एक शताब्दी के मौन के बाद बीसवीं शताब्दी के प्रथम दशक में पुनः प्रकट होती है। 1905 ई. में ख्वाजा अहमद ने *नूरजहाँ* नामक प्रेमकाव्य की रचना की जिसका आधार जायसीकृत *'पद्मावत'* और कासिम शाह कृत *'हंस जवाहिर'* है। इसकी भाषा बोलचाल की अवधी है, पर सर्जनात्मक दृष्टि से कोई उल्लेखनीय विशेषता इसमें नहीं है। इसके 10 वर्ष बाद, 1915 ई. में, शेख रहीम ने *भाषा प्रेम रस* नामक काव्य का प्रेरणास्रोत स्वीकार किया है। एक उल्लेखनीय बात यह है कि कवि को 'उर्दू-फारसी' की शिक्षा मिली थी, पर उसने 'भाषा' को ही अपनी काव्यरचना का माध्यम बनाया।[58] ग्रन्थ की भाषा बोलचाल की अवधी है जिसमें स्थानीय प्रयोगों के साथ ही फारसी और अरबी के शब्द भी मिलते हैं। कथा कल्पित, पर देशी है। भाषा में सहजता तो है पर कोई उल्लेखनीय विशेषता नहीं है। सूफी काव्य परम्परा की रूढ़ियों का अनुगमन किया गया है। यत्र-तत्र रसात्मक स्थल भी उपलब्ध होते हैं।

भाषा प्रेमरस की रचना के दो वर्ष बाद, 1917 ई. में, कवि नसीर ने *प्रेमदर्पण* की रचना की। भोजपुरी क्षेत्र का निवासी होने पर भी नसीर ने अवधी को ही काव्य रचना के लिए अपनाया। पर उनकी अवधी में खड़ी बोली और भोजपुरी दोनों का पुट है। साथ ही उसमें **जानी, बीबी, नरगिस** आदि बोलचाल के फारसी शब्द भी हैं। पर सर्जनात्मक दृष्टि से भाषा अत्यन्त साधारण है। अवधी में रचित एक और प्रेमकाव्य मिलता है—अली मुराद कृत *'कथा कुँवरावत'* जिसका रचनाकाल अज्ञात है।[59] अली मुराद की भाषा में भी **रहलीं, गइलें, मोर** आदि भोजपुरी तथा **है, मानो, जानो, हो रहा, मिला** आदि खड़ी बोली के प्रयोग मिलते हैं। **बनायो, समायो, निहारौं** आदि ब्रजभाषा शब्दों का भी प्रयोग हुआ है। **नफी, असबात, इल्ललिलाह, जलवा, लाहूत, जबरूत, मलकूत** जैसे शब्द भी बीच-बीच में आए हैं। पर सर्जनात्मक दृष्टि से अली मुराद की भाषा भी कोई विशेष महत्त्व नहीं रखती।

कुल मिलाकर, निष्कर्ष रूप में कहा जा सकता है कि अवधी की काव्य परम्परा अत्यन्त समृद्ध है। मौलाना दाऊद से लेकर कवि नसीर तक यह परम्परा लगभग पाँच शताब्दियों तक फैली हुई है और इसे न केवल मौलाना दाऊद और मलिक मुहम्मद जायसी जैसे प्रतिभाशाली सूफी कवियों का वरन् जैसे महान् कवि का भी अवदान प्राप्त हुआ है। इन कवियों ने अवधी को काव्यात्मक उत्कर्ष के ऐसे बिन्दु पर पहुँचा दिया है जो संसार की किसी भी भाषा के लिए ईर्ष्या का विषय हो सकता है।

बीसवीं शताब्दी के प्रथम दशक में खड़ी बोली में काव्य रचना के आन्दोलन ने जोर पकड़ा और अवध क्षेत्र के कवियों ने भी अपनी विशाल और महान काव्य परम्परा का मोह त्याग कर खड़ी बोली में काव्य रचना आरम्भ कर दी। सम्प्रति अवधी में कुछ स्थानीय कवि आज भी कविताएँ आदि लिख रहे हैं। पर वह हिन्दी साहित्य की गौण धारा बन गई है। बलभद्र प्रसाद दीक्षित 'पढ़ीस', वंशीधर शुक्ल, चन्द्रभूषण द्विवेदी (रमई काका), दयाशंकर दीक्षित 'देहाती', ब्रजनन्दन, शिव दुलारे त्रिपाठी आदि आधुनिक अवधी कवि हैं। दुर्भाग्यवश हिन्दी साहित्य के इतिहासकार खड़ी बोली पर आधारित परिनिष्ठित हिन्दी से इतर भाषाओं (अवधी, ब्रज, भोजपुरी, मैथिली आदि) में लिखित साहित्य की उपेक्षा कर रहे हैं जो कदाचित् हिन्दी के लिए हितकर नहीं है।

सन्दर्भ

1. माता प्रसाद गुप्त, *'रोडा कृत राउरबेल'* हिन्दी अनुशीलन, वर्ष 13, अंक 1-2 (धीरेन्द्र वर्मा विशेषांक)
2. (सं.) मुनि जिनविजय, *उक्ति-व्यक्ति-प्रकरण,* 1945, डॉ. सुनीति कुमार चटर्जी की भूमिका।
3. परमेश्वरी लाल गुप्त ने, जिन्होंने *'चन्दायन'* का सम्पादन किया है, बड़ी ईमानदारी से इस तथ्य को स्वीकार किया है। (*चन्दायन,* पृ. 14) पर इस पाठ के आधार पर उन्होंने यह निष्कर्ष प्रस्तुत किया है कि इसकी भाषा को *अवधी* का नाम नहीं दिया जा सकता। (पृ. 32)
4. श्याम मनोहर पांडेय ने *चन्दायन* की भाषा को अवधी ही माना है। (*मध्ययुगीन प्रेमाख्यानक काव्य,* पृ. 259)
5. मैना सबद जो **पीर** सुनावा (425/1)
बिहफई **सोहम** राज करावई (423/1)
इन्दर **गोयन्द** चन्दरावल।
6. स्वयंभू के अनुसार प्रत्येक कड़वक के शरीर में आठ यमक और अन्त में एक धता होता है, जिसे 'ध्रुवा', 'ध्रुवक' अथवा 'छड़निका' कहते हैं। प्रत्येक यमक में सोलह-सोलह मात्राओं वाले दो पद होते हैं। हेमचन्द्र के अनुसार कड़वक के शरीर में चार-चार पंक्तियों के चार छन्द, अर्थात् पंक्तियाँ होती हैं। (परमेश्वरी लाल गुप्त, *चन्दायन,* परिचय पृ. 36)
7. पद्धड़िया और बदनक दोनों सोलह मात्राओं के छन्द हैं, केवल अन्तिम चार मात्राओं में, गुरु, लघु मात्राओं के क्रम में, अन्तर होता है। पारणक पन्द्रह मात्राओं का छन्द है, जिसमें प्राय: अन्तिम तीन मात्राएँ लघु होती हैं।
8. *चन्दायन,* पूर्वोलिखित, पृ. 117-132
9. उपरिवत्, पृ. 127
10. *चन्दायन,* पूर्वोलिखित, पृ. 304-309
11. माता प्रसाद गुप्त, *मृगावती,* भूमिका, पृ. 30-31
12. रामचन्द्र शुक्ल, *हिन्दी साहित्य का इतिहास,* पृ. 52
13. विस्तार के लिए देखें, *'पद्मावत',* व्या. वासुदेवशरण अग्रवाल, प्राक्कथन, पृ. 31
14. *पद्मावत* का रचनाकाल विवादास्पद है। विस्तृत विवरण के लिए देखें, *पद्मावत,* (व्याख्याकार, वासुदेवशरण अग्रवाल) 1955, प्राक्कथन, पृ. 33
15. विस्तृत चर्चा के लिए देखें, *जायसी ग्रन्थावली'* (सं. रामचन्द्र शुक्ल) 1951, भूमिका, पृ. 186
16. *पद्मावत,* पूर्वोल्लिखित, प्राक्कथन, पृ. 6
17. *जायसी ग्रन्थावली,* पूर्वोल्लिखित, पृ. 196-199

18. *जायसी ग्रन्थावली,* पूर्वोल्लिखित, पृ. 200-201
19. उपरिवत्, पृ. 201
20. उपरिवत्, पृ. 205
21. *पद्मावत,* पूर्वोल्लिखित, नागमती वियोग खंड, पृ. 340
22. *जायसी ग्रन्थावली,* पृ. 206
23. *पद्मावत,* लक्ष्मी समुद्र खंड, पृ. 424
24. *पद्मावत,* षटऋतु वर्णन खंड, पृ. 337
25. उपरिवत्, प्राक्कथन, पृ. 44
26. रामचन्द्र शुक्ल, *जायसी ग्रन्थावली,* भूमिका, पृ. 89
27. मंझन कृत *मधुमालती,* सं. माताप्रसाद गुप्त, मित्र प्रकाशन प्रा. लि., इलाहाबाद, 1961
28. उपरिवत्, पृ. 139
29. उपरिवत्, भूमिका, पृ. 16
30. *मधुमालती,* पूर्वोल्लिखित, पृ. 183
31. उपरिवत्, पृ. 184
32. रामचन्द्र शुक्ल, *हिन्दी साहित्य का इतिहास,* पृ. 136
33. उपरिवत्
34. राहुल सांकृत्यायन, *हिन्दी काव्यधारा*
35. *रामचरितमानस,* बालकांड, पृ. 5/1-2
36. रामचन्द्र शुक्ल, *जायसी ग्रन्थावली,* भूमिका, पृ. 205
37. रामचन्द्र शुक्ल, *गोस्वामी तुलसीदास,* 1951, पृ. 70
38. उपरिवत्, पृ. 163
39. विस्तार के लिए देखें, उपरिवत्, पृ. 147-165
40. विस्तार के लिए देखें, उपरिवत्, पृ. 149-160
41. विस्तार के लिए देखें, उपरिवत्, पृ. 166-168
42. रामचन्द्र शुक्ल, *हिन्दी साहित्य का इतिहास,* पृ. 102
43. सरला शुक्ल, *जायसी के परवर्ती हिन्दी सूफी कवि और काव्य,* 1965, पृ. 417 पर उद्धृत।
44. उपरिवत्, पृ. 423 पर उद्धृत।
45. उपरिवत्, पृ. 401 पर उद्धृत।
46. उपरिवत्, पृ. 405 पर उद्धृत।
47. उपरिवत्, पृ. 407 पर उद्धृत पंक्तियों का भावार्थ।
48. उपरिवत्, पृ. 440 पर उद्धृत।
49. उपरिवत्, पृ. 442 पर उद्धृत।
50. उपरिवत्, पृ. 444 पर उद्धृत।
51. रामचन्द्र शुक्ल, *हिन्दी साहित्य का इतिहास,* पृ. 77
52. सरला शुक्ल, *जायसी के परवर्ती हिन्दी सूफी कवि और काव्य,* द्रष्टव्य पृ. 479-81 पर दिये गए उद्धरण।
53. उपरिवत्, पृ. 492 पर उद्धृत।
54. रामचन्द्र शुक्ल, *हिन्दी साहित्य का इतिहास,* पृ. 78
55. उपरिवत्, पृ. 77
56. रामचन्द्र शुक्ल, *हिन्दी साहित्य का इतिहास, पृ. 79*
57. सरला शुक्ल, *जायसी के परवर्ती सूफी कवि और काव्य,* पृ. 510 पर प्रदत्त उद्धरण।
58. उपरिवत्, पृ. 543 पर दिया गया उद्धरण।
59. उपरिवत्, पृ. 582

7

साहित्यिक भाषा के रूप में ब्रजभाषा का विकास

हिन्दी परिवार की जिस भाषा को हम 'ब्रजभाषा' नाम से जानते हैं, वह भाषा-वैज्ञानिकों के अनुसार उत्तर प्रदेश के मथुरा, अलीगढ़, आगरा, बुलन्दशहर, एटा, मैनपुरी, बदायूँ तथा बरेली आदि जिलों, हरियाणा के गुड़गाँव जिले की पूर्वी पट्टी, राजस्थान के भरतपुर, धौलपुर, करौली तथा जयपुर के पूर्वी भाग और मध्य प्रदेश में ग्वालियर के पश्चिमी भाग में बोली जाती है। डॉ. धीरेन्द्र वर्मा कन्नौजी को भी 'ब्रजभाषा' के अन्तर्गत रखते हैं जिससे उसका क्षेत्र और भी विस्तृत हो जाता है।

इस भाषा का 'ब्रजभाषा' नामकरण अठारहवीं शताब्दी में हुआ। इसके पूर्व यह 'पिंगल' तथा 'भाखा' नामों से प्रसिद्ध थी। 'पिंगल' नाम से उल्लिखित भाषा के स्वरूप, समय और स्थान के सम्बन्ध में विद्वान एक मत नहीं हैं, पर गुरु गोविन्द सिंह तथा राजस्थान के कवियों ने जिसे 'पिंगल' कहा है, वह ब्रजभाषा का ही एक रूप जान पड़ता है।

ऐतिहासिक विकास की दृष्टि से 'ब्रजभाषा' का सम्बन्ध भाषावैज्ञानिकों द्वारा प्रकल्पित 'शौरसेनी अपभ्रंश' से माना गया है। वस्तुत: 'शौरसेनी अपभ्रंश' की प्रकल्पना 'शौरसेनी प्राकृत' के आधार पर की गई है, जिसके भाषिक स्वरूप का कोई प्रमाण नहीं मिलता। हेमचन्द्राचार्य द्वारा अपभ्रंश व्याकरण के प्रसंग में उद्धृत दोहों में कुछ विद्वानों ने ब्रजभाषा का स्रोत ढूँढ़ने की कोशिश की है। यह प्रयत्न सराहनीय है, पर विश्वास के साथ नहीं कहा जा सकता कि इस स्रोत पर केवल ब्रजभाषा का ही अधिकार है। पिंगल काव्य-परम्परा के अन्तर्गत *प्राकृत पैंगलम्* में उद्धृत रचनाओं तथा *पृथ्वीराज रासो, बीसलदेव रासो, मधुमालती कथा* आदि अनेक रचनाओं के नाम लिये जाते हैं, पर इन्हें 'ब्रजभाषा काव्य' के हासिये पर ही रखा जा सकता है। ब्रजभाषा काव्य परम्परा के प्रथम महान् कवि सूरदास हैं जिनके पदों को आचार्य रामचन्द्र शुक्ल ने 'चलती हुई ब्रजभाषा में सबसे पहली साहित्यिक रचना' मानते हुए भी कहा है कि ''यह रचना इतनी प्रगल्भ और काव्यपूर्ण है कि आगे होनेवाले कवियों की शृंगार और वात्सल्य की उक्तियाँ सूर की जूठी-सी जान पड़ती हैं।''[1] शुक्ल जी ने यह अनुमान भी प्रस्तुत किया है कि ''सूरसागर किसी चली आती हुई गीत काव्य परम्परा का—चाहे वह मौखिक ही रही हो—पूर्ण विकास-सा प्रतीत होता है।''[2]

सूरदास (1483-1563 ई.) के पूर्व की किसी गीत काव्य परम्परा का निश्चित पता तो नहीं चलता, पर ब्रजभाषा में काव्यरचना के छिटपुट प्रयास अवश्य उपलब्ध होते हैं। कुछ

विद्वानों के अनुसार रोडा कृत *'राउरबेल'* में (1001–1025 ई.) पश्चिमी हिन्दी का काव्यभाषा के रूप में प्रथम प्रयोग हुआ है[3]; पर यह सामग्री इतनी कम है कि इसके आधार पर कोई प्रामाणिक निष्कर्ष नहीं प्रस्तुत किया जा सकता। डॉ. शिवप्रसाद सिंह के अनुसार महाराष्ट्र में रचित ब्रजभाषा काव्य का कुछ संकेत चालुक्य नरेश सोमेश्वर (1127 ई.) के *'मानसोल्लास'* नामक ग्रन्थ में मिलता है।[4] इसमें राग–रागिनियों के वर्णन में कई देशी भाषाओं के पदों के उदाहरण भी दिये हुए हैं। इनमें लाटी भाषा का उदाहरण पुरानी ब्रजभाषा से मिलता–जुलता है। महाराष्ट्र के महानुभाव पन्थ के आदि आचार्य चक्रधर (आ. का. 1194 ई. के आसपास) ने भी ब्रजभाषा में कुछ पद लिखे थे।[5] पर इन पदों की भाषा में 'ब्रजभाषा' का शुद्ध रूप नहीं दिखाई पड़ता।

वस्तुत: काव्यभाषा के रूप में शुद्ध ब्रजभाषा के प्रथम प्रयोग का श्रेय अमीर खुसरो (1253–1325 ई.) को दिया जा सकता है। यद्यपि लम्बी अवधि तक मौखिक परम्परा में जीवित रहने के कारण उपलब्ध उदाहरणों की भाषा की प्रामाणिकता किंचित् सन्देहास्पद है[6], पर इससे अमीर खुसरो के प्रथम ब्रजभाषा कवि होने के तथ्य में कोई फर्क नहीं पड़ता। अमीर खुसरो के गीत और दोहे ब्रजभाषा में रचित हैं। उदाहरण के लिए निम्नलिखित दोहे द्रष्टव्य हैं :

खुसरो रैन सुहाग की, जागी पी के संग।
तन मेरो मन पीउ को, दोउ भए एक रंग।
गोरी सोवै सेज पर, मुख पर डारै केस।
चल खुसरो घर आपने, रैन भई चहुँ देस।

कतिपय उपलब्ध सूचनाओं के अनुसार खुसरो के समकालीन गोपाल नायक ने ब्रजभाषा में कुछ गीत लिखे थे, पर इनकी रचनाओं के उदाहरण नहीं मिलते।[7] लगभग इसी समय महाराष्ट्र के सन्त नामदेव (1270–1350 ई.) ने भी ब्रजभाषा में कुछ पदों की रचना की थी। नामदेव के समकालीन त्रिलोचन (जन्म 1324 ई.) ने भी ब्रजभाषा में कुछ पद लिखे थे। अग्रवाल कवि ने भी 1354 ई. में *प्रद्युम्न चरित्र* नामक काव्यग्रन्थ की रचना की थी। एक अन्य सन्त सधना का भी आविर्भाव 14वीं शताब्दी में ही हुआ था, जिनके ब्रजभाषा में रचित कुछ पद मिलते हैं। कई विद्वानों के अनुसार स्वामी रामानन्द का भी आविर्भाव चौदहवीं शताब्दी में हुआ था, जिनकी कुछ ब्रजभाषा रचनाएँ उपलब्ध हैं। स्वामी रामानन्द के शिष्य और निर्गुण काव्यधारा के प्रवर्तक कबीरदास (1399–1518 ई.) ने भी अपने अनेक गेय पदों (रमैनी और सबद) की रचना ब्रजभाषा में की है। उदाहरण के लिए कबीर का यह पद—

हौं बलि कब देखौंगी तोहि।
अहनिस आतुर दरसन कारनि ऐसी व्यापी मोहि।
नैन हमारे तुम्हकों चाहैं, रती न मानै हारि।
बिरह अगिनि तन अधिक जरावै, ऐसी लेहु बिचारि॥

यह भाषा वही है जो सूरदास के पदों में प्रयुक्त हुई है। रैदास के पदों की भाषा भी ब्रजभाषा से प्रभावित है :

अखिल खिलै नहिं, का कह पंडित, कोई न कहै समुझाई।
अबरन बरन रूप नहिं जाके, कहँ लौ लाइ समाई॥

सूफी कवियों ने तो नहीं, पर हिन्दू कवियों ने अपने प्रेमाख्यानक काव्यों में ब्रजभाषा का प्रयोग किया। लगभग 1500 ई. में चतुर्भुजदास ने *मधुमालती वार्ता* नामक प्रेमकाव्य की रचना ब्रजभाषा में की।

प्रसिद्ध गायक बैजू बावरा के कुछ ब्रजभाषा पदों का उल्लेख भी यत्र-तत्र मिलता है।[8]

इस विवरण से स्पष्ट है कि सूरदास के पहले अवधी की तरह ब्रजभाषा भी काव्यभाषा के रूप में स्वीकृत हो चुकी थी। पर ब्रजभाषा को काव्यभाषा के चरमोत्कर्ष पर पहुँचाने का श्रेय सूरदास को ही है। सूरदास के पहले ब्रजभाषा को किसी महान् काव्यप्रतिभा का आश्रय नहीं मिला था। अवधी इस दृष्टि से अधिक सौभाग्यशाली थी। सोलहवीं शताब्दी में भी अवधी को जायसी और तुलसी जैसे महान् प्रतिभा के कवि उपलब्ध हो गए। पर इस शताब्दी में ब्रजभाषा भी सूर को पाकर धन्य हो गई। कहा जाता है कि सूरदास ने ब्रजभाषा में सवा लाख पदों की रचना की। यद्यपि सूर के उपलब्ध पदों की संख्या पाँच हजार के आसपास ही है पर यह संख्या भी कोई कम नहीं है और काव्योत्कर्ष की दृष्टि से तो इन पदों का महत्त्व निर्विवाद है ही। आचार्य शुक्ल ने *सूरसागर* के सम्बन्ध में लिखते हुए कहा है कि "यह रचना इतनी प्रगल्भ और कलापूर्ण है कि आगे होनेवाले कवियों की शृंगार और वात्सल्य की उक्तियाँ सूर की जूठी-सी जान पड़ती हैं।"[9]

सूरदास के पूर्व ब्रजभाषा में छिटपुट रूप में काव्यरचना तो हो रही थी पर उसे साहित्यिक भाषा के रूप में प्रतिष्ठित करने का श्रेय सूरदास को ही है। आचार्य शुक्ल के अनुसार "भक्तवर सूरदास जी ब्रज की चलती भाषा को परम्परा से आती हुई काव्यभाषा के बीच पूर्ण रूप से प्रतिष्ठित करके साहित्यिक भाषा को लोकव्यवहार के मेल में लाए। उन्होंने परम्परा से चली आती हुई काव्यभाषा का तिरस्कार न करके उसे एक नया चलता रूप दिया। *सूरसागर* को ध्यानपूर्वक देखने से उसमें क्रियाओं के कुछ पुराने रूप, कुछ सर्वनाम (जैसे जासु-तासु, जेहि-तेहि) तथा कुछ प्राकृत के शब्द पाए जाएँगे। सारांश यह है कि वे परम्परागत काव्यभाषा को बिलकुल अलग करके एकबारगी नई चलती बोली लेकर नहीं चले। भाषा का एक शिष्ट सामान्य रूप उन्होंने रखा जिसका व्यवहार आगे चलकर बराबर कविता में होता आया।"[10]

सूर की भाषा का विश्लेषण करते हुए आचार्य रामचन्द्र शुक्ल ने लिखा है : "वह ब्रज की चलती बोली होने पर भी एक साहित्यिक भाषा के रूप में मिलती है, जो और प्रान्तों के कुछ प्रचलित शब्दों और प्रत्ययों के साथ ही साथ पुरानी काव्यभाषा अपभ्रंश के शब्दों को लिए हुए है। सूर की भाषा बिलकुल बोलचाल की ब्रजभाषा नहीं है। 'जाकों', 'तासों', 'वाको', चलती ब्रजभाषा के इन रूपों के समान 'जेहि', 'तेहि' आदि पुराने रूपों का प्रयोग बराबर मिलता है जो अवधी की बोलचाल में तो अब तक हैं, पर ब्रज की बोलचाल में सूर के समय में भी नहीं थे। पुराने निश्चयार्थक 'पै' का व्यवहार भी पाया जाता है, जैसे, 'जाहि लगै सोई पै जानै, प्रेम बान अनियारो।' 'गोड़', 'आपन', 'हमार' आदि पूरबी प्रयोग भी बराबर पाये जाते हैं। कुछ पंजाबी प्रयोग भी मौजूद हैं, जैसे महँगी के अर्थ में 'प्यारी' शब्द। ये सब बातें एक व्यापक काव्यभाषा के अस्तित्व की सूचना देती हैं।"[11]

यह तो भाषा के बाहरी ढाँचे की बात हुई। सूरदास ने काव्यभाषा के समस्त शैलीय उपकरणों का प्रयोग करके अपनी ब्रजभाषा को अद्‌भुत रूप से सर्जनात्मक बना दिया है। शब्दों से चित्रनिर्माण की जो क्षमता सूर में है वह हिन्दी के और किसी कवि में नहीं दिखाई पड़ती। यह चित्रमयता केवल वस्तुओं या व्यक्तियों को हू-ब-हू प्रस्तुत कर देने में ही नहीं दिखाई देती वरन् सूक्ष्म आंगिक चेष्टाओं से व्यंजित होने वाले अनुभावों और संचारियों के अंकन में भी दिखाई पड़ती है। कहीं-कहीं सूरदास शब्दों की योजना इस प्रकार करते हैं कि वाच्यार्थ जहाँ का तहाँ रह जाता है और व्यंग्यार्थ न जाने कितनी दूर निकल जाता है। इस कथनभंगी के अनेक उदाहरण सूर के पदों में भरे पड़े हैं।[12] सर्जनात्मक कल्पना की पूर्णता सूरदास के पदों से सर्वत्र दिखाई पड़ती है। यह कार्य सटीक और अर्थवान उपमानों के चयन द्वारा सम्पन्न किया गया है। कल्पना की सहायता से प्रस्तुत प्रसंग में अत्यन्त मनोरम व्यापार-समष्टि की योजना कर देना सूर की भाषा की निजी विशेषता है।

ध्वनिमूलक शैलीय उपकरणों की सहायता से सूरदास अपनी भाषा को सुर और लय के सौन्दर्य और माधुर्य से भर देते हैं। इसी प्रकार उपमा, रूपक, उत्प्रेक्षा आदि सादृश्यमूलक अलंकारों की योजना इतने सहज भाव से की गई है मानो अलंकार सूरदास के सामने हाथ बाँधकर खड़े हों।[13] आचार्य शुक्ल ने लिखा है कि "अंगभोभा और वेशभूषा आदि के वर्णन में सूर को उपमा देने की झक-सी चढ़ जाती है और वे उपमा पर उपमा, उत्प्रेक्षा पर उत्प्रेक्षा करते चले जाते हैं।"[14]

सूरदास की भाषा की एक महत्त्वपूर्ण विशेषता है वाग्विदग्धता। कथन की विदग्धता और वचनवक्रता का अद्‌भुत संयोग सूर के पदों में विद्यमान है। भाषा की इसी विशेषता के कारण *भ्रमरगीत* अद्वितीय उपालम्भ काव्य बन गया है। कुछ पदों में कहीं-कहीं ऐसा लगता है कि गोपियाँ अपनी 'झुँझलाहट' और 'झल्लाहट' व्यक्त कर रही हैं, पर उसके भीतर से प्रेम की व्यंजना अत्यन्त मार्मिक रूप में होती दिखाई देती है। क्षुब्ध हृदय की भावप्रेरित वचन-रचना का उदाहरण 'बरु वै कुब्जा भलो कियो' शीर्षक पद है। 'मोहन माँग्यो अपनो रूप' में भी वाणी की यह वक्रता अपनी मनोहर छटा बिखेरती दिखाई देती है।[15]

संक्षेप में यह कहा जा सकता है कि सूर ने ब्रजभाषा को काव्यभाषा के ऐसे सर्जनात्मक स्तर पर पहुँचा दिया जो परवर्ती कवियों की भाषिक सफलता को नापने का एक मापदंड बन गया।

सूरदास 'अष्टछाप'[16] के प्रमुख कवि हैं। यों तो 'अष्टछाप' के सभी कवियों ने ब्रजभाषा में कृष्णलीला से सम्बन्धित काव्यरचना की है पर काव्यभाषा की दृष्टि से सूरदास के बाद परमानन्ददास, नन्ददास और कुम्भनदास विशेष रूप से उल्लेखनीय हैं। परमानन्ददास का भावपक्ष भी सूर की तरह प्रेम के अन्तर्गत ही सीमित है। इनके पद भी भगवान कृष्ण की बाललीला और प्रेमलीला से सम्बन्धित हैं। इन दोनों ही क्षेत्रों में परमानन्ददास ने उत्कृष्ट सहृदयता और काव्यप्रतिभा का परिचय दिया है।

भावप्रवणता की दृष्टि से परमानन्ददास की भाषा अत्यन्त सफल है। इन्होंने कृष्णलीला के सरस और प्रभावपूर्ण प्रसंगों पर ही पद लिखे हैं। इसलिए इनके सम्पूर्ण काव्य की भाषा सरस और भाववाहिनी है। परुष वर्ण वाले शब्दों का प्रयोग इन्होंने कहीं भी नहीं किया है। वात्सल्य और रति भावों की व्यंजना में भाषा की मधुरा वृत्ति की प्रधान है। संयोग शृंगार

के रास और होली के वर्णनों में भाषा का रूप उन्मत्त और उमंग भरा प्रतीत होता है। नख-शिख रूप वर्णन में आलंकारिता कुछ अधिक है तथा विरह के पदों में सरस, मधुर और दीनता तथा बेबसी से भरी गम्भीरता को व्यक्त करने वाली शब्दावली की योजना की गई है।

परमानन्ददास ने अधिकतर ब्रज प्रदेश में प्रचलित शब्दावली का प्रयोग किया है। तत्सम शब्दों के प्रयोग उनके पदों में बहुत कम हुए हैं। जो तत्सम शब्द उनके पदों में प्रयुक्त हुए हैं उनका ब्रजभाषाकरण हो गया है। 'मटुकिया', 'लकुटिया', 'गागरि', 'अँचरा' जैसे अनेक शब्द वर्तमान ब्रजभाषा की ठेठ मिठास से पूर्ण हैं। ब्रजभाषा में 'ण' के स्थान पर 'न' का प्रयोग चलता है। परमानन्ददास ने भी 'कंकण', 'निर्गुण', 'रेणु', 'चरण' आदि शब्दों के 'कंकन', 'निर्गुन', 'रेनु', 'चरन' आदि रूप ही स्वीकार किये हैं। विभक्तियों के रूप में ब्रजभाषा में, कर्मकारक के लिए 'को' या 'कू' परसर्ग प्रयुक्त होते हैं परन्तु साथ ही साथ 'को' के स्थान पर संज्ञा अथवा सर्वनाम शब्दों में 'ऐ' या 'एँ' जोड़कर अथवा 'हि' लगाकर कर्म का रूप बन जाता है। इस प्रकार के प्रयोग परमानन्ददास के काव्य में भी पाये जाते हैं, जैसे—**सहज प्रीति गोपालहि भावै।**

परमानन्ददास की भाषा में अवधी, बुन्देलखंडी आदि भाषाओं के शब्द भी मिलते हैं, पर उसमें अरबी-फारसी के शब्दों का बहिष्कार-सा है। अनुप्रास तथा तुकान्त के आग्रहवश शब्दरूपों के परिवर्तन की स्वच्छन्दता परमानन्ददास ने भी ली है। परमानन्ददास के पदों में 'क्यों', 'कैसे', 'ताहि' आदि शब्दों के साथ प्राय: 'ब' निरर्थक अक्षर लगा रहता है। जैसे, **'कैसेब' याकी गारि समुझिए** आदि। सूर की तरह परमानन्ददास के पदों में भी सांगीतिक प्रभाव भरपूर मात्रा में विद्यमान है।

काव्यभाषा के माधुर्य की दृष्टि से अष्टछाप के कवियों में नन्ददास सर्वोपरि हैं। यद्यपि नन्ददास की रचनाएँ भी भक्तिभावना से पूर्ण हैं पर उनकी उपासना प्रेममार्ग का अनुसरण करती है। इस कारण उनकी भाषा में माधुर्य गुण की प्रधानता है। श्रृंगार रस की व्यंजना के लिए भावानुरूप शब्दयोजना में नन्ददास अद्वितीय है। इसके साथ ही ध्वनिमूलक शैलीय उपकरणों का योग उनकी भाषा को और भी प्रभावी बना देता है। एक उदाहरण द्रष्टव्य है—

नूपुर कंकन किंकिनि करतल मंजुल मुरली,
ताल मृदंग उपंग चंग एकहि सुर जुरली।
मृदुल मुरज टंकार, ताल झंकार मिली धुनि,
मधुर जंत्र की तार भँवर गुंजार रली पुनि।

नन्ददास की काव्यभाषा की दूसरी प्रमुख विशेषता है लोक में प्रचलित शब्दों का अधिकाधिक प्रयोग। उन्मत्त नेत्रों के लिए 'अलस कुछ घूम घुमारे', सजावट और शोभा के लिए 'बानक', लावण्य के लिए 'लुनाई' आदि घरेलू और सरल शब्दों ने भाषा को भावपूर्ण प्रसादता का गुण दे दिया है। नन्ददास ने तत्सम शब्दों का प्रयोग प्रचुर मात्रा में किया है पर गोस्वामी तुलसीदास की ही तरह उनके शब्द ब्रजभाषा के साँचे में ढले हुए हैं; जैसे—'योग' के लिए 'जोग', 'क्षुधित' के लिए 'छुदित', 'सूक्ष्म' के लिए 'सुच्छम', 'परिक्रिया' के लिए 'परिकला' आदि। ब्रजभाषा की ठेठ शब्दावली के बीच में कहीं-कहीं प्रचलित पूर्वी हिन्दी तथा फारसी शब्दों के प्रयोग भी दिखाई पड़ते हैं।

सूरदास, परमानन्ददास और नन्ददास की भाषा पर तुलनात्मक दृष्टि डालें तो कह सकते हैं कि सूर की भाषा में वैविध्य है। उसका मुख्य रूप ब्रजभाषा का होते हुए भी उसमें अवधी और फारसी शब्दों का मेल अन्य अष्टछाप कवियों की अपेक्षा अधिक मात्रा में है। उनकी भाषा में तत्सम शब्दों का बाहुल्य है, यद्यपि बाललीला, गोचारण तथा विरह के पदों में उनका सरलीकृत रूप ही प्रयुक्त हुआ है। शब्दों का जितना विशाल कोश सूरदास के पास है उतना अष्टछाप के किसी अन्य कवि के पास नहीं है। नन्ददास के पदों की भाषा में भी सजीवता, भावात्मकता, आलंकारिता तथा चित्रमयता के गुण विद्यमान हैं, परन्तु उनमें ये गुण उतनी मात्रा में नहीं हैं, जितनी मात्रा में सूर और परमानन्ददास के पदों में हैं। परमानन्ददास की भाषा में अवधी और फारसी-अरबी शब्दों के बहुत कम प्रयोग हैं। यह विशेषता नन्ददास की भाषा में भी है।

अष्टछाप के कवियों, विशेषकर सूरदास, परमानन्ददास और नन्ददास ने काव्यभाषा के रूप में ब्रजभाषा का जो ढाँचा निर्मित किया, वह बाद के कवियों का भी आदर्श बना रहा। जो कवि ब्रजभाषा क्षेत्र के थे उन्होंने तो स्वाभाविक रूप से ही अपनी काव्यभाषा को बोलचाल की भाषा के निकट बनाये रखा, ब्रजभाषा के क्षेत्र के बाहर के कवियों ने भी अष्टछाप के कवियों की भाषा को आदर्श रूप में सामने रखकर भाषा की स्वाभाविकता को बनाये रखने का प्रयत्न किया। पर जैसे-जैसे काव्यभाषा के रूप में ब्रजभाषा का प्रयोग-क्षेत्र व्यापक बनता गया, उसमें अन्य भाषाओं की मिलावट भी अधिकाधिक होती गई। विभिन्न भाषा क्षेत्रों के कवियों ने अपनी सुविधा या प्रवृत्ति वश अपनी भाषा के शब्दों, क्रियारूपों, प्रत्ययों और कारकों का मिश्रण ब्रजभाषा में किया। फारसी के राजभाषा होने से उसके अनेक शब्द भी ब्रजभाषा में शामिल हो गए। अनेक कवियों ने भाव, तुक, लय आदि के आग्रह से भी शब्दों को तोड़ा-मरोड़ा या गढ़न्त शब्दों का प्रयोग किया। पर श्रेष्ठ कवियों ने सदा बोलचाल की ब्रजभाषा को ही, चाहे वह उन्हें मातृभाषा के रूप में प्राप्त हुई हो या अष्टछाप के कवियों की काव्यभाषा के रूप में, अपनी काव्यभाषा का आधार बनाया।

अष्टछाप के बाहर के कृष्णभक्त कवियों में गदाधर भट्ट (र. का. 1523-1545 ई.), मीराबाई (1516-1546 ई.), सूरदास मदन मोहन (र. का. 1533-1543 ई.), स्वामी हरिदास (र. का. 1543-1560 ई.), हित हरिवंश (र. का. 1543-1583 ई.), व्यास जी (ल. 1563 ई.), श्रीभट्ट (र. का. 1586 ई. के आसपास), रसखान (र.का. 1583-1614 ई.), ध्रुवदास (र. का. 1603-1643 ई.) आदि प्रसिद्ध हैं। इन सभी भक्त कवियों ने ब्रजभाषा में ही अपनी रचनाएँ की हैं। साहित्यिक भाषा के उत्कर्ष की दृष्टि से इनमें मीराबाई और रसखान का विशेष महत्त्व है। मीराबाई के कुछ पद राजस्थानी मिश्रित भाषा में हैं और कुछ विशुद्ध साहित्यिक ब्रजभाषा में। आध्यात्मिक विरह वेदना की अभिव्यक्ति की दृष्टि से भी मीराबाई अनन्य हैं।

रसखान भी भक्त्योन्मुख प्रेम के अनन्य गायक हैं। इनकी रचनाशैली की प्रमुख विशेषता यह है कि इन्होंने पदों के स्थान पर कवित्तों और सवैयों का आश्रय लिया। आचार्य शुक्ल ने इनकी भाषा को 'बहुत चलती, सरल और शब्दाडम्बरमुक्त' बताया है। ध्वनिमूलक शैलीय

उपकरणों का भरपूर प्रयोग करते हुए भी न तो ये अनुपातच्युत होते हैं और न 'भाषा की चुस्ती और सफाई' में कमी आने देते हैं। उदाहरण के लिए यह सवैया द्रष्टव्य है—

मानुष हों तो वही रसखान बसौं सँग गोकुल गाँव के ग्वारन।
जो पसु हों तो कहा बसु मेरो चरौं नित नन्द की धेनु मँझारन॥
पाहन हों तो वही गिरि को जो कियो हरि छत्र पुरन्दर-धारन।
जौ खग हों तो बसेरो करौं मिलि कालिन्दी कूल कदंब की डारन॥

जिस समय अष्टछाप के कवि ब्रज में कृष्णलीला का गान कर रहे थे लगभग उसी समय अवध-काशी क्षेत्र में गोस्वामी तुलसीदास रामभक्ति की गंगा बहा रहे थे। गोस्वामी जी ने मुख्यतः अवधी में काव्यरचना की पर ब्रजभाषा पर भी उनका उतना ही अधिकार था। उनकी *विनयपत्रिका, कवितावली, गीतावली, कृष्णगीतावली* आदि रचनाओं में ब्रजभाषा का साहित्यिक सौन्दर्य सूरदास से स्पर्धा करता हुआ दिखाई पड़ता है। शुक्ल जी के अनुसार "ब्रजभाषा का जो माधुर्य हम *सूरसागर* में पाते हैं वही माधुर्य और भी संस्कृत रूप में हम *गीतावली* और *कृष्णगीतावली* में पाते हैं।" शुक्ल जी का यह भी कहना है कि "सूरदास जी की रचना में संस्कृत की 'कोमलकान्त पदावली' और अनुप्रासों की वह विचित्र योजना नहीं है जो गोस्वामी जी की रचना में है।...गोस्वामी जी की रचना अधिक संस्कृतगर्भित है। पर इसका यह अभिप्राय नहीं है कि इनके पदों में शुद्ध देशभाषा का माधुर्य नहीं है। इन्होंने दोनों प्रकार की मधुरता का बहुत ही अनूठा मिश्रण किया है। *विनयपत्रिका* के प्रारम्भिक स्त्रोतों में जो संस्कृत पदविन्यास है उसमें *गीतगोविन्द* के पदविन्यास से इस बात की विशेषता है कि वह विषम है और रस के अनुकूल कहीं कोमल और कहीं कर्कश देखने में आता है। हृदय के विविध भावों की व्यंजना *गीतावली* के मधुर पदों में देखने योग्य है।"[17] *कवितावली* में भी रसानुकूल शब्दयोजना दर्शनीय है। श्रृंगार रस की अभिव्यक्ति में भाषा का रूप निम्नलिखित है—

राम को रूप निहारत जानकि, कंकन के नग की परछाहीं।
यातें सबै सुधि भूलि गई, कर टेकि रही, पल डारति नाहीं॥

वीर और भयानक के प्रसंग में शब्दयोजना बिलकुल भिन्न हो जाती है—

प्रबल प्रचंड बरिबंड बाहुदंड बीर,
धार जातुधान, हनुमान लियो घेरिकै।
महाबल पुंज कुंजरारि ज्यों गरजि भट,
जहाँ तहाँ पटके लंगूर फेरि फेरिकै।

आचार्य रामचन्द्र शुक्ल ने तुलसी की भाषा की एक और विशेषता का निर्देश किया है। तुलसी ने रचना-नैपुण्य का भद्दा प्रदर्शन नहीं किया है न शब्द चमत्कार आदि के खेलवाड़ में वे फँसे हैं। सूरदास के बारे में यह बात नहीं कही जा सकती। तुलसी अलंकारों की योजना भी भावों या तथ्यों की व्यंजना के निमित्त की है, अपनी अलग चमक-दमक दिखाने के लिए नहीं। सूरदास के पदों में अनेकत्र ऐसे वाक्य मिलते हैं जो केवल पादपूर्त्यर्थ आए जान पड़ते हैं। इसी प्रकार तुकान्त के लिए भी शब्दों को तोड़ा-मरोड़ा गया है। पर गोस्वामी जी की वाक्यरचना अत्यन्त प्रौढ़ और सुव्यवस्थित है। फालतू शब्दों का प्रयोग उन्होंने एकदम नहीं किया है।[18]

गोस्वामी जी ब्रज क्षेत्र के निवासी नहीं थे, पर भाषा की सफाई और वाक्यरचना की निर्दोषिता की दृष्टि से उनकी ब्रजभाषा सूर की ब्रजभाषा से कमजोर नहीं है। शुक्ल जी के अनुसार ''गोस्वामी जी के वाक्यों में कहीं शैथिल्य नहीं है, एक भी शब्द ऐसा नहीं है जो पादपूर्त्यर्थ रखा हुआ कहा जा सके।''[19]...''उनकी तुलना में सूरदास के वाक्य कहीं-कहीं उखड़े से हैं, उनमें वह सम्बन्ध-व्यवस्था नहीं है। लिंग आदि का भी सूरदास ने कम ध्यान रखा है। तुकान्त और छन्द के लिए शब्दों के रूप भी सूरदास ने बहुत बिगाड़े हैं।''[20]

गोस्वामी तुलसीदास के अतिरिक्त रामभक्त कवियों में नाभादास (र. का. 1585 ई.), हृदयराम (र. का. लग. 1623 ई.), रामचरण दास, जीवाराम, युगलानन्दशरण आदि ने भी ब्रजभाषा में काव्यरचना की पर साहित्यिक दृष्टि से इनका कोई विशेष महत्त्व नहीं है।

ब्रजभाषा का प्रयोग निर्गुण सन्त कवियों ने भी, विशेषकर अपने पदों में, किया। कबीर ने अपने 'रमैनी' और 'सबद' ब्रजभाषा में ही कहे। इसी प्रकार रैदास, धर्मदास, गुरु नानक, सुन्दरदास आदि सन्त परम्परा के कवियों ने भी कमोवेश ब्रजभाषा के प्रति अपना झुकाव प्रदर्शित किया है। इनमें सन्त सुन्दरदास का, ब्रजभाषा में काव्यरचना की दृष्टि से विशेष महत्त्व है। शुक्ल जी ने इनकी काव्यरचना को 'साहित्यिक और सरस' बताते हुए इनकी भाषा को 'काव्य की मँजी हुई ब्रजभाषा' कहा है। इनके द्वारा रचित कवित्त-सवैयों में काव्य के शैलीय उपकरणों का भरपूर उपयोग दिखाई पड़ता है। निम्नलिखित उद्धरण से इनकी काव्यभाषा का सौष्ठव उजागर होता है—

गेह तज्यो अरु नेह तज्यो पुनि खेह लगाइ कै देह सँवारी।
मेह सहे सिर, सीत सहे तन, धूप समै जो पँचागिनी बारी।
भूख सही रहि रूख तरे, पर सुन्दरदास सबै दुख भारी।
डासन छाँड़ि कै कासन ऊपर आसन मार्‌यो पै आस न मारी॥

भक्ति काल (1375-1650 ई.) के अन्य कवियों में कृपाराम, नरहरि, नरोत्तम दास, बीरबल, गंग, बलभद्र मिश्र, अब्दुर्रहीम खानखाना (रहीम), केशवदास, कादिर मुबारक, बनारसीदास, सेनापति, पुहकर कवि, सुन्दर आदि ने ब्रजभाषा में काव्यरचना की। इनमें साहित्यिक दृष्टि से नरोत्तमदास, गंग, रहीम, केशवदास और सेनापति उल्लेखनीय हैं। नरोत्तमदास का 'सुदामा चरित' एक बहुत ही मार्मिक खंडकाव्य है जिसकी भाषा अत्यन्त परिमार्जित और व्यवस्थित है। भरती के शब्द और वाक्य इसमें न के बराबर हैं। स्वाभाविक बोलचाल की भाषा का अनाविल सौन्दर्य इन पंक्तियों में द्रष्टव्य है—

सीस पगा न झगा तन पै, प्रभु! जानै को आहि, बसै केहि ग्रामा।
धोती फटी-सी, लटी, दुपटी अरु पाय उपानह की नहि सामा।
द्वार खड़ो द्विज दुर्बल एक, रह्यो चकि सो वसुधा अभिरामा।
पूछत दीनदयाल को धाम, बतावत आपनो नाम सुदामा।

रहीम भी हिन्दी काव्य के पूर्ण मर्मज्ञ कवि थे। शुक्ल जी के अनुसार भाषा पर रहीम का वैसा ही अधिकार है, जैसा तुलसी का। इन्होंने ब्रज और अवधी दोनों में समान कुशलता के साथ रचना की है। इनकी ब्रजभाषा कविता का एक नमूना द्रष्टव्य है :

जाति हुती सखि गोहन में मनमोहन को लखि ही ललचानो।
नागरि नारि नई ब्रज की उनहूँ नन्दलाल को रीझिबो जानो।
जाति भई फिरि कै चितई, तब भाव रहीम यहै उर आनो।
ज्यों कमनैत दमानक में फिरि तीर सों मारि लै जाति निसानो।

इस काल के ब्रजभाषा कवियों में केशवदास (ज. का. 1555 ई. मृत्यु ल. 1617 ई.) का उल्लेखनीय स्थान है। यद्यपि कविरूप में आचार्य शुक्ल ने इन्हें अधिक महत्त्व नहीं दिया है, पर काव्यांगों का पूरा परिचय देते हुए इन्होंने रीतिबद्ध काव्यलेखन की परम्परा की नींव डाली। इनकी भाषा के बारे में शुक्ल जी ने लिखा है कि "पदों और वाक्यों की न्यूनता, अशक्त, फालतू शब्दों के प्रयोग और सम्बन्ध के अभाव आदि के कारण भी वह अप्रांजल और ऊबड़-खाबड़ हो गई है और तात्पर्य भी स्पष्ट रूप से व्यक्त नहीं हो सका है। दरअसल केशव केवल उक्तिवैचित्य और शब्दक्रीड़ा के प्रेमी थे। 'रामचन्द्रिका' में पंचवटी और प्रवर्षण गिरि आदि के वर्णनों में केवल शब्द साम्य के सहारे जो उपमान लाए गए हैं वे किसी रमणीय दृश्य से उत्पन्न सौन्दर्य की अनुभूति के सर्वथा विरुद्ध या बेमेल हैं। सादृश्य या साधर्म्य की दृष्टि से दृश्यवर्णन की जो उपमाएँ, उत्प्रेक्षाएँ आदि लाई गई हैं, वे भी सौन्दर्य की भावना में वृद्धि करने के स्थान पर कुतूहल मात्र उत्पन्न करती हैं।"[21] पर संवादयोजना में केशव को अवश्य सफलता मिली है। इन संवादों में पात्रों के अनुकूल क्रोध, उत्साह आदि की सुन्दर व्यंजना है।

सेनापति (ज. का. ल. 1589 ई.; र. का. ल. 1649 ई. तक) भक्तिकाल और रीतिकाल की सन्धिरेखा पर खड़े एक ऐसे कवि हैं जिनमें कविजनोचित सहृदयता और काव्य कौशल दोनों विद्यमान थे। ऋतुवर्णन की दृष्टि से ये अपने समकालीन कवियों में विशिष्ट हैं। इनका प्रकृतिवर्णन सूक्ष्म निरीक्षण के आधार पर है, कोरी कल्पना के आधार पर नहीं। आचार्य शुक्ल ने इनकी गणना उन कवियों में की है, जिनका भाषा पर अच्छा अधिकार होता है। इनकी भाषा में ब्रजभाषा का स्वाभाविक माधुर्य है, जो संस्कृत पदावली पर अवलम्बित नहीं है। इनका पदविन्यास ललित है और अनुप्रास और चमक की प्रचुरता होते हुए भी कृत्रिमता का समावेश नहीं होने पाया है।

काव्य रूप की दृष्टि से रीति काव्य का अभिधान चाहे जितना सार्थक हो, विषय की दृष्टि से वह मुख्यतः शृंगार काव्य ही है। यह ध्यान देने की बात जरूर है कि लगभग दो सौ पचास वर्षों तक भक्ति भावना से आप्लावित रहने के बाद दो सौ से कुछ अधिक वर्षों (1650-1870 ई.) तक हिन्दी साहित्य शृंगार की रसधारा में अवगाहन करता रहा। इस अवधि में सैकड़ों कवियों ने हजारों छन्दों में शृंगार रस से सम्बन्धित नाना उक्तियों से हिन्दी काव्य को रससिक्त कर दिया।[22]

यह सारा काव्य ब्रजभाषा में लिखा गया। पर इस काल के अधिकतर कवि ब्रजभाषा क्षेत्र के बाहर के थे। उनकी अपनी मातृभाषा और व्यवहार की भाषा ब्रजभाषा न थी। व्यवहार के स्तर पर कोई परिनिष्ठित अखिल भारतीय भाषा उभर कर सामने नहीं आई थी। सरकारी कार्यालयों की भाषा फारसी थी। खड़ी बोली अधिकतर उर्दू के रूप में उत्तर भारत के नगरों में प्रचलित हो रही थी। पर उत्तर और मध्य भारत के कवियों का झुकाव उसकी ओर बहुत

कम था। इस कारण ब्रजभाषा को काव्यभाषा के रूप में स्वीकार करते हुए कवियों ने सहज और मुक्त भाव से उसमें अपनी भाषाओं का मिश्रण किया। इसे आचार्य शुक्ल ने 'भाषा की गड़बड़ी' कहा है और इसका कारण 'ब्रज और अवधी इन दोनों काव्यभाषाओं का कवि के इच्छानुसार सम्मिश्रण' बताया है। शुक्ल जी लिखते हैं : "यद्यपि एक सामान्य साहित्यिक भाषा किसी प्रदेश विशेष के प्रयोगों तक ही परिमित नहीं रह सकती पर वह अपना ढाँचा बराबर बनाए रहती है। काव्य की ब्रजभाषा के सम्बन्ध्ध में भी अधिकतर यही बात रही। सूरदास की भाषा में यत्र-तत्र पूरबी प्रयोग—जैसे मोर, हमार, कीन, अस, जस इत्यादि—बराबर मिलते हैं। बिहारी की भाषा भी 'कीन', 'दीन' आदि से खाली नहीं। रीति ग्रन्थों का विकास अधिकतर अवध में हुआ। अत: इस काल की ब्रजभाषा में अवधी के प्रयोग और अधिक मिले।"[23] इस तथ्य को लक्षित करते हुए रीतिकालीन कवि भिखारीदास अपने *काव्य निर्णय* नामक ग्रन्थ में लिखते हैं—

ब्रजभाषा भाषा रुचिर, कहैं, सुमति सब कोइ॥
मिल संस्कृत पारस्यौ, पै अति प्रकट जु होइ॥
ब्रज, मागधी मिलै अमर, नाग यवन भाखानि॥
सहज पारसी हू मिलैं, षट बिधि कहत बखानि॥

दास जी सूर, केशव, मंडन, बिहारी, कालिदास, ब्रह्म, चिन्तामणि, मतिराम, भूषण, लीलाधर, सेनापति, नेवाज, आलम, रहीम, रसखान, देव आदि कवियों के नाम गिनाते हुए कहते हैं कि—

ब्रजभाषा हेत ब्रजवास ही न अनुमानौ।
ऐसे ऐसे कविन की बानी हू सो जानिए॥

मिली-जुली भाषा के समर्थन में दास जी ने तुलसी और गंग तक का उल्लेख किया है—

तुलसी गंग दुवौ भए, सुकबिन के सरदार
इनके काव्यन में मिली, भाषा विविध प्रकार।

आचार्य रामचन्द्र शुक्ल इस मिश्रण को बहुत अच्छी नजर से देखते नहीं जान पड़ते। उनका कहना है कि "भाषा सम्बन्धी और अधिक मीमांसा न होने के कारण कवियों ने अपने को अन्य बोलियों के शब्दों तक ही परिमित नहीं रखा; उनके कारक चिह्नों और क्रिया के रूपों का भी वे मनमाना व्यवहार करते रहे। ऐसा वे केवल सौन्दर्य की दृष्टि से करते थे, किसी सिद्धान्त के अनुसार नहीं। 'करना' के भूतकाल के लिए आवश्यकता के अनुसार 'कियो', 'कीना', 'कर्‌यो', 'करियो', 'कीन', यहाँ तक कि 'किय' तक रखने लगे। इसका परिणाम यह हुआ कि भाषा को वह स्थिरता न प्राप्त हो सकी जो किसी साहित्यिक भाषा के लिए आवश्यक है।"[24]

आचार्य शुक्ल इस बात पर अफसोस जाहिर करते हैं कि "भाषा जिस समय सैकड़ों कवियों द्वारा परिमार्जित होकर प्रौढ़ता को पहुँची उसी समय व्याकरण द्वारा उसकी व्यवस्था होनी चाहिए थी कि जिससे उस च्युतसंस्कृति दोष का निराकरण होता जो ब्रजभाषा काव्य में थोड़ा-बहुत सर्वत्र पाया जाता है। और नहीं तो वाक्यदोषों का पूर्ण निरूपण होता जिससे

भाषा में कुछ और सफाई आती। बहुत थोड़े कवि ऐसे मिलते हैं जिनकी वाक्यरचना सुव्यवस्थित पायी जाती है। भूषण अच्छे कवि थे, पर भाषा उनकी अनेक स्थलों पर सदोष है। यदि शब्दों के रूप स्थिर हो जाते और शुद्ध रूपों के प्रयोग पर जोर दिया जाता तो शब्दों को तोड़-मरोड़कर विकृत करने का साहस कवियों को न होता। पर इस प्रकार की कोई व्यवस्था न हुई, जिससे भाषा में बहुत कुछ गड़बड़ी बनी रही।"[25]

शुक्ल जी की काव्यभाषा सम्बन्धी यह चिन्ता इस कारण है कि वे 'ब्रजभाषा' के स्थानीय रूप को उसका शुद्ध रूप मानने के आग्रही हैं। पर यह ध्यान देने की बात है कि 'ब्रजभाषा' और 'हिन्दी' एक-दूसरे के पर्याय नहीं हैं। जिस समय हिन्दी काव्य में ब्रजभाषा का बोलबाला था उस समय भी खड़ी बोली (अपने दक्खिनी और पुनः उर्दू रूप में) और अवधी काव्यभाषा के रूप में प्रतिष्ठित थी। जब अवधी और बुन्देलखंडी क्षेत्र के कवियों ने अपनी भाषाओं को छोड़कर ब्रजभाषा को काव्यभाषा के रूप में स्वीकार किया तो उनसे यह अपेक्षा करना कि वे ब्रजभाषा में अपनी मातृभाषाओं की छौंक भी न लगाएँ, बहुत स्वाभाविक नहीं माना जा सकता। भाषा के सम्बन्ध में शुद्धतावादी दृष्टिकोण बहुत दूर तक नहीं चलता। भाषा कवियों की चेरी होती है, स्वामिनी नहीं। अतः इस बात पर आँसू बहाने या क्षोभ प्रकट करने की कोई बात नहीं कि अवधी या बुन्देलखंडी क्षेत्र के कवियों ने ब्रजभाषा में अपनी भाषाओं की कम या अधिक छौंक क्यों लगाई? उन कवियों ने जिन पाठकों या श्रोताओं के लिए वे रचनाएँ की थीं वे उस क्षेत्र के शिष्ट काव्य-रसिक थे। स्वयं कविगण भी ब्रजभाषा काव्य में शिक्षित होने के बावजूद अपनी भाषा की मिठास से अपरिचित नहीं थे।

इस काल की काव्यभाषा की एक विशेषता यह भी है कि भारत में मुसलमानों की सत्ता कायम होने तथा फारसी के राजभाषा बन जाने के कारण शिष्ट वर्ग की भाषा में अरबी, फारसी, तुर्की आदि भाषाओं के शब्द अनायास शामिल होने लगे। काव्यभाषा पर भी इसका प्रभाव पड़ना स्वाभाविक था। नामदेव, कबीर, दाऊद, कुतुबन, जायसी आदि ने ही नहीं, गोस्वामी तुलसीदास तक ने अरबी-फारसी शब्दों का प्रयोग किया। जैसे-जैसे मुसलमानी शासन दृढ़ होता गया, फारसी का महत्त्व भी बढ़ता गया और अधीनस्थ राजाओं-महाराजाओं के दरबारों में भी इस्लामी सभ्यता और शिष्टता के व्यवहार के अनुकरण के साथ-साथ विदेशी शब्दों का प्रयोग बढ़ता गया। फलतः इन दरबारों में आश्रय-प्राप्त कवियों ने भी अरबी-फारसी शब्दों के प्रति अपना रुझान प्रदर्शित किया। पर शुक्ल जी ने लिखा है कि "यह देखकर हर्ष होता है कि अपनी भाषा की स्वाभाविक सरसता का ध्यान रखनेवाले उत्कृष्ट कवियों ने ऐसे शब्दों को बहुत ही कम स्थान दिया। परम्परागत साहित्य का कम अभ्यास रखनेवाले साधारण कवियों ने कहीं-कहीं बड़े बेढंगे तौर पर ऐसे विदेशी शब्द रखे हैं।...बिहारी ऐसे परम उत्कृष्ट कवि भी यद्यपि फारसी भावों के प्रभाव से नहीं बचे हैं पर उन्होंने उन भावों को अपने देशी साँचे में ढाल लिया है जिससे वे खटकते क्या सहसा लक्ष्य भी नहीं होते।"[26]

रीतिकाल के जिन कवियों ने ब्रजभाषा के स्वाभाविक, बोलचाल के निकट वाले, रूप की रक्षा करते हुए उसे काव्यभाषा की विविध भंगिमाओं और विशिष्टताओं से मंडित किया उनमें चिन्तामणि त्रिपाठी (र. का. ल. 1650 ई.), बेनी (र. का. ल. वही), बिहारी (ल. 1603-1663 ई.), मंडन (र. का. ल. 1659 ई.), मतिराम (ल. 1617-1690 ई.),

कुलपति मिश्र (र. का. 1667-1686 ई.), नेवाज (ल. 1680 ई.), आलम (र. का. 1683-1703 ई.), घनानन्द (1673-1757 ई.), श्रीपति (ल. 1720 ई.), भिखारीदास (र. का. 1728-1750 ई.), तोषनिधि (ल. 1734 ई.), सोमनाथ (र. का. 1733-1753 ई.), बख्शी हंसराज (ज. 1734 ई.), ब्रजवासी दास (ल. 1770 ई.), पद्माकर (1753-1833 ई.), गोकुलनाथ, गोपीनाथ और मणिदेव (र. का. 1771-1827 ई.), बोधा (र. का. 1773-1803 ई.), बेनी प्रवीन (ल. 1817 ई.), ठाकुर (बुन्देलखंड वाले, र. का. 1793-1823 ई.), चन्द्रशेखर (1798-1875 ई.), बाबा दीनदयाल गिरि (1802-1858 ई.), ग्वाल कवि (र. का. 1822-1861 ई.), प्रताप साहि (1823-1843 ई.), पजनेश (ल. 1843 ई.), गिरिधर दास (1832-1860 ई.), द्विजदेव आदि प्रमुख हैं। चिन्तामणि त्रिपाठी और बेनी की काव्यभाषा लालित्य और सानुप्रासता की दृष्टि से उल्लेखनीय है। उदाहरण के रूप में बेनी की भाषा का एक उदाहरण द्रष्टव्य है—

कवि बेनी नई उनई है घटा मोरवा बन बोलत कूकन री।
छहैरे बिजुरी छितिमंडल छ्वै, लहरै मन मैन-भभूकन री॥
पहिरै चुनरी चुनिकै दुलही सँग लाल के झूलहु झूकन री।
ऋतु पावस यों ही बितावत हौ, मरिहौ, फिरि बावरि हूकन री॥

इस उद्धरण में 'मोरवा', 'भभूकन', 'भूकन', 'हूकन' आदि प्रयोग पूरबी होने पर भी माधुर्य की सृष्टि करते हैं।

बिहारी रीतिकाल के एक अत्यन्त प्रतिष्ठित कवि हैं। शुक्ल जी के अनुसार बिहारी की भाषा की सबसे बड़ी विशेषता 'कल्पना की समाहार-शक्ति के साथ भाषा की समास-शक्ति' है। अनुभावों की योजना की निपुणता और उक्ति-कौशल में बिहारी अद्वितीय हैं। अलंकारों के प्रयोग में भी बिहारी ने अद्‌भुत निपुणता का प्रदर्शन किया है। उनकी सूक्तियों में प्राप्त होनेवाला वर्णन वैचित्र्य या शब्द वैचित्र्य भी काव्य रसिकों को प्रभावित करता है।

बिहारी की भाषा के स्वरूप के सम्बन्ध में आचार्य रामचन्द्र शुक्ल ने लिखा है : "बिहारी की भाषा चलती होने पर भी साहित्यिक है। वाक्य-रचना व्यवस्थित है और शब्दों के रूप का व्यवहार एक निश्चित प्रणाली पर है। यह बात कम कवियों में पायी जाती है। ब्रजभाषा के कवियों में शब्दों को तोड़-मरोड़ कर विकृत करने की आदत बहुतों में पायी जाती है। भूषण और देव ने शब्दों का बहुत अंगभंग किया है और कहीं-कहीं गढ़न्त शब्दों का व्यवहार किया है। बिहारी की भाषा इस दोष से भी बहुत कुछ मुक्त है। दो-एक स्थल पर ही 'स्मर' के लिए 'समर', 'ककै' ऐसे कुछ विकृत रूप मिलेंगे।"[27]

गतिराम के दोहों की सरसता भी बिहारी के समकक्ष है। शुक्ल जी के अनुसार इनकी "भाषा शब्दाडम्बर से सर्वथा मुक्त है—केवल अनुप्रास के चमत्कार के लिए अशक्त शब्दों की भर्ती कहीं नहीं है। जितने शब्द और वाक्य हैं वे सब भावव्यंजना से ही प्रयुक्त हैं। रीतिग्रन्थ वाले कवियों में इस प्रकार की स्वच्छ, चलती और स्वाभाविक भाषा कम कवियों में मिलती है। पर कहीं-कहीं वह अनुप्रास के जाल में बेतरह जकड़ी पायी जाती है।"[28]

शुक्ल जी के अनुसार आलम (र. का. 1683-1703 ई.) 'प्रेम की पीर' या 'इश्क का दर्द' के कवि हैं। "शब्दवैचित्र्य, अनुप्रास आदि की प्रवृत्ति इनमें विशेष रूप से कहीं नहीं

पायी जाती। श्रृंगार रस की ऐसी उन्मादमयी उक्तियाँ इनकी रचना में मिलती हैं कि पढ़ने और सुनने वाले लीन हो जाते हैं।...भाषा भी इस कवि की परिमार्जित और सुव्यवस्थित है पर उसमें कहीं-कहीं 'कीन', 'दीन', 'जौन' आदि अवधी या पूरबी हिन्दी के प्रयोग भी मिलते हैं।''[29]

सत्रहवीं शताब्दी के अन्य कवियों में कुलपति मिश्र और नेवाज की भाषा स्वाभाविक, परिमार्जित, व्यवस्थित और भावोपयुक्त है।

अठारहवीं शताब्दी के महान् ब्रजभाषा कवियों में घनानन्द और पद्माकर (इनका रचनाकाल उन्नीसवीं शताब्दी के प्रथम चरण तक पहुँचता है) परिगणनीय हैं। घनानन्द के बारे में शुक्ल जी ने लिखा है कि ''इनकी सी विशुद्ध, सरस और शक्तिशालिनी ब्रजभाषा लिखने में और कोई कवि समर्थ नहीं हुआ। विशुद्धता के साथ प्रौढ़ता और माधुर्य भी अपूर्व ही है।...प्रेममार्ग का ऐसा प्रवीण और धीर पथिक तथा जबाँदानी का ऐसा दावा रखनेवाला ब्रजभाषा का दूसरा कवि नहीं हुआ।''[30]...''भाषा मानो इनके हृदय के साथ जुड़कर ऐसी वशवर्तिनी हो गई थी कि वे उसे अपनी अनूठी भावभंगी के साथ-साथ जिस रूप में चाहते थे उस रूप में मोड़ सकते थे।'' लक्षणा और व्यंजना शक्तियों का जितना समर्थ उपयोग घनानन्द ने किया है, उतना किसी और प्राचीन कवि नहीं कर सका है। शुक्ल जी ने ठीक ही लक्षित किया है कि ''लाक्षणिक मूर्तिमत्ता और प्रयोग वैचित्र्य की जो छटा इनमें दिखाई पड़ी वह फिर आधुनिक काल में ही।''[31]

पद्माकर की भाषा की सबसे बड़ी विशेषता उसकी अनेकरूपता है, जो प्राय: श्रेष्ठ कवियों में ही पायी जाती है। इस विशेषता के चलते ही शुक्ल जी उन्हें गोस्वामी तुलसीदास से तुलनीय मानते हैं। शुक्ल जी ने पद्माकर की भाषा को 'बहुत ही चलती, स्वाभाविक और साफ-सुथरी' कहा है। पद्माकर की भाषा अभिधा, लक्षणा और व्यंजना तीनों शक्तियों, स्निग्ध मधुर पदावली तथा प्रसाद, माधुर्य और ओज आदि गुणों के समाहार से अत्यन्त समृद्ध हो गई है।

अठारहवीं शताब्दी के अन्य ब्रजभाषा कवियों में श्रीपति, भिखारीदास, तोषनिधि, सोमनाथ, बख्शी हंसराज, ब्रजवासी दास, गोकुलनाथ, गोपीनाथ, मणिदेव और बोधा के नाम भाषा की स्वाभाविकता, सहजता, प्रवाह, माधुर्य और सरसता की दृष्टि से उल्लेखनीय हैं।

उन्नीसवीं शताब्दी के पूर्वार्द्ध के ब्रजभाषा कवियों में बेनी, ठाकुर, चन्द्रशेखर, बाबा दीनदयाल गिरि, ग्वाल कवि, प्रताप साहि, पजनेश, द्विजदेव आदि की भाषा आचार्य शुक्ल के शब्दों में 'साफ-सुथरी', 'सहज', 'चलती', 'माधुर्ययुक्त', 'व्यवस्थित' और 'आडम्बरहीन' है। लोकोक्तियों के 'मधुर उपयोग' के लिए शुक्ल जी ने ठाकुर की भाषा की बड़ी सराहना की है।

रीतिकाल के प्रसिद्ध कवियों में कुछ ऐसे भी हैं जो भाव व्यंजना की दृष्टि से तो श्रेष्ठ कवियों में परिगणनीय हैं, पर उनकी भाषा स्वाभाविक और सहज नहीं है। भूषण (1613-1715 ई.), देव (1673-1767 ई.), रसलीन (र. का. ल. 1737-1741 ई.), सूदन (र. का. ल. 1763 ई.) आदि ऐसे ही कवि हैं। शुक्ल जी के अनुसार ''भूषण की भाषा में ओज की मात्रा तो पूरी है पर वह अधिकतर अव्यवस्थित है। व्याकरण का उल्लंघन

प्राय: है और वाक्य रचना भी कहीं–कहीं गड़बड़ है। इसके अतिरिक्त शब्दों के रूप भी बहुत बिगड़ गए हैं और कहीं–कहीं बिलकुल गढ़न्त के शब्द रखे गए हैं। पर जो कवित्त इन दोनों से मुक्त हैं वे बड़े ही सशक्त और प्रभावशाली हैं।''

देव रीतिकाल के एक प्रसिद्ध कवि हैं पर शुक्ल जी के अनुसार इनकी भाषा अनेक स्थलों पर अनुप्रास के आडम्बर, शब्द–व्यय, अशक्त शब्दों की योजना, अनुप्रास के लिए शब्दों की तोड़–मरोड़, वाक्यों के कुविन्यास आदि के कारण 'स्निग्ध–प्रवाह' से रहित और अभिप्रेत भाव का निर्वाह करने में अशक्त हो गई है। पर जहाँ ये दोष नहीं हैं, वहाँ इनकी भाषा प्रवाहपूर्ण और सरस है। रसलीन की भाषा में भी चमत्कार और उक्तिवैचित्र्य की प्रधानता है।

सूदन रीतिकाल के एक उल्लेखनीय और वीर रस के कवि हैं पर इनकी भाषा व्यवस्थित और सहज नहीं है। इन्होंने ब्रजभाषा में पंजाबी, खड़ी बोली आदि का मनमाना मिश्रण किया है तथा गढ़न्त और तोड़े–मरोड़े हुए शब्दों के प्रयोग में भी पूरी स्वच्छन्दता बरती है।

अक्सर लोग रीतिकाल के साथ ही ब्रजभाषा काव्य की समाप्ति समझ लेते हैं। पर वास्तविकता यह है कि उन्नीसवीं शताब्दी के अन्त तक काव्य रचना में ब्रजभाषा का ही वर्चस्व बना रहा। उन्नीसवीं शताब्दी के अन्तिम चरण में साहित्य रचना में एक रोचक स्थिति पैदा हो गई थी; गद्य रचनाएँ तो खड़ी बोली में की जाने लगी थीं पर कविता के लिए ब्रजभाषा का ही प्रयोग हो रहा था। इस काल के सभी प्रमुख कवि—भारतेन्दु हरिश्चन्द्र, प्रताप नारायण मिश्र, उपाध्याय बदरी नारायण, चौधरी प्रेमधन, ठाकुर जगमोहन सिंह, अम्बिकादत्त व्यास, रामकृष्ण वर्मा, नकछेदी तिवारी, विजयानन्द त्रिपाठी, लाला सीताराम आदि काव्य रचना के लिए ब्रजभाषा को ही उपयुक्त मानते थे। अयोध्या सिंह उपाध्याय 'हरिऔध' और श्रीधर पाठक भी आरम्भ में ब्रजभाषा में ही काव्य रचना करते थे।

भारतेन्दु हरिश्चन्द्र की काव्य रचना की एक विशेषता यह है कि उन्होंने काव्य में प्रयुक्त होनेवाली ब्रजभाषा को बोलचाल की भाषा के निकट लाने का प्रयत्न किया। यह तनिक आश्चर्य की बात है कि भोजपुरीभाषी होते हुए भी भारतेन्दु को ब्रजभाषा के स्वाभाविक रूप का इतना अच्छा ज्ञान था। आचार्य रामचन्द्र शुक्ल ने उनकी भाषा की प्रशंसा करते हुए लिखा है—

''भारतेन्दु जी ने जिस प्रकार हिन्दी गद्य की भाषा का परिष्कार किया, उसी प्रकार काव्य की ब्रजभाषा का भी। उन्होंने देखा कि बहुत से शब्द जिन्हें बोलचाल से उठे कई सौ वर्ष हो गए थे, कवित्तों और सवैयों में बराबर लाये जाते हैं। इसके कारण कविता जन–साधारण की भाषा से दूर पड़ती जाती है। बहुत से शब्द तो प्राकृत और अपभ्रंश काल की परम्परा के स्मारक रूप में ही बने थे। 'चक्कवै', 'भुवाल', 'ठायो', 'दीह', 'ऊनो', 'लोय' आदि के कारण बहुत से लोग ब्रजभाषा की कविता से किनारा खींचने लगे थे। दूसरा दोष जो बढ़ते–बढ़ते बहुत बुरी हद को पहुँच गया था, वह शब्दों के तोड़–मरोड़ और गढ़न्त शब्दों का प्रयोग था। उन्होंने ऐसे शब्दों को भरसक अपनी कविता से दूर रखा और अपने रसीले सवैयों में जहाँ तक हो सका, बोलचाल की ब्रजभाषा का व्यवहार किया।''[32]

भारतेन्दु के समकालीन कवियों ने भी उन्हीं की भाषा को अपना आदर्श माना। आचार्य शुक्ल के अनुसार ''भारतेन्दु के सहयोगी कवि यद्यपि देशकाल के अनुकूल नए–नए विषयों

की ओर प्रवृत्त हुए, पर भाषा उन्होंने परम्परा से चली आती हुई ब्रजभाषा ही रखी और छन्द भी वे ही लिए जो ब्रजभाषा में प्रचलित थे।''

पर बीसवीं शताब्दी के आगमन के साथ ही ब्रजभाषा ने काव्यभाषा की गद्दी छोड़ दी और उस पर खड़ी बोली को प्रतिष्ठित कर दिया। फिर भी बीसवीं शताब्दी के प्रथम दो दशकों तक अनेक कवियों का ब्रजभाषा के प्रति आकर्षण बना रहा। इस काल के ब्रजभाषा कवियों में जगन्नाथ दास रत्नाकर (1869–1932 ई.) और पं. सत्यनारायण 'कविरत्न' (1879–1932 ई.) सर्वप्रमुख हैं।

रत्नाकर जी की भाषा भक्तिकाल और रीतिकाल के श्रेष्ठ कवियों की भाषा के समान चुस्त और गठी हुई है। सत्यनारायण 'कविरत्न' की भाषा काव्य परम्परा की बँधी-बँधाई लीक पर न चलकर बोलचाल की ब्रजभाषा के निकट है। उन्होंने बहुत से ऐसे शब्दों और रूपों का व्यवहार किया है जो परम्परागत काव्यभाषा में नहीं मिलते।

इनके अतिरिक्त राय देवीप्रसाद पूर्ण, श्री वियोगी हरि, दुलारेलाल भार्गव, रामनाथ ज्योतिषी, नाथूराम शंकर शर्मा, लाला भगवान दीन, गयाप्रसाद शुक्ल सनेही, रूपनारायण पांडेय, अनूप शर्मा, सरयू प्रसाद मिश्र आदि ने भी ब्रजभाषा में अच्छी काव्य-रचना की। यहाँ तक कि महावीर प्रसाद द्विवेदी ने भी अपनी काव्य रचना का आरम्भ ब्रजभाषा से ही किया। जयशंकर प्रसाद ने भी अपनी आरम्भिक कविताएँ ब्रजभाषा में ही की थीं।

छायावाद के आगमन के साथ खड़ी बोली हिन्दी कविता का मुख्य माध्यम बन गई और ब्रजभाषा अवधी, भोजपुरी, मैथिली आदि की तरह हासिये पर आ गई। यद्यपि आज भी ब्रजभाषा क्षेत्र के अनेक कवि ब्रजभाषा में काव्यरचना कर रहे हैं, पर साहित्य जगत् में वे घोर उपेक्षा के शिकार हैं। हिन्दी के कुछ प्रतिष्ठित कवियों ने, जैसे जगदीश गुप्त और सोम ठाकुर ने, ब्रजभाषा में भी अच्छे छन्द लिखे हैं पर शौकिया रूप में। इनके अतिरिक्त जगदम्बा प्रसाद हितैषी, रमाशंकर शुक्ल 'रसाल', रामचन्द्र शुक्ल 'सरस', श्रीनारायण चतुर्वेदी, वियोगी हरि, रामप्रसाद त्रिपाठी, गजेन्द्रनाथ चतुर्वेदी, नवनीत जी आदि ने भी ब्रजभाषा में काव्य रचना की है।

काव्यभाषा के रूप में ब्रजभाषा का उत्कर्ष और पतन इतिहास देवता का एक अनोखा खिलवाड़ है।

सन्दर्भ

1. रामचन्द्र शुक्ल, *हिन्दी साहित्य का इतिहास,* संस्करण 1981 ई., पृ. 113
2. उपरिवत्
3. इलारानी सिंह, *राउरबेल समीक्षा,* 1987, पृ. 123 पर उद्धृत विभिन्न विद्वानों के मत।
4. शिवप्रसाद सिंह, *सूरपूर्व ब्रजभाषा,* पृ. 220
5. शिवप्रसाद सिंह द्वारा *'सूरपूर्व ब्रजभाषा'* में दी गई सूचना के अनुसार महाराष्ट्र के हिन्दी कवियों की जानकारी के लिए द्रष्टव्य 'हिन्दी साहित्य के इतिहास के अप्रकाशित परिच्छेद', ले. श्री **भास्कर रामचन्द्र भालेराव**, *नागरी प्रचारिणी पत्रिका,* वर्ष 57
6. जिन प्राचीन पोथियों में खुसरो की हिन्दी रचनाओं का प्रथम लिखित रूप प्राप्त होता है, वे 17वीं

शताब्दी के पहले की नहीं हैं। द्रष्टव्य गोपीचन्द नारंग कृत *अमीर खुसरो का हिन्दी काव्य,* सीमान्त प्रकाशन, नई दिल्ली, 1990

7. शिवप्रसाद सिंह, *सूरपूर्व ब्रजभाषा,* पृ. 220
8. आचार्य रामचन्द्र शुक्ल ने अपने *हिन्दी साहित्य का इतिहास,* (पृ. 115) में बैजू बावरा के एक पद का उल्लेख किया है।
9. रामचन्द्र शुक्ल, *हिन्दी साहित्य का इतिहास,* पृ. 113
10. उपरिवत्, पृ. 92
11. रामचन्द्र शुक्ल, *भ्रमरगीत सार,* 1957, महाकवि सूरदास, पृ. 7
12. हजारीप्रसाद द्विवेदी, *सूर साहित्य,* पृ. 160-165
13. हजारीप्रसाद द्विवेदी, *हिन्दी साहित्य : उद्‌भव और विकास,* 1982, पृ. 115
14. रामचन्द्र शुक्ल, *भ्रमरगीत सार,* भूमिका, पृ. 31
15. उपरिवत्, पृ. 51
16. आचार्य रामचन्द्र शुक्ल के अनुसार ''श्री वल्लभाचार्य जी के पीछे उनके पुत्र गोसाईं विट्ठलनाथ जी गद्दी पर बैठे। उस समय तक पुष्टिमार्गी कई कवि सुन्दर से सुन्दर पदों की रचना कर चुके थे। इससे गुसाईं विट्ठलनाथ जी ने उनमें से आठ सर्वोत्तम कवियों को चुनकर 'अष्टछाप' की प्रतिष्ठा की। अष्टछाप के आठ कवि हैं''—सूरदास, कुम्भनदास, परमानन्ददास, कृष्णदास, छीत स्वामी, गोविन्द स्वामी, चतुर्भुजदास और नन्ददास।
17. रामचन्द्र शुक्ल, *हिन्दी साहित्य का इतिहास,* पृ. 93
18. उपरिवत्, पृ. 100
19. रामचन्द्र शुक्ल, *गोस्वामी तुलसीदास,* पृ. 170
20. उपरिवत्
21. रामचन्द्र शुक्ल, *हिन्दी साहित्य का इतिहास,* पृ. 145
22. उपरिवत्, पृ. 164
23. उपरिवत्, पृ. 165
24. उपरिवत्, पृ. 166
25. उपरिवत्, पृ. 164-65
26. उपरिवत्, पृ. 166
27. उपरिवत्, पृ. 174
28. उपरिवत्, पृ. 175
29. उपरिवत्, पृ. 227
30. उपरिवत्, पृ. 232
31. उपरिवत्, पृ. 233
32. उपरिवत्, पृ. 394

8

खड़ी बोली का साहित्यिक भाषा के रूप में विकास

(उन्नीसवीं शताब्दी में)

साहित्यिक भाषा के रूप में खड़ी बोली का इतिहास उतना ही पुराना है जितना अवधी या ब्रजभाषा का। पर हिन्दी के लेखक, अध्यापक और छात्र प्राय: इस भ्रान्त धारणा के शिकार हैं कि खड़ी बोली का, साहित्यिक भाषा के रूप में विकास उन्नीसवीं शताब्दी में हुआ।[1] आधुनिक हिन्दी के अर्थ में 'खड़ी बोली' पद का प्रथम प्रयोग कब और किसने किया, इसका ठीक पता नहीं है। यह भी विवादास्पद है कि यह नाम क्यों पड़ा और इसका मूल अर्थ क्या था। 'खड़ीबोली' पद का भाषाविशेष के अर्थ में प्रयोग उन्नीसवीं शताब्दी के प्रथम दशक में लल्लू जी लाल 'कवि', सदल मिश्र, गिलक्राइस्ट आदि ने किया।[2] ब्रजभाषा, अवधी, भोजपुरी, मैथिली आदि से भिन्न है और परिनिष्ठित हिन्दी के रूप में स्वीकृत है। भाषाविज्ञान की पुस्तकों में दिल्ली–मेरठ के निकटस्थ ग्राम समुदाय की बोली के लिए 'खड़ी बोली' पद का प्रयोग किया जाता है। भाषावैज्ञानिकों के अनुसार मेरठ, बिजनौर, मुजफ्फरनगर, सहारनपुर, देहरादून के मैदानी भाग, अम्बाला, कलसिया और पटियाला के पूर्वी भाग तथा रामपुर, मुरादाबाद आदि के ग्रामीण क्षेत्रों में बोली जाने वाली भाषा 'खड़ी बोली' है। बाँगरू, जाटवी या हरियाणवी एक प्रकार से पंजाबी और राजस्थानी मिश्रित खड़ी बोली ही है जो दिल्ली, करनाल, रोहतक, हिसार, पटियाला, नाभा और जींद के ग्रामीण क्षेत्रों में बोली जाती है।

आक्रमणकारी, और बाद में इन क्षेत्रों में बस जाने वाले मुसलमानों का प्रथम सम्पर्क इसी बोली से हुआ। कालक्रम में इन क्षेत्रों का जो हिन्दू समाज (विशेषकर निम्न वर्ग और शिक्षा एवं आर्थिक दृष्टि से पिछड़ा हुआ हिन्दू समाज) मुसलमान बना वह तो इस भाषा को पहले से बोलता ही था, मुस्लिम आक्रमणकारियों को भी व्यावहारिक लाचारीवश यह भाषा सीखनी पड़ी। प्रशासनिक और सांस्कृतिक भाषा के रूप में तो उन्होंने फारसी को ही अपनाया पर दैनिक व्यवहार की भाषा के रूप में दिल्ली के आस-पास की बोली को, जिसे अमीर खुसरो ने 'देहलवी और इसके इतराफ की जबान' और अबुल फजल ने 'देहलवी' कहा है, ग्रहण किया। यह स्वाभाविक ही था कि वे इस बोली में अरबी, फारसी, तुर्की आदि के शब्दों की, जिसके वे अभ्यस्त थे, मिलावट करते। शासित हिन्दुओं और नव दीक्षित मुसलमानों के लिए भी यह स्वाभाविक ही था कि वे अपने शासकों और मुल्लाओं द्वारा

बोले जाने वाले अरबी, फारसी शब्दों को सीखकर उनकी निकटता और कृपा प्राप्त करते। इस प्रकार दो जातियों और भाषाओं के सम्पर्क और मेलजोल से धीरे-धीरे एक नई भाषा विकसित होने लगी, जिसे उस समय 'हिन्दी', 'हिन्दवी', 'हिन्दुस्तानी' आदि नाम दिये गए।

यह एक रोचक तथ्य है कि यह 'खड़ी बोली' या 'देहलवी और इसके इतराफ की जबान' अपने मूल क्षेत्र से बहुत दूर, दक्षिण में धर्मप्रचार और साहित्य की भाषा के रूप में प्रतिष्ठित हुई।[3] ऐतिहासिक परिस्थितियों के फलस्वरूप यह बोली सैनिकों, व्यापारियों और शासकों के सामान्य सेवाकर्मियों के साथ दक्षिण में पहुँची—और उनमें से अधिकांश के वहीं बस जाने के कारण मराठी और तेलगु के सम्पर्क से इसका थोड़ा नया रूप बना। 14वीं शताब्दी से, इस भाषा में, जिसे **हिन्दी, हिन्दवी** और **दक्कनी** नाम दिया गया, काव्यरचना आरम्भ हो गई। बहमनी साम्राज्य की स्थापना ने (1347 ई.) इसमें विशेष योग दिया। बहमनी और बाद में स्थापित, आदिलशाही और कुत्बशाही राजवंशों के संरक्षण में इस भाषा का धर्म प्रचार और साहित्य की भाषा के रूप में अभूतपूर्व विकास हुआ। दक्कनी में काव्यरचना का दौर 17वीं शताब्दी के अन्त तक चलता रहा।

लगभग इसी काल में उत्तर भारत में शर्की, लोदी और मुगल शासकों का आधिपत्य रहा, पर इस समय दिल्ली शासन के केन्द्र में नहीं रही। शर्की शासकों ने जौनपुर को और लोदी तथा मुगल वंश के शासकों ने आगरा को अपनी राजधानी बनाया। इस कारण दिल्ली के आसपास की जो जबान दक्षिण में साहित्यिक भाषा के रूप में फल-फूल रही थी वह उत्तर भारत में उपेक्षित हो गई। इस काल में उत्तर भारत में, मुसलमानों ने विशेष रूप से अवधी में और हिन्दुओं ने ब्रजभाषा में काव्य रचना की। इस काल में उत्तर भारत में काव्यभाषा के रूप में खड़ी बोली प्रायः उपेक्षित रही।

किन्तु दक्षिण में काव्यभाषा के रूप में 'खड़ी बोली' अथवा दिल्ली के आसपास की भाषा का अभूतपूर्व विकास हुआ। उपलब्ध प्रमाणों के आधार पर उत्तर भारत में इस बोली को कविता की भाषा बनाने का प्रथम श्रेय प्रसिद्ध सूफी सन्त शेख फरीद गंजशकर (1173-1265 ई.) को दिया जाता है। शेख फरीद गंजशकर के बाद इस बोली का साहित्यिक भाषा के रूप में प्रयोग करने वाले दूसरे महत्त्वपूर्ण कवि अमीर खुसरो (1253-1325 ई.) माने जाते हैं जिन्होंने 'हिन्दी' अथवा 'हिन्दवी' में पहेलियाँ, मुकरियाँ और दोसखुन लिखे थे। अमीर खुसरो के समकालीन दक्खिनी हिन्दी के कवियों में महाराष्ट्र के दामोदर पंडित, सन्त नामदेव, सन्त ज्ञानेश्वर, गोंदाबाई और प्रसिद्ध सूफी सन्त शेख सरफुद्दीन अली कलन्दर आदि के नाम लिए जाते हैं। मुसलमानों के दक्षिण में प्रवेश और प्रसार से दक्षिण भारत में हिन्दी का जो रूप विकसित हो रहा था उसकी झलक इन सन्त कवियों की भाषा में परिलक्षित होती है।

सन् 1347 ई. में बहमनी राजवंश की स्थापना हुई जिसका शासनकाल 1518 ई. तक चला। बहमनी राज्य की आबादी में मुसलमान अल्पसंख्यक थे, इसलिए सुल्तानों ने राज्य के बाहर से मुसलमानों को वहाँ आकर बसने के लिए प्रोत्साहित किया।[4] इनमें से अनेक नवदीक्षित मुसलमान भी थे जो उत्तर से अलाउद्दीन खिलजी और मुहम्मद तुगलक के साथ आए थे। इन्हें धार्मिक शिक्षा देने के लिए सूफी सन्तों को राज्य की ओर से निमंत्रण और

सम्मान प्रदान किया गया। इन्हीं सूफी सन्तों ने दिल्ली और उसके आसपास की बोली पर आधारित 'दक्खिनी हिन्दी' में काव्य रचना की। कहा जाता है कि प्रसिद्ध सूफी सन्त ख्वाजा बन्दानवाज गेसूदराज 1412 ई. में दिल्ली से गुलबर्गा पहुँचे और 1437 ई. तक वहीं रहकर उन्होंने सूफी मत का प्रचार किया। इस क्रम में उन्होंने हिन्दी (दक्खिनी हिन्दी) में *'चक्कीनामा'* और *'मेराजनामा'* नामक दो काव्यपुस्तकें लिखीं। बन्दानवाज की परम्परा में, बहमनी राज्य की छत्रछाया में (1347–1518 ई.) सैयद मुहम्मद अकबर हुसैनी, शहबाज हुसैनी, निजामी, शाह सदरुद्दीन, शाह मीराँजी, अशरफ, मुस्ताक आदि अनेक सूफी सन्तों और कवियों ने 'दक्खिनी हिन्दी' में, धार्मिक भावों और विचारों से अनुप्राणित काव्य-रचनाएँ कीं। बहमनी राज्य की समाप्ति और आदिलशाही (1489–1685 ई.), कुत्बशाही (1518–1687 ई.), निजामशाही (1490–1637 ई.) आदि राजवंशों की स्थापना के बाद भी इस प्रकार की रचनाएँ होती रहीं। 15वीं शताब्दी के दक्खिनी सूफी कवियों में मुस्ताक, फीरोज, बुरहानुद्दीन जानम, शाहअली और लुत्फी प्रमुख हैं। इब्राहीम आदिल शाह के संरक्षण में अबदल, अबुल हसन कादरी, अमीर आदि ने उच्च कोटि की काव्य रचनाएँ की थीं। 16वीं शताब्दी के पूर्वार्द्ध में वजही ने दक्खिनी हिन्दी कविता को एक विशेष ऊँचाई पर पहुँचा दिया। इन्होंने *कुतुबमुस्तरी* (1609 ई.) और *सबरस* (1635 ई.) नामक पुस्तकें लिखी थीं। वजही के समकालीन कवियों में मीराँ हुसैनी, अफजल, मुल्ला गवासी, मुकीमी, अब्दुल्ला कुतुब, खुशनूद, सनअती, आजिज, शौकी आदि उल्लेखनीय हैं। 17वीं शताब्दी के उत्तरार्द्ध के प्रसिद्ध 'दक्कनी' कवियों में निशाती, नुसरती, तबई, मीराँ हाशमी, इशरती, फायज, जौकी, मुहम्मद अमीन आदि के नाम लिये जाते हैं।

'दक्खिनी' हिन्दी काव्यधारा के अन्तिम महान् कवि वली मुहम्मद (1683–1730 ई.) माने जाते हैं। कुछ विद्वान वली को ही उर्दू का आदि कवि मानते हैं। वली के बाद भी मुहम्मद फिराकी, शाह चुराब चिश्ती, अशरफ, आशिक, शाह मीर, वजदी, हुनर आदि दक्खिनी हिन्दी में काव्य रचना करते रहे। इसके बाद दक्खिनी हिन्दी काव्यधारा का अवसान उर्दू साहित्य में हो गया।

यह आश्चर्य की बात है कि उत्तर भारत में कविता की भाषा के रूप में खड़ी बोली का प्रयोग अमीर खुसरो के लगभग चार सौ वर्ष बाद 18वीं शताब्दी के आरम्भ में हुआ। उस समय तक भाषा के रूप में उर्दू का नामकरण नहीं हुआ। भाषाविशेष के अर्थ में 'उर्दू' के प्रचलन में आने का एक इतिहास है। 1648 ई. में शाहजहाँ ने अपनी राजधानी आगरा से बदलकर दिल्ली कर दी और शाहजहाँनाबाद नाम से एक नई दिल्ली बसायी। शाहजहाँनाबाद के लाल किले में अथवा शाही महल में अमीर उमरा अथवा बादशाह और बेगमों के लिए जो बाजार लगता था उसे 'उर्दू-ए-मुअल्ला' की संज्ञा दी गई। इस 'उर्दू-ए-मुअल्ला' में खड़ी बोली, ब्रजभाषा और फारसी के मेलजोल से जो भाषा विकसित हुई उसे भी 'उर्दू-ए-मुअल्ला' कहा जाने लगा। पर लगभग 50 वर्षों तक इसमें साहित्य की रचना नहीं हुई। वली औरंगाबादी से प्रेरणा ग्रहण कर उस समय के शिष्ट शिक्षित मुसलमान कवियों ने 'जबान उर्दू-ए-मुअल्ला' को शायरी के लिए अपनाया। यही भाषा बाद में 'उर्दू' भाषा के नाम से प्रसिद्ध हुई।[5] 'उर्दू' शब्द उस भाषा के लिए रूढ़ हुआ जो मूलतः खड़ी बोली पर आधारित

होते हुए भी फारसी-अरबी शब्दों से भरी होती है और फ़ारसी लिपि में लिखी जाती है। पर हमें यह नहीं भूलना चाहिए कि 'उर्दू' का एक रूप वह भी है जिसमें अरबी-फारसी स्रोत के केवल वही शब्द प्रयुक्त होते हैं, जो हिन्दुओं और मुसलमानों की बोलचाल की भाषा में घुल-मिल गए हैं। यह 'उर्दू' अपनी बनावट और प्रकृति में 'हिन्दी' से अभिन्न है। मोटामोटी रूप में यह स्वीकार किया जा सकता है कि 18वीं शताब्दी के पूर्वार्द्ध तक खड़ी बोली पर आधारित साहित्यिक भाषा को 'हिन्दी' या 'हिन्दवी' संज्ञा प्राप्त थी। सनअती (1645 ई.) के पूर्व 'दक्कनी' में अरबी-फारसी शब्दों का प्रयोग कम होता था। सनअती ने 'दक्कनी' में से तद्भव और तत्सम शब्दों को निकाल बाहर करने तथा अरबी-फारसी शब्दों के प्रयोग का अभियान शुरू किया। पर उसी के समकालीन वजही, कुतुब, गवासी आदि की भाषा में यह बात नहीं दिखाई पड़ती। वली औरंगाबादी के साथ खड़ी बोली कविता में एक नया मोड़ आया। डॉ. एजाज़ हुसैन के अनुसार वली ने "दिल्ली में आकर यहाँ की ज़बान का इतना असर लिया कि दक्कनी ज़बान और मुहावरों को कम करके देहली की ज़बान और मुहावरों को अपने कलाम में जगह देना शुरू किया। नतीजा यह हुआ कि हिन्दुस्तानी लफ्ज़ और मुक़ामी असर जो उर्दू ज़बान में आ रहे थे वह कम होने लगे; और फारसी लफ्ज़ और कल्पनाएँ ज्यादा जोर के साथ उर्दू में दाख़िल होने लगीं। चूँकि दिल्ली के उस वक्त के शायरों पर वली के कलाम का असर पड़ रहा था, इसलिए उन्होंने भी यही रंग अपनी शायरी को दिया। नतीजा यह हुआ कि कल्पना के ढंग और बयान के तर्ज़ दोनों में फारसी का असर बढ़ गया।"[6] गरज यह कि सनअती ने खड़ी बोली कविता में अरबी-फारसी शब्दों, समासों और मुहावरों से समृद्ध जिस काव्यभाषा की नींव डाली वह वली की कविता में पूर्णता पर पहुँच गई और एक प्रकार से वली के साथ ही उर्दू कविता का जन्म हो गया। वली के साथ ही साफ तौर पर हिन्दी कविता की दो शैलियाँ प्रचलित हो गईं; एक वह, जो फारसी-अरबी के शब्दों, समासों, मुहावरों, छन्दों और काव्यरूपों से युक्त थी और दूसरी वह, जो हिन्दी के तद्भव शब्दों, अरबी-फारसी या तुर्की के बोलचाल में प्रचलित तथा अर्थ और उच्चारण की दृष्टि से सरल तत्सम शब्दों, बोलचाल के मुहावरों और कहावतों तथा भारतीय जीवन और परम्परा से जुड़ी हुई थी। स्वयं वली ने भी इन दोनों शैलियों में रचनाएँ की थीं। इनमें से पहली शैली 'उर्दू' के नाम से प्रचलित हुई जिसके प्रमुख कवि आबरू, नाजी, मजमून, यकरंग, आरज़ू, अंजाम, हातिम, फूँगा, मजहर, सौदा, दर्द, सोज़, हसन, मीर, यक़ीन, जुरअत, इंशा, मसहफी, असर आदि (1701-1800 ई.) माने जाते हैं। यद्यपि ये उर्दू, यानी 'उर्दू-ए-मुअल्ला' के कवि हैं पर इनमें से कई कवियों की अनेक कविताएँ पूर्ववर्ती हिन्दी कविताओं के मेल में हैं। इन कविताओं में अरबी-फारसी शब्दों और मुहावरों के प्रयोग के बावजूद हिन्दी के तद्भव शब्दों का बहिष्कार नहीं है। ऐसे कवियों में आबरू, नाजी, यकरंग, अंजाम, फूँगा, मजहर, सौदा, हसन, सोज़ और इंशा के नाम लिए जा सकते हैं।

खड़ी बोली की काव्यधारा में नजीर अकबराबादी (रचना काल 1755-1830 ई.) का विशेष महत्त्व है। यह दुर्भाग्य की बात है कि नजीर की कविता को अपने समय की शेष हिन्दी कविता से मिलाकर नहीं देखा गया है। नजीर खड़ी बोली के एक ऐसे महान् कवि हैं जिनकी कविता पर हिन्दी और उर्दू दोनों का समान रूप से अधिकार माना जा सकता

है। नजीर की काव्यभाषा हिन्दी ही है। इसके प्रमाण में निम्नलिखित पंक्तियाँ उद्धृत की जा सकती हैं—

काली घटाएँ आकर, हो मस्त तुल रही हैं
दसतारे सुर्ख उसमें, क्या खूब घुल रही हैं
रुखसार पर बहारें, हर एक के ढल रही हैं
शबनम की बूँदें जैसे, हर गुल पे तुल रही हैं
आ यार, चल के देखें बरसात का तमाशा।

इस उद्धरण की भाषा को 'हिन्दी' न मानने वाला व्यक्ति दुराग्रही ही कहा जाएगा। इस उद्धरण में 'दस्तारे सुर्ख' और 'रुखसान' दो ही ऐसे शब्द हैं, जिनके अर्थ की जानकारी के लिए सामान्य पाठक को शब्दकोश की शरण लेनी पड़ सकती है। पर हिन्दी के महान् कवि तुलसीदास, रीतिकाल के अनेक कवियों और छायावादी कवियों ने संस्कृत के ऐसे असंख्य शब्दों के प्रयोग किए हैं जो सामान्य हिन्दी पाठक के लिए दुर्बोध हैं। अर्थात् मात्र कुछ कठिन अरबी-फ़ारसी शब्दों के कारण किसी कविता को 'हिन्दी' के दायरे से अलग नहीं किया जा सकता। नजीर खड़ी बोली के उन कवियों में अन्यतम हैं जिन्होंने अपने समय की शिक्षित और अर्धशिक्षित जनता में प्रचलित अरबी-फ़ारसी शब्दों का ही अपनी कविता में प्रयोग किया है। यह उस काल की स्वाभाविक बोलचाल की खड़ी बोली थी जो नजीर की कविता में काव्यात्मक उत्कर्ष के साथ प्रकट हुई।

19वीं शताब्दी के आगमन के समय खड़ी बोली काव्य की यही पृष्ठभूमि थी। इस तथ्य को अस्वीकार नहीं किया जा सकता कि इस समय तक खड़ी बोली, कविता की भाषा के रूप में, पर्याप्त रूप में मँज चुकी थी। पर उस काल के हिन्दू राज-दरबारों के कवि ब्रजभाषा में ही काव्यरचना कर रहे थे। खड़ी बोली एक प्रकार से मुसलमानों की काव्य-भाषा मानी जाती थी। यह स्थिति भारतेन्दु युग तक विद्यमान रही।

जहाँ तक गद्य साहित्य की बात है, खड़ी बोली में गद्य साहित्य का आरम्भ भी दक्खिनी हिन्दी की कविता के लगभग साथ ही हुआ। दक्खिनी हिन्दी के प्रथम हिन्दी गद्य लेखक, जिनकी रचनाएँ उपलब्ध हैं, ख्वाजा बन्दानवाज गेसूदराज (निधन 1432 ई.) माने जाते हैं।[7] ख्वाजा साहब सूफी सन्त थे और अपने धार्मिक विचारों के प्रचार के लिए उन्होंने पद्य और गद्य दोनों विधाओं का उपयोग किया था। उनकी भाषा पर ध्यान देने से पता चलता है कि वह उस समय की देहलवी जबान या खड़ी बोली है जिसमें इस्लाम से सम्बद्ध अरबी-फारसी के पारिभाषिक शब्द प्रचुर मात्रा में मिले हुए हैं। ख्वाजा साहब के परवर्ती गद्य लेखकों में मीराँजी शम्सुल उश्शाक, शाह कलन्दर, बुरहानुद्दीन जानम, अमीनुद्दीन आला आदि हैं।[8] ये सफी सूफी सन्त थे जिन्होंने अपने धार्मिक विचारों के प्रचार-प्रसार के लिए बोलचाल की गद्यभाषा को अपनाया था। यह खड़ी बोली गद्य का बिलकुल आरम्भिक रूप है जिसमें अरबी-फारसी शब्दों के परिनिष्ठित रूप और तत्कालीन खड़ी बोली (अर्थात् दिल्ली के आसपास की बोली), पंजाबी, हरियाणवी आदि के अनगढ़ बोलचाल के शब्द मिले-जुले हैं।

दक्खिनी हिन्दी गद्य को श्रेष्ठ साहित्यिक स्तर प्रदान करने वाले पहले महत्त्वपूर्ण लेखक मुल्ला वजही हैं जिनकी *'सबरस'* (1636 ई.)[9] नामक गद्य रचना दक्खिनी हिन्दी की एक

महान् उपलब्धि समझी जाती है। वजही के पूर्ववर्ती गद्यकार महज सूफी सन्त थे जिन्होंने वर्णनात्मक ढंग से अपने विचारों को गद्य में प्रस्तुत किया था। इससे भिन्न वजही एक रस-सिद्ध कवि थे जिन्होंने गद्य को भी काव्य-कल्पना, प्रतीक, अलंकार और लय-योजना से सम्पन्न कर सर्जनात्मक रूप दे दिया। उस समय साहित्यिक भाषा की यही खूबियाँ मानी जाती थीं। वजही फारसी के भी विद्वान थे अत: फारसी गद्य से भी उन्होंने प्रभाव ग्रहण किया। पर उनकी भाषा का मूल ढाँचा तत्कालीन बोलचाल की खड़ी बोली ही है।

वजही के समकालीन और थोड़े परवर्ती गद्यलेखकों में मौलाना अब्दुल्ला, अब्दुस्समद, मीराँजी हसन खुदानुमा, शाह राजू, शाह आबिद, शाह बुरहानुद्दीन कादरी, मुहम्मद शरीफ, मीराँ याकूब, शाह वलीउल्लाह कादरी आदि हैं। ये सभी 17वीं शताब्दी के गद्य लेखक हैं। इनकी भाषा में दक्खिनी हिन्दी का ठेठ रूप दिखाई पड़ता है, यद्यपि परवर्ती रचनाओं पर फारसी का प्रभाव अधिक गहरा होता गया है।

जिस समय दक्षिण में खड़ी बोली, गद्य और पद्य दोनों रूपों में, साहित्य की भाषा के रूप में प्रतिष्ठित थी, उस समय तक, अर्थात् 18वीं शताब्दी तक, उत्तर भारत में खड़ी बोली में गद्यलेखन की परम्परा कायम नहीं हुई थी। आचार्य रामचन्द्र शुक्ल ने 16वीं शताब्दी ई. में लिखी केवल एक ही गद्यरचना का उल्लेख किया है, वह है अकबर के समकालीन कवि गंग की 'चन्द छन्द बरनन की महिमा'। शुक्ल जी ने इस ग्रन्थ से जो उद्धरण दिया है[10] उससे उस समय की खड़ी बोली के स्वरूप का पता चलता है। यह भाषा 16वीं शताब्दी में आगरा-दिल्ली क्षेत्र में प्रचलित हिन्दी है जो ब्रजभाषा, खड़ी बोली और अरबी-फारसी के सहज मिश्रण एवं क्रिया-प्रतिक्रिया से निर्मित हो रही थी। डॉ. रामविलास शर्मा ने अपनी *भारतेन्दु युग और हिन्दी की विकास परम्परा* नामक पुस्तक में इस भाषा-विकास का तर्कसंगत विवेचन किया है। उन्होंने 18वीं शताब्दी के पूर्व के खड़ी बोली गद्य के स्वरूप का भी सूक्ष्म अध्ययन किया है। अपने अध्ययन की आधार-सामग्री के रूप में उन्होंने नागरी प्रचारिणी सभा, वाराणसी के खोज-विवरणों का उपयोग किया है।

आचार्य रामचन्द्र शुक्ल के अनुसार सूरति मिश्र ने 1710 ई. में 'संस्कृत से कथा लेकर' *बैताल पचीसी* लिखी।[11] शुक्ल जी ने अनुमान से इसे ब्रजभाषा की रचना कहा है। पर नागरी प्रचारिणी सभा के खोज-विवरणों (1926-28 ई.) में *बैताल पचीसी* के चार अनुवाद सूरति मिश्र के नाम पर मिलते हैं जो कि खड़ी बोली में हैं। विश्वनाथ प्रसाद मिश्र के अनुसार "जान पड़ता है कि इनके ब्रजभाषा में अनूदित ग्रन्थ का अन्य कई लोगों ने खड़ी बोली में रूपान्तर किया है।"[12] पर डॉ. रामविलास शर्मा का मानना है कि "जब तक सूरति मिश्र की ब्रजभाषा में लिखी हुई *बैताल पचीसी* की कोई प्रति न मिले तब तक यह मानना चाहिए कि उन्होंने मूल पुस्तक खड़ी बोली गद्य में लिखी थी और उसकी सबसे पुरानी प्रति वह है जिसकी प्रतिलिपि सम्वत् 1823 (ई. सन् 1766) में मुनुवा पंडित ने की थी।[13] डॉ. शर्मा के अनुसार "सूरति मिश्र की *बैताल पचीसी* की अनेक प्रतिलिपियाँ थीं और उनमें जहाँ-तहाँ पाठभेद था। यह पुस्तक खड़ी बोली में थी और इसकी प्रतिलिपियाँ 18वीं शताब्दी में की गई थीं।" इस तथ्य से इतना तो प्रमाणित होता ही है कि 18वीं शताब्दी के उत्तरार्द्ध में खड़ी बोली गद्य का पर्याप्त प्रचलन हो चुका था। डॉ. रामविलास शर्मा के अनुसार "सूरति मिश्र की *बैताल*

पचीसी को भारतेन्दु हरिश्चन्द्र के गद्य के साथ मिलाकर पढ़ने से हिन्दी गद्य की डेढ़ सौ साल वाली परम्परा का ज्ञान होगा जिसके सहज विकास में फोर्ट विलियम कॉलेज व्यवधान बना।''[14]

18वीं शताब्दी की खड़ी बोली की एक और महत्त्वपूर्ण गद्यरचना रामप्रसाद निरंजनी कृत *योगवाशिष्ठ* है जो 1741 ई. में लिखी गई थी। आचार्य शुक्ल ने अपने 'इतिहास' में इसकी भाषा का उदाहरण देते हुए यह मत व्यक्त किया है कि यह 'बहुत साफ-सुथरी खड़ी बोली' है। शुक्ल जी के अनुसार ''अब तक पाई गई पुस्तकों में यह *योगवाशिष्ठ* ही सबसे प्रमुख है, जिसमें गद्य अपने परिष्कृत रूप में दिखाई पड़ता है।''[15] शुक्ल जी ने दक्खिनी हिन्दी की गद्य रचनाओं की बिलकुल उपेक्षा करके अपना यह मत प्रस्तुत किया था। शुक्ल जी के इस मत में एक और त्रुटि दिखाई देती है। श्री गोविन्दनाथ राजगुरु ने *'आलोचना'*, अप्रैल-जून 1967 में प्रकाशित अपने एक लेख में यह प्रमाणपूर्वक सिद्ध किया है कि *भाषा योगवासिष्ठ* की प्राचीनतम प्रतियाँ गुरुमुखी लिपि में उपलब्ध हैं जिनकी भाषा खड़ी बोली होते हुए भी पर्याप्त अनगढ़ है। *भाषा योगवासिष्ठ* का पहला मुद्रित संस्करण 1865 ई. में खेमराज श्री कृष्णदास ने बम्बई से प्रकाशित किया। उत्तरवर्ती प्रकाशकों ने इसी संस्करण को *भाषा योगवासिष्ठ* का प्रथम संस्करण माना है। इसमें दी गई 'भूमिका' के अनुसार यह कथा पटियाला में रामप्रसाद निरंजनी ने राजपरिवार की रानियों को सुनाई थी जिसे दो पंडितों की सहायता से लिख लिया गया था। वाचित रूप में यह कथा पंजाबीमिश्रित भाषा में लिखी गई थी और दोनों पुस्तकों का मिलान कर एक शुद्ध प्रति बनाई गई थी। प्रकाशक के शब्दों में ''यह ग्रन्थ अति शुद्ध कराकर हमने अपने यंत्रालय में प्रकाशित किया।''[16]

शुक्ल जी ने इस 'अतिशुद्ध' संस्करण को ही *भाषा योगवासिष्ठ* का मूल रूप मानकर उसकी भाषा की प्रशंसा की है और इसकी शृंखलाबद्धता, साधुता और व्यवस्थितता पर तनिक आश्चर्य भी व्यक्त किया है। पर जब हम इसकी मूल 'पंजाबीमिश्रित हिन्दी' भाषा पर ध्यान देते हैं तो यह भ्रम समाप्त हो जाता है।[17]

रामप्रसाद निरंजनी के *भाषा योगवासिष्ठ* के आसपास ही किसी शंकराचार्य ने *दस अवतार भाषा* नामक पुस्तक (लिपि काल 1744 ई.) लिखी थी। 1746 ई. में लिखित किसी शास्त्री यदुनाथ के *सामुद्रिक* का भी उल्लेख मिलता है।[18] इससे कुछ पूर्व ही पंजाब के किसी सुखदास ने *गर्भगीता* (लिपि काल 1733 ई.), *सार गीता* (लिपि काल 1755 ई.) और *धर्म संवाद* (लिपि काल 1733 ई.) नामक पुस्तकें लिखी थीं। 1761 ई. में पंडित दौलत राम ने हरिपेणाचार्य कृत *पद्मपुराण* का भाषानुवाद किया।[19] इसी के आसपास किसी हरिश्चन्द्र नामक कथावाचक ने *अनन्त वृत कथा* (लिपि काल 1777 ई.) और *रसिक विनोद* (र. का. 1766 ई.) नामक दो गद्यपुस्तकें लिखीं।[20] इन पुस्तकों की भाषा एक जैसी नहीं है। किसी में खड़ी बोली और पंजाबी का मिश्रण है और किसी में खड़ीबोली और राजस्थानी का, तो किसी में खड़ी बोली और ब्रजभाषा का। विभिन्न भाषा-जनपदों के लेखकों ने खड़ी बोली को समान भाषा-माध्यम के रूप में स्वीकार करते हुए भी उसमें अपनी बोलियों का मिश्रण किया जो सर्वथा स्वाभाविक था। डॉ. रामविलास शर्मा ने इन पुस्तकों के आधार पर यह निष्कर्ष निकाला है कि 18वीं सदी के

पूर्वार्ध में दिल्ली से दूर-दूर प्रदेशों में धर्मचर्चा के लिए खड़ी बोली का व्यवहार होता था और अपनी शिक्षा-संस्कृति तथा प्रादेशिक विशेषताओं के अनुसार पुस्तक की प्रतिलिपि अथवा उसका सम्पादन करते हुए लेखक इच्छानुसार उसकी भाषा को बदलते जाते थे।[21] शुक्ल जी का भी यही निष्कर्ष है कि 19वीं सदी के पूर्व फारसी-उर्दू से कोई सम्पर्क न रखने वाली अधिकांश शिष्ट जनता के बीच खड़ी बोली स्वाभाविक रूप से प्रचलित थी।[22] आचार्य हजारीप्रसाद द्विवेदी ने *विशाल भारत* के अप्रैल, 1940 ई. के अंक में 1740 ई. के लगभग लिखे गए कुछ पत्रों में प्रयुक्त खड़ी बोली के नमूने प्रस्तुत करते हुए यह निष्कर्ष निकाला था कि हिन्दी उन दिनों राजकीय और अन्तरप्रान्तीय व्यवहार की भाषा बन चुकी थी। उन दिनों विशुद्ध संस्कृत शैली में लिखित पत्रों में भी अरबी-फ़ारसी के व्यावहारिक शब्द निःसंकोच ग्रहण किए जाते थे।[23]

डॉ. रामविलास शर्मा ने बताया कि 18वीं सदी के अन्त में दक्खिनी हिन्दी दक्षिण भारत की सम्पर्क भाषा बन चुकी थी। इसका प्रमाण यह है कि ब्रिटिश सेना के अफसरों को इसकी शिक्षा दी जाती थी, जिससे कि वे सिपाहियों की बातें समझ सकें। 1808 ई. में ब्रिटिश हुकूमत ने दक्षिण में बोली जाने वाली हिन्दी सिखाने के लिए एक पुस्तक भी प्रकाशित की थी।[24]

आचार्य रामचन्द्र शुक्ल ने अपने 'इतिहास' में मुंशी सदासुख लाल 'नियाज' (1746-1824 ई.) कृत *'एक पुस्तक'* का[25], जो *विष्णु पुराण* के आधार पर लिखी गई थी, और अधूरे रूप में प्राप्त है, उल्लेख किया है।[26] शुक्ल जी के अनुसार "मुंशी जी ने यह गद्य न तो किसी अंग्रेज अधिकारी की प्रेरणा से और न किसी दिए हुए नमूने पर लिखा...अपने समय में उन्होंने हिन्दुओं की बोलचाल की जो शिष्ट भाषा चारों ओर—पूरबी प्रान्तों में भी—प्रचलित पाई उसी में रचना की—यद्यपि वे खास दिल्ली के रहनेवाले अहलेजबान थे पर उन्होंने अपने हिन्दी गद्य में कथावाचकों, पंडितों और साधुसन्तों के बीच दूर-दूर तक प्रचलित खड़ी बोली का रूप रखा जिसमें संस्कृत शब्दों का पुट भी बराबर रहता था।"[27] डॉ. शारदा वेदालंकार ने लाला भगवानदीन तथा रामदास गौड़ द्वारा सम्पादित *हिन्दी भाषा सार* नामक पुस्तक में संकलित मुंशी जी के *'सुरासुर निर्णय'* नामक लेख (र. का. ल. 1782-83) का उल्लेख किया है जिसकी भाषा भी उनकी पूर्वोक्त पुस्तक के ही समान है।[28]

डॉ. रामविलास शर्मा ने नागरी प्रचारिणी सभा के खोज-विवरणों के आधार पर रामचरण दास कृत *'किसी रचना'* (र. का. 1787 ई.), जगन्नाथ दास कृत *धर्म गीता* (1815 ई.), शिव गोपाल लिखित *औषधि यूनानी सार* (1823 ई.), कुदरतुल्ला कृत *'खेलबंगाला'* (र. का. 1855 ई. से पूर्व), किसी गोपाल लिखित *भड़ई विलास* (1845 ई.) और रंगीलाल कृत *तोता मैना की कहानी* (लि. का. 1850 ई.) का उल्लेख किया है। इन पुस्तकों में प्राप्त भाषा-नमूनों का विश्लेषण करने के पश्चात डॉ. शर्मा इस निष्कर्ष पर पहुँचे हैं कि 18वीं सदी के पूर्वार्ध में आगरा और ब्रज की जनता जिस भाषा से सुपरिचित थी उसी भाषा में ये पुस्तकें लिखी गई थीं।[29] इन पुस्तकों में खड़ी बोली की उस शैली के रूप भी प्राप्त होते हैं जिसमें अरबी-फारसी के बोलचाल के शब्द बिना किसी हिचक के प्रयुक्त हुए हैं। वस्तुतः यह शैली बोलचाल की भाषा के रूप में शासक वर्ग से सम्बद्ध शरीफ या भद्र हिन्दू-मुस्लिम समाज में विशेष रूप से प्रचलित थी। पर उत्तर भारत के शिष्ट मुस्लिम समुदाय में इस भाषा

में लिखना तौहीनी मानी जाती थी। गद्य लेखन के लिए फारसी को ही सम्मानजनक स्थान प्राप्त था। इस प्रवृत्ति का असर उस काल के मुसलमान लेखकों की गद्यभाषा पर भी दिखाई पड़ता है। 1733 ई. में लिखित फज़ली की *दहमजलिस* की भाषा फारसी गद्य की तर्ज पर फारसी शब्दों और तुकों से सजी हुई है। सौदा की *'कुल्लियात'* (ग्रन्थावली) में उपलब्ध गद्य भी रंगीन, मुश्किल शब्दावली तथा तुकों से सजा हुआ है। इसी तरह मीर मुहम्मद अता हुसैन खाँ द्वारा लिखित *नौतर्जे मुरस्सा* (*किस्सा चहार दरवेश* का तर्जुमा, 1798 ई.) का गद्य भी चटकीला और तुकबन्दी से युक्त है।

इस धारा में बदलाव लाने का एक महत्त्वपूर्ण प्रयास उर्दू के प्रसिद्ध शायर इंशा अल्ला खाँ ने किया। रामचन्द्र शुक्ल के अनुसार इन्होंने अनुमानतः सन् 1798 और 1803 ई. के बीच *उदयभानचरित* या *रानी केतकी की कहानी* की रचना की। इंशा का उद्देश्य ऐसी 'ठेठ हिन्दी' लिखने का था जिसमें 'हिन्दी की छूट' और 'किसी बोली का पुट' न रहे। इंशा ने अपनी भाषा को तीन प्रकार के शब्दों से मुक्त रखने का संकल्प किया : (1) बाहर की बोली अर्थात् अरबी, फारसी, तुर्की, (2) गँवारी अर्थात् ब्रजभाषा, अवधी आदि और (3) भाखा अर्थात् संस्कृत। यद्यपि वाक्य विन्यास और तुकान्त युक्त वाक्यों के रूप में फारसी गद्य का प्रभाव इंशा की भाषा पर भी दिखाई देता है, पर वह बहुत कम मात्रा में है। इंशा का गद्य अधिकतर बोलचाल के शब्दों से निर्मित मुहावरेदार और स्वाभाविक लय-प्रवाह से युक्त है।[30] लगभग इसी समय फोर्ट विलियम कॉलेज के भाषामुंशी मीर अम्मन ने *किस्स-ए-चहार दरवेश* का *बागो-बहार* शीर्षक से अनुवाद किया जो फारसी लिपि में प्रकाशित हुई। मीर अम्मन की भाषा को देखने से यह मालूम पड़ता है कि उन्होंने इंशा की तरह 'बाहर की बोली' अर्थात् अरबी, फारसी की शब्दावली के इस्तेमाल से परहेज नहीं किया है पर यह भी स्पष्ट है कि उन्होंने केवल उन्हीं अरबी-फारसी शब्दों का प्रयोग किया है जो उस काल के पढ़े-लिखे हिन्दू-मुस्लिम शिष्ट समुदाय में आमतौर पर बोले और समझे जाते थे। अतः इंशा अल्ला खाँ और मीर अम्मन की भाषाएँ एक ही भाषा की दो शैलियाँ कही जा सकती हैं। उर्दू साहित्य के इतिहासकारों ने दोनों को 'उर्दू' कहा है। कोई कारण नहीं है कि हिन्दी साहित्य के इतिहासकार दोनों को 'हिन्दी' न मानें।

1800 ई. में लॉर्ड वेलेज्ली के प्रयत्न से कलकत्ता में फोर्ट विलियम कॉलेज की स्थापना हुई, जिसका उद्देश्य इंगलैंड से भारत आने वाले युवा अँगरेज प्रशासकों को भारतीय भाषाओं से परिचित कराना था। जॉन बॉथविक गिलक्राइस्ट, जो 1783 ई. में ही चिकित्सक की हैसियत से ईस्ट इण्डिया कम्पनी के मुलाजिम होकर भारत आए थे, फोर्ट विलियम कॉलेज के हिन्दुस्तानी विभाग के अध्यक्ष नियुक्त किए गए। अपने मूल कार्य के साथ उन्होंने उत्तर भारत के नगरों के शिष्ट समुदाय में प्रचलित सम्पर्क भाषा का भी अध्ययन किया था। यह शिष्ट समुदाय मुख्यतः मुस्लिम उच्च वर्ग, मध्य वर्ग और हिन्दू राजकर्मचारियों का समुदाय था और इसकी भाषा फारसी से रँगी हुई खड़ी बोली थी जिसे गिलक्राइस्ट 'हिन्दुस्तानी' कहना पसन्द करते थे। फोर्ट विलियम कॉलेज में 'हिन्दुस्तानी' के प्रोफेसर नियुक्त होने के बाद गिलक्राइस्ट के निर्देशन में 'हिन्दुस्तानी' में पाठ्यपुस्तकें तैयार करने के लिए मीर अम्मन, शेर अली अफसोस, **मीर बहादुर अली हुसैनी**, हैदर बख्श हैदरी, मीर काजिम अली जवाँ,

निहालचन्द लाहौरी, मजहर अली खाँ विला आदि भाषामुंशी नियुक्त किए गए। डॉ. एजाज़ हुसैन ने उर्दू गद्य के विकास में फोर्ट विलियम कॉलेज के योगदान के प्रति अपनी सच्ची कृतज्ञता व्यक्त की है।[31]

'हिन्दुस्तानी' या 'उर्दू' के प्रति गिलक्राइस्ट के झुकाव ने उर्दू गद्य के विकास को जितना लाभ पहुँचाया उतना हिन्दी गद्य को नहीं। पर गिलक्राइस्ट को इस बात का भी आभास था कि 'हिन्दुस्तानी' या उर्दू उत्तर भारत की बहुसंख्यक जनता की, जिसमें हिन्दू और मुसलमान दोनों शामिल थे, सम्पर्क भाषा नहीं है। अत: जनता के बीच प्रचलित 'हिन्दवी' या 'हिन्दी' गद्य का नमूना पेश करने के लिए लल्लू जी लाल कवि और सदल मिश्र की, भाषामुंशियों के रूप में, नियुक्ति हुई। लल्लू जी लाल कवि ने जॉन गिलक्राइस्ट के आदेश पर, 1803 ई. में, *प्रेम सागर* की रचना की जिसमें *श्रीमद्‌भागवत* के दशम स्कन्ध की कथा वर्णित है। शुक्ल जी के अनुसार "लल्लू लाल की भाषा कृष्णोपासक व्यासों की सी ब्रजरंजित खड़ी बोली है। 'सम्मुख जाय', 'सिरनाय', 'सोई', 'भई', 'कीजै', 'निरख', 'लीजौ' ऐसे शब्द बराबर प्रयुक्त हुए हैं। अकबर के समय में गंग कवि ने जैसी खड़ी बोली लिखी थी वैसी ही खड़ी बोली लल्लू लाल ने भी लिखी। दोनों की भाषाओं में अन्तर इतना ही है कि गंग ने इधर-उधर फारसी के अप्रचलित शब्द भी रखे हैं पर लल्लू जी लाल ने ऐसे शब्द बचाये हैं। भाषा की सजावट भी *प्रेम सागर* में पूरी है। विरामों पर तुकबन्दी के अतिरिक्त वर्णनों में वाक्य भी बड़े-बड़े आए हैं और अनुप्रास भी यत्र-तत्र हैं। मुहावरों का प्रयोग कम है। सारांश यह कि लल्लू जी लाल का काव्याभास गद्य भक्तों की कथावार्ता के काम का ही अधिक है; न नित्य व्यवहार के अनुकूल है न सम्बद्ध विचारधारा के योग्य।"[32]

इससे अलग सदल मिश्र ने, शुक्ल जी के अनुसार, *नासिकेतोपाख्यान* (1803 ई.) में "व्यवहारोपयोगी भाषा लिखने का प्रयत्न किया है और जहाँ तक हो सका है खड़ी बोली का ही व्यवहार किया है। लल्लू जी लाल के समान इनकी भाषा में न तो ब्रजभाषा के रूपों की वैसी भरमार है और न परम्परागत काव्यभाषा की पदावली का स्थान-स्थान पर समावेश।"[33]

प्रेम सागर और *नासिकेतोपाख्यान* से भिन्न गद्यभाषा का एक दूसरा नमूना *बैताल पचीसी* (र. का. 1801 ई.) और *सिंहासन बत्तीसी* (र. का. 1801 ई.) नामक पुस्तकों के रूप में मिलता है। *बैताल पचीसी* का अनुवाद लल्लू जी लाल कवि और काजिम अली जवाँ ने मिलकर किया था। उनमें किसकी भूमिका कितनी थी यह निश्चित रूप से कहना मुश्किल है। इसकी भाषा को 'रेख्ता' कहा गया है। यह 'रेख्ता' गिलक्राइस्ट की 'हिन्दुस्तानी' ही है जिसमें बोलचाल के शब्दों के हिन्दुस्तानीकरण का प्रयास दिखाई पड़ता है।[34] *बैताल पचीसी* में प्रयुक्त शब्दों, जैसे 'निगाह', 'हवेली', 'बालाखाना', 'दरख्त', 'ऐश', 'असबाब', 'जाहिर', 'महलूम' (मालूम) 'खूबसूरत' आदि शब्द इसके प्रमाण हैं। पर ये सारे शब्द उस समय के शिष्ट समाज की बोलचाल के अंग बन चुके थे और 'बालाखाना' के अतिरिक्त शेष शब्द आज हिन्दी की शब्दावली के अंग बन चुके हैं। दूसरी तरफ इसमें 'कौतुक', 'जल', 'स्त्री', 'रूपवती त्रिया', 'भोग' आदि बोलचाल के तत्सम शब्दों के अलावा 'पलंग', 'गुफा', 'सिध' (सिद्ध), 'कूआ' (कुआँ), 'तोंबा' (तूँबा), 'बन्दरिया', 'चुल्लू', 'जोगी',

'पहाड़' आदि तद्भव शब्द सहज रूप में प्रयुक्त हुए हैं। यदि कोई खटकने वाली बात है तो वह शब्दों की वर्तनी है, जैसे 'यिह' (यह), 'महलूम' (मालूम), 'सिध' (सिद्ध), 'कूआ' (कुआँ), 'ऐक' (एक), 'तोंबा' (तूँबा), 'हूआ' (हुआ), 'दाहने' (दाहिने), 'बुह' (वह) आदि। पर किसी भाषा के विकास के आरम्भिक चरण में वर्तनी की यह गड़बड़ी कोई असाधारण बात नहीं है। व्याकरण की दृष्टि से यह भाषा ठेठ खड़ी बोली है, जिसमें केवल दो प्रयोग 'धरा' और 'खैंच' ब्रजभाषा के हैं और 'निगाह उसकी' पर फारसी वाक्य विन्यास का प्रभाव है। इस गद्य को उर्दू गद्य के खाते में डालकर *बैताल पचीसी* की उपेक्षा संगत नहीं मानी जा सकती।[35] यदि लल्लू जी ने इस भाषा को 'रेख्ता' की संज्ञा दी तो इसका एक मात्र कारण यही जान पड़ता है कि वे उस भाषा को 'हिन्दवी' (हिन्दी) समझते थे जिसमें संस्कृत शब्दों की बहुलता होती थी। साधारण बोलचाल की भाषा को जिसमें अरबी-फारसी के प्रचलित रूप मिले रहते थे, उस समय 'हिन्दुस्तानी' या 'रेख्ता' कहा ही जाता था।

भाषा के सम्बन्ध में जो बात *बैताल पचीसी* के सम्बन्ध में कही गई है वही *सिंहासन बतीसी* के सम्बन्ध में भी कही जा सकती है। सन् 1869 ई. में *सिंहासन बतीसी* के 'नूतन संस्करण की भूमिका' में उसके सम्पादक सैयद अब्दुल्ला ने लिखा था, ''जिस भाषा में '*सिंहासन बतीसी*' लिखी गई है वह हिन्दी, हिन्दुस्तानी, संस्कृत, फारसी और अरबी मिश्रित भाषा है, पर प्रधानता हिन्दी तत्त्व की है। इसमें वैसे अरबी-फारसी शब्द प्रयुक्त हुए हैं जो सामान्य व्यवहार में प्रचलित हैं और वस्तुत: घरेलू शब्द बन चुके हैं।''[36]

इस प्रकार फोर्ट विलियम कॉलेज में अँगरेज पदाधिकारियों को भाषा सिखाने के लिए जो पुस्तकें लिखी गईं उनमें तीन गद्यशैलियाँ दिखाई देती हैं—(1) हिन्दी शैली, जिसका प्रतिनिधित्व *प्रेमसागर* और *नासिकेतोपाख्यान* जैसी पुस्तकें करती हैं, (2) हिन्दुस्तानी शैली जिसका प्रतिनिधित्व *बैताल पचीसी* और *सिंहासन बतीसी* नामक पुस्तकों द्वारा होता है और (3) उर्दू शैली जिसका उदाहरण मीर अम्मन की *बागो-बहार* है। इनमें प्रथम दो शैलियों की पुस्तकें देवनागरी लिपि में प्रकाशित की गईं, जबकि *बागो-बहार* की लिपि फारसी रखी गई। इस प्रकार खड़ी बोली की शैलियों को 'हिन्दी' और 'उर्दू' नाम से अलग-अलग करने का प्रमुख श्रेय जॉन गिलक्राइस्ट को है। इसके पहले शैलियों के एक से अधिक होने पर भी भाषा का एक ही नाम था, हिन्दी। पर गिलक्राइस्ट ने 'हिन्दी' शब्द के व्यापक चलन को सीमित ही नहीं, समाप्त करने का प्रयत्न किया। उन्होंने '*द ओरियन्टल लिंगुइस्ट*' (कलकत्ता) में 1798 ई. में एक लेख लिखा जिसमें बताया कि हिन्दुओं और मुसलमानों की दो भाषाशैलियाँ हैं। उन्होंने 'हिन्दवी' को शुद्ध हिन्दुओं की भाषा मानते हुए उसकी तत्समप्रधान शैली को 'ग्रामीण' या 'प्राचीन' शैली और अरबी-फारसी शब्दावली मिश्रित खड़ी बोली को मुसलमानों की भाषा बताते हुए उसे 'उच्च शैली' (कोर्ट और हाई स्टाइल) घोषित किया।[37] यह अवश्य है कि गिलक्राइस्ट ने दोनों के बीच की लोकप्रिय शैली को श्रेष्ठ माना, किन्तु परवर्ती लेखकों ने इस बीच की शैली को घटिया मानकर संस्कृतगर्भित हिन्दी और अरबी-फारसी गर्भित उर्दू का प्रचार किया। इस प्रकार हिन्दी को हिन्दुओं से और उर्दू को मुसलमानों से जोड़ने और भाषा के प्रश्न को साम्प्रदायिक रंग देने का श्रेय गिलक्राइस्ट

का है। इसी दृष्टिकोण के अन्तर्गत *प्रेम सागर* की भाषा को हिन्दवी (हिन्दी) और *बागो-बहार* की भाषा को उर्दू माना गया।

इसी आधार पर हिन्दी भाषा के विकास का सम्बन्ध *प्रेमसागर* से जोड़ा जाता है और *बागो-बहार* को इस विकास परम्परा से अलग रखा जाता है। डॉ. रामविलास शर्मा ने इस नीति को सही नहीं माना।[38] मीर अम्मन ने *बागो-बहार* में दिल्ली की बोली को अपनी भाषा का आधार बनाया है। सच पूछें तो *प्रेमसागर* की तुलना में *बागो-बहार* की भाषा बोलचाल की हिन्दी के अधिक निकट है। उसमें 'कूँ' और 'कौ' या 'कौं' की जगह 'को' का प्रयोग किया गया है, पूर्वकालिक क्रिया रूपों में य-कार (बुझाय, समझाय, नहलाय आदि) नहीं हैं; 'कर' या 'के' का प्रयोग सामान्यत: दुरुस्त है। क्रियाओं और मुहावरों के कुछ प्रयोग, जो सौदा, मीर या गालिब की रचनाओं में मिलते हैं, यहाँ भी हैं। सामान्य बोल-चाल के शब्दों के बीच-बीच में कुछ कठिन अरबी-फारसी के शब्द आए हैं, पर कुल मिलाकर भाषा ऐसी है, जिसे दिल्ली-आगरा और उत्तरी भारत के दूसरे शहरों के हिन्दू-मुसलमान आसानी से समझ सकते हैं।

डॉ. रामविलास शर्मा ने अठारहवीं सदी की हिन्दी-उर्दू, *'प्रेमसागर'* की हिन्दी, *बैतालपचीसी* की रेख्ता और *बागो-बहार* की उर्दू का तुलनात्मक अध्ययन करके यह निष्कर्ष निकाला है कि उनमें कुछ बातें समान हैं।[39] मीर अम्मन लल्लू जी लाल की तरह 'तईं' का, जिसकी मिर्जा गालिब ने हँसी उड़ाई थी, निधड़क प्रयोग करते हैं। वे जहाँ-तहाँ लल्लू जी लाल की तरह व-कार युक्त क्रियारूपों (सेवता आदि) का प्रयोग करते हैं तथा 'जो' के साथ 'सो' और 'सिवा' की जगह 'सिवाय' लिखते हैं। सौदा और मीर की तरह 'टुक' और 'निपट' का भी प्रयोग करते हैं। 'तिस पर', 'उन्ने', 'लीजो', 'दीजो', 'तलक', 'किसू' आदि रूप उनके गद्य में वैसे ही मिलते हैं जैसे अठारहवीं सदी या उससे पहले की हिन्दी-उर्दू में। 'धरना', 'आवें', 'पावें' आदि रूपों का प्रयोग भी वे उन्नीसवीं सदी की पद्धति के अनुसार करते हैं। *बैताल पचीसी* के लेखक की तरह वे भी जहाँ-तहाँ पूर्वकालिक क्रिया रूपों में 'कर' छोड़ देते हैं। 'ने' का प्रयोग सही ढंग से करते हैं, पर सर्वत्र 'ने' का प्रयोग करना जरूरी नहीं समझते। *बैताल पचीसी* की तुलना में *बागो-बहार* में संस्कृत के तत्सम शब्दों के बोलचाल वाले रूप कम हैं, फारसी-अरबी के ज्यादा, फिर भी मीर अम्मन की भाषा न केवल *बैताल पचीसी* वरन् *प्रेमसागर* की भाषा में भी, *व्याकरणिक संरचना की की दृष्टि से,* मिलती-जुलती है।

इसके बावजूद *प्रेमसागर, बैताल पचीसी* और *बागो-बहार* की भाषाशैलियों को अलग-अलग भाषाओं के नाम देकर हिन्दी को बाँटने और उनके बोलनेवालों में साम्प्रदायिक भेदभाव बढ़ाने का प्रयत्न फोर्ट विलियम कॉलेज के नेतृत्व में शुरू हुआ जो पूरी उन्नीसवीं शताब्दी तक हिन्दू-उर्दू संघर्ष के रूप में छाया रहा।

उन्नीसवीं शताब्दी को खड़ी बोली पर आधारित हिन्दी गद्य के विकास का संक्रान्ति काल कहा जा सकता है। भाषिक संरचना की दृष्टि से हिन्दी का मानक रूप बीसवीं शताब्दी के प्रथम दो दशकों में स्थिर हुआ। उन्नीसवीं शताब्दी में हिन्दी क्षेत्र के विभिन्न जनपदों, विशेषकर खड़ी बोली और ब्रजभाषा के भाषित रूपों तथा विभिन्न जनपदों में प्रचलित बोलचाल के शब्दों, संस्कृत के तत्सम शब्दों और अरबी-फारसी के शुद्ध शब्दों के मेलजोल, संघर्ष और क्रिया-प्रतिक्रिया से हिन्दी गद्यभाषा का विकास होता रहा। सातवें दशक तक

हिन्दी गद्यभाषा का विकास प्रयोजनमूलक भाषा के रूप में ही हुआ। आठवें दशक में इसमें साहित्य रचना का आरम्भ हुआ और हिन्दी गद्य सर्जनात्मक क्षमता से सम्पन्न हुआ।

यों तो फोर्ट विलियम कॉलेज के तत्त्वावधान में रचित खड़ी बोली गद्य भी प्रयोजनमूलक ही था, पर परवर्ती छह दशकों (1811-1870 ई.) में प्रयोजनमूलक हिन्दी गद्य का विकास विशेषकर दो क्षेत्रों में हुआ। इनमें से प्रथम क्षेत्र ईसाई धर्म प्रचार का था। भारत में अँगरेजों का शासन स्थापित होने के बाद ईसाई धर्म के प्रचार के लिए अनेक धर्म प्रचारक भारत आए और उन्होंने अपने 'मिशन' स्थापित किये। इनमें से एक थे विलयम कैरे, जिन्होंने फोर्ट विलियम कॉलेज के भाषामुंशियों की सहायता से *न्यू टेस्टामेन्ट* का हिन्दी में अनुवाद किया। कैरे की अध्यक्षता में 1813-18 ई. में *ओल्ड टेस्टामेन्ट* का अनुवाद अलग-अलग हिस्सों में प्रकाशित हुआ।[40] फोर्ट विलियम कॉलेज के प्रभाव से इन धर्म प्रचारकों में यह धारणा बनी कि अरबी-फारसी शब्दावली प्रधान भाषा ही हिन्दुस्तान की आम बोलचाल की भाषा है। इसलिए इस समय बाइबिल के जो भी अनुवाद किये गए उनमें अरबी-फारसी के शब्दों का मिश्रण अधिक था। पर जल्दी ही यह भ्रम दूर हो गया। 1811 ई. में जब पादरी चैम्बरलेन और पिकॉप अपने-अपने परिवारों के साथ आगरा के मिशन में पहुँचे तो उन्होंने पाया कि वहाँ के लोगों की भाषा 'शुद्ध हिन्दुवी' है और वे बोलचाल वाली 'हिन्दुस्तानी' समझते हैं। चेम्बरलेन ने ब्रिस्टल एकेडेमी के प्रिन्सिपल डॉ. राइलैण्ड को अपने एक पत्र में लिखा—" ...जिस भाषा को यूरोपवासी हिन्दुस्तानी कहते हैं और जो भाषा हिन्दुओं की है, ये दोनों भिन्न हैं। 'हिन्दुस्तानी' में हिन्दी, फारसी और अरबी शब्दों का मिश्रण है। यह (अर्थात् हिन्दी या हिन्दवी) बोलचाल की भाषा है और इसका प्रयोग सभी असैनिक और सैनिक सेवाओं में होता है। यदि हम अपनी धर्मपुस्तकों का प्रचार सार्वजनिक रूप से करना चाहते हैं तो ये उनकी देशी भाषाओं में ही लिखी जानी चाहिए और उनके माध्यम से हमें धर्मोपदेश देना चाहिए।"[41] इस उद्देश्य को पूरा करने के लिए चेम्बरलेन ने एक पंडित नियुक्त किया जिसने *सन्त मैथ्यू* के दूसरे और तीसरे अध्याय का अनुवाद तैयार किया। अपने गाजीपुर और पटना प्रवास में भी चैम्बरलेन ने यही अनुभव किया कि गिलक्राइस्टी हिन्दुस्तानी हिन्दुस्तान की आम जनता की भाषा नहीं है।

इससे स्पष्ट है कि उन्नीसवीं शताब्दी के पूर्वार्ध में अधिकांश हिन्दू जनता, जो जनसंख्या की दृष्टि से बहुमत में थी, ऐसी हिन्दी समझती थी जिसमें अरबी-फारसी के शब्द कम होते थे। इसे ध्यान में रखते हुए ईसाई धर्मप्रचारकों ने खड़ी बोली की उस शैली को अपनाया जिसमें तत्सम और तद्भव शब्दों का अधिक प्रयोग होता था। धीरे-धीरे यह भाषा 'हिन्दी' के नाम से जानी जाने लगी। चेम्बरलेन ने देवनागरी लिपि में लिखी जाने वाली इसी भाषा को सिखाने की व्यवस्था अपने द्वारा स्थापित स्कूलों में की। अपने अनुभव के आधार पर उन्होंने देवनागरी का ही अधिक से अधिक प्रचार करना आवश्यक समझा।[42] इसी बात को ध्यान में रखते हुए बहुत-सी धर्म पुस्तिकाएँ, जो दूसरी भाषाओं और लिपियों में प्रकाशित हुई थीं, उन्हें हिन्दी और देवनागरी लिपि में प्रकाशित किया गया। अप्रैल, 1818 ई. में चैम्बरलेन ने *न्यू टेस्टामेन्ट* का हिन्दी में अनुवाद किया। इसके पूर्व उसने *मैथ्यू* और *मार्क* के धार्मिक उपदेशों का 'हिन्दुई' में संशोधन किया था। श्रीरामपुर मिशन ने भी चैम्बरलेन द्वारा किये गए अनुवाद को ही छापने का निश्चय किया।

इस प्रकार हिन्दी गद्यशैली के विकास में चैम्बरलेन का योगदान बहुत महत्त्वपूर्ण है। उन्होंने अपनी छोटी–छोटी धर्म पुस्तिकाओं की रचना द्वारा हिन्दी गद्यशैली को सरलता और स्वाभाविकता से युक्त किया। चैम्बरलेन के अतिरिक्त आदम, पियर्स, मैकिन्तोश और थॉमसन आदि भी उत्तर भारत के हिन्दी क्षेत्र में धर्म प्रचार तथा धर्मपुस्तिकाओं की रचना में लगे हुए थे।

ईसाई मिशनरियों का हिन्दी गद्य के विकास में एक महत्त्वपूर्ण योगदान पाठ्य पुस्तकों का प्रकाशन भी है। जबकि ईस्ट इंडिया कम्पनी जनता की शिक्षा के प्रति उदासीन रवैया अपनाए हुए थी, ईसाई मिशनरियों ने अपने मिशनों और अनाथालयों के लिए ही नहीं, स्त्रियों की शिक्षा के लिए भी, स्कूल स्थापित किये, जिनके लिए काफी संख्या में पाठ्य पुस्तकें प्रकाशित की गईं।[43] इन ईसाई मिशनरियों ने धार्मिक पुस्तकों के साथ–साथ स्कूली शिक्षा की पाठ्य पुस्तकों के प्रकाशन के लिए अनेक 'सोसाइटियाँ' कायम कीं। सन् 1823 ई. में 'कलकत्ता ट्रैक्ट ऐण्ड बुक सोसाइटी' की स्थापना हुई, जहाँ से सन् 1841 ई. तक 41 धर्म पुस्तिकाएँ प्रकाशित हुईं, जिनमें जीवन–चरित, उपदेश, संस्मरण और यात्राविषयक वर्णन सम्मिलित थे।[44] आदम ने *उपदेश कथा, भूगोल सार, गणितांक* आदि पुस्तकें भी लिखीं। धीरे–धीरे सोसाइटी का ध्यान पाठ्य पुस्तकों के स्तरीय अनुवादों की ओर आकृष्ट हुआ। बाद में कलकत्ता ट्रैक्ट सोसाइटी की शाखाएँ उत्तर भारत के आगरा, चुनार, बनारस आदि शहरों में भी स्थापित हुईं, जहाँ से पुस्तकों के प्रकाशन का क्रम चलता रहा। 1848 ई. में आगरा ट्रैक्ट सोसाइटी की स्थापना के पूर्व लगभग 750 पुस्तकें प्रकाशित हो चुकी थीं।[45] उसके बाद दि नार्थ इंडिया ट्रैक्ट ऐण्ड बुक सोसाइटी, अमेरिकन ट्रैक्ट सोसाइटी, बम्बई ट्रैक्ट सोसाइटी आदि ने भी अनेक हिन्दी पुस्तकें प्रकाशित कीं।

जहाँ तक इन पुस्तकों की भाषा का प्रश्न है, उसमें अनगढ़पन के साथ–साथ विराम चिह्नों की अव्यवस्था भरी पड़ी है और 'पीछे', 'विख्यात रूप से प्रसिद्ध', 'प्रधान करिके', 'कहाते हैं' जैसे प्रयोग पुरानी गद्यशैली का आभास देते हैं। पर उसमें अरबी–फारसी के शब्दों से बचने की प्रवृत्ति साफ तौर पर दिखाई देती है। वैसे सभी ईसाई धर्म प्रचारकों की भाषा अनगढ़ नहीं होती थी। उदाहरण के लिए विलियम याट्स की भाषा, जिसका एक उद्धरण डॉ. शारदा वेदालंकार ने अपनी पुस्तक में दिया है, काफी व्यवस्थित और विरामचिह्नों से युक्त है।[46]

लगभग 1850 ई. तक स्कूली शिक्षा के विकास और हिन्दी पाठ्य पुस्तकों के निर्माण में ईसाई मिशनरियों की तुलना में ईस्ट इंडिया कम्पनी सरकार की भूमिका नगण्य थी। फोर्ट विलियम कॉलेज के आरम्भिक दिनों में हिन्दी, हिन्दुस्तानी या उर्दू के सामने, उपेक्षित थी। 1815 ई. के बाद विलियम प्राइस ने कॉलेज के पाठ्यक्रम में हिन्दी को स्थान दिलाने का सफल प्रयास किया। 24 दिसम्बर, 1824 ई. को रडैल ने जेनरल विभाग के एक मंत्री सी. लासिंगटन को एक पत्र लिखकर बताया कि हिन्दुस्तानी, जिस रूप में यह कॉलेज में पढ़ाई जाती है और जिसे उर्दू, दिल्ली जबान या दिल्ली दरबार की भाषा के नाम से भी पुकारा जाता है, उत्तरी भारत की आम भाषा नहीं है।[47] इसके बाद फोर्ट विलियम कॉलेज में हिन्दी की पढ़ाई शुरू हुई। पर दुर्भाग्य से जब फोर्ट विलियम कॉलेज के पाठ्यक्रम में हिन्दी को स्थान मिला तभी कॉलेज का अस्तित्व संकटग्रस्त हो गया और हिन्दी गद्य को इसका कोई विशेष लाभ नहीं हुआ।

उन्नीसवीं शताब्दी के दूसरे दशक में कम्पनी शासन की ओर से कलकत्ता स्कूल बुक सोसाइटी की स्थापना हुई और उसमें एक हिन्दुस्तानी विभाग कायम किया गया जो बाद में हिन्दी विभाग के रूप में मान्य हुआ। सोसाइटी ने हिन्दी में विभिन्न विषयों की लगभग एक दर्जन पुस्तकें प्रकाशित कीं जो बनारस तथा उत्तरी-पश्चिमी प्रान्तों में पाठ्य पुस्तकों के रूप में निर्धारित की गईं। 1817 ई. से 1832 ई. तक इस सोसाइटी ने साठ पुस्तकें प्रकाशित कीं।[48] यद्यपि 1836 ई. में मेकाले ने अँगरेजी के माध्यम से ही शिक्षा देने की नीति का समर्थन किया पर साथ ही यह भी सुझाव दिया कि सरकार को प्रचलित देशी भाषाओं में साहित्य के निर्माण की ओर पूर्णतया सचेष्ट होना चाहिए। 1843 ई. में संयुक्त प्रान्त (अब उत्तर प्रदेश) के गवर्नर थॉमसन ने अपने प्रान्त की शिक्षा के लिए एक योजना प्रस्तुत की जिसमें देशी स्कूलों के विकास पर बल दिया। इस योजना के तहत खोले गए स्कूलों के पाठ्यक्रम में हिन्दी और उर्दू दोनों को स्थान मिला।[49] यह नीति 1850 ई. के बाद भी लागू रही। पाठ्य पुस्तकों के अभाव को दूर करने के लिए 'रामसरनदास सीरीज' के अन्तर्गत 78 पुस्तकों का प्रकाशन हुआ, जिनमें अक्षरज्ञान की प्राथमिक पुस्तकें, गणित, जीवनचरित्र, नीतिकथा, पत्र लेखन, स्वास्थ्य, चित्रकारी आदि विषयों की पुस्तकें भी शामिल थीं। इन पुस्तकों के लेखक एवं अनुवादक सेन्ट्रल स्कूल, कानपुर के अधीक्षक श्रीलाल और बंशीधर तथा एम.टी. आदम थे। इसी क्रम में *धर्म सिंह का वृत्तान्त, सूरजपुर की कहानी* आदि कथापुस्तकें प्रकाशित हुईं। *बुद्धि विद्याद्योत, राजनीति नीति कथा, संक्षिप्त इतिहास सर्वेक्षण, भारत का इतिहास, भूगोल सार, भूगोल वृत्तान्त* आदि पुस्तकें भी इसी क्रम में प्रकाशित हुईं।

पर ईस्ट इंडिया कम्पनी सरकार की भाषानीति हिन्दी के अनुकूल नहीं थी। हिन्दी अधिसंख्यक जनसामान्य की भाषा थी जबकि उर्दू सामन्त वर्ग, अभिजातवर्ग और नौकरीपेशा वर्ग की भाषा थी। कम्पनी सरकार को इस दूसरे वर्ग को अपनी भाषानीति के द्वारा अनुकूल बनाये रखना था। इसीलिए अपने शासनकाल के आरम्भ में कम्पनी सरकार ने फारसी को सरकारी भाषा के रूप में स्वीकार कर लिया। पर 1803 ई. में प्रत्येक जिले के कलक्टर तथा न्यायाधीश को आदेश दिया कि वे नए कानूनों को फारसी और नागरी दोनों लिपियों में विज्ञापित करें।[50] 1830 ई. के कोर्ट ऑफ डायरेक्टर्स ने यह आदेश दिया कि न्यायालयों की समस्त कार्रवाई उस स्थान की भाषा में ही हो।[51] पर इस आज्ञापत्र का पालन 1837 ई. के पूर्व, वह भी ईमानदारी के साथ, न हो सका। 1837 ई. के अदालती भाषा से सम्बद्ध अधिनियम के अनुसार हिन्दी हिन्दी-क्षेत्र की अदालती भाषा स्वीकार की गई पर मुस्लिम उच्च वर्ग तथा हिन्दू वकीलों और मुंशियों के षड्यंत्र और सरकार की उदासीनता के फलस्वरूप ऊपरी प्रान्तों (अपर प्रॉविन्सेज) की अदालतों में उर्दू का प्रवेश हो गया। धीरे-धीरे अदालतों में हिन्दी के स्थान पर अरबी-फारसी शब्दों, वाक्यांशों और मुहावरों से लदी उर्दू भाषा तथा फारसी लिपि का प्रचार हो गया।[52] फारसी शब्दावली और मुहावरों की प्रवृत्ति को रोकने के लिए सरकार की तरफ से आदेश निकलते रहते थे, पर कर्मचारियों और अमलों की मिलीभगत से उनका कार्यान्वयन नहीं हो पाता था। यही कारण है कि 1837 ई. के बाद 'हिन्दुस्तानी' का जो रूप विकसित हुआ वह हिन्दी से दूर, फारसी के रंग में बिलकुल रंगा हुआ और क्लिष्ट था। 1837 ई. के पूर्व 'हिन्दुस्तानी' के लिए नागरी लिपि का प्रयोग भी होता था। पर उसके बाद

फारसी लिपि में लिखित '*हिन्दुस्तानी*' का प्रचार अधिकाधिक होने लगा। 1850 ई. के लगभग '*हिन्दुस्तानी*' केवल फारसी लिपि में लिखी जाने लगी।[53] इस प्रकार खड़ी बोली का अरबी-फारसी प्रधान रूप अदालती भाषा बनकर सबके सामने आ गया और जीविका तथा सम्मान के लिए उर्दू भाषा और फारसी लिपि का ज्ञान प्राप्त करना सबके लिए जरूरी हो गया।

हिन्दी क्षेत्र में इसकी प्रतिक्रिया स्वाभाविक थी। बिहार में बाबू भूदेव मुखोपाध्याय ने नागरी लिपि और हिन्दी भाषा की रक्षा के लिए जोरदार प्रयत्न किया और उन्हें पर्याप्त सफलता भी मिली। इसी समय (उन्नीसवीं शताब्दी के सातवें दशक में) पंजाब में बाबू नवीनचन्द्र राय हिन्दी की लड़ाई लड़ रहे थे। उत्तर प्रदेश में भी हिन्दी और नागरी का आन्दोलन जारी था। राजा शिवप्रसाद 'सितारेहिन्द' भी नागरी की रक्षा के लिए अथक प्रयत्न कर रहे थे। 1868 ई. में उन्होंने कचहरियों में नागरी अक्षरों के प्रयोग के लिए एक स्मरणपत्र सरकार के पास भेजा था पर सरकार ने उस पर कोई ध्यान नहीं दिया।

इसी प्रऱिप्रेक्ष्य में राजा शिवप्रसाद 'सितारेहिन्द' के भाषासम्बन्धी दृष्टिकोण का उल्लेख आवश्यक है। बाबू शिवप्रसाद हिन्दी, उर्दू, फारसी, संस्कृत, बँगला आदि कई भाषाओं के जानकार थे। 1843 ई. में वे सरकारी सेवा में प्रविष्ट हुए और शीघ्र ही सरकारी स्कूलों के इन्स्पेक्टर हो गए। शिक्षा विभाग में आने के बाद उन्होंने अनेक पाठ्य पुस्तकें लिखीं और सम्पादित कीं, जिनमें *मानव धर्मसार, उपनिषदसार, भूगोल हस्तामलक, वामामनरंजन, आलसियों का कोड़ा, राजा भोज का सपना, इतिहास तिमिर नाशक, सिखों का उदय और अस्त, गुटका, लड़कों की कहानी, वीर सिंह का वृत्तान्त* आदि प्रमुख हैं। बाबू शिवप्रसाद (बाद में 'राजा' और 'सितारे हिन्द') यह जानते थे कि सामान्य जनता की भाषा हिन्दी है, अत: उन्होंने शुरू में जो पुस्तकें लिखीं उनकी भाषा सरल बोलचाल की भाषा है; उसमें अरबी-फारसी के केवल वे ही शब्द आए हैं जो बोलचाल में घुलमिल गए हैं। *राजा भोज का सपना* की भाषा ऐसी ही है। ऐसी ही भाषा का प्रयोग ईसाई मिशनरी भी अपनी धर्म पुस्तकों में कर रहे थे। अपने '*गुटका*' और '*मानव धर्मसार*' में भी राजा शिवप्रसाद ने भाषा का यही आदर्श सामने रखा है।'*मानव धर्मसार*' की भाषा तो पर्याप्त संस्कृतगर्भित भी है। पर राजा साहब प्रारम्भ से ही ऐसी चलती ठेठ हिन्दी के समर्थक थे, जिसमें सर्वसाधारण में प्रचलित अरबी-फारसी शब्दों का भी स्वच्छन्द प्रयोग हो। *वामामनरंजन* (1856 ई.) की भाषा ऐसी ही है।[54] पर 1860 ई. के बाद उनका झुकाव उर्दू की ओर होने लगा। इसका कारण शिक्षा विभाग पर सर सैयद अहमद आदि प्रभावशाली मुस्लिम पदाधिकारियों का प्रभाव भी हो सकता है और स्वयं राजा साहब का बदला हुआ दृष्टिकोण भी। राजा साहब ने पाँचवें दशक में ही कभी *भूगोल हस्तामलक* नामक पुस्तक लिखी थी जिसका दूसरा संस्करण 1859 ई. में प्रकाशित हुआ।[55] इसके 'उपोद्घात' में उन्होंने लिखा था कि उनकी भाषा का आदर्श लल्लू जी लाल और काजिम अली जवाँ कृत *बैतालपचीसी* की भाषा है। डॉ. रामविलास शर्मा ने *भूगोलहस्तामलक* की भाषा को 'बोलचाल की हिन्दी' कहा है।[56]

आगे चलकर राजा शिवप्रसाद के भाषासम्बन्धी दृष्टिकोण में परिवर्तन हो गया। अपनी '*विद्यांकुर*' नामक पुस्तक की अँगरेजी में लिखित भूमिका में उन्होंने लिखा कि "राज्य के लिए ऐसी राजभाषा चाहिए जिसे ज्यादा से ज्यादा लोग समझते हों, पर वह ऐसी न हो कि

शरीफ आदमी उसे सुनकर हँसें। बहुत ललित (एलिगैन्ट) न हो तो उसमें ग्राम्य जीवन (वल्गर लाइफ) का खुरदरापन भी न हो।''[57] शरीफ लोगों का यह दृष्टिकोण राजा शिवप्रसाद को आम बोलचाल की भाषा से निरन्तर अलग करता गया और उनकी *इतिहास तिमिरनाशक, सिखों का उदय और अस्त* तथा *कुछ बयान अपनी जुबान* आदि की भाषा 'पढ़े-लिखे आलिम फाजिल' लोगों की भाषा बन गई। इन पुस्तकों में 'आम फहम' भाषा के नाम पर अरबी-फारसी शब्दों से भरी उर्दू का प्रयोग किया गया है।

उन्नीसवीं सदी के उत्तरार्ध में हिन्दी गद्यशैली के दिशा-निर्धारण में राजा लक्ष्मण सिंह का भी महत्त्वपूर्ण योगदान है, जो राजा शिवप्रसाद के समकालीन थे। 1841-42 ई. के लगभग वे पश्चिमोत्तर प्रदेश के लेफ्टिनेन्ट गवर्नर के कार्यकाल में अनुवादक के पद पर नियुक्त हुए और लगभग 1858 ई. में इटावा के डिप्टी कलक्टर के पद पर पहुँच गए। 1863 ई. में उन्होंने महाकवि कालिदास की प्रसिद्ध रचना *अभिज्ञानशाकुन्तलम्* का *शकुन्तला नाटक* नाम से अनुवाद किया। 1877 ई. में उन्होंने *रघुवंश* का गद्यानुवाद किया और उसके 'प्राक्कथन' में अपना भाषासम्बन्धी दृष्टिकोण स्पष्ट करते हुए लिखा—

''हमारे मत में हिन्दी और उर्दू दो बोली न्यारी-न्यारी हैं। हिन्दी इस देश के हिन्दू बोलते हैं और उर्दू यहाँ के मुसलमानों और फारसी पढ़े हुए हिन्दुओं की बोलचाल है। हिन्दी में संस्कृत के पद बहुत आते हैं, उर्दू में अरबी-फारसी के। परन्तु कुछ जरूरी नहीं कि अरबी-फारसी के शब्दों के बिना हिन्दी न बोली जाय और न हम उस भाषा को हिन्दी कहते हैं जिसमें अरबी-फारसी के शब्द भरे हों।''[58]

यद्यपि अब तक हिन्दी और उर्दू गद्य की शैलियाँ अलग-अलग हो चुकी थीं, पर इतने स्पष्ट रूप से राजा लक्ष्मण सिंह ने ही हिन्दी और उर्दू को एक-दूसरे से अलग किया। राजा शिवप्रसाद 'सितारेहिन्द' ने नागरी लिपि में हिन्दी-उर्दू की एक मिली-जुली शैली का प्रस्ताव जरूर किया था, पर वे उर्दू की ओर अधिक झुक जाने के कारण, इसमें सफल न हो सके। दूसरी ओर राजा लक्ष्मण सिंह ने सरस, सरल और सुबोध हिन्दी गद्यशैली का नमूना प्रस्तुत कर उसके भावी रूप का प्राय: निर्धारण कर दिया। अतिवादिता यह हुई कि राजा शिवप्रसाद की प्रतिक्रिया में राजा लक्ष्मण सिंह ने अरबी-फारसी के बोलचाल के शब्दों का भी बहिष्कार किया और हिन्दी को उर्दू से न्यारी सिद्ध करने के लिए उन्होंने अरबी-फारसी शब्दावलीयुक्त भाषा को हिन्दी मानने से इनकार कर दिया।[59] इस प्रकार एक रोचक बात यह हुई कि मुसलमानों की 'हिन्दी' हिन्दुओं की 'हिन्दी' बन गई और मुसलमानों ने इस हिन्दी से हमेशा के लिए किनाराकशी कर ली।

राजा लक्ष्मण सिंह की भाषा की एक उल्लेखनीय विशेषता उसका लोकभाषा के निकट होना है। वे आगरा क्षेत्र के निवासी थे, अत: उनकी खड़ी बोली पर वहाँ की लोकभाषा का पर्याप्त प्रभाव दिखाई पड़ता है। 'कण्व' के स्थान पर 'कन्व', आश्चर्य के स्थान पर 'अचरज', 'गुण' के स्थान पर 'गुन', 'पश्चात्ताप' के स्थान पर 'पछताव', 'पर' के स्थान पर 'पै' तथा 'गतारी', 'गंडा', 'डिब्बा', 'दीठ', 'राँड', 'उनहार', 'आरबल', 'टहलुआ' जैसे ठेठ बोलचाल के शब्दों का प्रयोग इसका प्रमाण है। 'पूछा चाहती हूँ', 'जाने को कहा है', जैसे क्रियापदों पर भी स्थानीय प्रभाव स्पष्ट है। यह बात राजा शिवप्रसाद 'सितारेहिन्द' के गद्य में नहीं दिखाई देती।

भारतेन्दु युग में प्रवेश करने के पूर्व हिन्दी गद्य को पत्रकारिता ने भी प्रभावित किया था, अतः उसका भी संक्षिप्त विवरण यहाँ अपेक्षित है। यों तो हिन्दी का पहला समाचार पत्र *उदन्त मार्तण्ड* (1826 ई.) माना जाता है, पर दिसम्बर, 1819 में बँगला और अँगरेजी में प्रकाशित द्विभाषी पत्र *'द गोस्पेल मैगजिन'* में कभी-कभी कुछ अंश 'हिन्दुई' में प्रकाशित किये जाते थे।[60] इसके कुछ उद्धरण उपलब्ध हैं जिनकी भाषा लल्लू जी लाल और सदल मिश्र की भाषा से मिलती-जुलती है।[61] *उदन्त मार्तण्ड* 30 मई, 1826 को कानपुर के निवासी पं. जुगल किशोर शुक्ल के सम्पादनकाल में कलकत्ता से निकलना आरम्भ हुआ जो लगभग डेढ़ साल चलकर 11 दिसम्बर, 1827 को बन्द हो गया। यह एक साप्ताहिक पत्र था, जिसकी भाषा का एक उदाहरण निम्नलिखित है :

"जावा की चिट्ठी से समझ पड़ा कि पिछले फरवरी महीने में वहाँ छोटा-सा एक जहाज पर लंका से तीन हजार दालचीनी का पौधा लाया गया है और वहाँ के बड़े साहिब की इच्छा है कि जैसी सरस दालचीनी लंका में होती है वैसे ही जावा में भी होय। उस दालचीनी का पेड़ लंका से बाहिर निकालने का हुकुम नहीं है इसलिए वे सब इस प्रकार से उन पौधों को वहाँ से उड़ाय लाये हैं।"[62]

यह भाषा भी लल्लू जी लाल, सदल मिश्र, मुंशी सदासुख लाल और हिन्दी क्षेत्रों में धर्मप्रचार करने वाले ईसाई मिशनरियों की भाषा से मिलती-जुलती है।

10 मई, 1829 को कलकत्ता से ही, *'बंगदूत'* नामक त्रैभाषिक साप्ताहिक पत्र प्रकाशित होना शुरू हुआ। इस पत्र द्वारा राजा राममोहन राय अपने दार्शनिक विचारों का प्रचार करते थे। उनकी भाषा भी लल्लू जी लाल का ही अनुसरण करती है, पर उसमें बँगलापन, जैसे 'वेदाध्ययन हीन मनुष्य को स्वर्ग और मोक्ष होने वाला नहीं' जैसे प्रयोग भी मिले हुए थे। यह पत्र भी लगभग एक वर्ष चलकर बन्द हो गया।

बंगदूत के बाद लगभग 16 वर्षों तक हिन्दी में कोई दूसरा पत्र नहीं निकला। 1845 ई. में राजा शिवप्रसाद के संरक्षण में बनारस से *बनारस अखबार* नामक साप्ताहिक समाचारपत्र प्रकाशित होना शुरू हुआ।[63] यह पत्र नागरी अक्षरों में प्रकाशित होता था, पर इसकी भाषा उर्दू के अधिक निकट थी। 11 जून, 1846 ई. को कलकत्ता के इंडियन सन प्रेस से *मार्तण्ड* या *इंडियन सन* नाम का साप्ताहिक पत्र पाँच भाषाओं में, जिनमें एक हिन्दी भी थी, प्रकाशित हुआ। इसी वर्ष *'ज्ञानदीप'* नामक एक पत्र भी हिन्दी में निकला। 1848 ई. में इन्दौर से पं. प्रेमनारायण ने *मालवा अखबार* नामक पत्र निकाला, जो हिन्दी और उर्दू दोनों भाषाओं में प्रकाशित होता था। 1849 ई. में कलकत्ता से बँगला और हिन्दी में *जगद्दीपक भास्कर* नामक पत्र प्रकाशित हुआ।[64]

उन्नीसवीं शताब्दी के पूर्वार्ध में प्रकाशित समाचारपत्रों के सिंहावलोकन से यह तथ्य सामने आता है कि बंगाल में बँगला और अँगरेजी पत्रों का तथा पश्चिमोत्तर प्रान्त में उर्दू पत्रों का बोलबाला था। इसके कई कारण थे। इस समय सरकारी कार्यालयों और अदालतों में फारसी और उर्दू का बोलबाला था। स्कूलों में भी हिन्दी की अपेक्षा उर्दू को अधिक महत्त्वपूर्ण स्थान प्राप्त था। अधिकतर पढ़े-लिखे लोग, जो सरकारी पदों पर आसीन थे, उर्दू-फारसी के जानकार और उसके हिमायती थे। हिन्दी जनसाधारण की भाषा थी, जो समाचारपत्र

पढ़ने में असमर्थ थी। यही कारण है कि केवल हिन्दी में पत्र निकालने में सम्पादकों को हिचक होती थी। हिन्दुओं में भी उर्दू पढ़ने वालों की अधिकता थी। अतः कुछ पत्र नागरी अक्षरों में निकले पर उनकी भाषा उर्दू ही रही। इस कारण 1850 ई. के पूर्व हिन्दी गद्यशैली के विकास में हिन्दी समाचारपत्रों की भूमिका नगण्य ही मानी जाएगी।

सन् 1850–1867 ई. की अवधि में भी लगभग यही स्थिति बनी रही। इस अवधि में हिन्दी में तीन प्रकार के पत्र दिखाई पड़ते हैं। कुछ थोड़े से पत्र, जिनमें *सामदण्ड मार्तण्ड* (1850), *प्रजाहितैषी* (1855), *धर्मप्रकाश* (1859), *तत्त्वबोधिनी पत्रिका* (1865), *सत्यदीपक* (1866) आदि केवल हिन्दी में प्रकाशित होते थे। इन पत्रों में से अधिकांश के सम्बन्ध में बहुत कम सूचनाएँ आज प्राप्त होती हैं और इनकी भाषा के उदाहरण भी उपलब्ध नहीं हैं। दूसरे प्रकार के पत्र वे थे जो छपते तो नागरी अक्षरों में थे, पर जिनकी भाषा उर्दू होती थी। कुछ हिन्दी पत्र उर्दू पत्रों के अनुवाद मात्र होते थे। ऐसे पत्रों में *सुधाकर* (1850), *बुद्धि प्रकाश* (1852), *पयामे आजादी* (1857), *लोकमित्र* (1867) आदि थे। इनकी भाषा के उदाहरण भी आज उपलब्ध नहीं हैं। पर इस अवधि में भी द्विभाषी पत्रों की, विशेषकर उर्दू–हिन्दी पत्रों की अधिकता थी। *मजहरुल सरूर* (1852), *ग्वालियर गजेट* (1853), *सर्वहितकारक* (1855), *सूरज प्रकाश, जगतलाभ चिन्तक* (1861), *भारत खंडामृत* (1864), *ज्ञानप्रदायिनी पत्रिका* (1866), *रतन प्रकाश* (1867), *विद्याविलास* आदि ऐसे ही द्विभाषी पत्र थे। *समाचार सुधा वर्षण* भी, जिसे हिन्दी का पहला दैनिक पत्र होने का गौरव प्राप्त है, एक द्विभाषी पत्र था, जो हिन्दी और बँगला में, 1854 ई. में, कलकत्ता से प्रकाशित हुआ था।[65]

1850–67 अवधि के हिन्दी पत्रों के अवलोकन से यह तथ्य भी सामने आता है कि इस अवधि में कई पत्र पहले दो भाषाओं में एक साथ प्रकाशित होने शुरू हुए, पर थोड़े ही दिनों के बाद वे हिन्दी में स्वतंत्र रूप से प्रकाशित होने लगे। उदाहरण के लिए *सुधाकर* 1850 ई. में, बँगला और हिन्दी में प्रकाशित होना शुरू हुआ था, पर तीन वर्ष बाद, 1853 ई. में वह केवल हिन्दी में छपने लगा।[66] 'सुधाकर' के बारे में आचार्य शुक्ल ने लिखा है कि "इस पत्र की भाषा कुछ सुधरी हुई तथा ठीक थी, पर यह पत्र कुछ दिन चला नहीं।"[67] *'पयामे आजादी'* पहले उर्दू में प्रकाशित होता था, पर बाद में हिन्दी में निकलने लगा। आगरा से *'मुफीद उल खलाइक अथवा सर्वोप्तकारक'* नामक द्विभाषी पत्र निकला था, पर 1865 ई. में *सर्वोप्तकारक* स्वतंत्र रूप में प्रकाशित होने लगा। अजमेर से सोहन लाल के सम्पादकत्व में पहले *खैरखाहे खलाइक* नामक पत्र निकलता था, जिसका हिन्दी रूप *'जगलाभ चिन्तक'* प्रकाशित हुआ।[68] डॉ. रामरतन भटनागर के अनुसार 1857 के विद्रोह के बाद हिन्दी पत्र उर्दू पत्रों को दबाकर आगे बढ़ने लगे थे।[69] फिर भी इस अवधि में हिन्दी गद्यशैली के विकास में हिन्दी पत्रों का योगदान नगण्य रहा।

खड़ी बोली गद्य की इसी पृष्ठभूमि में 'भारतेन्दु युग' का गद्य साहित्य अपनी सारी नवीनता, मौलिकता और समृद्धि के साथ प्रकट हुआ। भारतेन्दु ने सन् 1868 ई. में 'विद्यासुन्दर' नाटक का बँगला से अनुवाद किया, जिसने, आचार्य शुक्ल के अनुसार, "हिन्दी गद्य के बहुत ही सुडौल रूप का आभास दिया।"[70] इसी वर्ष उन्होंने *कविवचनसुधा* नाम

की एक पत्रिका निकाली जिसमें पहले पुराने कवियों की कविताएँ छपा करती थीं, पर बाद में गद्य लेख भी रहने लगे।[71] डॉ. शारदा वेदालंकार के अनुसार 1873 ई. में *'कविवचनसुधा'* मासिक से पाक्षिक हुई और उसमें गद्य रचनाएँ भी प्रकाशित होने लगीं।[72] 1873 ई. में ही भारतेन्दु ने एक और मासिक पत्रिका *'हरिश्चन्द्र मैगजिन'* निकालना आरम्भ किया जिसका नाम आठ संख्याओं के बाद *'हरिश्चन्द्र चन्द्रिका'* हो गया। आचार्य रामचन्द्र शुक्ल के अनुसार "हिन्दी गद्य का ठीक परिष्कृत रूप पहले-पहल इसी '**चन्द्रिका**' में प्रकट हुआ।"[73] स्वयं भारतेन्दु ने भी 'नई चाल' की हिन्दी का उदय इसी समय से माना है। उन्होंने *'कालचक्र'* नाम की अपनी पुस्तक में नोट किया है कि 'हिन्दी नई चाल में ढली, सन् 1873 ई.।'[74]

हिन्दी किस अर्थ में 'नई चाल में ढली' इसकी व्याख्या आचार्य शुक्ल ने इन शब्दों में की है : "मुंशी सदासुख लाल की भाषा साधु होते हुए भी पंडिताऊपन लिए थी, लल्लू लाल में ब्रजभाषापन और सदल मिश्र में पूरबीपन था। राजा शिवप्रसाद का उर्दूपन शब्दों तक ही परिमित न था, वाक्य विन्यास तक में घुसा था। राजा लक्ष्मण सिंह की भाषा विशुद्ध और मधुर तो अवश्य थी, पर आगरे की बोलचाल का पुट उसमें कम न था। भाषा का निखरा हुआ शिष्ट सामान्य रूप भारतेन्दु की कला के साथ ही प्रकट हुआ।"[75] इस मूल्यांकन में भारतेन्दु की गद्यभाषा को 'पंडिताऊपन', 'ब्रजभाषापन', 'पूरबीपन', 'उर्दूपन' और 'आगरे की बोलचाल के पुट' से मुक्त 'निखरी हुई' भाषा कहा गया है। शुक्लजी ने उसे अन्यत्र 'मँजी हुई परिष्कृत' भाषा कहा है और यह भी माना है कि 'प्रस्ताव काल समाप्त हुआ और भाषा का स्वरूप स्थिर हुआ।"[76]

पर डॉ. रामविलास शर्मा ने शुक्ल जी के इस निष्कर्ष को अस्वीकार करते हुए 'हिन्दी नई चाल में ढली, 1873 ई.' का अर्थ यह किया है कि 1873 ई. में हिन्दी में 'नई चाल की साहित्य रचना' आरम्भ हुई।[77] उन्होंने प्रचुर उदाहरणों और पुष्ट तर्कों से यह प्रमाणित किया है कि भाषिक संरचना की दृष्टि से लल्लू जी लाल के *प्रेम सागर, बैताल पचीसी* और मीर अम्मन के *बागो-बहार* से लेकर भारतेन्दु युग के लेखकों में अनेक समानताएँ हैं और कम से कम भारतेन्दु काल में तो हिन्दी गद्य का स्वरूप 'स्थिर' नहीं ही हुआ था। भाषिक संरचना की दृष्टि से हिन्दी गद्य का मानक रूप बीसवीं शताब्दी के प्रथम दशक में स्थिर हुआ, जिसका श्रेय विशेष रूप से, आचार्य महावीर प्रसाद द्विवेदी को और सामान्य रूप से उस युग के अन्य हिन्दी लेखकों को है। देवकीनन्दन खत्री, जिनकी रचनाएँ 1891-1900 ई. में अत्यन्त लोकप्रिय हो चुकी थीं, इसके पहले ही आधुनिक मानक हिन्दी का सुन्दर नमूना पेश कर चुके थे। भारतेन्दु हरिश्चन्द्र और उनके समकालीन गद्य लेखकों की भाषासम्बन्धी देन यह है कि उन्होंने हिन्दी गद्य को साहित्य की भाषा के रूप में प्रतिष्ठित किया। उनकी दूसरी विशेषता यह है कि उन्होंने हिन्दी को अभिजात वर्ग की भाषा के रूप में नहीं, बल्कि जनभाषा के रूप में ढाला। भारतेन्दु जनपदीय भाषाओं को हिन्दी की रीढ़ मानते थे और उनके विकास से ही हिन्दी का विकास सम्भव मानते थे। उस समय अदालतों और सरकारी कार्यालयों में जो भाषा प्रचलित थी वह भारतेन्दु की भाषा नहीं हो सकती थी, क्योंकि उनका लक्ष्य जनसाहित्य का सृजन करना था। अत: कचहरी, सरकार और तत्कालीन 'शरीफ' समुदाय की उपेक्षा करके उन्होंने हिन्दी गद्य को जनभाषा के रूप में प्रतिष्ठित किया। इससे

हिन्दी भाषा में एक नई जीवनी शक्ति का संचार हो गया और वह जीवन्त साहित्यिक भाषा के रूप में विकसित होने में समर्थ हुई।

किन्तु भाषिक संरचना की दृष्टि से भारतेन्दु युग की भाषा अपनी पूर्ववर्ती भाषा से बहुत भिन्न नहीं है। लल्लू जी लाल की भाषा में 'सुनाय', 'झड़वाय', 'छिड़कवाय', 'रिसाय', 'नशाय', 'बिलमाय' आदि पूर्वकालिक क्रिया के प्रयोग प्रचुरता के साथ उपलब्ध होते हैं। मानक हिन्दी में इस क्रियारूपों के य-विहीन (सुना, आ, जा, खा आदि) रूप प्रयुक्त होते हैं। पर स्वयं भारतेन्दु और उनके समकालीन लेखकों में य वाले पूर्वकालिक क्रियारूपों का अभाव नहीं है।[78] भारतेन्दु युग के पूर्व की खड़ी बोली में—ईसाई लेखकों की रचनाओं में—य वाले रूप सामान्य रूप से प्रचलित थे। डॉ. शर्मा के अनुसार ब्रजभाषा और दिल्ली की खड़ी बोली में भी इनका प्रयोग होता था। कहीं-कहीं 'य' का स्थान 'व' भी ले लेता था, जिससे 'आवता', 'जावता', 'झड़वा', 'छिड़कवा' आदि रूप बनते थे। ऐसे प्रयोग अठारहवीं शताब्दी की खड़ी बोली से लेकर भारतेन्दु युग तक की हिन्दी में प्राप्त होते हैं। मानक हिन्दी-उर्दू में यह संक्षिप्त होकर 'आता', 'जाता' आदि बन गया है। पर पुराने रूप 'आवती थी', 'सेवने लगी', 'वृद्धि होय' आदि आरम्भिक गद्यलेखकों में बहुलता के साथ और भारतेन्दु युग में लेखकों में यत्र-तत्र प्राप्त होते हैं। 'होय' की जगह 'होवे' रूप भी पुरानी खड़ी बोली में प्रचलित थे। 'होवे' की जगह केवल 'हो' का प्रयोग उर्दू-हिन्दी में ग़ालिब के बाद आया है।[79] लल्लू जी लाल 'देख आवें', 'काल आवें' आदि का प्रयोग करते हैं। भारतेन्दु भी 'क्या समझावें', 'दैव दिखावें' आदि लिखते हैं। लल्लू जी लाल के पूर्व नजीर अकबराबादी के यहाँ भी ये प्रयोग मिलते हैं। बालमुकुन्द गुप्त के अनुसार 'होवे', 'देवे', 'करे' आदि पुराने क्रियारूप हैं। दिल्ली-आगरा के हिन्दुओं के घरों में ये शब्द बोले जाते हैं। श्रीधर पाठक ने *एकान्तवासी योगी* में इस क्रियारूपों का प्रयोग किया है। पर आचार्य महावीर प्रसाद द्विवेदी 'हमैं', 'जिन्हैं', 'करैं' आदि का प्रयोग करते थे। लल्लू जी लाल 'हमें', 'तुम्हें' के साथ 'फटैं', 'कटैं'; 'चित्त दै', 'कहैंगे' आदि लिखते थे। भारतेन्दु युग के लेखक 'ए' और 'ऐ' दोनों रूपों वाले शब्दों का प्रयोग करते हैं। मानक हिन्दी में 'ए' वाले रूप ही स्वीकृत हुए। इसी प्रकार 'औ' का स्थान 'ओ' ने ले लिया। लल्लू जी लाल और राजा लक्ष्मण सिंह दोनों 'तौ' लिखते हैं। लल्लू जी लाल 'तौ' की तरह 'हौ' का प्रयोग भी करते हैं। भारतेन्दु युग के लेखकों में भी ये प्रयोग मिल जाते हैं। मानक हिन्दी में 'तो' और 'हो' रूप ही प्रचलित हैं। डॉ. रामविलास शर्मा के अनुसार क्रियापदों में ही नहीं, अन्य कोटियों के शब्दों में भी 'य' और 'व' का विकल्प बहुत पुराना है।[80] भारतेन्दु और उनसे पहले की हिन्दी में व-वाले रूप अधिक मिलते हैं। पर धीरे-धीरे य-वाले रूप हावी होते गए और अब य वाले रूप ही मानक माने जाते हैं।

सामान्य भूतकाल में 'भया' और उसके रूपों का प्रयोग ब्रजभाषा और अवधी दोनों में होता है। खड़ी बोली में यह प्रयोग वहीं से आया था। लल्लू जी लाल ने इसका प्रयोग खूब किया है। मानक हिन्दी में 'भया' के स्थान पर 'हुआ' का प्रयोग होता है। डॉ. रामविलास शर्मा के अनुसार 'भया' और 'हुआ' दोनों के विभिन्न रूप (भई-हुई, भए-हुए आदि) पुरानी खड़ी बोली की कविता में साथ-साथ चलते थे।[81] 'भया' वाले रूप पहले

उर्दू से गँवारू प्रयोग मानकर निकाले गए। हिन्दी में भी ये रूप स्वीकृत न हुए। पर भारतेन्दु और उसके समय के अन्य लेखकों की भाषा में 'भया' और 'हुआ' का प्रयोग साथ-साथ मिलता है।

लल्लू जी लाल अपनी गद्यभाषा में 'लीजे', 'दीजे' या 'लीजै', 'दीजै' का प्रयोग करते हैं, जो मानक हिन्दी से समाप्त हो गए हैं। पर 'नजीर', 'सौदा' आदि की खड़ी बोली कविता में ये प्रयोग मिलते हैं। भारतेन्दु युग के लेखक भी कहीं-कहीं इनका प्रयोग करते हैं। इसी प्रकार लल्लू जी लाल 'कहियो', 'रहियो' आदि का प्रयोग करते हैं जो सौदा और ग़ालिब में भी मौजूद हैं, पर भारतेन्दु युग के लेखक इसका प्रयोग यदा-कदा ही करते हैं। लल्लू जी लाल ने 'खेला करै', 'चला चाहिए', 'समझा चाहिए' आदि प्रयोग किये हैं। ये भी खड़ी बोली के अपने प्रयोग हैं और लल्लू जी के पहले से प्रचलित थे। लल्लू जी की तरह भारतेन्दु ने भी 'किया चाहता हूँ', 'गिरा चाहता है' जैसे प्रयोग किये हैं। अब इसके स्थान पर 'चलना चाहिए', 'समझना चाहिए', 'करना चाहता हूँ', 'गिरना चाहता है' रूप प्रचलित हैं।

एक पुराना क्रिया रूप 'आन' है जिसका प्रयोग लल्लू जी लाल और नजीर दोनों करते हैं। ऐसा ही एक अन्य क्रिया रूप 'पहिरना' (पहनना) है। भारतेन्दु युग के लेखक इन दोनों क्रियारूपों का प्रयोग करते हैं। लल्लू जी लाल से लेकर भारतेन्दु हरिश्चन्द्र तक अनेक हिन्दी लेखक 'धँसना', 'पैठना', 'बूझना', 'निरखत', 'चितवत', 'हरखत', 'बरनत' आदि क्रियारूपों का प्रयोग करते हैं, जिनका मानक हिन्दी में प्रयोग नहीं होता है। इसी प्रकार लल्लू जी लाल, भारतेन्दु हरिश्चन्द्र और उस समय के अन्य लेखक, संज्ञा और विशेषण शब्दों का क्रिया की तरह प्रयोग, 'करना', 'रखना' आदि क्रियाओं की सहायता लिये बिना भी, कर लेते थे, पर मानक हिन्दी में ऐसा नहीं होता। लल्लू जी लाल 'विचारा', 'संकल्पी थी', 'सिंगारा' जैसे क्रियारूपों का प्रयोग करते थे। भारतेन्दु युग के प्रमुख गद्यलेखक भी 'छमिए', 'रमिए', 'सेवते हैं', 'भावते हैं', 'प्रतिपालते हैं', 'आचरते हैं' आदि प्रयोगों से परहेज नहीं करते।[82] लल्लू जी लाल अनेकत्र 'ही' के महाप्राणत्व को लुप्त कर उसे 'ई' (जैसे 'कछु आजई नई नहीं निकली') कर देते हैं। 'ही' की महाप्राणता का लोप जहाँ-तहाँ भारतेन्दु के गद्य में भी है, जैसे "मेरे यहाँ अमात्य राक्षस का कुटुम्ब हई नहीं है।" इस प्रकार के प्रयोग ब्रजभाषा में ही नहीं, भोजपुरी में भी प्रचलित हैं और भारतेन्दु पर भोजपुरी का प्रभाव अकल्पनीय नहीं है। लल्लू जी लाल 'साम्हने', 'सन्मुख', 'तुम्ह' आदि का प्रयोग करते हैं। भारतेन्दु हरिश्चन्द्र, राजा शिवप्रसाद और राजा लक्ष्मण सिंह की रचनाओं में भी ये प्रयोग मिलते हैं। इसी प्रकार 'तै', 'विन' और 'नाईं' जैसे शब्दों का प्रयोग लल्लू जी लाल से लेकर भारतेन्दु युग तक के लेखक समान रूप से करते हैं।

'ने' मानक हिन्दी का एक अत्यन्त विशिष्ट परसर्ग है जो क्रियारूपों को भी प्रभावित करता है। पर पुरानी हिन्दी और उर्दू दोनों में अक्सर इसका लोप दिखाई पड़ता है। भारतेन्दु युग के लेखक भी अनेकत्र कर्त्ता के साथ 'ने' का प्रयोग नहीं करते और उससे होने वाले क्रियारूपों में भी परिवर्तन नहीं करते। यह जनपदीय भाषाओं के प्रभाव का फल है, क्योंकि अवधी, भोजपुरी आदि में कर्त्ता का 'ने' परसर्ग प्रयोग में नहीं लाया जाता है। इसी प्रकार भारतेन्दु अवधी-भोजपुरी के 'आछत' शब्द का प्रयोग करते हैं, जो मानक हिन्दी में स्वीकृत नहीं है।

इस प्रकार भारतेन्दु हरिश्चन्द्र और उनके समकालीन लेखकों की भाषा संरचना की दृष्टि से, अधिकतर उन्नीसवीं सदी के पूर्वार्ध में प्रचलित खड़ी बोली के ही निकट है। पर इसका यह अर्थ नहीं है कि भारतेन्दु युग का गद्य प्रतिमानीकरण की ओर बढ़ ही नहीं रहा था। दरअसल भारतेन्दु युग के वैयाकरणों, जैसे राजा शिवप्रसाद, डब्ल्यू. एथरिंगटन, मदन मोहन आदि हिन्दी प्रयोगों के मानकीकरण के लिए प्रयत्नशील थे। राजा शिवप्रसाद जिस समय अपना व्याकरण लिख रहे थे उस समय उर्दू में 'मतरूकात' (अर्थात् ब्रजभाषा तथा अन्य बोलियों के प्रयोगों को निकालने) का सिलसिला जोरों पर था। यद्यपि उर्दू वालों की तरह भारतेन्दु युग के साहित्यकार इस तरह की कोई मुहिम नहीं चला रहे थे, किन्तु हिन्दी पर भी उर्दू के मानकीकरण का परोक्ष रूप से प्रभाव पड़ रहा था। राजा शिवप्रसाद 'सितारेहिन्द' निरन्तर सावधान करते चलते हैं कि कौन से प्रयोग स्वीकृत हैं और कौन से वर्जित। वे 'तू' और 'तै' में 'तू' को, 'किसी' और 'किसू' में 'किसी' को, 'समझते हैं' और 'समझे हैं' में 'समझते हैं' को, 'मरनेवाला' और 'मरनेहारा' में 'मरनेवाला' को प्रयोग की दृष्टि से अच्छा समझते हैं।[83] राजा शिवप्रसाद के पहले के लेखक 'वुह' लिखते थे और उनके समकालीन लेखकों में प्रतापनारायण मिश्र इसका प्रयोग करते थे। राजा शिवप्रसाद ने 'वुह' के स्थान पर 'वह' के प्रयोग को साधु माना। 'वे' और 'वो' रूपों में उन्हें 'वो' पसन्द है। उर्दू में यही रूप प्रचलित था, पर हिन्दी में, बाद में 'वे' रूप ही स्वीकृत हुआ। राजा साहब ने 'उनको', 'इनको', 'जिनको', 'किन लोगों को' आदि के स्थान पर 'उन्हें', 'इन्हें', 'जिन्हें', 'किन्हें' आदि को साधु प्रयोग माना। उन्होंने 'खावे' और 'खाये' या 'खाए' में 'ए' वाले रूपों को उत्तम बताया तथा 'होवे' और 'होए' के स्थान पर 'हो' के प्रयोग की सिफारिश की। 'बरूक' और 'वरन्' में वे 'बरूक' को 'गँवारी' मानकर छोड़ने की सलाह देते हैं।[84] अपनी *गुटका* नामक पाठ्य पुस्तक में राजा शिवप्रसाद ने *प्रेमसागर* का एक अंश उद्धृत करने के बाद उसके अन्त में एक शब्दसूची प्रस्तुत की जिसमें से कुछ शब्दों को 'लल्लू जी की बोली' कहकर उन्हें छोड़ने की सलाह दी। ऐसे शब्दों में 'सोंही', 'पै', 'अबही', 'तइ', 'जद', 'तधी', 'पुनि', 'न्यारे' आदि हैं जिनके स्थान पर उन्होंने 'सामने', 'पर', 'अभी', 'अब', 'जब', 'तभी', 'फिर', 'अलग' आदि शब्दों का प्रयोग उचित बताया। इसी प्रकार उन्होंने 'बाजने', 'पठावेंगे', 'भया', 'धाया', 'बुझा के', 'निहार', 'दीसे' आदि क्रियारूपों के स्थान पर 'बजने', 'भेजेंगे', 'हुआ', 'दौड़ा', 'समझा के', 'देख', 'दीखे' आदि क्रियारूपों को सही तथा 'तिनहीं', 'बिरियां', 'पैज', 'चढ़ि' के स्थान पर 'उन्हीं', 'समय', 'प्रण', 'चढ़' आदि को समीचीन बताया।[85]

1871 ई. में डब्ल्यू. एथरिंगटन ने अपने *'भाषा भास्कर'* नामक व्याकरण में यह मत व्यक्त किया कि हिन्दी में तत्सम शब्दों का प्रयोग उनके शुद्ध रूप में होना चाहिए। भारतेन्दु युग के लेखकों ने तो इस मत को स्वीकार नहीं किया पर 1900 ई. के बाद बालमुकुन्द गुप्त और महावीर प्रसाद द्विवेदी ने तत्सम शब्दों के प्रयोग पर जोर दिया।

एथरिंगटन के आसपास ही लिखित अपने *भाषा व्याकरण* में आगरा के नार्मल स्कूल के अध्यापक मदन मोहन ने भी 'भद्दे' और 'गँवारू' प्रयोगों को छोड़ने पर बल दिया।[86] वे उत्तम और मध्यम पुरुष सर्वनाम के बहुवचन रूपों, 'हमने को', 'तुम्हों को' को गँवारू और त्याज्य तथा 'औ' और 'ऐ' वाले रूपों (आवै, चाहियै, मुझै) के प्रयोग को उचित बताते

हैं। महावीर प्रसाद द्विवेदी भी 'औ' वाले रूपों का प्रयोग करते थे जबकि बालमुकुन्द गुप्त उन्हें 'असाधु' मानते थे।

हिन्दी (अर्थात् खड़ी बोली हिन्दी) के मानकीकरण के इस आरम्भिक प्रयास के बावजूद भारतेन्दु के गद्य-पद्य साहित्य की यह प्रमुख चिन्ता नहीं है। भारतेन्दु और उनके युग के लेखकों का प्रमुख उद्देश्य हिन्दी साहित्य, विशेषत: गद्य साहित्य को समृद्ध बनाना है। यह कार्य उन्होंने सफलतापूर्वक किया भी। नाटक, उपन्यास और निबन्ध विधाओं के विकास में भारतेन्दु युग का योगदान अभूतपूर्व है। साहित्यिक पत्रिकाओं के प्रकाशन में भारतेन्दु युग के लेखकों का प्रयास तो 'तपस्या' की कोटि का है। हिन्दी गद्य के विकास में इन सभी साहित्य विधाओं और पत्रिकाओं की ऐतिहासिक भूमिका है।

आचार्य रामचन्द्र शुक्ल ने आधुनिक गद्य साहित्य का प्रवर्तन नाटकों से माना है। स्वयं भारतेन्दु ने 1868 में ही बँगला से यतीन्द्र मोहन ठाकुर कृत *'विद्यासुन्दर नाटक'* का इसी शीर्षक से छायानुवाद प्रस्तुत किया। भारतेन्दु का पहला मौलिक नाटक *'वैदिकी हिंसा हिंसा न भवति'* 1873 ई. में प्रकाशित हुआ। भारतेन्दु ने कुल मिलाकर सात मौलिक और इतने ही अनूदित नाटक प्रस्तुत किये। भाषा की दृष्टि से भारतेन्दु के नाटकों की विशेषता यह है कि उनमें प्राय: बोलचाल के शब्दों की सहायता से नाटकीय प्रभाव पैदा करने की कोशिश की गई है। इन नाटकों में आए पद्यभाग में कहीं ब्रजभाषा, कहीं अवधी, कहीं खड़ी बोली और कहीं इनका मिश्रण दिखाई देता है। लोकसभा की मिठास भारतेन्दु के नाटकों के पद्य भाग में देखते ही बनती है। भारतेन्दु का गद्य भी लोकभाषा के बहुत निकट है। कहीं-कहीं तो व्याकरणिक रूप भी ब्रजभाषा, अवधी और भोजपुरी से ले लिये गए हैं, पर ऐसा नाटकों के निम्नवर्गीय पात्रों के संवादों में अधिक हुआ है। पात्रों के अनुरूप यथार्थवादी भाषा के प्रयोग में भारतेन्दु को अद्‌भुत महारत हासिल है। मुस्लिम पात्रों के संवादों में अरबी-फारसी शब्दों की गहरी छौंक तथा बंगाली पात्रों की 'बंगाली हिन्दी' भारतेन्दु की रचनाशक्ति का सुन्दर उदाहरण है। सामान्य शिष्ट पात्र हल्के अनुपात में तत्सम शब्दों के मिश्रण के साथ बोलचाल की मानक हिन्दी का प्रयोग करते हैं, जिसमें पुरानी हिन्दी के कुछ प्रयोग भी मिले-जुले होते हैं। आचार्य रामचन्द्र शुक्ल ने भारतेन्दु की गद्यशैली को दो प्रकारों में बाँटा है। एक को वे 'भावावेश की शैली' और दूसरे को 'तथ्य निरूपण की शैली' कहते हैं।[87] उनके अनुसार "भावावेश की भाषा में प्राय: वाक्य बहुत छोटे-छोटे होते हैं और पदावली सरल बोलचाल की होती है, जिसमें बहुप्रचलित फारसी-अरबी के शब्द भी कभी-कभी, पर बहुत कम, आ जाते हैं। जहाँ चित्त के किसी स्थायी क्षोभ की व्यंजना है और चिन्तन के लिए कुछ अवकाश है वहाँ की भाषा कुछ अधिक साधु और गम्भीर तथा वाक्य कुछ बड़े हैं, पर अन्वय जटिल नहीं है।"[88] इस कथन के समर्थन में शुक्ल जी ने *चन्द्रावली नाटिका* और *प्रेमयोगिनी* से उदाहरण दिये हैं। कहीं-कहीं तथ्य निरूपण और वस्तु वर्णन में भारतेन्दु की भाषा में संस्कृत पदावली का बाहुल्य भी हो जाता है, पर शुक्ल जी के अनुसार यह उनकी असली भाषा नहीं है।[89]

भारतेन्दु के नाटकों की भाषा का एक अन्य गुण हास्य-व्यंग्य उत्पन्न करने की क्षमता भी है। सामान्य बोलचाल के शब्दों में भी श्लेष, तुक और असंगतियों का समावेश करके वे अपनी नाट्य भाषा को बहुत आकर्षक और रोचक बना देते हैं।

भारतेन्दु युग के अन्य नाटककारों में प्रताप नारायण मिश्र, बालकृष्ण भट्ट, उपाध्याय पं. बदरी नारायण चौधरी, लाला श्रीनिवास दास, बाबू तोताराम, काशीनाथ खत्री, केशवराम भट्ट, राधाचरण गोस्वामी, अम्बिकादत्त व्यास, राधाकृष्ण दास, कार्तिक प्रसाद खत्री आदि हैं। भाषा की दृष्टि से अधिकतर तो इन्होंने भारतेन्दु का अनुसरण ही किया है पर भारतेन्दु में जो प्रतिभा और संयम है उसका इनमें अभाव है। भारतेन्दु की भाषा जितनी साफ-सुथरी और व्यवस्थित है, उतनी इनकी भाषा नहीं है। पर इसमें भी कोई सन्देह नहीं कि भारतेन्दु युग के लेखक सजीव, रंगमंच के अनुरूप और सर्जनात्मक गद्यभाषा के निर्माण में सफल हुए थे।

भारतेन्दु युग में गद्यभाषा के विकास का सबसे शक्त माध्यम निबन्ध बना, इसमें दो मत नहीं हो सकते। हिन्दी में सर्जनात्मक और मौलिक चिन्तनप्रधान निबन्ध लेखन का आरम्भ भारतेन्दु हरिश्चन्द्र की पत्रिकाओं, *कविवचन सुधा, हरिश्चन्द्र मैगजिन (हरिश्चन्द्र चन्द्रिका)* आदि से 1873–74 ई. के आसपास हुआ। *हरिश्चन्द्र मैगजिन* में प्रकाशित बाबू हरिश्चन्द्र का *पांचवें पैगम्बर*, मुंशी ज्वाला प्रसाद का *'कलिकाल की सभा'*, बाबू तोताराम का *'अद्भुत अपूर्व स्वप्न'*, कार्तिकप्रसाद खत्री का *'रेल का विकट खेल'* आदि निबन्ध बहुत प्रसिद्ध हुए। भारतेन्दु के प्रसिद्ध निबन्धों में *स्वर्ग में विचारसभा का अधिवेशन, 'कंकर स्तोत्र', 'ईश्वर बड़ा विलक्षण है', 'पाँचवें पैगम्बर', 'भारतवर्ष की उन्नति कैसे हो सकती है?', 'खुशी', 'लेवी प्राण लेवी', 'वैद्यनाथ की यात्रा', 'लेखक और नागरी लेखक'* आदि परिगणनीय हैं। आचार्य शुक्ल ने भारतेन्दु की गद्यशैली को दो 'प्रकारों' में विभक्त किया है : (1) भावावेश की शैली और (2) तथ्यनिरूपण की शैली। भारतेन्दु के भाव प्रधान या ललित निबन्धों की सबसे महत्त्वपूर्ण विशेषता उनकी भाषा का हास्य-व्यंग्य प्रधान होना है। उसके 'स्वर्ग में विचारसभा का अधिवेशन', 'पाँचवें पैगम्बर' आदि निबन्ध इसके प्रमाण हैं। ठेठ बोलचाल के शब्दों की सहायता से पैदा किया हुआ व्यंग्य इन निबन्धों को आकर्षक बना देता है।

भारतेन्दु युग में निबन्ध साहित्य का विकास उस समय की पत्र-पत्रिकाओं के माध्यम से हुआ। भारतेन्दु के जीवनकाल में लगभग अट्ठाइस पत्रिकाएँ निकलीं[90] जिनमें *बिहार बन्धु* (1872), *भारत मित्र* (1877), *हिन्दी प्रदीप* (1877), *आर्य दर्पण* (1877), *उचित वक्ता* (1878), *आनन्द कादम्बिनी* (1881), *ब्राह्मण* (1883), *हिन्दोस्तान* (1883), *भारत जीवन* (1884) आदि का हिन्दी गद्य के विकास में महत्त्वपूर्ण योगदान है। भारतेन्दु के अतिरिक्त इस काल के निबन्ध लेखकों में प्रताप नारायण मिश्र, बालकृष्ण भट्ट, बदरी नारायण चौधरी 'प्रेमधन', राधाचरण गोस्वामी आदि प्रमुख हैं। प्रताप नारायण मिश्र 'ब्राह्मण' का सम्पादन करते थे, जिसमें उनके 'घूरे क लत्ता बिनैं कनातन क ढोल बाँधे', 'समझदार की मौत है', 'बात', 'मनोयोग', 'वृद्ध', 'भौं' आदि निबन्ध प्रकाशित हुए। यद्यपि प्रताप नारायण मिश्र निबन्ध लेखन में भारतेन्दु को ही अपना आदर्श मानते थे पर उनके व्यक्तित्व की विशिष्टता उनकी गद्यशैली में पूर्णत: परिलक्षित होती है। विनोदप्रियता उनके स्वभाव का अंग थी, अत: उनकी भाषा में व्यंग्यपूर्ण वक्रता अनायास प्रकट होती रहती है। वे श्लेष और कहावतों की सहायता से तथा दो निराली बातों को अप्रत्याशित ढंग से एक साथ रखकर हास्य पैदा करते हैं। शुक्ल जी के अनुसार "उनकी भाषा बहुत ही स्वच्छन्द गति से बोलचाल की चपलता और भाषाभंगी लिये चलती है।"[91] उनकी भाषा में बैसवाड़ी बोली का रंग इतना

गाढ़ा है कि शुक्ल जी को उसमें 'पूरबीपन' का दोष दिखाई देता है। डॉ. रामविलास शर्मा के अनुसार भारतेन्दु युग के अन्य किसी लेखक ने "अपनी लेखनी को जीभ की तरह इतना नहीं चलाया; अन्य किसी लेखक ने पाठक से इतनी आत्मीयता से और इतनी ज्यादा बातचीत नहीं की, जितना प्रताप नारायण मिश्र ने। भारतेन्दु युग में और किसी की हिन्दी ग्रामीण बोलियों के इतना अधिक निकट नहीं आ पायी।"[92] मिश्र जी के व्यक्तित्व की मस्ती, फक्कड़पन और कहीं-कहीं मुँहफटपन भी, उनकी भाषा में छलकता हुआ दिखाई देता है। इसके प्रमाण में उनके निबन्ध 'समझदार की मौत है' का उल्लेख किया जा सकता है।[93] पर मिश्र जी जब गम्भीर विषयों पर लिखते हैं तो उनकी भाषा, उनके अनुरूप संयत और साधु हो जाती है। उसमें तत्सम शब्दों का अनुपात बढ़ जाता है और वाक्यों की बनावट उछलकूद वाली नहीं होती। उदाहरण के लिए उनका 'मनोयोग' शीर्षक निबन्ध देखा जा सकता है।

बालकृष्ण भट्ट ने अपने *हिन्दी प्रदीप* में सामाजिक, राजनीतिक, नैतिक, साहित्यिक, अनेक प्रकार के निबन्ध लिखे। उनकी भाषा उनके द्वारा चुने गए विषयों के अनुरूप दो प्रकार की है। रामविलास शर्मा के अनुसार उनमें वह सैलानीपन, फक्कड़ता और रसिकता नहीं है, जो भारतेन्दु, प्रताप नारायण मिश्र, राधाचरण गोस्वामी आदि में है।[94] वे संस्कृत के प्रकाण्ड विद्वान थे अत: उनके लेखन में एक तर्कशास्त्री का स्वर सर्वत्र विद्यमान रहता है। राजनीतिक और सामाजिक विषयों पर लिखते समय उनकी शैली में ऐसा खरापन आ जाता है जहाँ हास-परिहास के लिए कोई गुंजाइश नहीं होती। उनकी भाषा में घोर संयम और मितव्ययिता है। इसका उदाहरण उनका 'साहित्य जन समूह के हृदय का विकास है' नामक निबन्ध है। उन्होंने अनेक मनोवैज्ञानिक और विश्लेषणात्मक निबन्ध भी लिखे, उदाहरण के लिए 'माधुर्य' और 'आशा', जिनकी भाषा समासगर्भित, ठोस और तर्कमूलक होने के साथ-साथ लोकजीवन में प्रचलित जीवन्त शब्दों से भरपूर है।

विचारप्रधान निबन्धों के अतिरिक्त भट्ट जी ने अपने युग की प्रकृति के अनुरूप अनेक आत्मपरक निबन्ध भी लिखे, जिनमें उनकी सहृदयता की झाँकी देखने को मिलती है। उनके ऐसे निबन्धों में 'खटका', 'आँख', 'कान', 'नाक', 'कल्पना' आदि उल्लेखनीय हैं। इन निबन्धों में उनकी गद्यशैली सहज और तनावमुक्त है। वे भी प्रताप नारायण मिश्र की तरह कहावतों और मुहावरों का प्रचुर प्रयोग करते हैं। शुक्ल जी के अनुसार 'व्यंग्य और वक्रता उनके लेखों में भरी रहती है और वाक्य भी कुछ बड़े-बड़े होते हैं।'[95] भट्ट जी ने भी प्रताप नारायण मिश्र की तरह लोकजीवन के शब्दों और मुहावरों का खुलकर प्रयोग किया है। स्वाभाविक है कि शुक्ल जी को उनकी भाषा में भी 'पूरबीपन' का दोष दिखाई पड़े।[96]

भारतेन्दु युग के निबन्धकारों में राधाचरण गोस्वामी का भी उल्लेखनीय स्थान है। इनका 'यमलोक की यात्रा' नामक निबन्ध भारतेन्दु हरिश्चन्द्र, प्रताप नारायण मिश्र, बालकृष्ण भट्ट आदि के निबन्धों के समान ही शैली वैचित्र्य का एक सुन्दर नमूना है। इसमें एक स्वप्न में देखी हुई बातों का वर्णन है। इस निबन्ध में अपने समय की स्थितियों पर गहरा और तीखा व्यंग्य किया गया है। समकालीन राजनीतिक दमन, सामाजिक दुराचार, काले-गोरे का भेद, मारवाड़ियों की दुकान, यमलोक की पौराणिक कल्पना आदि पर इस निबन्ध में करारा व्यंग्य किया गया है। निबन्ध की भाषा बिलकुल बोलचाल की है और हास्य व्यंग्य

की चाशनी में सराबोर है। डॉ. रामविलास शर्मा इस निबन्ध को 'जनसाहित्य का सुन्दर उदाहरण' मानते हैं। उनके अनुसार भारतेन्दु ने यदि अपने निबन्ध *'अद्भुत अपूर्व स्वप्न'* में 'कटार से खेल दिखाया है, तो इन्होंने तलवार से भरपूर वार किये हैं, जिनके बारे में दुविधा हो ही नहीं सकती है।''[97]

शैली-वैचित्र्य की दृष्टि से बदरी नारायण चौधरी का गद्य अलग वैशिष्ट्य लिये हुए है। आचार्य शुक्ल के अनुसार वे 'गद्य रचना को एक कला के रूप में ग्रहण करने वाले लेखक' थे और कभी-कभी ऐसे 'पेचीले मजमून' बाँधते थे कि पाठक उनमें उलझकर रह जाता था। शुक्ल जी के अनुसार 'उनकी भाषा अनुप्रासमयी और चुहचुहाती हुई होने पर भी व्यर्थ के आडम्बर से मुक्त होती थी।'

इस प्रकार हिन्दी गद्य को जीवन्त, लोकोन्मुखी और सर्जनात्मक बनाने में भारतेन्दु युग के निबन्धकारों का विशेष योगदान है। एक तरह से इन निबन्धकारों ने हिन्दी गद्य की भावी विकास-दिशा प्रायः निर्धारित कर दी।

नाटक और निबन्ध की तरह उपन्यास विधा ने भी हिन्दी गद्य के स्वरूप को सँवारने और समृद्ध करने में महत्त्वपूर्ण योग दिया। भारतेन्दु युग के पूर्व, 1800 ई. से लेकर 1869 ई. तक, हिन्दी में अनूदित कथा पुस्तकें तो प्रचुर मात्रा में प्रकाशित हुईं[98] पर मौलिक गद्यकथा के रूप में केवल इंशा अल्ला खाँ रचित *रानी केतकी की कहानी* ही मिलती है। ऐतिहासिक दृष्टि से हिन्दी की दूसरी मौलिक गद्यकथा पं. गौरीदत्त रचित *देवरानी जेठानी की कहानी* है जो 1870 ई. में प्रकाशित हुई थी। इसकी भाषा के सम्बन्ध में गौरीदत्त ने अपनी 'भूमिका' में लिखा है : ''इस पुस्तक में स्त्रियों ही की बोलचाल और वही शब्द जैसा आशय है लिखे हैं और यह वह बोली है जो इस जिले के बनियों के कुटुम्ब के स्त्री-पुरुष वा लड़के बाले बोलते चालते हैं।''[99] स्पष्टतः इस कथन में लेखक का यथार्थवादी आग्रह प्रकट हुआ है जो उपन्यास की भाषा की एक आवश्यक शर्त है। गौरीदत्त की भाषा इस यथार्थवादी दृष्टिकोण के सर्वथा अनुरूप है। *देवरानी जेठानी की कहानी* की भाषा 1870 ई. के आसपास मेरठ में बोली जाने वाली सामान्य जनभाषा है जिसे 'साहित्यिक' बनाने का लेखक ने तनिक भी प्रयास नहीं किया है। तत्सम शब्दों के प्रयोग से जानबूझकर बचने की चेष्टा की गई है। पद विन्यास में भी कोई नवीनता नहीं है, अतः हिन्दी गद्य के सर्जनात्मक दिशा में बढ़ने का इसे आरम्भिक प्रयास ही माना जा सकता है। इसका थोड़ा विकसित रूप हमें श्रद्धाराम फिल्लौरी की *भाग्यवती* (र. का. 1877 ई.) में दिखाई पड़ता है। *भाग्यवती* में तत्सम शब्दों का प्रयोग अधिक किया गया है और विराम चिह्नों का भी थोड़ा-बहुत प्रयोग हुआ है, जिसका *देवरानी जेठानी की कहानी* में अभाव है। लाला श्रीनिवास दास कृत *परीक्षा गुरु* की भाषा भी दैनिक बोलचाल की, सरल और निराडम्बर है। पुस्तक के 'निवेदन' के अनुसार इसमें, 'दिल्ली में रहनेवालों की साधारण बोलचाल' की भाषा बिना संस्कृत अथवा फारसी-अरबी के कठिन शब्दों की मिलावट के काम में लायी गई है।[100] लाला श्रीनिवास दास की भाषा भी विरामचिह्नों, शब्दों की वर्तनी (उस्के, उस्की, वगैरे) तथा क्रियारूपों के प्रयोग में गौरीदत्त की भाषा से आगे बढ़ी हुई भाषा नहीं है। साहित्यिक भाषा के शैलीय उपकरणों की सहायता भी इसमें न के बराबर ली गई है।

बालकृष्ण भट्ट कृत *नूतन ब्रह्मचारी* में, पहली बार, कथा के गद्य को 'साहित्यिक' बनाने का प्रयास दिखाई देता है। उदाहरण के लिए निम्नांकित गद्यांश द्रष्टव्य है : "सहस्रांशु की सहस्र किरणें उदय होने के साथ ही एकबारगी आकर इन वृक्षों के कोमल प्रवाल सदृश पल्लवों पर जो टूट पड़ती थीं यह उसी का परिणाम है जो इन वृक्षों में एका न था, क्योंकि जहाँ एका है वहाँ यह कब सम्भव है कि कोई बाहरी आकर अपना प्रभुत्व जमा सके।"[101]

यह प्रकृति वर्णन, जो काफी बड़ा है, इस दृष्टि से उल्लेखनीय है कि इसकी भाषा अलंकृत और अनुप्रासयुक्त होने के साथ व्यंजना शक्ति से भी सम्पन्न है। अन्तिम पंक्ति में अँगरेजों द्वारा भारत पर प्रभुत्व जमा लेने के तथ्य का कथन अत्यन्त व्यंजनागर्भित है। पात्रों के अंगविन्यास या वेशभूषा का वर्णन करते समय भी लेखक रूपक, उपमा, उत्प्रेक्षा आदि अलंकारों की झड़ी लगा देता है। अन्य प्रकार के वर्णनों में भी भाषा तत्समप्रधान और सजावटी है। एक प्रकार से यह गद्यभाषा पर संस्कृत गद्यकाव्य और रीतिकालीन साहित्यिक प्रतिमानों का आरोपण है, जो उपन्यास की भाषा के अनुकूल नहीं कहा जा सकता। ठाकुर जगमोहन सिंह कृत *श्यामा स्वप्न* (र. का. 1885 ई.) तथा किशोरी लाल गोस्वामी के उपन्यासों में भी गद्यभाषा का यही रूप दिखाई पड़ता है। '*श्यामा स्वप्न*' में प्राचीन प्रेमकाव्यों की तरह उद्दीपन विभाव के रूप में प्रकृति के अलंकृत और काव्यात्मक वर्णन, नायिका के नखशिख सौन्दर्य वर्णन तथा प्रेमी-प्रेमिका के प्रेम प्रसंगों के अलंकार-बोझिल वर्णन भरे पड़े हैं। किशोरी लाल गोस्वामी ने तो, अपनी कथा पुस्तकों में काव्यात्मक वातावरण के निर्माण का ही लक्ष्य प्रमुख रखा है। गोस्वामी जी की भाषा देवकीनन्दन खत्री की भाषा की तरह सर्वत्र सरल, वर्णनात्मक और अनलंकृत नहीं है। जहाँ शुद्ध कथा कहनी होती है वहाँ गोस्वामी जी सरल और अनलंकृत भाषा का प्रयोग करते हैं, पर जहाँ भी सौन्दर्य-वर्णन, विरह-वर्णन या प्रकृति-वर्णन का अवसर आता है उन पर संस्कृत गद्यकाव्य के साहित्यिक मूल्य हावी हो जाते हैं। गोस्वामी जी के ऐतिहासिक रोमांसों में भाषा सम्बन्धी एक नवीन विकास दृष्टिगोचर होता है। उनके *हृदयहारिणी* और *लवंगलता* आदि आरम्भिक रोमांसों में संस्कृतनिष्ठ भाषा का प्रयोग किया गया है पर *तारा, रजिया बेगम, लखनऊ की कब्र* आदि परवर्ती रोमांसों की भाषा उर्दू के अधिक निकट है। इसका कारण कदाचित् पात्रों के अनुरूप भाषा रखने का दृष्टिकोण है। उनके जिन रोमांसों के पात्र हिन्दू हैं उनमें संस्कृतनिष्ठता अधिक है। पात्रों के अनुरूप भाषा की योजना का यह प्रयास उल्लेखनीय है।

1891 ई. में हिन्दी गद्य का एक अच्छा नमूना लेकर देवकीनन्दन खत्री कथा क्षेत्र में आए। इनकी प्रसिद्ध कथा पुस्तक *चन्द्रकान्ता* 1891 ई. में और *चन्द्रकान्ता सन्तति* 1894-1909 ई. में प्रकाशित हुई। हिन्दी कथा साहित्य में *चन्द्रकान्ता* और *चन्द्रकान्ता सन्तति* का महत्त्व विशेष रूप से इस बात को लेकर है कि इन रचनाओं ने कथा साहित्य को लोकप्रिय बनाया और बड़ी संख्या में हिन्दी पाठक तैयार किये। इसका श्रेय इनकी कथावस्तु, कथा प्रस्तुति के कौशल और लेखकीय दृष्टि को तो है ही, भाषा का भी इसमें कम महत्त्वपूर्ण योगदान नहीं है। खत्री जी ने *चन्द्रकान्ता सन्तति* के छठे भाग की भूमिका में भारतेन्दु हरिश्चन्द्र की भाषा को अपेक्षाकृत कठिन बताते हुए *चन्द्रकान्ता* की भाषा को ऐसी हिन्दी कहा था जिसे समझने के लिए 'कोष की तलाश नहीं करनी पड़ती।'[102] उन्होंने अपनी कथा के लिए

ऐसी बोलचाल की भाषा चुनी जिसमें प्रचलित अरबी-फारसी शब्दों के प्रति परहेज का भाव न था। खत्री जी यद्यपि शिवप्रसाद 'सितारेहिन्द' की भाषानीति के समर्थक थे, पर उनकी तरह उन्होंने नागरी लिपि में उर्दू नहीं लिखी।[103] उन्होंने एक तरफ यदि संस्कृत के कठिन तत्सम शब्दों से अपनी भाषा को दूर रखा तो दूसरी तरफ अप्रचलित अरबी-फारसी शब्दों का भी प्रयोग नहीं किया। उनकी भाषा में तद्‌भव और उर्दू-फारसी के बिलकुल प्रचलित शब्दों का प्राचुर्य और संस्कृत के सरल तत्सम शब्दों का, कुछ कम मात्रा में, मिश्रण है। खत्री जी की भाषा की एक उल्लेखनीय विशेषता यह है कि व्याकरण और वर्तनी की दृष्टि से यह आधुनिक हिन्दी के बिलकुल निकट है। महावीर प्रसाद द्विवेदी के हिन्दी क्षेत्र में आगमन के पूर्व ही खत्री जी ने परिनिष्ठित हिन्दी का स्वरूप बहुत कुछ खड़ा कर दिया था।

खत्री जी की भाषा में कवित्व और आलंकारिता का अभाव है। पर कथा प्रस्तुति के प्रसंग में यह 'अभाव' गुण में परिवर्तित हो गया है। *चन्द्रकान्ता* और *चन्द्रकान्ता सन्तति* की कथा की रोचकता का श्रेय इस प्रत्ययकारी, सरल, निराडम्बर और यथार्थवादी गद्यभाषा को ही है। बाद में प्रेमचन्द ने इसी गद्यशैली को सर्जनात्मकता प्रदान की।

प्रेमचन्द के पूर्ववर्ती उपन्यासों[104] में औपन्यासिक भाषा का एक नवीन स्तर भुवनेश्वर मिश्र के *घराऊ घटना* (1893 ई.) और *बलवन्त भूमिहार* (1896 ई.) में दिखाई पड़ता है। 'घराऊ घटना' में बिलकुल सरल, दैनिक बोलचाल की भाषा में आंचलिकता की छौंक देकर, मध्यवर्गीय सामान्य गृहस्थ जीवन का चित्रण किया गया है। *बलवन्त भूमिहार* का गद्य भी सरल, सूक्ष्म ब्योरों से युक्त और यथार्थवादी है।[105] व्यंग्य की धार से युक्त यह गद्य उस काल की गद्यशैली में हवा के ताजे झोंके की तरह प्रतीत होता है। पात्रों के मनोभावों की व्यंजना में भुवनेश्वर मिश्र की भाषा, यथार्थवादी होते हुए भी अत्यन्त समर्थ है। *बलवन्त भूमिहार* में आए प्रकृति वर्णनों की भाषा भी अनलंकृत पर सूक्ष्म अवलोकन और भावुकता से परिपूर्ण है। मिश्र जी की भाषा के बारे में बिना किसी हिचक के कहा जा सकता है कि वह न तो देवकीनन्दन खत्री की कथाभाषा की तरह सपाट है, न किशोरीलाल गोस्वामी की भाषा की तरह अतिशय काव्यात्मक और कृत्रिम। इनकी भाषा सरल, निराडम्बर, तथ्यपरक और यथार्थ चित्रण के अनुकूल होने पर भी साहित्यिक गुणों से शून्य नहीं है। पात्रों के मनोभावों को व्यक्त करने में यह भाषा पूर्णत: सक्षम है। *बलवन्त भूमिहार* में भी सर्वत्र भाषा को पात्रानुरूप रखने का प्रयास किया गया है। उपन्यास के अभिजात पात्र जहाँ सरल, पर संस्कृत के प्रचलित शब्दों से युक्त, भाषा बोलते हैं वहाँ निम्न वर्ग के पात्र 'गँवारी भाषा' बोलते हैं। उपन्यास में परिनिष्ठित खड़ी बोली के बीच में किसी पात्र द्वारा स्थानीय बोली के प्रयोग का उदाहरण, जो बाद में आंचलिक उपन्यासों की विशेषता बना, 'बलवन्त भूमिहार' में ही दिखाई पड़ता है।

इस प्रकार उन्नीसवीं शताब्दी में उपन्यास की भाषा के रूप में हिन्दी गद्य को परिनिष्ठित रूप प्रदान करने का श्रेय लाला श्रीनिवास दास, बालकृष्ण भट्ट, देवकीनन्दन खत्री, किशोरी लाल गोस्वामी, भुवनेश्वर मिश्र आदि उपन्यासकारों को है। पर कथा-भाषा को सर्जनात्मकता के शिखर पर पहुँचाने का श्रेय प्रेमचन्द को है, जो बीसवीं शताब्दी के प्रथम चरण में कथा-लेखन के क्षेत्र में आए।

इस विवेचन से उन्नीसवीं शताब्दी में हिन्दी गद्यभाषा के विभिन्न व्याकरणिक और

सर्जनात्मक आयामों का पता चलता है। ये सर्जनात्मक दिशाएँ परवर्ती हिन्दी साहित्य में और भी व्यापक और समृद्ध हुईं तथा हिन्दी गद्यशैली अपनी अनेक सम्भावनाओं के साथ प्रकट हुई। पर उन्नीसवीं शताब्दी के अन्त तक हिन्दी गद्यशैली में भाषिक अराजकता व्याप्त रही। भारतेन्दु युग के प्रतिभाशाली गद्यलेखकों तक में व्याकरणिक प्रयोगों और शब्दरूपों में स्वच्छन्दता दिखाई देती है। फिर भी उनकी भाषा में हिन्दी भाषा की प्रकृति की पूरी परख है। वे संस्कृत के ऐसे ही शब्दों और रूपों का व्यवहार करते थे जो शिष्ट समाज की बोलचाल के अंग बन चुके थे। शुक्ल जी के अनुसार ''जिन शब्दों या उनके जिन रूपों से केवल संस्कृताभ्यासी ही परिचित होते हैं और जो भाषा के प्रवाह के साथ ठीक चलते नहीं, उनका प्रयोग वे बहुत औचट में पड़कर ही करते थे।''[106] पर उन्नीसवीं शताब्दी का अन्तिम दशक भाषिक अराजकता का शिकार हो गया। इस काल में हिन्दी में बहुत से ऐसे लेखक आए जो अँगरेजी, संस्कृत, फारसी आदि के तो अच्छे ज्ञाता थे, पर हिन्दी की जातीय प्रकृति से उनका अच्छा परिचय नहीं था। शुक्ल जी ने लिखा है कि ''बहुत से हिन्दी के प्रौढ़ और अच्छे लेखक भी अपने लेखों में फारसीदानी, अँगरेजीदानी, संस्कृतदानी आदि का कुछ प्रमाण देना जरूरी समझने लगे थे।''[107] इस काल में हिन्दी के पाठकवर्ग में भी, विशेषकर उपन्यास—पाठकों में, पर्याप्त वृद्धि हुई। पाठकों की रुचि को देखते हुए बँगला उपन्यासों के अनुवाद धड़ाधड़ निकलने लगे। शुक्ल जी ने लिखा है कि ''बहुत से लोग हिन्दी लिखना सीखने के लिए केवल संस्कृत शब्दों की जानकारी ही आवश्यक समझते थे जो बँगला की पुस्तकों से प्राप्त हो जाती थी।''[108] ये संस्कृत और अँगरेजी की ओर से आए हिन्दी लेखक ''हिन्दी और संस्कृत के शब्द भर लिखते थे, हिन्दी भाषा नहीं लिखते थे। उनके 'स्वार्थ लेना', 'जीवन होड़', 'सिहरना', 'काँदना', 'वसन्त रोग' जैसे मुहावरे हिन्दी की प्रकृति से बिलकुल ही मेल नहीं खाते थे। उनके बहुत से वाक्यों का तात्पर्य अँगरेजी की भावभंगी से परिचित लोग ही समझ सकते थे, केवल हिन्दी या संस्कृत जानने वाले नहीं।''[109] भारतेन्दु युग के लेखकों की भाषा में भी 'इच्छा किया', 'आशा किया', 'भया', 'धरा', 'जनाते हैं', 'गैयो', 'कुहिरा', 'शोभा लाई है', 'सकेल', 'ढकेल', 'तौ', 'विस्तार नहीं देते', 'फायदा पाय', 'तिथ त्योहार' जैसे प्रयोग मिलते हैं। वाक्य-विन्यास की सफाई पर भी उनका उतना ध्यान नहीं रहता था। पर उसके बाद जो लेखकों की बाढ़ आई तो व्याकरण की शिथिलता और वाक्य-विन्यास की अस्पष्टता और भद्दापन आम बात हो गई। इसे दूर किया पं. महावीर प्रसाद द्विवेदी ने। व्याकरण की शुद्धता और भाषा की सफाई पर द्विवेदी जी ने विशेष ध्यान दिया। 'सरस्वती' के सम्पादक के रूप में उन्होंने समीक्षार्थ प्राप्त पुस्तकों और प्रकाशनार्थ आए लेखादि की भाषा और व्याकरण सम्बन्धी अशुद्धियाँ दिखाकर भाषा-परिष्कार में महत्त्वपूर्ण योगदान किया।

हम पहले ही बता चुके हैं कि उन्नीसवीं शताब्दी तक खड़ी बोली, कविता की भाषा के रूप में, पर्याप्त रूप से मँज चुकी थी। पर उस काल के हिन्दू राजदरबारों के कवि ब्रजभाषा में काव्य रचना कर रहे थे। यह एक विचित्र स्थिति थी कि दिल्ली के शाही और लखनऊ के नवाबी दरबार तथा उत्तर भारत के कुछ और शहरों के छोटे-मोटे दरबारों में तो खड़ी बोली में, अधिकतर उसकी उर्दू शैली में, काव्यरचना हो रही थी पर हिन्दू राजा-रजवाड़ों के दरबारों में ब्रजभाषा का बोलबाला था। एकमात्र नजीर अकबराबादी जनता के कवि थे और खड़ी

बोली में, जिसे हम हिन्दी भी कह सकते हैं और उर्दू भी, काव्यरचना कर रहे थे। पर उनकी कविता न उर्दू आलोचकों द्वारा समादृत हुई, न हिन्दी आलोचकों द्वारा। खड़ी बोली एक प्रकार से मुसलमानों की भाषा मान ली गई थी, अत: हिन्दू शिष्ट वर्ग द्वारा उसकी उपेक्षा अस्वाभाविक नहीं है। उर्दू आलोचकों द्वारा नज़ीर की उपेक्षा का कारण उनकी जनभाषा तथा जनभावना के प्रति प्रतिबद्धता थी।

काव्यभाषा के रूप में खड़ी बोली और ब्रजभाषा की यह स्थिति उन्नीसवीं शताब्दी के प्राय: अन्त तक बनी रही। भारतेन्दु युग के आगमन के पूर्व खड़ी बोली हिन्दी गद्य की रूपरेखा स्पष्ट हो चुकी थी और भारतेन्दु युग में यह साहित्य के माध्यम के रूप में भी प्रयुक्त होने लगा। पर कविता के क्षेत्र में ब्रजभाषा का ही प्रभुत्व बना रहा। यह बात खटकने वाली थी कि नाटक, उपन्यास, निबन्ध आदि तो खड़ी बोली में लिखे जाएँ और कविता ब्रजभाषा में। यह एक ऐसी असंगति थी जो अधिक दिनों तक नहीं चल सकती थी। बोलचाल की भाषा के रूप में ब्रजभाषा एक बहुत सीमित क्षेत्र की भाषा थी, जबकि खड़ी बोली पर आधारित हिन्दी समस्त उत्तर भारत के नागरिकों और शिष्ट जनों की भाषा के रूप में विकसित हो रही थी। उसकी उर्दू शैली में उच्च कोटि की काव्य रचना भी हो रही थी। अत: स्वाभाविक था कि खड़ी बोली हिन्दी में भी काव्य रचना की आवश्यकता महसूस की जाती। स्वयं भारतेन्दु ने इस आवश्यकता का अनुभव किया और उन्होंने खड़ी बोली में गजलें, लावनियाँ और कवित्त आदि लिखे। ध्यान देने की बात है कि भारतेन्दु की मातृभाषा न तो ब्रजभाषा थी, न खड़ी बोली, पर काव्यभाषा के रूप में उन्हें ब्रजभाषा की विरासत प्राप्त थी, इस कारण, उनके लिए ब्रजभाषा में कविता लिखना आसान था। यदि भारतेन्दु और उनके समय के कवियों ने नज़ीर और 'अनीस' को अपना आदर्श बनाया होता तो हिन्दी काव्य परम्परा की परिणति कुछ और हुई होती।

यों तो भारतेन्दु ने भी खड़ी बोली में काव्य रचना के कुछ प्रयास किये पर खड़ी बोली में काव्य रचना का वास्तविक श्रेय श्रीधर पाठक को दिया जाना चाहिए। सन् 1886 ई. में ही श्रीधर पाठक ने लावनी छन्द में *एकान्तवासी योगी* (गोल्ड स्मिथ कृत *'हरमिट'* का अनुवाद) की रचना की। इसकी भाषा का नमूना निम्नलिखित है—

आज रात इससे परदेसी चल कीजे विश्राम यहीं।
जो कुछ वस्तु कुटी में मेरे करो ग्रहण, संकोच नहीं॥
तृण-शय्या और अल्प रसोई पावो स्वल्प प्रसाद।
पैर पसार चलो निद्रा लो मेरा आसिर्वाद॥

इस उद्धरण में 'विश्राम', 'वस्तु', 'ग्रहण', 'संकोच', 'तृण-शय्या', 'अल्प', 'स्वल्प', 'प्रसाद', 'निद्रा' आदि तत्सम शब्द इसे लोकभाषा से दूर ले जाते हैं। यह काव्यभाषा कृत्रिमता का आभास देती है और लगता है, जैसे प्रथम बार खड़ी बोली को काव्यभाषा बनाने का प्रयास किया जा रहा हो। यदि श्रीधर पाठक ने नजीर की काव्यभाषा का थोड़ा प्रभाव ग्रहण किया होता तो बात कुछ भिन्न होती। फिर भी पाठक जी का महत्त्व इस बात में है कि उन्होंने न केवल भावबोध की दृष्टि से वरन् काव्यभाषा की दृष्टि से भी, हिन्दी कविता को एक नई दिशा की ओर मोड़ दिया। बाद में पाठक जी ने गोल्डस्मिथ के *ट्रैवेलर* का भी *श्रान्त पथिक* शीर्षक से खड़ी बोली में अनुवाद किया जिसमें उन्होंने रोला छन्द का प्रयोग किया। उन्होंने

खड़ी बोली में *'जगत सचाई सार'* नाम की कविता पुस्तक भी लिखी। शुक्ल जी ने श्रीधर पाठक को इस बात का श्रेय दिया है कि उन्होंने "खड़ी बोली पद्य के लिए सुन्दर लय और चढ़ाव-उतार के कई नए ढाँचे भी निकाले।"... "ख्याल या लावनी की लय पर जैसे *एकान्तवासी* लिखा गया वैसे ही सुथरे-साइँयों के सधुक्कड़ी ढंग पर 'जगत सचाई सार', जिसमें कहा गया है 'जगत है सच्चा, तनिक न कच्चा, समझो बच्चा! इसका भेद।"[110]

पाठक जी के *एकान्तवासी योगी* की रचना के बाद खड़ी बोली में काव्यरचना के लिए एक आन्दोलन ही चल पड़ा। शुक्ल जी के अनुसार मुजफ्फरपुर के बाबू अयोध्या प्रसाद खत्री खड़ी बोली का झण्डा लेकर उठे। सम्वत् 1945 (1988 ई.) में उन्होंने "खड़ी बोली आन्दोलन की एक पुस्तक छपाई जिसमें उन्होंने बड़े जोर-शोर से यह राय जाहिर की कि अब तक जो कविता हुई, वह तो ब्रजभाषा की थी, हिन्दी की नहीं। उनकी पोथी में और पद्यों के साथ पाठक जी का *एकान्तवासी योगी* भी दर्ज हुआ और कई लोगों से भी अनुरोध करके उन्होंने खड़ी बोली की कविताएँ लिखायीं।"[111] उन्होंने चम्पारन के प्रसिद्ध संस्कृत विद्वान पं. चन्द्रशेखर मिश्र से भी संस्कृत वृत्तों में खड़ी बोली के पद्य लिखवाए।

उन्नीसवीं शताब्दी के अन्तिम दशक में पं. अयोध्या सिंह उपाध्याय (हरिऔध) ने भी खड़ी बोली में काव्य रचना आरम्भ की। उन्होंने ठेठ बोली और उर्दू के छन्दों में अनेक कविताएँ लिखीं जो भावोत्कर्ष की दृष्टि से साधारण थीं।

इस प्रकार उन्नीसवीं शताब्दी के अन्तिम चरण में, 'हिन्दी' में, खड़ी बोली का काव्यभाषा के रूप में विकास हुआ। इस शताब्दी के प्रथम तीन चरणों में खड़ी बोली गद्य का रूप व्यावहारिक भाषा के स्तर पर निर्मित हुआ। भारतेन्दु हरिश्चन्द्र और उनके सहयोगियों ने खड़ी बोली गद्य को साहित्य की भाषा के रूप में प्रतिष्ठित किया। पर हिन्दी के कवियों ने खड़ी बोली को कविता की भाषा के रूप में अपनाने में उत्साह नहीं दिखाया। भारतेन्दु हरिश्चन्द्र ने खड़ी बोली में काव्य रचना के कुछ प्रयोग किये पर उनकी अधिकांश और श्रेष्ठ कविताएँ ब्रजभाषा में ही हैं। श्रीधर पाठक और अयोध्या प्रसाद सिंह को यह श्रेय दिया जा सकता है कि वे खड़ी बोली हिन्दी में काव्य रचना के अग्रदूत बनकर आए। पर श्रीधर पाठक ने प्रारम्भ में केवल काव्यानुवाद ही किया और अयोध्या सिंह उपाध्याय ने भावव्यंजना की दृष्टि से बहुत साधारण कविताएँ लिखीं। इस कारण उन्नीसवीं शताब्दी में खड़ी बोली कविता में भाषा का निखार नहीं आया। यह निखार उसमें बीसवीं शताब्दी के प्रथम दो दशकों में प्राप्त हुआ जिसका श्रेय महावीर प्रसाद द्विवेदी, मैथिलीशरण गुप्त, हरिऔध, रामचरित उपाध्याय, रामनरेश त्रिपाठी, मुकुटधर पाण्डेय, जयशंकर प्रसाद आदि को है।

सन्दर्भ

1. संघ लोक सेवा आयोग की प्रतियोगिता परीक्षाओं के लिए जो हिन्दी का पाठ्यक्रम निर्धारित है वह इस गलत धारणा पर ही आधारित है।
2. माताबदल जायसवाल, *हिन्दी साहित्य कोश,* खंड-1 (सम्पादक—डॉ. धीरेन्द्र वर्मा आदि), ज्ञानमण्डल लि., वाराणसी, 1958, पृ. 249

3. उपरिवत्, पृ. 251
4. *भारतीय इतिहास कोश,* हिन्दी समिति, उत्तर प्रदेश, लखनऊ, 1967, पृ. 278
5. माताबदल जायसवाल, *हिन्दी साहित्य कोश,* खंड-1, पृ. 165
6. एजाज़ हुसैन, *उर्दू साहित्य का इतिहास,* राजकमल प्रकाशन, दिल्ली, 1957, पृ. 23
7. उपरिवत्, पृ. 219
8. इकबाल अहमद, *दक्खिनी साहित्य का आलोचनात्मक इतिहास,* पृ. 70
9. उपरिवत्, पृ. 371
10. रामचन्द्र शुक्ल, *हिन्दी साहित्य का इतिहास,* संस्करण 1945 ई., पृ. 357
11. उपरिवत्, पृ. 353
12. विश्वनाथ प्रसाद मिश्र, *हिन्दी साहित्य का अतीत*
13. रामविलास शर्मा, *भारतेन्दु युग और हिन्दी भाषा की विकास परम्परा,* पृ. 284
14. उपरिवत्, पृ. 301
15. रामचन्द्र शुक्ल, *हिन्दी साहित्य का इतिहास,* पृ. 357
16. गोविन्दनाथ राजगुरु, *आलोचना,* अप्रैल-जून, 1967
17. शारदा वेदालंकार, *हिन्दी गद्य का स्वरूप,* पृ. 46-47 तथा 48 पर प्रदत्त उद्धरणों से तुलनीय।
18. रामविलास शर्मा, *भारतेन्दु युग और हिन्दी की विकास परम्परा,* पृ. 304
19. रामचन्द्र शुक्ल, *हिन्दी साहित्य का इतिहास,* पृ. 358
20. रामविलास शर्मा, *भारतेन्दु युग और हिन्दी की विकास परम्परा,* पृ. 305
21. उपरिवत्
22. रामचन्द्र शुक्ल, *हिन्दी साहित्य का इतिहास,* पृ. 358
23. लक्ष्मीसागर वार्ष्णेय, *आधुनिक हिन्दी साहित्य की भूमिका,* हिन्दी परिषद्, इलाहाबाद यूनिवर्सिटी, 1952, पृ. 308
24. रामविलास शर्मा, *भारतेन्दु युग और हिन्दी भाषा की विकास परम्परा,* पृ. 271
25. कुछ लेखकों ने इस पुस्तक का नाम *'सुखसागर'* लिखा है पर इसकी प्रामाणिकता संदिग्ध है।
26. रामचन्द्र शुक्ल, *हिन्दी साहित्य का इतिहास,* पृ. 361
27. उपरिवत्, पृ. 361, 362
28. शारदा वेदालंकार, *हिन्दी गद्य का स्वरूप,* पृ. 49
29. रामविलास शर्मा, *भारतेन्दु युग और हिन्दी भाषा की विकास परम्परा,* पृ. 306
30. उदाहरण के लिए द्रष्टव्य, रामचन्द्र शुक्ल, *हिन्दी साहित्य का इतिहास,* पृ. 364-365 पर उद्धृत अंश।
31. एजाज़ हुसेन, *उर्दू साहित्य का इतिहास,* पृ. 223
32. रामचन्द्र शुक्ल, *हिन्दी साहित्य का इतिहास,* पृ. 365-366
33. उपरिवत्, पृ. 367
34. उदाहरण के लिए द्रष्टव्य, गोपाल राय, *हिन्दी कथा साहित्य और उसके विकास पर पाठकों की रुचि का प्रभाव,* ग्रन्थ निकेतन, पटना, 1965, पृ. 145 (*बैताल पचीसी,* हिन्दुस्तानी प्रेस, 1803)
35. आचार्य रामचन्द्र शुक्ल ने खड़ी बोली गद्य के विवेचन क्रम में *'बैताल पचीसी'* और *'सिंहासन बत्तीसी'*

को महत्त्व नहीं दिया है।

36. गोपाल राय, *हिन्दी कथा साहित्य और उसके विकास पर पाठकों की रुचि का प्रभाव*, पृ. 145, 146 पर उद्धृत।
37. रामविलास शर्मा, *भारतेन्दु युग और हिन्दी भाषा की विकास परम्परा*, पृ. 192
38. उपरिवत्
39. उपरिवत्
40. लक्ष्मी सागर वार्ष्णेय, *आधुनिक हिन्दी साहित्य की भूमिका*, पृ. 463
41. शारदा वेदालंकार, *आरम्भिक हिन्दी गद्य का स्वरूप*, पृ. 134–35
42. उपरिवत्, पृ. 136
43. उपरिवत्, पृ. 151
44. उपरिवत्, पृ. 143
45. उपरिवत्, पृ. 144
46. उपरिवत्, पृ. 146
47. लक्ष्मी सागर वार्ष्णेय, *फोर्ट विलियम कॉलेज*, इलाहाबाद यूनिवर्सिटी, 1947, पृ. 115–16
48. शारदा वेदालंकार, *प्रारम्भिक हिन्दी गद्य का स्वरूप*, पृ. 172
49. उपरिवत्, पृ. 181
50. रामचन्द्र शुक्ल, *हिन्दी साहित्य का इतिहास*, पृ. 373
51. पश्चिमोत्तर प्रदेश तथा अवध में अदालती अक्षर और प्राइमरी शिक्षा, *नागरी प्रचारिणी पत्रिका*, भाग-2, 1898 ई.
52. लक्ष्मी सागर वार्ष्णेय, *आधुनिक हिन्दी साहित्य की भूमिका*, पृ. 307
53. शितिकंठ मिश्र, *खड़ी बोली का आन्दोलन*, नागरी प्रचारिणी सभा, काशी, सं. 2013, पृ. 335
54. रामचन्द्र तिवारी, राजा शिवप्रसाद 'सितारेहिन्द', *हिन्दी साहित्यकोश*, भाग-2, पृ. 488
55. रामविलास शर्मा, *भारतेन्दु युग और हिन्दी भाषा की विकास परम्परा*, पृ. 176
56. उपरिवत्, पृ. 199
57. उपरिवत्, पृ. 201
58. रामचन्द्र शुक्ल, *हिन्दी साहित्य का इतिहास*, पृ. 382–83
59. रामचन्द्र तिवारी 'राजा लक्ष्मण सिंह', *हिन्दी साहित्य कोश*, भाग-2, पृ. 542
60. शारदा वेदालंकार, *प्रारम्भिक हिन्दी गद्य का स्वरूप*, पृ. 201
61. उपरिवत्
62. उपरिवत्, पृ. 207
63. अम्बिका प्रसाद वाजपेयी, *समाचार पत्रों का इतिहास*, ज्ञान मण्डल लि., बनारस, पृ. 93
64. गोपाल राय, *हिन्दी कथा साहित्य और उसके विकास पर पाठकों की रुचि का प्रभाव*, ग्रन्थ निकेतन, पटना, 1965, पृ. 134
65. उपरिवत्, पृ. 136
66. उपरिवत्

67. रामचन्द्र शुक्ल, *हिन्दी साहित्य का इतिहास,* पृ. 375
68. गोपाल राय, *हिन्दी कथा साहित्य और उसके विकास पर पाठकों की रुचि का प्रभाव,* पृ. 136
69. रामरतन भटनागर, *द राइज एंड ग्रोथ ऑफ हिन्दी जर्नलिज्म,* किताब महल, इलाहाबाद, पृ. 77
70. रामचन्द्र शुक्ल, *हिन्दी साहित्य का इतिहास,* पृ. 398
71. उपरिवत्
72. शारदा वेदालंकार, *प्रारम्भिक हिन्दी गद्य का स्वरूप,* पृ. 214
73. रामचन्द्र शुक्ल, *हिन्दी साहित्य का इतिहास,* पृ. 399
74. उपरिवत्, पृ. 399
75. उपरिवत्, पृ. 390
76. उपरिवत्, पृ. 391
77. रामविलास शर्मा, *भारतेन्दु युग और हिन्दी भाषा की विकास परम्परा,* पृ. 199
78. उपरिवत्, पृ. 149
79. उपरिवत्, पृ. 151
80. उपरिवत्, पृ. 151-52
81. उपरिवत्, पृ. 149
82. शिवपूजन सहाय, *'तुलसी प्रयुक्त क्रियाएँ',* परिषद् पत्रिका, अप्रैल 1960
83. रामविलास शर्मा, *भारतेन्दु युग और हिन्दी भाषा की विकास परम्परा,* पृ. 240
84. उपरिवत्, पृ. 241
85. उपरिवत्, पृ. 250
86. उपरिवत्, पृ. 246
87. रामचन्द्र शुक्ल,*हिन्दी साहित्य का इतिहास,* पृ. 401
88. उपरिवत्, पृ. 402
89. उपरिवत्, पृ. 403
90. सूची के लिए द्रष्टव्य, रामचन्द्र शुक्ल, *हिन्दी साहित्य का इतिहास,* पृ. 396
91. उपरिवत्, पृ. 391
92. रामविलास शर्मा, *भारतेन्दु युग और हिन्दी भाषा की विकास परम्परा,* पृ. 82
93. उदाहरण के लिए देखें, रामचन्द्र शुक्ल, *हिन्दी साहित्य का इतिहास,* पृ. 404
94. रामविलास शर्मा, *भारतेन्दु युग और हिन्दी भाषा की विकास परम्परा,* पृ. 88
95. रामचन्द्र शुक्ल, *हिन्दी साहित्य का इतिहास,* पृ. 405
96. रामविलास शर्मा, *भारतेन्दु युग और हिन्दी भाषा की विकास परम्परा,* पृ. 74
97. रामचन्द्र शुक्ल, *हिन्दी साहित्य का इतिहास,* पृ. 407
98. विवरण के लिए द्रष्टव्य, गोपाल राय, *हिन्दी कथा साहित्य और उसके विकास पर पाठकों की रुचि का प्रभाव।*
99. पं. गौरीदत्त कृत *देवरानी जेठानी की कहानी,* सं. गोपाल राय, ग्रन्थ निकेतन, पटना, भूमिका।
100. लाला श्रीनिवास दास, *परीक्षा गुरु,* द्वितीय संस्करण, 1884, निवेदन

101. बालकृष्ण भट्ट, *नूतन ब्रह्मचारी,* तृतीय संस्करण, पृ. 5

102. देवकीनन्दन खत्री, *चन्द्रकान्ता सन्तति,* चौबीसवाँ भाग, आठवाँ बयान।

103. उपरिवत्।

104. उदाहरण के लिए द्रष्टव्य, ठाकुर जगमोहन सिंह, श्यामा स्वप्न, पृ. 3

105. भाषा के उदाहरण के लिए द्रष्टव्य, गोपाल राय, *हिन्दी कथा साहित्य और उसके विकास पर पाठकों की रुचि का प्रभाव,* पृ. 376 तथा 377

106. रामचन्द्र शुक्ल, *हिन्दी साहित्य का इतिहास,* पृ. 392

107. उपरिवत्, पृ. 424–25

108. उपरिवत्, पृ. 425

109. उपरिवत्, पृ. 520

110. उपरिवत्, पृ. 525

111. उपरिवत्, पृ. 521

९

स्वाधीनता संग्राम के दौरान राष्ट्रभाषा के रूप में आधुनिक हिन्दी का विकास

राष्ट्रभाषा के रूप में हिन्दी के विकास का इतिहास भारतीय स्वाधीनता संघर्ष से अनिवार्य रूप से जुड़ा हुआ है। सन् 1857 ई. में ईस्ट इंडिया कम्पनी के शासन के विरुद्ध सामन्तों, सैनिकों और किसानों का विद्रोह भारतीय स्वाधीनता संग्राम का प्रथम शंखनाद माना जाता है। इस समय तक खड़ी बोली पर आधारित हिन्दी की दो शैलियाँ—हिन्दी और उर्दू—अस्तित्व में आ चुकी थीं और इसका प्रमुख श्रेय कम्पनी शासन तथा मुस्लिम सामन्त वर्ग और नौकरीपेशा लोगों को था, जिनमें हिन्दू, मुसलमान दोनों शामिल थे। हिन्दी और उर्दू में अन्तर केवल शब्दावली का था, दोनों का व्याकरणिक ढाँचा एक था, पर जहाँ हिन्दी में सामान्य जनजीवन में प्रचलित तद्भव, उच्चारण की दृष्टि से सरल या सरलीकृत तत्सम और तद्भव में ही अरबी-फारसी शब्दों का अधिक प्रयोग होता था वहाँ उर्दू में संस्कृत के तत्सम शब्दों का पूर्ण और तद्भव शब्दों का आंशिक बहिष्कार तथा अरबी-फारसी शब्दों का, मुख्यत: तत्सम रूप में और गौणत: तद्भव रूप में, प्रयोग किया जाता था।

ब्रिटिश शासन द्वारा, उच्च और मध्य वर्गीय मुस्लिम वर्ग की सहायता से, जनता के मन में यह धारणा जमायी जा रही थी कि उर्दू मुसलमानों की भाषा है, अत: उसे संस्कृत और बोलियों में प्रचलित शब्दों से यथासम्भव अलग और अरबी-फारसी शब्दों से लबरेज रखना चाहिए। कम्पनी शासन की भाषानीति को इस उद्देश्य से पूरी सफलता 1857 ई. तक मिल चुकी थी। सन् 1857 ई. के विद्रोह ने हिन्दी-उर्दू के कृत्रिम भेद को समाप्त कर दिया। इस आजादी की लड़ाई की एक विशेषता यह थी कि इसमें हिन्दू-मुसलमान एक साथ मिलकर लड़े। यद्यपि इस विद्रोह का नेतृत्व मुख्य रूप से भारत के कुछ असन्तुष्ट सामन्त कर रहे थे पर उनके पीछे ब्रिटिश सेना के भारतीय सैनिकों और किसानों की शक्ति कार्य कर रही थी। पर प्रश्न स्वाभाविक रूप से उठता है कि क्या इस विद्रोह को वाणी देनेवाली या उसे सुनियोजित करनेवाली कोई सामान्य भाषा भी थी? अवधी और भोजपुरी लोक साहित्य में सन् सत्तावन के विद्रोह के प्रति जनभावना को प्रतिबिम्बित करने वाले अनेक गीत मौखिक परम्परा में सुरक्षित हैं। पर जब विद्रोह अपनी तेजी पर था तब उसके नेता किसानों और सैनिकों को किस भाषा में अपना सन्देश देते थे या उद्बोधित करते थे? निश्चय ही वह भाषा 'हिन्दी' थी। यहाँ हिन्दी और उर्दू में फर्क करने की कोई जरूरत नहीं, क्योंकि

उत्तर भारत में सैकड़ों वर्षों से जो जातीय भाषा बन रही थी वह हिन्दी और उर्दू के रूप में अलग-अलग अस्तित्व नहीं रखती थी।

हिन्दू और मुसलमान दोनों, यदाकदा थोड़े-बहुत फर्क के साथ, एक ही भाषा बोलते थे (और आज भी बोलते हैं) उसे चाहे हिन्दी कहें या उर्दू। इस भाषा का पुराना नाम तो हिन्दी ही था, जो वस्तुत: मुसलमानों का ही दिया हुआ नाम था, पर लगभग सौ साल पहले मुस्लिम सामन्तों ने 'उर्दू' के रूप में उसका नया नामकरण कर दिया और उसे विदेशी शब्दों से लबरेज करके 'हिन्दी' से भिन्न रूप देने की कोशिश की। फिर भी नजीर अकबराबादी, इंशा अल्ला खाँ आदि ने इस कृत्रिम भेद को स्वीकार नहीं किया और सहज 'हिन्दी' भाषा में रचनाएँ कीं। सन् सत्तावन के स्वाधीनता संग्राम की भाषा यही सामान्य जातीय भाषा थी। डॉ. रामविलास शर्मा ने अपनी *भारतेन्दु* और *हिन्दी नवजागरण* नामक पुस्तक में *द फ्रीडम स्ट्रगल इन उत्तर प्रदेश,* एटीन फिफ्टी सेवेन (सुरेन्द्रनाथ सेन), *'द फ्रीडम स्ट्रगल इन हैदराबाद'* आदि ग्रन्थों के साक्ष्य पर यह तथ्य प्रस्तुत किया है कि सन् 1857 ई. के स्वाधीनता संग्राम के दौरान 'फतहे इस्लाम', 'विर्जिस कदर' आदि शीर्षकों से कई इश्तहार और घोषणापत्र जारी किये गए थे, जिनमें कम्पनी शासन के विरुद्ध जनता को कार्रवाई करने का सन्देश दिया गया था। हैदराबाद के सिपाहियों ने भी जगह-जगह कम्पनी शासन के खिलाफ इश्तहार लगाये थे। *'दि फ्रेन्ड्स ऑफ इंडिया'* के हवाले से भी डॉ. शर्मा ने बहादुरशाह जफर के घोषणापत्र तथा दिल्ली और आजमगढ़ में जारी किये गए इश्तहारों का उल्लेख किया है। इस तरह की एक और सामग्री विद्रोह के तीन सेनानायकों, रामबख्श, मनसाराम और गंगा सहाय, की ओर से नेपाल के शासक राणा जंगबहादुर के पास संरक्षण पाने के लिए भेजी गई अर्जी के रूप में मिलती है। निश्चय ही इस प्रकार की बहुत-सी सामग्री होगी जो आज उपलब्ध नहीं है। यद्यपि युद्ध हथियारों से होते हैं पर उनमें भाषा की भूमिका भी कम नहीं होती; भाषा के बिना युद्ध का संचालन नहीं हो सकता। इस तरह सन् 1857 ई. के विद्रोह में 'हिन्दी' ने पहली बार जातीय भाषा या राष्ट्रभाषा की महत्त्वपूर्ण भूमिका निभायी।

सन् सत्तावन के विद्रोह से अँगरेजों ने यह शिक्षा ग्रहण की कि अपनी सत्ता को बनाये रखने के लिए हिन्दुओं और मुसलमानों में स्थायी भेद पैदा करना जरूरी है। यह भेद धर्म और भाषा के द्वारा ही पैदा और दृढ़ किया जा सकता था। हिन्दी उस समय बहुसंख्यक समाज की भाषा थी, अत: अँगरेजों ने मुसलमानों को अपने पक्ष में करने के लिए उर्दू भाषा और फारसी लिपि को प्रोत्साहन देने की नीति अपनायी। यद्यपि वे इस नीति का पालन आरम्भ से ही करते आ रहे थे पर 1857 ई. के विद्रोह के बाद हिन्दी को दबाना और उर्दू को प्रोत्साहन देना उनकी भाषानीति का प्रमुख अंग बन गया। इसकी प्रतिक्रिया उर्दू और फारसी लिपि के विरुद्ध हिन्दी भाषा और नागरी लिपि के प्रयोग के आन्दोलन के रूप में हुई। अँगरेज शासक यही चाहते भी थे। वे नहीं चाहते थे कि हिन्दू और मुसलमान मिलकर उनके खिलाफ आन्दोलन छेड़ दें। वे 'हिन्दी' और 'उर्दू' को लेकर आपस में लड़ें और शासन अल्पसंख्यक मुसलमानों को अपनी ओर मिलाये रखने के लिए उर्दू का पक्ष लेकर तमाशा देखे, यह अँगरेजों की सोची-समझी हुई नीति थी। पर उत्तर भारत का बहुसंख्यक हिन्दू समाज अँगरेजों की इस नीति के विरुद्ध भीतर ही भीतर विवश मन से उबल रहा था। 1857 ई. के विद्रोह के

दमन की स्मृति इतनी ताजा थी कि असन्तोष की कोई भी प्रत्यक्ष अभिव्यक्ति अगले दशक में सम्भव न थी। पर इस दशक में ही अदालतों में नागरी लिपि के प्रयोग की माँग सार्वजनिक रूप से उठने लगी और उसका नेतृत्व राजभक्त सरकारी कर्मचारियों ने किया। इन सरकारी कर्मचारियों में दो के नाम विशेषप रूप से उल्लेखनीय हैं। वे हैं राजा शिवप्रसाद 'सितारेहिन्द' और बाबू भूदेव मुखोपाध्याय। राजा शिवप्रसाद ने तो सन् सत्तावन के विद्रोह में अंग्रेजों की बहुत सहायता की थी जिसके पुरस्कार स्वरूप उन्हें 'राजा' की और बाद में 'सितारेहिन्द' की उपाधि मिली। राजा शिवप्रसाद राजभक्त होते हुए भी नागरी के प्रबल समर्थक थे। पर सरकारी नीति के सामने वे विवश थे। सन् 1868 ई. में उन्होंने कचहरियों में नागरी के प्रयोग के लिए सरकार की सेवा में एक स्मरणपत्र भेजा था जिसमें उन्होंने नागरी लिपि के प्रयोग के पक्ष में बहुत अच्छे तर्क दिये थे[1], पर सरकार ने उनके स्मरणपत्र पर कोई ध्यान न दिया और अदालतों में फारसी लिपि का प्रयोग जारी रहा।

नागरी लिपि और हिन्दी भाषा का जोरदार आन्दोलन आठवें दशक में आरम्भ हुआ। बिहार में नागरी लिपि के आन्दोलन का, जो निश्चय ही सरकार से अनुनय-विनय के रूप में था, नेतृत्व बाबू भूदेव मुखोपाध्याय कर रहे थे। वे आम जनता की इस माँग का प्रतिनिधित्व कर रहे थे कि अदालतों की भाषा सरल, सुबोध और नागरी लिपि में लिखित हिन्दी होनी चाहिए। इसके लिए सार्वजनिक रूप से भी अनेक प्रस्ताव पारित किये गए और सरकार की सेवा में स्मरणपत्र भेजे गए। फलस्वरूप सन् 1873 ई. में सरकार ने यह आदेश जारी किया कि बिहार की अदालतों और दफ्तरों में सभी विज्ञप्तियाँ और घोषणाएँ हिन्दी में भी जारी की जाएँ। किन्तु इस आदेश का कार्यान्वयन ईमानदारी के साथ नहीं किया गया और सरकारी अमले उर्दू का प्रयोग पूर्ववत् करते रहे।[2] इस पर अप्रैल, 1874 ई. में सरकार द्वारा एक परिपत्र जारी किया गया जिसमें 1873 ई. के आदेश का पालन करने की हिदायत दी गई। पर इसका भी कोई परिणाम न निकला। इसके विरोध में जब आन्दोलन और भी तेज हुआ तथा सार्वजनिक सभाएँ कर सरकार के पास अदालतों और दफ्तरों में नागरी के प्रयोग के लिए आवेदनपत्र भेजे गये तो 1875 ई. में सरकार ने फिर एक परिपत्र जारी कर दिया। पर इसका भी कोई परिणाम न निकला। दरअसल सरकार अपने आदेश की अवहेलना पर कड़ाई से काम नहीं लेना चाहती थी, क्योंकि वह मुसलमानों और उर्दूप्रेमी हिन्दू अमलों को नाराज करना नहीं चाहती थी। पर जब सरकार ने देखा कि नागरी के पक्ष में आन्दोलन दिनोदिन तेज होता जा रहा है तब बंगाल के लेफ्टिनेन्ट गवर्नर सर ऐशले ने आदेश निकाला कि जनता की ओर से जो भी कागज अदालतों में प्रेषित किये जाएँ वे केवल नागरी लिपि में हों। फारसी लिपि में कोई कागज न तो अदालतों से जारी किया जाए और न जनता से अदालतों में स्वीकार किया जाए। पुलिस अफसरों को आदेश दिया गया कि यदि वे जनवरी, 1881 ई. तक नागरी लिखना-पढ़ना न सीखेंगे तो उन्हें हटा दिया जाएगा और उनके स्थान पर हिन्दी जानने वालों को बहाल कर दिया जाएगा।

इस आदेश का सरकारी अमलों पर प्रभाव पड़ा और अदालतों में हिन्दी भाषा तथा नागरी लिपि का प्रयोग होने लगा। मध्य प्रदेश की अदालतों में भी 1881 ई. में हिन्दी के प्रयोग की अनुमति मिल गई। पर सरकारी आदेश मिल जाने पर भी अमले और वकील मुख्तार

हिन्दी भाषा और नागरी लिपि के प्रयोग में उत्साह नहीं दिखाते थे। इसका पता 'हिन्दी प्रदीप' के अंकों में प्रकाशित किसी महावीर प्रसाद के पत्रों से चलता है।[3]

यद्यपि ब्रिटिश सरकार इस आन्दोलन को राजनीतिक दृष्टि से कोई महत्त्व नहीं दे रही थी, पर इसकी तरफ से वह बिलकुल उदासीन भी न थी। एक तरफ तो वह बहुसंख्यक वर्ग की माँग को स्वीकार करते हुए हिन्दी और नागरी के प्रयोग के पक्ष में आदेश जारी करती थी, तो दूसरी तरफ सरकारी अमलों द्वारा इन आदेशों की उपेक्षा पर भी ध्यान न देती थी। इस प्रकार वास्तविक रूप में उर्दू का पलड़ा भारी भी रहता था और बहुसंख्यक वर्ग के आँसू पोंछने का कार्य भी हो जाता था।

आठवें दशक में ही बहुसंख्यक जनता की भावनाओं के सच्चे प्रतिनिधि के रूप में बाबू हरिश्चन्द्र (जन्म : 1850 ई.) का उदय हुआ, जिन्हें बाद में जनता ने 'भारतेन्दु' की उपाधि प्रदान की। भारतेन्दु हरिश्चन्द्र की साहित्य-साधना का सूत्रवाक्य है : 'निज भाषा उन्नति अहै सब उन्नति को मूल'। हरिश्चन्द्र का जन्म राजभक्त और सम्पन्न वैश्य परिवार में हुआ था, पर भगवान ने उन्हें सामान्य जनता की आशा-आकांक्षाओं का प्रतीक बनाकर इस धरती पर भेजा था। वे भाषा की उन्नति को देश की उन्नति का मूल कारण मानते थे और इसलिए उन्होंने हिन्दी भाषा की उन्नति के लिए न केवल अपनी सारी सम्पत्ति वरन् अपना पूरा जीवन ही अर्पित कर दिया। वे यह अच्छी तरह अनुभव करते थे कि केवल अनुनय-विनय से किसी भाषा को राष्ट्रभाषा का दर्जा नहीं मिल सकता, अत: हिन्दी और नागरी के लिए किये जाने वाले आन्दोलनों में हिस्सा लेने और उनका नेतृत्व करने के साथ-साथ उनकी प्रमुख चिन्ता यह थी कि हिन्दी भाषा और साहित्य को इतना समृद्ध बना दिया जाए कि वह राष्ट्रभाषा पद के लिए योग्य दावेदार हो सके। अत: उन्होंने पहला काम हिन्दी गद्य को व्यवस्थित करने और उसे जनता की भाषा के रूप में ढालने का किया। इसके लिए उन्होंने *कविवचन सुधा, हरिश्चन्द्र चन्द्रिका* और *बाल बोधिनी* जैसी पत्रिकाएँ निकालीं और उनमें तरह-तरह के निबन्ध, नाटकांश और कथांश प्रकाशित कर हिन्दी भाषा और साहित्य की सुदृढ़ नींव रखनी शुरू की। पत्रिकाएँ निकालने के साथ-साथ उन्होंने स्वतंत्र रूप से नाटकों की रचना की। इस तरह हिन्दी में नाटक और निबन्ध साहित्य को जन्म देने का श्रेय भारतेन्दु को ही है। इन निबन्धों और नाटकों ने ब्रिटिश सरकार के कान खड़े कर दिये और भारतेन्दु को सरकार का कोपभाजन बनना पड़ा, जो सर्वथा स्वाभाविक ही था। पर भारतेन्दु ने इसकी परवाह न की और देश की उन्नति के लिए अपना सर्वस्व समर्पित कर दिया। भारतेन्दु से साहित्य सेवा और देशहित की प्रेरणा पाकर बालकृष्ण भट्ट, प्रताप नारायण मिश्र, चौधरी बदरी नारायण उपाध्याय 'प्रेमधन', लाला श्रीनिवास दास, राधाकृष्ण दास, राधाचरण गोस्वामी, ठाकुर जगमोहन सिंह और अनेक लेखक साहित्य सेवा के मैदान में उतरे और पत्रिका-प्रकाशन के अतिरिक्त साहित्य की विविध विधाओं को समृद्ध किया। इस प्रकार 'भारतेन्दु' और उसके सहयोगियों की साहित्य साधना से हिन्दी भाषा इतनी समृद्ध हो गई कि वह गर्व से अपना राष्ट्रभाषा होने का दावा प्रस्तुत कर सके।

हिन्दी साहित्य को हर प्रकार से समृद्ध बनाने के प्रयास के साथ-साथ भारतेन्दु हरिश्चन्द्र और उनके सहयोगी साहित्यकारों ने हिन्दी और नागरी के जन-आन्दोलन को भी गति और

शक्ति प्रदान की। आठवें दशक में बिहार की तरह उत्तर प्रदेश (संयुक्त प्रान्त) में भी अदालतों में हिन्दी भाषा और नागरी के प्रयोग का आन्दोलन चल रहा था। इस आन्दोलन को भारतेन्दु हरिश्चन्द्र ने बहुत तेज.किया। 1877 ई. में संयुक्त प्रान्त की सरकार ने यह आदेश निकाला कि सरकारी नौकरियाँ केवल उनको ही उपलब्ध होंगी जो उर्दू या फारसी भाषा के साथ 'वर्नाकुलर' अथवा 'एंगलोमिडिल परीक्षा' उत्तीर्ण होंगे। हिन्दी के समर्थकों ने इसका जबरदस्त विरोध किया। इस विरोध ने एक आन्दोलन का रूप ले लिया जिसका समर्थन कुछ मुसलमानों ने भी किया।[4] इस आन्दोलन का नेतृत्व भारतेन्दु हरिश्चन्द्र ने किया। बंगाल के गवर्नर कैम्पबेल ने कलकत्ता विश्वविद्यालय की परीक्षाओं में हिन्दी को भी स्थान देने का प्रयत्न किया था, पर उर्दूप्रेमी अधिकारियों ने इसका विरोध किया। इस विरोध के उत्तर में भारतेन्दु ने '*हरिश्चन्द्र मैगजिन*' के प्रथम अंक में (1874) '*बंगाल मैगजिन*' से 'कॉमन हिन्दुस्तानी' नामक निबन्ध उद्धृत किया, जिसमें कहा गया था कि यह विरोध हमारे राष्ट्रीय जीवन की हत्या है। इसके बाद भारतेन्दु के नेतृत्व में लेखकों और पत्रकारों का एक बड़ा दल हिन्दी के पक्ष में सक्रिय हो गया।

भारतेन्दु ने अनेक नगरों में घूम-घूम कर हिन्दी भाषा और नागरी लिपि की उपयोगिता पर प्रकाश डाला। उन्होंने इस सम्बन्ध में कई पुस्तिकाएँ भी लिखीं। प्रताप नारायण मिश्र ने भी 'हिन्दी-हिन्दू-हिन्दुस्तान' का नारा बुलन्द किया। बाबू तोताराम ने हिन्दी भाषा और नागरी लिपि के प्रचार के लिए अलीगढ़ में 'भाषा संवर्द्धिनी सभा' की स्थापना की। ऐसी ही एक सभा सन् 1884 ई. में 'हिन्दी उद्धारिणी प्रतिनिधि मध्य सभा' के नाम से प्रयाग में स्थापित की गई थी।[5] इस उद्देश्य की पूर्ति के लिए अनेक पत्रिकाएँ भी निकाली गईं जिनमें हिन्दी-उर्दू विवाद एवं नागरी लिपि आन्दोलन पर लेख प्रकाशित किये गए। भारतेन्दु के सहयोगी पं. बालकृष्ण भट्ट अपनी प्रसिद्ध पत्रिका *हिन्दी प्रदीप* द्वारा हिन्दी और नागरी का आन्दोलन चला रहे थे। सन् 1882 ई. में *मित्र विलास* के सम्पादक पं. गोपीनाथ ने उर्दू के स्थान पर हिन्दी को प्रतिष्ठित करने के लिए लाहौर के रईसों की ओर से शिक्षा आयोग के पास एक स्मरण पत्र भिजवाने का प्रयत्न किया था। उत्तर प्रदेश में भी अदालतों में नागरी लिपि के प्रयोग के लिए सरकार के पास स्मरण पत्र भेजने की योजना बनायी गई। अक्टूबर, 1882 ई. के *हिन्दी प्रदीप* में राधाचरण गोस्वामी ने एक विज्ञापन निकाला था, जिसमें लोगों से निवेदन किया गया था कि वे अदालतों में हिन्दी भाषा और नागरी अक्षरों के प्रचलन के लिए अधिकाधिक संख्या में मुद्रित मेमोरियल पर हस्ताक्षर कर भेजें। अनेक हिन्दीप्रेमी जन और हिन्दी की संस्थाएँ इस कार्य में संलग्न थीं। अलीगढ़ की 'भाषा संवर्द्धिनी सभा' बहुत उत्साह से हस्ताक्षर संकलन का कार्य कर रही थी।[6] 1882 ई. में ही हजारों लोगों द्वारा हस्ताक्षरित स्मरण पत्र, जिसमें पश्चिमोत्तर प्रदेश की अदालतों में नागरी लिपि जारी करने की माँग की गई थी, हंटर आयोग के समक्ष प्रस्तुत किया गया। पर सर सैयद अहमद खाँ, जिनकी बात सरकार में ज्यादा सुनी जाती थी, आयोग के प्रभावशाली सदस्य थे और उन्होंने आयोग को समझा दिया कि यह मामला आयोग से सम्बद्ध नहीं है, बल्कि एक राजनैतिक मामला है।[7] आयोग ने इस तर्क को मान लिया और हिन्दी भाषा तथा नागरी लिपि के दावे को अस्वीकार कर दिया गया। उल्लेखनीय है कि सर सैयद अहमद खाँ ने इसे 'राजनीतिक

मामला' बताया और हंटर आयोग ने इसे स्वीकार कर लिया। इस पर पं. बालकृष्ण भट्ट ने 'हिन्दी प्रदीप' के फरवरी, 1884 ई. के अंक में हिन्दीभाषियों से अपील की कि वे अब महारानी विक्टोरिया के पास अपनी प्रार्थना भेजें और यदि वहाँ भी सफलता न मिली तो रूस, जर्मनी तथा फ्रांस के राजाओं से इस सम्बन्ध में निवेदन किया जाए।[8] इससे भी हिन्दी और नागरी के आन्दोलन का राजनीतिक रूप झलकता है। इस आन्दोलन की कहानी 'हिन्दी प्रदीप' के 1884 ई. से 1889 ई. तक के अंकों में आसानी से देखी जा सकती है।[9] पर ब्रिटिश सरकार राजनीतिक उद्देश्य से मुसलमानों को खुश रखना चाहती थी और मुसलमान हिन्दी विरोधी थे। शायद सरकार इस आन्दोलन को स्वाधीनता की आकांक्षा से जोड़कर भी देख रही थी। फलत: हिन्दीवालों की माँग सरकार द्वारा ठुकरा दी गई और फारसी लिपि में लिखित उर्दू ही अदालतों और निचले स्तर पर सरकारी कामकाज की भाषा बनी रही।

पर अदालतों में नागरी लिपि के प्रयोग की निरन्तर बढ़ती माँग की बहुत दिनों तक उपेक्षा करना सरकार के लिए भी कठिन था। परिणामत: सम्भलपुर और रीवा की अदालतों में क्रमश: सन् 1894 ई. और सन् 1895 ई. में नागरी लिपि के प्रयोग की अनुमति मिली। मध्य प्रदेश के कई देशी राज्यों में नागरी प्रयोग का आन्दोलन चल रहा था। 1899 ई. के कुछ पूर्व इलाहाबाद जिले के बराँवा के राजा ने अपने राज्य की अदालतों में नागरी-प्रयोग का आदेश दिया।[10] पर उत्तर प्रदेश (उस समय का संयुक्त प्रान्त) की अदालतों में अभी उर्दू का ही एकछत्र आधिपत्य था। एक तरफ संयुक्त प्रान्त के जननेता, हिन्दी लेखक तथा प्रचारक अदालतों में नागरी के प्रयोग के लिए निरन्तर आन्दोलन कर रहे थे, दूसरी तरफ, मुसलमान नेता इस आन्दोलन को विफल सिद्ध करने में जी-जान से लगे हुए थे। सन् 1891 ई. में सरकार की तरफ से यह आदेश जारी किया गया कि हाईकोर्ट की परीक्षा में सम्मिलित होने के लिए उर्दू पढ़ने-लिखने की योग्यता अनिवार्य है। इस आदेश की आलोचना करते हुए बालकृष्ण भट्ट ने अगस्त 1891 ई. में *'हिन्दी प्रदीप'* में 'कमजोर हिन्दी की कमर तोड़ देने की एक नई ततवीर' शीर्षक टिप्पणी प्रकाशित की। *'हिन्दी प्रदीप'* नागरी आन्दोलन का एक प्रकार से मुखपत्र था। बालकृष्ण भट्ट इसमें अदालतों में नागरी प्रवेश सम्बन्धी अपीलें निकालते रहते थे। इन अपीलों में 'हिन्दी की पुकार' (*हिन्दी प्रदीप,* जनवरी-अप्रैल 1896), 'हिन्दी के दिन भी कभी बहुरेंगे' (दिसम्बर 1897) आदि का उल्लेख किया जा सकता है। इसी समय के लगभग अदालतों में नागरी का प्रयोग आरम्भ करने के लिए सरकार के पास एक प्रार्थनापत्र भेजा गया। पढ़े-लिखे मुसलमानों तथा कुछ कायस्थ कर्मचारियों ने, जैसा भट्ट जी ने लिखा है, इसका विरोध किया।[11] भट्ट जी ने मई-जून 1898 ई. के *'हिन्दी प्रदीप'* में 'म्युनिसिपल का दफ्तर हिन्दी में क्यों न हो' शीर्षक टिप्पणी प्रकाशित की थी, जिसमें उन्होंने यह माँग की थी कि म्युनिसिपल या लोकल बोर्ड में उर्दू अक्षरों के स्थान पर नागराक्षरों का प्रयोग अपेक्षित है।[12]

सन् 1893 ई. में, काशी में, **नागरी प्रचारिणी सभा** की स्थापना हुई। यह संस्था मुख्यत: नागरी प्रचार के उद्देश्य से ही स्थापित की गई थी। 1893 ई. में ही ब्रिटिश सरकार ने भारतीय भाषाओं के लिए रोमन लिपि के प्रयोग का प्रस्ताव रखा। प्रारम्भ में इस प्रस्ताव की केवल चर्चा भर रही, पर 1896 ई. में यह बात जोरों से फैली कि संयुक्त प्रान्त में फारसी लिपि

के स्थान पर रोमन लिपि अपनायी जाएगी। इसके एक वर्ष पूर्व, 1895 ई. में ही, जब काशी में पश्चिमोत्तर और अवध प्रान्त के गवर्नर का आगमन हुआ तो सभा की ओर से उन्हें अदालतों में नागरी लिपि के प्रयोग की अनुमति देने के लिए एक आवेदनपत्र दिया गया।[13] जब सरकार अदालतों और प्रशासन कार्य में रोमन लिपि के प्रयोग पर विचार करने लगी तब नागरी प्रचारिणी सभा ने इस प्रस्ताव के विरुद्ध आन्दोलन का एक व्यापक कार्यक्रम बनाया। इस कार्य के लिए सभा ने सर्वप्रथम 'नागरी कैरेक्टर' नामक एक पुस्तिका अँगरेजी में तैयार की जिसमें भारतीय भाषाओं के लिए रोमन लिपि की अनुपयुक्तता पर प्रकाश डाला गया था। इससे सरकार को भारतीयों की रोमन लिपि-विरोधी भावना का बोध हुआ। सरकार ने इस विवाद को हल करने के लिए एक समिति नियुक्त की, पर उसने भी रोमन लिपि के पक्ष में ही अपना निर्णय दिया। इस निर्णय के विरोध में नागरी प्रचारिणी सभा ने पं. मदन मोहन मालवीय के नेतृत्व में एक जोरदार आन्दोलन आरम्भ किया। मालवीय जी ने नागरी लिपि के समर्थन में *कोर्ट कैरेक्टर एंड प्राइमरी एजुकेशन इन नॉर्थ वेस्टर्न प्रोविन्सेज* नामक पुस्तिका लिखी। उन्होंने जनगणना के प्रतिवेदनों तथा शिक्षा विभाग के वार्षिक प्रतिवेदनों से आँकड़े देकर सिद्ध किया कि हिन्दी भाषा बोलने तथा लिखने-पढ़नेवालों की संख्या उर्दू वालों की संख्या से कई गुनी अधिक है। सन् 1898 ई. के आरम्भ में सत्रह सदस्यों का एक तगड़ा डेपुटेशन, जिसमें पं. मदन मोहन मालवीय, सर सुन्दर लाल, राजा मांडा, राजा आवागढ़ जैसे प्रभावशाली व्यक्ति थे, प्रान्तीय गवर्नर के पास भेजा गया। इस डेपुटेशन के अध्यक्ष अयोध्या नरेश महाराज प्रताप नारायण सिंह थे। डेपुटेशन ने हजारों हस्ताक्षरों से युक्त एक स्मरणपत्र भी सरकार की सेवा में पेश किया पर सरकार ने इस पर तुरन्त कोई निर्णय नहीं लिया। उधर उर्दूवालों ने भी सभाएँ आदि करके फारसी लिपि का समर्थन किया और सरकार के पास प्रतिनिधि-मंडल भेजे। पश्चिमोत्तर प्रान्त के तत्कालीन गवर्नर सर एन्थनी मैकडॉनेल अदालतों में हिन्दी जारी करने के समर्थक थे, पर अँगरेज सरकार मुसलमानों को, राजनैतिक कारणों से अप्रसन्न करना नहीं चाहती थी। उधर अदालतों में नागरी के प्रयोग की माँग निरन्तर उठ रही थी। अन्ततः 18 अप्रैल, 1900 ई. को संयुक्त प्रान्त के गवर्नर ने यह आदेश जारी किया कि यदि कोई व्यक्ति दीवानी या फौजदारी अदालतों में आवेदन पत्र या शिकायत नागरी अक्षरों में लिखकर देना चाहता है तो वह अस्वीकार नहीं की जाएगी।[14] इस प्रकार अन्ततः नागरी आन्दोलन, आंशिक रूप में ही सही, सफल हुआ।

पर इस आदेश का जैसा प्रभाव हिन्दी के प्रसार पर पड़ना चाहिए था, वैसा न पड़ा। कचहरियों में काम करने वाले अमले अधिकतर उर्दू के हिमायती थे। अतः नागरी-प्रयोग की अनुमति मिल जाने पर भी वे फारसी अक्षरों का ही प्रयोग करते थे। सरकार का भी इस विषय में कोई विशेष उत्साह न था। फलतः बीसवीं सदी के चौथे-पाँचवें दशक तक सरकारी कामकाज में हिन्दी की लगभग यही स्थिति बनी रही।

1857 ई. के विद्रोह ने, कठोरतापूर्वक दमन के बावजूद, अँगरेज के प्रति भारतीयों के मन में व्यापक विरोध की भावना पैदा की और धीरे-धीरे सारे देश में राष्ट्रीय चेतना की एक लहर फैल गई। इसी राष्ट्रीय चेतना का परिणाम उन्नीसवीं शताब्दी के अन्त और बीसवीं शताब्दी के आरम्भ में उत्पन्न राष्ट्रीय आन्दोलन था। इस राष्ट्रीय चेतना के फलस्वरूप लोग

भाषा के सवाल को भी राष्ट्रीय दृष्टि से देखने लगे। भाषा का प्रश्न राष्ट्रीय आकांक्षा से जुड़ गया। इस राष्ट्रीय आकांक्षा ने, प्रच्छन्न रूप से ही सही, देश के बुद्धिजीवियों, लेखकों और राजनीतिक कर्णधारों के मन में समस्त देश के लिए एक 'सार्वदेशिक भाषा' की आवश्यकता महसूस हुई। यह सार्वदेशिक भाषा हिन्दी के रूप में पहले से ही विद्यमान थी, अतः हिन्दी को भारत की 'राष्ट्रभाषा' के रूप में स्वीकार करने का विचार पनपा। आरम्भ में सामाजिक सुधार के आन्दोलन चलाने वाले नेताओं, विशेषकर अहिन्दीभाषी नेताओं ने, हिन्दी को राष्ट्रभाषा के रूप में स्वीकार करने का आह्वान किया। बंगाल के प्रसिद्ध समाज सुधारक केशवचन्द्र सेन ने हिन्दी को सारे देश की राष्ट्रभाषा मानने का विचार सामने रखा। सन् 1873 ई. में उन्होंने अपने बँगला पत्र *सुलभ समाचार* में भारतीय एकता के लिए हिन्दी को 'भारत की एकमात्र भाषा' अर्थात् राष्ट्रभाषा मानने की अपील की। उसके कुछ ही समय बाद बंगाल के प्रसिद्ध उपान्यासकार बंकिम चन्द्र चटर्जी ने अपना मत प्रकट किया कि हिन्दी एक दिन भारत की राष्ट्रभाषा होकर रहेगी, "क्योंकि हिन्दी भाषा की सहायता से भारत के विभिन्न प्रदेशों में जो ऐक्य-बन्धन स्थापित कर सकेगा, वही भारत-बन्धु कहलाने योग्य है।" गांधी जी ने 18 अगस्त, 1906 को 'इंडियन ओपिनियन' नामक अपनी पत्रिका में 'इंडियन वर्ल्ड' नामक पत्रिका के सम्पादक का हवाला देते हुए लिखा था कि "जब तक भारत के विभिन्न प्रदेशों में रहने वाले भारतीयों में से ज्यादातर लोग एक ही भाषा नहीं बोलने लगते, तब तक वास्तविक रूप से भारत एक राष्ट्र नहीं बन सकता। विभिन्न प्रदेशों में अंग्रेजी बोलने वाले लोग काफी मिल जाते हैं, किन्तु उनकी संख्या बहुत थोड़ी है, और हमेशा थोड़ी ही रहेगी। इसलिए यह सम्भव नहीं कि अंग्रेजी के जरिये भारत एक राष्ट्र बन जाए। अतः भारतीयों को भारत की ही कोई भाषा पसन्द करनी पड़ेगी।" गांधी जी के अनुसार यह भाषा हिन्दी ही हो सकती है, क्योंकि "यह भाषा उत्तर भारत में सब लोग बोलते हैं।...चूँकि फकीर और संन्यासी यही भाषा बोलते हैं इसलिए इसका प्रसार सब जगह होता है। अनेक अंग्रेज भी इसे सीखते हैं। इस भाषा का फैलाव बहुत है।" गांधी जी के अनुसार *इंडियन वर्ल्ड* के सम्पादक महोदय ने सुझाया है कि "हर एक पाठशाला में स्वभाषा के अतिरिक्त इस भाषा का शिक्षण दिया जाना चाहिए। माता-पिता को भी चाहिए कि वे अपने बच्चों में बचपन से ही हिन्दी भाषा बोलने की आदत डालें।" रवीन्द्रनाथ ठाकुर ने भी, 1908 ई. में, हिन्दी को राष्ट्रभाषा के रूप में अपनाने की सलाह दी थी। उन्होंने कहा था "यदि हम प्रत्येक भारतीय नैसर्गिक अधिकारों के सिद्धान्त को स्वीकार करते हैं, तो हमें राष्ट्रभाषा के रूप में उस भाषा को स्वीकार करना चाहिए जो देश के सबसे बड़े भू-भाग में बोली जाती है और जिसे स्वीकार करने की सिफारिश महात्मा गांधी ने हमलोगों से की है। इसी विचार से हमें एक भाषा की भी आवश्यकता है, और वह हिन्दी है।"[15]

सन् 1885 ई. में ऑल इंडिया कांग्रेस की स्थापना हुई। 1885 से 1905 ई. तक कांग्रेस उच्च वर्ग की संस्था थी जिसके सदस्य अँगरेज सरकार को भारत के लिए एक वरदान मानते थे। कांग्रेस के अधिवेशनों में भाग लेने वाले सदस्य अधिकतर अँगरेजी वेशभूषा में रहते थे और अँगरेजी में ही भाषण आदि देते थे। पर बीसवीं सदी के आगमन के साथ ही राजनीतिक आन्दोलन का स्वर बदल गया। अब अँगरेजों की साम्राज्यवादी नीति और उनके शोषण तथा

दमन के विरुद्ध आवाज उठनी शुरू हो गई। दिनोंदिन स्वाधीनता प्राप्ति के लिए राजनीतिक आन्देलन तीव्र होते गए। अखिल भारतीय कांग्रेस के अँगरेजों के प्रति रुख में भी परिवर्तन आया। अब स्वदेशी वस्तु, स्वराज्य, स्वभाषा और राष्ट्रीय शिक्षा को स्वाधीनता-प्राप्ति का आवश्यक अंग माना जाने लगा। प्राय: सभी नेताओं ने राष्ट्रभाषा के रूप में हिन्दी को स्वीकार करने का विचार व्यक्त किया। लोकमान्य बाल गंगाधर तिलक का विचार था कि हिन्दी ही एकमात्र भाषा है जो राष्ट्रभाषा हो सकती है। उन्होंने कहा था : "यह आन्दोलन उत्तर भारत में केवल एक सर्वमान्य लिपि के प्रचार के लिए नहीं है। यह तो उस आन्दोलन का एक अंग है, जिसे मैं राष्ट्रीय आन्दोलन कहूँगा और जिसका उद्‌देश्य समस्त भारतवर्ष के लिए एक राष्ट्रीयता का महत्त्वपूर्ण अंग है।"[16] तिलक जहाँ हिन्दी को राष्ट्रभाषा मानते थे वहाँ देवनागरी को राष्ट्रलिपि। राष्ट्रीय चेतना को प्रबल करने के लिए उन्होंने सन् 1903 ई. में *'हिन्दी केसरी'* नामक पत्रिका का प्रकाशन आरम्भ किया था। उन्होंने हिन्दी में भाषण करके भी अन्य नेताओं के समक्ष एक आदर्श प्रस्तुत किया।

लाला लाजपत राय भी हिन्दी को राष्ट्रभाषा मानने के पक्षधर थे। पंजाब में जब हिन्दी-उर्दू का विवाद चल रहा था तब उन्होंने हिन्दी का पक्ष लिया था। उन्हीं के प्रयत्न से पंजाब के शिक्षा क्षेत्र में हिन्दी को स्थान मिला। उन्होंने अनेक शिक्षण संस्थाओं की स्थापना की, जिनमें हिन्दी का अध्ययन अनिवार्य बनाया गया। लाला जी की प्रेरणा से ही पंजाब विश्वविद्यालय के पाठ्यक्रम में हिन्दी को स्थान मिला। इस सम्बन्ध में किशोरीदास वाजपेयी ने लिखा है—

"इस संघर्ष के फलस्वरूप सच्ची राष्ट्रीयता का जागरण हो रहा था। राष्ट्रभाषा की चर्चा जोरों से चल रही थी। अनेक बंगाली, गुजराती, पंजाबी और महाराष्ट्री नेता यह उद्योग कर रहे थे कि अपने राष्ट्र की एक राष्ट्रभाषा होनी चाहिए, जो अन्तरप्रान्तीय व्यवहार का माध्यम बन सके और आगे चलकर जब देश स्वतंत्र हो, तो यही अपनी राष्ट्रभाषा अँगरेजी भाषा का स्थान ग्रहण करके समस्त देश की केन्द्रीय सरकार की भाषा बने।"[17]

इन्हीं दिनों विदेशों में भी भारतीय क्रान्तिकारी दलों की स्थापना हुई। उनमें महाराष्ट्र, बंगाल, पंजाब, गुजरात आदि सभी प्रदेशों के युवा संगठित हो गए थे। सावरकर के नेतृत्व में विदेश में संगठित एक क्रान्तिकारी दल ने राष्ट्रभाषा हिन्दी के प्रयोग का संकल्प किया था।

राजनीतिक आन्दोलनों का सम्बन्ध जनता से था और इसलिए जनता की भाषा को महत्त्व देने के पक्ष में आवाज बुलन्द हुई। राष्ट्रीय संघर्ष में हिन्दी का संघर्ष भी जुड़ गया। उन्नीसवीं शताब्दी तक हिन्दी का संघर्ष अदालत की भाषा के रूप में मान्यता पाने तक सीमित था, पर बीसवीं शताब्दी में अँगरेजी से हिन्दी का संघर्ष राष्ट्रीय संघर्ष का अभिन्न अंग बन गया।

उन्नीसवीं शताब्दी की समाप्ति के साथ हिन्दी के आन्दोलन का एक दौर समाप्त हुआ। अब तक हिन्दी की आकांक्षा शासन के निचले स्तर पर उर्दू की समकक्षता प्राप्त करने तक सीमित थी। कानूनी तौर पर हिन्दी को अपना अधिकार प्राप्त भी हो गया, यद्यपि व्यवहार में, अदालतों में उर्दू की प्रधानता देश को आजादी मिलने तक बनी रही। पर उन्नीसवीं शताब्दी के अन्तिम दो दशकों में हिन्दी के लेखकों और पत्रकारों को इस बात का बोध अच्छी तरह

हो गया था कि हिन्दी को राष्ट्रभाषा के रूप में प्रतिष्ठित करने के लिए उसके साहित्य को सभी दृष्टियों से समृद्ध बनाना आवश्यक है। भारतेन्दु और उनके सहयोगियों ने हिन्दी गद्य को समृद्ध करने में सफलता प्राप्त की; नाटक, निबन्ध, कथा साहित्य की एक अच्छी परम्परा हिन्दी साहित्य में स्थापित हो गई और खड़ी बोली हिन्दी गद्य का मानक स्वरूप भी—विशेषकर देवकीनन्दन खत्री और किशोरीलाल गोस्वामी के उपन्यासों के द्वारा—बहुत कुछ स्थिर हो गया। पर राष्ट्रभाषा की दृष्टि से खटकने वाली बात यह थी कि कविता अभी ब्रजभाषा में ही लिखी जा रही थी। भारत की भावी राष्ट्रभाषा में कविता का साहित्य न हो यह बहुत बड़ी खटकने वाली बात थी। अत: भारतेन्दु युग में ही खड़ी बोली में कविता लिखने का आन्दोलन आरम्भ हुआ। स्वयं भारतेन्दु ने 'दशरथ विलाप' नामक कविता खड़ी बोली में लिखी थी। उनके निधन के पश्चात् सन् 1886 ई. में श्रीधर पाठक ने भी खड़ी बोली में 'एकान्तवासी योगी' की रचना की। पर खड़ी बोली में काव्य-रचना को आन्दोलन का रूप देने का श्रेय बिहार के बाबू अध्योया प्रसाद खत्री को है। उन्होंने सन् 1888 ई. में *खड़ी बोली आन्दोलन* नामक पुस्तक छपायी जिसमें "उन्होंने यह राय जाहिर की कि अब तक जो कविता हुई वह तो ब्रजभाषा की थी, हिन्दी की नहीं।"[18] खत्री जी अपने समय की कोई साहित्यिक हस्ती नहीं थे, पर लगता है वे अपने युग की आकांक्षा को प्रतिध्वनित कर रहे थे। फलत: खड़ी बोली में काव्यरचना का आन्दोलन दिनोदिन तेज होता गया और बीसवीं शताब्दी के पहले दशक में, महावीर प्रसाद द्विवेदी द्वारा *सरस्वती* का सम्पादन सँभालने के बाद, इसकी नींव पक्की हो गई। द्विवेदी जी ने खड़ी बोली काव्यान्दोलन का संचालन इस निष्ठा और कुशलता से किया कि हिन्दी के जो कवि अब तक ब्रजभाषा में कविता लिख रहे थे वे भी खड़ी बोली में काव्यरचना करने लगे। यह आन्दोलन उन्होंने *सरस्वती* के माध्यम से चलाया। उनकी प्रेरणा से अनेक कवि खड़ी बोली में कविता लिखने लगे। स्वयं द्विवेदी जी भी पहले ब्रजभाषा में कविता करते थे पर बाद में उन्होंने ब्रजभाषा को बिलकुल छोड़ दिया और खड़ीबोली में काव्य-रचना करने लगे। उनकी प्रेरणा से अयोध्या सिंह उपाध्याय, मैथिलीशरण गुप्त, रामचरित उपाध्याय, गिरिधर शर्मा नवरत्न, लोचनप्रसाद पांडेय आदि अनेक कवियों ने खड़ी बोली में प्रबन्धकाव्य तथा फुटकल कविताएँ लिखीं। इनके अतिरिक्त राय देवीप्रसाद पूर्ण, नाथूराम शंकर शर्मा, गयाप्रसाद शुक्ल सनेही, रामनरेश त्रिपाठी, लाला भगवान दीन, रूप नारायण पांडेय आदि ने भी खड़ी बोली में काव्यरचना की। इस प्रकार बीसवीं शताब्दी के प्रथम दो दशकों में खड़ी बोली, गद्य और पद्य दोनों क्षेत्रों में, समान रूप से प्रतिष्ठित हो गई और राष्ट्रभाषा की दृष्टि से उसका एक भारी अन्तर्विरोध दूर हो गया।

पर राष्ट्रभाषा की योग्यता प्राप्त करने के लिए हिन्दी का केवल सर्जनात्मक दृष्टि से समृद्ध होना पर्याप्त नहीं था। सर्जनात्मक साहित्य से कहीं ज्यादा जरूरी ज्ञानात्मक साहित्य की समृद्धि थी। बीसवीं शताब्दी के पूर्व हिन्दी का ज्ञानात्मक, साहित्य अत्यन्त अविकसित स्थिति में था। भारतेन्दु युग के लेखकों ने इस दिशा में भी प्रयत्न किये थे पर भारत जैसे देश की राष्ट्रभाषा के लिए ये प्रयास नितान्त अपर्याप्त थे। स्वभावत: महावीर प्रसाद द्विवेदी का ध्यान इस ओर गया। उन्होंने स्वयं बड़े परिश्रम से अर्थशास्त्र विषय पर *सम्पत्तिशास्त्र* नामक पुस्तक लिखी। इसके साथ ही उन्होंने राजनीति और इतिहास तथा समाजशास्त्र और आधुनिक

विज्ञान जैसे विषयों का भी अध्ययन किया और यह जानने का प्रयत्न किया कि इन विषयों में हिन्दी कितनी पिछड़ी हुई है। इस पिछड़ेपन को दूर करने के लिए उन्होंने *सरस्वती* के माध्यम से लेखकों का एक ऐसा दल तैयार किया जो हिन्दी के ज्ञान-साहित्य को समृद्ध कर सके तथा नई चेतना के प्रसार में योग दे सके। उन्होंने भारत में अँगरेजी की स्थिति, भारतीय भाषाओं को शिक्षा का माध्यम बनाने की समस्या, हिन्दी को भारतीय भाषाओं के बीच सम्पर्क भाषा बनाने की उपयोगिता, हिन्दी-उर्दू की समानता और भेद, हिन्दी और जनपदीय भाषाओं के सम्बन्ध आदि पर बहुत गम्भीरतापूर्वक विचार किया। वस्तुतः ये सारे सवाल हिन्दी को राष्ट्रभाषा बनाने के प्रसंग में उठने वाले थे। द्विवेदी जी ने इन प्रश्नों पर बहस आरम्भ कर हिन्दी के परवर्ती संघर्ष का रास्ता साफ कर दिया। *सरस्वती* में प्रकाशित सिद्धेश्वर शर्मा, सीताराम सिंह, माधव राव सप्रे, पृथ्वीपाल सिंह, 'एक युवक', बदरीदत्त पांडेय, सत्यदेव, शिवप्रसाद शर्मा, काशीप्रसाद जायसवाल, गिरिजा प्रसाद द्विवेदी, प्यारेलाल मिश्र, गुलजारीलाल चतुर्वेदी, गणेशशंकर विद्यार्थी, रामावतार शर्मा, 'सत्यशोधक', सुन्दरराज, त्रिमूर्ति शर्मा, गिरीन्द्रमोहन मिश्र, जनार्दन भट्ट, ईश्वरदास मारवाड़ी, कृष्णानन्द जोशी, द्वारकानाथ मैत्र, धनीराम बख्शी, मधुसूदन शर्मा, वीरसेन सिंह, जगन्नाथ खन्ना, गंगाधर पन्त, श्यामाचरण राय आदि के लेखों से[19] यह भलीभाँति प्रमाणित हो गया कि हिन्दी में विभिन्न विषयों पर, जिनमें वैज्ञानिक विषय भी शामिल हैं, लेख लिखे जा सकते हैं। स्वयं द्विवेदी जी ने भी *सरस्वती* में ज्ञानविज्ञान की विभिन्न शाखाओं से सम्बन्धित अनेक लेख और टिप्पणियाँ लिखीं। पदार्थ विज्ञान, परमाणुवाद, भूगर्भ विद्या, ज्योतिर्विद्या आदि विषयों पर *सरस्वती* में प्रकाशित लेखों से द्विवेदी जी की हिन्दी को राष्ट्रभाषा की क्षमता से सम्पन्न करने की चेष्टा साफ जाहिर होती है।

हिन्दी के ज्ञानात्मक साहित्य को समृद्ध बनाने का जो कार्य *सरस्वती* कर रही थी वही कार्य *मर्यादा, सुधा, नागरी प्रचारिणी पत्रिका* आदि पत्रिकाएँ भी कर रही थीं। ज्ञानात्मक साहित्य के निर्माण में सबसे बड़ी कठिनाई पारिभाषिक शब्दों को लेकर थी। इस कमी को दूर करने के लिए नागरी प्रचारिणी सभा ने सन् 1906 ई. में एक 'वैज्ञानिक कोश' का प्रकाशन किया। *नागरी प्रचारिणी पत्रिका* में (प्रकाशनारम्भ 1896 ई.) साहित्य, विज्ञान, इतिहास, दर्शन आदि विषयों के लेख आरम्भ से ही प्रकाशित होने लगे थे। सभा का एक महत्त्वपूर्ण कार्य था हिन्दी की पुरानी पुस्तकों की खोज, जिसके फलस्वरूप सैकड़ों अज्ञात हिन्दी कवियों की कृतियों का परिचय प्राप्त हुआ। सभा ने अपने पुराने ग्रन्थों का प्रकाशन कर हिन्दी साहित्य के इतिहास-लेखन को सरल बना दिया। राष्ट्रभाषा हिन्दी का कोई शब्दकोश न हो, यह भी चिन्ता की बात थी; सभा ने *हिन्दी शब्दसागर* का निर्माण कराकर इस अभाव को भी दूर कर दिया।

राष्ट्रभाषा की दृष्टि से हिन्दी की एक और कमी थी, उसके मानक रूप का अभाव। यद्यपि भारतेन्दु हरिश्चन्द्र, बालकृष्ण भट्ट, देवकीनन्दन खत्री, किशोरीलाल गोस्वामी आदि की रचनाओं के माध्यम से हिन्दी गद्यभाषा का मानक स्वरूप बहुत कुछ बन चुका था पर उसे स्थिरता प्रदान करने का श्रेय महावीर प्रसाद द्विवेदी को है। बीसवीं शताब्दी के प्रथम दशक में जब अँगरेजी माध्यम से उच्च शिक्षा प्राप्त विद्वान या संस्कृत के पंडित हिन्दी में

लेख आदि लिखने लगे तो उनके सामने सबसे बड़ी समस्या भाषा ही थी। हिन्दी क्षेत्र की अनेक बोलियों या बँगला, गुजराती, पंजाबी आदि से जुड़े रहने के कारण उनकी हिन्दी में प्राय: एकरूपता और व्याकरणिक व्यवस्था नहीं होती थी। महावीर प्रसाद द्विवेदी ने इस व्याकरणिक व्यतिक्रम और भाषा की अस्थिरता पर पूरा ध्यान दिया। जैसा रामचन्द्र शुक्ल ने लिखा है, *सरस्वती* के सम्पादक के रूप में उन्होंने आई हुई पुस्तकों के भीतर व्याकरण और भाषा की अशुद्धियाँ दिखाकर लेखकों को बहुत कुछ सावधान कर दिया।''[20] इसका प्रभाव उस समय के अन्य लेखकों पर भी पड़ा। बालमुकुन्द गुप्त, गोविन्द नारायण मिश्र आदि लेखकों ने भाषा के मानकीकरण के प्रश्न पर बहस आरम्भ की, जो कटुतापूर्ण होने के बावजूद हिन्दी के लिए लाभदायक सिद्ध हुई। शुक्ल जी के अनुसार ''इस काल में हिन्दी के वाक्यविन्यास में अधिक सफाई और व्यवस्था आई। विरामचिह्नों का आवश्यक प्रयोग होने लगा। अँगरेजी आदि अन्य समुन्नत भाषाओं की उच्च विचारधारा से परिचित और अपनी भाषा पर भी यथेष्ट अधिकार रखने वाले कुछ लेखकों की कृपा से हिन्दी की अर्थोद्‌घाटिनी शक्ति की अच्छी वृद्धि और अभिव्यंजन प्रणाली का भी अच्छा प्रसार हुआ। सघन और गुम्फित विचारसूत्रों को व्यक्त करने वाली तथा सूक्ष्म और गूढ़ विचारों को झलकाने वाली भाषा हिन्दी साहित्य को कुछ-कुछ प्राप्त होने लगी।''[21]

सरस्वती का सम्पादन हाथ में लेते ही पं. महावीर प्रसाद द्विवेदी ने राष्ट्रभाषा के रूप में हिन्दी को सामने करना आरम्भ कर दिया था। उन्होंने *सरस्वती* के सितम्बर से नवम्बर 1903 ई. के अंकों में अपने 'देशव्यापक भाषा' शीर्षक निबन्ध में गुजराती, बँगला, मराठी आदि भाषाभाषियों से हिन्दी को देशव्यापी भाषा के रूप में अपनाने का आग्रह किया था। इसके साथ ही उन्होंने यह भी स्पष्ट कर दिया था कि ''देशव्यापक भाषा के लिए केवल इतना ही आवश्यक है कि इस विस्तीर्ण देश में जितनी भिन्न-भिन्न भाषाएँ प्रचलित हैं उनके उत्तमोत्तम ग्रन्थों का प्रतिबिम्ब देशव्यापक भाषा में उतारा जाये।...प्रत्येक मनुष्य को अपनी-अपनी भाषा के साहित्य के साथ-साथ हिन्दी के साहित्य के उत्कर्ष के लिए हृदय से प्रयत्न करना चाहिए...और वह सुगमता से देश की व्यापक भाषा हो जाएगी।''[22]

महावीर प्रसाद द्विवेदी के साथ-साथ उस काल के अधिकतर समाज सुधारक, राजनेता और विद्वान यह अनुभव करने लगे थे कि हिन्दी ही स्वाधीन भारत की राष्ट्रभाषा हो सकती है और उसे 'राष्ट्रभाषा' के योग्य बनाने के लिए प्रयत्न अपेक्षित है। इसी उद्‌देश्य से 10 अक्टूबर, 1910 ई. को हिन्दी साहित्य सम्मेलन, प्रयाग की स्थापना हुई जिसके प्रथम अधिवेशन के अध्यक्ष पं. मदन मोहन मालवीय और महामंत्री पुरुषोत्तम दास टंडन चुने गए। इस अधिवेशन का एक उल्लेखनीय प्रस्ताव यह था कि अदालतों में नागरी लिपि के प्रचार तथा हिन्दी साहित्य की सर्वांगीण उन्नति के लिए एक कोश बनाया जाए। इस कोश के निर्माण के लिए 'हिन्दी पैसा फंड समिति' की स्थापना हुई।

इस प्रकार *'सरस्वती'*, *'मर्यादा'*, *'माधुरी'* आदि पत्रिकाओं द्वारा हिन्दी को 'राष्ट्रभाषा' की योग्यता से सम्पन्न करने की लगातार कोशिश चलती रही। उधर भारतीय स्वाधीनता संग्राम के जनता से जुड़ने के साथ ही राष्ट्रीय स्तर के नेताओं ने अनुभव किया कि बिना किसी सामान्य भाषा की सहायता के स्वाधीनता की लड़ाई नहीं लड़ी जा सकती। अपनी

समस्त कमियों के बावजूद हिन्दी ही ऐसी भारतीय भाषा थी जो सारे देश में व्यापक रूप से बोली और समझी जाती थी। इस समय गांधी जी दक्षिण अफ्रीका में अपना सत्याग्रह आन्दोलन चला रहे थे। दक्षिण अफ्रीका में ही उन्होंने स्वाधीनता की लड़ाई में भारतीय भाषाओं, विशेषकर हिन्दी, के महत्त्व को समझ लिया था। उन्होंने 'हिन्द स्वराज' (1909) में स्पष्ट लिखा था कि "सारे हिन्दुस्तान के लिए तो हिन्दी ही होनी चाहिए। उसे उर्दू या नागरी लिपि में लिखने की छूट रहनी चाहिए।"[23] उन्होंने यह भी लिखा था कि "हर एक पढ़े-लिखे हिन्दुस्तानी को अपनी भाषा का, हिन्दू को संस्कृत का, मुसलमान को अरबी का, पारसी को पर्शियन का और सबको हिन्दी का ज्ञान होना चाहिए।"[24] 1915 ई. में गांधीजी दक्षिण अफ्रीका से हिन्दुस्तान लौटे। फरवरी, 1915 ई. में पुणे में उनका भव्य स्वागत हुआ, जिसमें भाषण करते हुए उन्होंने बताया कि "अफ्रीका के भारतीय भारत के भिन्न-भिन्न प्रान्तों के मूल निवासी होते हुए भी आपस में 'हिन्दी के माध्यम से' बातचीत करते हैं।"[25] गांधी जी का यह पक्का विश्वास था कि बिना अँगरेजी के मोह से छूटे और भारतीय भाषाओं, विशेषकर हिन्दी, का सहारा लिए भारत स्वाधीन नहीं होगा। वे सार्वजनिक अवसरों पर अँगरेजी के स्थान पर क्षेत्रीय भाषाओं के प्रयोग को आवश्यक समझते थे। उनकी दृष्टि में राजनीतिक स्वाधीनता की तरह भाषिक स्वाधीनता भी उतनी ही महत्त्वपूर्ण थी। इसकी पुष्टि 1915 ई. की एक घटना से होती है। दिसम्बर, 1915 ई. में गांधी जी ने सूरत जिले में संग्रामपुर के जैन विद्यार्थियों द्वारा स्थापित एक पुस्तकालय का उद्घाटन किया। इस अवसर पर विद्यार्थियों के अँगरेजी में लेख पढ़ने और भाषण करने पर गांधी जी ने कहा, "जो युवक यह कहते हैं कि हम अपने विचार मातृभाषा द्वारा नहीं प्रकट कर सकते उनसे मैं यही निवेदन करूँगा कि आप मातृभाष के लिए भार रूप हैं। मातृभाषा की अपूर्णता दूर करने के स्थान पर उसका अनादर करना—उससे हाथ ही धो बैठना—किसी सच्चे सपूत को शोभादायक नहीं।" उन्होंने सभा में उपस्थित छात्रों से प्रतिज्ञा करने को कहा कि वे कभी भी अँगरेजी में न बोलेंगे। महावीर प्रसाद द्विवेदी ने मार्च, 1916 की *'सरस्वती'* में इस विवरण को प्रकाशित कर इसके प्रति अपना समर्थन व्यक्त किया।[26] सन् 1916 ई. के फरवरी महीने में मालवीय जी के निमंत्रण पर गांधी जी ने नागरी प्रचारिणी सभा और काशी हिन्दू विश्वविद्यालय में दो व्याख्यान दिये जिनमें उन्होंने हिन्दी के प्रयोग और प्रचार पर बल दिया।[27] अपने काशी हिन्दू विश्वविद्यालय वाले भाषण में उन्होंने कहा था कि "क्या कोई व्यक्ति स्वप्न में भी यह सोच सकता है कि अँगरेजी भविष्य में किसी भी दिन भारत की राष्ट्रभाषा हो सकती है?"[28] इसी भाषण में गांधी जी ने यह भी कहा कि "अँगरेजी भाषा भारतीय राष्ट्र के पाँव में बेड़ी बनकर पड़ी हुई है।"[29] मई, 1917 ई. में गांधी जी ने अपने एक लेख में लिखा था : "हिन्दी ही हिन्दुस्तान के शिक्षित समुदाय की सामान्य भाषा हो सकती है, यह बात निर्विवाद सिद्ध है। यह कैसे हो, केवल यही विचार करना है। जिस स्थान को अँगरेजी भाषा आजकल लेने का प्रयत्न कर रही है, और जिसे लेना उसके लिए असम्भव है, वही स्थान हिन्दी को मिलना चाहिए, क्योंकि हिन्दी का उस पर पूर्ण अधिकार है। यह स्थान अँगरेजी को नहीं मिल सकता, क्योंकि यह विदेशी भाषा है और हमारे लिए बड़ी कठिन है। अँगरेजी की अपेक्षा हिन्दी सीखना बहुत सरल है। बँगला, बिहारी, उड़िया, मराठी, गुजराती, राजस्थानी, पंजाबी और सिन्धी हिन्दी

की बहनें हैं। उक्त भाषाओं के बोलने वाले थोड़ी-बहुत हिन्दी समझ तथा बोल लेते हैं। इन सबको मिलाने से संख्या प्राय: 22 करोड़ हो जाती है। जिस भाषा का इतना प्रचार है, उसकी बराबरी करने के लिए अँगरेजी, जिसे एक लाख हिन्दुस्तानी भी ठीक-ठीक बोल नहीं सकते, क्योंकर समर्थ हो सकती है?''[30] हिन्दी में काम न होने के कारणों का निर्देश करते हुए गांधी जी ने कहा : ''आज तक हमारा देशी काम और व्यवहार हिन्दी में प्रारम्भ नहीं हो पाया, इसका कारण हमारी भीरुता, अश्रद्धा और हिन्दी भाषा के गौरव का अज्ञान है।''[31] दक्षिण भारत में हिन्दी के प्रचार के लिए गांधी जी ने सुझाव दिया कि ''हिन्दी के उत्साही, साहसी, स्वाभिमानी, जोशीले पुरुषों को बिना मूल्य हिन्दी की शिक्षा देने के लिए मद्रास आदि प्रान्तों में भेजा जाना चाहिए। वे हिन्दी के पराक्रमी प्रचारक बन जाएँ, तो अल्पकाल में ही मद्रास आदि प्रान्तों के शिक्षित लोग हिन्दी सीख लेंगे। जितने अधिक शिक्षक भेजे जाएँगे, उतना ही शीघ्र हिन्दी का प्रचार होगा।''[32]

1 जुलाई, 1917 ई. को गांधीजी ने सत्याग्रह आश्रम कोश के लिए मोतिहारी (बिहार) से एक परिपत्र जारी किया जिसमें उन्होंने राष्ट्रभाषा के रूप में हिन्दी को मान्यता देने तथा उसका व्यापक प्रचार करने पर बल दिया।[33] सन् 1917 ई. में ही भड़ौंच में होने वाले गुजरात शिक्षा परिषद् के दूसरे अधिवेशन में सभापति पद से भाषण करते हुए गांधी जी ने स्पष्ट रूप से अपना मत व्यक्त किया कि 'अँगरेजी राष्ट्रीय भाषा नहीं बन सकती, न बननी चाहिए।'[34] इसके कुछ पहले वायसराय ने कहीं यह सम्भावना व्यक्त की थी कि अँगरेजी किसी भी समय भारत की राष्ट्रभाषा बन सकती है। भारत के अनेक अँगरेजीदाँ विद्वान भी इससे सहमत थे।[35] इस पर गांधी जी ने भारत की राष्ट्रभाषा के लिए पाँच लक्षण निर्धारित किये[36], जिनमें से एक भी, उनके अनुसार, अँगरेजी में नहीं था। इसके विपरीत उन्होंने हिन्दी को इन सभी लक्षणों से युक्त पाया था। उन्होंने कहा था : ''अँग्रेजी को राष्ट्रभाषा बनाना देश में 'ऐस्पेरेन्टो' को दाखिल करना है। अँगरेजी को राष्ट्रीय भाषा बनाने की कल्पना हमारी निर्बलता की निशानी है।''[37]

बीसवीं शताब्दी के आगमन के पूर्व ही बाबू बंकिमचन्द्र चटर्जी, नवीनचन्द्र राय, स्वामी दयानन्द सरस्वती आदि ने अनुभव कर लिया था कि हिन्दी ही भारत की राष्ट्रभाषा हो सकती है। बाबू बंकिमचन्द्र चटर्जी का मत पहले उद्धृत किया जा चुका है। सन् 1866 ई. में ही नवीनचन्द्र राय ने अंजुमन लाहौर के अधिवेशन में कहा था, 'उर्दू कभी भी जन-साधारण की भाषा नहीं बन सकती। हिन्दी ही उसके सर्वथा योग्य है।'[38] स्वामी दयानन्द सरस्वती ने भी हिन्दी को राष्ट्रभाषा के रूप में स्वीकार करने पर बहुत जोर दिया। वे हिन्दी को 'आर्यभाषा' कहते थे और अपने अनुयायियों के लिए इसका ज्ञान अनिवार्य समझते थे। सन् 1882 ई. में ब्रिटिश सरकार ने पाठशालाओं में शिक्षा के माध्यम पर विचार करने के लिए एक आयोग नियुक्त किया था। स्वामी दयानन्द सरस्वती ने उस आयोग को यह मेमोरेन्डम भिजवाया था कि हिन्दी को शिक्षा का माध्यम बनाया जाए।[39] स्वामी जी थियोसोफी समाज की संस्थापिका मादाम ब्लावत्स्की तक के पत्रों के उत्तर हिन्दी में दिया करते थे। यहाँ तक कि वे थियोसोफी समाज के अन्य विदेशी नेताओं से भी हिन्दी सीखने का जोरदार अनुरोध करते थे।[40] थियोसोफी समाज की सबसे बड़ी नेता श्रीमती एनी बेसेन्ट ने भी अपनी

नेशन बिल्डिंग नामक पुस्तक में राष्ट्रभाषा के रूप में हिन्दी के महत्त्व को स्वीकार किया : "भारतवर्ष में भिन्न भागों में जो अनेक देशी भाषाएँ बोली जाती हैं, उनमें एक भाषा ऐसी है, जिसमें शेष सब भाषाओं की अपेक्षा एक भारी विशेषता है और वह यह कि उसका प्रचार सबसे ज्यादा है। वह भाषा हिन्दी है। हिन्दी जानने वाला आदमी सम्पूर्ण भारतवर्ष में यात्रा कर सकता है और उसे हर जगह हिन्दी जानने वाले मनुष्य मिल सकते हैं। हिन्दी सीखने का कार्य एक ऐसा त्याग है, जिसे दक्षिण भारत के निवासियों को राष्ट्र की एकता के हित में करना चाहिए।"[41]

सन् 1901-02 ई. में ही विनायक दामोदर सावरकर ने हिन्दी को राष्ट्रभाषा स्वीकार करने पर जोर दिया। अपने एक लेख में उन्होंने लिखा था : "हिन्दी को राष्ट्रभाषा स्वीकार करने में अन्य प्रान्तों की भाषा के सम्बन्ध में कोई अपमान की भावना या ईर्ष्यालु भावना नहीं है। हमें अपनी प्रान्तीय भाषाओं से भी उतना ही प्रेम है, जितना हिन्दी से। ये सब भाषाएँ अपने-अपने क्षेत्र में उन्नत होती रहेंगी। वास्तव में कुछ प्रान्तीय भाषाएँ हिन्दी से अधिक सम्पन्न हैं, परन्तु फिर भी हिन्दी अखिल हिन्दुत्व की राष्ट्रभाषा होने के लिए सब प्रकार से श्रेष्ठ है।"[42]

सावरकर जब इंगलैंड में पढ़ रहे थे तभी उन्होंने वहाँ एक सशस्त्र क्रान्तिकारी दल की स्थापना की थी। इस दल में अधिकतर वे छात्र थे जो भारत से इंगलैंड शिक्षा प्राप्त करने के लिए गए थे। वे आपस में अँगरेजी में ही बातचीत या विचार-विमर्श करते थे। राष्ट्रीयता की भावना उन्हें एक विदेशी भाषा का मुँहताज होने पर लज्जित करती थी। इस पर उन्होंने निश्चय किया कि हमारी राष्ट्रभाषा हिन्दी है और हमलोग आपस में उसी का व्यवहार करेंगे।[43] चिपलूणकर और आगरकर जैसे क्रान्तिकारियों ने भी राष्ट्रभाषा के पद पर हिन्दी को ही प्रतिष्ठित करने का समर्थन किया। सन् 1888 ई. के 'केसरी' में भी, जिसके सम्पादक बाल गंगाधर तिलक थे, राष्ट्रभाषा के पद के लिए हिन्दी का समर्थन किया गया। लोकमान्य तिलक हिन्दी को सर्वतोभावेन भारत की राष्ट्रभाषा बनाना चाहते थे। 4 अगस्त, 1920 के *यंग इंडिया* में गांधी जी ने उनके हिन्दी प्रेम और राष्ट्रभाषा के सम्बन्ध में उनके सुचिन्तित दृष्टिकोण की प्रशंसा की थी। लोकमान्य की प्रेरणा से ही माधव राव सप्रे ने नागपुर से 'हिन्दी केसरी' का प्रकाशन आरम्भ किया था।[44] सन् 1893-94 ई. में श्री केशव राव पेठे नामक महाराष्ट्रीय सज्जन ने हिन्दी के समर्थन में *राष्ट्रभाषा* नाम की पुस्तक लिखी।[45] कलकत्ता के जस्टिस शारदाचरण मित्र ने सन् 1905 ई. में एक 'लिपि विस्तार परिषद्' की स्थापना की थी जिसका लक्ष्य राष्ट्रभाषा हिन्दी के साथ-साथ राष्ट्रलिपि के रूप में देवनागरी का प्रचार करना था। इस आन्दोलन को मद्रास के जस्टिस कृष्णस्वामी का भी समर्थन प्राप्त था। उनका भी यही विचार था कि हिन्दी को राष्ट्रभाषा तथा देवनागरी लिपि को राष्ट्रलिपि बना देना चाहिए।[46] जस्टिस शारदाचरण मित्र ने अपने एक लेख में, जो हिन्दी साहित्य सम्मेलन के प्रथम अधिवेशन (1910 ई.) के लिए लिखा गया था, कहा था : "हिन्दी समस्त आर्यावर्त (भारत) की भाषा है...यद्यपि मैं बंगाली हूँ तथापि मेरे दफ्तर की भाषा हिन्दी है। इस वृद्धावस्था में मेरे लिए वह गौरव का दिन होगा, जिस दिन मैं हिन्दी स्वच्छन्दता से बोलने लगूँगा और प्लेटफार्म के ऊपर खड़ा होकर हिन्दी में वक्तृता दूँगा। उसी दिन मेरा जीवन सफल होगा, जिस दिन मैं सारे भारतवासियों के साथ साफ हिन्दी में वार्त्तालाप करूँगा।"[47]

इससे स्पष्ट है कि बीसवीं शताब्दी के आरम्भ में ही राष्ट्रीय स्तर के नेता और विद्वान् यह अनुभव करने लगे थे कि भारत की स्वाधीनता और राष्ट्रीय जागृति के लिए हिन्दी को राष्ट्रभाषा के रूप में अपनाना आवश्यक है। निश्चय ही गांधी जी ने इस सच्चाई को बहुत गहराई से अनुभव किया था, इसलिए अपने भाषणों में वे प्रायः हमेशा राष्ट्रभाषा के रूप में हिन्दी को अपनाने तथा अँगरेजी के प्रति अनावश्यक मोह को त्यागने पर बल देते थे। सन् 1918 ई. में इन्दौर में सम्पन्न हिन्दी साहित्य सम्मेलन के आठवें अधिवेशन में सभापति पद से बोलते हुए उन्होंने स्पष्ट किया था कि "पचास वर्षों से हम अँगरेजी के मोह में फँसे हैं।...हमें ऐसा उद्योग करना चाहिए कि एक वर्ष में राजकीय सभाओं में, कांग्रेस में, प्रान्तीय सभाओं में और अन्य सभा समाज और सम्मेलनों में अँगरेजी का एक भी शब्द सुनाई न पड़े।...जैसे अँगरेज अपनी मादरी जबान अँगरेजी में ही बोलते और सर्वथा उसे ही व्यवहार में लाते हैं, वैसे ही मैं आपसे प्रार्थना करता हूँ कि आप हिन्दी को भारत की राष्ट्रभाषा बनने का गौरव प्रदान करें। हिन्दी सब समझते हैं। इसे राष्ट्रभाषा बनाकर हमें अपना कर्त्तव्य पालन करना चाहिए।"[48]

यहाँ इस बात का स्पष्टीकरण भी अपेक्षित है कि गांधीजी 'हिन्दी' शब्द का प्रयोग किस अर्थ में करते थे। बीसवीं शताब्दी तक आते-आते साहित्य के स्तर पर हिन्दी और उर्दू एक-दूसरे से बिलकुल अलग हो चुकी थीं। कुछ कम मुखर रूप में यह स्वीकार कर लिया गया था कि हिन्दी हिन्दुओं की और उर्दू मुसलमानों की भाषा है। पर यह बात सच नहीं थी। आम जीवन में बोली जाने वाली भाषा के रूप में उर्दू और हिन्दी का अन्तर नगण्य था। दरअसल समाज के ऊपरी स्तर पर, वह भी अधिकतर लिखित भाषा में, उर्दू-हिन्दी का भेद था। दोनों में भेद का एक बड़ा कारण अलग लिपियाँ भी थीं। हिन्दू और मुसलमान दोनों ही अपनी लिपियों—देवनागरी और फारसी—के साथ भावनात्मक रूप से जुड़े हुए थे। गांधी जी ने इस स्थिति को देखते हुए 'हिन्दी' के सम्बन्ध में अपनी अवधारणा विकसित की थी। उन्होंने कहा था, "हिन्दी भाषा मैं उसे कहता हूँ जिसे उत्तर भारत में हिन्दू और मुसलमान बोलते हैं, और जो देवनागरी या उर्दू लिपि में लिखी जाती है।"[49] इससे स्पष्ट है कि गांधी जी हिन्दी और उर्दू को अलग भाषाएँ नहीं मानते थे। उन्होंने बिलकुल ठीक लक्षित किया था कि "हिन्दुस्तान के उत्तरी हिस्से में मुसलमान और हिन्दू दोनों एक ही भाषा बोलते हैं। भेद सिर्फ पढ़े-लिखों ने पैदा किया है।"[50] अपने इन्दौर वाले लिखित भाषण में उन्होंने यह भी जोड़ा कि "यह हिन्दी एकदम संस्कृतमयी नहीं है, न वह एकदम फारसी शब्दों से लदी हुई है।"[51]

पर पढ़ा-लिखा मुस्लिम समुदाय गांधी जी के इस विचार से सहमत न था। वह 'उर्दू' के अलग अस्तित्व को किसी भी कीमत पर बनाये रखना चाहता था। उसे हिन्दुओं और मुसलमानों की साझी भाषा के रूप में 'हिन्दी' नाम भी स्वीकार न था। (यद्यपि खड़ी बोली पर आधारित भाषा का 'हिन्दी' नामकरण मुसलमानों की ही देन था।) इस स्थिति में मुसलमानों को तुष्ट करने के लिए गांधी जी ने 'हिन्दी' के स्थान पर 'हिन्दुस्तानी' शब्द का भी विकल्प के रूप में, प्रयोग करना आरम्भ किया। भाषा और साहित्य के विद्यार्थी को यह भलीभाँति ज्ञात है कि 1800 ई. के लगभग फोर्टविलियम कॉलेज के 'हिन्दुस्तानी' विभाग के अध्यक्ष जॉन गिलक्राइस्ट खड़ी बोली पर आधारित हिन्दी के लिए 'हिन्दुस्तानी' शब्द

का ही प्रयोग करते थे जो दरअसल नागरी में लिखित उर्दू होती थी। इस कारण मुसलमानों को 'हिन्दुस्तानी' शब्द तो ग्राह्य था, पर 'हिन्दी' नहीं। उधर हिन्दू जनता को 'हिन्दुस्तानी' नाम नापसन्द था जो उच्चारण की सरलता और प्रचलन की दृष्टि से भी असंगत था। गांधी जी भी 'हिन्दी' नाम को ही पसन्द करते थे जो उनके बाद के कथनों से जाहिर है। अपने एक परवर्ती भाषण में उन्होंने कहा था कि "सन् 1918 में मैंने यही कहा था कि हिन्दी उस भाषा का नाम है, जिसे हिन्दू और मुसलमान कुदरती तौर पर बगैर प्रयत्न के बोलते हैं। हिन्दुस्तानी और उर्दू में कोई फर्क नहीं है। देवनागरी लिपि में लिखी जाने पर वह हिन्दी और अरबी में लिखी जाने पर उर्दू कही जाती है।"[52] अखिल भारतीय साहित्य परिषद् की नागपुर में हुई बैठक (1936 ई.) के सभापति पद से दिये गए भाषण में उन्होंने कहा कि "हिन्दी को हिन्दुस्तानी कहने का मतलब यह है कि उस भाषा में फारसी मुहावरों का त्याग न किया जाय।"[53] बाद में गांधी जी राष्ट्रभाषा के लिए 'हिन्दी-हिन्दुस्तानी' शब्द का प्रयोग करने लगे थे। गांधी जी ने हिन्दी साहित्य सम्मेलन के मद्रास अधिवेशन में दिये गए अपने भाषण में इसकी सफाई भी पेश की थी, जिससे पता चलता है कि कांग्रेस के मुसलमान सदस्यों को 'हिन्दी' शब्द बिलकुल ही नागवार प्रतीत होता था, जबकि गांधी जी 'हिन्दी' शब्द को छोड़ना 'खुद अपने तईं और सम्मेलन के प्रति भी हिंसा समझते थे।'[54] पर गांधी जी कांग्रेस के मुस्लिम नेताओं को राष्ट्रभाषा के लिए 'हिन्दी' (हिन्दी-हिन्दुस्तानी भी) नाम स्वीकार करने को राजी न कर सके। अपने एक भाषण में उन्होंने इस पर दुःख व्यक्त करते हुए कहा कि "अगर 'हिन्दी' लफ्ज पर ही उन्हें शिकायत हो, तो बात दूसरी है। अगर उन्हें 'हिन्दी' नाम से ही चिढ़ हो तो यह दुःख की बात है। उत्तर हिन्दुस्तान में बोली जानेवाली भाषा के लिए 'हिन्दी' ही मूल शब्द है। उर्दू नाम तो—जैसा कि सब अच्छी तरह जानते हैं—खास तौर से और खास मतलब से रखा गया था। अरबी लिपि भी मुसलमान शासकों के सुभीते के लिए रखी गई थी। इतिहास का अगर यही क्रम है तो जब तक 'हिन्दी' शब्द दोनों जबानों के लिए काम में आता है उसका प्रयोग करने में कोई मुखालिफत नहीं होनी चाहिए।"[55] अपने इस विचार के रूप में गांधी जी ने बहुत दिनों तक 'हिन्दी' नाम का परित्याग नहीं किया और विकल्प के रूप में वे 'हिन्दी', 'हिन्दुस्तानी' या 'हिन्दी-हिन्दुस्तानी' नामों का प्रयोग करते रहे। इसके विपरीत जवाहर लाल नेहरू और डॉ. राजेन्द्र प्रसाद ने मुस्लिम नेताओं को तुष्ट करने के लिए राष्ट्रभाषा के सन्दर्भ में 'हिन्दुस्तानी' नाम को स्वीकार कर लिया था। बाद में गांधी जी भी 'हिन्दी' के स्थान पर 'हिन्दुस्तानी' शब्द का ही प्रयोग करने लगे थे।

सन् 1918 ई. में सम्पन्न हिन्दी साहित्य सम्मेलन का इन्दौर अधिवेशन दो दृष्टियों से बहुत महत्त्व का रहा। प्रथम यह कि इस अधिवेशन में गांधी जी ने सम्मेलन के मंच से अपनी हिन्दी विषयक अवधारणा सामने रखी और सभा ने उसे स्वीकार कर लिया। और दूसरा था वह प्रस्ताव जिसके तहत प्रतिवर्ष छह दक्षिण भारतीय युवकों को हिन्दी सीखने के लिए प्रयाग बुलाने और छह हिन्दी भाषा-भाषी युवकों को दक्षिण की भाषाएँ सीखने तथा, उसके साथ-साथ हिन्दी का प्रचार करने के लिए दक्षिण भारत भेजने सम्बन्धी थी। दक्षिण भारत में हिन्दी के प्रचार के लिए इन्दौर सम्मेलन ने छह सदस्यों की एक समिति बनायी, जिसमें गांधी जी और पुरुषोत्तम दास टंडन भी थे। दक्षिण भारत में हिन्दी प्रचार के लिए महाराज होलकर और

सेठ सर हुकुमचन्द ने दस-दस हजार रुपयों के दान दिये। सम्मेलन के सम्पन्न होते ही 31 मार्च, 1918 को गांधीजी ने समाचारपत्रों को एक छोटा-सा लेख भेजा जिसमें उन्होंने हिन्दी प्रचार समिति के गठन का जिक्र किया और छह ऐसे तमिल और तेलुगुभाषी तरुणों का आह्वान किया जो तमिल और तेलुगु भाषी जनता में हिन्दी का प्रचार करने के लिए हिन्दी सीखें। उन्हें हिन्दी सिखाने की व्यवस्था इलाहाबाद या बनारस में करने की सूचना भी उन्होंने साथ-साथ दी। यही नहीं, गांधी जी ने दक्षिण के कुछ प्रमुख नेताओं से लिखा-पढ़ी भी की और समाचारपत्रों में लेख भी लिखे। गांधी जी के विचारों को पढ़कर दक्षिण के कुछ उत्साही युवकों ने हिन्दी पढ़ने की इच्छा व्यक्त की और किसी योग्य अध्यापक को दक्षिण में भेजने का अनुरोध किया। इस अनुरोध पर गांधी जी ने अपने वरिष्ठ पुत्र देवदास गांधी को मद्रास भेजा, जिन्होंने मई, 1918 ई. में हिन्दी वर्ग का आरम्भ किया। इस अवसर पर आयोजित समारोह की अध्यक्षता डॉ. सी.पी. रामस्वामी अय्यर और उद्घाटन श्रीमती एनी बेसेन्ट ने किया। इन दोनों ने ही दक्षिण में हिन्दी प्रचार योजना का स्वागत किया और लोगों का आह्वान किया कि वे इस योजना को सफल बनाएँ।[56] श्रीमती एनी बेसेन्ट तो गांधी जी के विचारों से इतनी प्रभावित हुईं कि वे अपने दैनिक पत्र *'न्यू इंडिया'* में अँगरेजी अनुवाद के साथ हिन्दी में लेख भी प्रकाशित करने लगीं। श्री पी.के. केशवन नायर के अनुसार "वे हिन्दी का राष्ट्रभाषा होना अत्यन्त आवश्यक और अँगरेजी का इस देश की राष्ट्रभाषा बन जाना देश के लिए खतरनाक समझती थीं। उनका कहना था कि जिस दिन अँगरेजी हिन्दुस्तान की राष्ट्रभाषा हो जाएगी, उस दिन समझ लेना चाहिए कि हमारी बरबादी शुरू हो गई।"[57]

जी का हिन्दी प्रचार सम्बन्धी आह्वान बहुत कारगर सिद्ध हुआ और दक्षिण के पाँच युवक हिन्दी सीखने के लिए प्रयाग आ गए। मद्रास में देवदास के हिन्दी वर्ग के प्रति भी लोगों ने गहरी रुचि दिखाई और सर्वश्री सदाशिव अय्यर, वेंकटराम शास्त्री, के. भाष्यम अय्यंगर, एन. सुन्दर अय्यर, श्रीमती अम्बु जम्मान, श्रीमती दुर्गाबाई, श्रीमती इन्दिरा रामदुरै, श्रीमती रुक्मिणी लक्ष्मीपति जैसे लोगों ने उससे हिन्दी सीखना आरम्भ किया। मद्रास में इस हिन्दी शिक्षण का समर्थन न केवल एनी बेसेन्ट के *'न्यू इंडिया'* ने बल्कि प्रसिद्ध अँगरेजी दैनिक *हिन्दू* और तमिल दैनिक *आनन्द विकटन* ने भी किया। इस प्रचार कार्य के लिए अनेक व्यक्तियों और संस्थाओं ने आर्थिक सहायता भी उपलब्ध करायी।[58]

सन् 1920 ई. में गांधी जी ने सत्याग्रह आन्दोलन आरम्भ किया और देश के तीन सबसे महत्त्वपूर्ण कार्यों (स्वदेशी, हिन्दू-मुस्लिम एकता और हिन्दुस्तानी को राष्ट्रभाषा मानना) में हिन्दी प्रचार को भी शामिल किया। 1921 में असहयोग आन्दोलन के फलस्वरूप प्राय: प्रत्येक प्रान्त में राष्ट्रीय विद्यापीठ, राष्ट्रीय कॉलेज और स्कूल खुले जिनमें हिन्दी तथा प्रादेशिक भाषाओं को अँगरेजी से अधिक प्रमुखता मिली। रामधारी सिंह दिनकर के अनुसार "शिक्षा के क्षेत्र में यह नया आन्दोलन था तथा उससे हिन्दी का पथ, अपने आप, प्रबल हो गया।"[59]

यों तो गांधी जी पहले से ही हिन्दी को राष्ट्रभाषा बनाने पर जोर देते आ रहे थे पर सम्मेलन के इन्दौर अधिवेशन (1918) और असहयोग आन्दोलन (1921) के बाद उन्होंने हिन्दी प्रचार कार्य को राष्ट्रीय व्रत बना लिया और अपने अधिकांश भाषणों और लेखों में इस पर जोर देने लगे।[60] गांधी जी के प्रभाव से दिसम्बर, 1919 के कांग्रेस अधिवेशन में हिन्दी में अधिक

भाषण हुए। गांधी जी ने खेद प्रकट किया कि कांग्रेस के अध्यक्ष का भाषण हिन्दी में नहीं हुआ। हिन्दी में दिये गए भाषणों से श्रीमती एनी बेसेन्ट को लगा कि इस बार की कांग्रेस राष्ट्रीय धरातल से उतरकर प्रान्तीय धरातल पर चली गई थी। उन्होंने अपनी एक टिप्पणी में अपना यह विचार व्यक्त किया जिसका उत्तर देते हुए 21 जनवरी, 1920 ई. के *यंग इंडिया* में गांधी जी ने लिखा—''कांग्रेस की लगभग समस्त कार्यवाही पिछले दो सालों के सिवा अब तक अँगरेजी में किये जाने के कारण राष्ट्र को सचमुच काफी हानि पहुँची है। मैं यह तथ्य भी बताना चाहता हूँ कि मद्रास प्रेसिडेन्सी के अतिरिक्त अन्य सभी प्रान्तों के राष्ट्रीय कांग्रेस के प्रतिनिधियों और दर्शकों में से अधिकांश अँगरेजी की अपेक्षा हिन्दुस्तानी ही अधिक समझ सके हैं। इसलिए इसका एक बड़ा ही विचित्र-सा परिणाम यह हुआ है कि इन समस्त वर्षों में कांग्रेस जैसी महती संस्था केवल देखने में राष्ट्रीय रही है, किन्तु वह अपने वास्तविक शैक्षणिक महत्त्व के कारण कभी राष्ट्रीय नहीं रही।''[61] उन्होंने मद्रास प्रेसिडेन्सी के लोगों के सत्ताइस करोड़ सत्तर लाख भारतीयों के लिए हिन्दुस्तानी सीखने का अनुरोध किया और स्वर्गीय न्यायमूर्ति कृष्णस्वामी को स्मरण किया जो ''मानते थे कि भारत के विभिन्न भागों के बीच विचारों के आदान-प्रदान का एकमात्र सम्भावित माध्यम हिन्दुस्तानी ही हो सकती है।''[62] उन्होंने यह भी कहा कि ''मैं सोच-समझकर इस नतीजे पर पहुँचा हूँ कि राष्ट्र का कारोबार चलाने के लिए या विचार-विनिमय के लिए हिन्दुस्तानी को छोड़कर दूसरी कोई भाषा शायद ही राष्ट्रीय माध्यम बन सके।'' उन्होंने मद्रास की जनता से अपील की कि ''वह इस बात को समझ ले कि लोकसेवा का काम करने वालों के लिए हिन्दुस्तानी सीखना जरूरी है।''[63]

गांधी जी को जब भी, और जहाँ भी, मौका मिला उन्होंने राष्ट्रभाषा के रूप में हिन्दी की मान्यता और प्रचार के लिए कोई कसर नहीं छोड़ी। इस कार्य में उनकी सबसे बड़ी बाधा मुसलमानों की 'हिन्दी' नाम से चिढ़, अरबी-फारसी के शब्दों के प्रति अत्यधिक आकर्षण तथा फारसी लिपि को किसी भी हालत में न त्यागने की जिद थी। गांधी जी ने 'हिन्दी' के साथ 'हिन्दुस्तानी' नाम तथा राष्ट्रभाषा के प्रसंग में देवनागरी और फारसी दोनों लिपियों के प्रयोग की छूट को स्वीकार करते हुए एक बीच का रास्ता निकाला। अतः जब होमरूल लीग के नेताओं ने गांधी जी से 'लीग' का नेतृत्व सँभालने का अनुरोध किया तो उन्होंने 18 मार्च, 1920 के अपने पत्र में एक शर्त यह भी रखी कि ''हिन्दी और उर्दू के मिश्रण से निकली हुई हिन्दुस्तानी को पारस्परिक सम्पर्क के लिए राष्ट्रभाषा के रूप में निकट भविष्य में स्वीकार कर लिया जाय। अतएव, भावी सदस्य इम्पीरियल कौंसिल में इस तरह काम करने को वचनबद्ध होंगे, जिससे वहाँ हिन्दुस्तानी का प्रयोग प्रारम्भ हो सके और प्रान्तीय कौंसिलों में भी वे इस तरह काम करने को प्रतिज्ञाबद्ध होंगे जिससे वहाँ, जब तक हम राष्ट्रीय कामकाज के लिए अँगरेजी को पूरी तरह छोड़ देने की स्थिति में नहीं आ जाते, तब तक के लिए, कम से कम वैकल्पिक माध्यम के रूप में प्रान्तीय भाषाओं का उपयोग प्रारम्भ हो सके। वे हमारे स्कूलों में हिन्दुस्तानी को देवनागरी लिपि या वैकल्पिक रूप में, उर्दू लिपि के साथ, अनिवार्य द्वितीय भाषा की तरह दाखिल कराने के लिए भी वचनबद्ध होंगे। अँगरेजी को साम्राज्यीय सम्पर्क, राजनयिक सम्बन्ध तथा अन्तर्राष्ट्रीय व्यापार की भाषा के रूप में मान्यता दी जाएगी।''[64]

बेलगाँव की 39वीं राष्ट्रीय महासभा (1924) के सभापति पद से दिये गए भाषण में गांधी जी ने 'एक खास मीयाद के अन्दर हर प्रान्त की अदालतों और धारा सभाओं का कामकाज उसी प्रान्त की भाषा में जारी' करने का सुझाव दिया। 'अपील की आखिरी अदालत की जबान' के रूप में भी उन्होंने 'हिन्दुस्तानी' को ही रखने का सुझाव दिया, भले ही उसकी लिपि देवनागरी हो या फारसी। इसी प्रकार 'मध्यवर्ती सरकार और बड़ी धारा सभाओं की भाषा' के रूप में भी उन्होंने 'हिन्दुस्तानी' को ही स्वीकार किया। केवल अन्तर्राष्ट्रीय राज्य व्यवहार के लिए उन्होंने अँगरेजी की सिफारिश की।[65]

राष्ट्रभाषा हिन्दी के आन्दोलन में कानपुर कांग्रेस अधिवेशन का (1925 ई.) महत्त्वपूर्ण स्थान है। इस अधिवेशन में यह प्रस्ताव पास हुआ कि "कांग्रेस की महासमिति का और कार्यकारिणी समिति का कामकाज आमतौर पर हिन्दुस्तानी में चलाया जाएगा। जो वक्ता हिन्दुस्तानी में नहीं बोल सकते, उनके लिए, या जब-जब जरूरत हो, तब अँगरेजी का या किसी प्रान्तीय भाषा का इस्तेमाल किया जा सकेगा।" गांधीजी ने *यंग इंडिया* (7.1.1926) और *नवजीवन* (3.1.1926) में इस प्रस्ताव के पक्ष में टिप्पणियाँ लिखी थीं।[66]

राष्ट्रभाषा हिन्दी के प्रचार के प्रति गांधी जी इतने अधिक प्रतिबद्ध थे कि लोगों द्वारा अपने को अँगरेजी में दिये गए अभिनन्दन पत्र भी पसन्द नहीं करते थे।[67] छत्रपुर, जिला गंजाम की एक सभा में अँगरेजी में बोलने से इनकार करते हुए उन्होंने कहा था, "इसे तो मैं मातृभूमि की दूसरी भाषाओं से द्वेष और अँगरेजी से अनुचित प्रेम का चिह्न मानता हूँ। मैं अँगरेजी से नफरत नहीं करता पर हिन्दी से अधिक प्रेम करता हूँ, इसीलिए मैं हिन्दुस्तान के शिक्षितों से कहता हूँ कि वे हिन्दी को अपनी भाषा बना लें।"[68] इसके काफी पहले, 1918 ई. में ही, कराँची में युद्ध परिषद् की बैठक में, जिसमें वायसराय भी उपस्थित थे, गांधी जी ने हिन्दी या हिन्दुस्तानी में बोलने की छूट माँगी थी, जिसे वायसराय ने तुरन्त मंजूर कर लिया था।[69] सन् 1931 ई. में कराँची के व्यापार उद्योग मंडल संघ के वार्षिक उत्सव में भी गांधी जी ने हिन्दी में ही अपना भाषण दिया और व्यापारियों से भी अपना कामकाज राष्ट्रभाषा हिन्दी में करने का अनुरोध किया।[70] अपने एक अन्य भाषण में गांधी जी ने कहा था : "अगर स्वराज्य अँगरेजी बोलने वाले भारतीयों का, उन्हीं के लिए होने वाला हो, तो निस्सन्देह अँगरेजी ही राष्ट्रभाषा होगी। लेकिन अगर स्वराज्य करोड़ों भूखे मरने वालों, करोड़ों निरक्षरों, निरक्षर बहनों और भाइयों और दलितों व अन्त्यजों का हो, और इन सबके लिए होने वाला हो, तो हिन्दी ही एकमात्र राष्ट्रभाषा हो सकती है।"[71]

रामधारी सिंह दिनकर ने लिखा है कि "गांधी जी ने अपने सतत चलने वाले प्रचार से देश में वह हवा पैदा कर दी कि राष्ट्रीय सभा सम्मेलनों में वक्ता जब अँगरेजी में भाषण शुरू करते, तब अहिन्दीभाषी श्रोता भी 'हिन्दी-हिन्दी' का नारा लगाने लगते थे।"[72] इस हवा का असर अहिन्दीभाषी वक्ताओं पर भी पड़ने लगा था। रवीन्द्रनाथ ठाकुर, चक्रवर्ती राजगोपालाचारी, सुब्रह्मण्यम भारती, रामस्वामी नायकर, श्री मुरुगनार आदि साहित्यकार और नेता सभाओं में हिन्दी में भाषण देने की कोशिश करने लगे थे और राष्ट्रभाषा के रूप में हिन्दी के प्रचार के समर्थक हो गए थे। श्री राजगोपालाचारी ने *हिन्दी प्रचारक* में 'छात्रों से अपील' नामक एक लेख लिखा था जिसमें उन्होंने हिन्दी को राष्ट्रभाषा मानकर उसे सीखने

पर जोर दिया था।[73] इन सब बातों के परिणामस्वरूप सन् 1930 ई. तक दक्षिण में हिन्दी का कामचलाऊ ज्ञान प्राप्त करने वालों की संख्या 2,50,000, हिन्दी की परीक्षाओं में सम्मिलित होने वालों की संख्या 11,000 और परीक्षाओं में उत्तीर्ण होने वालों की संख्या 10,000 हो गई थी।[74]

सन् 1935 ई. में हिन्दी साहित्य सम्मेलन का 24वाँ अधिवेशन पुनः इन्दौर में आयोजित हुआ और गांधी जी दूसरी बार उसके सभापति चुने गए। सभापति के नाते उन्होंने अपने भाषण में आगे के काम की रूपरेखा पेश की। इस प्रकार 1935 ई. में राष्ट्रभाषा के प्रचार-प्रसार का एक नया दौर शुरू हुआ। गांधी जी ने अपने अध्यक्षीय भाषण में कहा—''यदि हिन्दी को राष्ट्रभाषा बनाना है, तो प्रचार कार्य सर्वव्यापी और सुसंगठित होना ही चाहिए।'' उन्होंने फिर दोहराया कि ''अँगरेजी राष्ट्रभाषा कभी नहीं बन सकती। आज उसका साम्राज्य-सा जरूर दिखाई देता है...लेकिन इससे हमें इस भ्रम में कभी न पड़ना चाहिए कि अंग्रेजी राष्ट्रभाषा बन रही है।...अगर हिन्दुस्तान को सचमुच एक राष्ट्र बनाना है, तो चाहे कोई माने या न माने, राष्ट्रभाषा हिन्दी ही बन सकती है।...इसलिए उचित और सम्भव तो यही है कि प्रत्येक प्रान्त में उस प्रान्त की भाषा, सारे देश के पारस्परिक व्यवहार के लिए हिन्दी और अन्तर्राष्ट्रीय उपयोग के लिए अँगरेजी का व्यवहार हो।''[75]

इस बीच बंगाल, असम और उड़ीसा में भी हिन्दी प्रचार का काम थोड़ा-बहुत आरम्भ हो गया था। गांधी जी ने अपने अध्यक्षीय भाषण में सम्मेलन को इन प्रान्तों में भी हिन्दी के प्रचार पर ध्यान देने को कहा। इस बीच मद्रास में जहाँ-तहाँ यह धारणा फैलायी जाने लगी थी कि हिन्दी के प्रचार से प्रान्तीय भाषाओं के विकास में बाधा पड़ेगी। गांधी जी ने इस भ्रम का निराकरण करते हुए कहा था कि ''मैं हमेशा से यह मानता रहा हूँ कि हम किसी भी हालत में प्रान्तीय भाषाओं को मिटाना नहीं चाहते। हमारा मतलब तो सिर्फ यह है कि विभिन्न प्रान्तों के पारस्परिक सम्बन्ध के लिए हम भाषा सीखें।''[76]

हिन्दी साहित्य सम्मेलन के चौबीसवें अधिवेशन में सम्मेलन ने गांधीजी के हिन्दी-हिन्दुस्तानी विषयक मत को एक प्रस्ताव द्वारा स्वीकृति दे दी। गांधीजी ने अपने भाषण में पुनः दोहराया कि ''हिन्दी उस भाषा का नाम है, जिसे हिन्दू और मुसलमान, कुदरती तौर पर, बगैर प्रयत्न के बोलते हैं। हिन्दुस्तानी और उर्दू में कोई फर्क नहीं है। देवनागरी में लिखी जाने पर हिन्दी और अरबी में लिखी जाने पर वह उर्दू कही जाती है। जो लेखक या व्याख्यानदाता चुन-चुनकर संस्कृत या अरबी शब्दों का ही प्रयोग करता है, वह देश का अहित करता है। हमारी राष्ट्रभाषा में वे सब प्रकार के शब्द आने चाहिए, जो जनता में प्रचलित हो गए हैं।''[77]

हिन्दी साहित्य सम्मेलन का पच्चीसवाँ अधिवेशन नागपुर में हुआ जिसके सभापति डॉ. राजेन्द्र प्रसाद थे। इस सम्मेलन में गांधीजी की प्रेरणा से यह प्रस्ताव स्वीकार किया गया कि हिन्दी प्रचार कार्य के लिए हिन्दी प्रचार समिति का संगठन किया जाए और इसका कार्यालय वर्धा में रखा जाए। इसी प्रस्ताव के अनुसार 'राष्ट्रभाषा प्रचार समिति, वर्धा' का संगठन किया गया। इस समिति का उद्देश्य दक्षिण भारत के चार प्रदेशों को छोड़कर भारत के लगभग सभी प्रदेशों तथा विदेशों में भी हिन्दी प्रचार करना था, जिसे वह आज तक सम्पादित करती आई है।

हिन्दी साहित्य सम्मेलन के इन्दौर अधिवेशन के बाद ही, 1936 ई. में, अखिल भारतीय साहित्य परिषद् की स्थापना हुई जिसका पहला अधिवेशन नागपुर में हुआ। इस परिषद् का उद्देश्य हिन्दुस्तानी के माध्यम से भारत की सभी भाषाओं को अनुवाद और परिचयात्मक पुस्तकों के द्वारा एक-दूसरे के निकट लाना था। परिषद् के मद्रास में हुए दूसरे अधिवेशन के सभापति पद से भाषण करते हुए गांधीजी ने कहा कि इस परिषद् का उद्देश्य यह है कि सब प्रान्तीय साहित्यों की सारभूत बातें संग्रह करके हिन्दी में उन्हें उपलब्ध कराया जाए।[78] परिषद् का एक अन्य उद्देश्य सभी भारतीय भाषाओं के लिए देवनागरी लिपि के प्रयोग का प्रचार करना भी था।[79]

इसी समय दक्षिण भारत हिन्दी प्रचार सभा का दीक्षान्त समारोह मद्रास में सम्पन्न हुआ, जिसका विवरण *'हरिजन सेवक'* के 3 अप्रैल, 1937 ई. के अंक में देते हुए गांधीजी ने दक्षिण के लोगों से हिन्दी को राष्ट्रभाषा के रूप में स्वीकार करने पर जोर दिया।

हिन्दी साहित्य सम्मेलन के मद्रास वाले अधिवेशन में इस आशय का एक सिफारिशी प्रस्ताव पास किया गया था कि अखिल भारतीय राष्ट्रीय कांग्रेस को अपना सारा काम हिन्दी-हिन्दुस्तानी में ही करना चाहिए। इस प्रस्ताव के पक्ष में गांधी जी ने भाषण किया था, जिसमें उन्होंने कहा था कि "जब तक कांग्रेस यह निश्चय न कर ले कि उसका सारा कामकाज हिन्दी में और उसकी प्रान्तीय संस्थाओं का प्रान्तीय भाषाओं में ही होगा तब तक वास्तविक रूप में हम जन-सम्पर्क स्थापित नहीं कर सकते।"[80] उन्होंने यह भी कहा कि "यह हमारी मानसिक काहिली ही है, जिसके कारण कांग्रेस विधान में 12 वर्षों से हिन्दुस्तानी को मंजूर कर लेने पर भी हम इस दिशा में कोई प्रगति नहीं कर पाये हैं।"[81] इस अन्तिम पंक्ति से स्पष्ट है कि गांधी जी कांग्रेस द्वारा हिन्दी या हिन्दुस्तानी के राष्ट्रभाषा के रूप में प्रयोग विषयक प्रगति से सन्तुष्ट नहीं थे।

वास्तविकता यह है कि गांधी जी के राष्ट्रभाषा सम्बन्धी स्पष्ट विचारों के बावजूद कांग्रेस के अन्य नेता अँगरेजी के प्रति अपना मोह त्याग नहीं सके थे। चूँकि उनकी सारी शिक्षा-दीक्षा अँगरेजी के माध्यम से हुई थी और अँगरेजी में काम करने के वे अभ्यस्त थे, अत: यह जानते हुए भी कि भारत की वास्तविक राष्ट्रभाषा हिन्दी ही हो सकती है वे अँगरेजी से चिपके हुए थे। जहाँ उन्हें जन-समुदाय को सम्बोधित करना होता था वहाँ तो वे आम बोलचाल की हिन्दी का ही प्रयोग करते थे पर कार्यालयी कामकाज में वे अँगरेजी का ही प्रयोग करते थे। उधर मुस्लिम नेता उर्दू के प्रति अपना मोह नहीं त्याग पा रहे थे। गांधी जी के तमाम आश्वासनों और स्पष्टीकरणों के बावजूद वे 'हिन्दी' नाम की भाषा को राष्ट्रभाषा के रूप में स्वीकार करने को तैयार नहीं थे। वे चाहते थे कि 'हिन्दी' नाम को सर्वथा त्यागकर 'हिन्दुस्तानी' नाम को राष्ट्रभाषा के लिए स्वीकार किया जाए। गांधी जी शुरू में इसके लिए तैयार नहीं थे[82] पर बाद में मुस्लिम नेताओं को सन्तुष्ट रखने के लिए उन्होंने भी 'हिन्दुस्तानी' शब्द को अपना लिया।

गांधी जी की प्रेरणा से सन् 1925 ई. में हिन्दी-हिन्दुस्तानी अखिल भारतीय कांग्रेस की दफ्तरी भाषा स्वीकार कर ली गई थी। सन् 1938 ई. में कांग्रेस की कार्यकारिणी समिति में डॉ. अशरफ ने 'हिन्दुस्तानी' के सम्बन्ध में एक प्रस्ताव रखा था जो अनेक प्रकार के

संशोधनों से हुई गड़बड़ी के कारण पास नहीं हो सका, पर विधान की धारा 19 (क) में यह स्वीकार किया गया कि ''कांग्रेस, अ. भा. कांग्रेस समिति और कार्य समिति का कामकाज साधारण रीति से हिन्दुस्तानी में हुआ करेगा।''[83]

इस सम्बन्ध में दो मत नहीं हो सकते कि राष्ट्रभाषा के रूप में हिन्दी की स्वीकृति और प्रचार का सर्वाधिक श्रेय गांधी जी को है। यह भी सत्य है कि राष्ट्रभाषा के रूप में हिन्दी के स्वरूप की जो कल्पना गांधी जी के मन में थी वह भारतीय परिस्थिति के सर्वथा अनुरूप और तर्कसंगत थी। पर उर्दू के समर्थकों और अधिकतर मुस्लिम नेताओं ने गांधी जी का साथ नहीं दिया। याकूब हुसैन, मौलवी अब्दुल हक और अक़िल साहब जैसे मुस्लिम नेताओं ने गांधी जी की भाषा सम्बन्धी नीति का विरोध किया।[84] यद्यपि गांधी जी ने उनकी तथा अन्य उर्दू प्रेमी बुद्धिजीवियों की निराधार आशंकाओं को दूर करने का बहुत प्रयत्न किया पर वे राष्ट्रभाषा के लिए 'हिन्दी' शब्द को, 'हिन्दुस्तानी' के साथ भी, स्वीकार करने के लिए तैयार नहीं हुए। दूसरी तरफ हिन्दी साहित्य सम्मेलन ने गांधी जी के सभी सुझावों को स्वीकार कर लिया। इस पर गांधी जी ने 29 अक्टूबर, 1938 ई. के *हरिजन सेवक* में स्पष्ट कहा कि ''यह बड़े दु:ख की बात है कि सम्मेलन ने हिन्दी की यह व्याख्या करके कि वह भाषा जो उत्तर भारत में हिन्दू–मुसलमानों द्वारा बोली जाती है और जो उर्दू या देवनागरी लिपि में लिखी जा सकती है, (अपनी ओर से) जो बड़ा कदम उठाया है, मुसलमानों ने फख्र और खुशी के साथ उसकी दाद नहीं दी है।''[85]

इसके बावजूद गांधीजी ने राष्ट्रभाषा के लिए 'हिन्दी' नाम छोड़कर 'हिन्दुस्तानी' नाम स्वीकार कर लिया। इसका कारण राजनीतिक दबाव था। 15 दिसम्बर, 1938 ई. के अपने एक पत्र में उन्होंने लिखा था, ''राष्ट्रभाषा का एक ही नाम है, और वह है हिन्दुस्तानी।''[86] इस पर भी उर्दू के समर्थकों ने गांधी जी का विश्वास नहीं किया। उनका ख्याल था कि गांधी जी हिन्दुस्तानी की आड़ में हिन्दी का प्रचार कर रहे हैं और उर्दू की हस्ती को मिटाना चाहते हैं। दूसरी तरफ कुछ मुस्लिम नेता यह मंसूबा लेकर हिन्दुस्तानी का समर्थन कर रहे थे कि वह, चाहे देवनागरी में लिखी जाए या फारसी लिपि में, होगी निखालिस उर्दू ही। सम्भव है कि हिन्दी के समर्थक भी मन ही मन यह समझ रहे हों कि देवनागरी में लिखी जाने पर हिन्दुस्तानी अन्तत: हिन्दी होकर ही रहेगी। इस परस्पर अविश्वास के वातावरण में 'हिन्दुस्तानी' की गाड़ी यदि नहीं चल सकी तो इसमें कोई आश्चर्य नहीं।

सन् 1937 ई. में देश के कई प्रान्तों में कांग्रेस की सरकारें बनीं। बम्बई सरकार के प्रधानमंत्री बी.जी. खेर ने सत्ता सँभालते ही एक शिक्षा समिति का गठन किया जिसके अध्यक्ष काका साहेब कालेलकर थे। इस समिति ने अनुशंसा की, कि[87]—

1. हिन्दुस्तानी की लिपियाँ फारसी और देवनागरी, दोनों रहेंगी।
2. छात्रों को आजादी रहेगी कि दो में से अपनी पसन्द की कोई एक लिपि वे सीखें, किन्तु शिक्षकों के लिए दोनों लिपियों का ज्ञान आवश्यक होगा।
3. अन्तत: हिन्दुस्तानी की पढ़ाई प्रत्येक स्कूल में अनिवार्य कर दी जाएगी और सर्वत्र दोनों लिपियाँ सिखाने का प्रबन्ध रहेगा।

पर इस सम्बन्ध में विवाद बना ही रहा कि हिन्दी प्रचार के लिए दोनों लिपियों का ज्ञान

आवश्यक है या नहीं ? राष्ट्रभाषा प्रचार समिति, वर्धा और हिन्दी साहित्य सम्मेलन का मत था कि हिन्दी प्रचार के लिए दोनों लिपियों का ज्ञान आवश्यक नहीं है।

इसी समय बिहार के एक प्रकाशक ने 'हिन्दुस्तानी' भाषा में कुछ रीडरें निकालीं जिनमें 'बेगम सीता' और 'बादशाह दशरथ' जैसे शब्दों का प्रयोग किया गया। इस समय बिहार के शिक्षा मंत्री डॉ. सैयद महमूद थे। लोगों में यह बात फैल गई, या फैला दी गई, कि कांग्रेस सरकार हिन्दुस्तानी के प्रचार के बहाने हिन्दू संस्कृति को विनष्ट कर रही है। 1938 ई. में हिन्दी साहित्य सम्मेलन का वार्षिक अधिवेशन काशी में हुआ, जिसमें बिहार की इन रीडरों की कड़ी आलोचना हुई। डॉ. राजेन्द्र प्रसाद के इस आश्वासन पर कि ये रीडरें नष्ट कर दी जाएँगी, बिहार सरकार के विरुद्ध निन्दा का प्रस्ताव वापस ले लिया गया, पर इस घटना ने हिन्दी-हिन्दुस्तानी विवाद को पर्याप्त कटु बना दिया। दूसरे वर्ष हिन्दी साहित्य सम्मेलन का अधिवेशन अबोहर (पंजाब) में हुआ। हिन्दुस्तानी के समर्थकों ने इस सम्मेलन के सभापति पद के लिए डॉ. राजेन्द्र प्रसाद का नाम प्रस्तावित कर दिया। यह देखकर हिन्दी के समर्थकों ने राजेन्द्र बाबू के विरोध में डॉ. अमरनाथ झा को खड़ा कर दिया। चुनाव में राजेन्द्र बाबू हार गए। इस घटना के बाद हिन्दी-हिन्दुस्तानी का संघर्ष अपनी चरम सीमा पर पहुँच गया। हिन्दुस्तानी के समर्थकों में गांधी जी के अतिरिक्त काका साहब कालेलकर, विनोबा भावे, राजा जी, राजेन्द्र बाबू आदि नेता थे तो हिन्दी का समर्थन पुरुषोत्तम दास टंडन, डॉ. सम्पूर्णानन्द, बालकृष्ण शर्मा 'नवीन', श्री वियोगी हरि, कन्हैयालाल माणिकलाल मुंशी, काका गाडगिल आदि कर रहे थे।[88]

सम्मेलन को अपने हाथ से निकलते देखकर काका साहेब कालेलकर की अध्यक्षता में 2 मई, 1942 ई. को वर्धा में 'हिन्दुस्तानी प्रचार सभा' की स्थापना की गई, जिसका उद्देश्य राष्ट्रभाषा के रूप में 'हिन्दुस्तानी' का प्रचार करना था। किन्तु संस्था निष्क्रिय हो गई। श्री अमृत लाल नानावटी के द्वारा गुजरात विद्यापीठ के माध्यम से हिन्दुस्तानी का थोड़ा-बहुत प्रचार होता रहा पर हिन्दुओं और मुसलमानों के बीच बढ़ते मतभेद और कटुता ने 'हिन्दुस्तानी' के पक्ष को बहुत कमजोर कर दिया। यद्यपि गांधी जी हिन्दुस्तानी के समर्थन में अडिग रहे पर हिन्दी साहित्य सम्मेलन उनका साथ छोड़ चुका था। अन्ततः गांधी जी ने 1945 ई. में सम्मेलन की सदस्यता से इस्तीफा दे दिया। इसकी प्रतिक्रिया लगभग सारे देश में हुई किन्तु उसका गम्भीर रूप गुजरात, मद्रास और महाराष्ट्र में दिखाई पड़ा। यों तो चौथे दशक में ही दक्षिण में हिन्दी विरोध का इक्का-दुक्का स्वर सुनायी पड़ने लगा था, पर गांधी जी के प्रभावशाली व्यक्तित्व के सामने वह विरोध टिक नहीं पाया था। 1945 ई. में गांधी जी के हिन्दी साहित्य सम्मेलन से हट जाने के बाद हिन्दी एक ऐसे महान् नेता का संरक्षण खो बैठी जिसकी बात सारे देश में सुनी जाती थी। सम्मेलन की सदस्यता से इस्तीफा देने के बाद 25 जनवरी, 1946 को मद्रास में दक्षिण भारत हिन्दी प्रचार सभा की रजत जयन्ती के अवसर पर दिये गए अपने भाषण में गांधी जी ने कहा कि "हिन्दुस्तानी की सेवा करने को मैं 125 बरस तक जिन्दा रहना चाहता हूँ।...हमारी सभा का नाम हिन्दी प्रचार सभा है। अब इसका नाम हिन्दी प्रचार सभा नहीं रहेगा। हिन्दी शब्द के बदले अब हमें हिन्दुस्तानी शब्द लेना है।"[89]

इसमें कोई सन्देह नहीं कि गांधी जी ने 'हिन्दी' के स्थान पर 'हिन्दुस्तानी' शब्द भारत के मुस्लिम समुदाय के दुराग्रहवश, उसे मात्र सन्तुष्ट करने के लिए लिया था। उन्होंने हिन्दी और उर्दू को नदियाँ और 'हिन्दुस्तानी' को सागर कहा था और अँगरेजी को उनका दुश्मन बताया था।[90] 'हिन्दुस्तानी' महासागर इस अर्थ में थी कि वह आम जनता द्वारा, चाहे वह हिन्दू हो या मुसलमान, समान रूप से बोली जाती थी। पर 'हिन्दी' और 'उर्दू' के 'संगम' या मिश्रण के रूप में किसी 'हिन्दुस्तानी' नामक कृत्रिम भाषा की कल्पना बेमानी थी। यह काम 'हिन्दी' सही रूप में कर सकती थी। पर मुसलमानों को यह नाम स्वीकार्य नहीं हुआ। देश की आजादी और बँटवारे के बाद भारतीय जनता ने 'हिन्दी' नाम को ही स्वीकार किया और आगे बनने वाले भारतीय संविधान में 'हिन्दी' को ही राष्ट्रभाषा के रूप में स्वीकार किया गया।

इस प्रकार भारतीय स्वाधीनता संग्राम के दौरान भारत की राष्ट्रभाषा के रूप में हिन्दी का विकास एक महत्त्वपूर्ण घटना है। निस्सन्देह इसका सर्वाधिक श्रेय अहिन्दीभाषी क्षेत्र के समाजसुधारकों, साहित्यकारों और राजनीतिज्ञों को है। इनमें गांधी जी का नाम सर्वोपरि है, क्योंकि देश के सबसे बड़े राजनीतिक दल, कांग्रेस, के वे सर्वेसर्वा थे। हिन्दी को देश की राष्ट्रभाषा के रूप में स्वीकृत कराने, उसका सारे देश में प्रचार करने और उसे राष्ट्रभाषा के योग्य बनाने में गांधी जी का योगदान अद्वितीय है। यद्यपि उन्होंने बाद में, 'हिन्दी' के स्थान पर 'हिन्दुस्तानी' शब्द को स्वीकार किया पर उनकी राष्ट्रभाषा सम्बन्धी अवधारणा में कोई मौलिक परिवर्तन नहीं हुआ।

सन्दर्भ

1. शितिकंठ मिश्र, *खड़ी बोली का आन्दोलन,* नागरी प्रचारिणी सभा, काशी, 1956, पृ. 86
2. राम गोपाल, *स्वतंत्रता पूर्व हिन्दी के संघर्ष का इतिहास,* पृ. 23
3. गोपाल राय, *हिन्दी कथा साहित्य और उसके विकास पर पाठकों की रुचि का प्रभाव, पटना, 1965,* पृ. 169
4. मलिक मुहम्मद, *राजभाषा हिन्दी : विकास के विविध आयाम,* पृ. 88
5. रामचन्द्र शुक्ल, *हिन्दी साहित्य का इतिहास,* 1990, संस्करण, पृ. 263
6. *हिन्दी प्रदीप,* अक्टूबर, 1882
7. शितिकंठ मिश्र, *खड़ी बोली का आन्दोलन,* पृ. 89
8. 'हंटर स्तोत्र', *हिन्दी प्रदीप,* 1884
9. गोपाल राय, *हिन्दी कथा साहित्य और उसके विकास पर पाठकों की रुचि का प्रभाव,* पृ. 175
10. शिवचरण सिंह, 'क्या सम्भव है कि इन प्रान्तों में नागरी का प्रचार हो', *हिन्दी प्रदीप,* फरवरी, सन् 1899 ई.
11. हिन्दी प्रदीप, मई–जून, 1898
12. उपरिवत्
13. शितिकंठ मिश्र, *खड़ी बोली का आन्दोलन,* पृ. 92
14. 'नागरी का प्रचार', *मर्यादा,* जून 1912
15. *कलकत्ता, हिन्दी क्लब बुलेटिन,* सितम्बर, 1908 (मलिक मुहम्मद, *राजभाषा हिन्दी : विकास के विविध आयाम,* पृ. 94–95 पर उद्धृत)

16. *नागरी प्रचारिणी पत्रिका,* वर्ष 57, सं. 2009, अंक 1, पृ. 66 (मलिक मुहम्मद, *राजभाषा हिन्दी : विकास के विविध आयाम,* पृ. 101 पर उद्धृत)
17. किशोरीदास वाजपेयी, *राष्ट्रभाषा का इतिहास,* पृ. 18–19 (मलिक मुहम्मद द्वारा *'राजभाषा हिन्दी : विकास के विविध आयाम',* पृ. 96 पर उद्धृत)
18. रामचन्द्र शुक्ल, *हिन्दी साहित्य का इतिहास,* 1990 संस्करण, पृ. 324
19. *'सरस्वती'* में प्रकाशित लेखों की विस्तृत सूचना के लिए देखें, रामविलास शर्मा, *महावीर प्रसाद द्विवेदी और हिन्दी नवजागरण,* पृ. 25–174
20. रामचन्द्र शुक्ल, *हिन्दी साहित्य का इतिहास,* 1990 ई. संस्करण, पृ. 268
21. उपरिवत्
22. रामविलास शर्मा, *महावीर प्रसाद द्विवेदी और हिन्दी नवजागरण,* पृ. 184
23. मोहनदास करमचन्द गांधी, *राष्ट्रभाषा हिन्दुस्तानी,* अनु. काशीनाथ त्रिवेदी, नवजीवन प्रकाशन मन्दिर, अहमदाबाद, 1947, पृ. 3
24. रामधारी सिंह दिनकर, *राष्ट्रभाषा आन्दोलन और गांधी जी,* 1968, पृ. 43
25. उपरिवत्, पृ. 45
26. रामविलास शर्मा, *महावीर प्रसाद द्विवेदी और हिन्दी नवजागरण,* पृ. 184
27. रामधारी सिंह दिनकर, *राष्ट्रभाषा आन्दोलन और गांधी जी,* पृ. 45
28. *सम्पूर्ण गांधी वाङ्मय,* खंड 13, पृ. 213
29. रामधारी सिंह दिनकर, *राष्ट्रभाषा आन्दोलन और गांधी जी,* पृ. 47
30. *सम्पूर्ण गांधी वाङ्मय,* खंड 13, पृ. 424
31. उपरिवत्
32. उपरिवत्
33. उपरिवत्, पृ. 425
34. मोहनदास करमचन्द गांधी, *राष्ट्रभाषा हिन्दुस्तानी,* अनु. काशीनाथ त्रिवेदी, अहमदाबाद, 1947, पृ. 4
35. रामधारी सिंह दिनकर, *राष्ट्रभाषा आन्दोलन और गांधी जी,* पृ. 51
36. ये पाँच लक्षण थे—
    (क) अमलदारों के लिए वही भाषा सरल होनी चाहिए।
    (ख) उस भाषा के द्वारा भारतवर्ष का आपसी धार्मिक, आर्थिक और राजनीतिक व्यवहार हो सकना चाहिए।
    (ग) यह जरूरी है कि भारतवर्ष के बहुत से लोग उसे बोलते हों।
    (घ) राष्ट्र के लिए वह भाषा आसान होनी चाहिए।
    (ङ) उस भाषा का विचार करते समय किसी क्षणिक या अल्प स्थायी स्थिति पर जोर नहीं देना चाहिए।
37. *सम्पूर्ण गांधी वाङ्मय,* खंड 14, पृ. 28–29
38. रामधारी सिंह दिनकर, *राष्ट्रभाषा आन्दोलन और गांधी जी,* पृ. 39
39. उपरिवत्, पृ. 38
40. उपरिवत्, पृ. 40
41. उपरिवत्
42. उपरिवत्, पृ. 37 पर उद्धृत
43. उपरिवत्, पृ. 38
44. उपरिवत्
45. उपरिवत्

46. उपरिवत्, पृ. 41
47. उपरिवत्
48. मोहनदास करमचन्द गांधी, *राष्ट्रभाषा हिन्दुस्तानी*, पृ. 10
49. उपरिवत्, पृ. 5
50. उपरिवत्
51. उपरिवत्, पृ. 11
52. उपरिवत्, पृ. 44
53. उपरिवत्, पृ. 49
54. उपरिवत्, पृ. 61 (*हरिजन सेवक, 10 अप्रैल 1937 में प्रकाशित गांधी जी की टिप्पणी*)
55. उपरिवत्, पृ. 80
56. रामधारी सिंह दिनकर, *राष्ट्रभाषा आन्दोलन और गांधी जी*, पृ. 79-81
57. उपरिवत्, पृ. 82 (*'दक्षिण में हिन्दी प्रचार आन्दोलन का समीक्षात्मक इतिहास'* से उद्धृत)
58. उपरिवत्, पृ. 83
59. उपरिवत्, पृ. 84
60. द्रष्टव्य 19 अप्रैल, 1918 को 'तमिल भाइयों' के नाम लिखित सन्देश, (*सम्पूर्ण गांधी वाङ्मय*, खंड 14, पृ. 340),
    26 मार्च 1919 को मदुरै में दिया गया भाषण (सं. गाँ. वा., खंड 15, पृ. 161)
    28 मार्च 1919 को तूतीकोरिन में दिया गया भाषण (सं. गाँ. वा., खंड 15, पृ. 164)
    16 जून 1920 के *'यंग इंडिया'* में प्रकाशित लेख, जो 'द्रविड़ भाइयों को सम्बोधित था।'
61. *सम्पूर्ण गांधी वाङ्मय*, खंड 16, पृ. 511-12
62. उपरिवत्
63. *राष्ट्रभाषा हिन्दुस्तानी* (पूर्वोल्लिखित), पृ. 17
64. *सम्पूर्ण गांधी वाङ्मय*, खंड 17, पृ. 100-108
65. *हिन्दी नवजीवन*, 26 दिसम्बर 1924 (*राष्ट्रभाषा हिन्दुस्तानी*, पृ. 23 पर उद्धृत)
66. *राष्ट्रभाषा हिन्दुस्तानी*, पृ. 24
67. *हिन्दी नवजीवन*, 20 जनवरी, 1927 (*राष्ट्रभाषा हिन्दुस्तानी*, पृ. 26)
68. *हिन्दी नवजीवन*, 15 दिसम्बर, 1927 (रा. हि., पृ. 26)
69. *राष्ट्रभाषा हिन्दुस्तानी*, पृ. 27
70. उपरिवत्
71. उपरिवत्, पृ. 35
72. रामधारी सिंह दिनकर, *राष्ट्रभाषा आन्दोलन और गांधी जी*, पृ. 88
73. उपरिवत्, पृ. 91
74. *राष्ट्रभाषा हिन्दुस्तानी*, पृ. 44
75. उपरिवत्
76. रामधारी सिंह दिनकर, *राष्ट्रभाषा आन्दोलन और गांधी जी*, पृ. 98
77. उपरिवत्
78. *राष्ट्रभाषा हिन्दुस्तानी*, पूर्वोल्लिखित, पृ. 51
79. उपरिवत् (विवरणों के लिए द्रष्टव्य *'हरिजन सेवक'* का 3 अप्रैल, 1937 का अंक)
80. उपरिवत्, पृ. 59
81. उपरिवत्, पृ. 60
82. द्रष्टव्य *हरिजन सेवक*, 10 अप्रैल 1937, (*राष्ट्रभाषा हिन्दुस्तानी*, पूर्वोल्लिखित, पृ. 61)
83. *राष्ट्रभाषा हिन्दुस्तानी*, पृ. 62

84. उपरिवत्
85. उपरिवत्, पृ. 100
86. उपरिवत्, पृ. 101
87. रामधारी सिंह दिनकर, *राष्ट्रभाषा आन्दोलन और गांधी जी*
88. उपरिवत्, पृ. 111
89. *राष्ट्रभाषा आन्दोलन और गांधी जी*, पूर्वोल्लिखित, पृ. 115
90. उपरिवत्, पृ. 116

10

स्वतंत्रता के बाद भारत संघ की राजभाषा के रूप में हिन्दी का विकास

15 अगस्त, 1947 ई. को महात्मा गांधी ने बी.बी.सी. को इंटरव्यू देते हुए कहा था—"दुनियावालों से कह दो कि गांधी अँगरेजी नहीं जानता।" यह बात गांधीजी ही कह सकते थे। गांधीजी जानते थे कि किसी देश का व्यक्तित्व अपनी भाषा से ही बनता है, किसी विदेशी भाषा से नहीं। भारत का दुर्भाग्य यह रहा कि लगभग एक हजार वर्षों तक इस पर विदेशियों का शासन रहा और विदेशी भाषाएँ ही शासकीय या राजभाषा के पद पर आरूढ़ रहीं; पहले फारसी और फिर अँगरेजी। पर साहित्यिक भाषा के रूप में हिन्दी क्षेत्र की बोलियों और सम्पर्क भाषा के रूप में खड़ी बोली हिन्दी (जिसमें उर्दू भी शामिल है) का विकास भी होता रहा। धार्मिक, सांस्कृतिक और व्यापारिक परिस्थितियों के फलस्वरूप खड़ी बोली हिन्दी अठारहवीं शताब्दी के पूर्व ही उत्तर भारत की सम्पर्क भाषा बन चुकी थी और शेष भारत में भी उसका थोड़ा-बहुत प्रचार हो चुका था। उन्नीसवीं शताब्दी के चौथे दशक में फारसी को हटाकर अँगरेजी सरकारी भाषा बन गई, पर सम्पर्क भाषा का काम हिन्दी-उर्दू ही करती रही। 1857 ई. के प्रथम स्वाधीनता संग्राम में हिन्दी-उर्दू का, राजनीतिक उद्देश्य से, पहली बार एक ठोस प्रयोग हुआ। उसके बाद ही शुरू हो गया उर्दू-हिन्दी विवाद जो स्वतंत्रता प्राप्ति तक चलता रहा और जिसका विवरण हम पूर्ववर्ती अध्याय में दे चुके हैं। बीसवीं शताब्दी के दूसरे दशक में गांधीजी के भारतीय राजनीति में प्रवेश करने के बाद अँगरेजी बनाम हिन्दी का संघर्ष जारी हुआ। उस समय हिन्दी का विरोध तीन दिशाओं से हो रहा था—(1) उर्दू वालों की तरफ से, (2) अँगरेजी के समर्थकों की ओर से और (3) अहिन्दी भाषाभाषियों की तरफ से। स्वतंत्रता प्राप्त होते ही, पाकिस्तान बन जाने से, भारत में उर्दू की स्थिति कमजोर हो गई और उर्दू इस संघर्ष से लगभग बाहर हो गई। स्वतंत्रता प्राप्ति के बाद हिन्दी और अँगरेजी तथा हिन्दी और हिन्दीतर भाषाओं का संघर्ष तेज हो गया। पर मुख्य संघर्ष हिन्दी और अँगरेजी के ही बीच रहा, क्योंकि अँगरेजी के समर्थक भी हिन्दीतर भाषाओं को ही ढाल बनाकर हिन्दी का विरोध कर रहे थे। यह तो मान ही लिया गया था कि अलग-अलग राज्यों में वहाँ की भाषाएँ ही राजभाषा का काम करेंगी, पर मुख्य मुद्दा था कि अखिल भारतीय स्तर पर, केन्द्रीय सरकार की राजभाषा अँगरेजी बनी रहे या

उसके स्थान पर हिन्दी को प्रतिष्ठित किया जाए। जब भारतीय संविधान का मसौदा तैयार होने लगा तब यह समस्या जोरों से उभरी। बहुत वाद-विवाद के बाद अन्तत: संविधान सभा ने 14 सितम्बर, 1949 ई. को यह तय किया कि भारतीय संघ की राजभाषा देवनागरी लिपि में लिखित हिन्दी होगी।

जब भारतीय संविधान अन्तिम रूप से निर्मित हुआ तो उसमें राजभाषा सम्बन्धी नौ अनुच्छेद (343-351) शामिल किये गए। अनुच्छेद-343 (1) में देवनागरी लिपि में लिखित हिन्दी को भारतीय संघ की राजभाषा स्वीकृत किया गया पर इसके साथ ही यह भी कहा गया कि संघ के शासकीय प्रयोजनों के लिए प्रयुक्त होने वाले अंकों का रूप भारतीय अंकों का अन्तर्राष्ट्रीय रूप होगा। संविधान निर्माताओं ने यह भी अनुभव किया कि राजभाषा के रूप में अँगरेजी के स्थान पर हिन्दी का तत्काल प्रयोग सम्भव नहीं है।[1] अत: अनुच्छेद-343 के ही खंड-2 में यह व्यवस्था की गई कि संविधान के लागू होने से पन्द्रह वर्ष की अवधि तक संघ के शासकीय प्रयोजनों के लिए अँगरेजी भाषा का प्रयोग किया जाता रहेगा। इसके साथ यह प्रावधान भी रखा गया कि राष्ट्रपति उक्त अवधि के दौरान, आदेश द्वारा, संघ के शासकीय प्रयोजनों में से किसी के लिए अँगरेजी भाषा के अतिरिक्त हिन्दी भाषा और 'अन्तर्राष्ट्रीय अंकों के अतिरिक्त' देवनागरी अंकों के प्रयोग को लागू कर सकता है।

पन्द्रह वर्षों की इस संक्रान्तिकालीन स्थिति का मकसद यह था कि हिन्दी इस अवधि में राजभाषा बनने की क्षमता अर्जित कर लेगी और सरकारी कर्मचारी तथा मंत्रिपरिषद् के सदस्य हिन्दी में काम करने के अभ्यस्त हो जाएँगे। इसे सुनिश्चित करने के लिए संविधान के अनुच्छेद-344 (1) में यह प्रावधान किया गया कि राष्ट्रपति संविधान के प्रारम्भ होने के पाँच वर्ष के बाद **प्रथम आयोग** और उसके पाँच वर्ष पश्चात् **द्वितीय आयोग** गठित करेंगे। इस आयोग के अध्यक्ष के अतिरिक्त आठवीं अनुसूची में विनिर्दिष्ट विभिन्न भाषाओं का प्रतिनिधित्व करनेवाले सदस्यों को शामिल करने का प्रावधान रखा गया। आयोग का कर्त्तव्य यह सुनिश्चित किया गया कि वह राष्ट्रपति को संघ के शासकीय प्रयोजनों के लिए हिन्दी भाषा के अधिकाधिक प्रयोग, अँगरेजी के प्रयोग पर रोक, संघ तथा राज्यों के बीच पत्राचार की भाषा आदि विषयों पर अपनी अनुशंसा प्रस्तुत करेगा। आयोग को यह भी निर्देश दिया गया कि वह अपनी अनुशंसा प्रस्तुत करते समय भारत की औद्योगिक, सांस्कृतिक और वैज्ञानिक उन्नति का, और लोकसेवाओं के सम्बन्ध में अहिन्दीभाषी क्षेत्रों के व्यक्तियों के न्यायसंगत दावों और हितों का, सम्यक् ध्यान रखेगा।

इसी अनुच्छेद में एक संसदीय समिति के गठन का प्रावधान किया गया जिसका कर्त्तव्य आयोग की अनुशंसाओं का परीक्षण तथा उसके आधार पर राष्ट्रपति को रिपोर्ट देना सुनिश्चित किया गया। इस समिति के तीस सदस्यों में बीस लोकसभा और दस राज्यसभा के सदस्यों को शामिल करने का प्रावधान किया गया। इस अनुच्छेद के अन्तिम खंड में यह व्यवस्था की गई कि राष्ट्रपति संसदीय समिति की रिपोर्ट पर विचार करके उस सम्पूर्ण रिपोर्ट या उसके किसी अंश के अनुसार अपने निर्देश जारी करेंगे।

संविधान के अनुच्छेद-345 में राज्यों की राजभाषा के सम्बन्ध में व्यवस्था दी गई। इस अनुच्छेद में यह कहा गया कि अनुच्छेद-346 और 347 के उपबन्धों के अधीन रहते

हुए किसी राज्य का विधानमंडल, विधि द्वारा, उस राज्य की भाषाओं में से किसी एक या एकाधिक भाषाओं या हिन्दी को राज्य की राजभाषा के रूप में अंगीकार कर सकता है। ऐसा होने के पहले शासकीय प्रयोजनों के लिए अँगरेजी का ही प्रयोग होता रहेगा।

अनुच्छेद-346 में यह प्रावधान रखा गया कि यदि दो या अधिक राज्य इस बात पर राजी हो जाते हैं कि उनके बीच पत्राचार की भाषा हिन्दी होगी तो ऐसा किया जा सकता है पर ऐसे करार के पूर्व एक राज्य और दूसरे राज्य के बीच तथा किसी राज्य और संघ के बीच पत्राचार की भाषा अँगरेजी ही रहेगी।

अनुच्छेद-347 में यह प्रावधान किया गया कि यदि राष्ट्रपति चाहें तो किसी राज्य की जनता की माँग पर उसके द्वारा बोली जानेवाली भाषा को उस राज्य की दूसरी राजभाषा के रूप में मान्यता प्रदान कर सकते हैं।

संविधान के अनुच्छेद-348 में सर्वोच्च न्यायालय और उच्च न्यायालयों तथा अधिनियमों, विधेयकों आदि में प्रयुक्त होनेवाली भाषा के सम्बन्ध में प्रावधान किया गया। इस अनुच्छेद के भाग-1 में कहा गया कि जब तक संसद कानून द्वारा कोई दूसरा उपबन्ध न करे तब तक सर्वोच्च न्यायालय और प्रत्येक उच्च न्यायालय की सभी कार्यवाहियाँ अँगरेजी में होती रहेंगी। इसके साथ ही संसद के प्रत्येक सदन तथा किसी राज्य के विधान मंडल या विधान परिषद् द्वारा प्रस्तुत सभी विधेयकों अथवा उनके संशोधनों के प्राधिकृत पाठ अँगरेजी में होंगे। इसी प्रकार संसद या किसी राज्य के विधान मंडल द्वारा पारित समस्त अधिनियमों और राष्ट्रपति तथा किसी राज्य के राज्यपाल द्वारा जारी किये गए अध्यादेशों के प्राधिकृत पाठ भी अँगरेजी में होंगे। इसके साथ ही संविधान अथवा संसद अथवा विधान मंडल द्वारा बनाये गए कानूनों के तहत जारी किये गए सभी आदेश, नियमों, विनियमों और उपविधियों के प्राधिकृत पाठ भी अँगरेजी में ही होंगे।

इस अनुच्छेद के खंड-2 में यह व्यवस्था की गई है कि किसी राज्य का राज्यपाल, राष्ट्रपति की पूर्व सहमति से, उस राज्य के उच्च न्यायालय की कार्यवाहियों में हिन्दी या उस राज्य की किसी अन्य राजभाषा का प्रयोग लागू कर सकता है। किन्तु उच्च न्यायालय के निर्णय, डिग्री या आदेश के सम्बन्ध में यह बात लागू नहीं होगी, ये पूर्ववत् अँगरेजी में ही सम्पादित किये जाते रहेंगे। इतना ही नहीं, इस अनुच्छेद में यह निर्देश भी दिया गया कि किसी राज्य के विधानमंडल में प्रस्तुत विधेयकों, उसके द्वारा पारित अधिनियमों, राज्यपाल द्वारा लागू किये गए अध्यादेशों आदि का अँगरेजी पाठ ही प्राधिकृत पाठ माना जाएगा।

अनुच्छेद-349 में यह सुनिश्चित किया गया कि संविधान के प्रारम्भ में पन्द्रह वर्ष की अवधि के दौरान अनुच्छेद-348 के खंड-1 में उल्लिखित किसी प्रयोजन के लिए प्रयुक्त होनेवाली भाषा के सम्बन्ध में संसद में कोई विधेयक, राष्ट्रपति की मंजूरी के बिना पेश न किया जाए।

संविधान के अनुच्छेद-351 में हिन्दी भाषा के लिए कुछ विशेष निर्देश दिये गए। इसमें कहा गया कि संघ का यह कर्त्तव्य होगा कि वह हिन्दी भाषा का प्रसार बढ़ाए तथा उसका विकास करे जिससे कि वह भारत की सामासिक संस्कृति के सभी तत्त्वों की अभिव्यक्ति का माध्यम बन सके। हिन्दी की प्रकृति में हस्तक्षेप किये बिना, हिन्दुस्तानी और आठवीं

अनुसूची में विनिर्दिष्ट भाषाओं में प्रयुक्त रूपों, शैलियों और अभिव्यक्तियों/मुहावरों को आत्मसात् करते हुए और आवश्यकतानुसार, मुख्यत: संस्कृत से और गौणत: अन्य भाषाओं से शब्द ग्रहण करते हुए, उसकी समृद्धि पर भी इस अनुच्छेद में बल दिया गया।

संविधान की आठवीं अनुसूची में, उस समय, चौदह भाषाओं को शामिल किया गया जिनमें असमिया, उड़िया, कश्मीरी, गुजराती, तमिल, तेलगु, पंजाबी, बँगला, मराठी और मलयालम के साथ-साथ उर्दू, संस्कृत और हिन्दी भी हैं। (बाद में इस सूची में सिन्धी, नेपाली, मणिपुरी और कोंकणी के नाम भी जोड़े गए।)

26 जनवरी, 1950 ई. को भारतीय संविधान लागू हो गया और हिन्दी अन्य सभी शर्तों के साथ भारत की राजभाषा बन गई। पर ये 'शर्तें' इतनी शातिर और मूल संकल्प को जड़ से नष्ट कर देने की सम्भावनाओं से युक्त थीं कि उनका परिणाम वही होना था जो आज हमारे सामने है। तब तक राष्ट्रपिता महात्मा गांधी का निधन हो चुका था और देश के शासन की बागडोर जिन लोगों के हाथ में थी वे अँगरेजी से भावनात्मक रूप से जुड़े थे। वे जनता का समर्थन प्राप्त करने के लिए जनसभाओं में भाषण तो हिन्दी में करते थे पर संसद, पढ़े-लिखे लोगों की बैठकों और अपने मंत्रालयों में अँगरेजी का ही प्रयोग करते थे। ब्रिटिश शासनकाल की नौकरशाही अँगरेजी में काम करने की तो अभ्यस्त थी ही, अँगरेजी से उसका स्वार्थ भी जुड़ा हुआ था। केवल दक्षिण भारत और बंगाल का पढ़ा-लिखा वर्ग ही नहीं, हिन्दी-क्षेत्र और शेष भारत का शिक्षित समुदाय भी अपने अँगरेजी ज्ञान के आधार पर सरकारी और गैर सरकारी नौकरियों पर एकाधिपत्य जमाये हुए था। यह वर्ग नहीं चाहता था कि प्रशासन, न्यायपालिका और व्यावसायिक प्रतिष्ठानों में अँगरेजी के स्थान पर हिन्दी का प्रयोग हो, क्योंकि उस स्थिति में उसके एकाधिकार में खलल पहुँचने की आशंका थी। कांग्रेस हुक्मरानों की भी हिन्दी में कोई खास दिलचस्पी नहीं थी। उनकी दिलचस्पी जनहित से हटकर सत्ता में बने रहने में हो गई थी और वे नौकरशाही की इच्छा के विरुद्ध जाने का खतरा मोल लेने को तैयार नहीं थे। इसका परिणाम यह हुआ कि 1950 ई. से 1955 ई. के बीच हिन्दी को राजभाषा के रूप में विकसित करने की दिशा में संघ सरकार की ओर से कोई उल्लेखनीय प्रयत्न नहीं हुआ।[2]

अनुच्छेद-344 के अनुसार राष्ट्रपति ने 7 जून, 1955 ई. को **प्रथम राजभाषा आयोग** की स्थापना की जिसने 31 जुलाई, 1956 ई. को अपनी रिपोर्ट राष्ट्रपति के समक्ष प्रस्तुत की। आयोग ने अपनी रिपोर्ट में यह स्वीकार किया कि पाँच वर्ष बीत जाने पर भी राजभाषा के रूप में हिन्दी के विकास और प्रयोग की दिशा में कोई उल्लेखनीय कार्य नहीं हुआ है। आयोग ने इसका यह कारण लक्षित किया कि ''ऊँचे और शासक वर्गों में अँगरेजी के लिए एक प्रगाढ़ मोह है, अतएव यह वर्ग अँगरेजी को हटाकर ऐसी भाषा रखने की जल्दी में नहीं है जो उन्हें नुकसान पहुँचाए और मुश्किल में डाले। उनके मन में यह भावना भी है कि इतना बड़ा परिवर्तन जल्दी नहीं हो सकता और समय की अवधि बढ़ा दी जाएगी। भारत सरकार भी उतनी सतर्क नहीं रही है जितनी कि वह हो सकती थी। प्रशासन का संचालन करनेवाले अफसरों में आस्था और उत्साह की कमी रही है।''[3] आयोग ने यह भी लक्षित किया कि ''उत्तर भारत में हिन्दीभाषी वर्गों के रवैये से उत्पन्न 'हिन्दी प्रभुत्व' या 'साम्राज्यवाद' के

भय का वातावरण भी सक्रिय रहा है। उत्तर के इन लोगों ने यह धारणा फैलायी है कि जिस भाषा को संघीय भाषा माना गया है वह उनकी ही भाषा है।''[4]

आयोग के इन अवलोकनों से राजभाषा हिन्दी की भावी स्थिति का, जो आज हमारे सामने है, आभास मिलता है।

आयोग ने अपनी विस्तृत रिपोर्ट में आधुनिक युग में भाषा, भारतीय भाषाओं की स्थिति, भारत में भाषा की समस्या और उसके समाधान के स्वरूप, पारिभाषिक शब्दावली, संघ की भाषा और शिक्षा-पद्धति, सरकारी प्रशासन में भाषा, कानून और अदालतों की भाषा, लोकसेवाओं की परीक्षाओं के माध्यम, हिन्दी और प्रादेशिक भाषाओं के प्रचार और विकास, राष्ट्रीय भाषा सम्बन्धी कार्यक्रम और उनके कार्यान्वयन के लिए संस्थाओं की व्यवस्था आदि विषयों के अनेक पक्षों पर विचार करते हुए अपनी सिफारिशें प्रस्तुत कीं। यदि आयोग की अनुशंसाएँ स्वीकृत और कार्यान्वित हो गई होतीं तो राजभाषा के रूप में हिन्दी के विकास का रूप आज कुछ और होता। पर ऐसा हुआ नहीं। संविधान के अनुच्छेद-344 के ही अनुसार 1957 ई. में तत्कालीन गृहमंत्री श्री गोविन्दवल्लभ पन्त की अध्यक्षता में तीस सदस्यों (20 लोक सभा और 10 राज्य सभा के सदस्य) की **संसदीय समिति** का गठन किया गया। इस समिति ने राजभाषा आयोग की सिफारिशों की जाँच करके 1959 ई. में अपनी रिपोर्ट राष्ट्रपति के समक्ष प्रस्तुत की। इस समितिं ने अपनी रिपोर्ट में कहा कि विभिन्न प्रादेशिक भाषाएँ राज्यों में शिक्षा और सरकारी कामकाज की भाषा के रूप में तेजी से अँगरेजी का स्थान ले रही हैं। संघ के कामकाज के लिए हिन्दी का प्रयोग भी स्वाभाविक और आवश्यक है, **किन्तु यह आवश्यक नहीं कि यह परिवर्तन किसी नियत तारीख को ही हो।** यह परिवर्तन धीरे-धीरे, इस प्रकार किया जाना चाहिए कि कोई गड़बड़ी न हो और कम-से-कम असुविधा हो। समिति ने स्पष्ट शब्दों में कहा कि 1965 ई. तक अँगरेजी **मुख्य राजभाषा** और हिन्दी **सहायक राजभाषा** रहनी चाहिए। **1965 ई. में हिन्दी संघ की राजभाषा हो जाएगी, किन्तु उसके उपरान्त अँगरेजी सहायक राजभाषा के रूप में चलती रहनी चाहिए।** समिति ने यह भी सुझाव दिया कि हिन्दी का विकास इस प्रकार किया जाना चाहिए कि वह भारत की सामासिक संस्कृति के सभी तत्त्वों की अभिव्यक्ति का माध्यम बन सके। उसने सरल और सुबोध शब्दों के प्रयोग पर भी बल दिया।[5]

सितम्बर, 1959 ई. में इस प्रतिवेदन पर संसद के दोनों सदनों में विचार-विमर्श हुआ। इसी क्रम में भारत के तत्कालीन प्रधानमंत्री जवाहरलाल नेहरू ने राजभाषा के प्रश्न पर सरकार का दृष्टिकोण स्पष्ट करते हुए इस बात पर बल दिया कि अँगरेजी को सहभाषा या अतिरिक्त भाषा के रूप में स्वीकार किया जाना चाहिए और कोई भी राज्य-सरकार भारत सरकार के साथ अथवा राज्य सरकारों के साथ पत्र-व्यवहार के लिए अँगरेजी का प्रयोग कर सकती है। उन्होंने यह भी आश्वासन दिया कि जब तक हिन्दीतर भाषी क्षेत्रों के लोग राजभाषा के रूप में अँगरेजी का प्रयोग समाप्त करने के लिए सहमत न हो जाएँ तबतक इस सम्बन्ध में कोई सीमा रेखा नहीं होनी चाहिए।[6]

अप्रैल, 1960 ई. में राष्ट्रपति ने संसदीय समिति की अनुशंसाओं को ध्यान में रखते हुए केन्द्रीय सरकार के कार्यालयों में हिन्दी का प्रयोग आरम्भ करने के लिए प्रारम्भिक उपायों

के सम्बन्ध में एक आदेश जारी किया। इस आदेश में हिन्दी की वैज्ञानिक तथा तकनीकी शब्दावली के निर्माण के लिए स्थायी आयोग के गठन, प्रशासनिक संहिताओं तथा अन्य प्रक्रियां सम्बन्धी साहित्य के हिन्दी में अनुवाद, प्रशासनिक कर्मचारी वर्ग के हिन्दी में प्रशिक्षण, हिन्दी के प्रचार-प्रसार और विकास, केन्द्रीय सरकार के विभागों के स्थानीय कार्यालयों में हिन्दी में काम करनेवालों की भर्ती, प्रशिक्षण संस्थाओं के लिए शिक्षा का माध्यम, अखिल भारतीय सेवाओं और उच्च केन्द्रीय सेवाओं के लिए परीक्षा के माध्यम और भाषा-विषयक प्रश्न-पत्र, अंकों के प्रयोग, अधिनियमों, विधेयकों आदि की भाषा, सर्वोच्च न्यायालय और उच्च न्यायालयों की भाषा, विधि के क्षेत्र में हिन्दी का प्रयोग शुरू करने के लिए प्रारम्भिक कदम और हिन्दी के प्रगामी प्रयोग के लिए योजना के कार्यक्रम आदि के सम्बन्ध में निर्देश जारी किये गए।

मई, 1963 ई. में संघ के कामकाज, संसद की कार्रवाई तथा केन्द्रीय और राज्य सरकारों तथा अन्य न्यायालयों के कतिपय प्रयोजनों के लिए प्रयुक्त होनेवाली भाषाओं की व्यवस्था के लिए **राजभाषा अधिनियम, 1963** जारी किया गया। यह अधिनियम राजभाषा के सम्बन्ध में सरकारी नीति के भावी ढाँचे की कानूनी रूपरेखा निर्धारित करता है।[7]

पर यह अधिनियम विवाद के घेरे में पड़ गया। हिन्दी के समर्थक और विरोधी दोनों इससे असन्तुष्ट थे। पर हिन्दी के विरोधियों का पलड़ा भारी पड़ गया। 1965 ई. में हिन्दी भारत की एकमात्र राजभाषा तो नहीं ही बनी, नवम्बर, 1967 ई. में राजभाषा-विषयक सरकार के संकल्प के साथ, राजभाषा अधिनियम, 1963 में संशोधन के लिए एक विधेयक प्रस्तुत किया गया जो जनवरी, 1968 ई. में अधिकृत रूप में अधिनियम बन गया। इसके अनुसार (धारा-3) यह व्यवस्था की गई कि 26 जनवरी, 1965 ई. के बाद भी, जो हिन्दी के राजभाषा बनने की नियत तारीख थी, अँगरेजी संघ के सभी शासकीय प्रयोजनों और संसद की कार्यवाहियों के लिए हिन्दी के साथ-साथ प्रयोग में लायी जाती रहेगी। इसमें यह भी सुनिश्चित किया गया कि अधिनियम में निर्दिष्ट कतिपय दस्तावेजों के लिए हिन्दी और अँगरेजी दोनों का प्रयोग किया जाएगा। इसमें यह व्यवस्था भी दी गई कि अधिनियम की धारा-3 में उल्लिखित प्रयोजनों[8] के लिए अँगरेजी भाषा के प्रयोग सम्बन्धी उपबन्ध तब तक लागू रहेंगे जब तक अँगरेजी के प्रयोग को समाप्त करने के लिए सभी राज्यों के विधान मंडलों द्वारा संकल्प पारित न हो जाए और फिर संसद के दोनों सदन उस संकल्प को पारित न कर दें।[9]

अधिनियम की धारा-4 में राजभाषा के सम्बन्ध में एक समिति गठित करने की व्यवस्था की गई जिसमें बीस लोकसभा के और दस राज्यसभा के सदस्य होंगे। इस समिति को यह काम सौंपा गया कि वह संघ के राजकीय प्रयोजनों के लिए हिन्दी के प्रयोग में हुई प्रगति का पुनरावलोकन करे और राष्ट्रपति के समक्ष एक रिपोर्ट के रूप में अपनी अनुशंसाएँ प्रस्तुत करे। राष्ट्रपति इस रिपोर्ट पर विचार करके अपने निर्देश जारी करेंगे, पर ये निर्देश अधिनियम की धारा-3 के उपबन्धों के विरोध में नहीं होंगे।[10]

इस अधिनियम की धारा-5 में केन्द्रीय अधिनियम आदि के प्राधिकृत हिन्दी अनुवाद आदि की भी व्यवस्था की गई।[11] इसी धारा में यह व्यवस्था भी की गई कि किसी राज्य

का राज्यपाल, राष्ट्रपति की पूर्व सम्मति से, उस राज्य के उच्च न्यायालय द्वारा दिये गए किसी निर्णय, डिक्री या आदेश के लिए अँगरेजी के अतिरिक्त हिन्दी या उस राज्य की राजभाषा का प्रयोग लागू कर सकता है। पर शर्त यह लगाई गई कि उच्च न्यायालय के प्राधिकार से निकाला गया उसका अँगरेजी अनुवाद भी उसके साथ होना चाहिए।[12]

दिसम्बर, 1967 ई. में संसद के दोनों सदनों ने एक संकल्प पारित किया जो जनवरी, 1968 ई. में भारत के राजपत्र में प्रकाशित किया गया। इसे **राजभाषा संकल्प, 1968** की संज्ञा दी गई। इसके अनुसार संकल्प किया गया कि हिन्दी के प्रसार और विकास की गति बढ़ाने तथा संघ के विभिन्न राजकीय प्रयोजनों में इसके उत्तरोत्तर प्रयोग के लिए भारत सरकार द्वारा अधिक गहन एवं व्यापक कार्यक्रम तैयार तथा कार्यान्वित किया जाएगा। इस प्रगति की वार्षिक मूल्यांकन-रिपोर्ट सदन की दोनों सभाओं के समक्ष रखी जाएगी और राज्य सरकारों को भेजी जाएगी।[13]

इस संकल्प में यह भी निर्देश दिया गया कि हिन्दी के साथ आठवीं अनुसूची में सम्मिलित सभी भाषाओं के लिए भारत सरकार, राज्य सरकारों के सहयोग से, एक कार्यक्रम तैयार करे, जिसे कार्यान्वित करके उन्हें यथाशीघ्र समृद्ध और आधुनिक ज्ञान के संचार का प्रभावी माध्यम बनाया जा सके। इस संकल्प में त्रिभाषा सूत्र को सभी राज्यों में लागू करने पर जोर दिया गया जिसके अन्तर्गत दक्षिण भारत की भाषाओं को तरजीह देते हुए उत्तर भारत में अँगरेजी और हिन्दी के अतिरिक्त किसी एक आधुनिक भारतीय भाषा को शिक्षा के पाठ्यक्रम में शामिल करने की इच्छा व्यक्त की गई। अहिन्दीभाषी क्षेत्रों के लिए यह व्यवस्था की गई कि वे अँगरेजी और अपनी क्षेत्रीय भाषा के साथ-साथ हिन्दी का अध्ययन करेंगे।[14] इस संकल्प में यह भी कहा गया कि उन विशिष्ट सेवाओं या पदों को छोड़कर, जिनमें अँगरेजी या हिन्दी या दोनों का उच्च स्तरीय ज्ञान आवश्यक समझा जाए, अन्य संघीय सेवाओं या पदों पर नियुक्ति के लिए चयन के समय अँगरेजी अथवा हिन्दी का अनिवार्य ज्ञान अपेक्षित माना जाएगा। इसके साथ ही अखिल भारतीय और उच्चतर केन्द्रीय सेवाओं के लिए, संघ लोकसेवा आयोग के विचार जान लेने के पश्चात्, आठवीं अनुसूची में उल्लिखित सभी भाषाएँ तथा अँगरेजी वैकल्पिक माध्यम के रूप में स्वीकार की जाएँगी।

स्पष्ट है कि राजभाषा अधिनियम, 1963 (यथा संशोधित 1967) और राजभाषा संकल्प, 1968 ने राजभाषा के रूप में हिन्दी के पर कुतर दिये और अनिश्चित काल तक उसके भारत की एकमात्र राजभाषा बनने की सम्भावनाएँ समाप्त हो गईं। व्यवहारत: अब अँगरेजी भारत की प्रमुख राजभाषा बन गई है और हिन्दी की स्थिति सह या गौण राजभाषा की ही रह गई है।

राजभाषा संकल्प, 1968 ई. के बाद राजभाषा नीति के कार्यान्वयन की दृष्टि से **राजभाषा नियम, 1976** का उल्लेख आवश्यक है। ये नियम राजभाषा अधिनियम की धारा-8 के अधीन बनाये गए थे और जून, 1976 ई. में भारत के गजट में प्रकाशित किये गए थे। इसके अनुसार, राजभाषा नीति के कार्यान्वयन की दृष्टि से, विभिन्न राज्यों और संघशासित क्षेत्रों को तीन भागों में बाँटा गया। 'क' क्षेत्र में हिन्दीभाषी क्षेत्र—हरियाणा, हिमाचल प्रदेश, राजस्थान, मध्य प्रदेश, उत्तर प्रदेश, बिहार, दिल्ली आदि राज्य तथा अंडमान और निकोबार

द्वीप समूह (संघीय क्षेत्र) शामिल हैं। 'ख' क्षेत्र में गुजरात, महाराष्ट्र और पंजाब राज्य तथा चण्डीगढ़ (संघ क्षेत्र) को शामिल किया गया। 'ग' क्षेत्र में शेष राज्य, पश्चिम बंगाल, असम, उड़ीसा, आन्ध्र प्रदेश, तमिलनाडु, केरल, कर्नाटक आदि शामिल किये गए। इन नियमों में विभिन्न क्षेत्रों के राज्यों के बीच परस्पर और केन्द्रीय सरकार के साथ पत्राचार तथा केन्द्रीय सरकार के कार्यालयों में कर्मचारियों के आवेदन, कार्यालयी टिप्पणी आदि के लिए प्रयोग में लाई जानेवाली भाषा के सम्बन्ध में प्रावधान किया गया है। यह भी व्यवस्था की गई है कि केन्द्रीय सरकार के कार्यालयों द्वारा हिन्दी में प्राप्त पत्र आदि के उत्तर हिन्दी में ही दिये जाएँगे। इन नियमों में केन्द्रीय सरकार के कर्मचारियों के लिए हिन्दी में प्रवीणता और हिन्दी के कार्य साधक ज्ञान का स्पष्टीकरण भी शामिल है। यह भी प्रावधान किया गया है कि सभी नियम-पुस्तकें, संहिताएँ और अन्य प्रक्रिया सम्बन्धी साहित्य हिन्दी और अँगरेजी दोनों में मुद्रित या चक्रमुद्रित और प्रकाशित किया जाएगा। इसके अलावा केन्द्रीय सरकार के कार्यालयों के रजिस्टरों के प्रारूप और शीर्षक हिन्दी और अँगरेजी दोनों में करने की व्यवस्था है। नामपट्टों, सूचनापट्टों, पत्रशीर्ष और लिफाफों पर हिन्दी और अँगरेजी दोनों का प्रयोग आवश्यक कर दिया गया है। इन नियमों के अन्तर्गत यह व्यवस्था भी शामिल है कि प्रभावकारी जाँच के द्वारा अधिनियम और नियमों का अनुपालन सुनिश्चित किया जाए।[15]

राजभाषा अधिनियम, 1963 की धारा-4 (1) में किये गए प्रावधान के अनुसार जनवरी, 1976 ई. में **संसदीय राजभाषा समिति** का गठन किया गया। इस समिति का कार्य संघ के शासकीय प्रयोजनों के लिए हिन्दी के प्रयोग की प्रगति की समीक्षा करना तथा अपनी संस्तुतियों को रिपोर्ट के रूप में राष्ट्रपति के समक्ष प्रस्तुत करना था। अब तक इस समिति ने अपनी रिपोर्ट के पाँच खंड राष्ट्रपति के समक्ष प्रस्तुत किये हैं, जिनमें से चार पर राष्ट्रपति के आदेश प्राप्त हो चुके हैं और पाँचवाँ विचाराधीन है। इनमें से प्रथम खंड, जो जनवरी, 1987 ई. में प्रस्तुत हुआ, केन्द्रीय सरकार के कार्यालयों में अनुवाद-व्यवस्था, अनुवाद-प्रशिक्षण, सन्दर्भ और सम्पूरक साहित्य से सम्बन्धित है। इस पर राष्ट्रपति का आदेश दिसम्बर, 1988 ई. में जारी हुआ। राष्ट्रपति ने समिति की अधिकतर अनुशंसाएँ मान ली हैं और तदनुसार उनके अनुपालन के लिए आदेश दिये हैं। अपनी रिपोर्ट में समिति ने दर्ज किया था कि राजभाषा नियम, 1976 ई. के नियम संख्या-12 के अनुसार केन्द्रीय सरकार के प्रत्येक कार्यालय में प्रशासनिक प्रमुख का यह दायित्व है कि वह राजभाषा अधिनियम और राजभाषा नियमों के उपबन्धों का समुचित रूप से पालन सुनिश्चित करे। पर अधिकांश विभागीय प्रमुखों द्वारा इसका अनुपालन नहीं किया जा रहा है। इस पर समिति ने दोषी अधिकारियों के विरुद्ध कठोर कार्रवाई करने का सुझाव दिया था। राष्ट्रपति ने नियमों और आदेशों आदि के अनुपालन में दृढ़ता बरतने की बात तो स्वीकार की पर उन्होंने राजभाषा के कार्यान्वयन में प्रेरणा और प्रोत्साहन पर जोर दिया 'कठोर कार्रवाई' पर नहीं। समिति ने इस बात पर भी गम्भीर आपत्ति की थी कि कुछ मंत्रालयों और विभागों ने समिति को अपेक्षित सूचनाएँ उपलब्ध नहीं कराईं। समिति ने उन्हें प्रताड़ित करने तथा सम्बन्धित अधिकारियों के विरुद्ध कड़ी कार्रवाई करने का सुझाव दिया था। राष्ट्रपति ने राजभाषा विभाग को इस सम्बन्ध में यथोचित कार्रवाई करने के लिए सम्बन्धित मंत्रालयों और विभागों को निर्देश जारी करने का आदेश दिया।[16]

संसदीय राजभाषा समिति ने अपना दूसरा प्रतिवेदन जुलाई, 1987 ई. में प्रस्तुत किया जिस पर राष्ट्रपति का आदेश मार्च, 1990 ई. में निर्गत हुआ।[17] यह प्रतिवेदन सरकारी कार्यालयों में देवनागरी में यांत्रिक सुविधाओं के प्रयोग से सम्बन्धित था।[18] राष्ट्रपति ने समिति के अधिकांश सुझावों पर अपनी स्वीकृति प्रदान कर दी है जिससे निकट भविष्य में देवनागरी को वे अधिकांश यांत्रिक सुविधाएँ प्राप्त हो जाएँगी जो रोमन लिपि को उपलब्ध हैं। अपनी इस रिपोर्ट में समिति ने लक्ष्य किया है कि विभिन्न मंत्रालयों और विभागों ने राजभाषा विभाग द्वारा जारी इस आदेश का अनुपालन नहीं किया है कि विभिन्न क्षेत्रों में एक निश्चित प्रतिशत में देवनागरी टाइपराइटर खरीदे जाएँ और प्रत्येक कार्यालय में कम-से-कम एक देवनागरी टाइपराइटर उपलब्ध कराया जाए तथा हिन्दी और अँगरेजी दोनों में कार्य करने वाले इलेक्ट्रॉनिक यंत्रों / उपकरणों की खरीद की जाए। समिति के मतानुसार इससे राजभाषा के रूप में हिन्दी के प्रयोग की गति अवरुद्ध हुई है और अँगरेजी के प्रयोग को बढ़ावा मिला है। समिति ने उन विभागाध्यक्षों पर, जिन्होंने राजभाषा विभाग द्वारा जारी किये गए अनुदेशों का पालन नहीं किया, कठोर कारवाई करने का सुझाव दिया, जिस पर राष्ट्रपति ने अपनी स्वीकृति प्रदान कर दी।

संसदीय राजभाषा समिति ने अपने प्रतिवेदन का तीसरा खंड फरवरी, 1989 ई. में प्रस्तुत किया, जिस पर राष्ट्रपति का आदेश अक्टूबर, 1991 ई. में निर्गत हुआ। इस रिपोर्ट में संघ के राजकीय प्रयोजनों के लिए हिन्दी के प्रयोग में हुई प्रगति, प्रशिक्षण संस्थाओं में हिन्दी माध्यम से प्रशिक्षण की व्यवस्था तथा केन्द्रीय सरकारी कर्मचारियों के हिन्दी प्रशिक्षण के सम्बन्ध में समिति के सुझाव सम्मिलित हैं। राष्ट्रपति ने समिति के अधिकांश सुझाव स्वीकार कर लिये हैं। इस रिपोर्ट में समिति ने सिफारिश की थी कि 'क' और 'ख' क्षेत्रों में सभी कर्मचारियों को 1990 ई. के अन्त तक तथा 'ग' क्षेत्र में सभी कर्मचारियों को 1993 ई. के अन्त तक प्रशिक्षित कर दिया जाए। राष्ट्रपति ने यह अवधि बढ़ाकर क्रमशः 1997 ई. और 2000 ई. कर दी है।[19] समिति ने यह सिफारिश भी की है कि नए भर्ती होनेवाले कर्मचारियों को व्यावसायिक प्रशिक्षण के पहले हिन्दी प्रशिक्षण दिया जाए। समिति की यह सिफारिश भी सिद्धान्त रूप में स्वीकार कर ली गई है और उसके अनुरूप व्यवस्था की जा रही है। समिति का यह सुझाव भी मान लिया गया कि भर्ती के लिए साक्षात्कार में उम्मीदवारों को अँगरेजी के साथ-साथ हिन्दी का माध्यम भी उपलब्ध हो तथा उन्हें साक्षात्कार-पत्र में विकल्प चुनने की सुविधा उपलब्ध करायी जाए। चयन बोर्ड का गठन भी इस प्रकार किया जाए कि साक्षात्कार देनेवाले उम्मीदवार से हिन्दी में ही बातचीत की जा सके। कृषि इन्जीनियरिंग तथा आयुर्विज्ञान की भर्ती और प्रवेश परीक्षाओं में हिन्दी माध्यम के विकल्प का सुझाव समिति ने दिया जिसे सिद्धान्त रूप में स्वीकार कर लिया गया है। समिति ने दो और महत्त्वपूर्ण सिफारिशें की हैं जिनमें से एक है, सभी भर्ती परीक्षाओं में हिन्दी माध्यम का विकल्प और दूसरा है, भर्ती परीक्षाओं में अँगरेजी के अनिवार्य प्रश्नपत्र को समाप्त करना। सम्प्रति ये सिफारिशें राष्ट्रपति के विचाराधीन हैं।[20]

संसदीय राजभाषा समिति के चौथे खंड में हिन्दी के प्रयोग की वर्तमान स्थिति पर प्रकाश डाला गया है और केन्द्रीय सरकार के कार्यालयों में हिन्दी का प्रयोग बढ़ाने तथा राजभाषा अधिनियम एवं नियमों को समुचित रूप से लागू करने के सम्बन्ध में सिफारिशें की गई

हैं। यह खंड नवम्बर, 1989 ई. में राष्ट्रपति के समक्ष प्रस्तत किया गया जिस पर बिचार करने के बाद जनवरी, 1992 ई. में राष्ट्रपति ने अपने आदेश निर्गत किये। अपनी इस रिपोर्ट में भी समिति ने दर्ज किया कि राजभाषा विभाग द्वारा राजभाषा नीति के कार्यान्वयन के लिए जारी वार्षिक कार्यक्रम में निर्धारित लक्ष्य का पूर्णरूपेण अनुपालन नहीं होता। समिति के अधिकारियों और कर्मचारियों द्वारा हिन्दी के प्रयोग को सुनिश्चित करने के लिए उनकी गोपनीय रिपोर्टों में उनके राजभाषा हिन्दी विषयक ज्ञान के स्तर, उनमें हिन्दी में कार्य करने की क्षमता, अभिरुचि आदि के उल्लेख की अनुशंसा की है। समिति की यह सिफारिश सिद्धान्त रूप में तो स्वीकार कर ली गई है पर इस संशोधन के साथ कि उससे अधिकारियों और कर्मचारियों का अहित न हो। इस रिपोर्ट में समिति ने यह भी सिफारिश की है कि भर्त्ती परीक्षाओं में अँगरेजी के प्रश्न–पत्र की अनिवार्यता को तुरन्त समाप्त कर दिया जाए। समिति की यह सिफारिश मान ली गई है। पर इस सम्बन्ध में संघ लोकसेवा आयोग के विचार जान लेने के बाद ही कोई निर्णय लिया जा सकता है। इस निर्णय की प्रतीक्षा हो रही है।

संसदीय राजभाषा समिति ने अपनी रिपोर्ट के पाँचवें खंड में विधायिका, न्यायपालिका और न्यायाधिकरणों की भाषा के सम्बन्ध में संस्तुतियाँ प्रस्तुत की थीं। यह खंड 24 नवम्बर, 1992 ई. को राष्ट्रपति के समक्ष प्रस्तुत किया गया, जिस पर राष्ट्रपति का आदेश 24 नवम्बर, 1998 ई. को निर्गत हुआ। न्यायपालिका और विधेयकों का मूल पाठ हिन्दी में तैयार करने की सिफारिशें स्वीकार करते हुए राष्ट्रपति जी ने आदेश दिये कि इस दिशा में लक्ष्य को प्राप्त करने के लिए प्रथम चरण में विधायी विभाग, विधि विशेषज्ञों / प्रारूपकारों को हिन्दी में विधि सामग्री के प्रारूपण के लिए प्रशिक्षण की व्यवस्था की जाए। राजभाषा समिति ने सिफारिश की थी कि हिन्दीभाषी राज्यों में विधि का मूल प्रारूपण हिन्दी में ही हो। अहिन्दीभाषी राज्यों में मूल प्रारूपण उनकी राजभाषा में हो और उसका अनुवाद अँगरेजी तथा हिन्दी दोनों भाषाओं में हो। लोकसभा तथा राजभाषा के सचिवालयों द्वारा प्रशासनिक कार्यों के लिए हिन्दी का प्रगामी प्रयोग किया जाना चाहिए। उच्चतम न्यायालय के महारजिस्ट्रार के कार्यालय में भी प्रशासनिक कार्यों में संघ सरकार की राजभाषा नीति का अनुपालन होना चाहिए। उच्च न्यायालय में अंग्रेजी के साथ–साथ हिन्दी का प्रयोग प्राधिकृत होना चाहिए। प्रत्येक निर्णय दोनों भाषाओं में उपलब्ध हो और इस सिलसिले में एक दीर्घकालिक योजना बनाकर उसे कार्यान्वित करने पर विचार हो। विधि के विभिन्न क्षेत्रों, जैसे विधायन, न्यायिक कार्य और विधि शिक्षा के लिए हिन्दी के प्रयोग का प्रशिक्षण देने के लिए एक संस्थान या संगठन स्थापित किया जाए। संघ के सभी न्यायिक कल्प संगठनों में भी राजभाषा नीति का अनुपालन सुनिश्चित किया जाए। हिन्दी माध्यम से भी स्नातक स्तर और स्नातकोत्तर स्तर पर विधि शिक्षा की व्यवस्था पूरे देश में सभी विश्वविद्यालयों और विधि के क्षेत्र में कार्यरत संस्थानों द्वारा की जानी चाहिए। ये सभी सिफारिशें राष्ट्रपति द्वारा स्वीकार कर ली गईं।

समिति के प्रतिवेदन का छठा खंड राष्ट्रपति जी को 27 नवम्बर, 1997 ई. को प्रस्तुत किया गया। यह खंड संघ तथा राज्य सरकारों और संघ शासित राज्य क्षेत्रों के बीच परस्पर पत्र–व्यवहार में उनकी राजभाषाओं के प्रयोग के बारे में है। इसके अतिरिक्त इसमें विदेश

में स्थित केन्द्र सरकार के कार्यालयों में हिन्दी के प्रयोग के बारे में भी समीक्षा की गई है। इस खंड पर भी राष्ट्रपति के आदेश 17 सितम्बर, 2004 ई. को जारी कर दिये गए, जिनमें से अधिकतर सिफारिशों को स्वीकार कर लिया गया।

प्रतिवेदन का सातवाँ खंड अप्रैल, 2002 ई. में प्रस्तुत किया गया जिस पर राष्ट्रपति जी के आदेश 13 जुलाई, 2005 ई. को जारी हुए। इसमें केन्द्रीय हिन्दी समिति, केन्द्रीय राजभाषा कार्यान्वयन समिति, हिन्दी सलाहकार समितियों, नगर राजभाषा कार्यान्वयन समितियों और विभिन्न कार्यालयों की राजभाषा कार्यान्वयन समितियों, हिन्दी पुस्तकालयों और हिन्दी प्रकाशनों, हिन्दी पदों, विधायी प्रारूपण के प्रशिक्षण, कार्यशालाओं, हिन्दी की विभिन्न स्तरों पर पढ़ाई और राजभाषा विभाग में एक प्रकाशन सम्बन्धी प्रकोष्ठ बनाने आदि के बारे में अनेक सिफारिशें हैं, जिनमें कुछ स्वीकार की गईं, कुछ अस्वीकार हुईं और कुछ विचाराधीन हैं। इसके बाद प्रतिवेदन का आठवाँ खंड भी अगस्त, 2005 ई. में प्रस्तुत किया गया है। इसमें प्रतिवेदन के पिछले खंडों पर जारी किये गए आदेशों के अनुपालन की स्थिति की समीक्षा की गई है। समिति ने शिक्षण और प्रशिक्षण संस्थानों में हिन्दी माध्यम की उपलब्धता, हिन्दी सम्बन्धी कार्य के लिए आवश्यक पदों की व्यवस्था, पासपोर्टों में अँगरेजी के साथ-साथ हिन्दी का इस्तेमाल, विभिन्न पदों और सेवाओं के भर्ती नियमों में हिन्दी के ज्ञान के स्तर का निर्धारण, हिन्दी में जारी किये जा रहे विज्ञापन आदि के बारे में विस्तार से चर्चा की गई। इस खंड में की गई अधिकतर सिफारिशें स्वीकार करते हुए राष्ट्रपति के आदेश भी 2 जुलाई, 2008 ई. को जारी कर दिये गए हैं।

वैसे तो समिति द्वारा प्रतिवेदन का छठा खंड प्रस्तुत किये जाने के बाद इसका कार्य समाप्त हो चुका है और कोई मुद्दा ऐसा नहीं है जिस पर अब समिति को चिन्तन-मनन करना हो, किन्तु फिर भी यह न केवल निरीक्षण जारी किये हुए है बल्कि निरीक्षण प्रश्नावली में भी कुछ इस प्रकार के संशोधन किये गए हैं, जिनसे यह प्रतीत होता है कि इसका स्वरूप एक सरकारी कार्यालय का या राजभाषा विभाग के निरीक्षण संगठन जैसा हो गया है और इसका कार्य राजभाषा विभाग द्वारा दिये गए आदेशों का अनुपालन कराना मात्र है।[21]

राजभाषा हिन्दी के संवैधानिक पक्ष का विवरण प्रस्तुत करने के साथ उन आयोगों, निदेशालयों और विभागों का भी उल्लेख जरूरी है जो राष्ट्रपति के विभिन्न आदेशों के तहत राजभाषा के रूप में हिन्दी के विकास तथा प्रचार-प्रसार में संलग्न हैं। यह कार्य मुख्य रूप से भारत सरकार के शिक्षा, विधि, गृह और सूचना एवं प्रसारण मंत्रालयों को सौंपा गया है। इनके अतिरिक्त अन्य मंत्रालयों में भी हिन्दी के उत्तरोत्तर प्रगामी योग के लिए आवश्यक कदम उठाये जा रहे हैं। अलग-अलग मंत्रालयों की अलग-अलग सलाहकार समितियाँ हैं, जो सम्बद्ध मंत्रालयों में हिन्दी के प्रयोग की स्थिति की जाँच करती हैं और अपने सुझाव देती हैं। विभिन्न मंत्रालयों द्वारा हिन्दी के प्रचार और विकास के सम्बन्ध में चालू कार्यक्रमों के समन्वय के उद्देश्य से, 1967 ई. में, प्रधानमंत्री की अध्यक्षता में **केन्द्रीय हिन्दी समिति** का गठन किया गया। यह समिति सरकार की राजभाषा नीति के सम्बन्ध में दिशानिर्देश करनेवाली सर्वोच्च संस्था है। इस समिति को सामान्यतः तीन वर्षों की अवधि के लिए गठित किया जाता है। अब तक (1993-94 ई.) इस समिति की 23 बैठकें हो चुकी हैं।

इसके अतिरिक्त विभिन्न मंत्रालयों / विभागों में, सम्बन्धित मंत्रियों की अध्यक्षता में, हिन्दी सलाहकार समितियों का गठन किया गया है। ये समितियाँ सम्बद्ध मंत्रालयों तथा उनके कार्यालयों और उपक्रमों में हिन्दी प्रयोग की समीक्षा करती हैं तथा सरकारी कामकाज में हिन्दी के प्रयोग को बढ़ाने और राजभाषा नीति के अनुपालन के लिए ठोस उपाय सुझाती हैं।

इसके अतिरिक्त एक **केन्द्रीय राजभाषा कार्यान्वयन समिति** का भी गठन किया गया है जो सरकारी प्रयोजनों के लिए हिन्दी के अधिकाधिक प्रयोग, केन्द्रीय सरकार के कर्मचारियों के हिन्दी प्रशिक्षण और इस सन्दर्भ में राजभाषा विभाग द्वारा समय-समय पर जारी किये गए अनुदेशों के कार्यान्वयन की समीक्षा करती है तथा उनके अनुपालन में पायी गई कमियों और कठिनाइयों को दूर करने के लिए उपाय सुझाती है।

हिन्दी के प्रचार, प्रसार और विकास के लिए मार्च, 1960 ई. में शिक्षा मंत्रालय के अधीनस्थ कार्यालय के रूप में **केन्द्रीय हिन्दी निदेशालय** की स्थापना हुई। सर्वप्रथम निदेशालय को केन्द्रीय सरकार के सभी गैर-सांविधिक मैनुअलों, फार्मों, नियमों एवं विनियमों आदि के हिन्दी अनुवाद का काम सौंपा गया। इसके साथ-साथ निदेशालय ने अनेक शब्दकोशों और हिन्दी विश्वकोशों का भी निर्माण किया है। निदेशालय अहिन्दीभाषी राज्यों के हिन्दी लेखकों को, उनकी साहित्यिक कृतियों पर, पुरस्कार प्रदान करता है तथा हिन्दी क्षेत्र के विद्वानों को अहिन्दीभाषी क्षेत्रों के विश्वविद्यालयों में भेजकर उनके भाषणों का आयोजन करता है। एक अन्य योजना के अन्तर्गत निदेशालय अहिन्दी क्षेत्र के चुने हुए हिन्दी विद्यार्थियों को हिन्दी प्रदेश में यात्रा करने के लिए आर्थिक सुविधाएँ प्रदान करता है। नए अहिन्दीभाषी हिन्दी लेखकों के लिए निदेशालय उनके क्षेत्र में कार्य शिविरों का संचालन करता है। निदेशालय ने हिन्दी वर्तनी और देवनागरी लिपि के मानकीकरण का भी कार्य किया है। हिन्दी टाइपराइटर और टेलीप्रिन्टर के कुंजीपटल को अन्तिम रूप देने का कार्य भी निदेशालय ने कर दिया है। हिन्दी समाचार जगत और भाषा नामक पत्रिकाओं तथा प्रतिवर्ष हिन्दी वार्षिकी का प्रकाशन भी उसकी उल्लेखनीय उपलब्धियाँ हैं।

केन्द्रीय हिन्दी निदेशालय के साथ ही साथ, 27 अप्रैल, 1960 ई. को विधि मंत्रालय के अधीन **राजभाषा (विधायी) आयोग** गठित हुआ। इस आयोग ने प्रमुख कानूनों का हिन्दी पाठ तैयार किया है। 1970 ई. से ही संसद में विधेयकों के अंग्रेजी पाठ के साथ-साथ हिन्दी पाठ भी प्रस्तुत किये जाते हैं। यह कार्य यही आयोग करता है। इसके अतिरिक्त निविदा की सूचनाएँ, भारत सरकार द्वारा किये गए करार, अनुबन्ध पत्र, संविदाओं आदि का अनुवाद भी यह आयोग करता है। आयोग ने 30 अप्रैल, 1975 ई. तक 655 अधिनियमों का हिन्दी अनुवाद कर लिया था। इसके तत्त्वावधान में उच्चतम न्यायालय निर्णय पत्रिका तथा उच्च न्यायालय निर्णय पत्रिका का प्रकाशन किया जा रहा है। विधि मंत्रालय हिन्दी में लिखे गए विधि के ग्रन्थों को प्रतिवर्ष पुरस्कृत करता है तथा अपने निर्देशन में विधि सम्बन्धी मौलिक और अनूदित ग्रन्थों का निर्माण कराता है।

अक्टूबर, 1961 ई. में शिक्षा मंत्रालय के अन्तर्गत **वैज्ञानिक तथा तकनीकी शब्दावली आयोग** की स्थापना हुई। इसका मुख्य उद्देश्य हिन्दी तथा अन्य भारतीय भाषाओं के लिए

समान पारिभाषिक शब्दावली के निर्माण के साथ-साथ विश्वविद्यालयी स्तर की मानक पुस्तकें तैयार करना भी था। अब तक शब्दावली आयोग ने विज्ञान, इन्जीनियरिंग, आयुर्विज्ञान, कृषि, मानविकी तथा सामाजिक विज्ञान के विभिन्न विषयों में लगभग पाँच लाख शब्दों के हिन्दी पर्याय बना लिये हैं जो समेकित या विषयवार पारिभाषिक शब्द-संग्रहों के रूप में प्रकाशित हो चुके हैं। अब तक लगभग उन सभी विषयों की पारिभाषिक शब्दावलियाँ तैयार हो चुकी हैं जो विश्वविद्यालय स्तर पर पढ़ाये जाते हैं। कुछ दिन पूर्व कम्प्यूटर विज्ञान और धातुकर्म के पारिभाषिक शब्द भी प्रकाशित हो गए हैं। सम्प्रति पशु चिकित्सा-विज्ञान, प्रबन्ध विज्ञान, इलेक्ट्रॉनिक तथा इन्जीनियरी की कुछ विशिष्ट शाखाओं की शब्दावली का निर्माण किया जा रहा है।

इस प्रामाणिक हिन्दी शब्दावली के प्रयोग को बढ़ावा देने के लिए आयोग ने विश्वविद्यालयों और महाविद्यालयों के अध्यापकों के लिए 'शब्दावली कार्यशालाओं' या 'नवीन कार्यक्रमों' की एक नई योजना आरम्भ की है। इस योजना के अन्तर्गत उन नगरों में, जहाँ विश्वविद्यालय स्थित हैं, लगभग आठ दिन की कार्यशालाएँ आयोजित की जाती हैं।

पारिभाषिक शब्दावली के निर्माण के साथ यह आयोग विश्वविद्यालय स्तर के पाठ्य ग्रन्थों के निर्माण का कार्य भी करता है। हिन्दी में स्तरीय पाठ्य ग्रन्थों के प्रकाशन के लिए केन्द्रीय सरकार ने सभी राज्यों को एक-एक करोड़ रुपये का अनुदान दिया था, जिससे वहाँ ग्रन्थ अकादमियाँ अथवा 'राज्य पाठ्य-पुस्तक मंडल' स्थापित किये गए थे। यह आयोग इनके कार्यकलापों के बीच तालमेल रखने और इनकी प्रगति का जायजा लेते रहने का कार्य भी करता है। इस योजना के तहत अब तक हिन्दी में लगभग 2200 पुस्तकें प्रकाशित हुई हैं। कृषि, आयुर्विज्ञान और इन्जीनियरिंग की पुस्तकों का निर्माण स्वयं शब्दावली आयोग के तत्त्वावधान में हो रहा है।

राजभाषा हिन्दी के प्रगामी प्रयोग के लिए गृह मंत्रालय ने भी अनेक कार्यक्रम प्रस्तुत किये हैं। केन्द्रीय सरकार के कर्मचारियों को हिन्दी सिखाने के लिए दफ्तर के समय में हिन्दी की कक्षाएँ चलायी जाती हैं। पूरे देश में गृह मंत्रालय के निर्देशन में 175 से अधिक केन्द्रों में हिन्दी का प्रशिक्षण दिया जा रहा है। विभिन्न पाठ्यक्रमों को भाषा-वर्ग के अनुसार, दो-तीन महीने में पढ़ाने के लिए 1970 ई. से ही एक गहन प्रशिक्षण-पाठ्यक्रम चलाया जा रहा है। इसके अलावा प्रथम श्रेणी के अधिकारियों तथा परिचालन स्टाफ आदि के लिए पत्राचार पाठ्यक्रम की भी व्यवस्था की गई है।

केन्द्रीय सरकार के प्रथम श्रेणी के अधिकारियों तथा भारतीय प्रशासनिक सेवा के अधिकारियों को हिन्दी का प्रशिक्षण देने के लिए लाल बहादुर शास्त्री राष्ट्रीय प्रशासन अकादमी, मसूरी में व्यवस्था की गई है। भारतीय लेखा सेवा, भारतीय राजस्व सेवा, भारतीय पुलिस सेवा, भारतीय वन सेवा, इन्जीनियरी सेवा आदि के अधिकारियों के लिए भी विभागीय तौर पर हिन्दी पढ़ाने का प्रबन्ध किया गया है।

1973 ई. में हिन्दी शिक्षण योजना की **पुनरीक्षण समिति** गठित की गई। इस समिति ने अपनी रिपोर्ट में योजना के लिए व्यावहारिक तथा प्रयोजन मूलक पाठ्यक्रम का सुझाव

दिया है और योजना के प्रशासनिक ढाँचे में भी महत्त्वपूर्ण परिवर्तन करने की अनुशंसाएँ की हैं, जिन्हें अब कार्यान्वित भी किया जा रहा है।

मार्च, 1971 ई. में गृह मंत्रालय ने प्रशासनिक तथा गैर-सांविधिक साहित्य के अनुवाद के लिए **केन्द्रीय अनुवाद ब्यूरो** की स्थापना की। केन्द्रीय अनुवाद ब्यूरो ने अपनी स्थापना के बाद से ही ऐसे मैनुअलों के अनुवाद को प्राथमिकता दी है जो दफ्तरों के कामकाज में हिन्दी के प्रयोग को बढ़ावा देने की दृष्टि से महत्त्वपूर्ण हैं। फार्मों के अनुवाद को भी महत्त्व दिया गया है। महत्त्वपूर्ण जाँच आयोगों तथा संसद के समक्ष प्रस्तुत की जानेवाली रिपोर्टों के अनुवाद का काम भी ब्यूरो करता है। सरकारी उपक्रमों, प्रतिष्ठानों, कम्पनियों और राष्ट्रीयकृत बैंकों की असांविधिक सामग्री के अनुवाद तथा रक्षा मंत्रालय, रेल मंत्रालय और डाकतार के अनूदित मैनुअलों आदि के पुनरीक्षण का काम भी ब्यूरो में ही किया जाता है। ब्यूरो का दूसरा महत्त्वपूर्ण काम है अनुवादकों का प्रशिक्षण। अनुवाद से सम्बन्धित सूचनाएँ, शोध कार्य, दिशा-निर्देश आदि की अपेक्षा भी अनुवाद ब्यूरो से ही की जाती है।

26 जून, 1975 ई. को भारत सरकार के एक सचिव के अधीन स्वतंत्र **राजभाषा विभाग** की स्थापना की गई। राजभाषा विभाग के कुछ प्रमुख दायित्व हैं—सरकार की राजभाषा नीति निर्धारित करना, उसका पुनरीक्षण करना, राजभाषा अधिनियम-1963, राजभाषा नियम-1976 तथा हिन्दी के प्रयोग के सम्बन्ध में समय-समय पर जारी किये गए आदेशों को कार्यान्वित करना, संघ के विभिन्न सरकारी प्रयोजनों के लिए हिन्दी के प्रयोग से सम्बन्धित सरकारी नीति और कार्यक्रम तैयार करना और उसका अनुपालन करना, केन्द्रीय सरकार के हिन्दी न जानने वाले कर्मचारियों को हिन्दी का प्रशिक्षण देना, गैरसांविधिक कार्यविधि साहित्य का हिन्दी में अनुवाद तथा हिन्दी के प्रगामी प्रयोग की दिशा में विभिन्न मंत्रालयों द्वारा किये जा रहे कामों में समन्वय स्थापित करना। इस दिशा में हुई प्रगति की वार्षिक रिपोर्ट राजभाषा विभाग द्वारा प्रतिवर्ष प्रकाशित की जाती है। राजभाषा विभाग प्रतिवर्ष एक वार्षिक कार्यक्रम भी तैयार करता है, जिसमें हिन्दी में कामकाज के न्यूनतम लक्ष्य निर्धारित किये जाते हैं। अब तक (1993-94 ई.) की वार्षिक रिपोर्टों के अवलोकन से ज्ञात होता है कि राजभाषा अधिनियम-1963 की इस व्यवस्था का, कि निर्धारित सरकारी प्रयोजनों के लिए हिन्दी और अँगरेजी दोनों भाषाओं का प्रयोग किया जाएगा, अनुपालन पूरी तौर पर नहीं हो पाया है।[21] पर उक्त रिपोर्ट के अनुसार स्थिति में सुधार हो रहा है।[22]

वास्तविकता यह है कि राजभाषा विभाग के लक्ष्य-निर्धारण और संसदीय समिति की प्रतिकूल टिप्पणियों के बावजूद हिन्दी में अपेक्षित मात्रा में काम नहीं होता और अभी भी राजभाषा के रूप में अँगरेजी का ही वर्चस्व बना हुआ है। इसका कारण यह है कि सरकारी पदाधिकारी और कर्मचारी हिन्दी सम्बन्धी आदेशों को गम्भीरता से नहीं लेते। चूँकि उनके खिलाफ कोई कार्रवाई नहीं होती, अत: यह सामान्य धारणा बन गई है कि हिन्दी सम्बन्धी आदेश मात्र दिखाने के लिए हैं, अमल के लिए नहीं। मंत्री, सचिव आदि अपने विभागों में इन आदेशों के पालन में कोई रुचि नहीं दिखाते। प्रस्तुत पंक्तियों का लेखक एक मंत्रालय विशेष की हिन्दी सलाहकार समिति का सदस्य होने के नाते इस तथ्य का अनुभव कर चुका

है। हिन्दी भाषी मंत्री, अधिकारी और कर्मचारी भी अँगरेजी में ही काम करने में अपना गौरव समझते हैं।

अब, यदि हम संविधान लागू होने के दिन से आज तक राजभाषा के रूप में हिन्दी के विकास का सिंहावलोकन करें तो पहली बात यह सामने आती है कि सुदूर भविष्य तक हिन्दी के भारत की एकमात्र राजभाषा बनने की कोई सम्भावना नहीं दिखाई देती। **राजभाषा अधिनियम, 1963** की धाराएँ इस सम्भावना को लगभग निरस्त कर चुकी हैं। यदि कोई क्रान्ति नहीं होती तो अँगरेजी सदा के लिए भारत की प्रमुख राजभाषा बन चुकी है। हिन्दी अधिक-से-अधिक भारत की द्वितीय या गौण राजभाषा बनी रह सकती है। इसके अनेक कारण हैं जिनमें प्रथम अहिन्दीभाषी राज्यों, विशेषकर तमिलनाडु और पश्चिम बंगाल का विरोध है। तमिलनाडु का हिन्दी विरोध तो इस हद तक पहुँचा हुआ है कि वहाँ की सरकार तृतीय भाषा के रूप में भी हिन्दी को शासन-कार्य या शिक्षा के माध्यम की भाषा के रूप में कोई महत्त्व नहीं देती, और जहाँ कहीं उसे लगता है कि केन्द्रीय सरकार राजभाषा के रूप में हिन्दी के विकास के लिए कोई ठोस कदम उठा रही है, वह अपना विरोध दर्ज कर देती है। इधर पश्चिम बंगाल की सरकार की ओर से भी हिन्दी विरोध का नया स्वर मुखरित हो रहा है। टाइम्स ऑफ इंडिया के 9 जून, 1994 ई. के पटना संस्करण में एक समाचार शीर्षक था : 'बंगाल टू अपोज इम्पोजिशन ऑफ हिन्दी'। इसमें कहा गया था कि "बंगाल सरकार ने केन्द्रीय सरकार के राजभाषा के रूप में हिन्दी को लादने के प्रयास का विरोध करने का फैसला किया है। पश्चिम बंगाल के सूचना और सांस्कृतिक मामलों के मंत्री श्री कान्ति विश्वास ने यह भी कहा कि केन्द्र का यह प्रयास विघटनकारी शक्तियों को बढ़ावा देगा। उन्होंने केन्द्र पर यह आरोप भी लगाया कि उसने हिन्दी को अत्यधिक महत्त्व देकर देश की अन्य भाषाओं की उपेक्षा की है।" यह एक बहुत ही दुर्भाग्यपूर्ण विचार है। एक विदेशी भाषा को अपनी राजभाषा, शिक्षा की माध्यम भाषा और सम्पूर्ण वाणिज्य-व्यवस्था की भाषा स्वीकार करने और अपने देश की सर्वाधिक बोली और समझी जानेवाली भाषा को नकारने का दर्शन दुर्भाग्यपूर्ण नहीं तो क्या है? क्या यह सच नहीं है कि भारत की समूची आबादी को, शत-प्रतिशत शिक्षा लागू हो जाने के बाद भी, अँगरेजी में निपुण बनाना सम्भव नहीं है। और यदि समूची आबादी को अँगरेजी में निपुण बनाया जा सकता है तो उसे हिन्दी में ही निपुण क्यों नहीं बनाया जा सकता? अहिन्दीभाषी क्षेत्रों में एक बहुत ही गलत धारणा फैला दी गई है कि तथाकथित हिन्दीभाषी राज्यों की मातृभाषा हिन्दी है और यदि हिन्दी राजभाषा के रूप में कार्यान्वित हो गई तो अहिन्दीभाषी लोगों के हितों को नुकसान पहुँचेगा।

वस्तुतः तथाकथित हिन्दीभाषी राज्यों में राजस्थानी, ब्रजभाषा, अवधी, छत्तीसगढ़ी, भोजपुरी, मगही, मैथिली आदि अनेक बड़ी-बड़ी भाषाएँ मातृभाषाओं के रूप में बोली जाती हैं और उनका साहित्य भी संविधान की आठवीं अनुसूची में सम्मिलित कुछ भाषाओं की तुलना में अधिक समृद्ध है। यह तो राष्ट्रीय एकता की माँग थी कि इन भाषाओं के बोलनेवालों ने हिन्दी को अपनी 'मातृभाषा' घोषित कर दिया। वस्तुतः हिन्दी उनकी द्वितीय भाषा है जिसे उन्हें आयासपूर्वक सीखना पड़ता है। अब समय आ गया है कि वे भी अपनी मातृभाषाओं के स्वतंत्र विकास के लिए प्रयत्न करें—ऐसे प्रयत्न शुरू भी हो गए हैं—और हिन्दी को सम्पर्क

भाषा और देश की राजभाषा के रूप में ही स्वीकारें। यह सही है कि आधुनिक भारतीय आर्यभाषाओं में भोजपुरी, मगही आदि उपर्युक्त भाषाएँ 'हिन्दी' के अधिक निकट हैं, पर बँगला, असमिया, उड़िया, पंजाबी, गुजराती, मराठी आदि भी आधुनिक भारतीय आर्यभाषा की सदस्य होने के नाते हिन्दी से बहुत अधिक दूर नहीं हैं। वास्तविकता तो यह है कि उड़िया, असमिया, बँगला, आदिवासी क्षेत्रों की भाषाएँ अवश्य ही हिन्दी से, पारिवारिक दृष्टि से, दूर हैं पर सैकड़ों वर्षों के साहचर्य से उनमें भी समान तत्त्वों का अभाव नहीं है। ऐसी स्थिति में देश के प्रबुद्ध राजनीतिज्ञों और बुद्धिजीवियों को इस समस्या पर विचार करना चाहिए कि क्या भारतीय संघ की एकमात्र राजभाषा के रूप में हिन्दी को स्वीकार नहीं कर लिया जाना चाहिए ? पर यह एक व्यक्ति विशेष का आकांक्षाजनित विचार हो सकता है। मेरी दृष्टि में तो हिन्दी का विकास संविधान के अनुच्छेद-351 के अनुसार इस रूप में होना चाहिए कि वह भारत की सामासिक संस्कृति के सभी तत्त्वों की अभिव्यक्ति का माध्यम बन सके और उसकी प्रकृति में हस्तक्षेप किये बिना हिन्दुस्तानी और आठवीं अनुसूची में विनिर्दिष्ट भारत की अन्य भाषाओं में प्रयुक्त रूपों, शैलियों और अभिव्यक्तियों/मुहावरों को आत्मसात् करते हुए तथा जहाँ आवश्यक हो वहाँ मुख्यतः संस्कृत से और गौणतः अन्य भाषाओं से शब्द ग्रहण करते हुए उसको समृद्ध किया जाना चाहिए। इस हिन्दी का स्वरूप कैसा होगा, यह तो भविष्य बताएगा पर इसे स्वीकार करने में भोजपुरी, मगही, मैथिली, अवधी, राजस्थानी आदि तथाकथित हिन्दी क्षेत्र की भाषाओं के बोलने वालों को भी कोई आपत्ति नहीं होगी। इन भाषाभाषियों को आठवीं अनुसूची में सम्मिलित **क्षेत्रीय हिन्दी** के मोह को छोड़ ही देना चाहिए।

सम्प्रति इसमें कोई सन्देह नहीं कि संघ की राजभाषा के रूप में हिन्दी के प्रति विरोध का स्वर बहुत उग्र है। इसका प्रमुख कारण भारत के सुविधाभोगी, छाली स्तर वाले का आर्थिक-राजनीतिक स्वार्थ भी है। यह वर्ग चाहे बिहार और उत्तर प्रदेश का हो या बंगाल और तमिलनाडु का, अपने स्वार्थों की रक्षा करने के लिए अँगरेजी के वर्चस्व को बनाये रखना चाहता है। अभी देश के शासन की बागडोर इसी वर्ग के हाथ में है। जब शासन की बागडोर सही अर्थों में जनता के हाथ में आएगी तो वह तय करेगी कि देश की शासन-प्रणाली, शिक्षा और वाणिज्य-व्यवसाय के क्षेत्र में उसकी मातृभाषाओं और पूरे देश की सम्पर्क भाषा का क्या स्थान हो ? अफसोस यदि किसी बात पर हो सकता है तो पश्चिम बंगाल की मार्क्सवादी सरकार की विचारधारा पर जो अपने को साधारण जनता की प्रतिनिधि मानती है और देश की राजभाषा के सम्बन्ध में ऐसे विकृत विचार रखती है।

सबसे बड़े दुर्भाग्य की बात यह है कि सम्पूर्ण भारत में सर्वत्र अँगरेजी को एक प्रकार की सामाजिक मान्यता प्राप्त हो गई है। पूरा मध्यवर्गीय समाज अपने बच्चों को अँगरेजी में सामान्य रूप में नहीं, बल्कि विशेष रूप में निपुण बनाने की होड़ में लगा हुआ है। साधारण-सी दुकानों तक में बिक्री-पुर्जी अँगरेजी में बनायी जाती है। अँगरेजी में बातचीत करना युवक फ़ख्र की बात समझते हैं। अँगरेजी के पक्ष में खोखले तर्क देने में उन्हें कोई संकोच नहीं होता। हिन्दी क्षेत्र में भी, जहाँ प्रत्येक शिक्षित व्यक्ति देवनागरी लिपि जानता है, दुकानों आदि के नामपट्ट रोमन लिपि में और प्रायः अँगरेजी भाषा में होते हैं। पढ़े-लिखे लोग विभिन्न प्रकार के फार्मों के हिन्दी में होने पर भी उनकी प्रविष्टियाँ अँगरेजी भाषा और रोमन लिपि

में करते हैं। यहाँ तक कि वे अपने हस्ताक्षर भी देवनागरी लिपि में नहीं करते। मोटूरि सत्यनारायण ने हिन्दी दिवस (13 सितम्बर, 1993 ई.) के अवसर पर श्री ब्रज नारायण अग्रवाल के साथ अपनी बातचीत में स्वीकार किया था कि "कारण जो कुछ भी हो, स्वतंत्रता के 46 वर्ष बाद भी अँगरेजी का महत्त्व अपनी भाषा के प्रति प्रेम के अनुपात में घट नहीं रहा है, अपितु बढ़ ही रहा है। अँगरेजी की छवि ज्यों की त्यों है और उसके प्रति लोगों का प्रेम, आकर्षण, उसे अपनाने और आगे बढ़ाने की कामना कम होती नजर नहीं आती। सभी क्षेत्रों में अँगरेजी का पाया आज भी वैसा ही मजबूत है, जैसा पहले था।"[23] ऐसी स्थिति में यदि राजभाषा के रूप में हिन्दी का विकास अवरुद्ध है तो इसमें कोई आश्चर्य नहीं होना चाहिए।

"उल्लेखनीय है कि आज (14 सितम्बर, 2010) भी स्थिति में कोई परिवर्तन नहीं हुआ है। आज ही *जनसत्ता* में प्रकाशित अपने लेख में परमानन्द पांचाल ने लिखा है कि आज भी "हिन्दी की जो स्थिति है, वह किसी से छिपी नहीं है... । हिन्दी के प्रयोग के प्रायः सभी आदेश कागजों तक सीमिति रह गए हैं। सरकारी कार्यालयों में मात्र दिखावे के लिए थोड़ा-बहुत काम हिन्दी में कर दिया जाता है। हिन्दी में लिखना तो दूर, हिन्दी में बोलने वाले को छोटा और घटिया दर्जे का व्यक्ति माना जाता है। जहाँ आजादी के बाद शिक्षा का माध्यम स्नातकोत्तर स्तर तक हिन्दी और अन्य भारतीय भाषाएँ बनती जा रही थीं, वहाँ अब यह माध्यम खिसककर प्राथमिक स्तर पर भी नहीं रह गए हैं। पहली कक्षा से ही शिक्षा का माध्यम अँगरेजी बनती जा रही है। शिक्षा में सुधार के लिए सभी आयोगों ने प्राथमिक और माध्यमिक स्तर पर भारतीय भाषाओं को शिक्षा का माध्यम बनाने पर जोर दिया था, पर हुआ यह कि अल्पसंख्यक समुदाय की भाषा की आड़ में अँगरेजी माध्यम के स्कूल बढ़ते चले गए और हिन्दी निर तर उपेक्षित होती गई। उद्योग-धन्धों में निजी क्षेत्र का वर्चस्व होता जा रहा है, पर निजी क्षेत्र पर सरकार का कोई अंकुश नहीं है, जिससे कि वे भी राजभाषा के नियमों का पालन करें।"

वास्तविकता यह है कि पूरे प्रशासन-तंत्र में हिन्दी को राजभाषा के रूप में लागू करने की कोई ईमानदार कोशिश नहीं दिखाई देती। यहाँ तक कि जनता की प्रतिनिधि भी मंत्रालयों के शीर्ष पर बैठकर इसे महत्त्व नहीं दे रहे। जो सरकारी उद्यम पहले थोड़ा-बहुत काम हिन्दी में करते थे, अब वह भी समाप्त हो गया है। विश्वविद्यालयों तथा अन्य भौतिक सांस्कृतिक संस्थाओं तक में हिन्दी के प्रयोग के लिए कोई उत्साह नहीं रह गया है। यह स्थिति बहुत दुःखद और चिन्ताजनक है।

इस निराशाजनक स्थिति में हमें महात्मा गांधी के उस सन्देश को स्मरण करना चाहिए जिसे उन्होंने 15 अगस्त, 1947 ई. को बी.बी.सी. लन्दन द्वारा दुनिया को दिया था। उन्होंने अपने सन्देश में कहा था कि "करोड़ों लोगों को अँगरेजी की शिक्षा देना उन्हें गुलामी में डालने जैसा है।...हिन्दी ही हिन्दुस्तान के शिक्षित समुदाय की सामान्य भाषा हो सकती है, यह बात निर्विवाद है। यह कैसे हो, केवल यही विचार करना है। जिस स्थान को आजकल अँगरेजी भाषा लेने का प्रयत्न कर रही है और जिसे लेना उसके लिए असम्भव है वही स्थान हिन्दी को मिलना चाहिए, क्योंकि हिन्दी का उस पर पूर्ण अधिकार है। यह स्थान अँगरेजी को नहीं मिल सकता, क्योंकि वह विदेशी भाषा है और हमारे लिए बहुत कठिन है। अगर

मेरे हाथ में तानाशाही सत्ता हो, तो मैं आज से ही विदेशी माध्यम के जरिये दी जाने वाली हमारे लड़कों और लड़कियों की शिक्षा बन्द कर दूँ और सारे शिक्षकों और प्रोफेसरों से यह माध्यम तुरंत बदलवा दूँ या उन्हें बर्खास्त कर दूँ। मैं पाठ्य-पुस्तकों की तैयारी का इन्तजार नहीं करूँगा, वे तो माध्यम के परिवर्तन के पीछे-पीछे आप चली आएँगी। यह एक ऐसी बुराई है, जिसका तुरंत इलाज होना चाहिए। हिन्दी ही भारत की राष्ट्रभाषा हो सकती है। देश के नौजवानों पर एक विदेशी भाषा थोप देने से उनकी प्रतिभा कुंठित हो रही है और इतिहास में इसे विदेशी शासन की बुराइयों में सबसे बड़ी बुराई माना जाएगा। इसने राष्ट्र की शक्ति को घुन लगा दिया है। यदि यह प्रक्रिया आगे भी जारी रही, तो ऐसे आसार दिखाई दे रहे हैं कि यह राष्ट्र की आत्मा का हनन कर देगी। इसलिए शिक्षित भारतीय जितनी जल्दी विदेशी माध्यम के भयंकर वशीकरण से बाहर निकल जाएँ, उतना ही उनका और जनता का लाभ होगा।

अँगरेजी न कभी सारे हिन्दुस्तान की भाषा हो सकती है और न होनी चाहिए। ऐसी भाषा तो हिन्दी ही हो सकती है।...''यदि हमलोगों में अपनी देशी भाषाओं पर श्रद्धा नहीं रह गई है तो यह इस बात का लक्षण है कि हमलोगों में स्वयं अपने ही प्रति श्रद्धा, अपने ही प्रति विश्वास का अभाव है। यह अवश्यमेव नाश का चिह्न है और हमलोगों को स्वराज्य की कोई स्कीम चाहे कितनी ही उदारतापूर्वक क्यों न दी जाए, पर फिर भी हमलोगों में उन भाषाओं के प्रति आदर न होगा जिन्हें हमारी माताएँ बोलती हैं, तो हमारा राष्ट्र कभी स्वराजभोगी राष्ट्र नहीं होगा।''

ठीक आजादी की पूर्व सन्ध्या पर गांधीजी जैसे महान राजनीतिक व्यक्तित्व द्वारा हिन्दी के पक्ष में ऐसा जबरदस्त बयान उसे राष्ट्रभाषा के पद पर तुरंत प्रतिष्ठित कर सकता था, किन्तु कांग्रेस पार्टी के नेतृत्व में गठित सरकार ने गांधीजी के इस सन्देश को अनसुना कर दिया। लगभग साढ़े चार महीने के बाद गांधीजी की हत्या हो गई और उसके साथ ही हिन्दी के राष्ट्रभाषा बनने के स्वप्न की भी हत्या हो गई। लगभग सैंतालीस वर्षों का राजभाषा के रूप में हिन्दी के विकास का इतिहास इसकी पुष्टि करता है।

सन्दर्भ

1. यह धारणा महात्मा गांधी के विचारों के प्रतिकूल थी, जिन्हें इस अध्याय के अन्त में उद्धृत किया गया है, पर तब तक गांधीजी का निधन हो चुका था।
2. इस अवधि में कुछ सरकारी प्रयोजनों के लिए हिन्दी भाषा के प्रयोग के सम्बन्ध में कतिपय आदेश जारी किये गए थे। 1952 ई. में ही राष्ट्रपति के एक आदेश के अनुसार राज्यपालों तथा उच्चतम न्यायालयों के न्यायाधीशों की नियुक्ति के अधिपत्रों के लिए अँगरेजी के साथ-साथ हिन्दी के प्रयोग को लागू किया गया। 1955 ई. में जारी सांविधानिक आदेश में जनता के साथ पत्राचार, प्रशासनिक रिपोर्टों, राजकीय पत्रिकाओं तथा संसद में प्रस्तुत की जानेवाली रिपोर्टों, सरकारी संकल्पों और विधायी अधिनियमों, हिन्दी को अपनी राजभाषा स्वीकार करनेवाली राज्य सरकारों से पत्राचार, सन्धि और करार आदि के लिए अँगरेजी के साथ हिन्दी के प्रयोग का प्रावधान किया गया। किन्तु व्यावहारिक रूप में ये सारे काम अँगरेजी में ही किये जाते रहे। केन्द्रीय शिक्षा मंत्रालय ने 1950 ई. में एक वैज्ञानिक पारिभाषिक शब्दावली मंडल की स्थापना की थी जिसने हिन्दी और प्रादेशिक भाषाओं में वैज्ञानिक

और तकनीकी शब्दावली के लिए कदम उठाये थे। पर 1955 ई. तक इस दिशा में भी बहुत कम काम हो पाया था।

3. राजभाषा आयोग का प्रतिवेदन, 1956, प्रकाशन विभाग, नई दिल्ली, 1992, पृ. 328
4. उपरिवत्, पृ. 329
5. निशिकान्त महाजन, *'संघ की राजभाषा : नीति और प्रशासन'*, राजभाषा भारती, वर्ष 16, अंक-62, जुलाई-सितम्बर, 1993, पृ. 5
6. उपरिवत्
7. विस्तृत विवरण के लिए द्रष्टव्य राजभाषा सम्बन्धी सांविधानिक उपबन्धों, राष्ट्रपति के आदेश, 1960, राजभाषा अधिनियम, 1963...आदि का संकलन, भारत सरकार, राजभाषा विभाग, पृ. 8-10
8. उपरिवत्
9. उपरिवत्, पृ. 9
10. उपरिवत्
11. उपरिवत्, पृ. 9-10
12. उपरिवत्, पृ. 10
13. उपरिवत्, पृ. 11
14. उपरिवत्
15. उपरिवत्, पृ. 12-15
16. उपरिवत्, पृ. 25
17. उपरिवत्, पृ. 27
18. विस्तृत विवरण के लिए द्रष्टव्य, उपरिवत्, पृ. 27-34
19. उपरिवत्, पृ. 36
20. उपरिवत्, पृ. 44
21. राजभाषा विभाग, गृह मंत्रालय की वार्षिक रिपोर्ट, 1993-94, पृ. 9
22. विशेष के लिए द्रष्टव्य उपर्युक्त रिपोर्ट।
23. *हिन्दुस्तान,* पटना, 12 सितम्बर, 1993 का रविवारीय अंक, पृ. 1

11

मानक हिन्दी का व्याकरण

इसमें कोई सन्देह नहीं कि आधुनिक हिन्दी का मानक रूप प्राय: स्थिर हो चुका है। एक जीवित और विकासमान भाषा होने के कारण यद्यपि हिन्दी के अनेक प्रयोग **अन्तिम रूप में मानक** नहीं बन सके हैं, और कदाचित् यह हिन्दी के विकास के लिए शुभ लक्षण है, पर प्रयोगों की अवांछनीय अराजकता, तो किसी भी विकसित भाषा के लिए त्याज्य होती है, आधुनिक हिन्दी में नहीं है। इस मानक हिन्दी का अति संक्षिप्त व्याकरण, जो उसके प्रमुख व्याकरणिक लक्षणों का स्पष्टतापूर्वक निर्देश कर सके, प्रस्तुत करना कठिन काम है। आधुनिक हिन्दी के तीन प्रमुख मानक व्याकरण हैं : (1) कामता प्रसाद गुरु कृत *हिन्दी व्याकरण;* (2) किशोरीदास वाजपेयी कृत *हिन्दी शब्दानुशासन और* (3) जाल्मन दीमशित्स कृत *हिन्दी व्याकरण।* ये तीनों ही वृहद् आकार वाली व्याकरण पुस्तकें हैं। हमने इन तीनों पुस्तकों की (विशेष रूप से दीमशित्स की पुस्तक *हिन्दी व्याकरण*) की सहायता से इस परिच्छेद में हिन्दी व्याकरण की प्रमुख विशेषताओं को प्रस्तुत करने का प्रयास किया है।

किसी भाषा के व्याकरण में मुख्य रूप से दो बातों पर विचार किया जाता है : *शब्द विचार* और *वाक्य विचार।* 'शब्द-विचार' के लिए पारिभाषिक शब्द 'रूप विचार' स्वीकृत है जिसके अन्तर्गत शब्दों की रूप-प्रक्रियात्मक संरचना का विवरण प्रस्तुत किया जाता है। इसके अन्तर्गत मुख्य शब्दभेदों—संज्ञा, विशेषण, संख्या शब्द, सर्वनाम, क्रिया और क्रियाविशेषण—तथा सहायक शब्दभेदों का—परसर्गों, समुच्चयबोधकों और निपातों—विवरण प्रस्तुत किया गया है। अन्त में **प्रकारताबोधक, विस्मयादिबोधक** और **अनुकरणात्मक शब्दों** का भी विवरण दिया गया है, जो वाक्य के अपरिहार्य अंग नहीं होते। 'वाक्य विचार' के अन्तर्गत **शब्दबन्ध, वाक्य** तथा **शब्दों के वाक्यगत बन्धनों के प्रारूप** की अवधारणाओं का विवेचन किया गया है, जिनके आधार पर शब्द समूह अथवा एक शब्द के रूप में वाक्य के अंग की अवधारणा निरूपित होती है।

रूप विचार

रूप-विचार के अन्तर्गत शब्द और उसके रूपों के व्याकरणिक लक्षणों का निर्देश किया जाता है। इस दृष्टि से हिन्दी शब्दों के दो **रूप** होते हैं—**विकारी** और **अविकारी**। **विकारी शब्द**

प्रातिपदिक[1] तथा अन्त्य प्रत्यय के योग से बनते हैं, उदाहरणार्थ—बेटा-बेटे-बेटों (बेट-प्रातिपदिक; आ-ए-ओ—अन्त्य प्रत्यय) **अविकारी शब्द** सदा प्रातिपदिक रूप में ही प्रयुक्त होते हैं; जैसे—**चाँदी, सोना, लाल** आदि।

प्रातिपदिक के साथ दो तरह के प्रत्यय—**रूपान्तरकारी** और **शब्दनिर्माणात्मक**—जुड़ सकते हैं। रूपान्तरकारी प्रत्ययों की सहायता से एक ही शब्द के विभिन्न रूप बनते हैं; जैसे—बेटा, बेटे, बेटों; शब्द-निर्माणात्मक प्रत्ययों की सहायता से नए शब्द बनते हैं, जैसे—स्वर्ग-स्वर्गीय, प्रहार-प्रहारक, इतिहास-ऐतिहासिक आदि।

प्रत्ययों के तीन भेद हैं : **पूर्व प्रत्यय,** जो प्रातिपदिक के पहले लगते हैं; **पर प्रत्यय,** जो प्रातिपदक के बाद लगते हैं; और **अन्त्य प्रत्यय** (या विभक्ति)। 'अन्त्य प्रत्यय' (विभक्ति) रूपान्तरकारी होता है जबकि 'पूर्व प्रत्यय' और 'पर प्रत्यय' शब्द-निर्माणात्मक होते हैं।

रूपप्रक्रियात्मक ढाँचे की दृष्टि से हिन्दी विश्लेषणात्मक भाषा है। इसके अधिकतर क्रिया रूप कृदन्तों के बाद सहायक क्रियाओं के रूप जोड़कर बनते हैं। शब्दों के बीच सम्बन्ध परसर्गों द्वारा व्यक्त होते हैं। वाक्य में शब्दों का क्रम महत्त्वपूर्ण होता है। हिन्दी में कुछ संश्लिष्ट रूप भी दिखाई देते हैं जो प्राचीन और मध्यभारतीय आर्यभाषा के संश्लिष्ट रूपों के अवशेष हैं; जैसे—मैं-मुझे; हम-हमें आदि। वस्तुतः हिन्दी की रूप-प्रक्रिया में व्याकरणिक अर्थ व्यक्त करने की तीन विधियाँ हैं : विश्लेषणात्मक, संश्लेषणात्मक तथा मिश्रित। विश्लेषणात्मक विधि में व्याकरणिक अर्थ मूल शब्द में नहीं, बल्कि सहायक शब्द में व्यक्त होता है (करना—करता हूँ)। संश्लेषणात्मक विधि में व्याकरणिक अर्थ प्रत्ययों की सहायता से व्यक्त होता है (हम—हमें; चलना—चलें)। मिश्रित विधि में व्याकरणिक अर्थ व्यक्त करने के लिए प्रत्यय तथा सहायक शब्द दोनों का प्रयोग होता है (लड़का—लड़के को)।

व्याकरण की दृष्टि से हिन्दी में शब्दों के दो प्रमुख भेद होते हैं : (1) **स्वतंत्र अथवा अर्थदर्शी शब्द** और (2) **सहायक शब्द।** इनके अतिरिक्त : **प्रकारताबोधक, विस्मयादिबोधक** और **अनुकरणात्मक** शब्दों के अलग गौण भेद हैं।

अर्थदर्शी शब्द वाक्य के प्रमुख अंग होते हैं। वे वस्तुओं, उनके गुणों, संख्या, उनके व्यापारों और अवस्थाओं को प्रतिबिम्बित और नामादिष्ट करते हैं। हिन्दी में अर्थदर्शी शब्दों के छह भेद किये जा सकते हैं : **संज्ञा, विशेषण, संख्या शब्द सर्वनाम, क्रिया** तथा **क्रियाविशेषण।** इनमें से सर्वनाम की विशेषता यह है कि यह वस्तुओं, उनके लक्षणों को नामोद्दिष्ट नहीं करता, केवल इंगित करता है।

अर्थदर्शी शब्द 'विकारी' तथा 'अविकारी' होते हैं। कुछ विशेषण, गणनावाचक संख्या शब्द तथा क्रिया-विशेषण अविकारी शब्द हैं।

सहायक शब्दों में **परसर्ग, समुच्चयबोधक** तथा **निपात** आते हैं। ये शब्द वाक्यगत शब्दों के बीच सम्बन्ध स्थापित करते हैं (परसर्ग) या शब्दों और वाक्यों के बीच सम्बन्ध इंगित करते हैं (समुच्चयबोधक) अथवा शब्दों या पूरे वाक्य को कोई विशेष अर्थ-सौन्दर्य प्रदान करते हैं (निपात)। सहायक शब्दों के रूप प्रायः नहीं बदलते।

प्रकारताबोधक शब्द कथन में अतिरिक्त अर्थ का आधान करते हैं तथा वक्ता द्वारा कथन की प्रामाणिकता का मूल्यांकन इंगित करते हैं; जैसे '**शायद**', '**कदाचित्**' आदि।

विस्मयादिबोधक शब्द केवल विभिन्न मनोभाव या प्रेरणा व्यक्त करते हैं। वाक्य की व्याकरणिक संरचना में उनका अपरिहार्य स्थान नहीं होता। उदाहरणार्थ—**हा!, अरे!, हाय!** आदि।

अनुकरणमूलक शब्द विभिन्न वस्तुओं से उत्पन्न ध्वनियों को व्यक्त करते हैं। अपने शाब्दिक-व्याकरणिक अर्थों के अनुसार वे वाक्य के विभिन्न अंगों में से कोई भी हो सकते हैं। उदाहरणार्थ—**भनभन, चख-चख, धू-धू** आदि।

अर्थदर्शी शब्द

(1) संज्ञा हिन्दी में शब्दों का सबसे बड़ा वर्ग है। मुख्यत: संज्ञा शब्दों का प्रयोग **कर्त्ता** तथा **कर्म** के रूप में होता है। संज्ञा शब्द विशेषणों, क्रियाओं, सर्वनामों और संख्या शब्दों के साथ आ सकते हैं। संज्ञा से ही विकारी विशेषणों का लिंग, वचन और कारक तथा क्रियाओं का लिंग और वचन अन्वित होता है। संज्ञा शब्दों के तीन मुख्य वर्ग हैं, लिंग प्रवर्ग, वचन-प्रवर्ग और कारक-प्रवर्ग।

हिन्दी में दो व्याकरणिक लिंग हैं—**पुल्लिग** और **स्त्रीलिंग।** जो संज्ञाएँ वास्तविक जीवन में पुरुष वर्ग का द्योतन करती हैं वे पुल्लिग और जो स्त्री वर्ग का द्योतन करती हैं वे स्त्रीलिंग मानी जाती हैं। पर हिन्दी में निर्जीव संज्ञाएँ भी **स्त्रीलिंग** और **पुल्लिग** वर्गों में बँटी हुई हैं। अभी तक इन शब्दों को लिंग-निर्णय के अपवादरहित नियमों के अन्तर्गत सूत्रबद्ध नहीं किया जा सका है। कदाचित् यह सम्भव भी नहीं है। पर इस दिशा में गम्भीर प्रयत्न भी कदाचित् नहीं किया गया है। मोटामोटी रूप से कहा जा सकता है कि हिन्दी में 'अकारान्त' संज्ञाएँ पुल्लिग और 'इकारान्त' तथा 'ईकारान्त' संज्ञाएँ स्त्रीलिंग होती हैं; 'आकारान्त' तत्सम संज्ञा शब्द स्त्रीलिंग तथा तद्भव शब्द पुल्लिग होते हैं। जैसे, बालिका, लता (स्त्री); लोहा, डंडा (पु.)। पर इनके ढेरों अपवाद भी हैं। इसी कारण अनेक अहिन्दीभाषी विद्वान हिन्दी के लिंग विधान को जटिल और कभी-कभी त्याज्य भी मानते हैं। इनमें अन्तिम बात तो भावना पर आधारित है, अत: विचारणीय भी नहीं है। पर हिन्दी के लिंग विधान से उत्पन्न जटिलता को अस्वीकार नहीं किया जा सकता। इस जटिलता को तर्कपूर्ण नियमों तथा संगत सुधारों द्वारा यथासम्भव दूर किया जा सकता है।

हिन्दी में **संज्ञा शब्दों** के लिंग की अभिव्यक्ति वाक्य में विकारी विशेषण, क्रमवाचक संख्या शब्द, सर्वनाम, कृदन्त, क्रिया के पुरुष नियत रूप, परसर्ग 'का' तथा निपात 'सा' के लिंग के अनुसार होती है और तत्सम्बन्धी संज्ञा से उनका अन्वय होता है। विकारी शब्दों का 'आ' प्रत्यय (बड़ा, दसवाँ, हँसता आदि) पुल्लिग और 'इ' प्रत्यय (बड़ी, दसवीं, हँसती आदि) स्त्रीलिंग का सूचक है। संज्ञा के बहुवचन रूप द्वारा भी पुल्लिग और स्त्रीलिंग का द्योतन होता है; जैसे—'दो दरवाजे' (पु.); दो खिड़कियाँ (स्त्री.)। पुल्लिग संज्ञाओं के बहुवचन में-'ए' अन्त्य प्रत्यय और स्त्रीलिंग संज्ञाओं के बहुवचन में-'इयाँ' अन्त्य प्रत्यय लगता है।

संज्ञा शब्दों में **लिंग** के साथ **वचन** का प्रवर्ग भी घनिष्ठ रूप से जुड़ा हुआ है। हिन्दी में शब्दों के दो वचन होते हैं—**एकवचन** तथा **बहुवचन**। बहुवचन का रूप एक-वचन के शब्द के अन्तिम स्वन तथा उसके पुल्लिग और स्त्रीलिंग रूप पर निर्भर करता है। उदाहरणार्थ—कमरा-कमरे, भेड़िया-भेड़िये; पुस्तक-पुस्तकें; बहू-बहुएँ आदि।

कारक संज्ञा का व्याकरणिक प्रवर्ग है, जो वाक्य में दूसरे शब्दों के साथ उसका सम्बन्ध व्यक्त करता है। हिन्दी में तीन कारकों से संज्ञाओं के रूप बनते हैं : **अविकारी, विकारी** तथा **सम्बोधन**।

अविकारी कारक मूल रूप है जिसमें संज्ञा का प्रयोग कर्त्ता, प्रधान कर्म तथा समानाधिकरण के तौर पर होता है। जैसे—**शिक्षक** पढ़ाता है। (कर्त्ता या उद्देश्य); लड़का **किताब** पढ़ता है। (प्रधान कर्म); पटना गंगा नदी के **तट पर** बसा है। (समानाधिकरण)

विकारी कारक के रूप का स्वतंत्र प्रयोग नहीं होता। प्राय: सदा ही इसके साथ कोई न कोई परसर्ग रहता है। जैसे : **लड़का-लड़के का, लड़के को, लड़के से, लड़के के लिए, लड़के पर** आदि।

सम्बोधन कारक संज्ञा का वह रूप है जो उस व्यक्ति अथवा वस्तु को इंगित करता है, जिसे सम्बोधित करके कुछ कहा जाता है। जैसे—'**मित्रो,** मेरी बात सुनो।'

अविकारी कारक का रूप एकवचन में संज्ञा का मूल रूप ही होता है। बहुवचन में भी अविकारी कारक के रूप संज्ञा के बहुवचन रूप ही होते हैं।

विकारी कारक के एकवचन और बहुवचन रूपों में अन्तर होता है। **एकवचन** में स्त्रीलिंग संज्ञाओं तथा आकारान्त शब्दों को छोड़कर अन्य समस्त पुल्लिग संज्ञाओं में भी कोई प्रत्यय नहीं जुड़ता जैसे—बहन-बहन; लड़की-लड़की; भाषा-भाषा; दुनिया-दुनिया; घर-घर; भाई-भाई; भालू-भालू।

वे पुल्लिग संज्ञाएँ जिनके अन्त में 'आ' या 'इया' लगे होते हैं। क्रमश: 'ए' और 'इये' युक्त हो जाते हैं, जैसे लड़का-लड़के; कुआँ-कुएँ; डाकिया-डाकिये।

बहुवचन में दोनों लिंगों की संज्ञाओं का यह रूप-'ओ' प्रत्यय जोड़कर बनता है। उदाहरणार्थ—अध्यापक-अध्यापकों; दादा-दादाओं; बेटा-बेटों; कमरा-कमरों; बहन-बहनों आदि।

एकवचन में सम्बोधन कारक का रूप या तो अविकारी कारक वाला रूप ही बना रहता है या अन्त्य **आ** का **ए** हो जाता है। जैसे—हे भाई। या ऐ बच्चे आदि। **बहुवचन** में दोनों लिंगों की संज्ञाओं में 'ओ' प्रत्यय जुड़ता है; जैसे—'आदरणीय शिक्षको', 'प्यारी बहनो' आदि।

(2) विशेषण ऐसा शब्द-भेद है जो वस्तु के लक्षण और विशेषता को नामोद्दिष्ट करता है तथा संज्ञा के साथ प्रयुक्त होता है। जैसे 'लाल', 'बड़ा', 'गोल', 'नया', 'बीमार', 'सूती', 'पड़ोसी', 'आगामी', 'पूर्वी' आदि। अर्थ तथा व्याकरणिक विशेषता के अनुसार हिन्दी में विशेषणों के तीन भेद हैं। **गुणवाचक, सम्बन्धवाचक** तथा **अनिश्चित परिणामवाचक**। इनके उदाहरण हैं : सुन्दर, कड़वा; औद्योगिक, भीतरी; अधिक, कम आदि।

रूपान्तर सम्बन्धी विशिष्टताओं की दृष्टि से हिन्दी में विशेषणों के दो भेद होते हैं : **विकारी** और **अविकारी**। विकारी विशेषणों में आकारान्त विशेषण आते हैं; जैसे 'अच्छा',

'दायाँ' आदि। अविकारी विशेषणों में आकारान्त को छोड़कर शेष सभी स्वरान्त और व्यंजनान्त विशेषण आते हैं : जैसे—**बुद्धिमान, चालाक, भारी** आदि।

(3) संख्या शब्द अमूर्त अंकों के नाम होते हैं। इनका केवल संज्ञाओं के साथ संयोजन होता है। इसके साथ कोई विशेषण नहीं लगता। अधिकांश संख्या शब्दों का कोई लिंग नहीं होता। अर्थ और व्याकरणिक विशिष्टताओं के अनुसार हिन्दी में संख्या शब्द मुख्यतः दो प्रकार के होते हैं : **गणनावाचक** और **क्रमवाचक**। गणनावाचक संख्या शब्द हैं : एक, दस, सौ, हजार आदि। क्रमवाचक संख्या शब्द 'पहला', 'दूसरा', 'दसवाँ' आदि हैं।

(4) सर्वनाम—संज्ञा शब्दों, विशेषणों तथा संख्या शब्दों के स्थान पर प्रयुक्त होते हैं। सर्वनाम वस्तुओं, घटनाओं, लक्षणों, गुणों अथवा निश्चित संख्याओं को नामोद्दिष्ट नहीं करते, बल्कि उन्हें इंगित मात्र करते हैं। सर्वनामों का स्थायी शाब्दिक अर्थ नहीं होता। जिस शब्द के स्थान पर वे प्रयुक्त होते हैं, उसी का अर्थ ग्रहण कर लेते हैं।

संरचना की दृष्टि से सर्वनाम **सामान्य** और **संयुक्त** होते हैं। **सामान्य सर्वनामों** के निम्न भेद होते हैं—

पुरुषवाचक : मैं, तुम, वे आदि।

निर्देशवाचक : यह, वह, ये, वे, ऐसा, इतना आदि।

प्रश्नवाचक : क्या, कौन, कैसा, कितना आदि।

स्वामित्ववाचक : मेरा, तेरा, हमारा आदि।

निजवाचक : आप, स्वयं आदि।

सम्बन्धवाचक : जो, जैसा, जितना आदि।

निश्चयवाचक : सारा, समस्त, समूचा, हर, प्रति आदि।

अनिश्चयवाचक : कोई, कुछ, कई, अनेक आदि।

संयुक्त सर्वनाम दो या अधिक शब्दों से बनते हैं : जैसे 'जो कोई', 'कोई एक', 'कुछ न कुछ' आदि।

सर्वनामों के प्रायः एकवचन से बहुवचन में रूपान्तर होते हैं। इनमें सर्वाधिक उल्लेखनीय रूपान्तर पुरुषवाचक, सर्वनामों का है, जैसे—

उत्तम पुरुष : मैं—हम

मध्यम पुरुष : तू—तुम, आप

अन्य पुरुष : वह—वे

अविकारी और विकारी कारकों में इनके भी रूपान्तर होते हैं। उदाहरण के लिए अविकारी और विकारी कारकों में **वह—वे** का रूप **उस—उन**; ने परसर्ग के साथ **उस—उन्हों** और कर्म कारक में **उसे-उन्हें** हो जाता है।

स्थानाभाव और आवश्यकता को देखते हुए सर्वनाम के अन्य भेदों के रूपान्तरों का विवरण यहाँ अनपेक्षित है।

(5) क्रिया वह शब्द भेद है जो वस्तु के व्यापार या उसकी अवस्था को प्रक्रिया के रूप में व्यक्त करता है। वाक्य में क्रिया का प्रमुख कार्य उद्देश्य के साथ मिलकर विधेयता की सिद्धि करना है।

हिन्दी में क्रिया के चार प्रकार हैं : **निश्चयार्थक, आज्ञार्थक, सम्भावनार्थक** तथा **संकेतार्थक**। **निश्चयार्थक क्रिया** के पन्द्रह रूप हैं, जबकि **आज्ञार्थक, सम्भावनार्थक** और **संकेतार्थक** प्रकारों में से प्रत्येक के चार-चार रूप हैं। हिन्दी में क्रिया के दो वचन होते हैं—एकवचन और बहुवचन तथा प्रत्येक वचन में तीन पुरुष होते हैं—उत्तम पुरुष, मध्यम पुरुष और अन्य पुरुष। कर्त्ता और कभी-कभी कर्म के अनुसार क्रिया के भी स्त्रीलिंग और पुल्लिंग रूप होते हैं।

क्रिया के दो और भेद हैं : **सकर्मक** और **अकर्मक**। सकर्मक क्रियाएँ वे हैं, जिनसे सूचित होनेवाले व्यापार का फल कर्म पर पड़ता है : जैसे—**करना, लिखना, देना** आदि। सकर्मक क्रियाओं के साथ प्राय: प्रधान कर्म होता है, जो उस वस्तु को नामोद्दिष्ट करता है जिस पर व्यापार का प्रभाव पड़ता है, जैसे **पानी पीना**। अकर्मक क्रियाओं द्वारा सूचित व्यापार का दूसरी वस्तु पर सीधे फल नहीं पड़ता और उसके साथ प्रधान कर्म नहीं आ सकता, जैसे **होना, सोना, बैठना** आदि। हिन्दी में कुछ क्रियाएँ ऐसी भी हैं, जो सकर्मक भी हैं और अकर्मक भी; अर्थात् इनके साथ प्रधान कर्म आ भी सकता है और नहीं भी, उदाहरणार्थ **'बदलना', 'कसना'** आदि।

रूप-प्रक्रिया की दृष्टि से **क्रिया** हिन्दी का सबसे जटिल और वैविध्यपूर्ण शब्द-भेद है। इसके सभी रूपों के दो बड़े भेद होते हैं : **पुरुष अनियत रूप** और **पुरुष नियत रूप**। **पुरुष अनियत रूपों** में तुमर्थ, धातु (प्रातिपदिक), कृदन्त तथा क्रियाविशेषण कृदन्त आते हैं। **पुरुष नियत रूप** लिंग, वचन, पुरुष, काल, प्रकार, वाच्य, पक्ष तथा अवस्था के व्याकरणिक अर्थ व्यक्त करते हैं। पुरुष नियत रूप वाक्य में विधेय का काम करते हैं, जिसका लिंग, वचन और पुरुष में, उद्देश्य या कर्त्ता से अन्वय होता है। **तुमर्थ** केवल व्यापार का नाम बताता है, जैसे—**खाना, पढ़ना, लेना** आदि। इसका स्वरूपगत लक्षण है—**ना** अन्त्य प्रत्यय। हिन्दी क्रिया की **धातु** शब्द का वह अंश है जो 'तुमर्थ' से—**ना** प्रत्यय अलग करने पर बचता है : जैसे 'पढ़ना' की धातु है 'पढ़', 'करना' की 'कर'। हिन्दी क्रिया की धातुएँ ही प्राय: **अव्युत्पन्न प्रातिपदक** होती हैं; जैसे 'पढ़', 'कर' आदि। व्युत्पन्न प्रातिपदिकों में व्युत्पन्न सकर्मक और प्रेरणार्थक धातुएँ तथा विशिष्ट प्रातिपदिक आते हैं : जैसे **कर—करा, करवा** आदि; **बैठ—बिठा, बिठवा** आदि।

कृदन्त क्रिया का पुरुष अनियत रूप है, जो किसी काल प्रसार में प्रकट होने वाली वस्तु अथवा व्यक्ति के लक्षण के रूप में व्यापार, अवस्था अथवा प्रक्रिया को नामोद्दिष्ट करता है। हिन्दी में कृदन्त **कर्तृवाच्यात्मक** और **कर्मवाच्यात्मक** होते हैं। कर्तृवाच्यात्मक कृदन्त अकर्मक तथा सकर्मक क्रियाओं से बनते हैं, जबकि कर्मवाच्यात्मक कृदन्त केवल सकर्मक क्रियाओं से। कर्तृवाच्यात्म कृदन्तों के मुख्य भेद हैं—(1) **प्रथम सामान्य कृदन्त,** (2) **द्वितीय सामान्य कृदन्त** और (3) **सातत्यबोधक कृदन्त।**

प्रथम सामान्य कृदन्त, जिसे कुछ वैयाकरण 'वर्तमानकालिक' कृदन्त भी कहते हैं, क्रिया की धातु अथवा प्रातिपदिक में—**ता** प्रत्यय जोड़कर बनता है, जैसे **कर—करता; जा—जाता** आदि। **द्वितीय सामान्य कृदन्त,** जिसका दूसरा नाम 'भूतकालिक कृदन्त' है, धातु या प्रातिपदिक में—**आ** प्रत्यय जोड़कर बनता है। जैसे **चल—चला; बोल—बोला**

आदि। कहीं-कहीं 'आ' में 'य' श्रुति का आगमन हो जाता है : जैसे **आ—आया; खा—खाया** आदि। कतिपय कृदन्त रूपों में अन्त्य प्रत्यय के पूर्ववर्ती रूपों में परिवर्तन भी हो जाता है, जैसे **पी—पिया; छू—छुआ; हो—हुआ; कर—किया; गा—गया; दे—दिया** आदि।

सातत्यबोधक कृदन्त मुख्य क्रिया के प्रातिपदिक या धातु के साथ 'रहना' क्रिया के द्वितीय सामान्य कृदन्त के संयोजन से बनते हैं; जैसे **हो—हो रहा; लिख—लिख रहा** आदि।

कर्मवाच्यात्मक कृदन्त तत्सम्बन्धी कर्तृवाचक द्वितीय सामान्य कृदन्तों के साथ 'जाना' क्रिया के कृदन्तों के संयोजन से बनते हैं; जैसे—छोड़ना-छोड़ा—**छोड़ा जाता, छोड़ा गया** आदि।

क्रियाविशेषण कृदन्त क्रिया का पुरुष अनियत अविकारी रूप है। इसमें क्रिया के साथ-साथ क्रियाविशेषण के भी गुण पाये जाते हैं। क्रियाविशेषण कृदन्त सामान्यत: गौण, पूरक व्यापार को नामोद्दिष्ट करता है। इसके अनेद भेद हैं, जिनके उदाहरण हैं—**आते, करते, बोलते; आते हुए, करते हुए, बोलते हुए, आए हुए, किए हुए, बोले हुए; पढ़ कर, लिख कर, बैठ कर** आदि।

जैसा पहले कहा जा चुका है, क्रिया के **पुरुष नियत रूप** लिंग, वचन, पुरुष, प्रकार, काल, पक्ष, वाच्य तथा अवस्था के व्याकरणिक अर्थ व्यक्त करते हैं। ये रूप विकारी रूप होते हैं, जो प्रकार, काल (निश्चयार्थक प्रकार), पुरुष (निश्चयार्थक, सम्भावनार्थक तथा अंशत: आज्ञार्थक प्रकारों में) वचन तथा लिंग के अनुसार क्रिया के रूपान्तर से बनते हैं। क्रिया के पुरुष नियत रूपों की प्रणाली काल, प्रकार, वाच्य तथा पक्ष के प्रवर्गों पर आधारित है। हिन्दी में क्रिया के पुरुष नियत रूप क्रिया की अपरिवर्तित या परिवर्तित धातु (प्रातिपदिक) में पुरुषवाचक अन्त्य प्रत्यय जोड़कर अथवा कृदन्तों की सहायता से बनते हैं। क्रिया धातु में अन्त्य प्रत्यय जोड़कर कुछ ही रूप बनते हैं; उदाहरणार्थ 'होना' क्रिया के वर्तमान काल के सरल रूप, प्रथम भविष्यत् काल, आज्ञार्थक प्रकार के रूप तथा सम्भावनार्थक प्रकार के सामान्य भेद के सामान्य रूप। शेष सभी रूप कृदन्तों की सहायता से बनते हैं।

अन्य भाषाओं की ही तरह हिन्दी में भी सिद्धान्तत: तीन काल-धरातल स्वीकृत हैं : **वर्तमान, भूत** और **भविष्य**। वर्तमान के काल-धरातल में ऐसी अवस्था या व्यापार का बोध होता है जो कथन के क्षण में हो रहा है, या सदा होता हो। जैसे—**मैं लिखता हूँ** या **पृथ्वी घूमती** है। भूत के काल-धरातल में ऐसे व्यापार या अवस्था का बोध होता है, जो कथन के क्षण से पहले हो रहा था या हुआ था। जैसे—**उसने खाया है** या **वह पढ़ता था**। भविष्यत् के काल-धरातल में ऐसे व्यापार या अवस्था का बोध होता है जो कथन के क्षण के बाद होगा। जैसे—**वह थोड़ी देर बाद आएगा।**

हिन्दी में प्रत्येक काल-धरातल के लिए कतिपय काल-रूप है। **प्रकार** की दृष्टि से इनके चार भेद माने जाते हैं : निश्चयार्थक, आज्ञार्थक, सम्भावनार्थक तथा संकेतार्थक। निश्चयात्मक प्रकार में पन्द्रह काल-रूप माने गए हैं, जिनमें प्रमुख हैं—

सामान्य वर्तमान काल, सातत्यबोधक वर्तमान काल, अपूर्ण भूतकाल, सातत्य-बोधक भूतकाल, सामान्य भूतकाल, आसन्न भूतकाल, पूर्ण भूतकाल, प्रथम भविष्यत् काल, द्वितीय भविष्यत् काल, तृतीय भविष्यत् काल और **सातत्यबोधक भविष्यत् काल।**

सामान्य वर्तमान काल के मुख्य रूप क्रिया के प्रथम सामान्य कृदन्त के साथ 'होना'

क्रिया के सरल रूपों के संयोजन से बनते हैं। होना क्रिया के सरल रूप हैं—उ. पु. में **मैं हूँ** (एकवचन) और **हम हैं** (बहुवचन); मध्यम पुरुष में **तू है** (एकवचन) और **तुम हो/आप हैं** (बहुवचन); तथा अन्य पुरुष में **वह है** (एकवचन) और **वे हैं** (बहुवचन)। सामान्य वर्तमान काल के उदाहरण हैं—**मैं लिखता हूँ; तू लिखता है; तुम लिखते हो; वह लिखता है; वे लिखते हैं** आदि। इसके स्त्रीलिंग रूप प्रथम सामान्य कृदन्त के स्त्रीलिंग रूप (लिखती) के साथ 'होना' के विभिन्न रूपों के संयोजन से बनते हैं।

सातत्यबोधक वर्तमान काल के रूप मुख्य क्रिया के सातत्यबोधक, कृन्दन (लिख रहा) के साथ 'होना' क्रिया के वर्तमान काल के सरल रूपों के संयोजन से बनते हैं। जैसे—**मैं लिख रहा हूँ** (एक व.); **हम लिख रहे हैं** (बहु व.); **तू लिख रहा है** (एक व.); **तुम लिख रहे हो** (बहु व.); **वह लिख रहा है** (एक व.); **वे लिख रहे हैं** (बहु व.)। इनके स्त्रीलिंग रूप 'रहा' को 'रही' कर देने से बन जाते हैं।

भूतकाल में 'होना' का सरल रूप एकवचन पुल्लिग में '**था**', बहुवचन पुल्लिग में '**थे**', एकवचन स्त्रीलिंग में '**थी**' और बहुवचन स्त्रीलिंग में '**थीं**' होता है।

अपूर्ण भूतकाल के रूप क्रिया के प्रथम सामान्य कृदन्त ('खाता' आदि) तथा 'होना' क्रिया के भूतकाल के सरल रूपों के संयोजन से बनते हैं। जैसे—**मैं लिखता था, हम लिखते थे, तू लिखता था, तुम लिखते थे, वह लिखता था, वे लिखते थे** आदि। इनके स्त्रीलिंग रूप सामान्य कृदन्त के स्त्रीलिंग रूप ('लिखती' आदि) तथा 'होना' क्रिया के 'थी' (एक व.) और 'थीं' (बहु व.) रूपों के संयोजन से बनते हैं।

सातत्यबोधक भूतकाल के रूप क्रिया के सातत्यबोधक कृदन्त के साथ 'होना' क्रिया के भूतकाल (**था**) के सरल रूपों के संयोजन से बनते हैं। जैसे—**मैं लिख रहा था, हम लिख रहे थे, तू लिख रहा था, तुम लिख रहे थे, वह लिख रहा था, वे लिख रहे थे** आदि। इनके स्त्रीलिंग रूप सातत्यबोधक कृदन्त के स्त्रीलिंग रूप (रही) के साथ एकवचन '**थी**' और बहुवचन में '**थीं**' जोड़कर बनाये जाते हैं।

सामान्य भूतकाल के रूप द्वितीय सामान्य कृदन्त ही होते हैं; जैसे—**मैं आया, तू आया, वह आया**। बहुवचन में इसका रूप '**आए**' हो जाता है। इसी प्रकार एकवचन स्त्रीलिंग में इसका रूप '**आई**' और बहुवचन स्त्रीलिंग में '**आईं**' हो जाता है। इसे कर्तरि रचना कहते हैं जो केवल अकर्मक क्रियाओं से बनती है। सकर्मक क्रिया में कर्त्ता के साथ '**ने**' परसर्ग जुड़ जाता है और क्रिया का लिंग एवं वचन प्रधान कर्म के अनुसार होता है। जैसे—**मैंने पत्र लिखा, मैंने चिट्ठी लिखी, मैंने पत्र लिखे, मैंने चिट्ठियाँ लिखीं** आदि। इसे '**कर्मणि**' रचना की संज्ञा दी जाती है। इसका तीसरा रूप 'भावे रचना' है जिसमें सामान्य भूतकाल में क्रिया सदा एकवचन पुल्लिग रूप में आती है। जैसे—**राम ने श्याम को मारा, सरला ने सोहन को पीटा** आदि।

आसन्न भूतकाल के रूप मुख्य क्रिया के द्वितीय सामान्य कृदन्त के साथ 'होना' क्रिया के वर्तमान काल के सरल रूपों के संयोजन से बनते हैं। इसके भी तीन रचना रूप होते हैं—कर्तरि रचना, कर्मणि रचना और भावे रचना। कर्तरि रचना का सम्बन्ध अकर्मक क्रिया से होता है। इसके निम्नलिखित रूप होते हैं—

	एकवचन	बहुवचन
उ. पु.	मैं बैठा हूँ	हम बैठे हैं।
म. पु.	तू बैठा है	तुम बैठे हो।
अ. पु.	वह बैठा है	वे बैठे हैं।

ये उदाहरण पुल्लिग रूप के हैं। इसके स्त्रीलिंग रूप कृदन्त (बैठा) के स्त्रीलिंग रूप (बैठी) से बनते हैं।

आसन्न भूतकाल की **कर्मणि रचना** में कृदन्त का अन्वय लिंग और वचन में प्रधान कर्म से होता है। उदाहरणार्थ—**मैंने पत्र लिखा है, मैंने पत्र लिखे हैं, हमने पत्र लिखा है, हमने पत्र लिखे हैं, तूने पत्र लिखा है, तूने पत्र लिखे हैं, तुमने पत्र लिखा है, तुमने पत्र लिखे हैं, उसने पत्र लिखा है, उसने पत्र लिखे हैं** आदि। प्रधान कर्म के स्त्रीलिंग होने पर कृदन्त का रूप स्त्रीलिंग हो जाता है, जैसे—**मैंने चिट्ठी लिखी है, मैंने चिट्ठियाँ लिखी हैं,** आदि।

भावे रचना में कृदन्त सदा पुल्लिग एकवचन में तथा सहायक क्रिया अन्य पुरुष एकवचन रूप में होती है; जैसे—**मैंने/हमने/तूने/तुमने/उसने/उन्होंने कलक्टर को लिखा है**—आदि।

पूर्ण भूतकाल के रूप मुख्य क्रिया के द्वितीय सामान्य कृदन्त के साथ 'होना' क्रिया के भूतकाल के सरल रूपों के संयोजन से बनते हैं। इसकी **कर्तरि रचना** में कृदन्त और सहायक क्रिया के लिंग और वचन में परिवर्तन होता है। जैसे—**मैं सोया था; हम सोये थे; तू सोया था; तुम सोये थे** आदि। स्त्रीलिंग एकवचन में कृदन्त और सहायक क्रिया दोनों स्त्रीलिंग एकवचन तथा बहुवचन में केवल सहायक क्रिया बहुवचन होती है, जैसे—**मैं सोयी थी; हम सोयी थीं** आदि।

कर्मणि रचना में कृदन्त तथा सहायक क्रिया का अन्वय प्रधान कर्म से (लिंग और वचन में) होता है। स्त्रीलिंग के एकवचन और बहुवचन में कृदन्त का एक ही रूप होता है। उदाहरण—**मैंने पत्र लिखा था; मैंने पत्र लिखे थे; हमने पत्र लिखा था; हमने पत्र लिखे थे; मैंने चिट्ठी लिखी थी; मैंने चिट्ठियाँ लिखी थीं** आदि।

भावे रचना में कृदन्त और सहायक क्रिया का प्रयोग पुल्लिग एकवचन रूप में होता है।

भविष्यत् काल के रूप मुख्यतः तीन प्रकार के होते हैं। इसका प्रथम रूप (सामान्य) सम्भावनार्थक प्रकार की क्रिया* में 'गा', 'गी' प्रत्यय जोड़कर बनाया जाता है। जैसे—**मैं लिखूँ—मैं लिखूँगा, हम लिखें—हम लिखेंगे; वह लिखे—वह लिखेगा; वे लिखें—वे लिखेंगे** आदि। इनके स्त्रीलिंग रूप **'गा'** के स्थान पर **'गी'** जोड़कर बनाये जाते हैं।

भविष्यत् काल का दूसरा रूप मुख्य क्रिया के **प्रथम सामान्य कृदन्त** के साथ 'होना' क्रिया के भविष्यत् काल के रूपों के संयोजन से बनता है। 'होना' क्रिया के भविष्यत् काल के रूप में निम्नलिखित हैं—

---

* सम्भावनार्थक क्रिया के रूप निर्माण का विवरण आगे देखें।

	एकवचन	बहुवचन
उ. पु.	मैं हूँगा	हम होंगे।
म. पु.	तू होगा	तुम होगे/आप होंगे।
अ. पु.	वह होगा	वे होंगे।

इनके स्त्रीलिंग रूप 'गा' के स्थान पर 'गी' कर देने से बनते हैं। इस प्रकार द्वितीय भविष्यत् काल में सहायक क्रिया का (पुरुष, वचन तथा लिंग में) कर्त्ता के अनुसार रूपान्तर हो जाता है, पर प्रथम सामान्य कृदन्त का केवल लिंग और वचन (पुल्लिग) में रूपान्तर होता है, जैसे—**मैं लिखता हूँगा; हम लिखते होंगे; तू लिखता होगा; वे लिखते होंगे** आदि। कर्त्ता के स्त्रीलिंग होने पर कृदन्त का केवल लिंग बदलता है, वचन नहीं; जैसे—**मैं लिखती हूँगी; हम लिखती होंगी** आदि।

भविष्यत् काल के तृतीय रूप का निर्माण मुख्य क्रिया के द्वितीय सामान्य कृदन्त ('सोया', 'पढ़ा' आदि) के साथ 'होना' क्रिया के भविष्यत् काल के रूपों के योग से होता है। इसके भी कर्तरि, कर्मणि और भावे रचना रूप होते हैं। कर्तरि रचना में, पुल्लिंग में कृदन्त के लिंग और वचन में तथा सहायक क्रिया के पुरुष, वचन और लिंग तीनों में रूपान्तर होता है, उदाहरणार्थ—**मैं बैठा हूँगा; हम बैठे होंगे, तू बैठा होगा, तुम बैठे होगे, वह बैठा होगा, वे बैठे होंगे** आदि। इसके स्त्रीलिंग रूप में कृदन्त का केवल लिंग ही बदलता है, वचन नहीं; जैसे—**मैं पहुँची हूँगी; हम पहुँची होंगी** आदि।

कर्मणि रचना में कृदन्त और सहायक क्रिया दोनों के लिंग और वचन में प्रधान कर्म के अनुसार रूपान्तर होता है। उदाहरणार्थ, **मैंने पत्र लिखा होगा; हमने पत्र लिखा होगा; मैंने पत्र लिखे होंगे; हमने पत्र लिखे होंगे; तूने पत्र लिखा होगा; तुमने पत्र लिखे होंगे; उसने पत्र लिखा होगा; उन्होंने पत्र लिखा होगा** आदि। कर्म के स्त्रीलिंग होने पर कृदन्त (लिखा) और सहायक क्रिया (होगा) दोनों स्त्रीलिंग (लिखा होगी) हो जाती हैं। साथ ही इसके बहुवचन रूप में भी परिवर्तन (होंगी) हो जाता है।

भावे रचना में कृदन्त और सहायक क्रिया दोनों के केवल पुल्लिग एकवचन रूप ही आते हैं; जैसे—**मैंने बच्चे को देखा होगा; मैंने बच्चों को देखा होगा** आदि।

सातत्यबोधक भविष्यत् काल के रूप मुख्य क्रिया के सातत्यबोधक कृदन्त (रहा/रहे) के साथ 'होना' क्रिया के भविष्यत् काल के रूपों के संयोजन से बनते हैं; जैसे—**मैं लिख रहा हूँगा; हम लिख रहे होंगे; तू लिख रहा होगा; वे लिख रहे होंगे** आदि। इन उदाहरणों से स्पष्ट है कि कर्त्ता या उद्‌देश्य के पुल्लिग होने पर कृदन्त और सहायक क्रिया दोनों के बहुवचन रूप बदल जाते हैं, पर कर्त्ता के स्त्रीलिंग होने पर कृदन्त (रही) के वचन में कोई परिवर्तन नहीं होता, केवल सहायक क्रिया के लिंग और वचन दोनों में परिवर्तन हो जाता है। **(होगा—होगी; होंगी)**

आज्ञार्थक क्रिया द्वारा आज्ञा, अनुरोध, चेतावनी, परामर्श, अनुमति आदि व्यक्त किये जाते हैं। आज्ञार्थक क्रिया केवल मध्यम पुरुष से सन्दर्भित होती है और उसमें केवल वचन सम्बन्धी रूपान्तर होता है। हिन्दी में आज्ञार्थक क्रिया के रूप साधारण तथा **आदरसूचक** होते हैं। क्रिया की धातु ही आज्ञार्थक प्रकार के एकवचन रूप का काम करती है : तू आ,

तू लिख। इसका बहुवचन रूप क्रिया की धातु में 'ओ' रूपम जोड़ कर बनता है; जैसे **तुम आओ; तुम लिखो**।[2]

आज्ञार्थक प्रकार के आदरसूचक रूप क्रिया-धातु में—इये तथा-इयेगा रूपिम जोड़कर बनते हैं, जैसे—**आप जाइए, आप जाइएगा।**

सम्भावनार्थक क्रिया का रूप ऐसा व्यापार व्यक्त करता है, जिसका निष्पादन असंदिग्ध नहीं होता; व्यापार वांछनीय होता है, अनुमान किया जाता है कि वह होगा। सम्भावनार्थक प्रकार में व्यापार के निष्पादन का काल व्यक्त नहीं होता। वह वर्तमान, भूत या भविष्यत् किसी भी काल से सम्बन्धित हो सकता है।

सम्भावनार्थक प्रकार के कई भेद होते हैं। इसके **सामान्य भेद** के रूप क्रिया की धातु में निम्नलिखित प्रत्यय जोड़कर बनते हैं जो दोनों लिंगों के लिए समान होते हैं—

पुरुष	**एकवचन**	**बहुवचन**
उत्तम (मैं/हम)	– ऊँ (लिखूँ)	– एँ (लिखें)
मध्यम (तू/तुम/आप)	– ए (लिखे)	– ओ (लिखो) – एँ (लिखें)
अन्य (वह/वे)	–ए (लिखे)	– एँ (लिखें)

स्पष्ट है कि सम्भावनार्थक प्रकार के **सामान्य भेद** में क्रिया का रूपान्तर केवल पुरुष और वचन में होता है।

सम्भावनार्थक प्रकार के **अपूर्णताबोधक भेद** के रूप प्रायः सामान्य वर्तमान काल के रूपों की तरह होते हैं। अन्तर केवल यह होता है कि '**है**' के स्थान पर '**हो**' और '**हैं**' के स्थान पर '**हों**' का प्रयोग होता है, जैसे—**मैं लिखता हूँ, हम लिखते हों; तू लिखता हो; तुम लिखते हो; वह लिखता हो; वे लिखते हों** आदि। इसके स्त्रीलिंग रूप केवल कृदन्त को स्त्रीलिंग कर देने से (**लिखता—लिखती**) बन जाते हैं।

सम्भावनार्थक प्रकार के **पूर्णताबोधक भेद** के रूप प्रायः भूतकाल के रूपों के समान होते हैं। अन्तर केवल यह होता है कि सहायक क्रिया के रूप '**है**' की जगह '**हो**' और '**हैं**' की जगह '**हों**' हो जाते हैं। '**हूँ**' और '**हों**' रूपों में कोई परिवर्तन नहीं होता। उदाहरण के लिए—**मैं सोया हूँ, हम सोये हों; तू सोया हो; तुम सोये हो; वह सोया हो, वे सोये हों** आदि। इनके स्त्रीलिंग रूप केवल कृदन्त (सोया/सोये) को स्त्रीलिंग एकवचन (सोयी) में रूपान्तरित कर देने से बनते हैं; जैसे—**मैं सोयी हूँ, हम सोयी हों; तू सोयी हो, तुम सोयी हो** आदि।

पूर्णताबोधक सम्भावनार्थक क्रिया के कर्मणि रूप भी प्रायः आसन्न भूतकाल के कर्मणि रूपों की तरह होते हैं। अन्तर केवल इतना भर होता है कि सहायक क्रिया 'है' 'हो' में और 'हैं' 'हों' में रूपान्तरित हो जाती है; जैसे—**मैंने पत्र लिखा हो; मैंने पत्र लिखे हों; तूने पत्र लिखा हो; तूने पत्र लिखे हों; उसने पत्र लिखा हो; उसने पत्र लिखे हों** आदि।

सम्भावनार्थक प्रकार के भावे रूप भी आसन्न भूतकाल के भावे रूप की तरह ही होते हैं, अन्तर केवल यह होता है कि सहायक क्रिया 'है' का 'हो' में रूपान्तर हो जाता है : जैसे **मैंने लड़के को देखा हो; मैंने लड़कों को देखा हो** आदि। इनके स्त्रीलिंग रूपों में केवल कृदन्त 'रहा' का रूप-परिवर्तन (रही) होता है।

संकेतार्थक क्रिया प्रकार में क्रिया ऐसा व्यापार व्यक्त करती है जिसका निष्पादन

अवास्तविक और इसलिए असाध्य होता है। 'शायद', 'कदाचित्' आदि अनुमानबोधक शब्द अनुमान का और 'जरूर', 'अवश्य' आदि शब्द वास्तविकता का पुट प्रदान करते हैं।

'संकेतार्थक क्रिया प्रकार के चार भेद हैं; **सामान्य, अपूर्ण, पूर्ण** तथा **सातत्य-बोधक।** सामान्य संकेतार्थक प्रकार के रूप प्रथम सामान्य कृदन्त ही होते हैं। इस रूप में क्रिया का रूपान्तर लिंग और वचन में होता है। उदाहरणार्थ—**मैं लिखता, हम लिखते; तू लिखता, तुम लिखते; वह लिखता, वे लिखते** आदि। इनके स्त्रीलिंग रूपों में **'लिखता'** का स्थान **'लिखती'** तथा **'लिखते'** का स्थान **'लिखती'** ले लेते हैं।

अपूर्ण संकेतार्थक प्रकार के रूप इसके सामान्य भेद के रूपों में, एकवचन में, 'होता' और बहुवचन के 'होते' रूप जोड़कर बनाये जाते हैं। जैसे—**मैं लिखता होता; हम लिखते होते** आदि। कर्त्ता के स्त्रीलिंग होने पर एकवचन में कृदन्त और सहायक क्रिया दोनों स्त्रीलिंग हो जाते हैं, जैसे—**मैं लिखती होती; वह लिखती होती।** इनके बहुवचन में कृदन्त तो उपरिवत् रहता है पर सहायक क्रिया बहुवचन में बदल जाती है, जैसे—**हम लिखती होतीं, वे लिखती होतीं** आदि।

पूर्ण संकेतार्थक प्रकार के रूप कर्तरि रचना में प्रायः आसन्न भूतकाल के रूपों के समान होते हैं। अन्तर केवल सहायक क्रिया के रूपों में होता है, जहाँ 'हूँ' और 'है', 'होता' में तथा 'हैं' और 'हो', 'होते' में परिवर्तित हो जाते हैं; जैसे—**मैं सोया होता; हम सोये होते, तू सोया होता; तुम सोये होते** आदि। कर्ता के स्त्रीलिंग होने पर एकवचन में कृदन्त और सहायक क्रिया दोनों स्त्रीलिंग हो जाते हैं, जबकि बहुवचन में सहायक क्रिया स्त्रीलिंग होने के साथ-साथ बहुवचन भी हो जाती है; जैसे—**मैं सोयी होती, हम सोयी होतीं; तू सोयी होती, तुम सोयी होती** आदि।

इसकी **कर्मणि रचना** के रूप भी आसन्न भूतकाल के कर्मणि रचना रूपों के समान होते हैं। अन्तर केवल यह होता है कि सहायक क्रिया 'होना' के एकवचन रूप 'है' के स्थान पर 'होता' और बहुवचन रूप 'हैं' के स्थान पर 'होते' हो जाता है; उदाहरणार्थ—**मैंने पत्र लिखा होता, मैंने पत्र लिखे होते; तूने पत्र लिखा होता, तूने पत्र लिखे होते** आदि।

प्रधान कर्म के स्त्रीलिंग होने पर कृदन्त और सहायक क्रिया दोनों स्त्रीलिंग एकवचन हो जाते हैं (लिखी होती) जबकि बहुवचन में कृदन्त तो एकवचन स्त्रीलिंग होता है पर सहायक क्रिया बहुवचन (लिखी होतीं) भी हो जाती है; जैसे—**मैंने पत्र लिखा होता; मैंने पत्र लिखे होते** आदि। **मैंने चिट्ठी लिखी होती; मैंने चिट्ठियाँ लिखी होतीं** आदि।

भावे रचना में मुख्य और सहायक दोनों ही क्रियाएँ केवल पुल्लिंग एकवचन रूप में आती हैं; जैसे—**मैंने लड़कों को देखा होता; मैंने लड़कियों को देखा होता** आदि।

सातत्यबोधक संकेतार्थक क्रिया-प्रकार प्रायः सातत्यबोधक वर्तमान काल के रूपों के समान होते हैं। अन्तर केवल सहायक क्रिया के रूपों में होता है, जहाँ 'हूँ', 'है' का स्थान 'होता', 'हैं' तथा 'हो' का स्थान 'होते' ले लेते हैं; उदाहरणार्थ—**मैं लिख रहा होता; हम लिख रहे होते; तू लिख रहा होता; तुम लिख रहे होते** आदि। कर्त्ता के स्त्रीलिंग होने पर एकवचन में सातत्यबोधक कृदन्त और सहायक क्रिया दोनों एकवचन स्त्रीलिंग (रही होती) और बहुवचन में सहायक क्रिया स्त्रीलिंग होने के साथ-साथ बहुवचन (होतीं) हो जाती

है; उदाहरणार्थ—**मैं लिख रही होती, हम लिख रही होतीं; तू लिख रही होती; तुम लिख रही होतीं** आदि।

वाच्य क्रिया का ऐसा प्रवर्ग है जो व्यापार के कर्त्ता एवं कर्म के बीच भिन्न सम्बन्ध व्यक्त करता है। हिन्दी क्रियाओं के दो वाच्य होते हैं : **कर्तृवाच्य** तथा **कर्म वाच्य**। कर्तृवाच्य में अकर्मक और सकर्मक दोनों तरह की क्रियाओं का प्रयोग होता है, जबकि कर्मवाच्य में प्रायः सकर्मक क्रियाएँ ही आती हैं। कर्तृवाच्य क्रिया में व्यापार का कर्त्ता वाक्य का उद्देश्य होता है तथा जिस वस्तु पर व्यापार लक्षित होता है वह वाक्य का कर्म होती है; जैसे—**वह पत्र लिखता है**। कर्मवाच्य क्रिया में वस्तु या व्यक्ति स्वयं व्यापार सम्पन्न नहीं करता वरन् उस पर दूसरी वस्तु या व्यक्ति के कार्य का प्रभाव पड़ता है; जैसे—**पत्र लिखा जाता है**। स्पष्ट है कि कर्मवाच्य के रूप मुख्य क्रिया के द्वितीय सामान्य कृदन्त (लिखा) के साथ 'जाना' क्रिया के रूपों के संयोजन से बनते हैं : जैसे—**लिखा जाना, पढ़ा जाना, किया जाना** आदि। कर्मवाच्य में मुख्य क्रिया के द्वितीय सामान्य कृदन्त का रूपान्तर केवल लिंग और वचन (लिखी, लिखे) में होता है, जबकि 'जाना' क्रिया के रूप विभिन्न व्याकरणिक अर्थ (पुरुष, लिंग, वचन, काल आदि) व्यक्त करते हैं : जैसे—**यदि वह पकड़ लिया गया; नियम कल जारी किये जा रहे हैं; जैसे मैं अकारण अपमानित किया गया होऊँ** आदि।

हिन्दी में क्रिया की पूर्णता और अपूर्णता के **पक्षात्मक अर्थ** तत्सम्बन्धी कृदन्तों और क्रियाविशेषण कृदन्तों (**बातें करते-करते; नारे लगाते हुए**) तथा अवधारक क्रियाओं (**कर, ले**) और 'चुकना' क्रिया के संयोजनों द्वारा व्यक्त होते हैं। इसके अतिरिक्त 'पक्षात्मक अर्थ' की अभिव्यक्ति कथन में मुख्य अर्थात् अर्थबोधक क्रियाओं के साथ निश्चित रंजक क्रियाओं (रहना, जाना आदि) के संयोजन से होती है। इनके तीन रूप हैं—नित्यताबोधक, प्रक्रमणबोधक और अभ्यासबोधक।

नित्यताबोधक पक्ष—बराबर **चलती रहती है**; बैठक तीन दिन तक **होती रहेगी**।

प्रक्रमणबोधक—लगातार बुखार **आता गया**; उमानाथ **कहता जा रहा था**।

अभ्यासबोधक—तुम मुझे रोज अखबार **सुनाया** करोगी; कभी-कभी...**देख लिया करो**।

हिन्दी की क्रियाओं के कुछ ऐसे रूप भी होते हैं जो सम्पन्न हो चुके पूर्ववर्ती व्यापार की परिणामी अवस्था को इंगित करते हैं। यह कार्य मुख्यतः द्वितीय सामान्य कृदन्त (किया, दिया) स्वतंत्र प्रयोग में व्यक्त करते हैं। इसी से अवस्थाबोधक दूसरे रूप बनते हैं। उदाहरण—**उलझा होना, लिखा होना, रुका पड़ना, मरा पड़ना, लेटा रहना, बैठा रहना, (दिल) बैठा जाना, बढ़े चले जाना** आदि।

(6) क्रियाविशेषण हिन्दी में स्वतंत्र शब्दभेद है। इस वर्ग में वे शब्द आते हैं, जो व्यापार अथवा अवस्था का लक्षण, गुण का लक्षण या दूसरे लक्षणों का लक्षण इंगित करते हैं। क्रियाविशेषणों का सम्बन्ध क्रियाओं, विशेषणों तथा दूसरे क्रियाविशेषणों के साथ होता है। वाक्य में क्रियाविशेषण इनके साथ संलग्न होते हैं और विशेषताबोधक का प्रकार्य करते हैं; जैसे वह **वापस** आएगा। वे **चुपचाप** बैठे थे; वह **सदा** मुस्कुराता रहता है; वह बहुत **धीरे** चल रहा है, आदि।

अर्थ के अनुसार क्रियाविशेषण के दो वर्ग होते हैं—**विशेषताबोधक** क्रियाविशेषण तथा **विशेषक** क्रियाविशेषण। विशेषताबोधक क्रिया-विशेषण समय, स्थान, मनोरथ और कारण के सम्बन्ध व्यक्त करते हैं। इस प्रकार इनकी चार श्रेणियाँ हो जाती हैं :

(1) समयवाचक क्रियाविशेषण—आज, कल, अब, तब, कभी, सदा आदि।
(2) स्थानवाचक क्रियाविशेषण—यहाँ, वहाँ, कहाँ, आसपास, नीचे, सामने आदि।
(3) कारणवाचक क्रियाविशेषण—क्यों, भूलकर, मजबूरन आदि।
(4) मनोरथवाचक क्रियाविशेषण—जानबूझकर, किसलिए, यों ही, आदि।

विशेषक क्रिया-विशेषण या तो व्यापार के निष्पादन की विधि, गुण, परिणाम व्यक्त करते हैं या लक्षण का गुण। तदनुसार इनके निम्नलिखित भेद होते हैं—

(1) गुणवाचक क्रियाविशेषण—शीघ्र, जल्द, झट, धीरे, चुपचाप आदि।
(2) रीतिवाचक और विधिवाचक क्रियाविशेषण—एकाएक, अचानक, यों, ऐसे, कैसे आदि।
(3) परिमाणवाचक क्रियाविशेषण—बहुत, अधिक, दोबारा, लगभग आदि।
(4) सहार्थवाचक और पार्यक्यवाचक क्रियाविशेषण—मिलकर, साथ, एक साथ, अकेले आदि।

सहायक शब्द भेद

सहायक शब्द के अन्तर्गत 'परसर्ग', 'समुच्चबोधक' और 'योजक' शब्द तथा 'निपात' आते हैं। **परसर्ग** ऐसे सहायक शब्द हैं जो स्वतंत्र शब्दों के साथ प्रयुक्त होते हैं तथा इन शब्दों के बीच (प्राय: संज्ञाओं के बीच तथा संज्ञाओं और क्रियाओं के बीच) वाक्यगत सम्बन्ध स्थापित करते हैं; जैसे—अर्जुन **का** रथ; अर्जुन **ने** कौरवों **को** मारा आदि।

विभक्ति भी यही कार्य करती है। विभक्ति और परसर्ग का अन्तर यह है कि विभक्ति शब्दबन्ध के प्रत्येक घटक में जुड़ी रहती है, जबकि परसर्ग केवल एक बार—अन्तिम नियंत्रित शब्द के बाद—आता है। उदाहरण के लिए 'मेरे बड़े बेटे का घर' में 'मेरे', 'बड़े', 'बेटे' में 'ए' विभक्ति है और 'का' परसर्ग है। हिन्दी में परसर्ग विभक्तियों या विकारी कारक रूपों के अर्थ को मूर्त करते हैं। हिन्दी में विभक्तियों का प्राय: स्वतंत्र अर्थात् परसर्ग के बिना, प्रयोग नहीं होता।

शब्दगत रचना की दृष्टि से परसर्ग **सामान्य, जटिल** और **संयुक्त** होते हैं। सामान्य परसर्गों में **का, को, में, पर, से, तक** तथा **ने** परसर्ग आते हैं। जटिल और संयुक्त परसर्गों के उदाहरण हैं : **की ओर, के योग्य, के भीतर, के सामने, के लिए, में से, की ओर से, के ऊपर से** आदि। **का** हिन्दी का सबसे अधिक व्यवहृत परसर्ग है। इसका भी स्वतंत्र शब्द-भेदों के साथ संयोजन होता है। उदाहरणार्थ—राम **का** धनुष; लाल और हरे **का** अन्तर; **उसका** मित्र; लिखने **का** टेबुल आदि। 'का' परसर्ग का प्रयोग व्यापार के कर्ता, स्वामित्व, सम्बन्ध, जाति-निर्देश, उद्देश्य, मूल्य, लगातार निर्देश आदि सूचित करने के लिए होता है; जैसे—सूर्य **का** उदय होता है; यह दोस्त **की** किताब है; सोहन **का** लड़का, जाति **का** ब्राह्मण, नहाने **का**

पानी; पाँच रुपये **की** कलम आदि। इसका रूप परवर्ती संज्ञा के लिंग और वचन के साथ बदलता है; जैसे **लड़के की** नाक; **गाय के सींग; जाति के** ब्राह्मण; **खाने की** दवा; पाँच **रुपये के** आम आदि।

हिन्दी का दूसरा परसर्ग **को** है जो मुख्यत: प्रधान कर्म और गौण कर्म का निर्देश करता है; जैसे—शिक्षक **छात्र को** पढ़ाता है (प्रधान कर्म); शिक्षक लड़के **को** किताब देता है (गौण कर्म)।

इसके अतिरिक्त गति का दिशा-निर्देश, क्रिया का मनोरथ या तुमर्थ से निर्दिष्ट व्यापार की तैयारी या सामीप्य दिखाने के लिए भी 'को' परसर्ग का प्रयोग किया जाता है; जैसे—वह **घर को** जाता है (गति की दिशा); उसे **खाने को** कुछ नहीं है (क्रिया का मनोरथ); गाड़ी **जाने को** है (तुमर्थ से निर्दिष्ट व्यापार की तैयारी); मैं वही **कहने को** था (समीप्य) आदि। काल या दिन का निर्देश करने वाली संज्ञाओं के साथ भी 'को' का प्रयोग होता है, जैसे—**सुबह को, सोमवार को** आदि।

हिन्दी का **से** परसर्ग अनेक अर्थों का द्योतन करता है, जिसमें प्रमुख हैं **साधन (हाथ से** लिखना), **संयोजन (गले से** लगाना), **स्थानान्तरण (पटना से** आना, **काल एवं अवधि (कल से, वर्षों से), ऐसा होने का भाव** (एक आँख से काना) आदि। इनके अतिरिक्त **सहार्थता (भाई से** मिलना), **तुलना** (वह **मुझसे** बड़ा है), **कारण** (पैर टूट **जाने से** वह काम पर नहीं आया), **स्रोत (अँगरेजी से** अनुवाद; समाचार **पत्रों से** मालूम होना), **उपादान** (कुर्सी **लकड़ी से** बनी है), **आवागमन का साधन (गाड़ी से** जाना), **बिलगाव (डाल से** पत्ता टूटना) आदि अर्थों में भी **'से'** का प्रयोग होता है।

हिन्दी का **में,** परसर्ग स्थान, काल या अवधि, क्रिया-व्यापार की दिशा, मूल्य, एक स्थिति से दूसरी स्थिति में संक्रमण, वस्त्र-परिधान, क्रिया की रीति आदि सूचित करने के लिए प्रयुक्त होता है; जैसे (क्रमश:) **कमरे में, दिन/वर्षों में, स्कूल में** जाना, **सौ रुपयों में** खरदीना, **दुश्मन को धूल में** मिलाना, **धोती कुर्ते में** होना, **जल्दी में** होना आदि। इसके अतिरिक्त अधिकरण सूचक अर्थ में (**गले में** माला डालना) तथा कई क्रियानामिक शब्द समुदायों के साथ भी **'में'** का प्रयोग होता है।

हिन्दी का 'पर' परसर्ग स्थान बताने, काल सूचित करने, क्रिया-व्यापार की दिशा बताने, मूल्य सूचित करने आदि के लिए प्रयुक्त होता है; जैसे—(क्रमश:) घर **पर** मिलना, उसके **जाने पर, काम पर** जाना, **पैसों पर** बिकना आदि। क्रिया के निर्दिष्ट व्यापार की तैयारी या सामीप्य दिखाने के लिए भी 'पर' का प्रयोग होता है; जैसे—'लड़का **गिरने पर** था।'

हिन्दी का **तक** परसर्ग स्थान या काल की सीमा को सूचित करता है; जैसे—यह गाड़ी केवल **दिल्ली तक** जाती है। या 'मैं वहाँ **तीन दिन तक** बीमार रहा।'

ने हिन्दी का एक बहुत बदनाम और दुर्व्याख्येय परसर्ग है। यह उद्देश्य या कर्त्ता के साथ प्रयुक्त होता है और कोई विशेष अर्थ नहीं देता। फिर भी इसके कारण वाक्य रचना में क्रिया बहुत प्रभावित होती है; उदाहरणार्थ—**'गौरी ने** भात खाया'; **'मोहन ने** रोटी खायी' आदि।

'समेत' और 'सहित' भी हिन्दी के परसर्ग हैं जो साहचर्य, सहार्थ का सम्बन्ध आदि व्यक्त करते हैं। इसके अतिरिक्त 'मेरे पास', 'के लिए', 'की तरफ' आदि जटिल परसर्ग भी हिन्दी में मिलते हैं, जिनकी संख्या सौ के आसपास पहुँचती है।

सहायक शब्दों के वर्ग में समुच्चयबोधक (**और, परन्तु** आदि) तथा **योजक (जो, जहाँ** आदि) शब्द भी आते हैं। वाक्यगत प्रकार्यों की दृष्टि से समुच्चयबोधक शब्द दो प्रकार के होते हैं; समानाधिकरण और व्यधिकरण। समानाधिकरण समुच्चय बोधक के उदाहरण हैं; **और, तथा, लेकिन, पर, कि, न...न, चाहे...चाहे, न सिर्फ...बल्कि** आदि। व्यधिकरण समुच्चयबोधक के उदाहरण हैं—**कि, क्योंकि, ताकि, जब, मानो, यदि, चाहे, ज्योंही, यद्यपि...तथापि, जहाँ...वहाँ, इसलिए...कि, यहाँ तक कि** आदि।

निपात ऐसे सहायक शब्द हैं जो शब्दों, शब्दबन्धों और पूरे वाक्यों तक को विशेष अर्थ सौन्दर्य से युक्त करते हैं। इनके उदाहरण हैं—**ही, भी, केवल, तो, हाँ, जी, मत, क्या, तक, जो, भर, सा, लो** आदि।

शब्दों का एक वर्ग **प्रकारताबोधक** नाम से जाना जाता है। प्रकारताबोधक शब्द कथन में अतिरिक्त अर्थ लाते हैं। उदाहरणार्थ—अवश्य, निश्चय ही सचमुच, वास्तव में आदि। प्रकारताबोधक शब्द कथन की वास्तविकता, प्रामाणिकता, या तात्कालिकता इंगित करते हैं। इसी प्रकार 'शायद', 'कदाचित्', 'भले ही', 'ही सही' आदि शब्द कथन में अनुमान, सन्देह, अनिश्चितता आदि का संकेत कराते हैं।

प्रकारताबोधक शब्द वाक्य के अनिवार्य अंग नहीं होते। वे निक्षिप्त शब्दों का कार्य करते हैं तथा कथन के प्रति वक्ता का दृष्टिकोण व्यक्त करते हैं।

हिन्दी में **विस्मयादिबोधक** शब्द एक विशेष शाब्दिक व्याकरणिक वर्ग में आते हैं। ये विभिन्न उद्‌गार तथा सांकल्पिक प्रेरणा व्यक्त करते हैं। इनकी गणना न तो प्रधान शब्दभेदों में होती है, न सहायक शब्दभेदों में। इनके उदाहरण हैं—अच्छा !, अजी !, अरे !, अहा !, ऐ !, क्या ?, वाह !, खूब !, भला !, वाह-वाह !, बाप रे !, राम-राम !, आह !, उफ !, छिः !, थू !, धिक् !, खबरदार !, अरे !, अरी ! रे !, ठीक !, धन्यवाद ! आदि।

हिन्दी में एक वर्ग **अनुकरण शब्दों** का भी बनता है। ये शब्द विभिन्न वस्तुओं द्वारा उत्पन्न ध्वनियों को सांकेतिक रूप से दोहराते हैं; जैसे—**म्याऊँ म्याऊँ, चींचीं, झनझन, खटखट, कुड़कुड़, गुनगुन, कचकच, बड़बड़, फुसफुस, चटपट** आदि। इनसे क्रियाएँ भी बनती हैं; जैसे—झनझनाना, खटखटाना आदि।

वाक्य विचार

वाक्य विचार के अन्तर्गत **शब्दबन्ध** और **वाक्य** का विवेचन शामिल है। **शब्दबन्ध** दो या दो से अधिक स्वतंत्र शब्दों का संयोजन होता है। शब्दबन्ध में व्याख्याकारी शब्द मुख्य शब्द के साथ आर्थी और व्याकरणिक बन्धनों से जुड़े होते हैं; जैसे—**कड़ाके की ठंड, काम करना; लकड़ी लाना** आदि।

संरचना की दृष्टि से शब्दबन्ध **सरल** और **जटिल** होते हैं। सरल शब्दबन्ध केवल दो

स्वतंत्र शब्दों से बने होते हैं : जैसे—**लम्बा आदमी; रोटी खाना** आदि। जटिल शब्दबन्ध सरल शब्दबन्ध के (अन्य शब्द या शब्दबन्ध द्वारा) विस्तार से बनते हैं। जैसे—**बहुत लम्बा आदमी; मीठी रोटी खाना; बहुत धीरे-धीरे काम करना** आदि। हिन्दी के शब्दबन्धों के चार भेद माने जाते हैं—

(1) **नामिक शब्दबन्ध**—'रसोई घर'; 'बड़ा मकान'; 'दो घर'; 'मेरी चिट्ठी'; 'उड़ती हुई पतंग'; 'बिल्कुल बच्चा'; 'खाने की मेज'; 'भागने को तैयार' आदि।

(2) **सार्वनामिक शब्दबन्ध**—'हममें से एक'; 'मेरे जैसा' आदि।

(3) **क्रियात्मक शब्दबन्ध**—'पत्र लिखना'; 'कुर्सी पर बैठना'; 'किसी से डरना'; 'लिख चुकना'; 'धीरे चलना' आदि।

(4) **क्रियाविशेषण शब्दबन्ध**—'बिल्कुल सही'; 'वहाँ से दूर' आदि।

शब्दबन्धों के अवयवों के बीच का सम्बन्ध कारक रूपों, परसर्गों या दोनों द्वारा व्यक्त होता है; जैसे **'रोती हुई लड़की'; 'देश के लिए चुनौती'; 'प्रस्ताव पर सहमति'** आदि।

हिन्दी के शब्दबन्धों में प्रायः आश्रित शब्द पहले और मुख्य शब्द बाद में आता है। जैसे—**'रसोई घर'; 'लाइब्रेरी की किताब'; 'उत्तर देना'** आदि।

भाषा में **वाक्य** का सर्वोपरि महत्त्व माना गया है। वाक्य व्याकरणिक रूपों तथा अनुतान से युक्त वाक्य क्रिया की न्यूनतम इकाई है। इसमें तीन बातें होती हैं—**विधेयता, प्रकारता** तथा **अनुतान में पूर्णता**।

वाक्य में शब्दों और शब्दबन्धों के बीच दो प्रकार के बन्धन होते हैं जिन्हें **समानाधिकरण** और **व्यधिकरण** कहते हैं। समानाधिकरण बन्धन होने पर वाक्य में शब्द तथा शब्दबन्ध स्वतंत्र होते हैं : जैसे—**हामिद और उसके साथी मेले में पहुँचे** तथा **जून में दिन बड़े** और **रातें छोटी होती** हैं। **व्यधिकरण** बन्धन में शब्दबन्ध का आश्रित शब्द मुख्य शब्द की व्याख्या करता है। यह बन्धन शब्द के रूपान्तर तथा परसर्गों द्वारा व्यक्त होता है, जैसे—'माँ **बच्चों को** प्यार करती है'; '**मेरे पास** तीन पत्ते हैं' आदि।

व्याकरणिक बन्धन के स्वरूप की दृष्टि से व्यधिकरण तीन प्रकार का होता है—**अन्वय, नियंत्रण** और **संलग्नता**।

अन्वय में आश्रित शब्द का रूप मुख्य शब्द के लिंग, वचन, कारक या पुरुष पर निर्भर होता है। जैसे—**काला घोड़ा, काले घोड़े, काले घोड़े को; लड़का जाएगा, लड़के जाएँगे, लड़की जाएगी।**

नियंत्रण में आश्रित शब्द का रूप मुख्य शब्द के शाब्दिक-व्याकरणिक गुणों द्वारा निर्धारित होता है; जैसे—**मैं** पेन्सिल से **चित्र बनाता हूँ; वह** पेन्सिल से **चित्र बनाती** है।

नियंत्रण परसर्ग युक्त (जैसा ऊपर के उदाहरण में) और परसर्गरहित दोनों होता है। जैसे—'उसने **चोर को** दीवाल के पास देखा'; 'पड़ोसी ने **द्वार खटखटाया**'। नियंत्रण प्रायः क्रिया-आश्रित होता है। कभी-कभी वह नाम-आश्रित भी होता है; जैसे—उसने **मुझ पर** जादू कर दिया है।

संलग्नता में मुख्य शब्द पर दूसरे शब्द की आश्रितता शब्दक्रम, अनुतान तथा अर्थ द्वारा निर्धारित होती है; जैसे—'आज पहुँची'; 'धमकी देते (हुए) जाना'; 'बिलकुल बच्चा' आदि।

कथन के उद्देश्य की दृष्टि से वाक्य के तीन भेद होते हैं—विधेयार्थक, प्रश्नार्थक और प्रेरणार्थक। विधेयार्थक वाक्यों में किसी बात की सूचना दी जाती है। यह सूचना **स्वीकारात्मक** भी हो सकती है और **नकारात्मक** भी; जैसे—'बाहर लू चल रही है'; 'लू नहीं चल रही है'। **प्रश्नार्थक** वाक्य प्रश्न व्यक्त करते हैं; जैसे—तुम्हारा नाम क्या है? **प्रेरणार्थक वाक्य** व्यापार की प्रेरणा व्यक्त करते हैं; जैसे '**गाड़ी खुलने वाली है।** जल्दी करें।'

इन सभी भेदों का अपना अनुतान होता है। उदाहरणार्थ विधेयार्थक, प्रश्नार्थक और प्रेरणार्थक वाक्यों का विशेष अनुतान से उच्चारण किये जाने पर वे विस्मयादिबोधक हो जाते हैं; जैसे 'उठो बच्चो', उठो, मास्टर जी आ गए!; 'तुमने यह क्या किया?' आदि।

वाक्य में गौण अंगों की उपस्थिति के अनुसार वाक्य **अविस्तारित** या **विस्तारित** हो सकते हैं। **अविस्तारित वाक्य** वह है जिसमें केवल उद्देश्य और विधेय होते हैं; जैसे—'वह लड़का है'; 'वह लिखता है' आदि। **विस्तारित वाक्य** उसे कहते हैं जिसमें उद्देश्य और विधेय के अतिरिक्त एक या एकाधिक गौण अंग (विशेषक, कर्म या विशेषताबोधक) हों, जैसे—'हमारे देश में हिन्दू, मुसलमान, ईसाई आदि अनेक धर्मों के अनुयायी निवास करते हैं।'

वाक्य की संरचना में आनेवाले विधेयक-युग्मों की दृष्टि से वाक्य **साधारण** और **संयुक्त** होते हैं। साधारण वाक्य ऐसा **शब्द** या **शब्दों का समुदाय** है, जो विधेयन व्यक्त करता है तथा निश्चित व्याकरणिक रूपों और अनुतान से युक्त होता है। जैसे—'आप पटना जाएँगे?—नहीं', इसमें पहला वाक्य प्रश्नात्मक है जिसका उत्तर केवल एक शब्द में दिया गया है, जो वस्तुतः वावय का ही प्रकार्य करता है। 'पास में ही गंगा नदी बहती है।' वाक्य भी साधारण वाक्य का उदाहरण है जो निश्चित व्याकरणिक रूपों और अनुतान से युक्त शब्दबन्ध है।

संयुक्त वाक्य दो या दो से अधिक साधारण वाक्यों से बनते हैं जो व्याकरणिक रूप और भावार्थ की दृष्टि से परस्पर सम्बद्ध होते हैं; जैसे—'यह भवन विशाल है और इसमें छोटे-बड़े अनेक कमरे हैं।' संयुक्त वाक्य में अंग (उपवाक्य) विन्यास की दृष्टि से स्वतंत्र भी हो सकते हैं और अन्योन्याश्रित भी। स्वतंत्र संयुक्त वाक्य का उदाहरण उपर्युक्त वाक्य (यह भवन...कमरे हैं) है। अन्योन्याश्रित संयुक्त वाक्य का उदाहरण है—'दिल्ली शहर का सबसे सुन्दर हिस्सा वह है जिसमें राष्ट्रपति भवन अवस्थित है।'

संयुक्त वाक्य में उपवाक्यों का संगठन तथा उनके बीच बनने वाले सम्बन्धों की अभिव्यक्ति समुच्चयबोधक और योजक शब्दों (और, परन्तु, या, कि), सहसम्बन्ध वाचक शब्दों (जब, तब, जैसा...वैसा), अनुतान उपवाक्यों के क्रम तथा काल और प्रकार रूपों के प्रयोग द्वारा होती है।

संयुक्त वाक्य प्रायः दो भागों (उपवाक्यों) में निर्मित होते हैं, पर उपवाक्यों की संख्या अधिक भी हो सकती है। ये उपवाक्य अनेक प्रकार के होते हैं :

उद्देश्य उपवाक्य (अच्छा हुआ **कि** आप आए।)
विधेय उपवाक्य (बात तो **वही** है **जो** तुम कहते हो।)
समयवाचक वाक्य (**दूसरे दिन** जब वह घर पहुँचा तो माँ की मृत्यु हो चुकी थी।)
स्थानवाचक उपवाक्य (मैं **उधर** ही जा रहा हूँ, **जिधर** तुम।)

कर्मवाचक उपवाक्य (मैं **चाहता हूँ** कि लोग मुझे तंग न करें; **वह जानता है कि** हम कल आएँगे।)

हिन्दी में द्विघटकीय संयुक्त वाक्यों के अलावा ऐसे भी संयुक्त वाक्य होते हैं जिनमें दो से अधिक घटक (उपवाक्य) होते हैं। ऐसे वाक्य तीन प्रकार के होते हैं—**समानाधिकरण, व्यधिकरण** और **मिश्र। समानाधिकरण वाक्य** में अधिकतर समुच्चय बोधक संयोजक अन्तिम घटक (उपवाक्य) के पहले आते हैं; जैसे—'किसी संस्था में लोग आते रहते हैं, जाते रहते हैं, अवकाश प्राप्त करते रहते हैं **और** संस्था सदा चलती रहती है।' **व्यधिकरण वाक्य** में एक आश्रित उपवाक्य का सम्बन्ध दो या दो से अधिक प्रधान उपवाक्यों से होता है; जैसे—'व्यापार में असफल हो जाना **यद्यपि** खेद की बात है **तो भी** वास्तविकता को तो स्वीकार करना ही होगा **और** अनुकूल अवसर की प्रतीक्षा करनी होगी।' **बहु घटकीय मिश्र** वाक्यों में एक साथ ही व्यधिकरण और समानाधिकरण होता है; जैसे—'पटना में अनेक कॉलेज हैं **लेकिन** उनमें पटना कॉलेज का प्रमुख स्थान है **जिसमें** बिहार के सारे मेधावी छात्र पढ़ने आते हैं।' **जटिल वाक्य** ऐसे बहुघटीय संयुक्त व्यधिकरण वाक्य होते हैं, जिनमें कुछ सजातीय आश्रित, उपवाक्य प्रधान उपवाक्य से पूर्ण या उसके बाद आते हैं, जैसे—'उपन्यास में **चाहे** जितने स्थान लाएँ, **चाहे** जितने दृश्य अंकित करें, **चाहे** जितने पात्र अंकित करें, उनका एक स्थान पर संयुक्त हो जाना आवश्यक नहीं।'

वाक्य के प्रधान अंग **उद्‌देश्य** और **विधेय** होते हैं। ये वाक्य के संरचनात्मक केन्द्र होते हैं, जिनके आसपास अन्य दूसरे अंग एकत्रित होते हैं। विधेय द्वारा व्यक्त लक्षण या व्यापार जिस व्यक्ति अथवा वस्तु से सम्बद्ध होता है उसे ही उद्‌देश्य कहते हैं। हिन्दी में **उद्‌देश्य** का प्रकार्य कर रहा संज्ञा या अन्य शब्द या तो अविकारी रूप में आता है या 'ने' परसर्ग के साथ विकारी रूप में। उदाहरणार्थ—

सरस्वती पढ़ रही है। (अविकारी)

सरस्वती ने पढ़ने के लिए पत्र निकाला। (विकारी)

विधेय उद्‌देश्य द्वारा व्यक्त वस्तु या व्यक्ति का लक्षण या व्यापार सूचित करता है; जैसे—सरस्वती **पढ़ रही है**; उसका मुँह **उतरा हुआ था।**

उद्‌देश्य और विधेय के अतिरिक्त वाक्य के कुछ गौण अंग भी होते हैं। वाक्य के गौण अंग ऐसे अर्थदर्शी शब्द होते हैं, जो प्रधान अंगों से व्यधिकरण बन्धन से जुड़े होते हैं, तथा मुख्य शब्दों के स्पष्टीकरण का, पूर्ति का, काम करते हैं। वाक्य के गौण अंग हैं : **विशेषक, कर्म** तथा **विशेषताबोधक।**

विशेषक के उदाहरण—**कमजोर** आदमी, **नदी का** पानी, **पाँच** आदमी आदि।

कर्म के उदाहरण—हम दोनों **आम** खाने लगे, मैंने **दोनों को** साथ लिया; घर **ईंटों से** बना है; वे **विदा करने को** खड़े हो गए।

विशेषता बोधक के उदाहरण—वह **दिन चढ़े** आया है; देखते-देखते काफी लोग इकट्ठा हो गए; बीमार हो जाने **के कारण** मैं कॉलेज नहीं जा सका।

हिन्दी की वाक्य-प्रणाली को समझने के लिए उद्‌देश्य या प्रधान कर्म से विधेय के अन्वय का समझना बहुत जरूरी है। हिन्दी में विधेय का अन्वय **पूर्ण** (पुरुष, वचन और

लिंग में) तथा **अपूर्ण** (पुरुष और वचन में या लिंग और वचन में) होता है। इस प्रकार हिन्दी में कर्तृवाचक रूपों में वाक्य की रचना के तीन भेद होते हैं—कर्तरि, कर्मणि और भावे।

कर्तरि प्रयोग के उदाहरण—यह कायस्थों का गाँव **है; मोहन** गांधी सेतु पर गया; अब तक हम दिल्ली पहुँच गए होते; वह गरीब था; आपको मुझ पर भरोसा होना चाहिए था।

कर्मणि रचना के उदाहरण—उसने **पिस्तौल** टेबुल पर **रख दी**; मैंने **टिकट** ले **लिया था**; उसने अपना **मामला खराब कर लिया है**; हमने अपने **वायदे पूरे किये।**

भावे रचना के उदाहरण—मैंने दबी आवाज में **पूछा**; शीला ने बच्चे को **मना** किया; उसे घर भेजना **पड़ेगा** आदि।

हिन्दी में शब्दबन्धों और वाक्यों में **शब्दक्रम** का बहुत महत्त्व होता है। यह क्रम **सीधा** भी हो सकता है और **उलटा भी।** उदाहरणार्थ 'बड़ा लड़का'; 'दस दिन'; 'वे सब'; 'जाने देना' (शब्दबन्धों में सीधा शब्दक्रम); गर्मी में **छोटी रातें** और **बड़े दिन** होते हैं; **दिल्ली** भारत की राजधानी है; **कुछ लोग** ताश खेल रहे थे; वह **जाने को** तैयार है; **डर के मारे मैं बोल नहीं सकता** (वाक्यों में सीधा क्रम); किताब मेरी; यात्रा गाँव की (शब्दबन्धों में उलटा क्रम); **रात भी थी** कितनी भयानक; बहुत सुन्दर दृश्य था **उस मेले का**; वह जानता ही **क्या है**? (वाक्यों में उलटा शब्दक्रम)

हिन्दी में वाक्य का एक कथन-प्रकार होता है जिसे **प्रत्यक्ष कथन, अर्धप्रत्यक्ष कथन** और **अप्रत्यक्ष कथन** कहते हैं।

प्रत्यक्ष कथन का उदाहरण है—पिता ने पुत्र से कहा—**'** बेटे इधर आ जाओ। **'**

अर्धप्रत्यक्ष कथन का उदाहरण—उन्हें इस बात की बिलकुल चिन्ता न थी कि **मैं कितनी परेशानी में हूँ।**

अप्रत्यक्ष कथन का उदाहरण—उसने कहा कि **वह** अवश्य आएगा।

संक्षेप में हिन्दी व्याकरण का यही स्वरूप है। अधिक विस्तार में जाने के लिए कामता प्रसाद गुरु, किशोरीदास वाजपेयी और जाल्मन दीमशित्स के हिन्दी व्याकरण सम्बन्धी ग्रन्थ अवलोकनीय हैं।

सन्दर्भ

1. प्रातिपदिक शब्द का वह अंश होता है, जो अन्त्य प्रत्यय हटा देने पर बचा रहता है; जैसे **बेट** ('बेटा' से) 'आ' प्रत्यय निकाल देने पर) या **चल** ('चलना' से 'ना' प्रत्यय निकाल देने पर)।
2. उल्लेखनीय है कि आज की हिन्दी में 'तुम' का प्रयोग बहुवचन में न होकर एकवचन में ही होता है। 'तू' और 'तुम' का अन्तर अब यह रह गया है कि 'तू' कहीं तिरस्कारवाचक, कहीं स्नेहसूचक और कहीं भक्तिभाव का बोधक हो जाता है, जबकि 'तुम' मध्यमपुरुष एकवचन का सामान्य रूप हो चला है। 'तुम' के बहुवचन के लिए 'तुम लोग', 'तुम सब' का प्रयोग होता है।

12

हिन्दी व्याकरण, वर्तनी और लिपि का मानकीकरण

हिन्दी व्याकरण

पिछले अध्याय में हम आधुनिक मानक हिन्दी के व्याकरण की संक्षिप्त रूपरेखा प्रस्तुत कर चुके हैं। पर यह मानना भूल होगी कि हिन्दी व्याकरण का पूर्ण रूप से मानकीकरण हो चुका है। इस वाक्य का ही उपवाक्य 'यह मानना भूल होगी' को 'यह मानना भूल होगा' भी लिखा जा सकता है। हिन्दी व्याकरण में इस प्रकार के विकल्प अनेक प्रयोगों में दिखाई पड़ते हैं। इसका प्रमुख कारण यह है कि यद्यपि आधुनिक हिन्दी दिनोदिन शिष्टजनों की भाषा बनती जा रही है और प्रशासन, न्यायपालिका, शिक्षा और साहित्य के माध्यम आदि अनेक रूपों में इसका निरन्तर अधिकाधिक प्रयोग हो रहा है, जिससे इसका मानकीकरण अपरिहार्य हो गया है, पर हिन्दी का अपने क्षेत्र की अन्य सहभाषाओं (ब्रजभाषा, अवधी, भोजपुरी आदि) से सम्बन्ध इतना पुराना और सहज है कि वह उनके प्रभावों से अपने को मुक्त नहीं रख सकती। यही उसकी जीवन्तता का कारण भी है। आधुनिक हिन्दी क्षेत्रीय प्रयोगों की विविधता और मानकीकरण के द्वन्द्वात्मक सम्बन्ध से विकसित हो रही है। यही एक जीवित भाषा का लक्षण है।

हमें देखना है कि मानक हिन्दी के व्याकरण में कहाँ प्रयोग-वैविध्य दिखाई पड़ता है। पहले हम संज्ञा शब्दों के रूपों से आरम्भ करें। आधुनिक हिन्दी में शुद्ध तत्सम शब्दों के प्रयोग की प्रवृत्ति बहुत बढ़ रही है। यह बहुत स्वस्थ प्रवृत्ति नहीं मानी जा सकती। आजकल लोग 'चिह्न' लिखना पसन्द करते हैं 'चिन्ह' नहीं। इसी प्रकार 'ब्रम्ह', 'प्रगट', 'दस' आदि शब्दों के स्थान पर 'ब्रह्म', 'प्रकट', 'दश' आदि लिखने की प्रवृत्ति बढ़ रही है। इसके बावजूद कुछ ऐसे तत्सम शब्द हैं जिनकी शुद्धता उच्चारण की सुगमता के सामने गौण हो गई है। उदाहरण के रूप में 'पूर्वाह्ण' और 'अपराह्ण' शब्दों को लें। यही इनका शुद्ध रूप है। पर इनके स्थान पर 'पूर्वान्ह' और 'अपरान्ह' शब्द काफी प्रचलित हो चुके हैं। इनके 'पूर्वाह्न' और 'अपराह्न' रूप भी प्रचलित हैं जो संस्कृत व्याकरण के अनुसार शुद्ध नहीं हैं, पर ये शुद्ध रूप के कुछ निकट जरूर हैं। एक ऐसा ही शब्द 'टंकण' है, जिसका 'टंकन' रूप संस्कृत व्याकरण से अशुद्ध होने पर भी प्रचलित हो गया है। इसी तरह शुद्ध तत्सम शब्द 'शिर' है जिसके दो तद्भव रूप 'सिर' और 'सर' भी प्रचलित हैं। 'दुःख' के स्थान पर 'दुख' का

प्रयोग अनेक लोग करते हैं। शुद्ध तत्सम शब्द है 'धूम', पर इसके स्थान पर 'धूम्र' का प्रयोग चल पड़ा है। यह सायास तत्समीकरण का प्रयास जान पड़ता है, उसी प्रकार जैसे कुछ लोग फारसी के उन शब्दों में भी अक्षर के नीचे बिन्दी (रिवाज़) लगा देते हैं जहाँ वह शुद्ध रूप में नहीं लगती। हिन्दी में एक शब्द प्रचलित है 'तदुपरान्त'। संस्कृत व्याकरण के अनुसार यह शब्द अशुद्ध है, पर 'उसके बाद' के अर्थ में इसका प्रयोग आमतौर पर होता है। इसी तरह के शब्द हैं : 'पुनरावलोकन', 'वृक्षारोपण' और वर्चस्व। 'पुनरावलोकन' संस्कृत के सन्धि नियम के अनुसार अशुद्ध है। इसका शुद्ध रूप होगा, 'पुनरवलोकन'। 'वृक्षारोपण' शब्द व्याकरण की दृष्टि से साधु प्रयोग तो है पर इसका एक विकल्प 'वृक्षरोपण' भी है जिसका प्रयोग कुछ लोग वांछनीय समझते हैं। 'वर्चस्व' शब्द संयुक्त व्याकरण के अनुसार अशुद्ध है, पर इसका हिन्दी में तत्सम रूप में प्रयोग धड़ल्ले के साथ होता है।

उच्चारण की समानता और शब्दनिर्माण सम्बन्धी नियमों की जानकारी न होने के कारण कुछ तत्सम शब्दों के दो-दो रूप प्रचलित हो गए हैं; जैसे—द्रष्टा-दृष्टा, गृहीत-ग्रहीत, स्रष्टा-सृष्टा, सर्जन-सृजन, सृष्टि-स्रष्टि, भृकुटि-भ्रकुटि आदि। कहना न होगा कि इन युग्मों के प्रथम रूप ही, अर्थात् 'द्रष्टा', 'गृहीत', 'स्रष्टा', 'सर्जन', 'सृष्टि', 'भृकुटि' आदि शुद्ध हैं। 'सृष्टा' और 'दृष्टा' शब्द भी शुद्ध हैं, पर भिन्न अर्थ में, 'स्रष्टा' और 'द्रष्टा' के अर्थ में नहीं। पर 'सृजन' शब्द का क्या करेंगे जो संस्कृत व्याकरण के अनुसार अशुद्ध होने पर भी हिन्दी में इतना अधिक प्रचलित हो गया है कि उसे निकाल बाहर करने का कोई उपाय नहीं है। अत: इसे स्वीकार कर लेना ही ठीक है। पर 'ग्रहीत', 'स्रष्टि', 'भ्रुकुटि' जैसे अशुद्ध शब्दरूपों के प्रयोग का कोई औचित्य नहीं है।

संख्या शब्दों में अनेक ऐसे हैं जिनके एकाधिक रूप प्रचलित हैं। इनमें सबसे विवादास्पद है 'छह', जिसके छ:, छ, छे, छै, छव आदि रूप भी प्रचलित हैं। इसी प्रकार सत्रह के लिए 'सत्तरह', 'उनचालीस' के लिए 'उनंचालीस', 'इकलातीस' के लिए 'एकतालीस', 'उनचास' के लिए 'उनंचास', 'तिरपन' के लिए 'तिरेपन', 'सत्तावन' के लिए 'संतावन', 'इकसठ' के लिए 'एकसठ', 'छियासठ' के लिए 'छाछट', 'इक्यासी' के लिए 'एकासी', 'बयासी' के लिए 'बेरासी', 'इक्यानबे' के लिए 'एकानवे' आदि वैकल्पिक प्रयोग काम में लाये जाते हैं। इसे समाप्त करने के लिए 5-6 फरवरी, 1980 को केन्द्रीय हिन्दी निदेशालय द्वारा आयोजित भाषावैज्ञानिकों की बैठक में एक से सौ तक के संख्यावाचक शब्दों का मानक रूप स्थिर किया गया। तदनुसार विवादास्पद शब्दरूपों में छह, सत्रह, उनचालीस, उनचास, तिरपन, सत्तावन, इकसठ, छियासठ, इक्यासी, बयासी, इक्यानवे आदि रूप मानक माने गए।

विशेषण शब्दों में भी वैकल्पिक, या संस्कृत के पंडितों की दृष्टि में कतिपय 'असाधु', प्रयोग हिन्दी में प्रचलित हो गए हैं। इस प्रकार के दो बहुप्रयुक्त शब्द हैं, 'उपरोक्त' और 'स्त्रियोचित'। 'उपरोक्त' का शुद्ध तत्सम रूप 'उपर्युक्त' है, पर यह शब्द इतना प्रचलित हो गया है कि अब इसे प्रयोग-बाहर करना मुश्किल है। इसी प्रकार 'स्त्रियोचित' का शुद्ध तत्सम रूप होगा 'स्त्र्युचित' (स्त्री + उचित) पर 'स्त्रियोचित' को असाधु मानने वाले भी स्त्र्युचित शब्द का प्रयोग नहीं करते। ऐसा ही एक विशेषण 'ऐन्द्रिक' है जो निर्माण की दृष्टि से (इन्द्रिय + क) अशुद्ध है, पर अनेक लेखक इसका प्रयोग करते हैं।

संस्कृत में विशेषणों के स्त्रीलिंग रूपों का प्रयोग होता है। हिन्दी में भी तद्भव विशेषणों के स्त्रीलिंग रूप प्रचलित हैं, जैसे **बड़ा-बड़ी, मीठा-मीठी** आदि। पर हिन्दी में प्रयुक्त होने वाले तत्सम विशेषणों के स्त्रीलिंग रूपों का प्रयोग विकल्प से ही होता है; जैसे **सुन्दर, विद्वान, महान, कुरूप, कलुषित, हर्षित, पंकिल** आदि तत्सम विशेषणों के स्त्रीलिंग रूपों—**सुन्दरी, विदुषी, महती, कुरूपा, कलुषिता, हर्षिता, पंकिला** आदि—का, पर अधिकतर स्त्रीलिंग विशेष्य के साथ भी संस्कृत के पुल्लिंग विशेषणों का ही प्रयोग होता है। कुछ विशेषण ऐसे भी हैं जिनके स्त्रीलिंग रूप नहीं हैं। जैसे—**मित्र, सज्जन, दुर्जन, वक्ता, श्रोता, चोर, खिलाड़ी, सैनिक, डाकिया, सिपाही, तैराक, नेता** आदि। इनमें से कुछ के या सभी के स्त्रीलिंग रूप स्त्री प्रत्यय लगाकर बनाये जा सकते हैं, पर उनकी साधुता संदिग्ध ही बनी रहेगी। ऐसा ही एक शब्द है 'छात्र'; इसका शुद्ध स्त्रीलिंग रूप 'छात्रा' होगा या 'छात्री' इस पर *साहित्य* में एक वर्ष से अधिक समय तक बहस चली थी। आधुनिक पदनामों के सम्बन्ध में भी यही बात कही जा सकती है। उदाहरण के लिए **राष्ट्रपति, प्रधानमंत्री, कुलपति, सभापति** आदि पदों के स्त्रीलिंग रूप साधु प्रयोग नहीं माने जा सकते। यद्यपि **अध्यक्ष, प्रबन्धक, प्रबन्धकर्त्ता, प्राचार्य** आदि के स्त्रीलिंग रूप भी प्रचलित हैं पर पुरुषों और स्त्रियों के लिए ऐसे विशेषणों के पुल्लिंग रूप ही मानक रूप माने जाने चाहिए।

हिन्दी सर्वनाम शब्दों के मानक रूप प्रायः निश्चित हो चुके हैं, पर कुछ ऐसे सर्वनाम भी हैं जो मानक हिन्दी व्याकरण में अमान्य होकर भी प्रयोग में मान्य हैं। उदाहरण के लिए उत्तम पुरुष में 'मैं' और 'हम' शब्दों को लें। 'मैं' हिन्दी का उत्तम पुरुष एकवचन सर्वनाम है। पर बिहार, पूर्वी उत्तर प्रदेश आदि क्षेत्रों में 'मैं' के स्थान पर 'हम' का ही अधिक प्रयोग होता है। दिल्ली, लखनऊ, इलाहाबाद आदि नगरों में भी हिन्दी के लेखक, प्रोफेसर आदि यदि 'मैं' के स्थान पर 'हम' का, बोलचाल में प्रयोग करते हैं तो किसी की भौहें ऊपर नहीं उठतीं; पर लेखन में, 'मैं' के स्थान पर 'हम' का प्रयोग स्वीकृत नहीं है। एक बात अवश्य है कि एकवचन में भी 'हम' के साथ बहुवचन क्रिया ही लगती है। जहाँ 'हम' का प्रयोग एकवचन में किया जाता है वहाँ उसका बहुवचन रूप 'हमलोग' हो जाता है।

मध्यम पुरुष एकवचन का रूप हिन्दी व्याकरण के अनुसार 'तू' है। पर आजकल मध्यम पुरुष एकवचन के लिए 'तू' का प्रयोग प्रायः नहीं होता। 'तू' का स्थान 'तुम' ने ले लिया है। यह भी सम्भवतः पूर्वी प्रभाव ही है। अब भाषण और लेखन दोनों में प्रायः 'तुम' का ही प्रयोग होता है। 'तू' का प्रयोग तिरस्कारार्थ अथवा अतिशय स्नेहार्थक या भक्त्यर्थक हो गया है। 'हम' की तरह एकवचन में 'तुम' के साथ भी बहुवचन की सहायक क्रिया 'हो' प्रयुक्त होती है। 'तुम' का बहुवचन रूप 'तुम सब' या 'तुमलोग' हो गया है। कहीं-कहीं, पश्चिम में ही, एकवचन 'तुम' के लिए 'आप' का भी प्रयोग होता है; जैसे—'आप जाओ' या 'आप जा रहे हो ?' आदि। आदरार्थक 'आप' के साथ एकवचन और बहुवचन दोनों में सहायक क्रिया का बहुवचन रूप 'हैं' प्रयुक्त होता है।

यों तो अन्य पुरुष एकवचन का मानक रूप 'वह' ही है, पर बोलचाल में 'वह' के स्थान पर 'वो' का प्रयोग भी होता है। यह पश्चिमी प्रवृत्ति है और उर्दू में तो खूब ही प्रचलित

है। पर लेखन में इसका प्रवेश नहीं हुआ है। कभी-कभी साक्षात्कार के लिपिकरण में स्वाभाविकता बनाये रखने के लिए 'वो' का प्रयोग दिखाई पड़ता है।

हिन्दी में अनेक ऐसे शब्द हैं जिसका लिंग सुनिश्चित नहीं है। अकारान्त शब्दों में **रामायण, जयकार, टंकार, गठन, चलन, पवन, शोध, लय** (एक पदार्थ का दूसरे पदार्थ में मिलने के अर्थ में), **सामर्थ्य, विनय, वय, कुशल, उतार, बिगाड़, फेर, कायापलट, बोल, मिलान, लगान, रुझान, चलन, झंकार, टंकार, अनबन, टमटम, दलदल, तुक, भोर, चपत, तरस, मेंड़, रहन-सहन, धुन्ध, जोखम, बर्फ, शाल, क्लास, फिल्ड, लॉन, टेबुल, इंजन, ट्रक, जेल, पिन, पेन, फर्म, बटन, बोतल, सिगरेट, स्लिप** जैसे अनेक शब्दों का प्रयोग कुछ लोग पुल्लिंग में करते हैं और कुछ लोग स्त्रीलिंग में। इसी प्रकार आकारान्त, इ-ईकारान्त, उ-ऊकारान्त आदि शब्दों में भी अनेक का लिंग सुनिश्चित नहीं है। यह स्थिति वांछनीय नहीं है। प्रस्तुत पंक्तियों के लेखक ने कुछ दिन पूर्व अकारान्त शब्दों की लिंग-व्यवस्था पर विचार किया था[2] और इस निष्कर्ष पर पहुँचा था कि अनिश्चित लिंग वाले अकारान्त शब्दों का प्रयोग पुल्लिंग में ही वांछनीय है। पर इन शब्दों के स्त्रीलिंग में प्रयोग को रोका जा सकता है क्या? अत: अकारान्त शब्दों के पुल्लिंग में प्रयोग की वांछनीयता के बावजूद इनके स्त्रीलिंग में प्रचलित प्रयोग को छूट देनी ही होगी।

आधुनिक हिन्दी में क्रियारूपों का मानकीकरण लगभग हो चुका है। कुछ दिन पूर्व 'करना' के भूतकालिक कृदन्त 'किया' के स्थान पर 'करा' का प्रयोग जोरों से चल पड़ा था। भारत के भूतपूर्व प्रधानमंत्री स्व. राजीव गांधी को यह प्रयोग बहुत प्रिय था और उनकी देखादेखी बहुत से लोग यह प्रयोग करने लगे थे। अभी भी पश्चिम के कुछ लोग इसका प्रयोग यदाकदा करते सुनायी पड़ते हैं। पर लिखित रूप में यह प्रयोग कभी भी स्वीकृत नहीं हुआ और अब भाषित रूप में भी इसका प्रयोग बहुत कम सुनायी पड़ता है। फिर भी किसी रेलवे स्टेशन पर मैंने लिखा देखा, ''यहाँ सामान जमा करिए''। प्रचलित मानक प्रयोग 'कीजिए' है, 'करिए' नहीं, पर 'करिये' के प्रयोग के औचित्य को एकदम अस्वीकार नहीं किया जा सकता।

कर्मणि प्रयोग में क्रिया के रूपों में कहीं-कहीं विचलन की स्थिति दिखाई देती है। उदाहरणार्थ मानक हिन्दी में कर्मणि प्रयोग में अकर्मक क्रिया नहीं आती। 'होना' अकर्मक क्रिया है अत: इसका कर्मणि प्रयोग नहीं होता। पर पंजाबी प्रभाव के कारण 'मैंने कहा हुआ है', 'मैंने देखा हुआ है' जैसे प्रयोग बढ़ते जा रहे हैं। मानक रूप हैं, 'मैंने कहा है' या 'मैं कहे हुए हूँ।' पंजाबी हिन्दी में 'मैंने खाना है', 'मैंने रोटी खानी है' जैसे प्रयोग बोलचाल में खूब प्रचलित हैं। यहाँ तक कि दूरदर्शन पर 'आपने बताना है', 'आपने इस प्रश्न का उत्तर देना है' जैसे प्रयोग कार्यक्रम-संचालकों के मुँह से सुनाई पड़ते हैं। पर भाषित और लिखित दोनों ही रूपों में इन्हें मानक प्रयोग नहीं माना जाता है।

कर्मणि प्रयोग में सकर्मक तुमर्थ क्रियाओं (करना, खाना, पढ़ना आदि) के साथ कर्म का प्रयोग होने पर तुमर्थ का लिंग और वचन कर्म के अनुसार हो जाता है। जैसे, **मुझे काम करना है; मुझे क्रिया करनी है; उसे आम खाना है; उसे आम खाने हैं; उसे बेर खानी है** आदि। पर जहाँ संयुक्त क्रिया में एक कृदन्तीय विशेषण **खड़ा, कड़ा, बड़ा** आदि और दूसरा

तुमर्थ (**करना**) हो वहाँ लिंग और वचन के प्रयोग में गड़बड़ी होती है। उदाहरण के लिए **मुझे गाड़ी खड़ी करनी है, मुझे निगरानी कड़ी करनी है** जैसे वाक्यों में कभी-कभी विकल्प भी दिखाई पड़ते हैं। कुछ लोग **मुझे गाड़ी खड़ी करनी है** के स्थान पर **मुझे गाड़ी खड़ा करना है, मुझे गाड़ी खड़ी करना है** या **मुझे गाड़ी खड़ा करनी है** का प्रयोग भी करते हैं। इसी प्रकार **मुझे निगरानी कड़ी करनी है,** के स्थान पर **मुझे निगरानी कड़ी करना है** का प्रयोग भी होता है। इन सभी वैकल्पिक प्रयोगों के अपने तर्क हैं। यद्यपि प्रस्तुत पंक्तियों के लेखक की दृष्टि में इनमें से प्रथम प्रयोग ही साधु है, पर इसके लिए दुराग्रह करने का कोई अर्थ नहीं है। "**पिछले महीने मैं अपनी किताब, 'हिन्दी आलोचना का इतिहास', पूरी करने में व्यस्त था।**" वाक्य में **पूरी करने** के स्थान पर **पूरा करने** क्रियापद का प्रयोग 'अशुद्ध' नहीं माना जा सकता।

इस प्रकार की एक समस्या वहाँ भी पैदा होती है जहाँ वाक्य में उद्देश्य के रूप में भिन्न-भिन्न लिंगों और वचनों वाली संज्ञाओं का समूह होता है। उदाहरण के लिए '**खेत में दस गायें, आठ बैल और एक बकरी चर रही है।**' वाक्य में क्रिया का रूप 'एक बकरी' के अनुसार है। यह प्रयोग शुद्ध भी माना जाता है, पर यदि कोई पूरे समूह को उद्देश्य मानकर क्रिया का रूप '**चर रहे हैं**' रखता है तो उसे गलत कैसे कहा जा सकता है? मेरी समझ से ये दोनों रूप शुद्ध हैं। प्रयोगकर्ता को इसकी छूट रहनी चाहिए।

हिन्दी के शब्द भंडार में तत्सम शब्दों का अनुपात बहुत अधिक है। तत्सम शब्दों के निर्माण में सन्धि और समास की महत्त्वपूर्ण भूमिका होती है। अतः तत्सम शब्दों के साथ संस्कृत सन्धि और समास के नियम भी हिन्दी में यथावत् स्वीकृत हैं। किन्तु हिन्दी में कुछ ऐसे उदाहरण भी मिलते हैं जहाँ संस्कृत के सन्धि-नियमों का उल्लंघन होता है। माना कि यह उल्लंघन अज्ञानजनित होता है पर भाषा के विकास के कारणों में 'अज्ञान' भी एक कारण के रूप में स्वीकृत है। उदाहरण के लिए संस्कृत पदों में यदि ह्रस्व स्वर युक्त विसर्ग के बाद 'र' व्यंजन आता है तो विसर्ग के लुप्त होने के साथ-साथ ह्रस्व स्वर दीर्घ हो जाता है; जैसे—**निः+रस=नीरस** या **निः+रोग=नीरोग।** इस नियम के अनुसार '**अन्तः** के साथ **राष्ट्रीय** जुड़ने पर '**अन्താराष्ट्रीय**' और **पुनः** के साथ **रचना** के जुड़ने पर **पुनारचना** शब्द बनता है पर हिन्दी में ये दोनों शब्द नहीं चलते। इनके स्थान पर हिन्दी में क्रमशः 'अन्तर्राष्ट्रीय' और 'पुनर्रचना' शब्द प्रचलित हैं और ये मानक प्रयोग माने जाते हैं। इसी प्रकार आजकल दूरदर्शन पर या अन्यत्र '**पुरावलोकन**' शब्द सुनायी पड़ता है जो संस्कृत के सन्धि नियम के अनुसार अशुद्ध है। इसे मानक प्रयोग के रूप में स्वीकृति भी नहीं प्राप्त है, पर एक ऐसा समय आ सकता है जब 'पुनर्रचना' की तरह 'पुनरावलोकन' भी मानक रूप मान लिया जाए। इसी तरह का एक शब्द है 'वृत्त्यानुप्रास' जो सन्धि नियम के अनुसार अशुद्ध (शुद्ध रूप 'वृत्त्यनुप्रास') है पर हिन्दी के बहुत सारे प्राध्यापक तक 'वृत्त्यानुप्रास' शब्द का प्रयोग करते हैं और अलंकार निरूपण की पुस्तकों तक में यह शब्द देखा जा सकता है। प्रस्तुत पंक्तियों का लेखक 'पुनरवलोकन' और 'वृत्त्यनुप्रास' को ही शुद्ध मानने का आग्रही है।

हिन्दी में संस्कृत के अनेक समस्त शब्द स्वीकार कर लिये गए हैं और उनके साथ-साथ संस्कृत समास के नियम भी। पर हिन्दी की प्रकृति संस्कृत के विरुद्ध वियोगात्मक है। इस कारण हिन्दी में संस्कृत की तरह बड़े-बड़े समस्त पद प्रयुक्त नहीं होते। उदाहरण

के लिए **राजपुत्र, कमलनयन, त्रिमूर्ति, चतुरानन** जैसे समस्त पद तो हिन्दी में स्वीकृत हैं पर '**बिहारराष्ट्रभाषापरिषद्**' जैसे दीर्घ समस्त पद नहीं। हिन्दी में यह पद **बिहार राष्ट्रभाषा परिषद्** रूप में लिखा जाता है। कभी-कभी इन पदों की समस्तता व्यक्त करने के लिए इनके बीच अँगरेजी के चिह्न हाइफन (-) का प्रयोग किया जाता है। (**बिहार-राष्ट्रभाषा-परिषद्**) पर हाइफन-रहित प्रयोग ही अधिक प्रचलित है। कुछ लोग **माता-पिता, भाई-बहन, मृग-चर्म, युद्ध-स्थल** जैसे सरल और छोटे समस्त पदों में भी हाइफन का प्रयोग करते हैं। इन शब्दों को **मातापिता, भाईबहन, मृगचर्म, युद्धस्थल** और **माता पिता, भाई बहन, मृग चर्म, युद्ध स्थल** आदि रूपों में भी लिखा जाता है। प्रस्तुत पंक्तियों के लेखक के विचार से दो पदों के समस्त रूपों को एक शब्द के रूप में ही लिखना चाहिए और उनके बीच हाइफन का प्रयोग नहीं करना चाहिए। जहाँ दो से अधिक शब्दों या तीन से अधिक अक्षरों वाले शब्दों का समस्त पदों के रूप में प्रयोग करना हो वहाँ शब्दों का बिना हाइफन के अलग-अलग प्रयोग ही वांछनीय है, जैसे **अन्तरंग सम्बन्ध, वद्रिकाश्रम परिक्रमा, कश्मीर सौन्दर्य दर्शन, नव रसाल वन विहरण** आदि। हाइफन का प्रयोग उन विरल स्थितियों में ही वांछनीय है जहाँ उसका प्रयोग न करने से अर्थ में भ्रान्ति पैदा होने की आशंका है। जैसे 'सुन्दर वन-प्रान्तर' या 'सुन्दर-वन प्रान्तर' आदि।

हिन्दी वर्तनी

वर्तनी का अर्थ है उच्चरित शब्द को लिखित अक्षरों के रूप में दृष्टिगोचर बनाने की प्रक्रिया। वर्तनी की सार्थकता इस बात में है कि लिखित शब्द को पढ़कर कोई भी व्यक्ति उसका सही उच्चारण करने में समर्थ हो। पर यह कभी भी शतप्रतिशत सम्भव नहीं होता। कोई लिपि कितनी भी वैज्ञानिक क्यों न हो वह समस्त भाषित ध्वनियों को उसी रूप में लिप्यन्तरित नहीं कर सकती। देवनागरी एक वैज्ञानिक लिपि मानी जाती है, पर यह वैज्ञानिकता अँगरेजी, फारसी, तमिल आदि लिपियों की सापेक्षता में ही है।

किसी भी विकसित भाषा के लिए वर्तनी का मानकीकरण नितान्त अपेक्षित होता है। कोई भी शब्द सबके द्वारा एक ही रूप में लिखा जाए यह भाषा की बोध्यता, शिक्षा, प्रसार आदि के लिए आवश्यक होता है। हिन्दी भी एक विकसित भाषा है। यह भारत जैसे विशाल देश की राजभाषा ही नहीं, संसार में अधिकतम बोली जाने वाली भाषाओं में इसका स्थान तीसरा है। अतः हिन्दी के लेखकों में वर्तनी की एकरूपता-विषयक जागरूकता अत्यन्त अपेक्षित है, जिसका प्रायः अभाव दिखाई पड़ता है। ऐसे अनेक शब्द हैं जिन्हें भिन्न-भिन्न लेखक ही भिन्न-भिन्न रूपों में नहीं लिखते वरन् एक ही लेखक भिन्न-भिन्न स्थानों पर भिन्न-भिन्न रूपों में लिखता है। इसके अनेक कारण हो सकते हैं जिनके उल्लेख की आवश्यकता नहीं। हमें केवल यह देखना है कि वर्तनी की अनेकता के कितने रूप हैं और उनमें कौन-सा रूप वांछनीय है।

पहले हम संस्कृत से हिन्दी में आए तत्सम शब्दों की वर्तनी पर विचार करें। कुछ तत्सम शब्द व्यंजनान्त होते हैं, जैसे **जगत्, दिक्, बृहत्, विद्युत, शरत्, परिषद्** आदि। तर्क दिया

जाता है कि चूँकि हिन्दी के अधिकांश अकारान्त शब्द जैसे **आम, अमरूद, चावल, दाल, दूध, जल** आदि व्यंजनान्त या हलन्तयुक्त रूप (**आम्, अमरूद्, चावल्, दाल्, दूध्, जल्** आदि) में ही बोले जाते हैं अत: वर्तनी की एकरूपता की दृष्टि से संस्कृत के व्यंजनान्त शब्दों को भी बिना हलन्त दिये ही लिखना चाहिए। पर ऐसा करने पर एक दूसरी कठिनाई शब्दों की सन्धि के प्रसंग में उठ खड़ी होगी। हिन्दी में वैसे तत्सम शब्दों की संख्या बहुत बड़ी है जो दो शब्दों की सन्धि से बने हैं। उदाहरणार्थ—**दिग्गज, दिगम्बर, दिगन्त, वाग्जाल, जगदीश, जगन्नाथ, सज्जन** आदि। यदि हम **दिक्** को **दिक, वाक्** को **वाक, जगत्** को **जगत, सत्** को **सत** रूप में लिखने लगे तो उपर्युक्त शब्दों की निर्मिति और अर्थ दोनों ही समझ के परे हो जाएँगे। **गण** और **ईश** मिलकर '**गणेश**' शब्द बने और **जगत+ईश** मिलकर '**जगदीश**', इसमें कोई संगति नहीं। इसे भी **गणेश** की तरह **जगतेश** ही होना चाहिए **जगदीश** नहीं। अत: हलन्त वाले तत्सम शब्दों की वर्तनी हिन्दी में भी बरकरार रखी जानी चाहिए। इसके बावजूद **भगवान्, महान्, श्रीमान्** आदि शब्द हिन्दी में **भगवान, महान, श्रीमान** आदि रूप में भी लिखे जाने लगे हैं। केन्द्रीय हिन्दी निदेशालय द्वारा प्रकाशित और सरकार द्वारा मान्य *मानक हिन्दी वर्तनी* में कहा गया है कि "संस्कृतमूलक तत्सम शब्दों की वर्तनी में सामान्यत: संस्कृत रूप ही रखा जाए, परन्तु जिन शब्दों के प्रयोग में हिन्दी में हल चिह्न लुप्त हो चुका है उनमें उसको फिर से लगाने का यत्न न किया जाए। जैसे—**महान, विदान** आदि के 'न' में।" इस निर्देश की असंगति इस रूप में स्पष्ट है कि इस सूची को कितने शब्दों तक सीमित रखा जाए, इसका कोई ठिकाना नहीं।

तत्सम शब्दों में **सत्त्व, महत्त्व, तत्त्व** जैसे कुछ शब्द हैं जिसमें दो **त्** जुड़े रहते हैं। कुछ लोग इनमें से एक ही **त्** के प्रयोग का सुझाव देते हैं, (**सत्व, महत्व, तत्व**), क्योंकि एक **त्** लिखने पर भी इन शब्दों के उच्चारण में कोई अन्तर नहीं पड़ता। पर इस सुझाव को मान लेने पर इन शब्दों की व्युत्पत्ति समझ में नहीं आएगी और **सता (सत्ता), महता (महत्ता)** जैसे शब्द तो अर्थ की दृष्टि से अनर्गल ही हो जाएँगे। अत: जिन तत्सम शब्दों में दो व्यंजनों की सन्धि हो उन्हें मूलवत् ही स्वीकार करना चाहिए। पर जहाँ दो व्यंजनों की सन्धि न हो, जैसे **वर्त्तमान, परिवर्त्तन, बर्द्धमान, परिवर्द्धन** आदि, वहाँ केवल 'त' (**वर्तमान, परिवर्तन**) और केवल 'ध' (**वर्धमान, परिवर्धन**) का प्रयोग मानक रूप स्वीकार किया जा सकता है। पर **उज्ज्वल** के स्थान पर **उज्वल** और **तत्त्व** के स्थान पर **तत्व** को मानक रूप मानने का *विशेषज्ञ समिति* (1961 ई.) का सुझाव संगत नहीं है।[3]

तत्सम शब्दों में ऐसे शब्दों की संख्या हजारों में है जिनमें कवर्ग, चवर्ग, टवर्ग, तवर्ग और पवर्ग के पंचमाक्षरों की अनुनासिक व्यंजन ध्वनियों को व्यक्त करने के लिए उनके अर्ध रूपों का प्रयोग किया जाता है; जैसे—**कङ्कण, शृङ्खला, कङ्गन, लङ्घन, चञ्चल, अञ्जन, उत्कण्ठा, कण्टक, टण्डन, तन्तु, मन्थन, चन्दन, बन्धन, पम्पा, चम्बल, शम्भु** आदि। पर **संस्कृत, संवत्, अपवृंहण, नपुंसक** आदि शब्दों में अनुनासिक ध्वनियों के लिए अनुस्वार (ं) का प्रयोग होता है। हिन्दी में आजकल सभी अर्ध या हलन्तयुक्त पंचमाक्षरों और संस्कृत की अनुस्वार से व्यक्त होने वाली ध्वनियों के लिए अनुस्वार का ही प्रयोग होने लगा है। और जब से भारत सरकार ने इस प्रयोग पर अपनी स्वीकृति की मुहर लगा दी

है[4], तब से सारे सरकारी प्रकाशनों में यही **वर्तनी (कंकण, शृंखला, कंगन, लंघन, चंचल, अंजन, झंझा, उत्कंठा, कंटक, टंडन, तंतु, मंथन, चंदन, बंधन, पंपा, चंबल, शंभु)** मानक रूप में स्वीकृत हो चुकी है। हिन्दी के अधिकतर निजी प्रकाशन भी इस वर्तनी को मान्यता दे चुके हैं। इसके दो लाभ बहुत स्पष्ट हैं : एक यह कि पाँच वर्णों (ङ्, ञ्, ण्, न् और म्) का काम एक ही वर्ण अनुस्वार से चल जाता है। टंकन और मुद्रण यंत्रों के लिए यह बहुत सुविधाजनक है। तीव्र लेखन में भी इससे सुविधा होती है। दूसरा यह कि इससे वर्तनी में एकरूपता आ जाती है। पर इससे होने वाली हानियों को भी नजरअन्दाज नहीं किया जा सकता। तत्सम शब्दों में पंचमाक्षरों और अनुस्वार से भिन्न-भिन्न ध्वनियों का द्योतन होता है। **ङ्, ञ्, ण्, न्** और **म्** भिन्न-भिन्न ध्वनियों के द्योतक वर्ण हैं और इन सबके लिए एक ही वर्ण के प्रयोग से उन ध्वनियों को पहचानना कालान्तर में असम्भव हो जाएगा और देवनागरी की वह वैज्ञानिकता खंडित हो जाएगी जिसका हम गर्व से दावा करते हैं। यह ठीक है कि व्यावहारिक दृष्टि से **ङ्** और **ञ्** वर्णों का प्रयोग अत्यन्त असुविधाजनक है, और यह असुविधा इतनी ज्यादा है कि वैज्ञानिकता का आग्रह छोड़ा जा सकता है। किन्तु इस स्थिति में **वाङ्मय** जैसे शब्दों में भी **ङ्** का मोह छोड़ देना चाहिए और उसे **वांमय** लिखना चाहिए। यदि हम **गंगा** लिखकर **गङ्गा** का उच्चारण कर सकते हैं **वांमय** लिखकर **वाङ्मय** का उच्चारण क्यों नहीं कर सकते ? फिर केवल एकरूपता के नाम पर जिन वर्णों (**ण्, म्, न्**) के प्रयोग में कोई व्यावहारिक असुविधा नहीं है, उनकी वैज्ञानिकता का भी त्याग कर देना बुद्धिमानी नहीं है। कहा भी गया है, 'अर्ध तजहिं बुध सरबस जाता।' स्व. आचार्य देवेन्द्रनाथ शर्मा का कहना है कि परम्परा और उच्चारण को दृष्टि में रखते हुए अव्यवस्था को दूर करना एवं स्पष्टता तथा वैज्ञानिकता लाना वर्तनी में सुधार का लक्ष्य होना चाहिए। उन्होंने वर्तनी के सुधार में 'सुविधा' के महत्त्व को भी स्वीकार किया है।[5] उन्होंने यह भी बताया है कि ''अनुस्वार और पंचमाक्षर के नियम संस्कृत में भी एकरूप नहीं थे। कहीं तो पंचमाक्षर का प्रयोग अनिवार्य था और कहीं वैकल्पिक।'' इस स्थिति को आदर्श मानते हुए हम हिन्दी में भी पंचमाक्षरों और अनुस्वार की समस्या हल कर सकते हैं। प्रस्तुत पंक्तियों के लेखक का मत है कि **ङ्, ञ्** और **ण्** के स्थान पर अनुस्वार का प्रयोग किया जा सकता है। इस सुझाव का आधार यह है कि **ङ्** और **ञ्** का अपने वर्ग के वर्णों के साथ संयोजन लेखन और टंकन-मुद्रण की दृष्टि से अत्यन्त असुविधाजनक होता है। (जैसे—कङ्कण, झञ्झा आदि) अत: इनके स्थान पर अनुस्वार का प्रयोग वांछनीय है। यद्यपि ङ् की ध्वनि का बोध अनुस्वार से नहीं होता पर लेखन-मुद्रण की असुविधा को देखते हुए वैज्ञानिकता का मोह छोड़ देना ही संगत प्रतीत होता है। जहाँ तक '**ञ्**' से व्यक्त होने वाली ध्वनि की बात है उसका उच्चारण उसके मौलिक रूप में आज नहीं हो पाता। आज 'ञ्' से जो ध्वनि उच्चरित होती है वह 'न्' के निकट की ध्वनि होती है। **अतः ञ्** के त्याग से लेखन-मुद्रण में सुकरता तो होती ही है, वैज्ञानिकता की भी विशेष क्षति नहीं होती है। जहाँ तक **ण्** से व्यक्त होने वाली ध्वनि का प्रश्न है वह कुछ शब्दों (**कण्व, गण्य** आदि) को छोड़कर '**न्**' से उच्चरित ध्वनि के समान हो गई है, जैसे **टण्डन, ठण्डा** आदि। अत: 'ण' के अर्द्धरूप के लेखन-मुद्रण में कोई असुविधा न होने पर भी, मूल ध्वनि की पहचान के नष्ट हो जाने के कारण

इसके स्थान पर अनुस्वार के प्रयोग से कोई विशेष हर्ज नहीं। कम से कम लेखन में थोड़ी सुविधा का लाभ तो मिल ही जाएगा।

पर जहाँ तक **न्** और **म्** से व्यक्त होने वाली ध्वनियों का प्रश्न है, दोनों हिन्दी में पूर्णतया सुरक्षित हैं और दोनों एक दूसरी से सर्वथा भिन्न हैं। इनके लेखन और मुद्रण में भी कोई असुविधा नहीं है। अन्य अक्षरों की तरह इनके भी आधे रूप अन्त की खड़ी पाई को हटा देने से बन जाते हैं। अतः इनके स्थान पर अनुस्वार के प्रयोग का कोई औचित्य नहीं है। केवल एकरूपता के लिए वैज्ञानिकता का त्याग बुद्धिमानी नहीं है। अतः **तन्तु, मन्थन, चन्दन, बन्धन** और **पम्पा, गुम्फन, कम्बल, शम्भु** आदि को इन्हीं रूपों में लिखना उचित है, **तंतु, मंथन, चंदन, बंधन** और **पंमा, गुंफन, कंबल, शंभु** आदि रूपों में नहीं। हमें यह भी नहीं भूलना चाहिए कि अनुस्वार को **न्** और **म्** का पर्याय मान लेने पर भी हम **अन्य, अन्न, चिन्मुख, उन्मुख** आदि को **अंय, अंन, चिंमुख, उंमुख** आदि तथा **सम्मेलन, सम्मति** आदि को **संमेलन, संमति** आदि नहीं लिखते, यद्यपि, '**एकरूपता**' की दृष्टि से यही संगत होता। विशेषज्ञ समिति का यह विधान अत्यन्त लचर है कि ''यदि पंचमाक्षर के बाद किसी अन्य वर्ग का कोई वर्ण आए अथवा वही पंचमाक्षर दोबारा आए तो पंचमाक्षर अनुस्वार के रूप में परिवर्तित नहीं होगा।'' पर **संन्यासी, संयत, संवत, संशय, संहार, संतोष, संदर्शन, शंकर, संचय** आदि शब्दों में 'सम्' की 'म्' ध्वनि के बाद इतर वर्ग के वर्णों के आने पर **म्** का अनुस्वार में परिवर्तन होता है या नहीं ? अतः **न्** और **म्** ध्वनियों के लिए अनुस्वार का प्रयोग न कर उनके अर्ध रूपों (न्‍ और म्‍) का प्रयोग ही संगत है। कम से कम टंकन और मुद्रण में तो इस सुझाव को स्वीकार कर ही लेना चाहिए। आदमी स्वभावतः सुविधाप्रिय होता है, अतः यदि हस्तलेखन में अनुस्वार वाली छूट दे भी दी जाए तो कोई हर्ज नहीं। किन्तु जब पंचमाक्षरों की जगह अनुस्वार का विकल्प व्यापक रूप से स्वीकार कर ही लिया गया है तो हमारे सुझाव की स्थिति नक्कारखाने में तूती की आवाज से अधिक महत्त्व की नहीं हो सकती।

हिन्दी में अनेक ऐसे तत्सम शब्द प्रचलित हैं जिनमें किसी स्वर या व्यंजन में क्षीण अनुनासिकता होती है, जैसे **हँसी, साँप, चाँद, अँधेरा, फाँस, माँग, कुआँ, धुआँ** आदि। यह अनुनासिकता चन्द्रबिन्दु (ँ) के माध्यम से व्यक्त होती है। हिन्दी के अधिकतर प्रकाशकों ने अनुनासिकता (जो अनुस्वार से व्यक्त होती है) और क्षीण अनुनासिकता (जो चन्द्रबिन्दु से व्यक्त होती है) के अन्तर को समाप्त कर दिया है और दोनों ध्वनियों के लिए वे अनुस्वार का ही प्रयोग करने लगे हैं। इसका असर भावी पीढ़ी और हिन्दी सीखने वाले अहिन्दीभाषियों पर बहुत बुरा पड़ेगा, जो **हँसी** को **हन्सी, माँग** को **माङ्ग**, या **मान्ग, चाँद** को **चान्द, साँप** को **साम्प** या **सान्प** की तरह बोलने लगेंगे। **हँसी** और **हंसी, माँग** और **मांग** में तो अर्थ की दृष्टि से भी बहुत अन्तर है। *रामचरितमानस* में एक पंक्ति आती है, ''हंसहि बक, दादुर चातकही। हँसहि मलिन खल बिमल बतकही।'' यदि इस पंक्ति में अनुस्वार और चन्द्रबिन्दु का अन्तर मिटा दिया जाए तो इसका अर्थ ही नहीं लगेगा। अतः नागरी वर्णमाला से चन्द्रबिन्दु को निकाल देने का कोई औचित्य नहीं है। सुविधा के नाम पर वैज्ञानिकता की इतनी बड़ी क्षति लाभ का सौदा नहीं है। भारत सरकार ने भी चन्द्रबिन्दु के प्रयोग को बरकरार रखने का निर्णय किया है।[6] जिन शब्दों में शिरोरेखा के ऊपर मात्राओं के साथ चन्द्रबिन्दु लगाने

की जरूरत पड़ती है वहाँ लेखन और मुद्रण की असुविधा को ध्यान में रखते हुए अनुस्वार का प्रयोग सर्वमान्य है, जैसे **नहीं, में, मैं** आदि।

हिन्दी वर्तनी की एक समस्या **य-श्रुति** से सम्बद्ध है। **य-श्रुति** की समस्या क्रिया, विशेषण और संज्ञा के प्रसंग में उठती है। क्रिया में यह समस्या मुख्यत: सम्भाव्य भविष्यत् (**आए-आये, खाए-खाये**), सामान्य भविष्यत् (**आएगा-आयेगा, खाएगा-खायेगा**), आदरसूचक आज्ञार्थक (**आइए-आइये, खाइए-खाइये**) और सामान्य भूतकाल के स्त्रीलिंग तथा बहुवचन रूपों में (**आई-आयी, खाई-खायी, आए-आये, खाए-खाये**) आती है। सम्भाव्य भविष्यत् और सामान्य भविष्यत् कालों में एकार के बिना भी **आय, खाय** और **आयगा, खायगा** जैसे प्रयोग पाये जाते हैं। यह अव्यवस्था यदि दूर हो सके तो वह भारत की राजभाषा हिन्दी के योग्य होगा। देखना है कि इनमें कौन से रूप भाषिक दृष्टि से तर्कसंगत हैं। हिन्दी में सम्भाव्य भविष्यत् का प्रत्यय **'ए'** है। हिन्दी क्रिया धातु (**आ, खा** आदि) **में 'ए'** प्रत्यय जोड़ देने से सम्भाव्य भविष्यत् के रूप बन जाते हैं। जैसे—**वह आए, वह खाए** आदि। इन प्रयोगों में य-श्रुति का अवकाश नहीं है, अत: इन्हें **आये, खाये** आदि लिखने का कोई औचित्य नहीं है। इनके विकल्प **आय, खाय** आदि भी अनावश्यक हैं। यह नियम सामान्य भविष्यत् के रूपों पर भी लागू होता है अत: **आएगा, खाएगा** आदि रूपों को मानक मानकर **आयेगा, आयगा, खायेगा, खायगा** आदि प्रयोगों को त्यागने का सुझाव दिया जा सकता है।

आदरसूचक विधि में भी **य-श्रुति** के कारण रूप भेद हो जाता है, जैसे कोई **आइए** और **खाइए** लिखता है तो कोई **आइये** और **खाइये**। ये दोनों रूप समानत: प्रचलित हैं। आचार्य देवेन्द्रनाथ शर्मा ने पुष्ट तर्कों के साथ **य-श्रुति** वाले रूपों (**आइये, खाइये**) को मानक रूप मानने पर बल दिया है।[7] उधर भारत सरकार ने विशेषज्ञ समिति, 1961 के सुझावों के आधार पर **य-श्रुति रहित** रूपों को (**आइए, खाइए**) मानक रूप स्वीकार किया है।[8] आचार्य शर्मा के तर्कों को स्वीकार करते हुए भी प्रस्तुत पंक्तियों का लेखक **य-श्रुति रहित** रूपों को वैकल्पिक मानक रूप मानने का समर्थक है। इसका कारण, एक तो यह है कि यथासम्भव **य-श्रुति** के प्रयोग का त्याग करना चाहिए और दूसरा यह कि **आइए, खाइए** आदि प्रयोगों में यदि 'य-श्रुति' आती भी है तो वह इतनी हल्की है कि उसकी उपेक्षा की जा सकती है।

सामान्य भूतकाल का पुल्लिंग रूप धातुओं में 'आ' प्रत्यय लगाकर बनता है, जैसे **पढ़ा, लिखा** आदि। परन्तु जिन धातुओं के अन्त में **'अ'** स्वर न होकर अन्य स्वर होते हैं। (जैसे—**आ, खा, सो, बो** आदि) उनमें **आ** जोड़ने पर अनिवार्यत: 'य-श्रुति' का आगमन हो जाता है, जैसे **आया, खाया, सोया, बोया** आदि। पर वर्तनी की समस्या आती है इनके स्त्रीलिंग और बहुवचन रूपों में। अ-स्वरान्त धातुओं से बने रूपों में 'य-श्रुति' की कोई समस्या नहीं होती, अत: **पढ़ा** और **लिखा** आदि के स्त्रीलिंग रूप **पढ़ी** और **लिखी** आदि तथा बहुवचन रूप **पढ़े** और **लिखे** आदि वर्तनी की कोई समस्या खड़ी नहीं करते। पर अ-इतर स्वरान्त धातुओं से निर्मित स्त्रीलिंग और बहुवचन रूपों में 'य-श्रुति' को लेकर वर्तनी की समस्या पैदा हो जाती है। स्वभावत: यदि धातु में **आ** प्रत्यय जोड़कर सामान्य भूत का पुल्लिंग रूप निर्मित होता है तो स्त्रीलिंग रूप में **ई** और बहुवचन रूप में **ए** प्रत्यय का प्रयोग संगत है। इस स्थिति में **आ** धातु से **आई** (स्त्री.) और **आए** (बहु.) रूप ही बनेंगे। यदि इनमें 'य-श्रुति'

का आगमन होता है तो ये रूप **आयी** और **आये** हो जाएँगे। इनके एकवचन **पुल्लिग** रूपों की वर्तनी में कोई विवाद नहीं है। सभी **आया, खाया** आदि ही लिखते हैं, **आआ, खाआ** आदि नहीं। पर **आई-आयी, आये-आए** रूप समान रूप में प्रचलित हैं। आचार्य देवेन्द्र शर्मा एकरूपता की दृष्टि से **आया-आयी-आये, खाया-खायी-खाये** आदि रूपों के समर्थक हैं तो भारत सरकार की विशेषज्ञ समिति ने **आया-आई-आए, खाया-खाई-खाए** आदि रूपों का सुझाव दिया है। इन दोनों ही मतों में समान तर्क-बल है। यदि आचार्य शर्मा के मत में एकरूपता का प्रबल तर्क है तो विशेषज्ञ समिति के मत में अनावश्यक 'य-श्रुति' को छोड़ने का उतना ही प्रबल तर्क है। वस्तुत: **आई-खाई, आए-खाए** आदि में यदि 'य-श्रुति' आती भी है तो बहुत दुर्बल रूप में, अत: उसके प्रति आग्रह रखने का कोई विशेष आधार नहीं है। चूँकि भारत सरकार ने 'य-श्रुति' विहीन प्रयोगों को स्वीकार कर लिया है और उसके समस्त प्रकाशनों में इन्हीं रूपों का प्रयोग होता है, अत: इन्हें सैद्धान्तिक और व्यावहारिक किसी भी दृष्टि से अस्वीकार नहीं किया जा सकता। किन्तु प्रस्तुत पंक्तियों का लेखक 'य-श्रुति'-सहित और 'य-श्रुति' रहित दोनों रूपों को मानक रूप मानने का समर्थक है।

य-श्रुति की हिन्दी में सर्वथा उपेक्षा नहीं की जा सकती। अनेक शब्दों में यह दिखाई देती है। उदाहरणार्थ 'मुनि', 'ऋषि', 'नदी', 'लड़की' आदि के बहुवचन रूप इनमें 'ओ' प्रत्यय जोड़कर बनाये जाते हैं। पर इनमें 'य-श्रुति' सहज रूप में आ जाती है और इनके रूप हो जाते हैं—**मुनियों, ऋषियों, नदियों, लड़कियों** आदि। पर इस आधार पर अन्यत्र भी 'य-श्रुति' के लिखने का समर्थन नहीं किया जा सकता। उदाहरणार्थ **बाधा, समस्या, लता** आदि के बहुवचन रूप **बाधाएँ, समस्याएँ, लताएँ** आदि ही होंगे न कि **बाधायें, समस्यायें, लतायें** आदि। **य** का प्रयोग केवल इकारान्त (मुनि, गति) अथवा ईकारान्त (नदी, लड़की) आदि में ही होता है, अन्यत्र नहीं।

हिन्दी में 'य-श्रुति' तो अनेकत्र विद्यमान है, पर 'व-श्रुति' सर्वथा लुप्त हो चुकी है। इसीलिए **साधुओं-साधुवों, हुआ-हुवा, दवाओं-दवावों** आदि में प्रथम रूप ही शुद्ध माने जाते हैं। यों कुछ लोग **हुआ** के स्थान पर **हुवा** और **हुए** के स्थान पर **हुवे** और **हुये** भी लिखते हैं, पर इन प्रयोगों को शुद्ध नहीं माना जा सकता।

हिन्दी के कुछ विशेषण यकारान्त होते हैं, जैसे **नया, पराया** आदि। इनके स्त्रीलिंग रूप **नयी, परायी** आदि और बहुवचन रूप **नए, पराये** आदि ही होने चाहिए, पर कुछ लोग इन्हें **नई, पराई** और **नए, पराए** आदि रूपों में भी लिखते हैं जो अनावश्यक है। वर्तनी सम्बन्धी विशेषज्ञ समिति ने इन्हीं रूपों को मान्यता दी है, जो युक्तिसंगत नहीं है। इसी प्रकार **न्यायी, स्थायी, अन्यायी, उत्तरदायी, आततायी, धराशायी, मितव्ययी** आदि शब्दों को इन्हीं रूपों में लिखना संगत है न कि **न्याई, स्थाई, अन्याई, उत्तरदाई, आतताई, धराशाई, मितव्यई** आदि रूपों में। विशेषज्ञ समिति ने भी 'य' वाले रूपों (**न्यायी, स्थायी** आदि) का ही समर्थन किया है। उसका तर्क यह है कि यहाँ 'य' श्रुतिमूलक व्याकरणिक परिवर्तन न होकर शब्द का ही मूल तत्त्व है।[9] आचार्य देवेन्द्रनाथ शर्मा ने भी इन्हीं (य-वाले) रूपों का समर्थन किया है।[10]

पर कृदन्तीय विशेषणों की वर्तनी के सम्बन्ध में आचार्य देवेन्द्रनाथ शर्मा और विशेषज्ञ समिति के मत अलग-अलग हैं। आचार्य शर्मा '**सोये** लड़के', '**सोयी** लड़की' आदि रूपों

के समर्थक हैं, जबकि विशेषज्ञ समिति '**सोए** लड़के', '**सोई** लड़की' आदि रूपों का समर्थन करती है। प्रस्तुत पंक्तियों का लेखक य-वाले रूपों को ही मानक मानने के पक्ष में है।

समस्त शब्दों की वर्तनी के सम्बन्ध में हिन्दी व्याकरण के मानकीकरण के विवेचन-क्रम में विचार किया जा चुका है। इस विषय में हिन्दी वर्तनी की विशेषज्ञ समिति और आचार्य देवेन्द्रनाथ शर्मा के मत एक-दूसरे से भिन्न हैं। हिन्दी के लेखक भी किसी एक लेखन पद्धति का अनुगमन नहीं करते। विशेषज्ञ समिति द्वन्द्व समास, (**राम-लक्ष्मण, शिव-पार्वती-संवाद, चाल-चलन**), तुलना (**तुम-सब, राम-जैसा**) तथा कठिन सन्धियों वाले समासों (**द्वि-अक्षर, द्वि-अर्थक**) में पदों के बीच हाइफन (-) लगाने का समर्थन करती है। उसके अनुसार जहाँ भ्रम होने की आशंका हो वहाँ तत्पुरुष समाज (**भू-तत्त्व**) और नञ् समाज (**अ-नरक, अ-नति**) में भी पदों के बीच हाइफन का प्रयोग करना चाहिए।[11] पर यह सुझाव सुविचारित नहीं है। हाइफन का प्रयोग अँगरेजी में भी यदाकदा ही होता है। यहाँ तक कि पचास वर्ष पूर्व जिन अँगरेजी पदों के बीच हाइफन लगता था, वहाँ भी अब नहीं लगता। फिर हिन्दी में हाइफन की प्रयोग-बहुलता का क्या औचित्य है? अत: प्रस्तुत पंक्तियों के लेखक का सुझाव है कि पाँच अक्षरों तक के समस्त पदों को तो एक शब्द (**मृगशिशु, मातापिता, चतुर्भुज, लंकादहन, रसोईघर** आदि) के रूप में ही लिखना चाहिए, पर जहाँ दो बड़े-बड़े पदों का समास करना हो अथवा जहाँ दो से अधिक पदों के समस्त रूप का प्रयोग करना हो वहाँ बिना हाइफन दिये उन्हें अलग-अलग लिखना चाहिए, जैसे—**परिवर्तन प्रक्रिया, आस्ट्रेलिया भ्रमण, बिहार हिन्दी साहित्य सम्मेलन** आदि। हाइफन का प्रयोग वहीं तक सीमित रखना चाहिए जहाँ उसके बिना अर्थ में भ्रम होने की आशंका हो। आचार्य देवेन्द्र नाथ शर्मा ने इसी मत का समर्थन किया है, पर साथ ही, उनके अनुसार "ये नियम सामान्यत: ठीक हैं किन्तु इनका कठोरता से पालन सदा सम्भव नहीं हो सकता। पहली बात यह है कि छोटे-बड़े शब्दों का कोई निश्चित माप नहीं है, वह बहुत कुछ लेखक के विवक्षाधीन है। किसी को छोटा मानकर कोई एक साथ रखकर लिख सकता है तो उसी को बड़ा मानकर कोई अलग भी लिख सकता है। दूसरी बात यह है कि दो से अधिक शब्दों से निष्पन्न सामासिक शब्दों को सदा अलग रखने पर कभी-कभी अर्थ लगाने में भी कठिनाई होती है। अत: सामासिक शब्दों को सटाकर लिखा जाए या हटाकर इसका निरपवाद नियम नहीं बनाया जा सकता।"[12]

हिन्दी शब्दों के साथ जुड़ने वाले परसर्गों को मूल शब्दों के साथ मिलाकर लिखा जाए या अलग, इस सम्बन्ध में भी विद्वानों और प्रकाशकों में मतैक्य नहीं है। हिन्दी के कुछ प्रतिष्ठित लेखक और प्रकाशन संस्थाएँ परसर्गों को मूल शब्दों के साथ मिलाकर लिखने और मुद्रित करने का समर्थन करती हैं; जैसे—'**रामने** कहा', '**सोहनको** कलम दो', '**अकबरकेलिए** घर चाहिए' आदि। इस लेखन पद्धति के मूल में संस्कृत की लेखन प्रणाली है जहाँ विभक्तियाँ शब्दों के साथ मिलाकर लिखी जाती हैं। पर संस्कृत में विभक्ति शब्द का अभिन्न अंग बन जाती है, जबकि हिन्दी के साथ ऐसा नहीं है। परसर्ग विभक्तियाँ हैं भी नहीं। अत: परसर्गों को शब्दों से अलग लिखने की प्रणाली (**राम ने, सोहन को, अकबर के लिए**) अब प्राय: मान-सी ली गई है, यद्यपि अब भी *ज्ञानपीठ प्रकाशन* जैसी कुछ प्रकाशन

संस्थाएँ परसर्गों को शब्दों के साथ मिलाकर ही मुद्रित कराती हैं। इस सम्बन्ध में आचार्य देवेन्द्रनाथ शर्मा और सरकार द्वारा स्वीकृत वर्तनी प्रणाली में अन्तर यह है कि आचार्य शर्मा संज्ञा और सर्वनाम दोनों में ही परसर्गों को हटाकर लिखने का सुझाव देते हैं[13] जबकि *विशेषज्ञ समिति* सर्वनाम के साथ परसर्ग को मिलाकर लिखने का समर्थन करती है; जैसे—**इसने, इसको, उससे, उसपर** आदि। सर्वनाम के साथ दो परसर्ग होने पर *विशेषज्ञ समिति* पहले को मूल शब्द से मिलाकर और दूसरे को अलग लिखने का समर्थन करती है, जैसे—**उसके लिए, इसमें से** आदि।[14] इस सम्बन्ध में *विशेषज्ञ समिति* का सुझाव ही संगत जान पड़ता है, क्योंकि परसर्गयुक्त होने पर सर्वनाम का मूल रूप परिवार्तित हो जाता है, जैसे—**वह-उस, मैं-मुझ, वे-उन** आदि। इन परिवर्तित रूपों के साथ परसर्गों को मिलाकर लिखना ही युक्तिसंगत है।

पूर्वकालिक क्रिया 'कर' के प्रयोग को लेकर विद्वानों में मतैक्य नहीं है। जहाँ आचार्य देवेन्द्रनाथ शर्मा पूर्वकालिक क्रिया के 'कर' प्रत्यय को अलग लिखने का सुझाव देते हैं, वहाँ विशेषज्ञ समिति ने इसे क्रिया से मिलाकर लिखने की अनुशंसा की है। प्रस्तुत पंक्तियों का लेखक 'कर' को क्रिया से अलग लिखने को ही (**समझ कर, जी कर, पकड़ कर**) तरजीह देता है, पर उसे मिलाकर लिखने को भी अशुद्ध नहीं मानता। 'जी' का प्रयोग मूल शब्द से अलग करने का नियम अब प्रायः स्वीकृत हो चुका है। जैसे—**रामलखन जी शुक्ल, मदनमोहन जी मालवीय** आदि। 'श्री' का प्रयोग शब्द के पूर्व अलग (श्री शोभाकान्त मिश्र) और शब्द के बाद में मिलाकर (**पिताश्री, भ्राताश्री**) करने का नियम है। 'वाला' प्रत्यय के बारे में आचार्य शर्मा का मत है कि उसे शब्द से मिलाकर ही लिखना चाहि।[15] जैसे—**रिक्शावाला, सब्जीवाला** आदि।

भारत में लगभग साढ़े सात सौ वर्षों तक फारसी और डेढ़ सौ वर्षों तक (आज भी) अँगरेजी राजभाषा रही और इनके अनेक शब्द और कुछ ध्वनियाँ हिन्दी में आईं जो सर्वथा स्वाभाविक ही है। अरबी फारसी से हिन्दी में आई ध्वनियाँ पाँच हैं जो **क़, ख़, ग़, ज़** और **फ़** रूप में लिखी जाती हैं। इन ध्वनियों वाले शब्दों को हिन्दी में कैसे लिखा जाए, इस सम्बन्ध में दो मत हैं। एक मत उन्हें तत्सम रूप में, अर्थात् मूल रूप में, लिखने का आग्रही है। आजकल आकाशवाणी और दूरदर्शन पर उनके मूल रूप के उच्चारण का आग्रह बढ़ता दिखाई देता है। पर हिन्दीभाषी जनता सामान्य रूप से इन ध्वनियों का उच्चारण नहीं करती। अरबी-फारसी स्रोत के अनेक शब्द, जिनमें उपर्युक्त ध्वनियाँ शामिल हैं, अनुकूलित होकर हिन्दी में प्रयुक्त होते हैं। इस प्रकार **क़, ख़, ग़, ज़** और **फ़** क्रमशः **क, ख, ग, ज** और **फ** रूप में बोले और लिखे जाते हैं। आज **कलम, कागज, किला, दाग, जहर, कायम** जैसे सैकड़ों शब्द इसी रूप में हिन्दी में बोले और लिखे जाते हैं, **क़लम, काग़ज, क़िला, दाग़, ज़हर, क़ायम** आदि रूपों में नहीं। आज किसी भी कारण से इनके मूल रूपों को पुनर्जीवित करने का कोई विशेष लाभ नहीं दिखता। ऐसा कोई भी प्रयास हिन्दी को जटिल और कृत्रिम बनाएगा, अतः हिन्दी में आगत अरबी-फारसी शब्दों का प्रयोग अनुकूलित ध्वनियों के अनुसार ही होना चाहिए। इस सम्बन्ध में *विशेष समिति* के विचार स्पष्ट नहीं हैं[16], जबकि आचार्य देवेन्द्रनाथ शर्मा ने अरबी-फारसी के 'नुक्ता' रहित शब्दों के प्रयोग को ही उचित ठहराया

है।[17] वैसे जहाँ अर्थ की स्पष्टता के लिए आवश्यक हो, या जहाँ कोई बिलकुल नया शब्द लिया जा रहा हो, वहाँ 'नुक्ता' का प्रयोग वांछनीय माना जा सकता है।

अरबी-फारसी से आगत शब्दों को लेकर दूसरी समस्या यह है कि उन्हें संयुक्त रूप में लिखा जाय या वियुक्त रूप में। अरबी-फारसी में संयुक्ताक्षर नहीं होता, सभी अक्षर अलग-अलग लिखे जाते हैं, बोलने में भले ही कोई व्यंजन ध्वनि स्वररहित हो जाए। हिन्दी में भी अनेक शब्दों में ऐसा होता है, जैसे हम लिखते हैं **जनता, बदला, अनजान, चिनगारी** पर बोलते हैं, **जन्ता, बद्ला, अन्जान, चिन्गारी। उलटा** और **उल्टा, बरतन** और **बर्तन** तो दो तरह से लिखे भी जाते हैं। अरबी-फारसी स्रोत से आए शब्द भी इसी प्रकार दो रूपों में लिखे जाते हैं, जैसे—**बिलकुल—बिल्कुल, अकसर—अक्सर, गरदन—गर्दन, गरमी—गर्मी, सरदी—सर्दी, कुरसी—कुर्सी, अकल—अक्ल, इनसान—इन्सान** आदि। आचार्य देवेन्द्रनाथ शर्मा इनके असंयुक्त रूपों के प्रयोग को ही उचित ठहराते हैं।[18] यद्यपि इसे सार्वत्रिक बनाने के पक्ष में वे भी नहीं हैं, क्योंकि **अन्दर, अन्दाज, मस्त, इन्तजाम, बन्द** आदि शब्दों को **अनदर, अनदाज, मसत, इनतजाम, बनद** आदि रूपों में नहीं लिखा जा सकता। *विशेषज्ञ समिति* ने शिष्ट समुदाय में जिन दोनों रूपों की एक-सी मान्यता है उनकी एकरूपता के लिए आग्रह नहीं किया है।[19]

अँगरेजी शब्दों के साथ अर्धविवृत 'ओ' ध्वनि भी हिन्दी में आ गई है, जिसके लिए देवनागरी में ॉ ध्वनिचिह्न का प्रयोग किया जाता है। आचार्य शर्मा ने **हॉल, कॉल, बॉल, कॉलेज** जैसे शब्दों में इस ध्वनिचिह्न के प्रयोग की सिफारिश की है और *विशेषज्ञ समिति* ने भी इसे मान्यता प्रदान की है। पर अरबी-फारसी की ध्वनियों की तरह इनके अनुकूलन की भी छूट रहनी चाहिए, अन्यथा अनेक हिन्दीभाषी इन शब्दों का उच्चारण कर ही नहीं पाएँगे। कोई कारण नहीं कि **कालेज, नालेज, हाल, बाल, लान** आदि को अशुद्ध करार दिया जाए, जबकि उत्तर प्रदेश के अधिकांश हिन्दीभाषी इन शब्दों का उच्चारण इसी रूप में करते हैं। और तो और, भारत में अँगरेजी भी अनुकूलित ध्वनियों के साथ ही बोली जाती है, लिखी भले ही वह मानक रूप में जाती हो।

जहाँ तक अँगरेजी और अन्य विदेशी भाषाओं से नए शब्द लेने और उन्हें देवनागरी में लिखने का सम्बन्ध है, अगस्त-सितम्बर, 1962 में *वैज्ञानिक तथा तकनीकी शब्दावली आयोग* द्वारा वैज्ञानिक शब्दावली पर आयोजित संगोष्ठी में अन्तरराष्ट्रीय शब्दावली के देवनागरी लिप्यन्तरण सम्बन्धी अनुशंसा में कहा गया है कि अँगरेजी शब्दों का देवनागरी लिप्यन्तरण इतना क्लिष्ट नहीं होना चाहिए कि कुछ देवनागरी वर्णों में अनेक नए संकेतचिह्न लगाने पड़ें। अँगरेजी शब्द का देवनागरी लिप्यन्तरण मानक अँगरेजी उच्चारण के अधिक से अधिक निकट होना चाहिए। उसमें भारतीय शिक्षित समाज में प्रचलित उच्चारण सम्बन्धी थोड़े-बहुत परिवर्तन किये जा सकते हैं। अन्य भाषाओं के सम्बन्ध में भी यही नियम लागू होना चाहिए।[20]

अँगरेजी के कुछ तद्भव शब्दों को भी दो रूपों में लिखने का प्रचलन हो गया है; जैसे—**अँगरेजी—अंग्रेजी, अँगरेज—अंग्रेज, फैक्टरी—फैक्ट्री, बैटरी—बैट्री, मिलिटरी—मिलिट्री** आदि। इनमें से एक को शुद्ध और दूसरे को अशुद्ध नहीं घोषित किया जा सकता, पर प्रथम रूप ही अधिक स्वाभाविक और हिन्दी की प्रकृति के अनुरूप है।

देवनागरी लिपि

संविधान द्वारा देवनागरी लिपि में लिखित हिन्दी को राजभाषा स्वीकार करने के बाद देवनागरी के मानकीकरण का प्रश्न भी एक अहम प्रश्न रहा है। रोमन लिपि की तुलना में देवनागरी को हीन और अयोग्य ठहराने के लिए देवनागरी के विपक्ष में अनेक तर्क दिये जाते रहे हैं। आचार्य देवेन्द्रनाथ शर्मा ने इन तर्कों को एक जगह बहुत सुसंगत रूप में प्रस्तुत किया है, अत: हम उन्हीं के शब्दों में इसे प्रस्तुत कर रहे हैं :

"प्राविधिक दृष्टि से देवनागरी पिछड़ी हुई है और उसके वर्तमान रूप के रहते उसमें सुधार का अवकाश भी नहीं है। वर्णों के आकार जटिल हैं और संयुक्ताक्षरों के चलते वे और भी जटिल हो जाते हैं। संयुक्ताक्षरों को लिखने की कोई एक पद्धति नहीं है। कभी वे बगल में लिखे जाते हैं, जैसे—**क्ख, ग्ध** में, तो कभी नीचे-ऊपर जैसे—द्द, ड्ड, ट्ठ में। कुछ संयुक्ताक्षर बगल में भी जोड़े जाते हैं और नीचे-ऊपर भी, जैसे—क्क, क्क। तात्पर्य कि संयुक्ताक्षरों का कोई निश्चित नियम नहीं है जिससे लिखने में तो उलझन पैदा होती ही है, मुद्रण और टंकन में उससे भी अधिक उलझन होती है। जो काम अंग्रेजी में 52 टाइपों से चल जाता है उसके लिए हिन्दी में लगभग 450 टाइप काम में लाने पड़ते हैं। देवनागरी आक्षरिक (सिलेबिक) लिपि है, रोमन की तरह वार्णिक नहीं। इसलिए वर्णों को अलग-अलग लिखने के बदले एक ही में मात्राएँ—कभी नीचे, कभी ऊपर, कभी बगल में—लिखनी पड़ती हैं। इसके चलते वर्णों के स्वाभाविक रूप में भी परिवर्तन करना पड़ता है। ये मोड़ और घुमाव इतने अधिक हो जाते हैं कि लिपि को जटिल बना देते हैं। देवनागरी में स्वरों के लिए दो चिह्न हैं—एक तो स्वरों को स्वतंत्र रूप में लिखने के लिए, जैसे—आ, इ, ई, उ, ऊ आदि और दूसरे वर्णों में जोड़ने के लिए जैसे—ा, ि, ी, ु, ू आदि।...देवनागरी की ये उलझनें और जटिलताएँ इसके आधुनिक युग के अनुकूल होने में बाधक हैं।"[21]

देवनागरी की इन तथाकथित त्रुटियों में कुछ तो स्वीकार्य हैं और कुछ अस्वीकार्य। इन सारी 'त्रुटियों' को स्वीकार्य मान लेने के कारण ही स्वाधीनता संग्राम के दौरान और स्वतंत्रता प्राप्ति के बाद देवनागरी लिपि के सुधार के अनेक हास्यास्पद प्रयत्न किये गए। उदाहरणार्थ **इ, ई, उ** और **ऊ** के लिए **अि, अी, अु** और **अू** के प्रयोग का सुझाव दिया गया और बहुत-सी किताबें भी इस 'सुधरी हुई' देवनागरी में मुद्रित हुईं। बाद में एक सुधार यह प्रस्तावित हुआ कि **इ** की मात्रा **ि** का रूप बदलकर **ी** कर दिया जाए और **ई** की मात्रा **ी** की तरह व्यंजन के बाद लगाया जाय। यह भी सुझाव दिया गया कि **उ, ऊ, ए, ऐ, ओ, औ** और अनुस्वार-चन्द्रबिन्दु की मात्राएँ (ु, ू, े, ै, ो, ौ, ं, ँ) वर्णों के बाद लगायी जाएँ। जैसे क ु, क ू, क े, क ै, क ो, क ौ, क ं, क ँ आदि। ऋ की मात्रा (ृ) को भी वर्ण के बाद (क ृ) लगाने का सुझाव रखा गया। ये सारे सुझाव प्रचलित रोमन टंकन और मुद्रण यंत्रों के अनुसार दिये गए थे और इस बात की ओर जरा भी ध्यान नहीं दिया गया था कि देवनागरी लिपि की प्रकृति के अनुरूप टंकन और मुद्रण यंत्रों में भी सुधार किया जा सकता है। यह प्रसन्नता की बात है कि आज टंकन और मुद्रण यंत्रों का निर्माण देवनागरी की प्रकृति के अनुसार होने लगा है और देवनागरी लिपि के सुधार के अनेक प्रस्ताव इतिहास की वस्तु बन गए हैं। इधर

देवनागरी के रूप में भी कुछ सुधार किये गए हैं और वर्णों के एकाधिक प्रचलित रूपों में से किसी एक सरल और सुसंगत रूप को मानक रूप स्वीकार कर लिया गया है। अब देवनागरी लिपि में टंकन और मुद्रण के आधुनिकतम यंत्र उपलब्ध होने लगे हैं। इस सम्बन्ध में भारत सरकार के केन्द्रीय हिन्दी निदेशालय का प्रयत्न सराहनीय है जिसने देश के शीर्षस्थ विद्वानों तथा तकनीकी ज्ञान रखने वाले व्यक्तियों से वर्षों के विचार विमर्श के बाद हिन्दी वर्णमाला तथा अंकों का मानक स्वरूप निर्धारित किया है।[22]

इस मानक हिन्दी वर्णमाला में देवनागरी के सभी वर्णों को उनके मूल रूप में ही स्वीकार किया गया है, पर जिन वर्णों के दो रूप प्रचलित हैं, उनमें से उन रूपों को मानक माना गया है जिनके अन्त में खड़ी पाई होती है। उदाहरण के लिए अ, झ, ण, ल, श्र के दो-दो रूप प्रचलित हैं। अ-अ, झ-भ्क, ण-रा, श्र-श्र, इनमें से प्रथम रूपों को मानक रूप स्वीकार किया गया है। कुछ वर्णों के पुराने रूप, जैसे—ख, छ, ध, भ आदि के मानक रूप ख, छ, ध, भ आदि बना दिये गए हैं ताकि वे अपने समरूप अन्य अक्षरों से भिन्न प्रतीत हों। परम्परागत देवनागरी वर्णमाला में 'ड़' और 'ढ़' वर्ण भी जोड़े गए हैं ताकि हिन्दी में बहुप्रयुक्त इन ध्वनियों का भी प्रतिनिधित्व हो सके। मराठी का वर्ण 'ळ' भी हिन्दी वर्णमाला में शामिल कर लिया गया है, क्योंकि इस वर्ण से व्यक्त होने वाली ध्वनि मराठी में बहुप्रयुक्त है और देवनागरी मराठी की भी लिपि है। संस्कृत के लिए प्रयुक्त देवनागरी वर्णमाला में ॠ, ऌ तथा ॡ भी सम्मिलित हैं पर हिन्दी या मराठी में इन वर्णों का प्रयोग न होने के कारण इन्हें हिन्दी की मानक वर्णमाला में स्थान नहीं दिया गया है।

देवनागरी वर्णमाला की समस्या व्यंजन वर्णों में स्वर की मात्राएँ लगाने तथा दो या दो से अधिक व्यंजन वर्णों को संयुक्त करने में होती है। व्यंजन वर्णों में मात्राएँ लगाने की समस्या का समाधान आधुनिक मुद्रण यंत्रों में सुधार होने से स्वत: हो गया है। यदि कहीं कोई समस्या रह गई है तो उसका समाधान यंत्रों में पुन: सुधार से ही सम्भव है। संयुक्त वर्णों के लिए विशेषज्ञ समिति ने यह सुझाव दिया है, जिसका पालन भी हो रहा है, कि खड़ी पाई वाले व्यंजनों का संयुक्त रूप खड़ी पाई को हटाकर ही बनाया जाना चाहिए; जैसे—**ख्याति, लग्न, विघ्न, कच्चा, लज्जा, नगण्य, सत्ता, कथ्य, ध्वनि, न्यास, प्यास, प्राप्त, डिब्बा, सभ्य, रम्य, शय्या, उल्लेख, व्यास, श्लोक, राष्ट्रीय, स्वीकृत, यक्ष्मा, त्र्यंबक** आदि। **विघ्न, कच्चा, लज्जा, सत्ता, प्राप्त, उल्लेख, राष्ट्रीय** आदि के **विघ्न, कच्चा, लज्जा, सत्ता, प्राप्त, उल्लेख, राष्ट्रीय** आदि रूप मानक नहीं माने गए हैं। अन्य व्यंजनों के सन्दर्भ में '**क**' और '**फ**' के मानक संयुक्ताक्षर **संयुक्त, पल्ला, दफ्तर** आदि माने गए हैं संयुक्त, पल्ला, दफ़्र आदि नहीं। ङ, छ, ट, ठ, ड, ढ, द और ह के हल् चिह्न लगे संयुक्ताक्षर ही मानक माने गए हैं। जैसे—**वाङ्मय, उच्छ्‌वास, लट्‌टू, लड्‌डू, विद्‌या, चिह्‌न** आदि। संयुक्त **र** के प्रचलित तीनों रूपों को मानक मान लिया गया है, जैसे—**प्रचार, धर्म, राष्ट्र। त्** + **र** से संयुक्त रूप के लिए **त्र** और **त्र** दोनों को मानक रूप स्वीकार किया गया है जबकि **क्र** और **क्र** में **क्र** को मानक माना गया है। ये सारे सुझाव हिन्दी जगत में प्राय: स्वीकार कर लिये गए हैं पर *विशेषज्ञ समिति* का एक सुझाव अब तक स्वीकार्य नहीं हुआ है। *समिति* का सुझाव है कि हल् चिह्न युक्त वर्ण से बनने वाले संयुक्ताक्षर के द्वितीय व्यंजन के साथ '**इ**' की मात्रा (ि)

का प्रयोग सम्बन्धित व्यंजन के तत्काल पूर्व किया जाए न कि पूरे युग्म से पूर्व, यथा—**कुट्‌टिम, द्‌वितीय, बुद्‌धिमान, चिह्‌नित** आदि। पर हिन्दी लेखकों द्वारा इन रूपों के प्रयोग की सम्भावना बहुत कम है। सच पूछें तो यह सुझाव संगत भी नहीं है। संयुक्त वर्ण एक स्फोट में उच्चरित होते हैं। अत: उनके बीच में किसी स्वर मात्रा का आना संगत नहीं है। *विशेषज्ञ समिति* की एक सिफारिश यह है कि संस्कृत में संयुक्ताक्षर पुरानी शैली में भी लिखे जा सकेंगे। पर हिन्दी में संस्कृत के तत्सम शब्द क्या संस्कृत के नहीं रह जाते? अत: प्रकारान्तर से हिन्दी में प्रयुक्त संस्कृत के तत्सम शब्दों के लेखन की पुरानी शैली को विशेषज्ञ समिति ने स्वीकार ही कर लिया है। अत: यदि हिन्दी के लेखक इस लेखन शैली का अनुगमन करते हैं तो इसके लिए उन्हें दोषी नहीं ठहराया जा सकता।

समिति ने देवनागरी लिपि में शिरोरेखा के प्रयोग को उसके मानक रूप के अन्तर्गत रखा है। समिति ने पूर्ण विराम (फुल स्टॉप) को छोड़कर अँगरेजी के शेष सभी विरामचिह्नों को देवनागरी में शामिल कर लेने की अनुशंसा की है। पूर्ण विराम के लिए समिति ने खड़ी पाई (।) को मानक प्रयोग माना है।[23] हिन्दी के कुछ महत्त्वपूर्ण प्रकाशक पूर्ण विराम के लिए खड़ी पाई (।) के स्थान पर अँगरेजी के 'फुल स्टॉप' (.) का प्रयोग कर रहे हैं जो उचित नहीं है।[24]

हमने यहाँ तनिक विस्तार में हिन्दी व्याकरण, वर्तनी और लिपि के मानकीकरण के प्रश्न पर विचार किया है। पर यह ध्यातव्य है कि कोई भी भाषा मानकीकरण का बन्धन पूर्णत: स्वीकार नहीं करती। भाषा की प्रवृत्ति स्वभावत: विकासोन्मुखी है। उसे व्याकरण या स्थिर मानक रूपों में निगड़ित करना उसकी मृत्यु को बुलावा देना है। संस्कृत जैसी वैज्ञानिक और व्याकरण के बन्धनों में जकड़ी भाषा भी अनेक शब्दों का एक मानक रूप स्थिर करने में असमर्थ रही है। उदाहरण के लिए संस्कृत के कुछ शब्द देखे जा सकते हैं जिनके दो-दो रूप व्यवहार में प्रचलित हैं : आषाढ़—असाढ़, कषा—कशा, शबल—सबल, कुशल—कुसल, वशिष्ठ—वसिष्ठ, मुशल—मुसल, सूकर—शूकर, सृगाल—श्रृगाल, कोष—कोश, अश्रु—अस्रु, शूर—सूर, किशलय—किसलय, अली—अलि, परावत—पारवत, कवाट—कपाट, प्रतिकार—प्रतीकार आदि।[25] अँगरेजी जैसे विकसित भाषा में भी अनेक शब्दों की वर्तनी में अनेकरूपता देखी जाती है। ऑक्सफोर्ड और केम्ब्रिज की दूरी 80 किलोमीटर भी नहीं है पर ऑक्सफोर्ड में abridgement, acknowledgement, और judgement प्रयोग प्रचलित हैं तो केम्ब्रिज में abridgment, acknowledgment और judgment. इसी प्रकार biased–biassed, focusing–focussing जैसे प्रयोग भी प्रचलित हैं।[26] इंगलैण्ड में और अमरीका की अँगरेजी में अनेक शब्दों की वर्तनी भिन्न हो गयी है। इंगलैण्ड में programme, dialogue, centre, labour, traveller आदि प्रयोग चलते हैं तो अमरीका में program, dialog, center, labor, traveler आदि। तात्पर्य यह है कि केवल हिन्दी में ही कुछ शब्दों की वर्तनी दो रूपों में नहीं है, बल्कि प्राय: सभी भाषाओं में यह बात कमोवेश मात्रा में पायी जाती है। हिन्दी एक विकासमान भाषा है। भारत एक बहुभाषाभाषी देश है, जहाँ की राजभाषा हिन्दी है। स्वयं हिन्दी क्षेत्र में अनेक भाषाएँ बोली जाती हैं जिनके बोलने वाले हिन्दी भाषा और साहित्य के निर्माण में लगे हुए हैं। जहाँ इतने प्रकार के भाषाभाषियों द्वारा हिन्दी निर्मित और समृद्ध हो रही हो, वहाँ शब्दों की वर्तनी की भिन्नता अस्वाभाविक नहीं है। पर शब्द-रूप और वर्तनी विषयक अराजकता भी किसी

समृद्ध भाषा के लिए वांछनीय नहीं मानी जा सकती। अतः भाषावैज्ञानिक और व्यावहारिक तर्कों के आधार पर शब्दों के मानक रूप और वर्तनी निर्धारित होनी ही चाहिए। पर इसके बावजूद यदि कुछ शब्दों की वर्तनी भिन्न-भिन्न बनी रहती है तो यह कोई बहुत चिन्ता की बात नहीं है। इसलिए हमने अपने विवेचन में अनेकत्र शब्दों की दो-दो वर्तनियों को मानक रूप मानने का सुझाव प्रस्तुत किया है।[27]

सन्दर्भ

1. देखें *साहित्य* (सम्पादक : शिवपूजन सहाय, नलिन विलोचन शर्मा) अक्टूबर 1956, जनवरी, 1957, अप्रैल 1957, जुलाई 1957, अक्टूबर 1957, जनवरी 1958, के अंक।
2. गोपाल राय, *अकारान्त हिन्दी शब्दों की लिंग समस्या,* 'समीक्षा' मई-अगस्त, 1975, सितम्बर, 1975 : अक्टूबर 1975, नवम्बर 1975-जनवरी 1976
3. *हिन्दी वर्तनी का मानकीकरण,* केन्द्रीय हिन्दी निदेशालय, नई दिल्ली, 1967
4. *मानक हिन्दी वर्तनी,* के. हि. नि., नई दिल्ली
5. देवेन्द्र नाथ शर्मा, *राष्ट्रभाषा हिन्दी : समस्याएँ और समाधान,* राजकमल प्रकाशन, 1965, पृ. 104
6. *हिन्दी वर्तनी का मानकीकरण,* केन्द्रीय निदेशालय, 1967
7. देवेन्द्र नाथ शर्मा, *राष्ट्रभाषा हिन्दी : समस्याएँ और समाधान,* पृ. 109-10
8. *हिन्दी वर्तनी का मानकीकरण,* केन्द्रीय हिन्दी निदेशालय, दिल्ली, 1967
9. उपरिवत्
10. देवेन्द्र नाथ शर्मा, *राष्ट्रभाषा हिन्दी : समस्याएँ और समाधान,* पृ. 111
11. *हिन्दी वर्तनी का मानकीकरण,* केन्द्रीय हिन्दी निदेशालय, नई दिल्ली, 1967
12. देवेन्द्र नाथ शर्मा, *राष्ट्रभाषा हिन्दी : समस्याएँ और समाधान,* पृ. 116
13. उपरिवत्
14. *हिन्दी वर्तनी का मानकीकरण,* केन्द्रीय हिन्दी निदेशालय, 1967
15. देवेन्द्रनाथ शर्मा, *राष्ट्रभाषा हिन्दी : समस्याएँ और समाधान,* पृ. 117
16. *हिन्दी वर्तनी का मानकीकरण,* पूर्वोल्लेखित
17. देवेन्द्र नाथ शर्मा, *राष्ट्रभाषा हिन्दी : समस्याएँ और समाधान,* पृ. 117
18. उपरिवत्, पृ. 118
19. *हिन्दी वर्तनी का मानकीकरण,* पूर्वोल्लेखित
20. उपरिवत्
21. देवेन्द्रनाथ शर्मा, *राष्ट्रभाषा हिन्दी : समस्याएँ और समाधान,* पृ. 122-23
22. द्रष्टव्य *मानक हिन्दी वर्तनी,* केन्द्रीय हिन्दी निदेशालय, नई दिल्ली
23. *हिन्दी वर्तनी का मानकीकरण,* केन्द्रीय हिन्दी निदेशालय, 1967
24. पूर्ण विराम के लिए खड़ी पाई (।) के प्रयोग के औचित्य के लिए द्रष्टव्य प्रस्तुत पंक्तियों के लेखक की टिप्पणी 'हिन्दी में बिन्दी', *समीक्षा वर्ष 19 अंक 2*
25. नलिन विलोचन शर्मा, *भाषा का प्रमाणीकरण, साहित्य,* अक्टूबर, 1952, पृ. 6
26. देवेन्द्रनाथ शर्मा, *राष्ट्रभाषा हिन्दी : समस्याएँ और समाधान,* पृ. 101
27. प्रस्तुत पुस्तक में ही सर्वत्र किसी एक मानक वर्तनी का पालन नहीं हो सका है। इसका कारण है लेखक, टंकक, मुद्रक और प्रूफरीडर का, कहीं अपनी सुविधा के अनुसार और कहीं प्रमादवश, भिन्न-भिन्न वर्तनियों का प्रयोग। यह इस बात का परिचायक है कि वर्तनी के सम्बन्ध में कोई कठोर रुख नहीं अपनाया जा सकता।

नामानुक्रमणिका

अंजाम 155, 159
अकबर 157, 161
अक़िल साहब 210
अग्रदास, स्वामी 128
अग्रवाल कवि 88, 148
अज्जदेव 85
अता हुसैन खाँ 160
अद्दहमाण 65, 67, 71-72, 74, 77-78, 83, 86-89, 92, 106
अनीस 189
अनूप शर्मा 156
अफजल 154
अबदल 154
अब्दुर्रहीम खानखाना 16, 143
अब्दुल रहमान—दे. अद्दहमाण
अब्दुल हक, मौलवी 210
अब्दुल्ला, मौलाना 157
अब्दुस्समद, अब्दुल्ला 157
अमरकीर्ति 65, 71, 73
अमरनाथ झा 211
अमीनुद्दीन आला 156
अमीर 154
अमीर खुसरो 15-16, 26, 88, 137, 107-119, 124, 142, 150, 152, 157-160
अमृत लाल नानावटी 211
अम्बदेव सूरि 68, 71, 72
अम्बिकादत्त व्यास 149, 176
अम्बिका प्रसाद वाजपेयी 185
अम्बु जम्मान, श्रीमती 205
अयोध्या प्रसाद खत्री 183
अयोध्या सिंह उपाध्याय 'हरिऔध' 149, 183, 197
अलाउद्दीन खिलजी 153
अली कलन्दर 87, 153
अशरफ 154, 209
असर 155
अहमद खाँ, सर सैयद 192

आगरकर 202
आजिज 154
आदम, एम.टी. 165-166
आबरू 155
आबिद, शाह 157
आरजू 155
आलम 145, 147
आशिक 154
आसगु 65, 71, 73

इंशा अल्ला खाँ, सैयद 17, 155, 160, 178-189
इकबाल अहमद 21, 184
इन्दिरा रामदुरै 205
इब्राहीम आदिल शाह 154
इलारानी सिंह 150
इशरती 154

ईश्वरदास 122
ईश्वरदास मारवाड़ी 198

उदय नारायण तिवारी 23, 26, 60, 88, 100, 104, 108, 116–117
उद्योतन 66, 92, 116
उसमान 128–130

एक्वा बीबा 17
एजाज़ हुसैन 155, 161, 184
एथरिंगटन, डब्ल्यू. 174
एनी बेसेन्ट 201, 205–206

औफी 15, 107
औरंगजेब 16, 129

कण्हपा 65
कनकामर मुनि 65, 68–69, 71, 95
कन्हैयालाल माणिकलाल मुंशी 211
कबीरदास 16, 27, 61, 76, 83, 87, 106, 109, 137, 143, 146
कमरिपा 65
काका गाडगिल 211
काका साहेब कालेलकर 210–211
काजिम अली जवाँ 160–161, 167
काजी महमूद बहरी 16
कामता प्रसाद गुरु 235, 264
कार्तिक प्रसाद खत्री 176
कादरी, शाह वलीउल्लाह 16, 157
कादिर मुबारक 143
कान्ति विश्वास 230
कालिदास 89, 145, 168
काशीनाथ त्रिवेदी 213
काशीनाथ खत्री 176
काशीप्रसाद जायसवाल 198
कासिम शाह 129, 131, 133
किशोरीदास वाजपेयी 196, 213, 235, 254
किशोरी लाल गुप्त 89–90
किशोरीलाल गोस्वामी 180, 197, 198
कीर्तिधर 66
कुक्कुरीपा 65
कुतुब अब्दुल्ला 154–155
कुतुबन 31, 51, 70–71, 130–131, 134, 155
कुदरतुल्ला 159
कुमारपाल 65
कुम्भनदास 139, 151
कुलपति मिश्र 147–148
कृपाराम 143
कृष्णदास 151
कृष्णस्वामी, जस्टिस 202, 206
कृष्णानन्द जोशी 198
केटिलियर 17
केशवचन्द्र सेन 195
केशवदास 143–144
केशवन नायर, पी.के. 205
केशव राव पेठ 202
केशवराम भट्ट 176
केसोदास 17
कैम्पबेल 192
कैरे, विलियम 164
कोऊहल 116

खुशनूद 154
खेमराज श्री कृष्णदास 158
ख्वाजा बन्दानवाज गेसूदराज 15, 154, 156
ख्वाजा अहमद 129, 133

गंग कवि 143, 145, 157, 161
गंगाधर पन्त 198
गंगा सहाय 189
गजेन्द्रनाथ चतुर्वेदी 150
गणपति चन्द्र गुप्त 73, 90
गणेश वासुदेव मावलंकर 21

गणेशशंकर विद्यार्थी 198
गदाधर भट्ट 141
गयाप्रसाद शुक्ल सनेही 150, 197
गवासी, मुल्ला 154–155
गांधी, मोहनदास करमचन्द (महात्मा) 19, 195, 200–214, 216, 219, 232–233, 254, 274
गालिब 163, 172–173
गिरिजा प्रसाद द्विवेदी 198
गिरिधर दास 147
गिरिधर शर्मा नवरत्न 197
गिरीन्द्रमोहन मिश्र 198
गिलक्राइस्ट, जॉन 17–19, 152, 160–162, 164, 203
गुंडरीपा 65
गुणे, डॉ. 102
गुरु गोविन्द सिंह 136
गुरु नानक 143
गुलजारीलाल चतुर्वेदी 198
गुहसेन 63, 85
गोंदाबाई 87, 153
गोइन्दु 66, 85
गोकुलनाथ 147–148
गोपाल 159
गोपाल नायक 137
गोपाल राय 3, 10, 61, 184–187, 212, 272
गोपीचन्द नारंग 151
गोपीनाथ 147–148, 192
गोरक्षपा 65
गोल्डस्मिथ 182
गोविन्दचन्द्र 119
गोविन्दनाथ राजगुरु 158, 184
गोविन्द नारायण मिश्र 199
गोविन्द स्वामी 151
गोसाईं विट्ठलनाथ 151
गोस्वामी तुलसीदास 16, 26, 31–51, 61, 96, 110, 121, 125, 128, 140, 142–143, 146, 148
गौरीदत्त 51, 61, 178, 186
ग्रियर्सन 23, 24, 27, 28
घनानन्द 40, 85, 147–148

चंड 104
चउमुख 85
चक्रधर, आचार्य 88, 137
चतुर्भुज दास 138, 151
चतुर्मुख 66
चन्दबरदाई 85
चन्द्रधर शर्मा गुलेरी 65–69, 73, 78–79, 85, 88–90, 92, 95–96, 99–100, 108–109, 117
चन्द्रबली पांडेय 131
चन्द्रभूषण द्विवेदी (रमई काका) 134
चन्द्रशेखर 147–148
चन्द्रशेखर मिश्र 183
चिन्तामणि 145–147
चिपलूणकर 202
चैम्बरलेन 164–165

छइल्ल 85
छीत स्वामी 151

जंगबहादुर, राणा 189
जगदम्बा प्रसाद हितैषी 150
जगदीश गुप्त 150
जगन्नाथ खन्ना 198
जगन्नाथ दास 159
जगन्नाथ दास रत्नाकर 150
जगमोहन सिंह, ठाकुर 147–149, 179, 187, 191
जज्जल 66, 72
जनार्दन भट्ट 198
जयदेव 84
जयशंकर प्रसाद 150, 183

जयसिंह 16, 65
जयसिंह, मिर्जा राजा, 16
जवाहरलाल नेहरू 20-21, 220
जानकवि 128-131
जानम 154, 156
जायसी, मलिक मुहम्मद 16, 31-34, 36, 39, 48, 51, 61, 109, 120-133, 138, 146
जिणआस 85
जिनचन्द्र सूरि 73
जिनदत्त सूरि 65, 68
जिनधर्म सूरि 71, 73
जिनपद्म सूरि 65, 71
जिनवल्लभ सूरि 65, 71
जीवाराम 143
जुगल किशोर शुक्ल 169
जुनूनी 16
जुरअत 155
जेरोम जेवियर 17
जोइन्दु 64, 68, 71
जौकी 154
ज्ञानेश्वर 87, 153
ज्योतिरीश्वर ठाकुर 67, 72, 77, 93
ज्वाला प्रसाद 176

टेण्टणपा 65
टेलर, कैप्टेन 18

ठाकुर 147-148

डोम्बिपा 65

तगारे 96
तबई 154
तरुणप्रभ सूरि 72
तिलोपा 65
तुगलक, मुहम्मद 153
तुलसीदास—देखें गोस्वामी तुलसीदास
तेसीतोरी 81-82, 96
तोताराम 176, 192
तोषनिधि 147-148
त्रिमूर्ति शर्मा 198
त्रिलोचन 88, 137

थॉम्पसन 165

दंडी 63, 101, 103-104
दयानन्द सरस्वती 201
दयाशंकर दीक्षित 'देहाती' 134
दर्द 155
दाऊद, मौलाना 16, 21, 26, 31, 33-34, 51, 61, 63, 75-76, 80, 85, 88, 106, 109, 119, 120-122, 124-125, 133, 146
दामोदर पंडित 72, 74, 83, 87-88, 94, 119, 153
दारिकपा 65
दीमशित्स, जाल्मन 55, 61-62, 235, 254
दुर्गाबाई 205
दुलारेलाल भार्गव 150
दे, एम.एल. 104
देल्हण 71, 73
देव 123, 145, 147-149
देवकीनन्दन खत्री 171, 179-180, 187, 197-198
देवतिया, एन.बी. 80, 82
देवदास गांधी 205
देवसेन 64, 68, 71
देवीप्रसाद पूर्ण 150, 197
देवेन्द्रनाथ शर्मा 262, 264-269, 272
दौलत राम 158
द्वारकानाथ मैत्र 198
द्विजदेव 147-148

धनदेव 85
धनपाल 64, 68, 71, 79, 105
धनीराम बख्शी 198
धरसेन 63, 85
धर्मदास 143
धवल 65, 68, 71
धामपा 65
धाहिल 65, 71
धीरेन्द्र वर्मा 16–17, 21–26, 60, 134, 136, 183
धुत्त 85
ध्रुवदास 141
ध्रुव धारावर्ष 67

नकछेदी तिवारी 149
नजीर अकबराबादी 49, 155–156, 172–173, 181–182, 189
नन्ददास 139–141
नमिसाधु 64, 103–105
नयनन्दी 65, 68, 71
नरहरि 143
नरोत्तम दास 143
नलिन विलोचन शर्मा 272
नवनीत जी 150
नवीनचन्द्र राय 167, 201
नसीर कवि 129, 133
नाथूराम शंकर शर्मा 150, 197
नाभादास 128, 143
नामदेव 87–88, 137, 146, 153
नामवर सिंह 34, 70–79, 81, 84, 87, 89–90, 92, 96, 99–103, 105–106, 109–113, 115–118
निजामी 154
निशाती 154
निशिकान्त महाजन 234, 277
निहालचन्द लाहौरी 161
नुसरती 154
नूर मुहम्मद 16, 131–132
नेमिचन्द्र भंडारी 65, 71, 73
नेवाज 145, 147–148

पजनेश 147–148
पद्मकीर्ति 64, 68, 71
पद्माकर 40, 147–148
परमानन्ददास 139–141, 151
परमेश्वरी लाल गुप्त 21, 61, 134
पल्ह 65, 71
पादलिप्त 116
पिन्कॉट, फ्रेडरिक 18
पिंगल 89
पियर्स 165
पुरुषोत्तम दास टंडन 199, 204, 211
पुष्पदन्त 64, 67–68, 71, 79, 95, 116
पुहकर कवि 143
पृथ्वीपाल सिंह 198
प्यारेलाल मिश्र 198
प्रज्ञातिलक 71, 73
प्रताप नारायण मिश्र 149, 176–177, 191–192
प्रताप नारायण सिंह 194
प्रताप साहि 147–148
प्राइस, विलियम 18, 165
प्राणचन्द चौहान 128
प्राणनाथ 16–17
प्रेमधन—देखें, बदरी नारायण उपाध्याय चौधरी
प्रेमचन्द 180
प्रेमनारायण 169

फज़ली 160
फायज 154
फीरोज 154
फूँगा 155

बंकिमचन्द्र चटर्जी 201

बज्रसेन सूरि 65, 71
बदरीदत्त पांडेय 198
बदरी नारायण उपाध्याय, चौधरी, प्रेमधन 149, 176, 178, 191
बदायूँनी अब्दुर्कादिर 16
बनारसीदास 143
बन्दानवाज गोसूदराज—देखें ख्वाजा बन्दानवाज गोसूदराज
बब्बर 72
बलभद्र प्रसाद दीक्षित 'पढ़ीस' 134
बलभद्र मिश्र 143
बख्शी हंसराज 147–148
बहादुरशाह जफर 189
बाकर आगाह 16
बादिदेव सूरि 65
बाबर 16
बाबा दीनदयाल गिरि 147–148
बालकृष्ण भट्ट 176–177, 179–180, 187, 191–193, 198
बालकृष्ण शर्मा 'नवीन' 211
बाल गंगाधर खेर 20
बाल गंगाधर तिलक 196, 202
बालमुकुन्द गुप्त 172, 174–175, 199
बिअट्ठ 85
बिरूपा 65
बिहारी 31, 34, 85, 130, 145–147
बीरबल 143
बुरहानुद्दीन जानम 154, 156
बेनी 146–148
बेनी प्रवीन 147
बैजू बावरा 138, 151
बोधा 147–148
ब्रजनन्दन 134
ब्रज नारायण अग्रवाल 232
ब्रजवासी दास 147–148
ब्रह्म 145
ब्लावत्स्की, मादाम 201

भदद् 66
भरतमुनि 101, 103–104
भादेपा 65
भामह 63
भारतेन्दु हरिश्चन्द 149, 158, 171, 173–174, 176–177, 179, 183, 191–192, 198
भाष्यम आयंगर, के. 205
भास्कर रामचन्द्र भालेराव 150
भिखारीदास 59, 145, 147–148
भुवनेश्वर मिश्र 180
भुसुकपा 65
भूदेव मुखोपाध्याय 167, 190
भूषण 123, 145, 147–148
भोज 65
भोलानाथ तिवारी 24, 60, 108–109, 117

मंझन 109, 124–125, 128–130, 135
मंडन 145–146
मगनभाई देसाई 20
मजमून 155
मजहर 155
मजहर अली खाँ विला 161
मणिदेव 147–148
मतिराम 31, 145–146
मदनमोहन 174
मदन मोहन मालवीय 194, 199
मधुसूदन शर्मा 198
मनसाराम 189
मलिक मुहम्मद 212–213
मसहफी 155
महावीर प्रसाद 191
महावीर प्रसाद द्विवेदी 150, 171–172, 174–175, 180–181, 183, 197–200, 213
महीपा 65
माताप्रसाद गुप्त 34, 61, 135
माताबदल जायसवाल 17, 21–22, 183–184
माधव राव सप्रे 198, 202

मार्कण्डेय 64, 105
मीर 17
मीर अम्मन 160, 162–163, 171
मीर बहादुर अली हुसैनी 160
मीराँजी शम्सुल उश्शाक 15
मीराँजी हसन खुदानुमा 157
मीराँ याक़ूब 157
मीराँ हाशमी 154
मीराँ हुसैनी 154
मीराबाई 141
मुंज 65, 68
मुकीमी 154
मुकुटधर पाण्डे 183
मुनि जिनविजय 66, 88, 134
मुनुवा पंडित 157
मुरुगनार 207
मुस्ताक 154
मुहम्मद अमीन 154
मुहम्मद फिराकी 154
मुहम्मद शरीफ 157
मेकाले 166
मेरुतुंग 65
मैकडॉनेल, एन्थनी 194
मैकिन्तोश 165
मैथिलीशरण गुप्त 183, 197
मोटूरि सत्यनारायण 232
मोतीलाल मेनारिया 88

यकरंग 155
यक़ीन 155
यतीन्द्र मोहन ठाकुर 175
यदुनाथ, शास्त्री 158
याकूब हुसैन 210
याट्स, विलियम 165
याकोबी, हर्मन 95, 100, 103
युगलानन्दशरण 143

रंगीलाल 159
रडैल 165
रमाशंकर शुक्ल 'रसाल' 150
रयडा 67
रल्ह 71, 73
रवीन्द्रनाथ ठाकुर 195, 207
रसखान 41, 76, 141–142, 145
रसलीन 148–149
रहीम—दे. अब्दुर्रहीम खानखाना
राइलैण्ड 164
राजगोपालाचारी, चक्रवर्ती 207
राजशेखर 64, 92, 104
राजशेखर सूरि 66, 68, 71–72
राजेन्द्र प्रसाद 204, 208, 211
राधाकृष्ण दास 176, 191
राधाचरण गोस्वामी 176–177, 191–192
रामकृष्ण वर्मा 149
राम गोपाल 212
रामचन्द्र तिवारी 185
रामचन्द्र शुक्ल 18, 22, 88–89, 123–124, 134–136, 138, 142, 145, 147, 149–151, 157, 159–160, 171, 175, 184–187, 199, 212–213
रामचरण दास 143, 159
रामचरित उपाध्याय 183, 197
रामदास गौड़ 159
रामधारी सिंह 'दिनकर' 205, 207, 213–215
रामनरेश त्रिपाठी 183, 197
रामप्रसाद त्रिपाठी 150
रामनाथ ज्योतिषी 150
रामप्रसाद निरंजनी 158
रामबख्श 189
रामरतन भटनागर 170, 186
रामविलास शर्मा 19, 22–23, 25, 27, 49, 60, 157–159, 163, 167, 171–172, 177–178, 184–186, 189, 213
राम सिंह 16

रामस्वामी नायकर 207
रामानन्द, स्वामी 88, 137
रामावतार शर्मा 198
रामास्वामी अय्यर, सी.पी. 205
राय देवीप्रसाद पूर्ण 150, 197
राहुल सांकृत्यायन 66–67, 69, 85, 88–90, 99–100, 105, 108–111, 117–118, 135
रुक्मिणी लक्ष्मीपति 205
रुद्रट 101
रूप नारायण पांडेय 197
रूमी 133
रैदास 137, 143
रोडा 75, 84, 87, 106, 119, 134, 137

लक्खण 68–69, 71, 95
लक्ष्मण सिंह, राजा 168, 171–173, 185
लक्ष्मीधर 77, 89–90
लक्ष्मी सागर वार्ष्णेय 185
लल्लू जी लाल 51, 152, 161, 163, 167, 169, 171–173
लालच दास 125
लाला भगवान दीन 150, 159, 197
लाला सीताराम 149
लाला लाजपत राय 196
लाला श्रीनिवास दास 176, 178, 180, 186, 191
लासिंगटन, सी. 165
लीलाधर 145
लुइपा 65
लुत्फी 154
लोचनप्रसाद पांडेय 197

वंशीधर 77, 90
वंशीधर शुक्ल 134
वजही, मुल्ला 15, 154–157
वली औरंगाबादी 154–155
वासुदेवशरण अग्रवाल 124, 134
विक्टोरिया, महारानी 193
विजयानन्द त्रिपाठी 149
विद्याधर 66, 72, 84, 95
विद्यापति 28, 66–67, 71–72, 75–77, 79–80, 84–85, 87, 88, 92–94, 106, 110
विनयचन्द्र सूरि 71–72
विनायक दामोदर सावरकर 196, 202
विनोबा भावे 211
वियोगी हरि 150, 211
विश्वनाथ प्रसाद मिश्र 157, 184
वीर कवि 64, 71
वीरसेन सिंह 198
वेंकटराम शास्त्री 205
वेलेज्ली लॉर्ड 160
व्यास जी 141

शंकराचार्य 158
शबरपा 65
शहबाज हुसैनी 154
शार्ङ्गधर 66
शान्तिपा 65
शारदाचरण मित्र, जस्टिस 202
शारदा वेदालंकार 159, 165, 171, 184–186
शालिभद्र सूरि 65, 68, 71–72
शाहअली 154
शाह कलन्दर 156
शाह चुराब चिश्ती 154
शाहजहाँ 154
शाह नजफ अली सलोनी 129, 133
शाह बरकत उल्लाह 16
शाह बुरहानुद्दीन कादरी 157
शाह बुरहानुद्दीन जानम बीजापुरी 15
शाह मीर 154
शाह मीराँजी 15, 154
शाह राजू 157
शाह वलीउल्लाह कादरी 16, 157

शाह सदरुद्दीन 154
शिवनन्दन ठाकुर 79
शितिकंठ मिश्र 185, 212
शिव गोपाल 159
शिवचरण सिंह 212
शिव दुलारे त्रिपाठी 134
शिवपूजन सहाय 186
शिवप्रसाद शर्मा 198
शिव प्रसाद सिंह 70–71, 76–84, 87, 90–93, 99–100, 110, 116, 137, 150–151
शिवप्रसाद 'सितारेहिन्द', राजा 18, 167–169, 171, 173–174, 180, 185, 190
शेख अब्दुल अंसारी 16
शेख अशरफ 16
शेख नबी 128–130
शेख निसार 129, 132
शेख फरीद शकरगंज 87, 153
शेख महबूब आलम 16
शेख रहीम 129, 133
शेख सरफुद्दीन अली कलन्दर 87, 153
शेर अली अफसोस 160
शौकी 154
श्याम मनोहर पांडेय 134
श्यामाचरण राय 198
श्रद्धाराम फिल्लौरी 178
श्रीधर 65, 71
श्रीधर पाठक 149, 172, 182–183, 197
श्रीनारायण चतुर्वेदी 150
श्रीपति 147–148
श्रीभट्ट 141
श्रीलाल 166

सच्चिदानन्द भट्टाचार्य 117
सत्यदेव 198
सत्यनारायण 'कविरत्न' 150
सदल मिश्र 51, 152, 161, 169, 171
सदाशिव अय्यर 205
सदासुख लाल (मुंशी) 51, 159, 169, 171
सधना 88, 137
सनअती 51, 154–155
समुद्रगुप्त 101
सम्पूर्णानन्द 211
सरयू प्रसाद मिश्र 150
सरला शुक्ल 135
सरहपा 65, 66–68, 70–71, 78, 84–86, 88, 92
सारमूर्ति 71, 73
सिकन्दर शाह 122
सिद्धेश्वर शर्मा 198
सीताराम सिंह 198
सुखदास 158
सुद्धसील 85
सुनीति कुमार चटर्जी 23, 66, 79, 83–84, 119, 134
सुन्दर अय्यर, एन. 205
सुन्दरदास 143
सुन्दरराज 198
सुन्दर लाल 194
सुब्रह्मण्यम भारती 207
सुमति 89
सुमतिगुणि 71, 73
सूदन 148–149
सूरति मिश्र 157
सूरदास 31, 35, 38, 45, 54, 61, 73, 76, 110, 136–139, 141–143, 145, 151
सूरदास मदन मोहन 141
सुरेन्द्रनाथ सेन 189
सेनापति 143–145
सैय्यद अब्दुल्ला 162
सैयद अहमद 167
सैयद महमूद 211
सैयद मुहम्मद अकबर हुसैनी 154
सोज़ 155

सोम ठाकुर 150
सोमनाथ 147–148
सोमप्रभ सूरि 65, 68, 71, 73
सोमेश्वर 88, 137
सोहन लाल 170
सौदा 155, 160, 163, 173
स्वयंभू 64, 66–71, 77–79, 84–86, 88–89, 92, 94–95, 105, 116, 125, 134
स्वामी हरिदास 141

हजारीप्रसाद द्विवेदी 64, 93, 151, 159
हरप्रसाद शास्त्री 80
हरिऔध—देखें अयोध्या सिंह उपाध्याय
हरि बम्भ 86, 89–90, 94–95
हरिभद्र सूरि 65, 68, 71, 73
हरिवल्लभ भायाणी 83, 96
हरिश्चन्द 158
हरिषेणाचार्य 158
हरिहर बम्भ 66, 72, 74, 83–84, 89–90
हसन 155
हसन क़ादरी, अब्दुल 154
हातिम 155
हित हरिवंश 141
हुकुमचन्द सेठ 205
हुनर 154
हुसैन अली 129, 131
हृदयराम 143
हेमचन्द 68, 70, 76, 78–79, 95, 97, 106, 111, 114
हेमचन्द्र सूरि 69, 81, 83, 86, 92–93, 108, 121
हेमचन्द्राचार्य 65, 88, 98, 136
हेमिल्टन 17
हैदर बख़्श हैदरी 160

ग्रन्थानुक्रमणिका

अखरावट 122
अखरावती 129
अध्यात्म रामायण 127
अनन्त वृत कथा 158
अनुराग बाँसुरी 16, 129, 131–132
अभिज्ञानशाकुन्तलम् 168
अवतार भाषा 158
अवहट्ट भाषा का स्वरूप और कीर्तिलता 70
अष्टयाम 128

आखिरी कलाम 122
आधुनिक हिन्दी साहित्य की भूमिका 184–185
आरम्भिक हिन्दी गद्य का स्वरूप 185
आलसियों का कोड़ा 167

इतिहास तिमिरनाशक, 168
इन्द्रावती 129, 131–132

उक्ति–व्यक्ति–प्रकरण 72, 74, 76, 83, 88, 93–94, 106, 111, 113–115, 119, 134
उदयभानचरित या रानी केतकी की कहानी 160
उपदेश कथा 165
उपनिषदसार 167
उर्दू साहित्य का इतिहास 184

एकान्तवासी योगी 172, 182–183, 197

ओल्ड टेस्टामेन्ट 164
औषधि यूनानी सार 159

कथा कुँवरावत 133
कनकावती 129
कबीर ग्रन्थावली 76
कवितावली 39, 142
कहरानामा 122
कान्हावत 122
कामलता 129
कामायनी 76
कालचक्र 171
काव्य निर्णय 145
काव्य मीमांसा 64
काव्यादर्श 64, 117
काव्यालंकार 63, 101
किस्स–ए–चहार दरवेश 160
कीर्तिपताका 66, 72, 106
कीर्तिलता 66, 70, 72, 74, 76–77, 79–80, 92–94, 97, 106, 110–115
कीर्तिलता और अवहट्ट भाषा 70, 76, 90, 99–100, 116
कुछ बयान अपनी जुबान 168
कुतुबमुस्तरी 154
कुलजमस्वरूप 17
कुल्लियात 160
कुवलयमाला कहा 92
कृष्णगीतावली 142

कोर्ट कैरेक्टर एंड प्राइमरी एजुकेशन इन नॉर्थ वेस्ट प्रोविन्सेज 194

खड़ी बोली का आन्दोलन 185, 212
खालिकबारी 15, 26, 119
खेलबंगाला 159

गणितांक 165
गर्भगीता 158
गीतगोविन्द 84, 142
गीताजली 142
गोस्वामी तुलसीदास 135, 151

चक्कीनामा 154
चन्द छन्द बरनन की महिमा 157
चन्दायन 16, 21, 26, 33, 35, 61, 63, 75–76, 79–81, 88, 106, 111, 119–123, 134
चन्द्रकान्ता 179–180
चन्द्रकान्ता सन्तति 179–180, 187
चन्द्रावली नाटिका 175
चर्यागीति 64, 86
चित्ररेखा 122
चित्रावत 122
चित्रावली 128

छीता 129

जगत सचाई सार 183
जानकी मंगल 126
जायसी के परवर्ती सूफी कवि और काव्य 135
जायसी ग्रन्थावली 134–135
ज्ञानदीप 129, 169

तहफ्तुल हिन्द 16
तारा 179
तारीख फरिश्ता 16
तुजुकबाबरी 16
तुलसी प्रयुक्त क्रियाएँ 186
तोता मैना की कहानी 159

दक्खिनी हिन्दी काव्यधारा 118
दक्खिनी साहित्य का आलोचनात्मक इतिहास 21, 184
द फ्रीडम स्ट्रगल इन उत्तर प्रदेश 189
द फ्रीडम स्ट्रगल इन हैदराबाद 189
दरयाय लताफत 17
दस अवतार भाषा 158
देवरानी जेठानी की कहानी 51–52, 61, 178, 186
दोहा कोश 65, 86, 109, 117–118

धर्म गीता 159
धर्म संवाद 158
धर्म सिंह का वृत्तान्त 166
धर्मप्रकाश 170

नलदमन 129
नागरी कैरेक्टर 194
नाट्यशास्त्र 101, 103–104
नासिकेतोपाख्यान 161–162
नूतन ब्रह्मचारी 179, 187
नौतर्जे मुरस्सा 160
न्यू टेस्टामेन्ट 164
नूरजहाँ 129, 133

पउमचरिउ 66, 89, 125
पद्मावत 16, 33–37, 48, 61, 76, 111–112, 120, 122–125, 127, 129, 133–135
पद्मपुराण 158
परीक्षा गुरु 186
पार्वती मंगल 126
पुरातन प्रबन्ध संग्रह 66

पुरानी हिन्दी 12, 63, 65–69, 73, 78, 85, 87–90, 99–100, 109, 117
पुहुपावती 129, 131
पृथ्वीराज रासो 66, 79, 82, 106, 136
पद्युम्न चरित्र 88, 137
प्रबन्ध कोश 66
प्रबन्ध चिन्तामणि 65–66
प्रसन्नराघव 127
प्राकृत पैंगलम 66, 72–74, 76–77, 79, 82, 83–84, 86–87, 89–90, 93–95, 106, 116, 136
प्राकृत लक्षणम् 63
प्रेम चिनगारी 133
प्रेमदर्पण 129, 133
प्रेमयोगिनी 175
प्रेमसागर 162–163, 174

बलवन्त भूमिहार 180
बागो-बहार 160, 162–163, 171
बादशाहनामा 16
बिहारी सतसई 76
बीसलदेव रासो 79, 106, 136
बुद्धि विद्याद्योत 166
बैताल पचीसी 157, 161–163, 171, 184
बौद्ध गान औ दोहा 80

भड़ई विलास 159
भागवत दशम स्कन्ध भाषा 125
भाग्यवती 178
भारत का इतिहास 166
भारत के प्राचीन भाषा परिवार और हिन्दी 60
भारतीय इतिहास कोश 117, 184
भारतेन्दु युग और हिन्दी भाषा की विकास परम्परा 184–186
भारतेन्दु और हिन्दी नवजागरण 189
भाषा प्रेमरस 133
भाषा भास्कर 174
भाषा योगवासिष्ठ 158
भाषा सर्वे 23
भूगोल वृत्तान्त 166
भूगोल सार 165–166
भूगोल हस्तामलक 167
भ्रमरगीत 36, 40, 42, 139
भ्रमरगीत सार 151

मधुमालती 124–125, 135
मधुमालती वार्ता 138
मध्ययुगीन प्रेमाख्यानक काव्य 134
महरीबाईसी 122
महाभारत 101
महारामायण 127
महावीर प्रसाद द्विवेदी और हिन्दी नवजागरण 213
मानक हिन्दी वर्तनी 261, 272
मानव धर्मसार 167
मानसोल्लास 137
मृगावती 34, 121, 134
मेघदूत 18
मेराजनामा 154

युसूफ जुलेखा 129, 132

रघुवंश 18, 168
रजिया बेगम 179
रतनावती 129
रसिक विनोद 158
राउरबेल 75, 84, 87, 106, 119, 134, 137
राउरबेल समीक्षा 150
राजनीति नीति कथा 166
राजभाषा हिन्दी : विकास के विविध आयाम 212
राजस्थानी भाषा और साहित्य 88
राजा भोज का सपना 167
रानी केतकी की कहानी 160, 178

रामचन्द्रिका 144
रामचरितमानस 26, 34, 46, 76, 109, 111, 117, 120, 125–129, 135, 263
रामलला नहछू 126
रामायण महानाटक 128
राष्ट्रभाषा 202
राष्ट्रभाषा आन्दोलन और गांधी जी 213–215
राष्ट्रभाषा का इतिहास 213
राष्ट्रभाषा हिन्दी : समस्याएँ और समाधान 272
राष्ट्रभाषा हिन्दुस्तानी 213, 214
रिसाला अवारीफे हिन्दी 16

लखनऊ की कब्र 179
लड़कों की कहानी 167
लवंगलता 179

वर्णरत्नाकर 72, 74, 76–77, 93, 111–112, 114
वामामनरंजन 167
वाल्मीकि रामायण 127
विक्रमोर्वशीय 89
विद्यांकुर 167
विद्यासुन्दर नाटक 51, 175
विनयपत्रिका 142
विष्णु पुराण 159
विष्णु धर्मोत्तर 104
वीर सिंह का वृत्तान्त 167
वैदिकी हिंसा हिंसा न भवति 175

शकुन्तला नाटक 18, 168
शब्दानुशासन 65, 71, 74, 82, 84, 86, 95
श्यामा स्वप्न 179, 187
श्रान्त पथिक 182
षडावश्यक बालावबोध 94

संक्षिप्त इतिहास सर्वेक्षण 166
संनेहय रासय 65
संघ की राजभाषा : नीति और प्रशासन 234
सत्यवती 122
सन्देश रासक 72, 65, 73–74, 76–77, 82–83, 86, 97, 106
सबरस 154, 156
समाचार पत्रों का इतिहास 185
सम्पत्तिशास्त्र 197
सम्पूर्ण गांधी वाङ्मय 213–214
स्वतंत्रता पूर्व हिन्दी के संघर्ष का इतिहास 212
सामुद्रिक 158
सार गीता 158
सिंहासन बत्तीसी 161, 184
सिखों का उदय और अस्त 167–168
सिद्ध हैम व्याकरण 108
सुखसागर 184
सुदामा चरित 34, 44, 143
सूरसागर 34, 36, 38, 61, 76, 111, 136, 138, 142
सूरजपुर की कहानी 166
सूरपूर्व ब्रजभाषा 150–151

हंस जवाहिर 129, 131, 133
हनुमन्नाटक 127
हरमिट 182
हरि चरित्र 125
हिन्द स्वराज 200
हिन्दी कथा साहित्य और उसके विकास पर पाठकों की रुचि का प्रभाव 184–187, 212
हिन्दी काव्यधारा 69, 88–90, 99–100, 109, 117, 135
हिन्दी की विकास परम्परा 157, 184
हिन्दी के विकास में अपभ्रंश का योग 70, 76, 89–90, 92, 99–100, 109, 116–118
हिन्दी गद्य का स्वरूप 184
हिन्दी भाषा 117
हिन्दी भाषा सार 159

हिन्दी वर्तनी का मानकीकरण 272
हिन्दी भाषा का इतिहास 11, 13, 22, 60
हिन्दी साहित्य : उद्भव और विकास 151
हिन्दी शब्दसागर 198
हिन्दी शब्दानुशासन 235
हिन्दी साहित्य का अतीत 184
हिन्दी व्याकरण 61-62, 235, 254
हिन्दी भाषा का उद्गम और विकास 60, 88, 116-117
हिन्दी भाषा का उद्भव और विकास 100
हिन्दी साहित्य का इतिहास 22, 88, 89, 134-135, 150-151, 184-187, 212-213
हिन्दी साहित्य कोश 21, 22, 60, 183-185
हिन्दी साहित्य का वैज्ञानिक इतिहास 90
हृदयहारिणी 179